Wandern auf Mallorca

AF549965

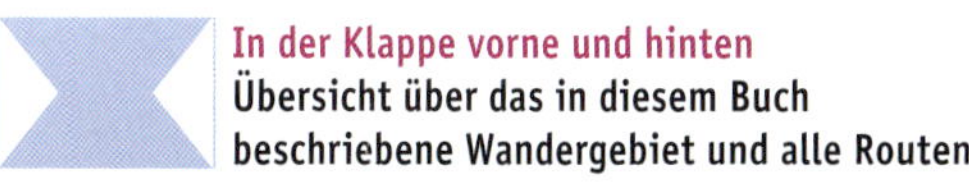

In der Klappe vorne und hinten
Übersicht über das in diesem Buch beschriebene Wandergebiet und alle Routen

Reise Know-How im Internet

Mehr zu unseren Büchern zu

Nordamerika, Mallorca, Teneriffa u.a,

Newsletterabonnierung, aktuelle und Sonderthemen,

Buchshop und viele Links zu nützlichen Internetseiten u.v.a.m.

finden Sie auf unserer Verlagshomepage:

www.reise-know-how.de

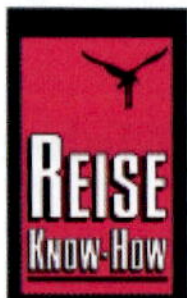

Verlag Dr. Hans-R. Grundmann
in der Verlagsgruppe Reise Know-How

Marc Schichor

Wandern auf Mallorca

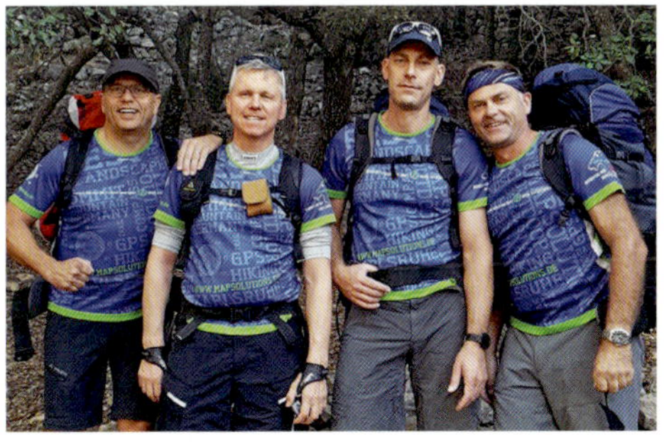

Das Team

IMPRESSUM

Marc Schichor

WANDERN AUF MALLORCA
6. aktualisierte Auflage 2020
mit separater Wanderkarte 1:35.000

ist erschienen im

REISE KNOW-HOW Verlag
Dr. Hans-R. Grundmann GmbH
Königstr. 43
D - 26180 Rastede

ISBN 978-3-89662-746-9

Redaktion & Lektorat
Marc Schichor, Kirsten Elsner-Schichor, Sonny Schichor

Gestaltung + Gesamtherstellung
map.solutions GmbH, Karlsruhe • www.mapsolutions.de

Fotos
Die Autoren / Patrick John & Britt Liebl /
Marc H. Schilling • www.mhschilling.de

Kartographie
map.solutions GmbH, Karlsruhe • www.mapsolutions.de

Druck
mediaprint solutions GmbH • Paderborn
www.mediaprint.de

Dieses Buch ist in jeder Buchhandlung
in Deutschland, Österreich und der Schweiz erhältlich.
Die Bezugsadressen für den Buchhandel sind

- Prolit Gmbh, 35463 Fernwald
- AVA, CH-8910 Affoltern
- Mohr Morawa GmbH A-1230 Wien
- Barsortimenter

Im Internet erhältlich bei allen Online-Buchhandlungen oder im Buchshop des Autors **https://shop.mapsolutions.de**

Alle in diesem Buch enthaltenen Informationen und Daten wurden von den Autoren mit großer Sorgfalt recherchiert, zusammengestellt und vom Verlag gewissenhaft bearbeitet. Inhaltliche und sachliche Fehler sind dennoch nicht auszuschließen. Alle Angaben erfolgen daher ohne Gewähr für die Richtigkeit im Sinne einer Produkthaftung. Verlag und Autor übernehmen keine Verantwortung und Haftung für eventuelle inhaltliche oder sachliche Fehler.

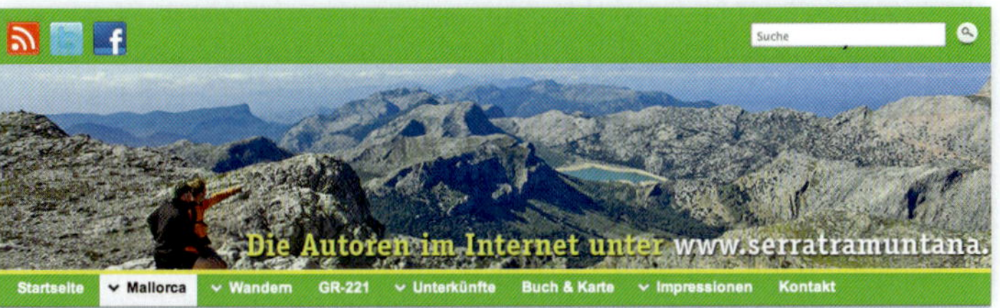

Für die Aktualisierung der vorliegenden 6. Auflage dieses Wanderführers haben wir wieder einige Zeit auf der Insel und viele Tage am Computer verbracht.

Das Buch führt Euch auf die höchsten Gipfel Mallorcas, durch wilde Schluchten und grüne Täler, an abgelegene Strände und zu spektakulären Aussichtspunkten. Neben detaillierten technischen Angaben zu den Routen liefern die Texte viel Wissenswertes zu Tier- und Pflanzenwelt, zu Geschichte und Kultur der Insel.

Die Besonderheit dieses Wanderführers ist sein Aufbau im Baukastensystem. Ausgehend von verschiedenen Orten der Serra Tramuntana werden die Wanderstrecken in sinnvollen Wegabschnitten in alle möglichen Richtungen beschrieben. So kann man entweder den vorgeschlagenen Wandertouren folgen, oder sich anhand der beschriebenen Wegabschnitte eigene Wanderungen zusammenstellen.

Der Clou dieses Führers ist die neue **Mobil-Navigation** mit **Komoot** für alle vorgeschlagenen Wandertouren im Buch und die beiliegende **topographische Wanderkarte im Maßstab 1:35.000**, die für die Auflage 2020 nochmals verbessert und inhaltlich aktualisiert wurde.

Zusätzlich bieten wir einen **Update- und Informations-Service** auf unserer Autoren-Website unter **www.serratramuntana.de** an, die 2020 komplett neu erscheint. Dort finden unsere Leser aktualisierte Wanderinformationen und im Zeitablauf eventuell notwendige Korrekturen, sowie weitere Hinweise zur Reiseplanung und die Wandertouren auch als **GPS-Tracks zum Download**.

Auch über **Facebook** (facebook.serratramuntana.de) stehen wir mit unseren Lesern und Wanderfreunden im Kontakt und tauschen **aktuelle Informationen** aus.

Solltet Ihr Änderungen vor Ort oder Fehler im Buch feststellen, schreibt uns bitte über unsere Website oder kontaktiert uns über Facebook.

Erlebnisreiche Wandertage wünscht Euch

Marc Schichor & Team

AUFBAU & HERANGEHENSWEISE DES WANDERFÜHRERS

Zum Verständnis von Aufbau und Systematik dieses Wanderführers sollten Sie die nachfolgenden Erläuterungen aufmerksam lesen, damit Sie die Möglichkeiten und Detailinformationen, die das Buch bietet, optimal nutzen.

Kapitel

Das Buch besteht im Kern aus **8 Kapiteln**. Jedes Kapitel beschreibt einen von sieben Orten in oder am Rande der Serra Tramuntana und alle interessanten Wege, die von dort aus begangen werden können, und jeweils in Frage kommende Touren. Jedem Ort ist eine **Leitfarbe** zugeordnet, die das gesamte Kapitel wie folgt kennzeichnet:

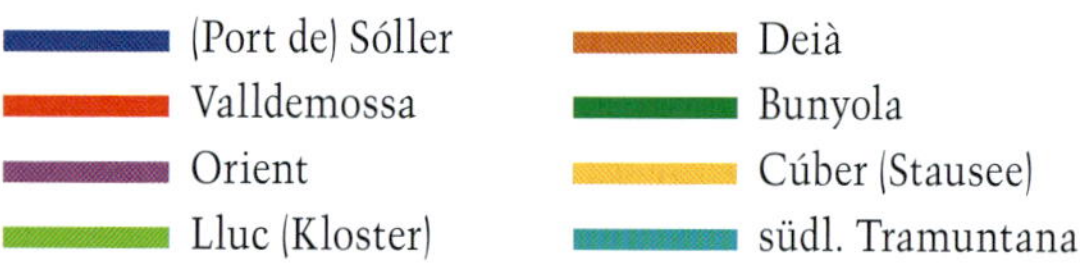

AUFBAU & HERANGEHENSWEISE DES WANDERFÜHRERS

Jedes Kapitel beginnt mit einer Ortsbeschreibung, welche Geografie, Lage, Historie, Sehenswürdigkeiten, Verkehrsanbindung und Einkehrmöglichkeiten erläutert. Ein **Orts-/Umgebungsplan** zeigt die wichtigen Details. Eine **Tourenübersichtskarte** am Kapitelanfang vermittelt einen Überblick über alle vom jeweiligen Ort aus machbaren bzw. dort endenden Touren.

Tourenvorschläge

Unter dieser Überschrift findet man alphabetisch geordnete, nach dem **Baukastenprinzip** zusammengestellte Tourenvorschläge mit Kurzbeschreibung: Schwierigkeitsgrad, Länge und Zeitbedarf, Wegmarkierungen und zu bewältigende Höhenmeter, Wegführung unter Verweis auf die jeweilige Teilstrecke mit Angabe der Buchseite. Die dabei immer wieder gleichartig benutzte, sich rasch erschließende und zu erfassende Symbolik ist nebenstehend erläutert.

Touren-Navigation mit GPS und komoot

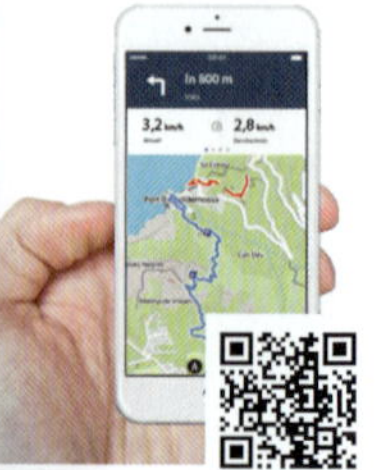

Für die Touren-Navigation mit Smartphone und Komoot scannt man den jeweiligen QR-Code der Etappe und lädt in Komoot die Tour mit Karte zur Offline-Nutzung auf sein Smartphone. Damit kann auch navigiert werden, wenn mal kein Internet verfügbar ist. Und das passiert im Tramuntanagebirge oft! Voraussetzung für die Nutzung ist die Anmeldung bei Komoot und für die Offline-Nutzung der Erwerb einer Kartennutzungslizenz für die Region Mallorca.

TOUR B: VON SON MARROIG ZUR HALBINSEL NA FORADADA

Schwierigkeitsgrad der Tour:
leicht ● / mittel ●● / schwer ●●●

K356

Rundwanderung · Streckenwanderung · Bahnverbindung · Busverbindung · Einkehr unterwegs · Keine Einkehrmöglichkeit · Badegelegenheit · Bootsverbindung

Tourenverlauf in Karte (▯) und/oder **K**artenatlas Seite **356**

ANSPRUCH ●●●

Zeitbedarf: Reine Gehzeit ohne Pausen → 5,5 Std

MARKIERUNG
Steinmännchen/Schilder →
Farbmarkierung →

Aufsummierte Anstiege/Abstiege → HÖHENMETER ↗ 680 575 ↘

Teilstrecken

In den so überschriebenen Abschnitten finden sich die genauen Streckenbeschreibungen zu den Tourenvorschlägen. Sie sind unterteilt in **einzelne Teilstrecken**, die jeweils mit einer **Nummer** versehen wurden. Die meisten Touren werden durch mehrere aufeinanderfolgende Teilstrecken beschrieben. Eine Tour kann sich auch aus Teilstrecken **unterschiedlicher Kapitel** (verschiedene Leitfarben) zusammensetzen.

Zu jedem **Tourenvorschlag** zeigen nummerierte, farblich markierte „Karteikärtchen" mit Seitenverweis, aus welchen Teilstrecken – ggf. auch anderer Kapitel – in welcher Reihenfolge sich die Route zusammensetzt.

TEILSTRECKE NR – SEITE

NR	SEITE
1	234
2	256
4	176
8	224
7	323

Touren-/Teilstreckenanschluss von Kapitel zu Kapitel:

Fortsetzung/Anschluss zum/nach … Tour 4… (Verweis) 4

Anschluss von … Tour 2 … (Hinweis) 2

Profil der Tour mit Höhenverlauf (▲) und ungefährem Zeitbedarf (→):

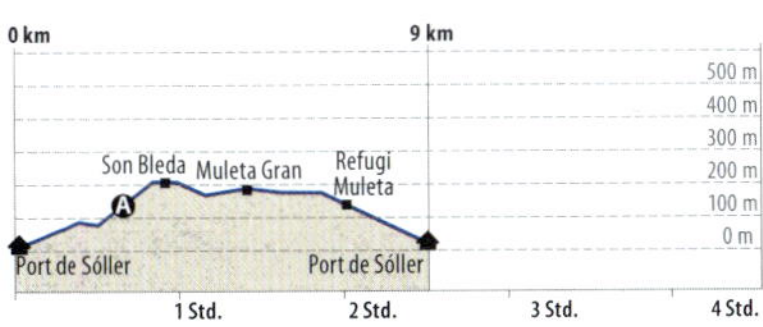

Graphische Unterstützung der Wegbeschreibungen. Die Bedeutung dieser und weiterer **Piktogramme** ist auf der **Umschlagklappe hinten** erklärt.

„links abbiegen" 

„Gatter" 

INHALT

INHALT

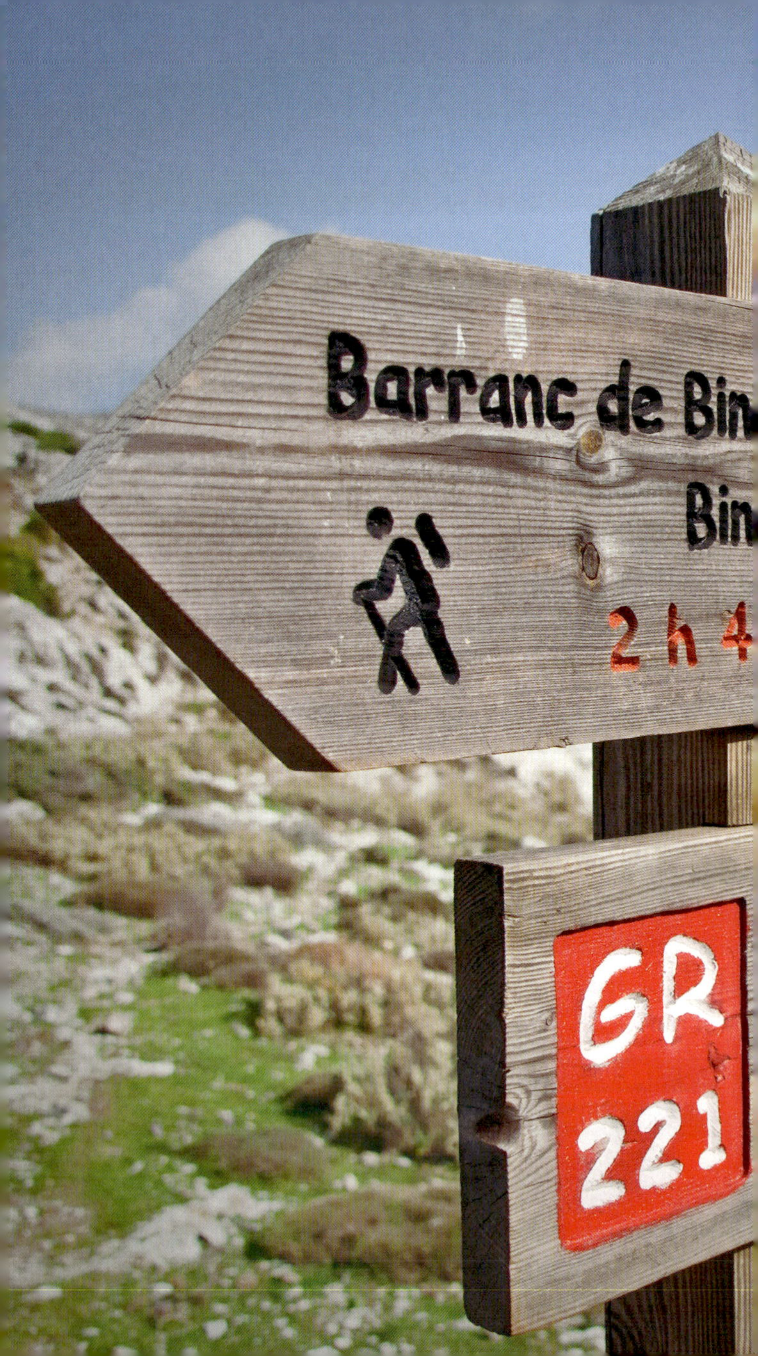
Barranc de Bin
Bin
2 h 4
GR
221

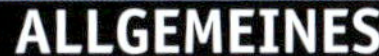

ALLGEMEINES

Wanderziel Mallorca

Geographie · Geologie · Klima

Wandersaison

Reiseplanung und -vorbereitung

Wandern auf der Insel

Ökologie & Umweltschutz auf Mallorca

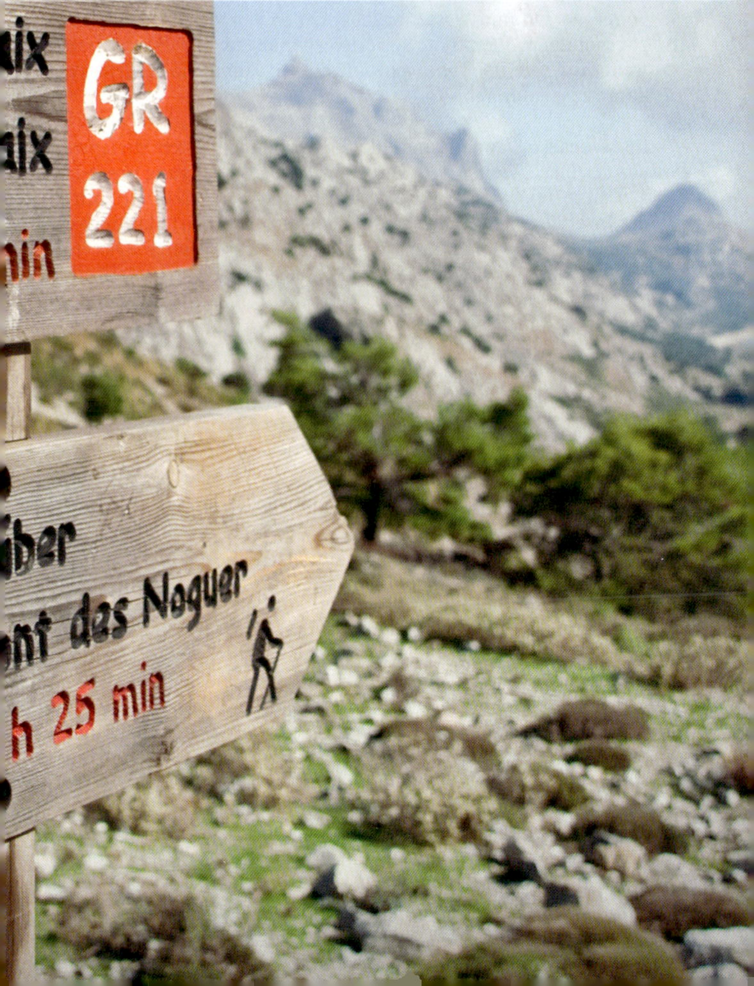

Wanderziel Mallorca

Mallorca ist nach wie vor, mit weit über 4,0 Mio Besuchern jährlich, die Ferieninsel der Deutschen schlechthin. Sei es für einen längeren Aufenthalt oder nur für ein Wochenende. Das sind mehr, als andere, auch große Länder, an Reisenden aus Deutschland für sich verbuchen können.

Vor allem die Zahl der Aktiv- und Individualurlauber, die Flüge und Unterkunft in eigener Initiative buchen und auf Mallorca mehr als Sonne, Strand und Wasser suchen, hat in den vergangenen Jahren zugenommen. Privathotels, Ferienwohnungen und Fincas liegen weiterhin voll im Trend und bieten willkommene Alternativen zum Pauschalurlaub.

Insbesondere **Wandern** und Biking haben einen festen Stellenwert auf der Insel. Viele Maßnahmen der Balearenregierung unterstützen diese Tendenz. Schon vor einiger Zeit wurde über **ein Drittel der Inselfläche** zum **Landschaftsschutzgebiet** erklärt, darunter die gesamte Serra Tramuntana, das westliche Inselgebirge. Die erste Berghütte Mallorcas öffnete 1995 ihre Pforten. Mittlerweile sind vier weitere Berghütten in Port de Sóller, Deià, Lluc und Pollença hinzugekommen ⇨ Refugis ab Seite 378.

Ende der 1990er-Jahre begann man, Wanderwege einheitlich zu markieren und sogar eine durchgehende Strecke (**Weitwanderweg GR-221**, ⇨ S. 340) in Nord-Süd-Richtung auszuschildern. Allerdings läuft diese, vor allem im Südwesten, über weite Strecken entlang stark befahrener Straßen. Das **Gros der Beschilderung** findet man in den Regionen Sóller, Lluc und Deià, dort meist weitläufig gesetzt an Ausgangspunkten von Wanderungen, in Straßennähe und entlang leichter Routen unweit der Küste. Im Hinterland verliert sich die offizielle Kennzeichnung rasch. Mehr zum Thema „Wege und Markierungen" ⇨ siehe Seite 21.

Tatsächlich ist die aus dem Meer aufsteigende **Serra Tramuntana** ein **ideales Wanderrevier**. Zahlreiche historische Pilgerrouten, von Köhlern, Schnee- und Holzsammlern angelegte Wege und im Laufe der Zeit von Wanderern gekennzeichnete Pfade führen durch rauhe Felslandschaften, romantische Täler und tiefe Schluchten. Gipfel mit Höhen von weit über 1000 m warten mit grandioser Aussicht ebenso wie Panoramawege zwischen Bergen und Meer. Mallorca bietet von leichtem „Genusswandern" bis zu anspruchsvollen Klettertouren durch alpines Gelände, alles was des Wanderers Herz begehrt.

Geographie

Die **Balearen** (Mallorca und Menorca) und **Pityusen** (Ibiza und Formentera) sind die westlichsten Inselgruppen im Mittelmeer und bilden mit 150 kleineren, überwiegend unbewohnten Inseln als *Islas Baleares* eine eigene spanische Provinz.

Mallorca, die größte Insel des Archipel, ist etwa so groß wie Luxemburg, gehört mit seinen 3640 km² aber eher zu den kleineren Inseln des Mittelmeerraums. Ihr maximaler Durchmesser liegt bei etwa 100 km, der kleinste bei ca. 50 km. Das spanische Festland im Westen ist etwa 200 km entfernt. Nordafrika liegt südlich in ca. 300 km Entfernung. Mallorca hat ungefähr 630.000 Einwohner.

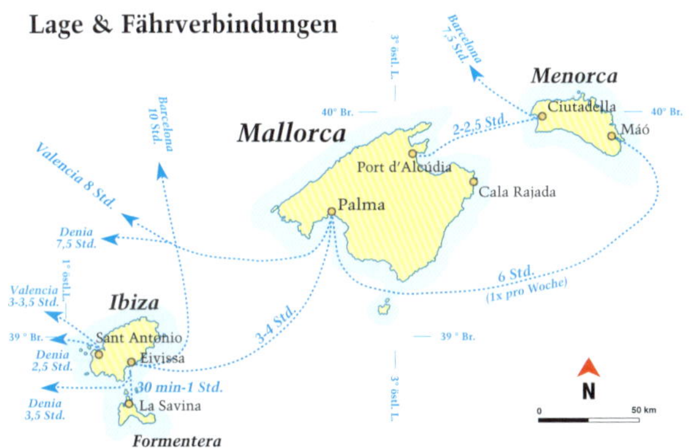

Dank geologischer und klimatischer Besonderheiten bietet Mallorca eine Vielfalt von Landschaftsbildern die von "verschwenderisch üppig" bis "rau und karg" reichen. Die vielen Gesichter dieser immer wieder neu zu entdeckenden Insel werden durch die verschiedenen Einflüsse der nachfolgenden Faktoren geprägt.

Geologie

Erst in jüngster Zeit haben Geologen durch aufwendige und langwierige Forschungen Antworten auf einige offene Fragen gefunden. Die nachfolgende **Zeittafel** zeigt eine Kurzfassung der **Entstehungsgeschichte** Mallorcas.

Die Balearen haben eine gemeinsame geologische Entwicklung und stellen die Fortsetzung der Kordilleren Südspaniens dar, was nachvollziehbar ist, wenn man sich mit einer topographischen Karte vor Augen das Meer »wegdenkt«

Wanderziel Mallorca

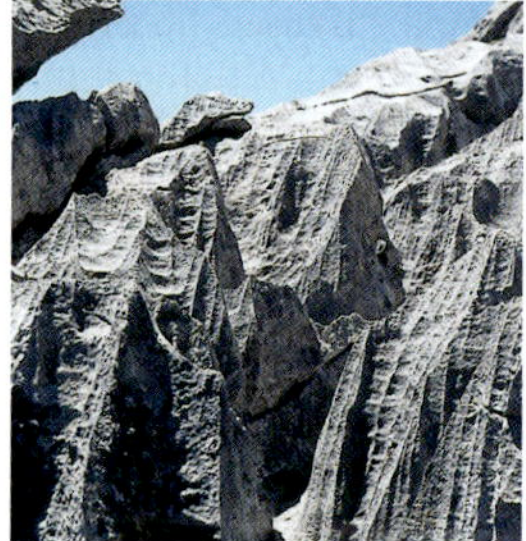

Ganz typisch auf Mallorca: Kalkrinnen

Hauptsächlich besteht Mallorca aus Mergel, Dolomiten und vor allem – 90% der Insel – aus Kalkgestein des Erdmittelalters. Das Kalkgestein wurde ausgewaschen und bildet **Karstformen** wie z.B. Kalkrinnen, Höhlen und Schluchten. Ebenso sind Formationen aus Sandstein vorhanden, die man – neben Kalkgestein – vorwiegend in der *Serra Tramuntana* findet.

ZEITTAFEL

vor Mio. Jahren	Zeitalter	Periode	Entwicklungsgeschichte
heute			
2	Erdneuzeit	Quartär	Eiszeit
		Tertiär	Korallenriffe auf dem Gebiet des heutigen Mallorca. Später schließt sich der östliche Teil der Tethys. Gondwana driftet dann gegen die eurasische Kontinentalplatte, es kommt zur alpidischen Auffaltung in diesem "Schraubstock".Das Gebiet der Balearen wird gehoben, der Ozean Tethys schrumpft auf Mittelmeer, Kaspisches und Schwarzes Meer zusammen.
65	Erdmittelalter	Kreide	Dinosaurier sterben aus. Erste Säugetiere
140		Jura	Ehem. Riesenkontinent Pangäa zerbricht in die Teile Eurasien (Norden) und Gondwana (Süden). Dazwischen schiebt sich ein neuer Ozean (Tethys). Das Gebiet Mallorcas ist davon überflutet. Reiche Meeresfauna. Entstehung unzähliger kalkproduzierender Organismen. Tone, Mergel und Kalksteine Mallorcas sind Ablagerungen aus dieser Zeit.
210		Trias	Erste Dinosaurier
250	Erdaltertum	Perm	Entwicklung und beginnende Artenvielfalt von Reptilien
290		Karbon	Älteste Geteinsfunde auf Mallorca

Klima

Das auf Mallorca vorherrschende **Klima** ist mediterran und geprägt durch lange, regenarme Sommer und milde – in der Regel – regenreichere Winter. Temperaturextreme werden durch die maritime Lage mit häufigen Winden gemildert. Die **mittlere Jahrestemperatur** liegt bei warmen 17°C, wobei die Monatsmittel Temperaturschwan-

Klima

kungen von 10°C im kältesten Monat Januar bis zu 24°C im wärmsten Monat August aufweisen.

Der **jahreszeitliche Ablauf** auf Mallorca ist weniger durch die Temperaturkurve als durch die **Verteilung der Niederschlagsmengen** und durch die vorherrschenden Winde beeinflusst (➪ nebenstehende Tabelle).

Zahlen am Beispiel Palma de Mallorca

Monat	durchschn. Temperatur Tag (in °C)	Nacht	durchschn. Regentage	Wassertemperatur in°C (im Ø)
Januar	14,0	6,3	8	14
Februar	14,8	6,4	6	13
März	16,6	8,0	8	14
April	18,9	10,4	6	15
Mai	21,9	12,8	5	17
Juni	26,0	17,0	3	21
Juli	29,0	19,6	1	24
August	28,8	20,2	3	25
Sept.	27,0	18,1	5	24
Oktober	22,5	13,9	9	21
Nov.	18,1	10,2	8	18
Dez.	15,1	7,6	9	15

Die kurzen **Winter** (Mitte November bis Februar) sind zwar überwiegend mild, können aber gelegentlich recht nasskalt sein. Dabei können die vorherrschenden Nordwinde aus dem Rhône- oder Ebrotal, *Mistral* und *Tramuntana* genannt, die Temperatur (auch zu anderen Jahreszeiten) stark fallen lassen. In den höheren Gebirgslagen fällt dann durchaus schon mal Schnee. Um Weihnachten herum kommt es hingegen oft zur angenehmeren Klimaerscheinung des ***petite stui*** (kleiner Sommer), wobei ein Warmluftkeil aus der Sahara für warme Temperaturen und Sonnenschein sorgt.

Der mit unseren Breiten vergleichbare **Frühling** beginnt auf Mallorca gelegentlich bereits Mitte **Januar** mit einer frühen Mandelblüte und geht etwa bis März/Mitte April.

Der **Mai** ist mit unserem **Sommer** vergleichbar. Dies ist die **beste Wanderzeit**, denn die Tage sind lang, und auch in den Bergen ist es schon warm. Nach dem Tagesmarsch kann man sich ab Mitte Mai gut ins Meer oder in den Pool wagen.

In den Monaten **Juni, Juli und August** wird es – wie überall am Mittelmeer – häufig sehr heiß. Der dann meist aus Südost wehende Scirocco kann zusätzlich warme, trockene – zum Teil noch durch Wüstensand angereicherte – Luft bringen.

In den **Herbstmonaten** ab Mitte **September** weicht das sommerliche Azorenhoch des öfteren nordatlantischen Tiefdruckausläufern. Niederschläge nehmen dann zu, aber es kommt relativ selten zu Dauerregen.

Klima

Das Relief Mallorcas führt zu starken **Schwankungen der Niederschlagsmengen**. Das Jahresmittel im Nordwesten der Insel beträgt 1500 mm, im Süden nur rund 400 mm (Im Vergleich dazu Frankfurt: 650 mm). Lokal begrenzter Regen ist ebenfalls nicht selten. Wenn es im wolkenverhangenen Bergland gießt, kann in Küstennähe dagegen durchaus die Sonne scheinen. Es macht auf jeden Fall Sinn, die Wanderplanung den Gegebenheiten flexibel anzupassen.

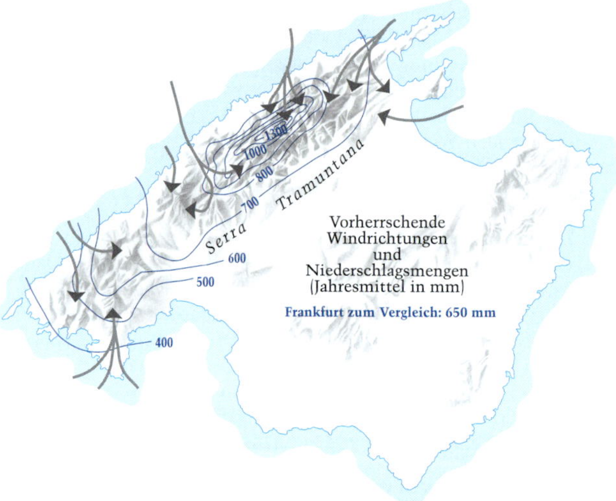

Klima

Die **besten Jahreszeiten** zum Wandern auf Mallorca sind **Frühjahr** (März bis Juni) und **Herbst** (Mitte September bis Mitte November). Während es in den Sommermonaten zu heiß für Touren im Gebirge auf **oft schattenlosen Pfaden ist**, können in den Wintermonaten schlechte Witterungsverhältnisse (Nebel, Regen oder sogar Schnee) Wanderungen auf vielen Wegen erschweren oder sogar unmöglich machen.

Wer nicht nur wandern, sondern **auch mal baden** möchte, sollte in den Perioden Mitte Mai-Juni oder Mitte September- Ende Oktober (Wasser ist dann vielerorts noch wärmer als im Mai) nach Mallorca reisen. Der Vorteil im Frühsommer sind die längeren Tage und das noch frische Grün.

Wandersaison

Tatsächlich erwischt man mit etwas Glück auch von Ende November bis März noch genügend Gutwettertage in Folge für einen schönen Wanderaufenthalt, nicht umsonst laufen die pauschalen Wanderangebote ohne Unterbrechung voll durch die Wintermonate. Zu beachten ist allerdings, dass viele Unterkünfte nur von Anfang Mai bis Ende Oktober geöffnet sind und die Auswahl an Unterkünften außerhalb der Saison recht eingeschränkt sein kann (⇨ siehe Hinweis: Wandern außerhalb der Saison).

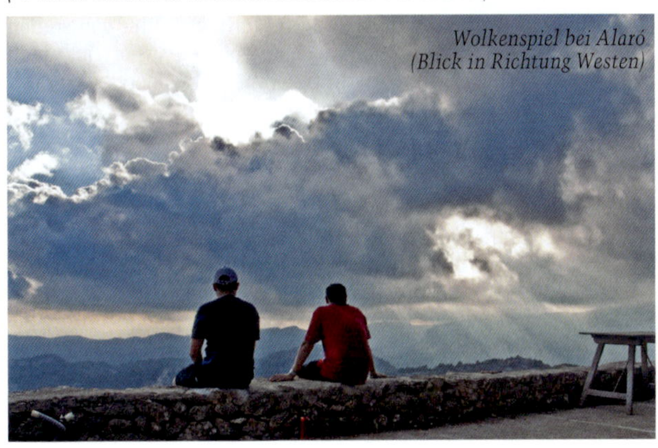
Wolkenspiel bei Alaró (Blick in Richtung Westen)

Reiseplanung und -vorbereitung

Pauschalbuchung

Im zentralen Wandergebiet findet man in **Port de Sóller** die meisten pauschal zu buchenden Unterkünfte vom relativ einfachen Hostal über die Hotellerie der Mittelklasse und Apartments bis hin zur exklusiven Hotelfinca, ⇨ siehe auch Liste empfehlenswerter Unterkünfte ab Seite 375.

Neben der normalen Pauschalreise mit Flug, Unterkunft (mit Frühstück oder – meistens – Halbpension) und Hoteltransfer, haben die meisten großen Reiseveranstalter auch Wanderwochen mit geführten Touren im Programm.

Individuellen Bedürfnissen am meisten entgegen kommt die separate **Selbstbuchung von Flug und Quartier**(en) in Abhängigkeit von vorab – mit Hilfe dieses Buches – ausgewählten Unterkünften und Tourenvorschlägen.

Reiseplanung und -vorbereitung

Orts- und Unterkunftswahl

Wer erstmals einen mehrtägigen oder gar mehrwöchigen Wanderurlaub zu den schönsten Wanderzielen der Insel im zentralen Tramuntanagebirge unternehmen möchte, sollte im **Sóllertal** an der zentralen Westküste Mallorcas Quartier nehmen. **Port de Sóller** liegt an der einzigen natürlich geschützten Bucht der Westküste. Dahinter öffnet sich ein weites Tal mit dem beschaulichen Städtchen **Sóller**, inmitten ausgedehnter Orangenkulturen, und den pittoresken Dörfern **Fornalutx** und **Biniaraix**, ringsum von steilen Gipfeln der *Serra Tramuntana* umgeben. Von hier aus erreicht man auch mit öffentlichen Verkehrsmitteln (Bus, Bahn oder Schiff) zahlreiche Einstiegs- und Startpunkte im *Tramuntanagebirge*. Zudem bieten die nostalgische Straßenbahn zwischen dem Hafen und der Stadt Sóller sowie die nostalgische Zugverbindung nach Bunyola und Palma eine weitere Attraktion und Mobilität ohne Mietwagen.

Im lebhaften Hafenstädtchen Port de Sóller findet man die meisten pauschal wie auch individuell zu buchenden Unterkünfte. Zudem lassen sich hier in den Monaten Mai, Juni, September und Oktober Wandern und Baden gut kombinieren. Wer dem Hafenrummel die ländliche Ruhe vorzieht, findet über das Orangental verteilt in Fornalutx (mehrfach als schönstes Dorf Spaniens gekürt), Biniaraix oder in Sóller direkt passende Unterkünfte, von der einfachen Pension, über Fincas und Ferienwohnungen, bis hin zum luxuriösen Landhotel.

Als alternative (Etappen) Standorte oder für einen (wiederholten) kürzeren Wanderurlaub bieten sich auch die Orte **Deià, Banyalbufar, Estellencs, Sant Elm, Lluc** oder eine einsam gelegene (Hotel)Finca oder Ferienwohnung im Hinterland an. Eine ausführliche Beschreibung mit Unterkünften und weiteren Tipps und Informationen finden Sie auf unserer Autoren- Website unter **www.serratramunta.de**

Pauschal- oder Individualbuchung

Eine generell gültige Aussage, ob Pauschal- oder Individualbuchung besser und/oder günstiger ist, lässt sich nicht treffen. Der besondere Vorteil der Individualbuchung liegt allerdings in der Möglichkeit, das *Tramuntanagebirge* in Etappen mit wechselnder Unterkunft zu bereisen bzw. zu erwandern. Grundsätzlich lassen sich fast alle Unterkünfte in den Katalogen der Reiseveranstalter auch direkt buchen.

Zum Wandern auf Mallorca

Die Wanderregion *Serra Tramuntana*

Die zentrale *Tramuntana* ist die reizvollste Wanderregion der Insel. Zwischen **Valldemossa** im Süden, dem **Kloster Lluc** im Norden, **Orient** und **Bunyola** im Osten und dem **Sóllertal** als wichtigstem Ausgangspunkt erstreckt sich ein dichtes Netz von Wanderwegen unterschiedlichster Schwierigkeitsgrade. Sie führen über historische Routen, auf die höchsten Berge und in die spektakulärste Schlucht der Insel. Von der leichten Wanderung rund um Sóller bis hin zur anspruchsvollen Klettertour auf den Gipfel des *Massanella* oder durch den *Torrent de Pareis* bietet die Region dem ambitionierten Wanderer ideale Bedingungen.

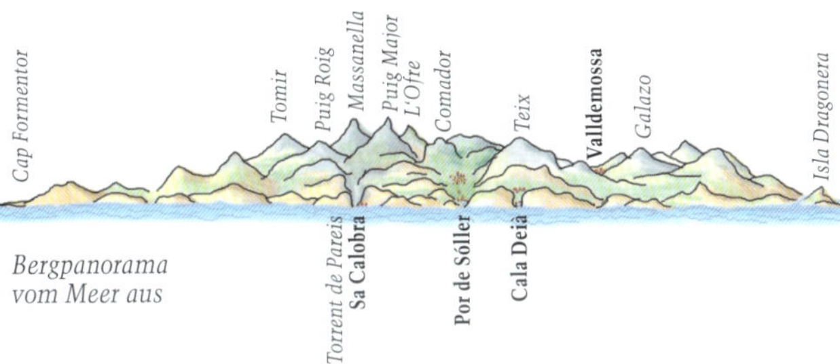

Bergpanorama vom Meer aus

Wege & Markierungen

Bei uns ist man gewohnt, vom Wanderparkplatz aus – mit oder ohne Wanderkarte – gut ausgeschilderten und markierten Routen zu folgen. Auf Mallorca ist das ganz anders:

Zwar wurden – wie erwähnt – mittlerweile eine ganze Reihe von Routen mit **Wegweisern** versehen, aber dennoch gibt es kein in sich geschlossenes, gekennzeichnetes Wegenetz.

Das liegt u. a. daran, dass viele Wanderwege über **privates Gelände** führen. Manche Grundeigentümer bringen dem Wandertourismus wenig Begeisterung entgegen und verunsichern in vielen Fällen Wanderer mit Warnschildern (➪ Foto: Privatgrundstück-Durchgang verboten), zugesperrten Gattern oder Toren. Sie missachten damit das eigentlich für die ganze Insel offiziell geltende traditionelle Wegerecht.

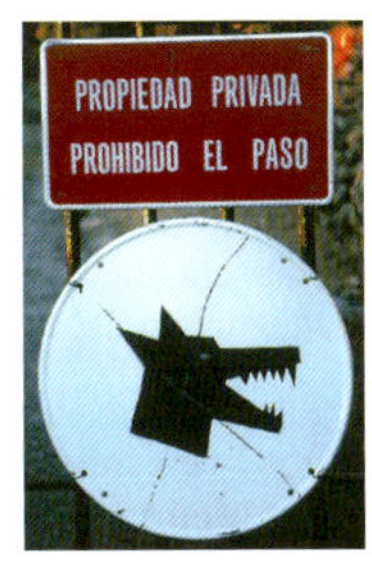

Zum Wandern auf Mallorca

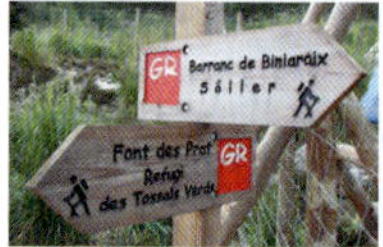

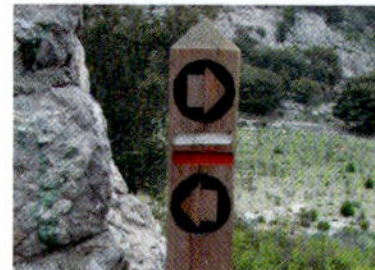

Beschilderung

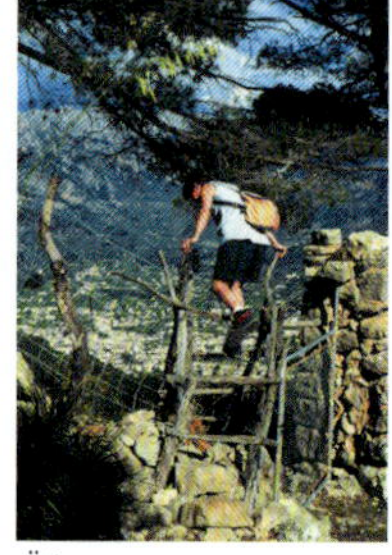

Überstieg

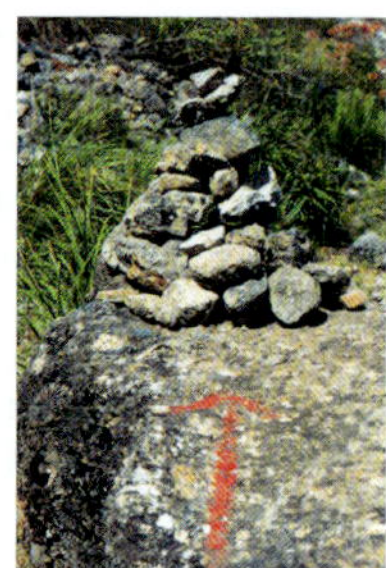

Farbmarkierungen und Steinmännchen

Trotz mancher Verbotsschilder stößt man indessen nur selten auf ernsthafte Hindernisse bzw. in persona auf protestierende Grundeigentümer. Konkrete Hinweise zu Wegsperrungen und Hindernissen, sofern bekannt, finden sich bei den Beschreibungen davon eventuell betroffener Wegabschnitte. Der Autor dieses Buches kann naturgemäß nicht garantieren, dass jeder beschriebene Weg jederzeit zugänglich ist.

Vielerorts, wo eine **„offizielle" Ausschilderung** fehlt, haben private Organisationen und Wanderer diese Wege und Pfade mit kleinen **Steinpyramiden** (Steinmännchen) und **Farbmarkierungen** gekennzeichnet. Sie weisen vor allem an unsicheren und kritischen Stellen den richtigen Weg.

Neben Gattern und Toren sind sog. **Trockensteinmauern**, die ohne Mörtel aufgeschichtet wurden, und Zäune Hindernisse für den Wanderer, die häufig mit Hilfe von – dafür auch vorgesehenen – Leitern überwunden werden können (➪ siehe Foto oben).

Ausrüstung

Festes Schuhwerk (Wander- oder Trekkingstiefel) gehört ebenso ins Gepäck wie eine leichte **Wind- oder Regenjacke** und ein (Fleece) **Pulli**. Sonnenschutz und Verbandszeug dürfen auch nicht fehlen. Hilfreich können auch **Kompass**, ein **Höhenmesser** oder ein **GPS-Gerät** sein, die Orientierung und Standortbestimmung im Gelände ermöglichen.

Da es auf vielen Touren keine Einkehrmöglichkeit gibt, benötigt man einen ausreichend großen **Rucksack**, um **Proviant** und vor allem genügend **Getränke** verstauen zu können.

Zum Wandern auf Mallorca

Für mehrtägige Wanderungen sind umfassendere Überlegungen, was die Ausrüstung anbelangt, notwendig. Eine weitere Packliste speziell dazu findet man unter dem Stichwort „Mehrtägige Wanderungen" auf der ⇨ Seite 341.

Gehzeiten

Bitte beachten: Alle in diesem Wanderbuch aufgeführten Zeiten verstehen sich als reine Gehzeiten, an denen man sich orientieren und sie mit dem eigenen Tempo vergleichen kann. Zu diesen Zeiten addieren sich erfahrungsgemäß 20-25% an zusätzlich benötigter Zeit für Pausen unterwegs, Abstecher und/oder – das kommt ja auch mal vor – ein Verlaufen.

Gefahren und Anforderungen

Die in höheren Lagen oft gerölligen und teilweise ausgesetzten **Bergpfade** verlangen neben festem Schuhwerk, das den Knöchel schützt, aufmerksames Gehen, ein gewisses Maß an Kondition, Trittsicherheit und auf manchen Routen auch Schwindelfreiheit. Eingangs jeder Tourbeschreibung wird explizit auf den **Schwierigkeitsgrad** der Tour und mögliche **Gefahren** hingewiesen.

Die Mitnahme eines **Mobiltelefons**, über das ggf. Hilfe angefordert werden kann, sei insbesondere Alleinwanderern angeraten.

Auch auf Mallorca kann das **Wetter** überraschend umschlagen. Plötzlich auftretende Starkwinde, kräftige Regenfälle, die zu Sturzbächen führen, oder dichter Nebel können für Wanderer im Gebirge schnell zur Gefahr werden.

Anfahrt zu den Ausgangspunkten

Außer bei Routen, die vor der eigenen Hoteltür begonnen werden können, stellt sich für individuelle Wanderungen die Frage der Anfahrt zum Ausgangspunkt. Am bequemsten ist in dieser Hinsicht ein Mietauto; es taugt aber nur bei Rundwanderungen, die zurück zum Parkplatz führen. Ein Mietfahrzeug ist außerdem bei streng ökonomischer Betrachtung im allgemeinen zu teuer, um es den ganzen Tag irgendwo abzustellen. Die Ausgangs- und Endpunkte der meisten der in diesem Buch beschriebenen Wanderungen lassen sich per Bus, Eisenbahn oder sogar per Boot erreichen. Genaue Hinweise finden sich zu Beginn jeder Tourbeschreibung.

⇨ Aktuelle Fahrpläne (auch in deutsch) > www.tib.org

Ökologie & Umweltschutz auf Mallorca

Umweltschutz

Umweltschutz ist **auf Mallorca kein Fremdwort**. Die Insel spielt in dieser Beziehung sogar eine in Spanien führende Rolle, wenn auch manche offensichtliche Bausünden und die damit einhergegangene Naturzerstörung vielenorts zunächst einen anderen Eindruck vermitteln.

Es ist dem GOB, wie sich die Umweltschutzorganisation auf Mallorca nennt (ausgeschrieben heißt das *Grupo* ***O****rnithologico de los* ***B****aleares*, weil sie aus einer Vogelschutzgruppe hervorgegangen ist), zu verdanken, dass ein Drittel der Inselfläche zum Landschaftsschutzgebiet erklärt wurde.

Mittlerweile haben sich auch die Inselregierung und viele Gemeinden den Umweltschutz auf die Fahnen geschrieben, nicht zuletzt im Sinn einer Zukunftssicherung der touristischen Attraktivität Mallorcas. Sichtbar positive Auswirkungen sind z.B. Rückbaumaßnahmen bei Lokalstraßen, Abriss von „Schandflecken" im Hotelbereich, Mülltrennung und -verbrennung statt weiterer Deponien.

Wasserversorgung

Die **Wasserversorgung** ist ein altes Inselproblem, das durch den Tourismus „nur" relativ geringfügig verschärft wurde. Mallorca verbraucht über 300 Mio. m^3 Trinkwasser pro Jahr, wovon über 20% auf Verluste im maroden Leitungsnetz entfallen.

Vom „echten" Verbrauch holt sich allein die Landwirtschaft, die an der Wirtschaftsleistung Mallorcas nur geringfügig beteiligt ist, rund 60%. Die oft gescholtene Golfplatzbewässerung kostet nur 1% des Frischwassers. **Die Bevölkerung plus Touristen verbrauchen den Rest, also nicht ganz 40%.**

Dieser Bedarf wird aus unterschiedlichsten „Quellen" gedeckt, dabei spielen natürliche Süßwasserressourcen die geringste Rolle, obwohl einige durchaus ergiebige **natürliche Quellen** – wie Sa Costera an der Westküste (⇨ siehe **Tourenvorschlag J**, Seite 69), deren glasklares Wasser erst seit kurzem nicht mehr nur ins Meer fließt – lange Jahre nicht genutzt wurden.

Wichtigste Lieferanten waren früher **Tiefbrunnen**, deren Wasser leicht salzhaltig ist und mit Süßwasser vermischt werden muss, um eine akzeptable Qualität zu erreichen, und – für den Raum Palma – die in den 1960er-Jahren angelegten **Stauseen Cúber** und **Gorg Blau**. Sie speichern aber nur nach regenreichen Wintern nennenswerte Wasservorräte.

Ökologie & Umweltschutz auf Mallorca

Den heute wichtigsten Beitrag zur Wasserversorgung (80%) leisten **Meerwasserentsalzungsanlagen** mit einer Kapazität von bis zu 80.000 m³ täglich. Das Problem dieser Anlagen ist ihr hoher Stromverbrauch, der die mit Öl und Gas betriebenen E-Werke Mallorcas bis an die Kapazitätsgrenzen belastet.

Abwasser

Während früher das Gros der **Abwässer** ungeklärt ins Mittelmeer floß, sind heute **Kläranlagen** flächendeckend in Betrieb, von denen aber einige im Sommer „riechbar" über ihrer theoretischen Maximalkapazität arbeiten. Der Grad der Aufbereitung ist unterschiedlich. Das meiste Klärwasser geht ins Meer. Ein geringerer Teil wird als sogenanntes Brauchwasser zur Beregnung von Grünanlagen und Golfplätzen genutzt. Immerhin spricht die sehr gute Wasserqualität an fast allen Stränden für die heutige Klärqualität, auch wenn rund um Mallorca immer noch Abwässer teilweise ungeklärt im Meer landen.

Zwei ökologische Themen speziell für Wanderer sind: „**Müllentsorgung unterwegs**" und „**Waldbrände**".

Müllproblematik

Ein auch anderswo bekanntes Problem des Wandertourismus ist entlang populärer Wege und auf Picknickplätzen der zunehmende Anfall von Müll. Grundbesitzer führen dies gerne als Grund an für ihre Weigerung, das Wegerecht von Wanderern zu akzeptieren (⇨ siehe Seite 21). Dabei findet man achtlos entsorgten Abfall am allerwenigsten entlang straßenferner Routen, und nichts deutet darauf hin, dass ausgerechnet ausländische Wanderer für die Umweltverschmutzung, etwa auf Picknickplätzen, verantwortlich sind. Für die meisten von ihnen ist es eine Selbstverständlichkeit, keinen Müll in den Bergen zu hinterlassen.

Waldbrandgefahr

In trockenen Perioden kommt es immer wieder zu **Waldbränden**, die große Baumbestände vernichten. Weggeworfene Zigarettenkippen, offene Feuerstellen oder Flaschen, die wie ein Brennglas wirken können, sind oft die Brandursache. Auf den Höhen in besonders gefährdeten Bereichen werden daher in den Sommermonaten Beobachter (häufig Studenten) mit Ferngläsern und Funkgeräten eingesetzt, die erste Anzeichen eines Brandes weitermelden können.

WISSENSWERTES EN ROUTE

Köhler, Kalkbrenner und Schneesammler

Trockensteinmauern · tancas

Terrassenfelder · marjades

Steinhütten · porxus

Quellen · fonts

Sturzbachtäler · torrents

Höhlen · coves

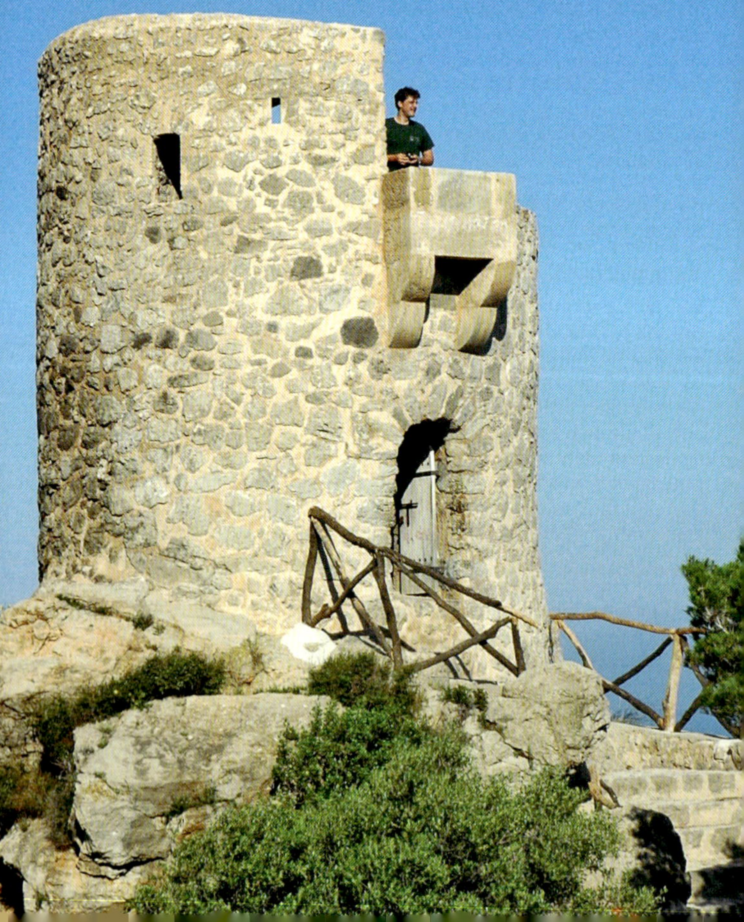

Köhler, Kalkbrenner und Schneesammler

Vom harten Handwerk in den Bergen Mallorcas

Die kreisrunden, in Stein gefassten Fundamente (**Sitjas**) wurden bis in die 1960er-Jahre zur Holzkohlegewinnung genutzt, bevor (importiertes) Propangas die Holzkohle als wichtigsten Brennstoff ablöste. Hin und wieder findet man in der Nähe der *Sitjas* noch die Grundmauern einer ehemaligen Köhlerhütte, eines Steinbackofens oder einer Wassersammelstelle (**Aljub**), die dem Köhler und seiner Familie während der Holzverkohlung in den Sommermonaten als Unterkunft bzw. zur Versorgung gedient hatten. Häufig wurden auch Kalkbrennöfen (**Forns de Calc**), deren wichtigster Brennstoff die Holzkohle war, in der Nähe dieser Köhlerstätten errichtet. Heute sieht man noch vereinzelt die runden Umfassungsmauern im Durchmesser von 4-6 m mit einer seitlichen Öffnung und trogförmig eingelassenem Boden.

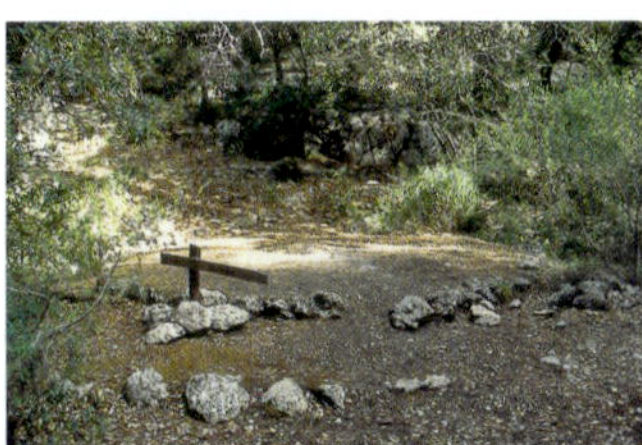

Fundament eines ehemaligen Holzkohlenmeilers

Die Holzkohlegewinnung

Für die Gewinnung von Holzkohle verwendete man vorwiegend Steineichen. Das geschlagene und gesammelte Holz aus der Umgebung wurde entrindet und in Scheiten kegelförmig auf der *Sitja* (4-7 m Durchmesser) so aufgeschichtet, dass in der Mitte ein Kamin entstand. Schneidegras und eine Schicht feiner Erde deckten das Holz ab. Über eine angelehnte Leiter entfachte der Köhler den „Scheiterhaufen" durch den Kamin und erzeugte am Boden des Fundaments einen Schwelbrand. Die umlaufenden Steine des Fundaments waren so angeordnet, dass die Luft zirkulieren konnte und das Steineichenholz verkohlte. Der Schwelbrand dauerte 10-12 Tage und musste ständig kontrolliert werden, damit das Holz nicht verbrannte. Dabei verlor das Holz 75%-80% seines ursprünglichen Gewichts. Die fertige Kohle wurde mit feiner Erde abgekühlt. Pro Brand konnten 2.500-3.000 kg Kohle gewonnen werden, für die rund 12 t Holz eingebracht werden mussten.

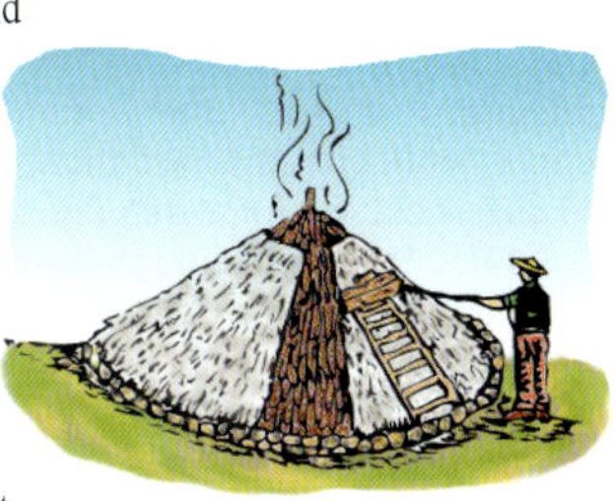

Köhler, Kalkbrenner und Schneesammler

Das Kalkbrennen

Ausgangsmaterial für das Kalkbrennen waren die in der Serra Tramuntana reichlich vorkommenden Kalksteine. Durchs Erhitzen (Brennen) der Kalksteine und durch anschließendes Löschen mit Wasser wird ein einfacher chemischer Vorgang in Gang gesetzt, der **Calciumhydroxid**, nämlich Löschkalk hervorbringt.

Etwa 10 Tonnen Holzkohle wurden in 10-14 Tagen zur Glut gebracht, um 120-150 t Kalk zu brennen, der als Mörtel und Kalkanstrich beim Hausbau diente.

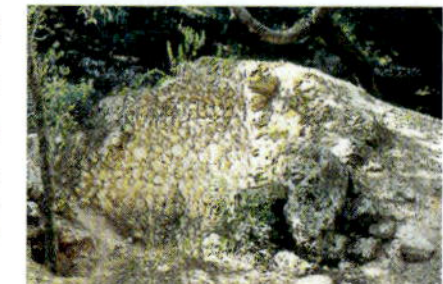

ehemaliger Kalkofen

Schneesammeln und Eisherstellung

In den Wintermonaten, wenn die Bergbauern und Köhler erwerbslos waren und es in den höchsten Gipfelregionen der Insel geschneit hatte, zogen sie mit Körben in die Berge, um den Schnee zu sammeln. Der gesammelte Schnee wurde in sog. **Casas de sa Neu** (Schneehäuser) gebracht, die im Gebirge errichtet wurden. Das waren nach oben hin offene Mauereinfassungen mit einer Bodenvertiefung. Durch Tücher geschützt wurde der Schnee verdichtet und anschließend mit Salz, Asche und Grasmatten abgedeckt. So hielt sich der gut isolierte und zu Eis gewordene Schnee bis in die Sommermonate. Nachts wurde das Eis – in Blöcke zersägt – mit Maultieren hinunter in die umliegenden Orte gebracht und vorwiegend an Brauereien und Gastronomiebetriebe verkauft. Als in den 20er-Jahren des letzten Jahrhunderts die ersten Eisfabriken auf Mallorca aufkamen, ging dieser Erwerbszweig verloren.

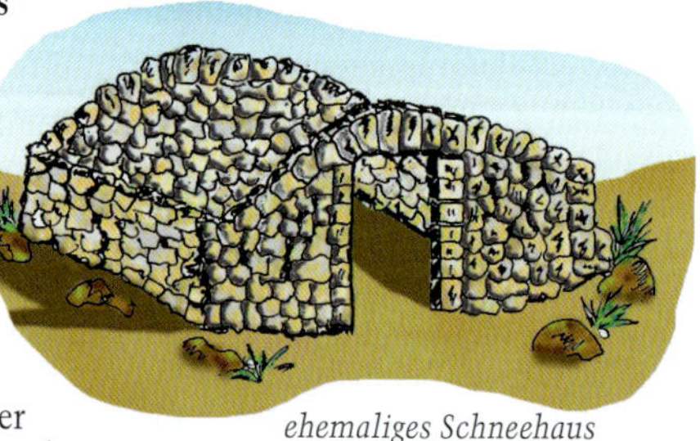

ehemaliges Schneehaus

Trockensteinmauern · tancas

Das mallorquinische Landschaftsbild wird – außer von den typischen Windmühlen – u.a. von sog. Trockensteinmauern geprägt, die von den Feldern in der Ebene bis hinauf in die entlegensten Bergregionen fast allgegenwärtig sind. Ihr Bezeichnung leitet sich ab vom Katalanischen ***tancar*** (= *ummauern*), und in der Tat findet sich kaum ein Feld oder Garten, die nicht auf diese Weise eingegrenzt sind. Diese Mauern können mehrere Funktionen haben. In erster Linie markieren sie Eigentumsgrenzen. Der überwiegend private Grundbesitz und das insulare Erbrecht, die das Land immer weiter unterteilten, erklären die Häufigkeit und Verbreitung der Trockensteinmauern. Gleichzeitig bilden sie Einzäunungen für das Vieh und schützen den Boden vor Erosion und Austrocknung.

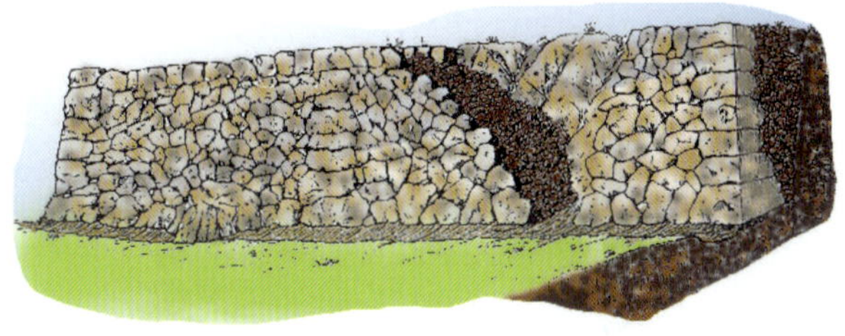

Das **Prinzip ihrer Bauweise** ist einheitlich und simpel:

Die Mauern sind an der Grundfläche ca. 1 m breit und verjüngen sich mit zunehmender Höhe bis zur ca. 80 cm breiten Krone. Die Steine werden ohne Mörtel kunstvoll aufeinander geschichtet. Der Kern wird angefüllt mit kleineren Gesteinsbrocken, die Außenseiten häufig verblendet mit nur einseitig behauenen größeren Feldsteinen. Breite Tore ermöglichen es, Vieh auf die umgrenzten Flächen zu führen. Wanderer können häufig durch eine zusätzliche kleine Pforte passieren oder über eine seitlich vom Gatter angebrachte Leiter steigen. Häufig erleichtern auch Trittstufen in den Mauern den Überstieg. Durch kleine Tunnel kann das Regenwasser abfließen. Das Handwerk des Trockenmauerns wurde früher durch gelernte Steinsetzer (*Margers*) ausgeübt. Heute bemüht sich eine mit EU-Geldern finanzierte **Escola de Margers** die Tradition zu erhalten. Diese Schule ist damit beauftragt, neben den Tancas auch die alten Pilgerpfade, die historischen Terrassenanlagen und mittelalterlichen Stadtmauern zu restaurieren.

Terrassenfelder · marjades

Die arabische Herrschaft vom 9. bis zu Beginn des 13. Jahrhunderts brachte für Mallorca nicht nur eine kulturelle Blüte, sondern auch eine nachhaltige Entwicklung der **Landwirtschaft**. Die ersten von Mauern gestützten, terrassenförmig angelegten Felder an den Hängen der *Serra Tramuntana* wurden gebaut. Quellen und Zisternen sorgten über ein weitverzweigtes Netz von Rinnen für die Bewässerung der Plantagen. Mit den Arabern kamen auch Mandel-, Zitrus-, Aprikosen- und Pfirsichbäume auf die Insel, der Weinanbau wurde kultiviert. Die eindrucksvollste immer noch landwirtschaftlich intensiv genutzte Terrassenlandschaft befindet sich über der südlichen Westküste bei Banyalbufar, wo – von der Küste bis hoch ins Gebirge hinein – bis zu 70 Stufen übereinander angelegt worden sind.

Terrassenfelder bei Banyalbufar

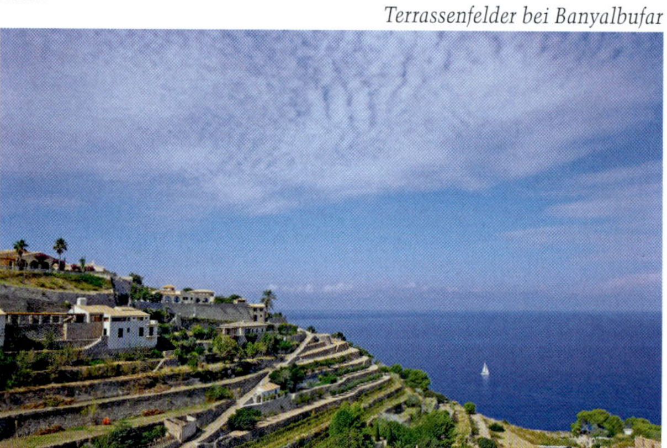

Steinhütten · porxus

Auf den meisten der zahllosen kleinen, durch Trockenmauern eingefriedeten Grundstücke stehen die fürs mallorquinische Landschaftsbild ebenfalls typischen Steinhütten mit Dächern aus arabischen Dachziegeln. Sie werden von Landarbeitern und Hirten als Unterstand und Werkzeugdepot genutzt. Gelegentlich wird auch die Olivenernte dort zwischengelagert, oder Ziegen und Schafe sind darin untergebracht.

Porxus sind als Zweckbauten individuell gestaltet und den Bedingungen des jeweiligen Standortes optimal angepasst.

Quellen · fonts

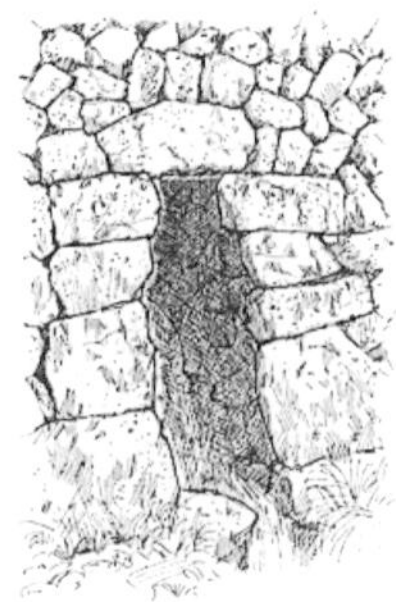

Wie auf vielen anderen Inseln war und ist die Wasserversorgung auch für Mallorca ein besonderes Problem. Die westliche Bergkette sorgt zwar prinzipiell für hohe Niederschläge, aber das Regenwasser versickert schnell im Kalkstein und tritt nur an wenigen Stellen als Quelle (*Font*) wieder aus oder fließt ungenutzt ins Meer. Durch in den Berg getriebene Tunnel, die das Sickerwasser sammeln, schaffte man zusätzliche Wasserstellen im Gebirge, die Köhler und Kalkbrenner mit Wasser versorgten und auch heute noch Tieren vielfach als Tränke dienen. Ihre Eingänge sind oft mit Steinmauern umbaut, um die Verdunstung zu vermindern.

Sturzbachtäler/-schluchten · torrents/barrancs

Die häufig tief eingeschnittenen und teilweise sehr engen Sturzbachtäler führen nur während der winterlichen Regenzeit und nach Wolkenbrüchen Wasser, das aber meist rasch versickert und/oder verdunstet. Über die Jahrmillionen hat das Wasser regelrechte Erosionsschluchten gebildet, deren imposantestes Beispiel der Cañon des *Torrent de Pareis* ist. Attraktiv für Wanderer ist der *Barranc de Biniaraix.*

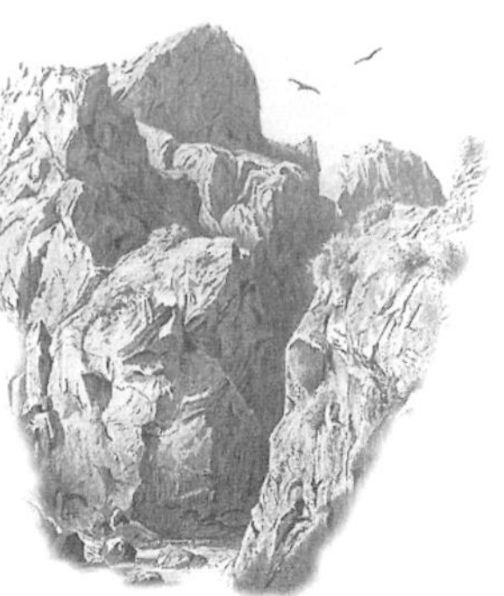

Zugang zum Torrent de Pareis

Höhlen · coves

Entlang der Küste und im Landesinneren findet man auf Mallorca eine ganze Reihe eindrucksvoller Höhlen (*Coves*). Einige der nur vom Meer aus zugänglichen Höhlen wurden früher von Schmugglern zur Lagerung „heißer Waren" wie Alkohol und Zigaretten genutzt.

Von den Höhlen in der *Tramuntana* stehen nur die *Coves de Campanet* (bei Campanet) zur Besichtigung offen. Beim Betreten „wilder" Höhlen unterwegs ist Vorsicht geboten.

KLEINES PFLANZENLEXIKON

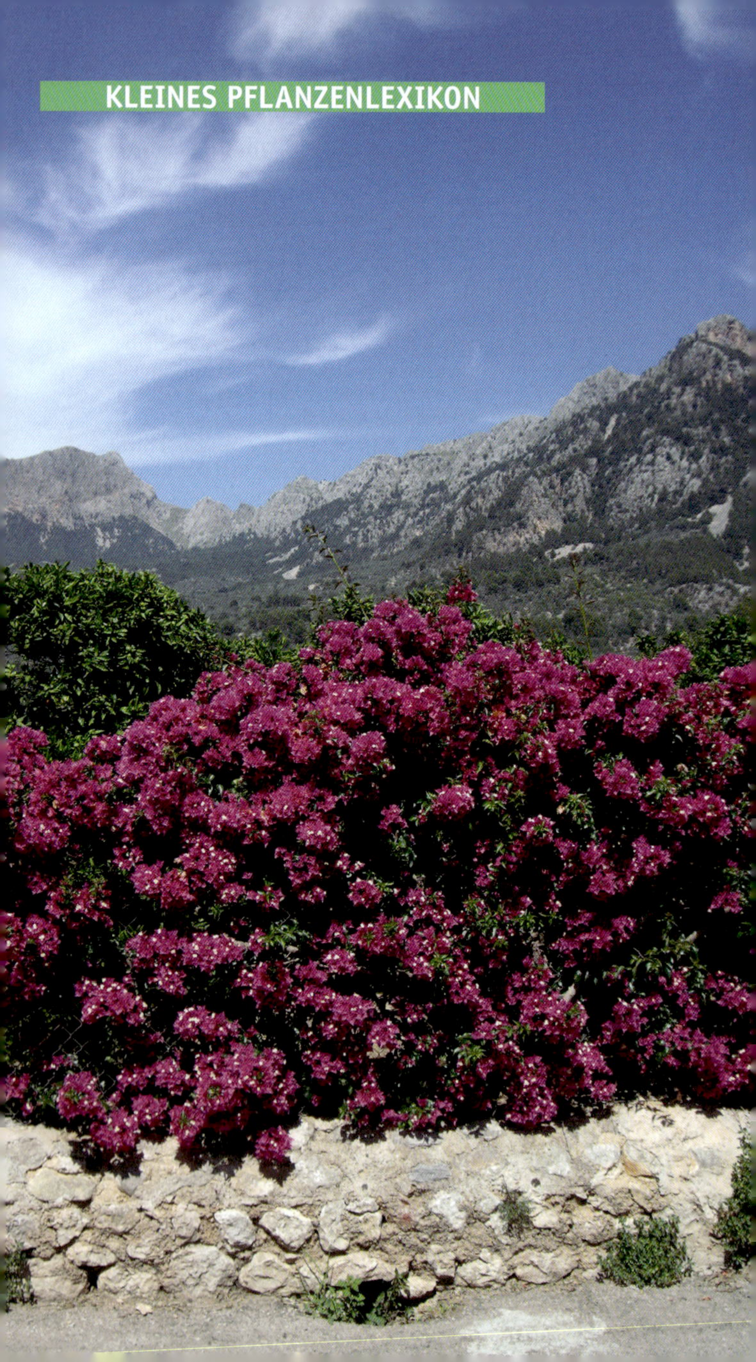

Kleines Pflanzenlexikon

Vegetationszonen Mallorcas

Die Vegetation Mallorcas entspricht im wesentlichen der auch anderswo im Mittelmeerraum zu findenden Flora. Dank der Insellage konnten sich aber einige endemische Pflanzenarten bilden, die sich unabhängig von verwandten Festlandarten weiterentwickelt haben und nur auf Mallorca zu finden sind. Das mediterrane Klima und die normalerweise geringen Niederschläge von Februar bis August sorgen dafür, dass immergrüne Hartlaubgewächse wie Steineichen und Olivenbäume sowie Strauchvegetationen überwiegen, die längere Dürreperioden verkraften können. Die als **Macchie** oder **Garrigue** bezeichneten Strauchlandschaften sind Nachfolger und quasi Ersatz für frühere Wälder, die der Ausdehnung der Landwirtschaft und Köhlerei zum Opfer fielen. Da die Niederschlagsmenge mit zunehmender Höhe ansteigt, verändern sich die Vegetationszonen in Abhängigkeit vom Geländeprofil. Für verschiedene Höhenlagen entwickelten sich jeweils charakteristische Pflanzengemeinschaften.

Das folgende **Kleine Pflanzenlexikon** ist daher nach **Vegetationszonen** (Grafik unten) unterteilt. Die jeweils typischen Pflanzen für die einzelnen Zonen werden darin kurz vorgestellt. Für jede Zone, durch die man wandert, sei es im Hochgebirge oder entlang der Küste, findet man derart auf einen Blick die häufigsten dort heimischen Pflanzen.

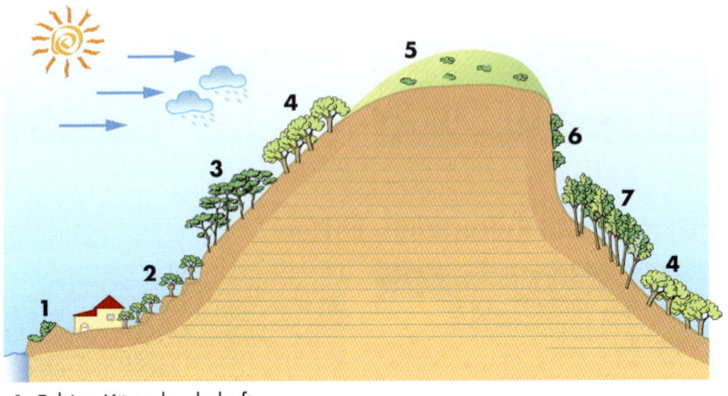

1 Felsige Küstenlandschaft
2 Kulturlandschaft: Zitrusfrüchte, Gemüse,Olivenhaine
3 Kiefernwald und Macchie
4 Steineichenwald
5 Garrigue/ Igelpolster-Vegetation/ Dissgras
6 Macchie/ Steineichenwald
7 Sommergrüner Wald (meist an wasserführenden Bächen/Torrents)

1 Felsige Küstenlandschaft

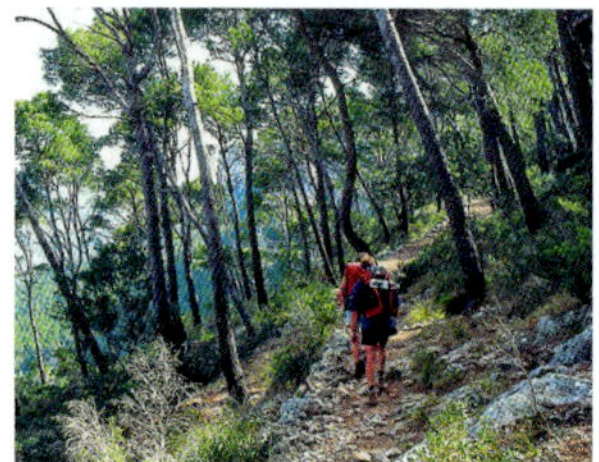

Kieferwald

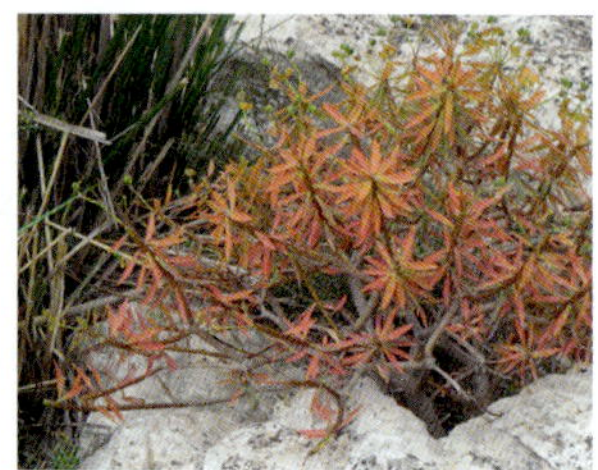

Baum-Wolfsmilch

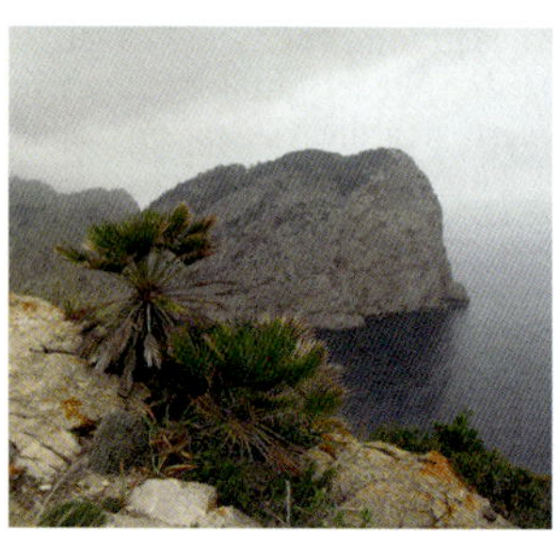

Zwergpalme

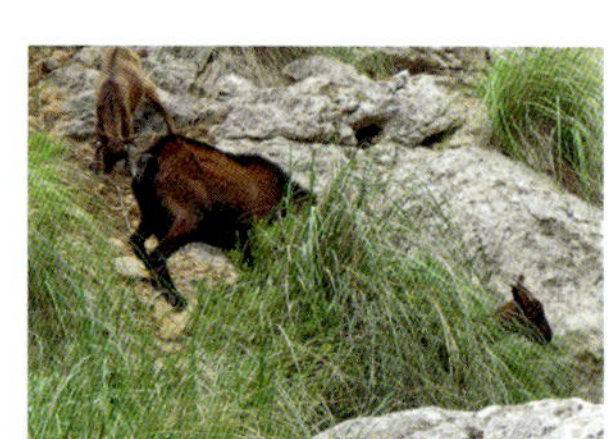

Dissgras

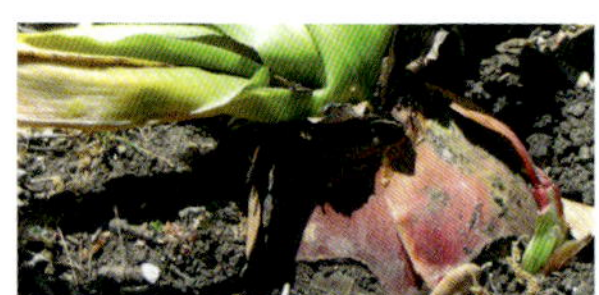

Meerzwiebel

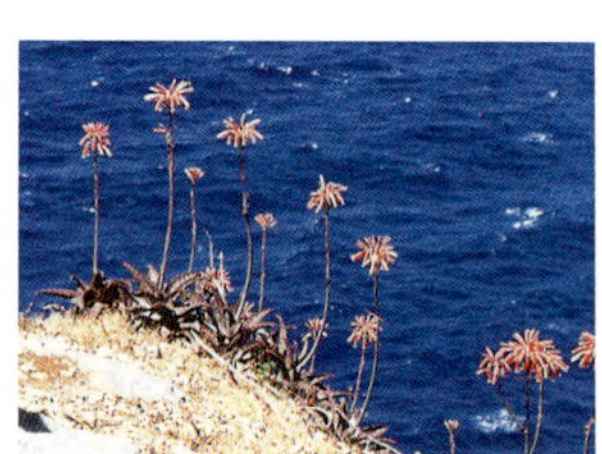

Aloe-Art

2 Gärten- und Kulturlandschaften

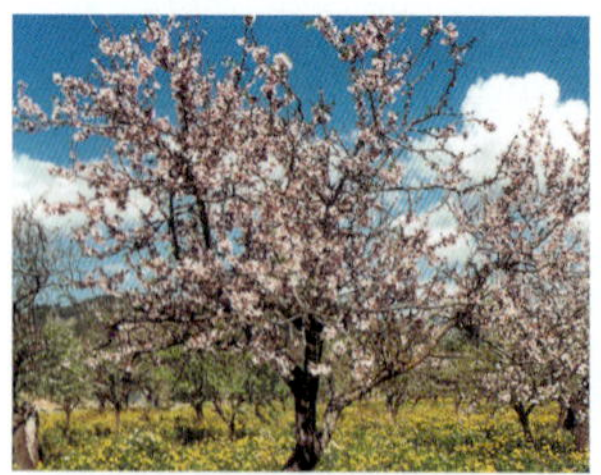

Mandelbaum

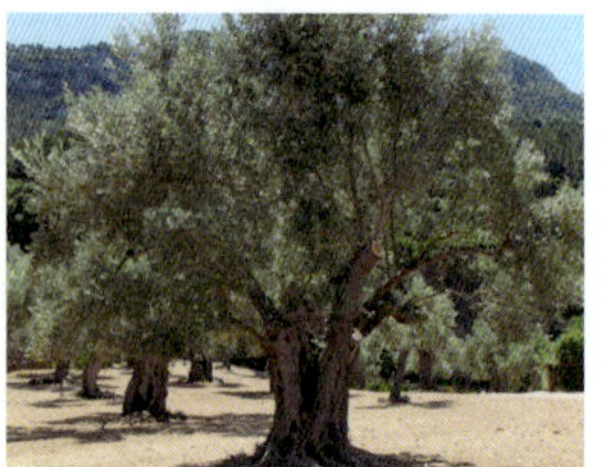

Olivenbaum

2 Gärten- und Kulturlandschaften

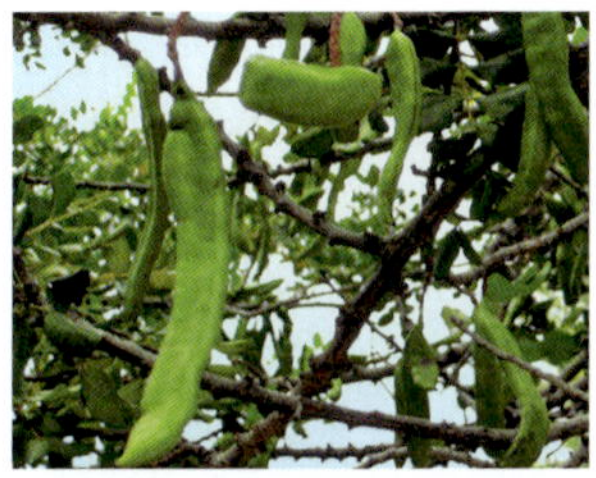
Johannisbrotbaum

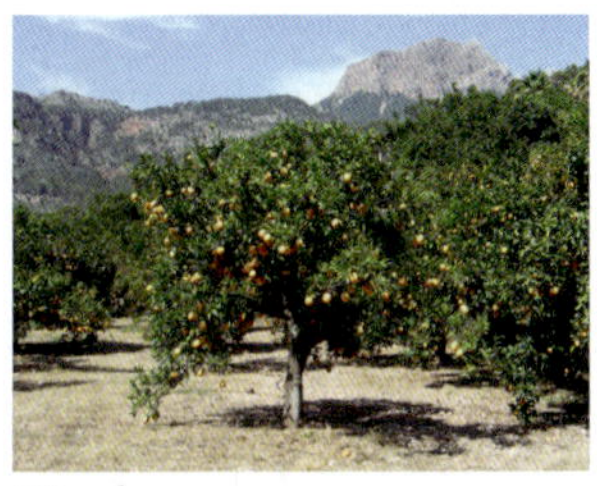
Zitrusbaum

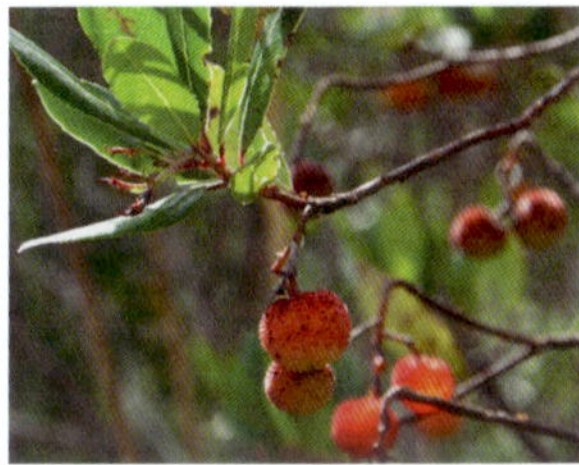
Erdbeerbaum

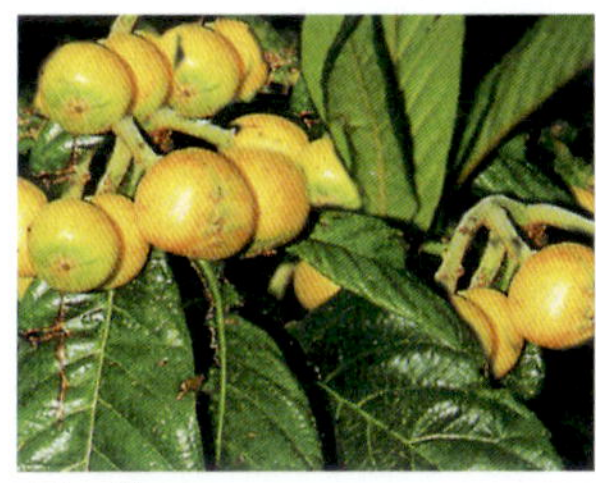
Mispelbaum

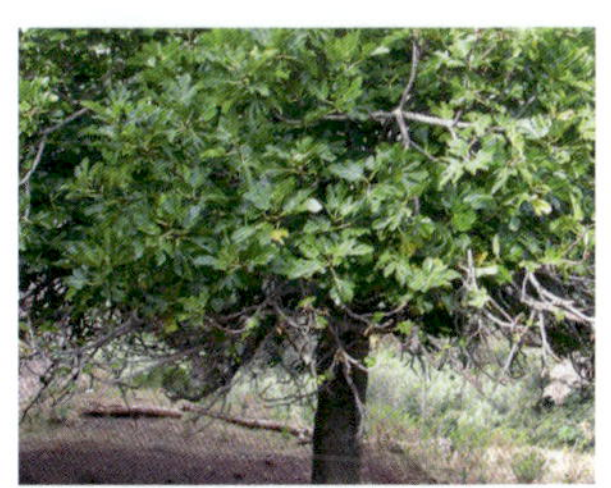
Feigenbaum

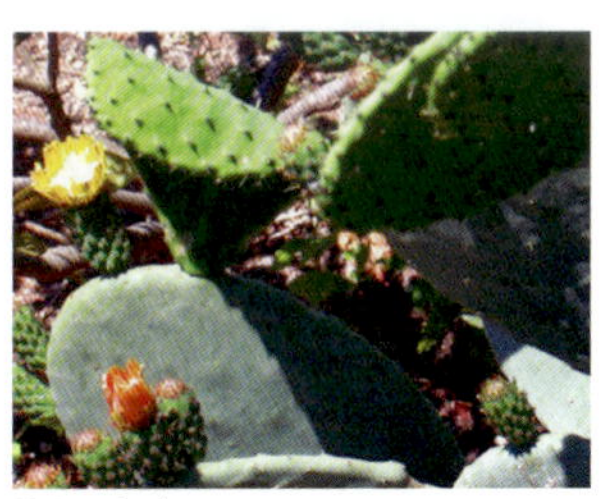
Feigenkaktus

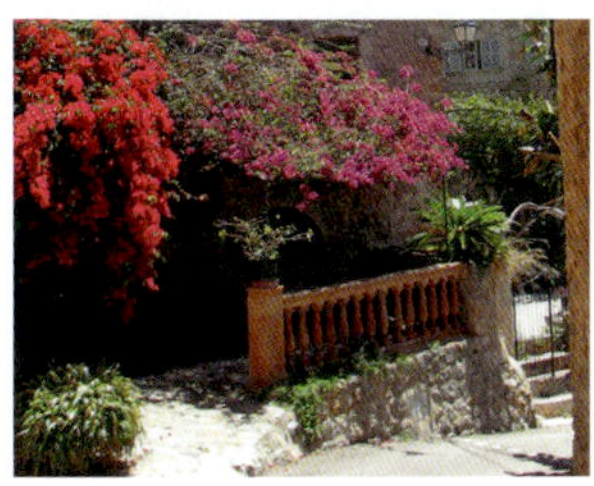
Bougainvillie

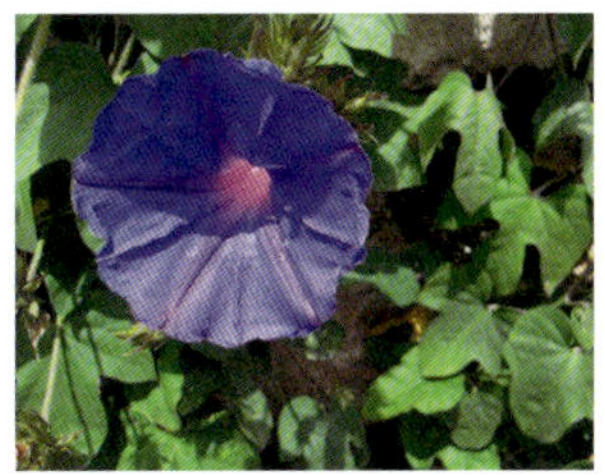
Schmuckwinde

3 Macchie

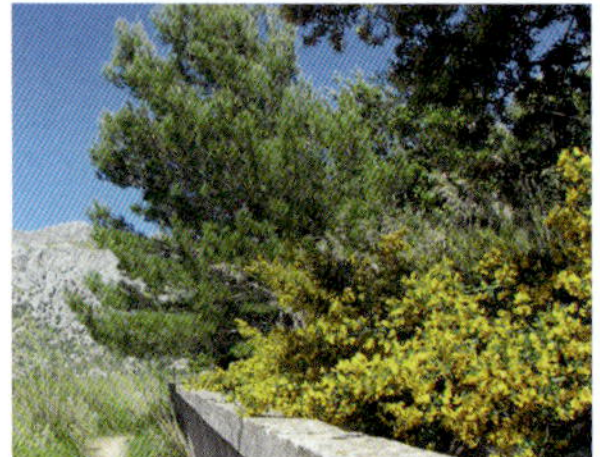
Dornginster

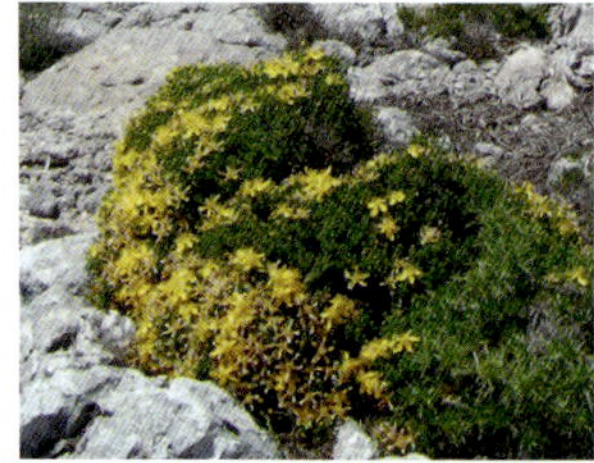
Balearen-Johanniskraut

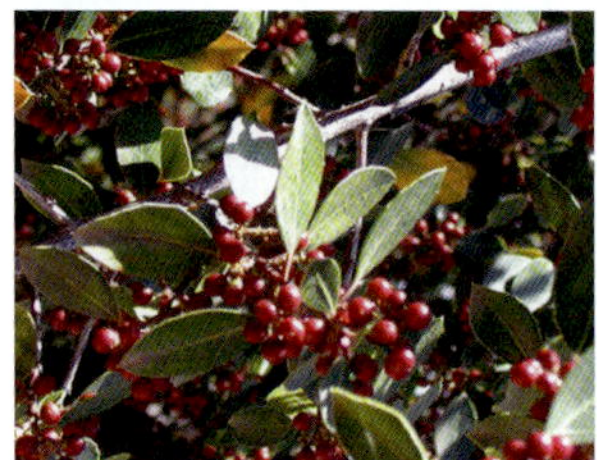
Mastix-Strauch

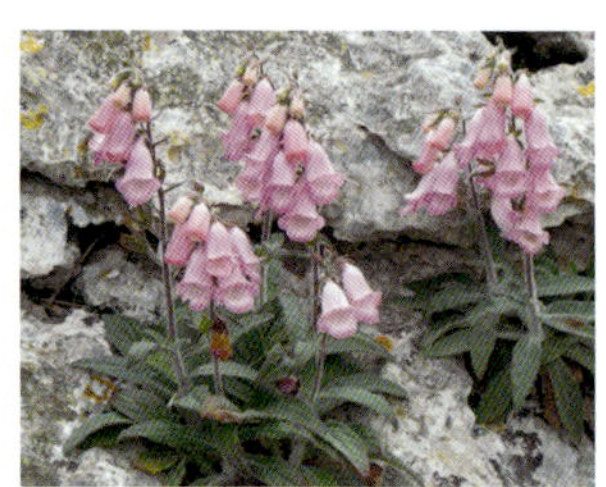
Fingerhut

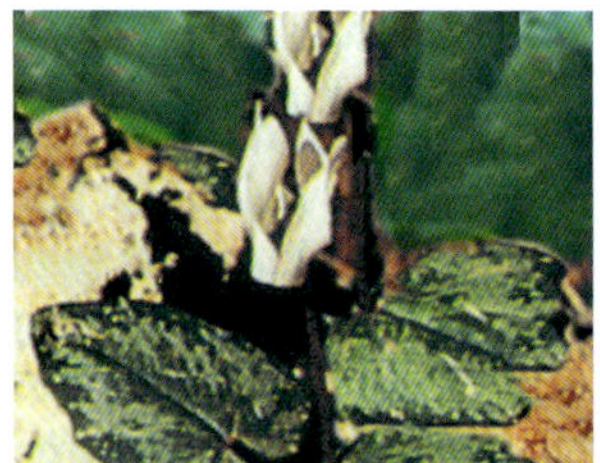
Balearen-Alpenveilchen

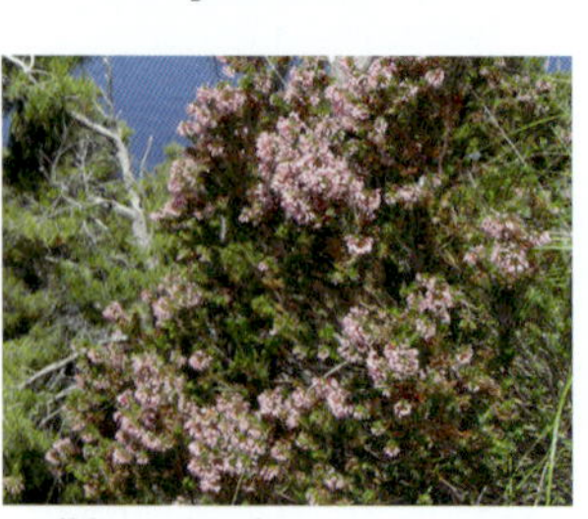
Vielblütige Heide

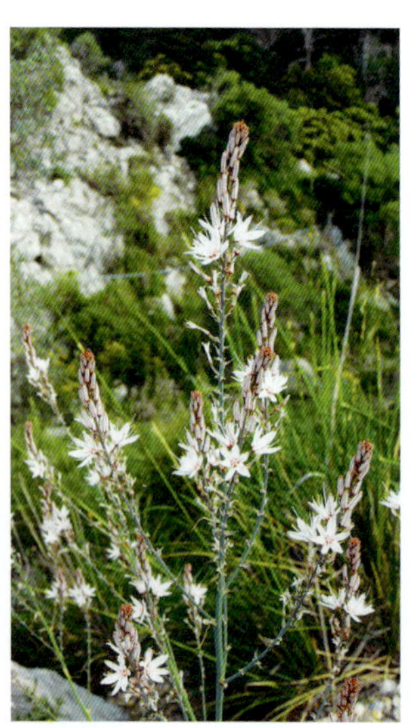
Affodill

3 Macchie

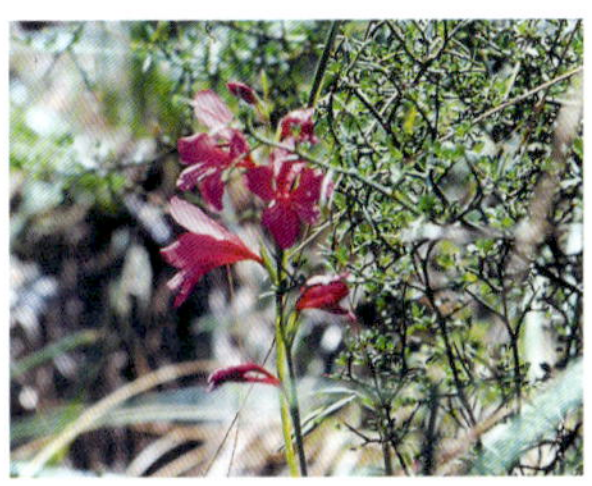
Wildgladiole

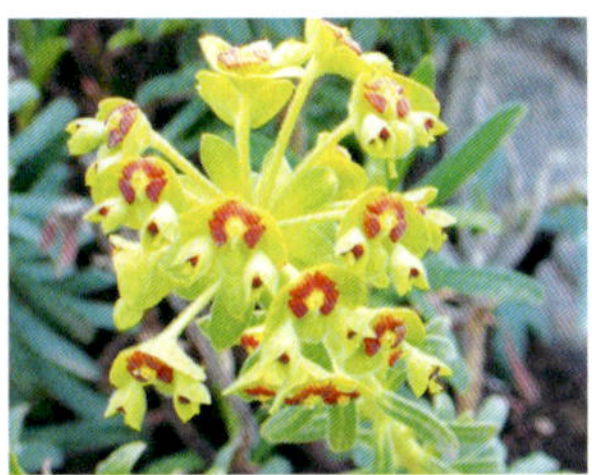
Palisaden-Wolfsmilich

4 Steineichenwälder

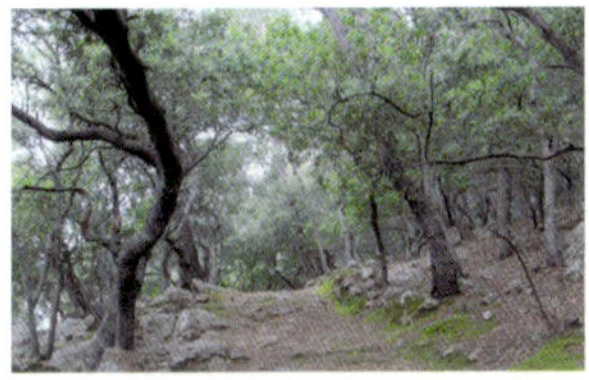
Steineichenwald

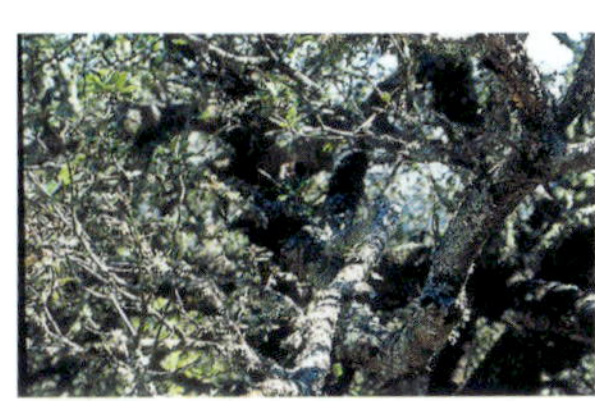
Bemooste Steineiche

5 Garrigue

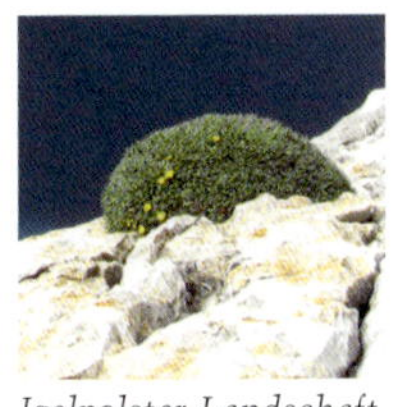
Igelpolster-Landschaft

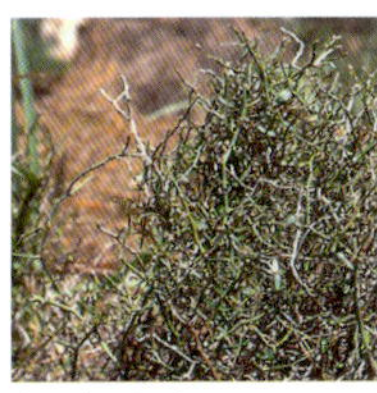
Stechwinde

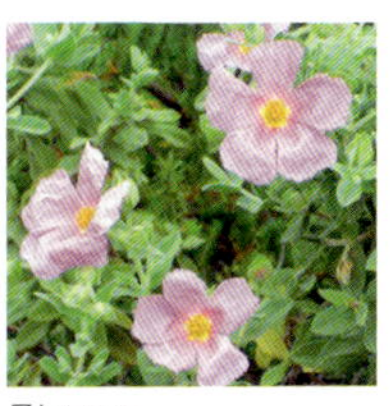
Zistrose

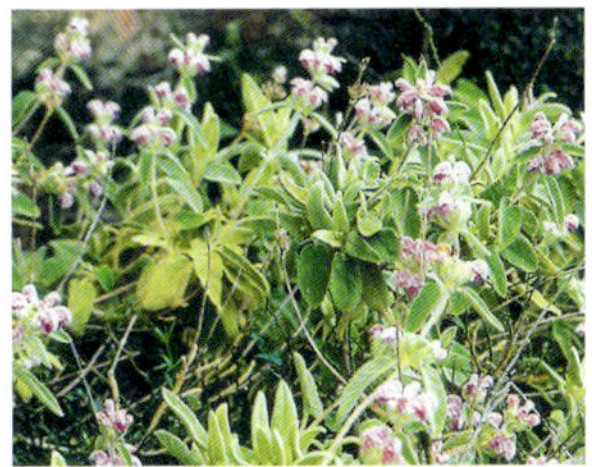
Italienisches Brandkraut

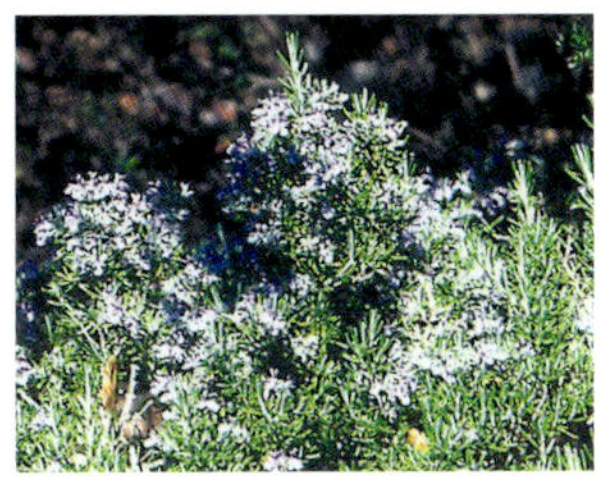
Rosmarin

1 Felsige Küstenlandschaft

Der Westen Mallorcas zeichnet sich neben seinen hohen Bergen durch Steilküsten und zerklüftete Felslandschaften aus. Aleppokiefern säumen in einem weiten Streifen die Küstenlandschaft, immer wieder durchbrochen von Macchie wie Dissgras und Wolfsmilchgewächsen. Die Aleppokiefern, ursprünglich nicht heimisch auf Mallorca, wurden erst im 16. Jahrhundert auf die Insel gebracht und entlang der Küste zum Schutze vor Piraten angepflanzt. Je weiter nördlich man sich entlang der Küste bis hinauf zum Cap Formentor bewegt, umso karger und spärlicher wird die Küstenvegetation.

TIPP Besonders viele und schöne **Wolfsmilchsträucher**, deren rötliche Rinde und gelb-orangen Spitzen im Sonnenlicht des Spätnachmittags besonders schön leuchten, findet man in Port de Sóller entlang der zum Leuchtturm führenden Straße.

1 **Aleppokiefer** *(Pinus halepensis)*
Standort: Trockene Sandböden; auch sanddurchsetzter Fels

Höhe: Ähnelt im Wuchs der Waldkiefer, wird bis 15 m hoch

Form: Dichte Baumkrone mit 5-20 cm langen grünen Nadeln, bildet braune Zapfen, Rinde ist schuppig und silbrig-grau

Wissenswertes: Diese Kiefernart bildet ausgedehnte Wälder und bedeckt ca. ein Fünftel der Inselfläche. Aleppokiefern sind genügsam und wachsen schnell. Sie verdrängen mit ihrer lichtundurchlässigen Krone andere niedrigwachsendere Pflanzen und Baumarten. Im Sommer werden oft große Flächen durch Brände vernichtet, da sich Feuer wegen des terpentinhaltigen Harzes der Kiefern besonders schnell ausbreiten kann.

2 **Zwergpalme** *(Chamaerops humilis)*
Standort: Garrigue im Südwesten und Nordosten Mallorcas

Höhe: Bleibt eher klein, bildet selten Stämme (max. 5 m hoch)

Form: Strauchartige Fächerpalme

Blütenfarbe: Bildet bis 30 cm lange Blütenstände mit gelben Blüten aus. Entwickelt kleine rundliche gelb-braune Früchte.

3 **Baum-Wolfsmilch** *(Euphorbia dendroides)*
Standort: Küstennah, steinige Hänge

Höhe: Bis zu 2 m

Blütenfarbe: Becherförmige, gelb-rote Scheinblüte mit grünem Fruchtknoten

Blütezeit: April bis Mai

Form: Stark regelmäßig verzweigter Strauch mit roter Rinde. Bildet kugelige Formen.

1 Felsige Küstenlandschaft

4 **Dissgras/Schneidgras** *(Ampelodesmos tenax)*
Standort: Felsige Berghänge
Höhe: Pflanzenbüschel bis zu 1 m Höhe
Blütenfarbe: Gelblich-weiße Blütenrispen an langen Halmen
Blütezeit: Mai bis September
Wissenswertes: Die Pflanze trägt nicht ohne Grund den Beinamen Schneidgras. Wer mit kurzen Hosen dichtes Buschwerk durchstreift und zudem noch empfindliche Haut hat, kann sich schmerzhafte rote Striemen zuziehen, die empfindlich brennen können. Es ist auch kein Problem, sich mit Dissgras in den Finger zu schneiden.

5 **Meerzwiebel** *(Urginea maritima)*
Standort: Macchie
Höhe: Die große Zwiebel steckt zu 2/3 im Boden, daraus ranken von April bis Juni schmale Blätter mit etwa 30-50 cm Länge. Im Herbst bilden sich bis 1,50 m lange Blütenstengel.
Blütenfarbe: Weiß- und dichtblütige Traube
Blütezeit: September-Oktober

2 Gärten und Kulturlandschaften

Dicht hinter der Küste beginnen terrassierte Olivenhaine. Oft öffnen sich Täler und Höhen voller Zitrus- und Feigenbäume. Viele Häuser umrankt rosa-orange-violett leuchtend die *Bougainvillie.* Die Landschaft ist – zwischen den uralten Oliven – mal karg und steinig, dann wieder üppig und voller Farben, wo Rinnsale sich auch im Sommer halten können oder Terrassen mit Bewässerungssystemen und Erosionsschutz angelegt wurden.

Eine besondere Stellung nimmt das **Tal von Sóller** ein. Die das Tal umgebenden Gebirgsformationen sorgen – über das Jahr verteilt, aber besonders in den Wintermonaten – für eine relativ hohe Niederschlagsmenge, die eine besonders üppige Vegetation hervorbringt. Ausgedehnte Orangen- und Zitrusplantagen prägen denn auch das Bild des Tals.

Handel mit und Export von Orangen bildeten lange Zeit die Lebensgrundlage der Bevölkerung von Sóller. Hinzu kommen heute Anbauflächen für andere Obstsorten und Gemüse.

In den zentralen Ebenen im Landesinneren blühen im Februar prachtvoll weiß und rosa Mandel- und Pfirsichbäume.

2 Gärten und Kulturlandschaften

6 Mandelbaum *(Prunus amygdalus)*

Standort: Vor allem in der Ebene, im Südwesten um Andratx sowie im Bereich der östlichen Ausläufer der Tramuntana.

Höhe: 3-4 m

Blütenfarbe: Weiß-rosa

Blütezeit: Januar/Februar, je nach Klima bis zum März

Wissenswertes: Der Mandelbaum kam im 10. Jahrhundert mit den Arabern auf die Insel. Mandelplantagen entstanden, und Mandeln gehörten über 1000 Jahre zu Mallorcas Exportgütern. Heute ist die Mandelernte aber nur noch für den heimischen Markt bestimmt, da die mallorquinischen Mandeln international nicht mehr konkurrenzfähig sind. Viele typisch mallorquinische Gerichte werden mit Mandeln zubereitet wie Mandelkuchen, Mandeleis, aber auch herzhafte Speisen.

7 Olivenbaum *(Olea europea)*

Standort: Trockene, kalkhaltige Böden an den Hängen der Serra Tramuntana, aber durchaus auch in ebenen Ausläufern.

Höhe: 2-10 m

Blütenfarbe: Sehr kleine gelblich-weiße Blüten

Blütezeit: März bis Juni

Wissenswertes: Der „Ölbaum" wird schon seit der Römerzeit kultiviert, ist aber auch als Wildform in Macchien verbreitet. Erntezeit ist von Ende November (für „unreife" grüne) bis in den Februar hinein (für reife schwarze Oliven).

8 Johannesbrotbaum *(Ceratonia siliqua)*

Standort: Trockene Böden

Höhe: Bis 10 m

Blütezeit: August-November. Aus den Blüten bilden sich längliche grüne Schoten, die dann während des Sommers zu braunen Hülsen reifen.

Wissenswertes: Die ganzen Schoten dienen als Futtermittel. Aus den Kernen wird u.a. ein Bindemittel-Mehl gemahlen, aber auch die Pharmazie hat dafür Verwendung. In früheren Zeiten dienten die Kerne dank ihres durchgängig konstanten Gewichtes als Wiegemaß z.B. für Gold.

9 Zitrusbäume

Standort: Plantagen im Tal von Sóller, Valldemossa, Andratx

Höhe: 2-3 m

Blütenfarbe: Weiß, intensiv süßlich duftend.

2 Gärten und Kulturlandschaften

Blüte-/Erntezeit: Bei den Orangen gibt es unterschiedlichste Sorten mit stark versetzten Blüte- und Erntezeiten. Geerntet wird daher je nach Art von Mai bis August und von November bis Februar/April. Zitronenbäume tragen ganzjährig parallel Blüten und Früchte.

Wissenswertes: Die Mallorquinischen Orangen gehörten zu den ersten exportierten Zitrusfrüchten Spaniens. Sie wurden auf dem Seeweg in die relativ nahen französische Hafenstädte am Mittelmeer gebracht. Später konnten nur noch riesige Plantagen auf dem spanischen Festland die steigende Nachfrage decken. Der einstige Exportschlager der Insel verlor zunehmend an Bedeutung; die Erträge decken kaum die Kosten.

10 **Erdbeerbaum** *(Arbutus unedo)*
Standort: Macchie, an steinigen Hängen
Höhe: 1,50 m-10 m
Blütenfarbe: Grünlich-rosa, glockige Form
Blütezeit: Oktober bis April
Wissenswertes: Die erdbeerähnlichen kleinen Früchte sind essbar, haben aber nur im sehr reifen Zustand etwas Aroma. Japanische

11 **Japanische Mispel** *(Eriobotrya japonica)*
Standort: Kulturpflanze
Höhe: Bis 10 m
Blütenfarbe: Gelblich-weiß
Blütezeit: November bis Januar
Früchte: Die Früchte sind gelb und etwa so groß wie Aprikosen. Das gelbe Fruchtfleisch schmeckt saftig säuerlich. Die druckempfindlichen Früchte werden selten exportiert, deshalb einfach mal probieren!

12 **Feigenbaum** *(Ficus carica)*
Standort: Feuchte Stellen in sonst trockener Umgebung, z.B. am Rand von Torrentes.(Sturzbachtälern)
Höhe: 5-8 m
Form/Frucht: Weit ausladende Krone mit großen Blättern.
Blütenfarbe: Kleine weiße Blüte
Blütezeit: März bis Mai

13 **Feigenkaktus** *(Opuntia ficus-indica)*
Standort: Trockene Böden
Höhe: 2-5 m

2 Gärten und Kulturlandschaften

Form: Kaktuspflanze mit flachen, wie Ohren aussehenden 20-50 cm großen Stengeln.

Blütenfarbe: Gelbe, kelchförmige Blüten

Blütezeit: April/Mai Früchte: Von Stacheln geschützte orangerote Früchte mit süßem Fruchtfleisch und vielen kleinen, harten Samen. Kahle

14 Kahle Bougainvillie *(Bougainvillea)*
Standort: Hauswände, Mauern
Höhe: Kletterpflanze
Blütenfarbe: Intensive orangerot-violette Blüten
Blütezeit: Februar bis Oktober

15 Schmuckwinde *(Ipomoea coerulea)*
Standort: Hauswände, Wegränder
Höhe: Kletterpflanze
Blütenfarbe: Trichterförmige blaue bis rot-lila Blüten
Blütezeit: Mai bis Oktober

3 Macchie

Verlässt man den unmittelbaren Küstenbereich und steigt langsam höher, trifft man zunehmend auf Aleppokiefern und *Macchie*-Sträucher. Letztere wachsen 1-5 m hoch. Neben dem schneidenden Dissgras muss man sich auch bei ihnen vor spitzen Zweigen in acht nehmen, denn der häufig vorkommende Dornenginster macht seinem Namen alle Ehre. Im Frühjahr taucht er das Gebirge in ein sonnig leuchtendes Gelb, das noch durch zahlreiche ebenfalls gelb blühende Johanniskrautsträucher unterstützt wird. Über dem farbenfrohen Strauchdickicht liegt oft ein würzig, aromatischer Duft, der durch über die Blätter verdunstende ätherische Öle verbreitet wird.

16 Dornginster *(Calicotome spinosa)*
Standort: Macchie, Garrigue, steinige Hänge
Höhe: 50-200 cm
Blütenfarbe: Leuchtend Gelb
Blütezeit: März bis Juni Darüber hinaus gibt es auf Mallorca noch einige weitere leicht verschiedene Ginsterarten

17 Balearen-Johanniskraut *(Hypericum balearicum - endemisch)*
Standort: Macchie, trockene Wälder

Höhe: 50-100 cm

Blütenfarbe: Gelb

Blütezeit: Mai bis September

Wissenswertes: Blüten sind sehr klebrig, aber riechen herrlich zitronig. Die Blätter geben durch Reiben einen angenehm würzigen Geruch frei.

18 **Mastixstrauch** *(Pistacia lentiscus)*
Standort: Macchie, trockene Wälder

Höhe: 1-3 m

Blütenfarbe: Rot (männlich), gelblich-grün (weiblich). Aus den Blüten entwickeln sich rote bzw. schwarze Beeren.

Blütezeit: März bis Juni

Form: Verzweigter, immergrüner Strauch mit ledrigen Blättern

19 **Fingerhut** *(Digitalis dubia - endemisch)*
Standort: Felsvorsprünge, Geröll

Höhe: 50-100 cm

Blütenfarbe: Weißlich bis tief rosa, mit dunkelroten Punkten im Blütenkelch

Blütezeit: Mai bis Juni

20 **Balearen-Alpenveilchen** *(Cyclamen balearicum - endemisch)*
Standort: Geschützte Fels- und Mauerspalten

Höhe: ca. 10 cm

Blütenfarbe: Kleine weiße Blüte

Blütezeit: März bis Mai

21 **Vielblütige Heide** *(Erica multiflora)*
Standort: Meist auf kalkhaltigen Böden, oft nahe Aleppokiefern

Höhe: Bis zu 2 m hoher immergrüner Strauch

Blütenfarbe: Rosa

Blütezeit: September

22 **Kleinfrüchtiger Affodill** *(Asphodelus aestivus)*
Standort: Garrigue, trockenes Grasland

Höhe: Blütenstengel 1-2 m hoch, oft stark verzweigt

Blütenfarbe: Weiß

Blütezeit: März bis Juni

Form: Robuste, kahle Pflanze

3 Macchie

23 **Illyrischer Siegwurz/Wildgladiole** *(Gladiolus illyricus)*
Standort: Wälder, Macchie, Feuchtwiesen
Höhe: Bis 50 cm
Blütenfarbe: Rosa-purpur
Blütezeit: April bis Juni

24 **Palisaden-Wolfsmilch** *(Euphorbia characias)*
Standort: Macchie
Höhe: 1-2 m, unverzweigte Stengel
Blütenfarbe: Bräunlich
Blütezeit: Januarbis April

4 Steineichenwälder

Die Steineiche ist der häufigste der auf den Balearen vorkommenden immergrünen Laubbäume. Er bildet größere zusammenhängende Waldgebiete bis in Lagen um 1000 m. Der Baum wechselt nur alle 3-4 Jahre sein Blattkleid. Er ist in dieser Wuchsform kleiner als die bei uns heimischen Eichenarten und wächst auf nahezu allen Böden. In den höher gelegenen Bergregionen setzen sich vor allem in den regenreichen Wintermonaten Wolken und feuchte Nebel in den Wäldern fest, wodurch sich zahlreiche Moose und Flechten an den Bäumen bilden. Der dadurch entstehende Bewuchs an Rinde und Ästen lässt die grünen Hartlaubbäume oft gespenstisch erscheinen. Leider führte die jahrzehntelange Abholzung der Steineichen zur Holzkohlegewinnung zu einer starken Dezimierung des Bestandes. Die zahlreichen Fundamente der Kohlenmeiler, auf die man überall in der *Tramuntana* stößt, erinnern bis heute an diese Periode.

25 **Steineiche** *(Quercus Ilex)*
Standort: Auf allen Bodenarten, häufiger auf trockenen Böden
Höhe: An sich bis 25 m, auf Mallorca aber meist viel kleiner
Form:: Immergrüner Baum mit grauer bis schwarzer Rinde. Die Blätter sind dunkelgrün, dornig gezähnt und mehrheitlich zur Unterseite hin gebogen.
Blütenfarbe: Grünlich-gelb in kurzen Kätzchenbüscheln
Blütezeit: April bis Mai

Die Garrigue, wie man sie in allen **Gipfelregionen** antrifft, ist eine Pflanzengemeinschaft aus Strauchheide, Sträuchern und Stauden, die bis zu 1,50 m hoch wachsen kann.

Sie bringt zuweilen äußerst stachlige Igelpolsterformen hervor, wie z.B die Stechwinde. Farbige Tupfer bilden Zistrosen oder der wunderbar würzig duftende Rosmarin.

26 **Stechwinde** *(Smilax aspera)*
Standort: Garrigue
Höhe: Flaches Polster
Form: Verholzte rankende Lianen mit stacheligen Trieben

27 **Zistrosenarten** *(Cistus albidus)*
Standort: Macchie, Garrigue
Höhe: 50-150 cm
Blütenfarbe: Purpurrosa, weiß, gelb. Die Blüte sieht immer etwas zerknittert aus. Sie hat filzige grün-weißliche Blätter.
Blütezeit: April bis Juni

28 **Italienisches Brandkraut** *(Phlomis italica)*
Standort: Macchie, Garrigue
Höhe: 50-100 cm
Blütenfarbe: Blassrosa-hell-lila
Blütezeit: April bis Juni
Form: Die filzigen weißlich-blaßgrünen Blätter sehen denen des Salbeis täuschend ähnlich. Sie haben aber längst nicht das gleiche würzige Aroma.

29 **Rosmarin** *(Rosmarinus officinalis)*
Standort: Macchie, Garrigue
Höhe: 20-200 cm
Blütenfarbe: Blassblau-hellila
Blütezeit: Ganzjährig

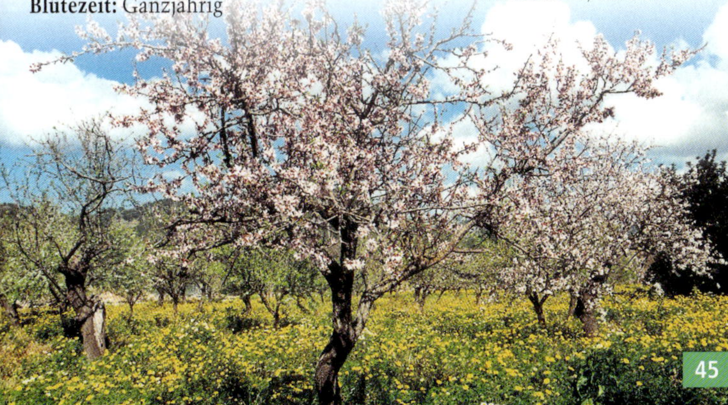

»Mandelblüte auf Mallorca«

WEGE VON (PORT DE) SÓLLER

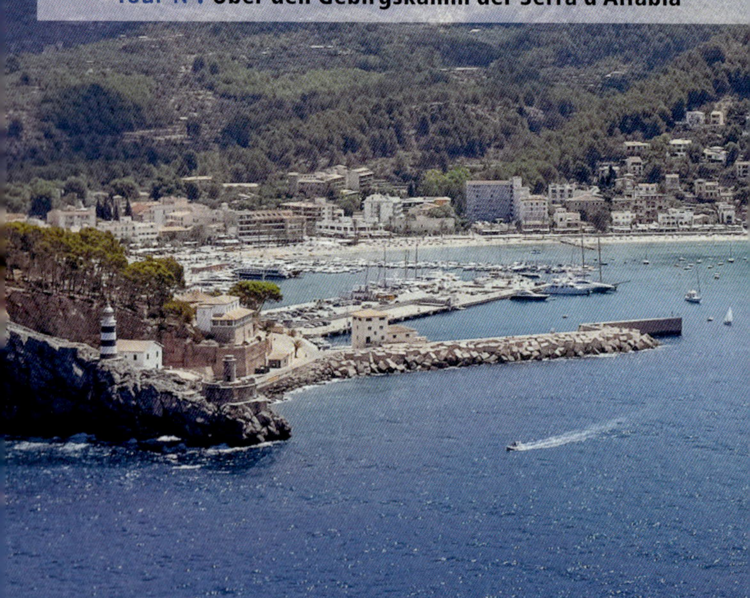

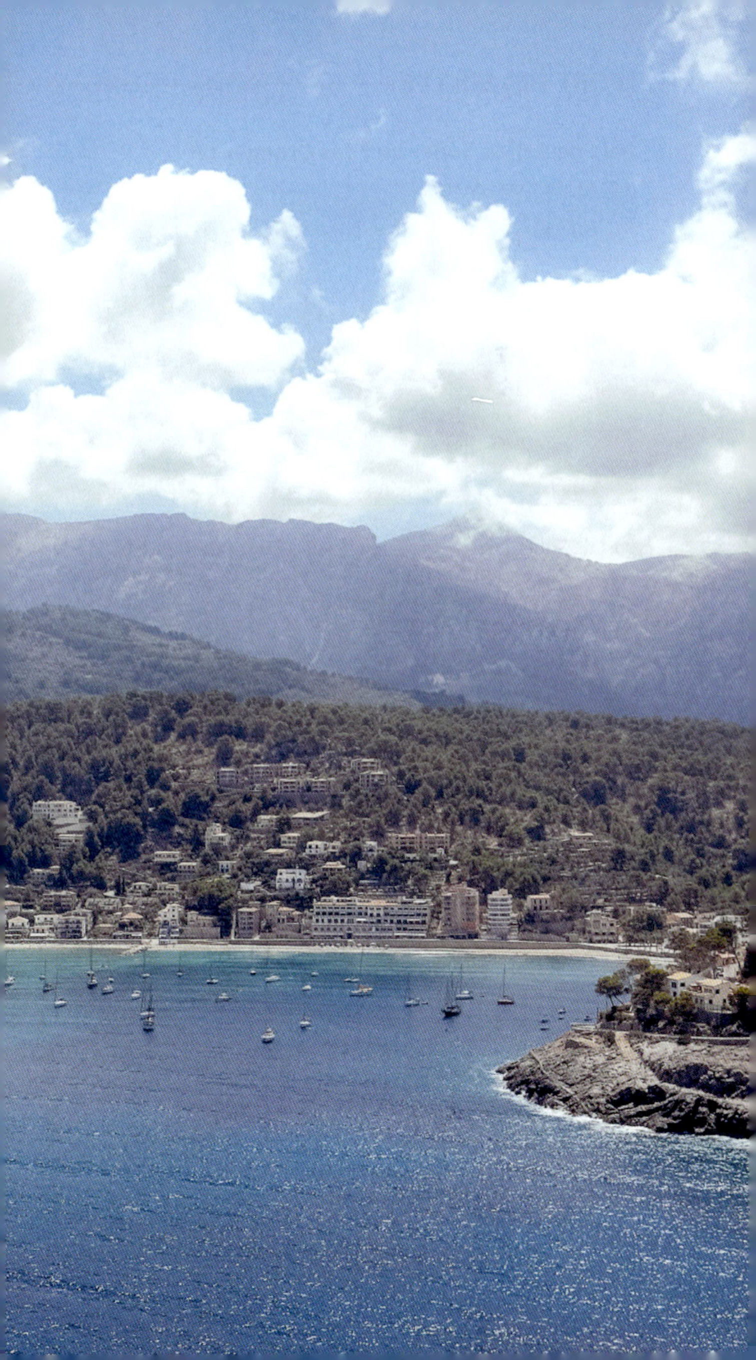

Port de Sóller, Sóller und das Orangental

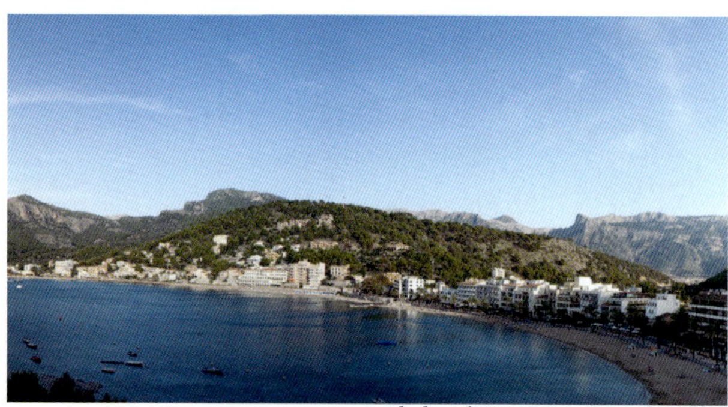

Blick auf D'en Repic (Port de Sóller)

Port de Sóller liegt an der einzigen natürlich geschützten Bucht der Westküste. Dahinter öffnet sich ein weites Tal mit dem Städtchen Sóller inmitten ausgedehnter Orangenkulturen und den pittoresken Dörfern Fornalutx und Biniaraix 200 m höher im Norden. Das Tal – seiner Obstgärten wegen auch *Huerta de Sóller* genannt – ist ringsum von steilen Gipfeln der *Serra Tramuntana* umgeben. Die Pässe übers Gebirge konnten bis in unser Jahrhundert hinein ausschließlich über Pfade und Feldwege bewältigt werden. Wichtigstes Transportmittel war das Schiff und Frankreich war über den Seeweg ein wichtigerer Abnehmer für das Obst aus Sóller als die Insel selbst. Eine Schiffsreise nach Marseille, Toulon oder Cannes lag daher für viele näher als der beschwerliche Weg über endlose Kehren nach Palma. Unter der älteren Bevölkerung wird aus diesem Grund Französisch vielfach noch verstanden und gesprochen.

Die relative Abgeschiedenheit änderte sich 1912 mit dem Bau der Eisenbahnlinie, die seither Sóller und das Tal mit Palma verbindet. Ein weiterer Meilenstein war die Fertigstellung des Straßentunnels im Jahre 1997. Die mühsame Serpentinenfahrt über die Passhöhe *Coll de Sóller* wurde damit überflüssig; Palma ist mit dem Auto bequem in 20 Min. zu erreichen. Sóller ist ein freundliches, lebendiges Städtchen mit ansehnlichen Wohnhäusern, vielen Geschäften und Cafés vor allem an der **Plaça Constitutió**. Der Platz gehört zu den

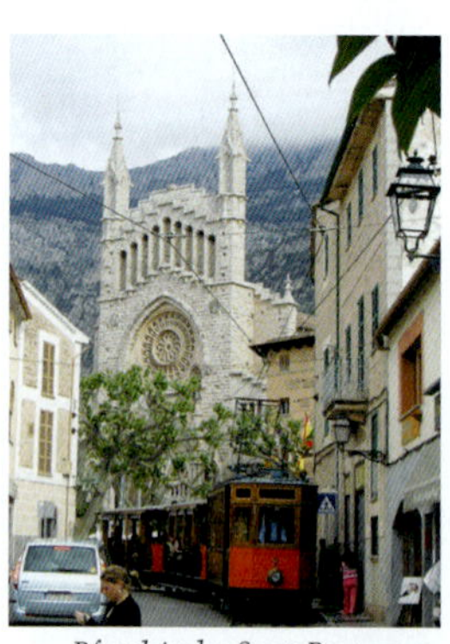

Pfarrkirche Sant Bartomeu

Sóller · Wissens- & Sehenswertes

schönsten seiner Art auf ganz Mallorca.

Dort steht auch die *Casa de la Vila*, das **Rathaus**. Gleich daneben die **Kirche Sant Bartomeu** soll in ihren Grundmauern auf eine maurische Moschee zurückgehen. Der heutige Bau stammt aus dem 15. Jahrhundert. Beachtenswert sind vor allem die stattliche gotische Rosette und eine Kanzel aus dem Jahr 1414.

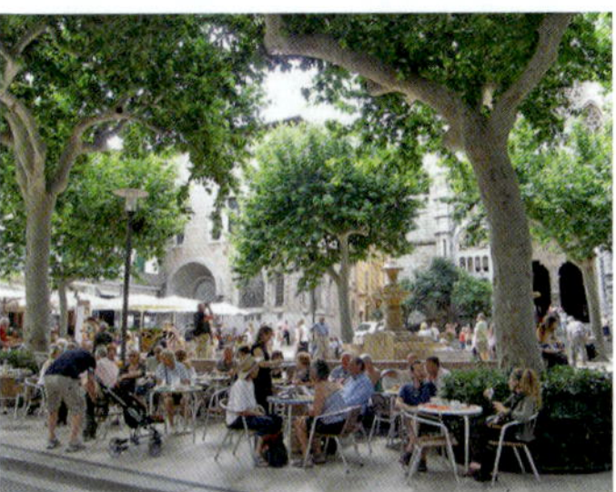

Plaça Constitutió

Folgt man von der *Plaça Constitució* den Straßenbahnschienen nördlich (*Carrer Cristóbal Colón*), erreicht man 150 m weiter an der *Plaça Mercat* die **Städtische Markthalle**, wo sich vor einer Wanderung gut der Proviant aufstocken lässt. Gegenüber nicht zu übersehen ist die kleine ***Fabrica de Gelats*** (Eisfabrik) mit Verkaufskiosk, am besten **„Orange Sóller"** (frischer Orangensaft mit Orangeneiskugeln), aber leider nicht ganz billig.

Die **Touristeninformation** findet man an der *Plaça d'Espanya* in einem ausrangierten Eisenbahnwagon.

Museu de Sóller, Casa de Cultura: Ca. 200 m von der Plaça entfernt, in der *Carrer de sa Mar*, ist in einem alten Herrenhaus das **ethnologische Museum** untergebracht. Zu sehen sind dort alte Keramiken und Küchengeräte, einige Statuen, ein mallorquinisches Wohnzimmer aus dem 18. Jahrhundert, Portraits, Gemälde und Aquarelle. **Geöffnet:** Di-Fr 11-13 und 17-20 Uhr ; Sa: 11-13 Uhr. So/Feiertags geschlossen, Eintritt 2€.

Museu Balear de Ciencias Naturales: Im Naturkundemuseum mit angeschlossenem botanischen Garten erfährt man alles zu Entstehung (Ausstellung geologischer und paläontologischer Fundstücke) und Natur Mallorcas. Die botanische Artenvielfalt der Insel spiegelt sich in der Zusammenstellung der Pflanzen des Gartens wider. Der Haupteingang befindet sich an der Hauptstraße Palma-Sóller. Wer mit der Bahn kommt, hält sich ab der *Plaça* westlich und folgt der Beschilderung bis zum Eingang an der *Carrer Capità Angelats* (ca. 1 km).

Geöffnet: Mrz.-Okt.: Mo-Sa: 10-18 Uhr; So/Feiertags geschlossen Nov.-Feb.: Mo-Sa: 10-14 Uhr; So/Feiertags geschlossen. **www.museucienciesnaturals.org**; 8 €, Kinder unter 6 Jahren frei.

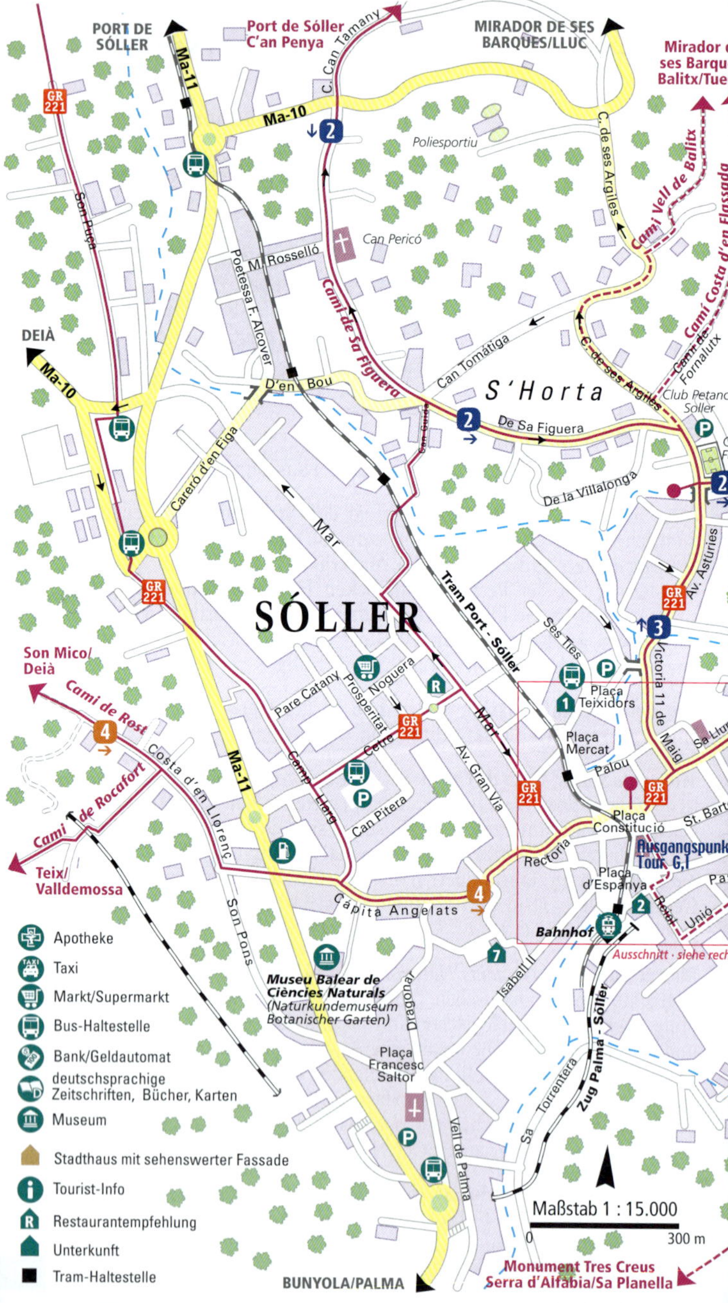
PORT DE SÓLLER
Port de Sóller C'an Penya
MIRADOR DE SES BARQUES/LLUC
Mirador de ses Barques Balitx/Tuent
Ma-11
Ma-10
C. Can Tamany
Poliesportiu
C. de ses Argiles
Camí Vell de Balitx
Camí Costa d'en Flassada
Son Puça
Can Pericó
M. Rosselló
Poetessa F. Alcover
Camí de Sa Figuera
Camí de Fornalutx
DEIÀ
Can Tomàtiga
S'Horta
Club Petanca Sóller
D'en Bou
De Sa Figuera
Careró d'en Figa
De la Villalonga
Mar
Tram Port - Sóller
Av. Astúries
SÓLLER
Ses Ties
Son Mico/ Deià
Camí de Rost
Pare Catany
Prosperitat
Noguera
Plaça Teixidors
Victoria 11 de Maig
Costa d'en Llorenç
Camí de Rocafort
Cetre
Camp Llarg
Av. Gran Via
Plaça Mercat
Palou
Sa Lluna
Can Pitera
Plaça Constitució
St. Bartomeu
Ausgangspunkt Tour G, I
Rectoria
Plaça d'Espanya
Teix/ Valldemossa
Cápita Angelats
Reial
Unió
Bahnhof
Ausschnitt · siehe rechts
Son Pons
Isabell II
Museu Balear de Ciències Naturals (Naturkundemuseum Botanischer Garten)
Dragonar
Zug Palma - Sóller
Plaça Francesc Saltor
Sa Torrentera
Vell de Palma
Maßstab 1 : 15.000
0
300 m
Monument Tres Creus Serra d'Alfabia/Sa Planella
BUNYOLA/PALMA
Apotheke
Taxi
Markt/Supermarkt
Bus-Haltestelle
Bank/Geldautomat
deutschsprachige Zeitschriften, Bücher, Karten
Museum
Stadthaus mit sehenswerter Fassade
Tourist-Info
Restaurantempfehlung
Unterkunft
Tram-Haltestelle

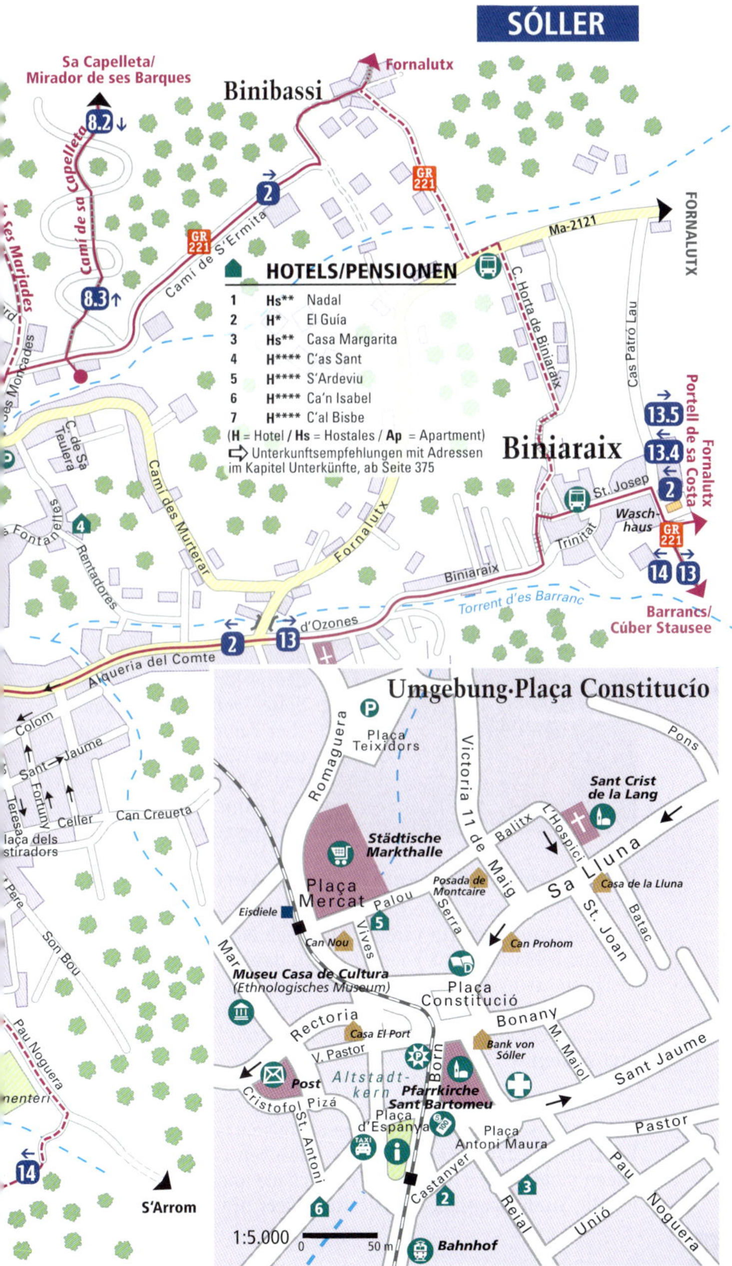
Sa Capelleta/
Mirador de ses Barques
Binibassi
Fornalutx
Camí de sa Capelleta
Camí de S'Ermita
Ma-2121
FORNALUTX
C. Horta de Biniaraix
Cas Patró Lau
Portell de sa Costa
Fornalutx
Biniaraix
St. Josep
Wasch-
haus
Trinitat
Biniaraix
Torrent d'es Barranc
Barrancs/
Cúber Stausee
d'Ozones
Alqueria del Comte
Camí des Murterar
Fornalutx
Rentadores
Fontanelles
C. de Sa Teulera
Ses Moncades
Ses Mariades
Colom
Sant Jaume
Fortuny
Celler
Can Creueta
Son Bou
Pau Noguera
S'Arrom
HOTELS/PENSIONEN
1 Hs** Nadal
2 H* El Guía
3 Hs** Casa Margarita
4 H**** C'as Sant
5 H**** S'Ardeviu
6 H**** Ca'n Isabel
7 H**** C'al Bisbe
(H = Hotel / Hs = Hostales / Ap = Apartment)
Unterkunftsempfehlungen mit Adressen im Kapitel Unterkünfte, ab Seite 375
Umgebung·Plaça Constitucío
Plaça Teixidors
Romaguera
Victoria 11 de Maig
Pons
Sant Crist de la Lang
Städtische Markthalle
Plaça Mercat
Balitx
L'Hospici
Sa Lluna
Posada de Montcaire
Casa de la Lluna
Eisdiele
Palou
Serra
St. Joan
Batac
Can Nou
Vives
Can Prohom
Mar
Museu Casa de Cultura
(Ethnologisches Museum)
Plaça Constitució
Rectoria
Casa El Port
Bonany
M. Maiol
Bank von Sóller
V. Pastor
Born
Post
Altstadtkern
Pfarrkirche Sant Bartomeu
Sant Jaume
Cristofol Pizá
St. Antoni
Plaça d'Espanya
Plaça Antoni Maura
Pastor
Castanyer
Reial
Pau
Unió
Noguera
1:5.000
0
50 m
Bahnhof

Sóller · Wissens- & Sehenswertes

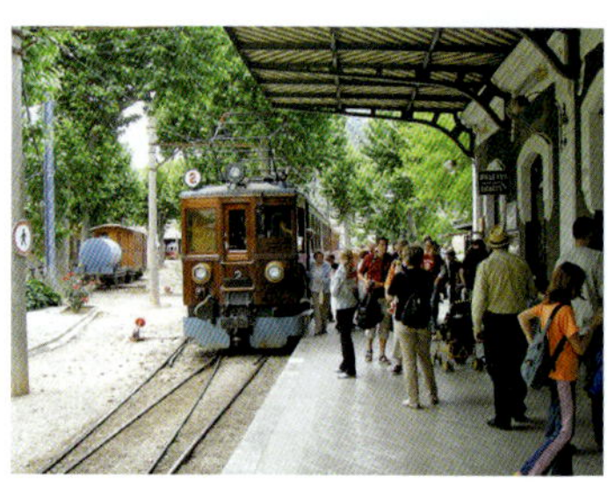

Estació Ferrocarril
Kaum mehr als 100 m von der *Plaça* entfernt, verfügt Sóller über einen **Bahnhof** wie zu Kaisers Zeiten, wo noch Baumkronen über den Bahnsteigen Schutz vor der Sonne spenden. Von hier aus startet seit dem Jahr 1912 ein nostalgischer Zug in Richtung Palma, rattert gemächlich durch die Berge und 13 Tunnel, stoppt in Bunyola auf der anderen Seite der unterquerten *Serra d'Alfàbia* und benötigt mit einem weiteren Haltepunkt bis Palma ca. 45-50 Minuten. Allein schon der alte Bahnhof mit seinen Jugendstilelementen und dem Charme vergangener Tage ist einen Besuch wert, die Fahrt mit dieser Bahn touristische Pflicht!

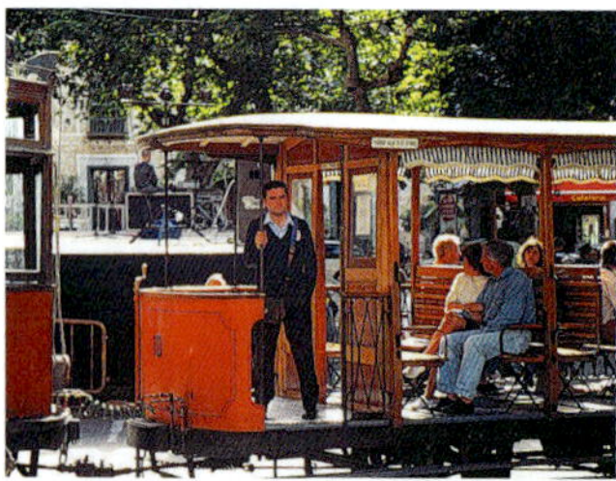

Straßenbahn Sóller-Port de Sóller: Vor dem Bahnhof wartet bei Ankunft des Zuges aus Palma schon die einzige Straßenbahn der Insel, die Sóller mit dem 4 km entfernten Port de Sóller verbindet. In gemütlicher Fahrt geht es in teils offenen Wagen über die Straßen von Sóller, durch Obstgärten und dann an der Hauptstraße entlang zum Hafen.

Port de Sóller · Wissens- & Sehenswertes

Sóllers Hafen liegt – wie gesagt – an einer fast kreisrunden Bucht, die sich zum Meer hin verengt und nach Norden öffnet. Steil aufragende Felswände mit Leuchttürmen flankieren zu beiden Seiten die Einfahrt in die *Badia de Sóller*. Das Bachbett des *Torrent des Barrancs* trennt den zentralen und wichtigeren Teil von Port de Sóller auf der Ostseite der Bucht vom Ortsteil D'en Repic im Süden und Westen.

An der mittlerweile autofreien Promenade entlang der Bucht, stehen am Ortseingang einige Hotels; ansonsten ist die Promenade mit Restaurants, darunter Lokale mit hübschen Gartenterrassen, und Läden dicht besetzt. Zwischen Promenade und Häuserzeile verlaufen die Straßenbahngleise. Die zum Meer hin begrenzende Mauer

Port de Sóller · Wissens- & Sehenswertes

entlang der Promenade trennt diese vom Sandstrand, der bis D'en Repic läuft. In der Saison ist er meist – besonders in der Nähe der Mole – ziemlich voll.

Vor allem wegen der **Ausflugsboote** nach *Sa Calobra* ist Port de Sóller ein beliebtes Ausflugsziel. Tagsüber kennzeichnet immer rege Betriebsamkeit den Ort. Dreh- und Angelpunkt ist die Mole am neuen Yachthafen. An der Mole endet auch die Straßenbahn von Sóller. Vor allem vormittags und am späten Nachmittag geht es wegen Ankunft und Rückkehr der Bootsausflügler zu wie in einem Bienenstock. Nach Abfahrt der Tagesbesucher kehrt aber selbst in der Hochsaison rasch Ruhe ein.

Der Yachthafen mit Mole

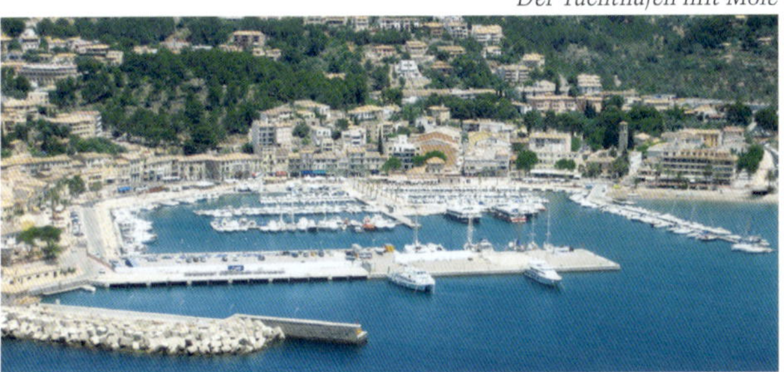

Der Ortsteil **D'en Repic** ist an der Bucht nur mit einen schmalen Fußgängersteg über den meist nur wenig wasserführenden *Torrent* mit Port de Sóller (*Passeig de Través*) verbunden. Die Zufahrt per Auto erfolgt über eine rückwärtige Straße. Vom täglichen Ausflugsverkehr und Busladungen bleibt D'en Repic daher verschont, entsprechend ruhiger geht es dort zu.

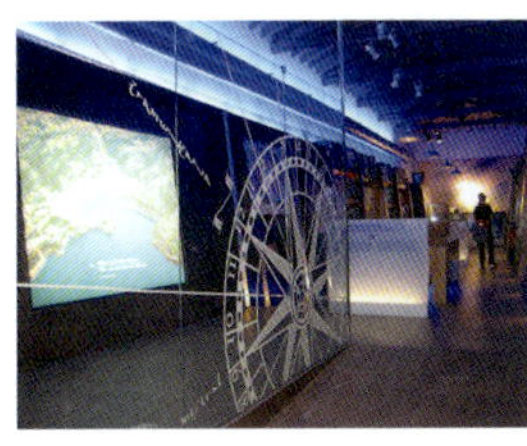

Museu Marítim de Mallorca: Hoch über dem Hafen steht die ehemalige Kapelle **Oratori de Santa Catalina** und gleich gegenüber befindet sich das **Seefahrtsmuseum**. Es zeigt alles, was Sóller und seinen Hafen mit dem Meer verbindet - die große Zeit der Piratenüberfälle, des Walfangs und der Orangendampfer. Mitte 2019 öffnete das Museum nach 7-jähriger Pause wieder seine Pforten. ***Geöffnet:*** 10-15 und 17-20 Uhr; So/Feiertags geschlossen. Weitere Infos unter **museumaritim.conselldemallorca.cat**

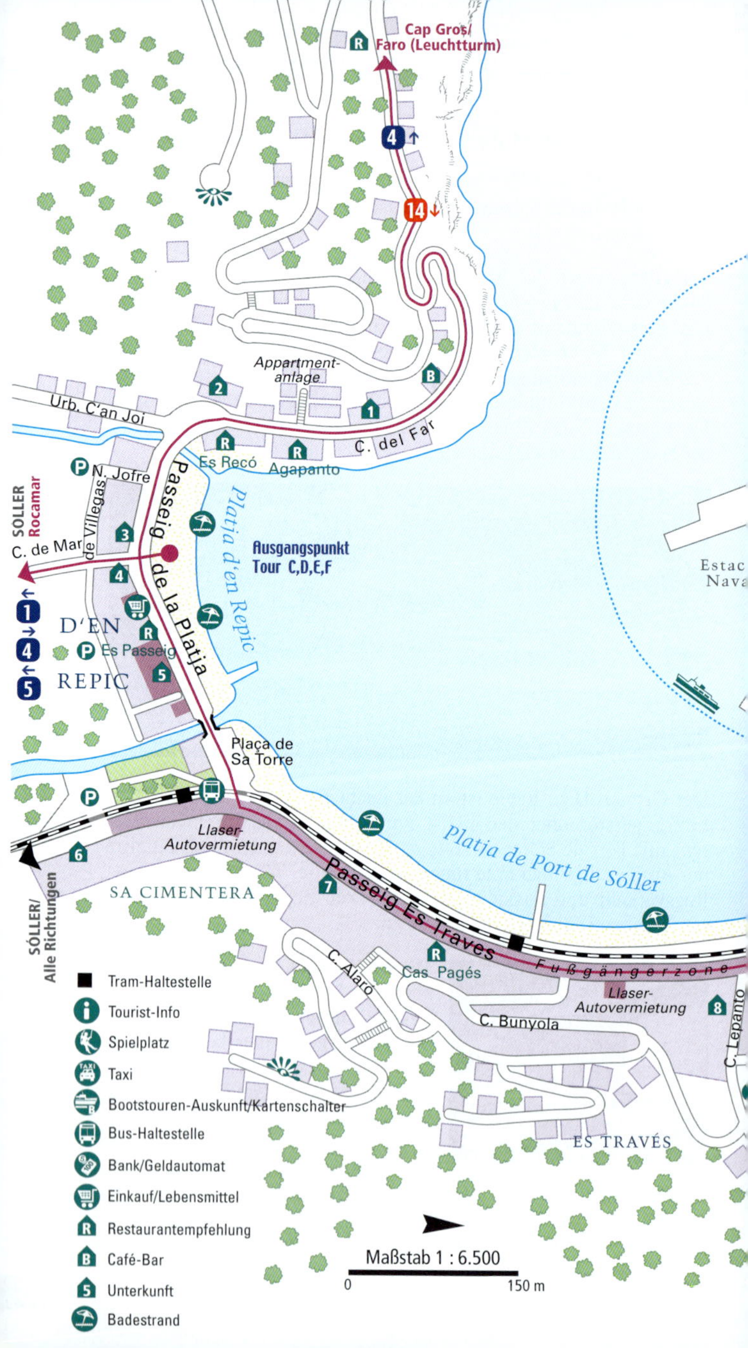

Cap Gros/
Faro (Leuchtturm)
Appartment-
anlage
Urb. C'an Joi
C. del Far
Es Recó
Agapanto
N. Jofre
Passeig de la Platja
Platja d'en Repic
Ausgangspunkt
Tour C,D,E,F
SÓLLER
Rocamar
C. de Mar
de Villegas
D'EN
REPIC
Es Passeig
Plaça de
Sa Torre
Llaser-
Autovermietung
SA CIMENTERA
Passeig Es Traves
Platja de Port de Sóller
Fußgängerzone
C. Alaró
Cas Pagés
Llaser-
Autovermietung
C. Bunyola
C. Lepanto
ES TRAVÉS
SÓLLER/
Alle Richtungen
Estac
Nava
Tram-Haltestelle
Tourist-Info
Spielplatz
Taxi
Bootstouren-Auskunft/Kartenschalter
Bus-Haltestelle
Bank/Geldautomat
Einkauf/Lebensmittel
Restaurantempfehlung
Café-Bar
Unterkunft
Badestrand
Maßstab 1 : 6.500
0
150 m

PORT DE SÓLLER

HOTELS/PENSIONEN

1	Hs*	Citric Hotel
2	H****	Ona Hotels Sóller Bay
3	Ap****	Lili Apartments P. Sóller
4	H****	Los Geranios
5	H****	Marina
6	Hs**	Villa Primavera
7	H****	Espléndido
8/8a	H****	Eden, Eden Nord***
9	H****	Aimia
10	H****	Es Port
11	Hs*	Sóller Garden
12	H****	FERGUS Style Soller Beach
13	H***	Miramar
14	H****	Bikini Island & Mountain
15	H*****	Jumeirah Port Sóller Hotel & Spa

(**H** = Hotel / **Hs** = Hostales / **Ap** = Apartment)

⇨ Unterkunftsempfehlungen mit Adressen auf Seite 375 und ausführlich im Internet unter www.serratramuntana.de

Die Dörfer Fornalutx & Biniaraix

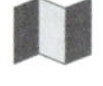

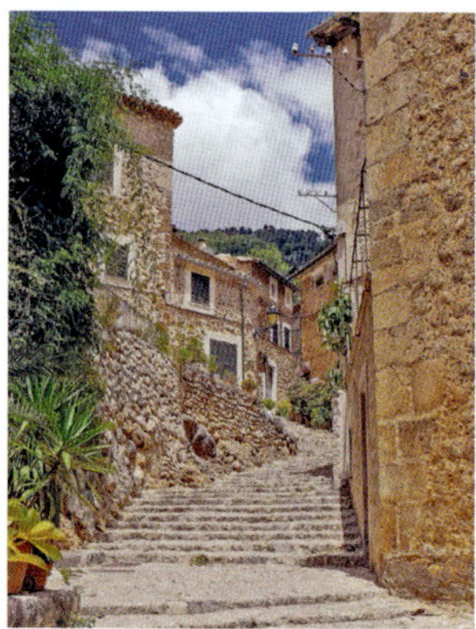

In den Gassen von Fornalutx

➪ Ortsplan/Karte Seite 77

Ein absolutes „Muss" im Tal von Sóller ist ein Besuch der Dörfer **Fornalutx** und **Biniaraix**, wobei es vor allem auf ersteres ankommt.

Das schon mehrfach zum schönsten Dorf Spaniens gekürte und unter Denkmalschutz stehende **Fornalutx** besticht durch seine malerische Lage und seine altertümlich dicht gedrängten und sorgfältig renovierten Häuser inmitten von Zitronen-, Orangen- und Olivenhainen.

Für einen Spaziergang durch die verwinkelten Gässchen von Fornalutx sollte man sich unbedingt die Zeit nehmen (45-60 Min. reichen schon). Die typisch mallorquinischen Häuser mit ihren zierlichen Balkonen und ihrer üppigen Blumenpracht liefern viele schöne Fotomotive.

Ein Blick lohnt sich auf und in die Pfarrkirche mit Sonnenuhr und Marienfigur am Außenportal und einer Orgel von 1584 im Inneren der Kirche. Malerisch ist auch der Kirchplatz mit dem alten Dorfbrunnen.

Das Minidorf **Biniaraix** steht nicht ohne Grund im „Schatten" des berühmten Nachbarortes. Die Attraktion dieses Dorfes ist eher die Idylle unter dem Gipfel des *L'Ofre* und der Zugang zum Pilgerpfad *Camí de Barrancs de Biniaraix* vom Waschhaus aus.

Wenngleich Biniaraix keine vergleichbare Anziehungskraft hat, lassen sich – bei einem kleinen Spaziergang durch die wenigen Gassen – auch dort malerische Ecken und Winkel entdecken.

Beide Dörfer sind Eckpunkte schöner Wanderrouten durch Teile des Sóller-Tals. Eine kürzere Tour startet von Sóller aus (ca. 2 Stunden); eine größere Runde (4,5 Stunden) kann man von Port de Sóller aus gehen. ➪ Seite 61.

Nachfolgend einige **gastronomische Empfehlungen**, die unter den Aspekten „mallorquinische Küche" und/oder „besondere Lage" und/oder „Ambiente" getroffen wurden.

Port de Sóller:

Zwischen Mole und dem Yachthafen reihen sich eine Vielzahl an kleinen guten Restaurants mit einfacher, traditionell mallorquinischer Küche aneinander. Gute mediterrane Tapas und abends Livemusik bietet die ***Bar Albatros*** direkt am Hafen. Herausragendes Ambiente und Essen bieten das Restaurant ***Kingfisher*** am Yachthafen, das ***Restaurant Sabarca*** in der Mitte der Hafenpromenade und das Restaurant ***Sa Figuera*** etwas abseits der Promenade an der Carrer d'Antoni Montis gelegen.

Die ***Nautilus-Bar*** mit einer Aussichtsterrasse hoch über dem Meer, ca. 600 m vom Hafen entfernt, ist besonders für den *„Sundowner"* vor oder den *„Absacker"* nach dem Essen geeignet, aber auch für kleinere Gerichte und Snacks. Der gemütliche Innenraum mit Glasfront ist auch was für Schlecht-Wetter-Tage.

Im Ortsteil d'en Repic ist für einfache mallorquinische Küche mit Strand-Feeling das ***Es Recó*** zu empfehlen. Gehobene Küche mit schönem Ambiente bieten das ***Agapanto*** direkt am Strand und das ***Es Passeig*** an der Strandpromenade von d'en Repic.

Sóller:

Der ***Petit Celler Cas Carreter*** an der *Plaça America* bietet traditionelle mallorquinische Küche in rustikalen Gasträumen einer ehemaligen Pferdekarrenwerkstatt.

Im **Umfeld** empfiehlt sich das ***Sa Teulera*** seiner guten mallorquinischen Küche wegen. Das ***Mirador de Ses Barques*** am gleichnamigen Aussichtspunkt ist wegen der Terrasse über dem Gastraum mit freiem Blick über das ganze Tal und die Bucht von Sóller in dieser Hinsicht konkurrenzlos. Gute traditionell mallorquinische Küche; mittlere Preise. Beide Lokale liegen an der Straße Ma-10 nach Lluc/Pollença.

Fornalutx:

Das besondere Flair des Orangentals genießt man am besten im Außenbereich eines der folgenden Restaurants:

Das ***Ca N'Antuna*** am nördlichen Ortsausgang hat gute traditionelle mallorquinische Küche. Oft voll, daher reservieren.

Das Restaurante ***Es Turo,*** ein paar Häuser in Richtung Ortszentrum gelegen, bietet ähnlich gute Küche wie das *Ca N'Antuna.* Vielleicht etwas schicker im Ambiente und auch immer gut besucht.

WEGE VON (PORT) SÓLLER

TOURENÜBERSICHT

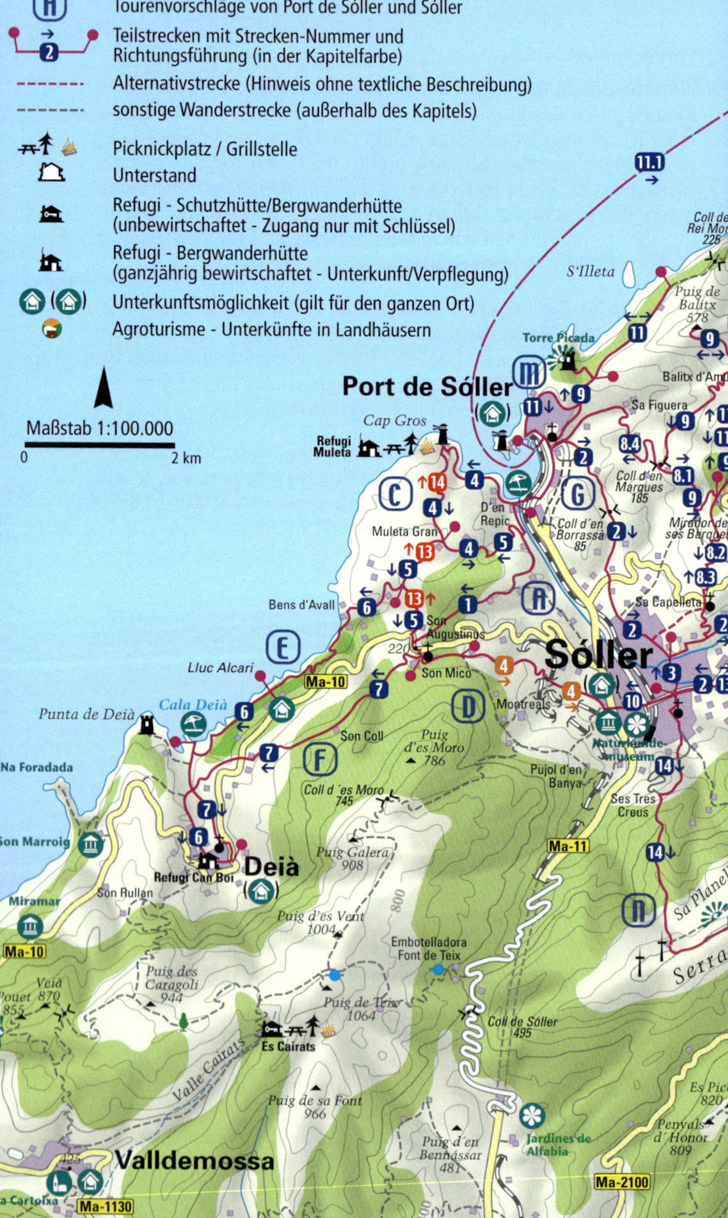

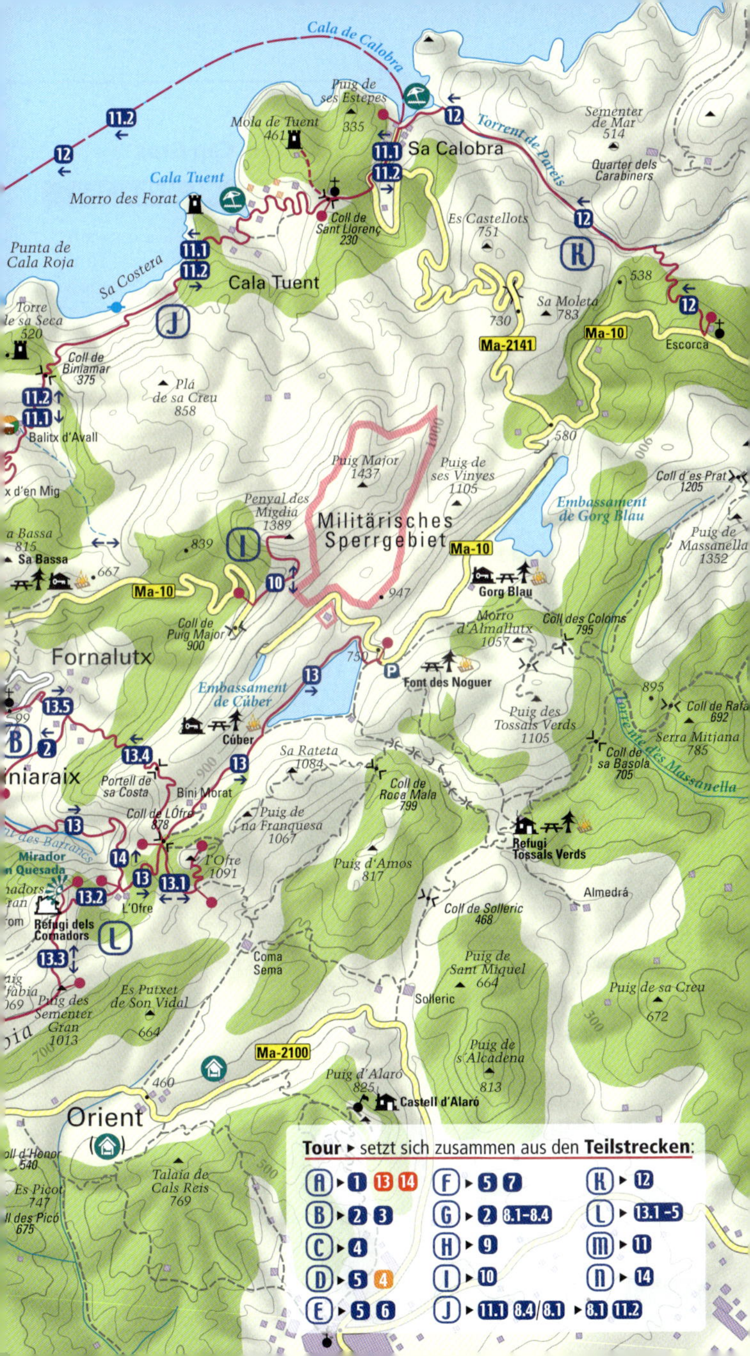

Cala de Calobra
Puig de ses Estepes 335
Mola de Tuent 461
Sa Calobra
Torrent de Pareis
Sementer de Mar 514
Quarter dels Carabiners
Cala Tuent
Morro des Forat
Coll de Sant Llorenç 230
Es Castellots 751
Punta de Cala Roja
Sa Costera
Cala Tuent
538
Sa Moleta 783
730
Escorca
Ma-2141
Ma-10
Torre de sa Seca 520
Coll de Biniamar 375
Plá de sa Creu 858
Balitx d'Avall
580
Puig Major 1437
Puig de ses Vinyes 1105
Coll d'es Prat 1205
Embassament de Gorg Blau
Penyal des Migdia 1389
Militärisches Sperrgebiet
Puig de Massanella 1352
Sa Bassa
839
667
947
Gorg Blau
Coll de Puig Major 900
Morro d'Almallutx 1057
Coll des Coloms 795
Fornalutx
750
Font des Noguer
Embassament de Cúber
895
Coll de Rafa 692
Cúber
Puig des Tossals Verds 1105
Serra Mitjana 785
Sa Rateta 1084
Coll de sa Basola 705
Torrent des Massanella
Portell de sa Costa
Bini Morat
Coll de Roca Mala 799
Coll de L'Ofre 878
Puig de na Franquesa 1067
Mirador
L'Ofre 1091
Refugi Tossals Verds
Puig d'Amos 817
Almedrá
Refugi dels Cornadors
L'Ofre
Coll de Solleric 468
Coma Sema
Puig de Sant Miquel 664
Es Putxet de Son Vidal 664
Puig des Sementer Gran 1013
Solleric
Puig de sa Creu 672
Ma-2100
Puig de s'Alcadena 813
460
Puig d'Alaró 825
Castell d'Alaró
Orient
Talaia de Cals Reis 769
Es Picot 747
Tour ▸ setzt sich zusammen aus den Teilstrecken:
A ▸ 1 13 14
F ▸ 5 7
K ▸ 12
B ▸ 2 3
G ▸ 2 8.1–8.4
L ▸ 13.1–5
C ▸ 4
H ▸ 9
M ▸ 11
D ▸ 5 4
I ▸ 10
N ▸ 14
E ▸ 5 6
J ▸ 11.1 8.4/8.1 ▸ 8.1 11.2

TOUR A Über den Camí de Son Sales zum Cap Gros

Son Mico/Es Faro K352/353

ANSPRUCH

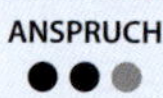

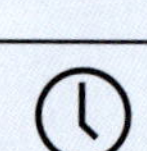

3 Std

MARKIERUNG

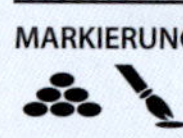

HÖHENMETER

↗ 300

300 ↘

TEILSTRECKE NR – SEITE

1 74

13 176

14 177

Die landschaftlich abwechslungsreiche Rundwanderung startet an der Strandpromenade von D'en Repic und führt durch das Tal des *Torrent de Son Sales* hinauf zur Passhöhe zwischen Deià und Sóller, wo der idyllisch gelegene Gutshof **Son Mico** mit Orangensaft, Kuchen und Sitzgelegenheiten zu Rast und Weitblick ins Sóllertal einlädt.

Über die Ländereien der *Muleta Gran* und alte Kulturlandschaften wandert man zum *Cap Gros*, einer der Bucht schützend vorgelagerten Felsnase mit schroff abfallenden Felswänden. Auf deren höchstem Punkt thront ein Leuchtturm und das *Refugi Muleta*, das Wanderern einfache Unterkunft bietet. Eine schmale Teerstraße führt uns schließlich mit schönem Blick über die Bucht zurück in den Hafen.

Der Camí de Son Sales mit Blick ins Sóllertal

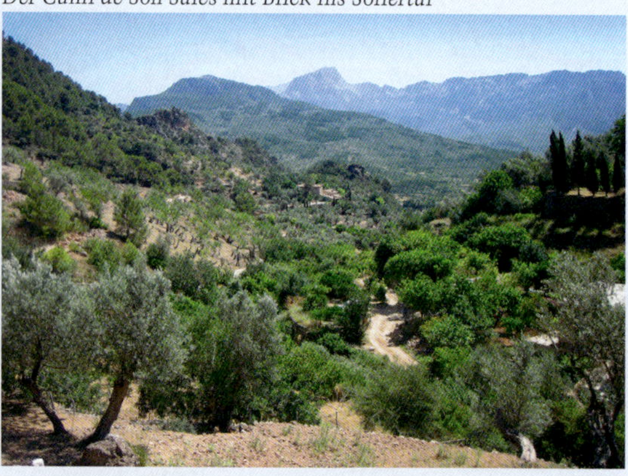

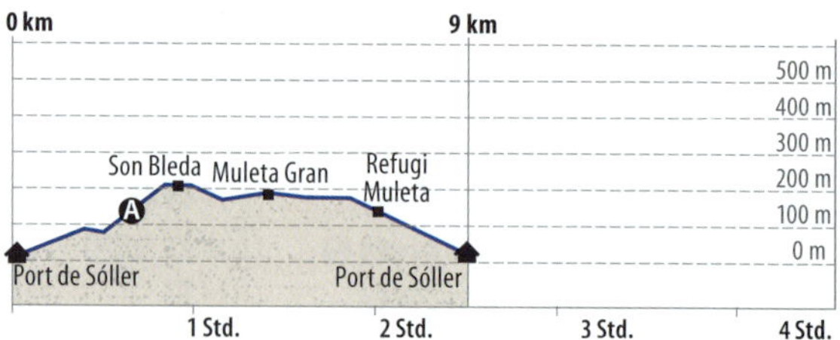

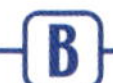

Auf historischen Wegen durchs Orangental TOUR B

Fornalutx/Sóller K353

Historischer Weg zwischen Sóller und dem Minidorf Binibassi

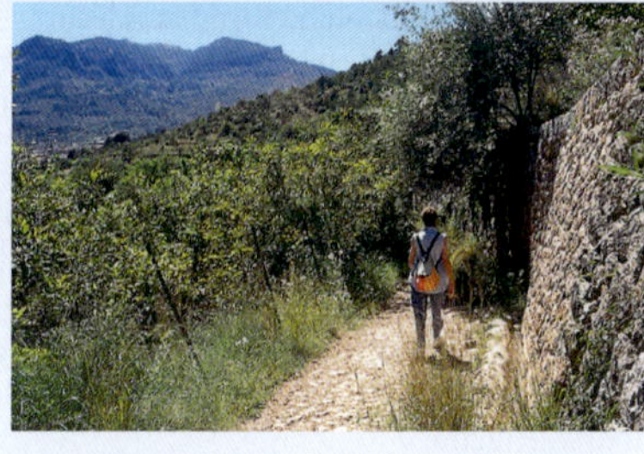

ANSPRUCH

4,5 Std

MARKIERUNG

HÖHENMETER

↗ 400

360 ↘

TEILSTRECKE NR – SEITE

2 75

3 78

Hübsche Rundwanderung ohne sonderlich steile Teilstrecken durch das Tal von Sóller.

Zunächst geht es vom Hafen auf dem alten, erst jüngst wiederhergestellten *Camí de Sa Figuera* – vorbei an blühenden Gärten, Zitrusplantagen, Oliven- und Mandelbaumhaine – hinauf zum *Coll d'en Borrassà.* Dort trifft man auf den historischen *Camí Vell des Port Sóller.* Über den kleinen Pass erreichen wir die ersten Häuser von Sóller und durchlaufen einige Gassen am Rand des Städtchens.

Ein schmaler Weg führt uns über das Minidorf *Binibassi* bis Fornalutx, dem mehrfach preisgekrönten Bergdorf. Von dort geht es über Biniaraix vorbei an schönen Gärten nach Sóller. Von dessen zentraler *Plaça* bringt uns die nostalgische Straßenbahn zurück zum Hafen.

Light-Version: Kaum weniger reizvoll ist die auf 50% der reinen Gehzeit verkürzte Version dieser Tour. Die Wanderung beginnt und endet dann an der *Plaça* im Zentrum von Sóller. Ab dem Fussballplatz ist die Wanderung identisch mit Tour B.

Zeit: 2,5 Std. **Höhenmeter:** 300 **Wegführung:** 2 3

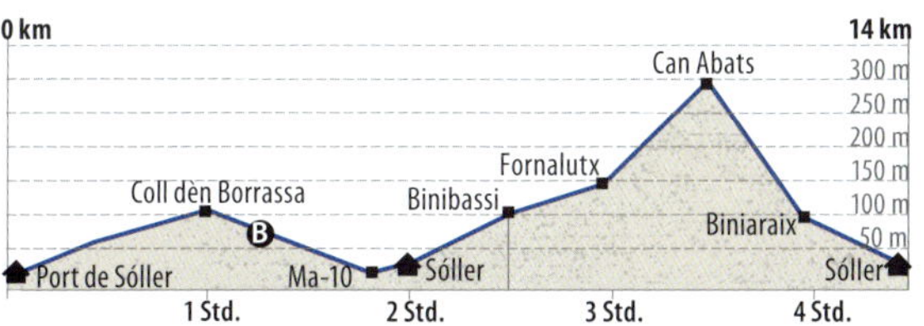

TOUR C Camí de Muleta - Rundwanderung übers Cap Gros

K352

ANSPRUCH

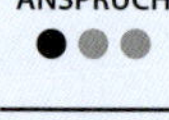

2,5 Std

MARKIERUNG

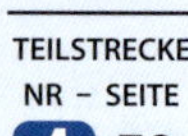

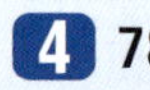

HÖHENMETER

↗ 180

180 ↘

TEILSTRECKE NR - SEITE

4 78

Die abwechslungsreiche Rundwanderung beginnt am Hafen von Port Sóller und führt über das ***Cap Gros***, eine der Bucht schützend vorgelagerte Felsnase mit schroff abfallenden Felswänden.

Auf dem höchstem Punkt (122 m) thront ein **Leuchtturm** (Faro), daneben ein ***Refugi*** für Wanderer (Hütte mit Übernachtungsmöglichkeit). Eine schmale Straße führt hinauf zum *Faro*. Der Blick über die unter uns liegende Bucht, über Küste und Meer und die umliegende Berglandschaft ist überwältigend.

Vom *Faro* weiter geht es auf dem ***Camí de Muleta***, der durch alte Kulturlandschaften und die Ländereien der *Finca Muleta Gran* zurück nach Port de Sóller führt.

Der Camí de Muleta ist auch mit Kindern kein Problem

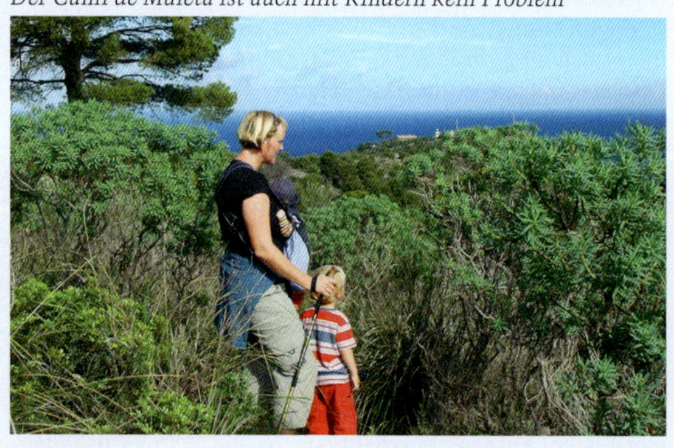

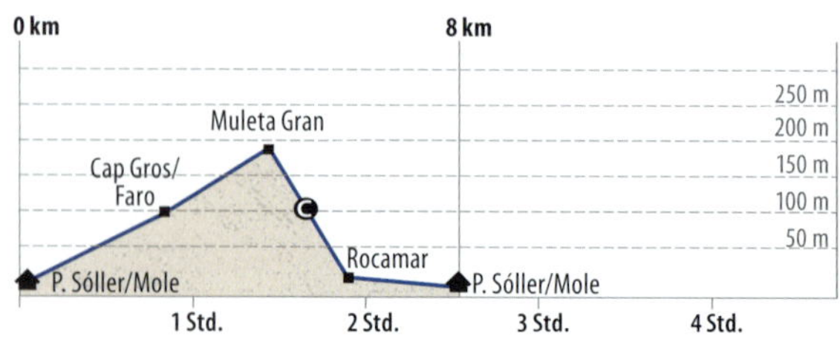

Über den Camí des Rost vom Hafen nach Sóller TOUR D

↔ Ⓩ ⌂ Son Mico K352/353

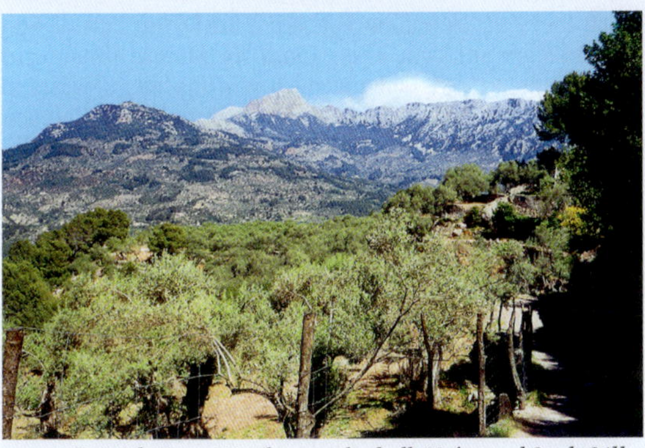
Camí de Rost, Wanderweg oberhalb Hafen und Stadt Sóller

ANSPRUCH

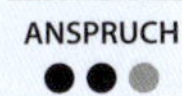

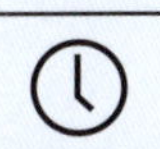
3,0 Std

MARKIERUNG

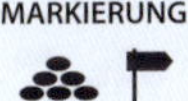

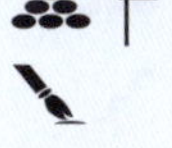

HÖHENMETER

↗ 270

230 ↘

TEILSTRECKE
NR - SEITE

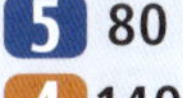
5 80

4 140

Der alte ***Camí de Muleta*** läuft – wie gesagt (Tour C) – durch eine alte Kulturlandschaft hinauf zur *Finca Muleta Gran*. Ohne nennenswerte Steigungen überwinden zu müssen, erreichen wir beim Gutshof *Son Mico* die Passhöhe zwischen Deià und Sóller. Im Vorgarten der malerisch gelegenen Finca kann man bei einem Glas mit frisch gepresstem Orangensaft weit über das Tal von Sóller schauen.

Über die historischen Wege ***Camí de Rost*** und ***Camí de Castelló***, die den alten Weg von Sóller nach Deià bilden, wandern wir auf abwechslungsreicher Strecke – mit dem Tal und dem dahinter aufragenden Gebirgspanorama im Blick – hinunter nach Sóller.

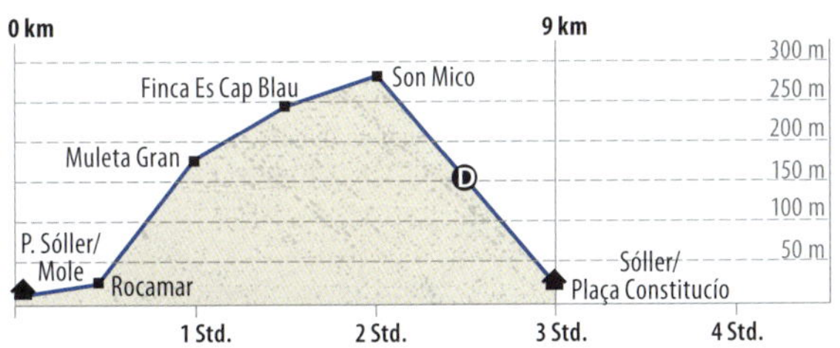

TOUR E Auf der Küstenroute nach Deià

ANSPRUCH

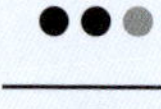

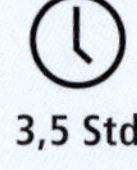

3,5 Std

MARKIERUNG

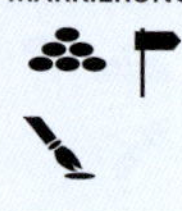

HÖHENMETER

↗ 340

200 ↘

TEILSTRECKE
NR - SEITE

NR	SEITE
5	81
6	82

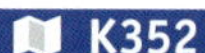

Auch hier geht es wie im Fall der Tour D von Port de Sóller zunächst auf dem alten ***Camí de Muleta*** hinauf zur *Finca Muleta Gran*. Oben wenden wir uns aber abwärts in Richtung ***Bens d'Avall***, einer Villensiedlung, deren weit verstreute Häuser überwiegend hoch über dem Meer liegen. Ein schöner Küstenweg, der sich streckenweise mit dem alten *Camí d'Alconàsser* von Deià in Richtung Sóller deckt, führt vorbei am verschlafenen Dorf ***Lluc Alcari*** bis zur bekannten Badebucht *Cala Deià*.

Achtung: Nach mehreren Hangabrutschungen und umgefallenen Bäumen in den vergangenen Jahren erfordert der Weg stellenweise erhöhte Achtsamkeit, belohnt den Wanderer jedoch mit einem wundervollen Meerblick.

Alternative: Auf dem Höhenweg des *Camí de Castello* nach Deià, ⇨ Tour F, Seite 65.

Blick auf Bens d'Avall

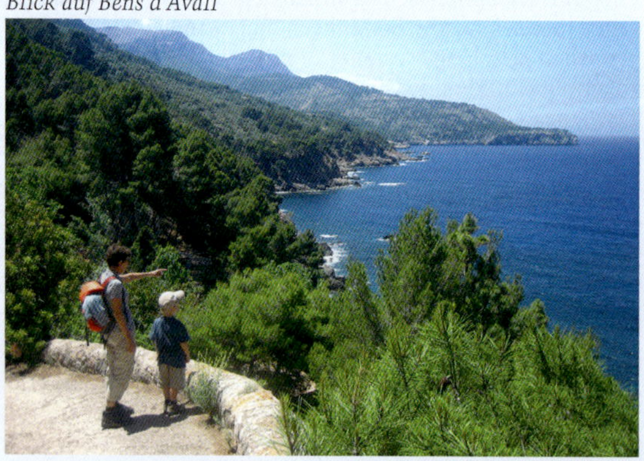

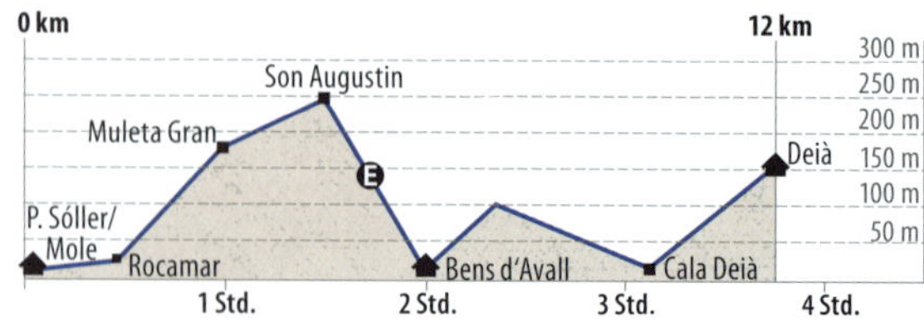

Camí de Castello - Höhenweg nach Deià TOUR F

↔ Ⓑ ⌂ Son Mico K352

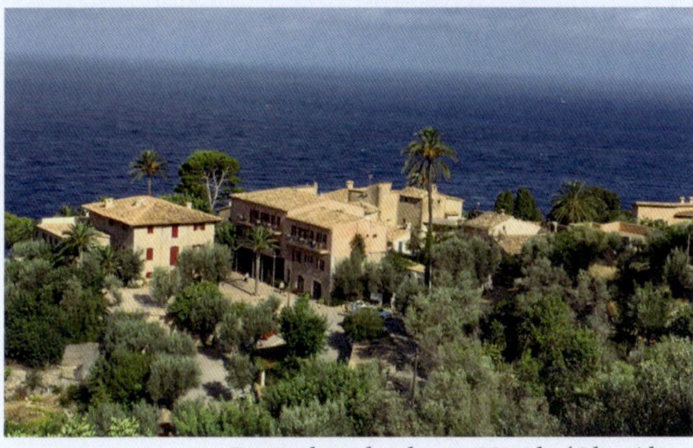
Das malerisch gelegene Minidorf Lluc Alcari

ANSPRUCH
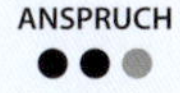

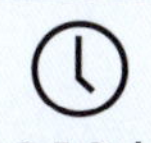
3,5 Std

MARKIERUNG
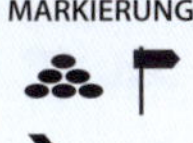

HÖHENMETER
↗ 440
290 ↘

TEILSTRECKE
NR - SEITE
5 81
7 85

Von Port de Sóller über die Ländereien der Finca Muleta Gran bis zum Landgut Son Mico ist die Route identisch mit Tour D (⇨ Beschreibung Seite 63).

Von *Son Mico* folgt die Wanderung dem *Camí de Castelló*, einem alten Pilgerweg, der die Orte Deià und Sóller miteinander verbindet. In seinem Verlauf parallel zur Küste liefert auch dieser Weg immer wieder neue Panoramen. Nach einem kurzen Stück entlang der Straße Sóller-Deià geht es im letzten Wegdrittel auf gut gekennzeichneten Wegen weiter bis ins Dorf. Auch ein Abstecher vom letzten Wegstück hinunter zur populären Bucht Cala Deià zum Baden oder zur Einkehr lohnt sich.

Von Deià aus kann man per Bus nach (Port de) Sóller zurückkehren (L210). In Gegenrichtung ist diese Wanderung als Tour D im Kapitel **Wege von Deià** zu finden, ⇨ Seite 133.

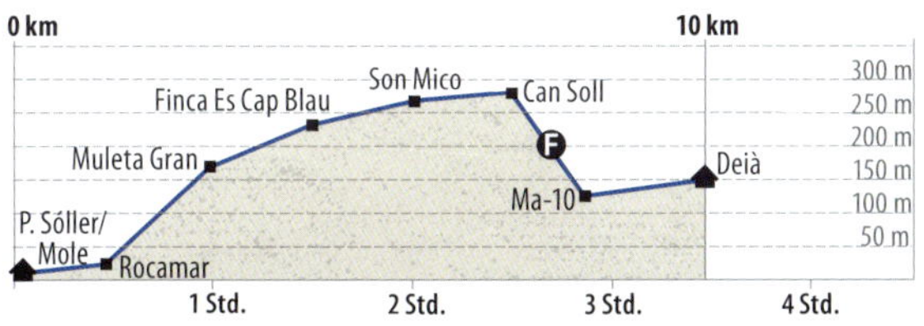

TOUR G Zum Aussichtspunkt Mirador de Ses Barques

Sa Figuera/Sóller — K352/353

ANSPRUCH

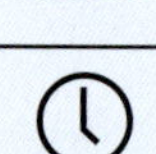

3/3,5 Std

MARKIERUNG

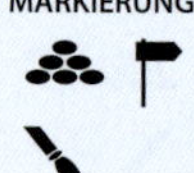

HÖHENMETER

↗ 400

360 ↘

TEILSTRECKE NR – SEITE

8.1 86

8.2 88

TEILSTRECKE NR – SEITE

8.3 90

8.4 91

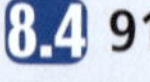

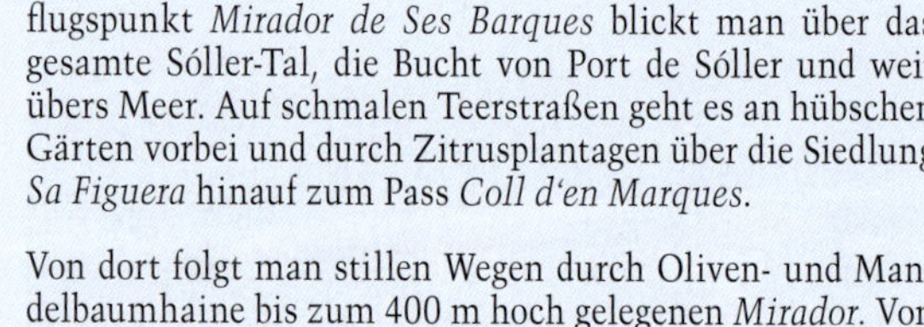

1. Aufstieg von Port de Sóller: Vom Aussichts- und Ausflugspunkt *Mirador de Ses Barques* blickt man über das gesamte Sóller-Tal, die Bucht von Port de Sóller und weit übers Meer. Auf schmalen Teerstraßen geht es an hübschen Gärten vorbei und durch Zitrusplantagen über die Siedlung *Sa Figuera* hinauf zum Pass *Coll d'en Marques.*

Von dort folgt man stillen Wegen durch Oliven- und Mandelbaumhaine bis zum 400 m hoch gelegenen *Mirador.* Von der Terrasse des gleichnamigen Ausflugslokals genießt man einen grandiosen Blick.

Auf idyllischen Wegen geht es weiter hinab nach Sóller, wo die Straßenbahn zurück nach Port de Sóller wartet.

2. Aufstieg von Sóller: Wer die Tour G in Gegenrichtung machen möchte, startet vom Bahnhof bzw. der nahen *Plaça Constitució* und steigt über einen Serpentinenweg hinauf zur Kapelle *Sa Capelleta* und von dort weiter zum *Mirador de Ses Barques.*

Blick vom Mirador de Ses Barques – weit unten die Sóllerbucht

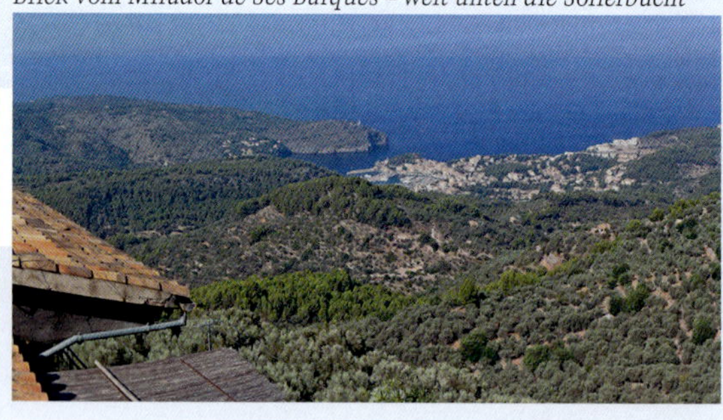

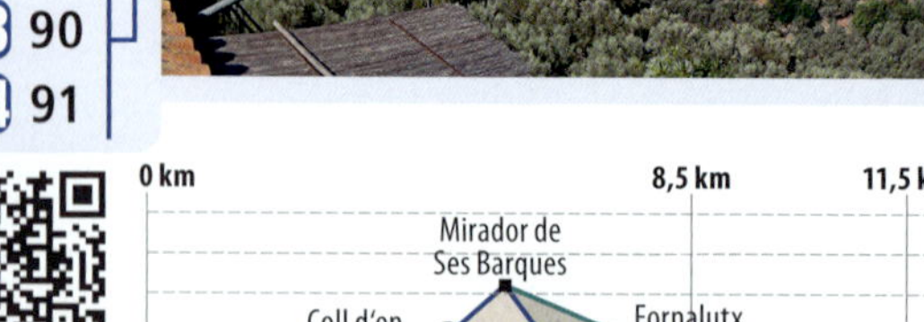

Rundwanderung auf den Puig de Bàlitx TOUR H

Mirador de Ses Barques K352/353/354

Die abwechslungsreiche und mittelschwere Rundwanderung startet am Parkplatz des Aussichtspunkt *Mirador de Ses Barques,* dessen Restaurant **mit grandioser Aussichtsterrasse** einen willkommenen Tourenausklang bietet.

Die landschaftlich abwechslungsreiche Wanderung führt über das idyllische *Balitxtal* auf den Hausberg der Hafenstadt Sóller und auf einen der schönsten Aussichtsberge rund um das Sóllertal. Unterwegs bietet die Tour viele schöne Eindrücke und Ausblicke. Highlight der Tour ist neben dem fantastischen Gipfelausblick vom ***Puig de Bàlitx*** die Tropfsteinhöhle ***Cova des Migdia*** etwas unterhalb des Gipfels gelegen. Namensgebend für die Höhle ist der Sonnenschein, der um die Mittagszeit in die Höhle fällt und diese zum Erstrahlen bringt.

TIPP Rucksackvesper und Getränke mitnehmen.

Blick vom Puig de Bàlitx

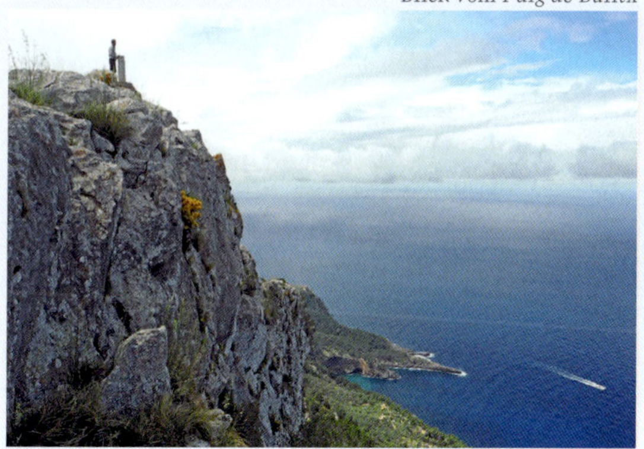

ANSPRUCH

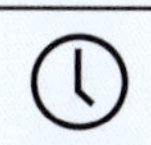

3,5 Std

MARKIERUNG

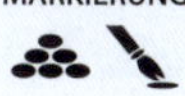

HÖHENMETER

↗ 360

360 ↘

TEILSTRECKE

NR - SEITE

9 92

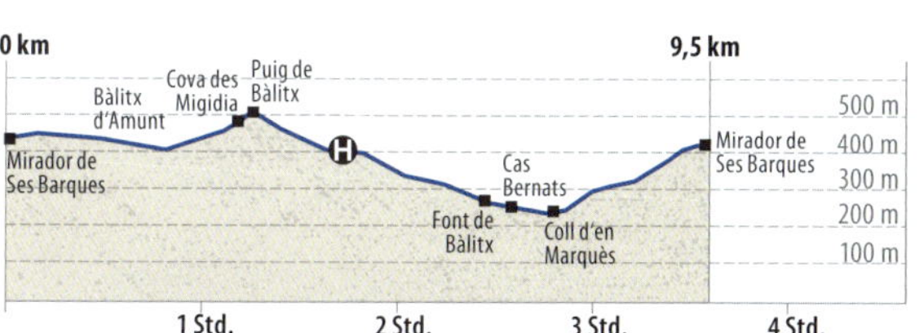

TOUR I Gipfeltour auf den Penyal des Migdia

↔ Ⓑ Cúber Stausee | K352/353

ANSPRUCH

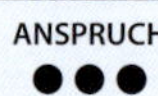

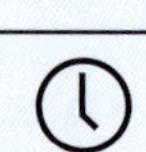

3,5 Std

MARKIERUNG

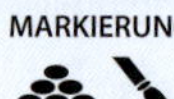

HÖHENMETER

↗ 490

490 ↘

TEILSTRECKE NR - SEITE

10 96

10 96

Am südwestlichen Ende des Kammverlaufes des Puig Major, dem höchsten Berg Mallorcas, thront der **1.398 m** hohe ***Penyal des Migdia*** (Mittagsberg) majestätisch über dem Sóllertal und ist von unten weithin sichtbar. Die für mallorquinische Wanderverhältnisse kurze, aber knackige Bergtour führt in die einsamen Höhen des Tramuntanagebirges und **auf den höchsten besteigbaren Gipfel von Mallorca**, der einen fantastischen Rundumblick über die Insel und seine Bergwelt bietet.

Steile Geröllpfade, eine nicht immer eindeutige Wegführung, felsige Passagen mit Kraxelpartien und der schwindelerregende kurzer Anstieg über einen Gipfelkamm bis hinauf zum Gipfel machen diese schwere Tour zu einem ganz besonderen Abenteuer mit **einmalig schönem Bergerlebnis**.

TIPP Die Mitnahme von Wanderstöcken ist sehr ratsam.

Schlussanstieg Penyal des Migdia

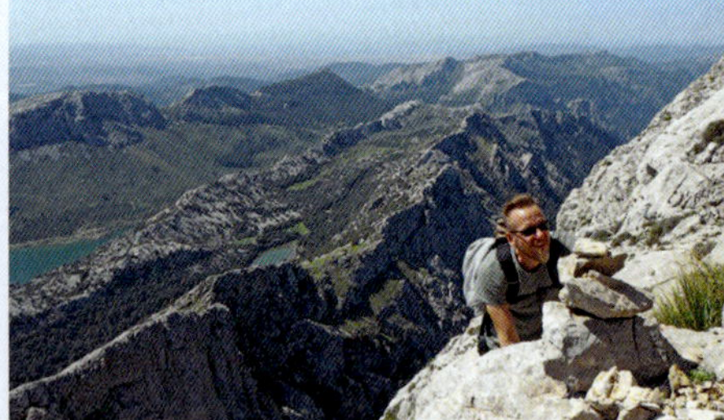

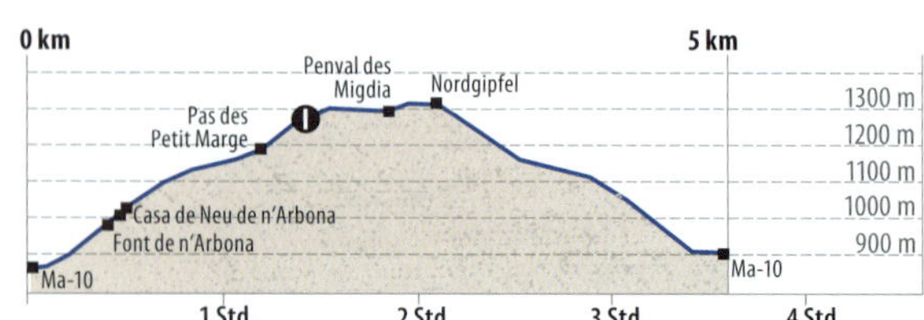

Der Sa Costera Küstenweg von/nach Sa Calobra

TOUR J

↔ Ⓑ K352/353/354

11.1 Start mit Bootsfahrt nach Sa Calobra – Dieser Klassiker unter den Mallorca-Wanderungen führt von *Sa Calobra* zunächst zur *Cala Tuent* und weiter auf einem Panoramaweg hoch über der Küste und durch das idyllische *Balitx-Tal* zum Aussichtspunkt *Mirador de Ses Barques*. Von dort geht es zurück nach Port de Sóller.

11.2 Die Wanderung ist auch in umgekehrter Richtung Port de Sóller – Cala Tuent/Sa Calobra empfehlenswert.

(11.3) Der Start mit Bus (L354) und Wanderung ab *Mirador de Ses Barques* ist besonders populär, Seite 104. Jede der drei Möglichkeiten hat ihre Vorzüge/Nachteile. Bei Start per Boot und Wanderung zurück, entfällt das relative Risiko am Endpunkt kein Boot mehr zu erwischen. Dafür kann die Wanderung wegen der späten Abfahrten der Boote erst gegen Mittag begonnen werden.

TIPP Zur Saison fährt auch ein Boot von der *Cala Tuent* am Nachmittag zurück nach Port de Sóller. Am Vortag unbedingt Bootsfahrplan im Hafen in Port de Sóller aktualisieren.

ANSPRUCH
●●●

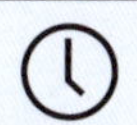

6,5 Std

MARKIERUNG

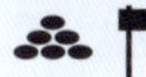

HÖHENMETER
↗ 850
↗ 450
450 ↘

TEILSTRECKE NR – SEITE
11.1 102

11.2 104
11.3 104

Sa Costera – Wanderweg hoch über der Küste

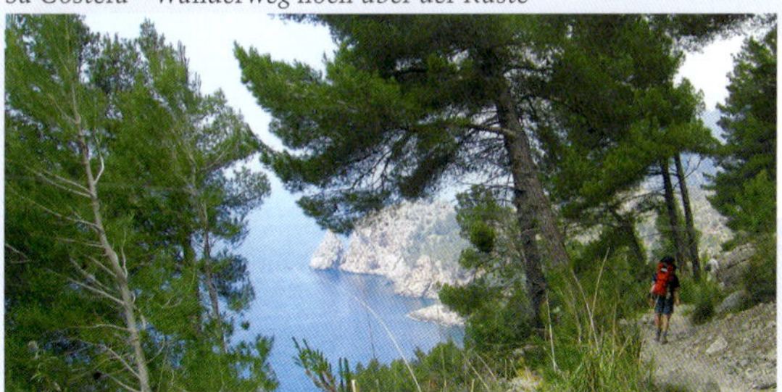

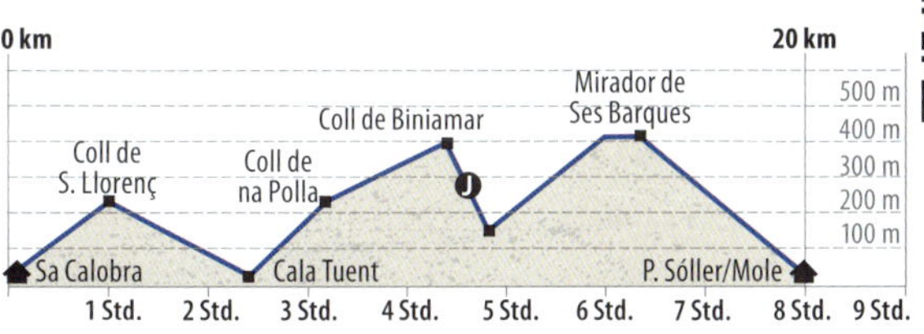

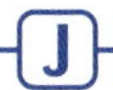

TOUR K Von Escorca durch den Torrent de Pareis

↔ Ⓑ ⛴ ⌂ Sa Calobra — K354/355

ANSPRUCH ●●●

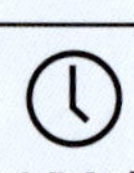

4,5 Std

MARKIERUNG

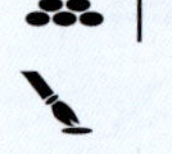

HÖHENMETER

↗ 30

640 ↘

TEILSTRECKE NR - SEITE

12 108

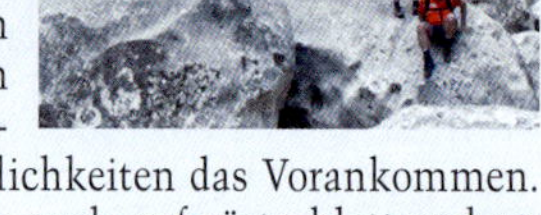

Diese spektakuläre Kletterwanderung führt durch einen der eindrucksvollsten Canyons Europas und ist die wohl abenteuerlichste Tour auf Mallorca.

In der Schlucht erwarten den Wanderer im Bett des *Torrent* gewaltige, vom Wasser glattgeschliffene Felsbarrieren, deren Überwindung einige Probleme bereiten kann.

Klettern und Krabbeln, Rutschen auf dem Hosenboden und Sprünge aus 1-2 m Höhe sind oft unvermeidbar. An einigen schwierigen Stellen unterstützen in den Stein gehauene Tritte und Haltemöglichkeiten das Vorankommen. Gelegentlich sind Engstellen auch aufwärts kletternd zu umgehen, ⇨ Seite 106/107.

Anfahrt Am besten unternimmt man die Tour mit dem **Bus** ab **Port der Sóller** (L354, Abfahrt 8.30h, ca. 50 min Fahrzeit) und zurück mit dem Schiff von Sa Calobra aus, ⇨ Fahrzeiten Seite 373. Der Zeitbedarf für die Tour ist so, dass man am Ziel ohne Probleme eines der Boote zwischen 16 und 17 Uhr nach Port de Sóller erreicht.

Mit dem **PKW** parkt man am Restaurant Escorca und nimmt von Sa Calobra um 15h den (einzigen) Bus zurück.

TIPP Die Abfahrtszeiten der Boote jeweils am Vortag beim Infohäuschen auf der Hafenmole aktualisieren.

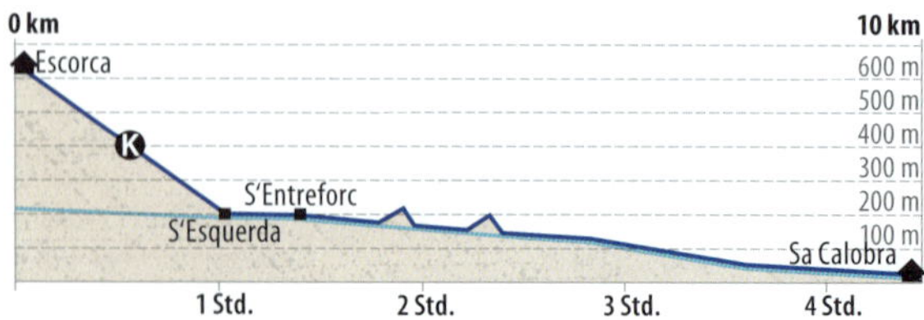

 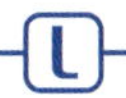

Durch den Barranc de Biniaraix zum Cúber Stausee TOUR L

 K353

Dieser 600 Jahre alte Pfad wurde einst für die Pilger von Sóller zum *Kloster Lluc* angelegt. In nicht enden wollenden Kehren führt der steingepflasterte, überwiegend restaurierte Weg über zahllose Treppenstufen durch die Schlucht *Barranc de Biniaraix* hinauf zur einsam gelegenen *Finca L'Ofre*. Von dort geht es zum Pass *Coll de L'Ofre*, danach sanft bergab zum *Cúber Stausee*, an dessen Nordausläufer diese Tour endet.

Wegen des in der Schlucht besonderen Mikroklimas und des nie versiegenden Wasserflusses stößt man dort auf eine für Mallorca ungewöhnliche Vielfalt an Pflanzenund Insektenarten. Auch Vögel sieht und hört man dort weit mehr als sonst auf Mallorca.

Von der Passhöhe Coll de L'Ofre ist ein **Abstecher** auf den 1091 m hohen ***Puig de L'Ofre*** möglich, von dem der Blick über das Tal von Sóller und die ganze Insel jenseits der *Serra Tramuntana* fällt.

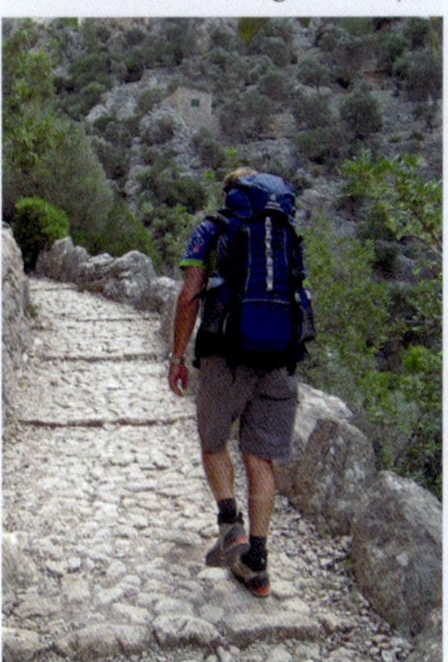

Interessante Varianten (13.1 - 13.5) dieser Route sind auf den Seiten 113f beschrieben.

Ebenfalls auch sinnvoll aber insgesamt weniger anstrengend ist ein Start am Cúber-Stausee mit anschließendem Abstieg durch den Barranc ⇨ siehe Tour F im Kapitel **Wege vom *Cúber-Stausee***, ⇨ siehe Seite 237.

ANSPRUCH

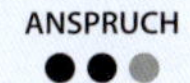

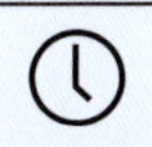

4,0 Std

MARKIERUNG

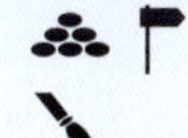

HÖHENMETER

↗ 870

150 ↘

TEILSTRECKE NR – SEITE

NR	SEITE
13	113
13.1	115
13.2	116
13.3	116
13.4	117
13.5	118

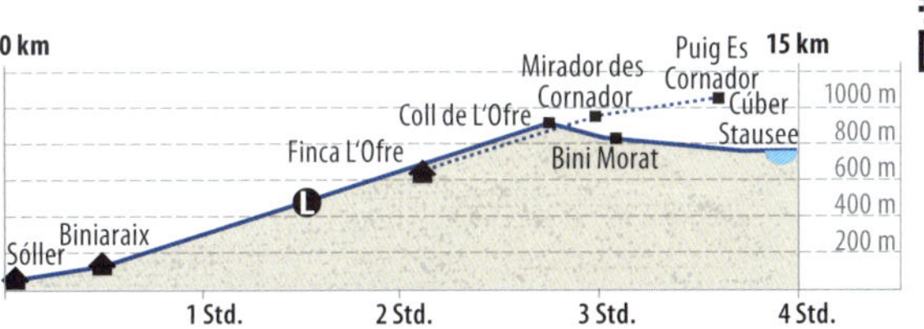

TOUR M Küstenweg Costera Petita

↔ K353

ANSPRUCH

●●●

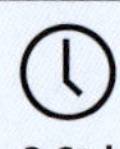

3 Std

MARKIERUNG

HÖHENMETER

↗ 280

280 ↘

TEILSTRECKE NR – SEITE

11 100

Auf der leichten **Küstenwegwanderung** mit Abstecher zum alten Wachturm ***Torre Picada*** genießt man die wilde Schönheit der Costera Petita, mit ihren schroffen Steilklippen, dem kleinen Vogelinselparadies S'Illeta, den senkrecht aufragenden Felswänden des Puig de Bàlitx und dem markanten Berg des ***Penyal Bernat***, der markant als einzeln stehende Zinne in Form eines Fingers herausragt.

Als weiteres kleines Highlight bietet die Tour am Wendepunkt eine Terrasse mit Freisitz, kleinem Vesper, **frisch gepresstem Orangensaft** oder ein Glas Rotwein. Der Rückweg entspricht weitestgehend dem Hinweg. Badelustige können unterwegs noch einen Abstecher zur ***Bucht Ses Puntes*** machen und im Hafen bieten sich zahlreiche Restaurants zum kulinarischen Tourabschluss an.

Die Costera Petita

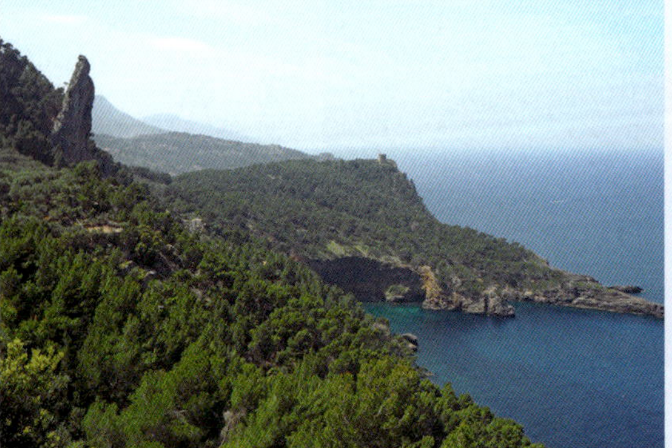

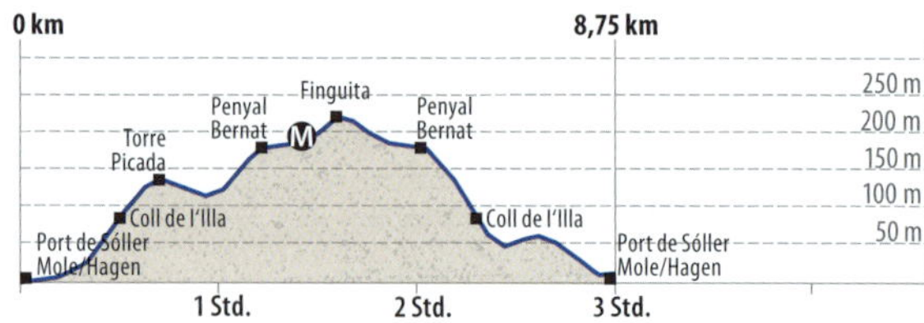

Über den Gebirgskamm der Serra d'Alfàbia TOUR N

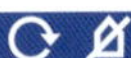 K353

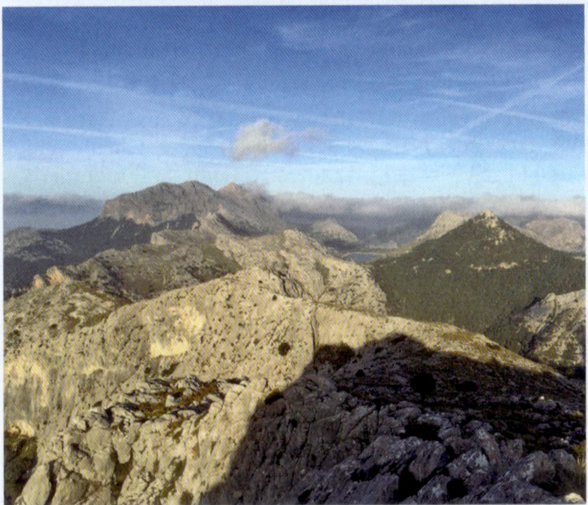

Gipfelkamm der Serra d'Alfabia

ANSPRUCH ●●●

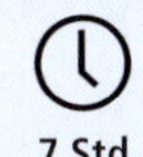

7 Std

MARKIERUNG

HÖHENMETER

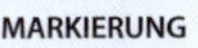

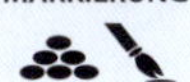

TEILSTRECKE NR – SEITE

14 119

Nach Südosten begrenzt das Gebirge der ***Serra d'Alfabia*** das ***Sóllertal***. Weithin sichtbar thronen die Sendemasten auf dem westlichen Teil dieses Gebirgskamms.

Diese anspruchsvolle **Rundwandertour** führt von Sóller über stille Wald- und Gebirgswege hinauf zur almartigen ***Hochebene Sa Planella*** und mit fantastischen Ausblicken von Westen nach Osten über den Gebirgskamm der ***Serra d'Alfabia***. Mit dem beeindruckenden steingepflasterten Pilgerweg durch die malerische Landschaft der ***Schlucht von Biniaraix*** schließt sich ein weiteres Touren-Highlight an.

HINWEIS Trittsicherheit, Orientierungssinn und gute Kondition sind für diese Wanderung unerlässlich.

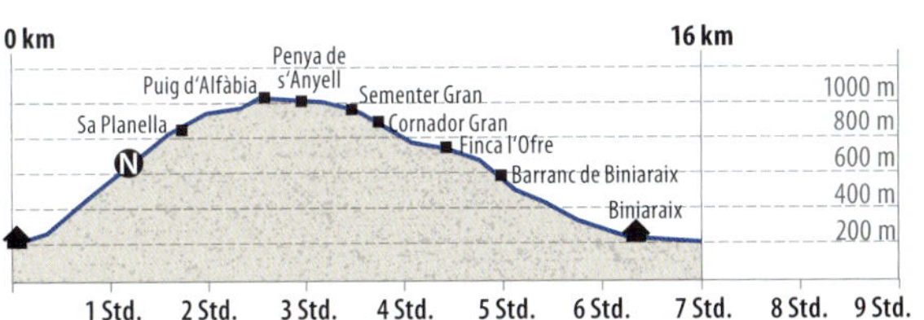

1 Über den Camí de Son Sales zum Cap Gros

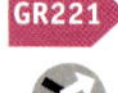

Wir starten an der Strandpromenade von d'en Repic und verlassen die Bucht auf der Straße in Richtung Sóller. Nach gut **500 m** weist uns in einer Linkskehre ein Hinweisschild den Weg nach **rechts.** Wir ignorieren kurz darauf den Wegabzweig rechts und folgen der Beschilderung „Sóller/L'Horta" weiter **geradeaus**.

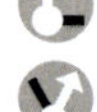

Der Pfad führt uns eben am Talrand entlang. An einer **Weggabelung** folgen wir **rechts** dem Hinweisschild nach Sóller, gehen durch ein **Gatter** und folgen hier dem Wanderpfad ***Camí de Binidorm***. Nach einem weiteren **Gatter** schwenkt der Pfad bald nach rechts in den *Torrent de Son Sales* und führt uns entlang der Bergflanke leicht bergan. Am Höhepunkt des kurzen Anstiegs haben wir einen schönen Ausblick in das Tal von Sóller.

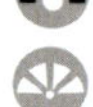

Wieder abwärts gehen wir an der *Finca Binidorm* vorbei und treffen bald darauf auf den **geteerten Fahrweg Cami de Son Sales**, dem wir nach **rechts** folgen.

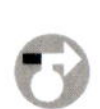

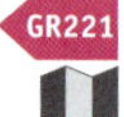

Anschluss GR-221 über Sóller nach Biniaraix:
Siehe Wanderkarte und Ortsplan Seite 50/51

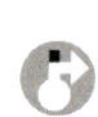

Durch ein Tal wandern wir bis zum Anwesen von ***Son Sales***, wo der geteerte in einen **betonierten Fahrweg** mündet. Kurz darauf ignorieren wir einen nach links abzweigenden Weg. An der bald rechts gelegenen *Finca D'Alt Son Sales* mündet dieser schließlich in einen geschotterten Karrenweg. Wenige Gehminuten später zweigt vor einem **verschlossenen Gatter rechts** ein markierter Pfad ab.

Durch Olivenhainkulturen und vorbei an kleineren Landhäusern führt uns der Pfad in Serpentinen bergan und wir gehen nacheinander durch einige **Gatter**. Kurz nach dem letzten Gatter und einem Landhaus, von dem aus man nochmals eine schöne Aussicht hat, mündet der Pfad in einen von Zypressen gesäumten Karrenweg. Auf diesem erreichen wir die rückwärtigen Gebäude des **Landhotels *Son Bleda*** und treffen kurz darauf auf die Straße **Ma-10** an der Passhöhe zwischen Sóller und Deià.

Fortsetzung: Zum Cap Gros (Teilstrecke 13 – Seite 176)

Anschluss: Richtung Sóller/Deià (Teilstrecke 4 – Seite 140)

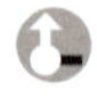

TIPP Abstecher zur ***Finca Son Mico*** (5 Min.), die frisch gepressten Orangensaft und selbstgebackenen Kuchen bietet. Von Sitzgelegenheiten im Vorgarten hat man einen schönen Blick ins Sóller-Tal. Dazu **Wegweisung** nach Deià auf der gegenüberliegenden Straßenseite folgen.

Auf historischen Pfaden durchs Orangental 

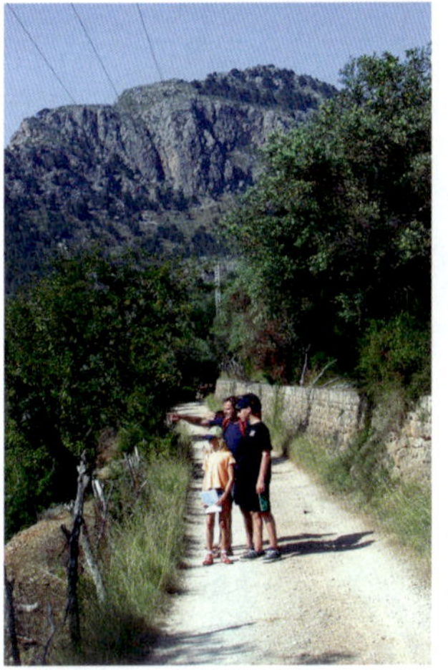

Wir starten an der **Mole** von Port de Sóller in Richtung Sóller. An der hier durch eine Fußgängerpromenade geteilten Straße ***Antoni Montis*** biegen wir **links** ab und gehen bis zum **zweiten Kreisverkehr**.

Dort finden wir auf der gegenüberliegenden Straßenseite eine seitliche **Betonbarriere** mit einem **Durchlass** für Wanderer. Hinter diesm Durchlass steht eine große **Informationstafel** für Wanderer. Auf dem hier beginnenden ***Camí de Sa Figuera*** wandern wir – vorbei an blühenden Obstund Zitrusgärten – unterhalb der Fincas *Son Llampaies* und *Can Alfonso* hinauf zum ***Coll d'en Borrassà***. Dort trifft man auf den historischen *Camí Vell des Port Sóller*.

Hier folgen wir **rechts** weiter dem Weg hinauf auf die kleine, bewaldete **Anhöhe Coll d'en Borrassà**. Weiter geht es talwärts; wir können über Stichpfade einige der Wegkehren abkürzen und passieren die **Finca C'an Penya** und weitere Zufahrten und Gebäude verstreuter Gehöfte. An der nächsten Weggabelung halten wir uns **rechts**. Vorbei an einer Gärtnerei treffen wir bald auf die Straße **Ma-10**, die nach Lluc und Pollença führt.

Wir überqueren diese Straße und setzen unsere Tour auf der gegenüberliegenden Seite geradeaus – vorbei an vielen Häusern mit hübschen Vorgärten – fort, bis wir auf die ***Carrer de Ses Argiles*** stoßen. Hier halten wir uns **rechts** und erreichen kurz darauf das **Fußballstadion**.

Anschluss: Tour B – von Sóller – Teilstrecke 

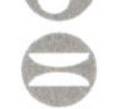

Das durch **Mauern** eingefriedete **Stadion** links der Straße ist lediglich an seinen **Flutlichtmasten** als solches zu erkennen, wenn nicht gerade Training oder Spiele stattfinden und das Tor offen steht. Hier biegen wir nach **links** (⇨ von Sóller kommend rechts) in die dem Bachbett folgende Straße ein, bis diese über das Bachbett führt. Wir bleiben diesseits des Baches und folgen hier **links** dem *Camí Ses*

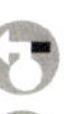

2 Auf historischen Pfaden durchs Orangental

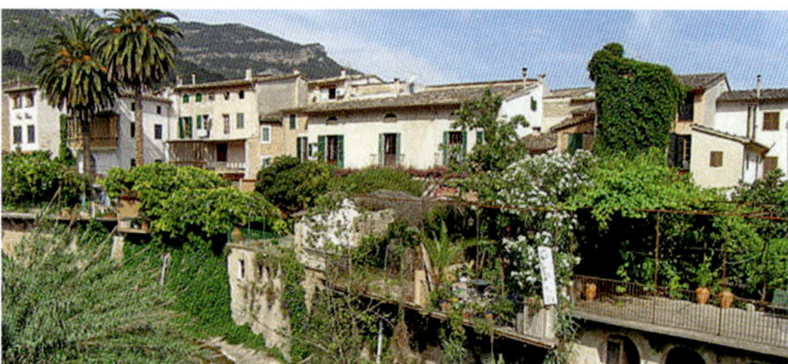

Montcades, um gleich wieder **rechts** in den mit Hinweisschildern in Richtung Binibassi/Biniaraix/Fornalutx gekennzeichneten Weg *Camí de S'Ermita* einzubiegen. Nach ca. 50 m weist links ein Schild den Weg nach *Tuent/Balitx*, der hinauf zum Kirchlein *Sa Capelleta* und weiter zum *Mirador de Ses Barques* führt.

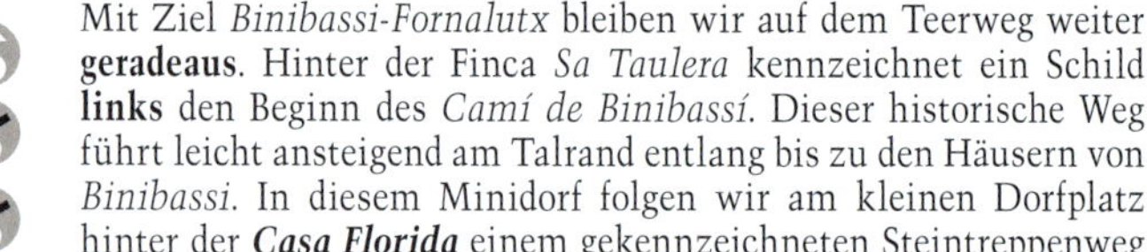

Mit Ziel *Binibassi-Fornalutx* bleiben wir auf dem Teerweg weiter **geradeaus**. Hinter der Finca *Sa Taulera* kennzeichnet ein Schild **links** den Beginn des *Camí de Binibassí*. Dieser historische Weg führt leicht ansteigend am Talrand entlang bis zu den Häusern von *Binibassi*. In diesem Minidorf folgen wir am kleinen Dorfplatz hinter der ***Casa Florida*** einem gekennzeichneten Steintreppenweg **links** und durchschreiten bald darauf ein **Tor**.

Der Weg führt uns durch Olivenhainterrassen, und wir achten auf **Markierungspfähle**, die an unklaren Wegstellen die Richtung weisen. Wir passieren ein weiteres **Gatter**, folgen dem durch Johannisbrotbaum-Terrassen führenden Pfad, der in einen Karrenweg mündet, und erreichen bald darauf den **Friedhof** von Fornalutx. Vorbei am **Sportplatz** geht es hinunter ins Dorf (⇨ **Ortsplan** Seite 77). Durch die Straßen *Joan Albert i Arbona, de Sol* und *General Franco* laufen wir zur *Plaça d'Espanya*. Dort kann man gut in der Bar Rast machen. Für eine Ortsbesichtigung sollte man sich unbedingt genügend Zeit nehmen. Für einen Bummel und ein paar Fotostopps benötigt man minimal zusätzliche 30 Minuten.

⇨ **Ortsbeschreibung** Fornalutx, ⇨ Seite 56

8.2 **Anschluss: Tour G – Alternativstrecke**

Mit Ziel **Biniaraix** gehen wir von der *Plaça d'Espanya* über die *Carrer Major* und de *Sa Font* nördlich ortsauswärts. Am oberen Dorfende überqueren wir die **Brücke** über das Bachbett des *Torrent de Fornalutx Major*. Jenseits des Baches geht es auf einem teilweise

Auf historischen Pfaden durchs Orangental 

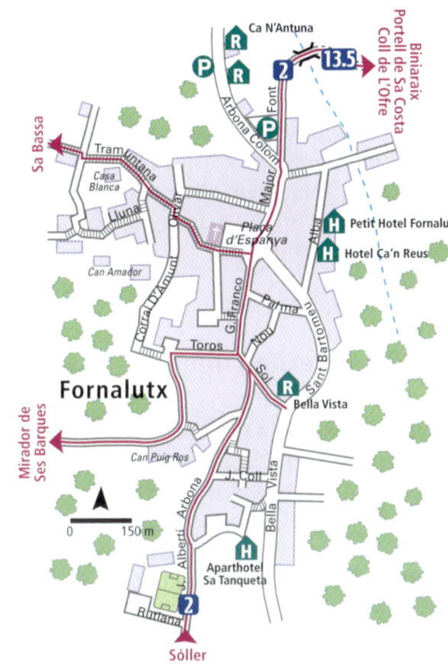

gepflasterten Weg bergan, der nach einigen Kehren auf ein **verschlossenes Tor** trifft. Hier markiert **rechts** ein Schild den **Camí des Creuer/ Biniaraix**, der uns anfangs über einen **Steintreppenweg** durch Olivenhaine und Terrassengärten führt und dann rasch an Höhe gewinnt. Nachdem wir rechterhand ein Steinhaus passiert haben und kurz darauf den Steintreppenweg links in Richtung *Portell de sa Costa* ignorieren, trifft unser Weg auf den **Teerweg** *Camí Vell de Monnàber*, dem wir nach **rechts** talwärts bis zum Waschplatz mit **Waschhaus** in **Biniaraix** folgen können.

⇨ **Ortsbeschreibung** Biniaraix: Seite 56/ ⇨ **Karte** Seite 51.

Das Waschhaus steht an einer **Weggabel** mit einem eisernen Wegekreuz; östlich geht es hinauf in den *Barranc de Biniaraix*.

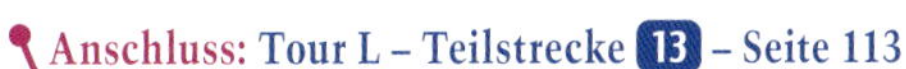

Anschluss: Tour L – Teilstrecke 13 – Seite 113

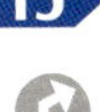

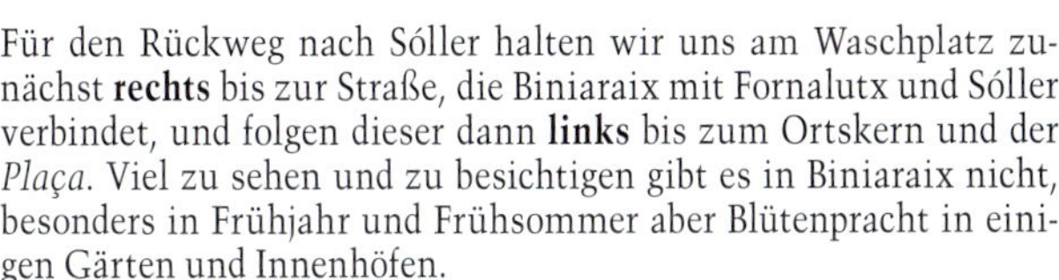

Für den Rückweg nach Sóller halten wir uns am Waschplatz zunächst **rechts** bis zur Straße, die Biniaraix mit Fornalutx und Sóller verbindet, und folgen dieser dann **links** bis zum Ortskern und der *Plaça*. Viel zu sehen und zu besichtigen gibt es in Biniaraix nicht, besonders in Frühjahr und Frühsommer aber Blütenpracht in einigen Gärten und Innenhöfen.

Wir gehen am Ortsende auf der *Carrer Guillem* die Treppen hinunter zur Straße *Camí de Biniaraix* und auf ihr weiter bis zur *Plaça* in Sóller (⇨ **Karte** Seite 50/51). Von dort bringt uns die Straßenbahn nach Port de Sóller.

3 „Light-Version der Tour B"

Die verkürzte Version der **Tour B** beginnt an der **Plaça** von Sóller. Wir folgen zunächst der *Carrer de Sa Luna*, der **Hauptgeschäftsstraße** des Ortes, und biegen am **zweiten Abzweig** nach **links** in die *Carrer Victoria 11 de Maig* ein, die später in die *Avinguda Asturies* übergeht. Auf ihr laufen wir **10 Min.** stadtauswärts, bis wir das **Bachbett** des *Torrent de Fornalutx* queren und direkt dahinter auf das **Fußballstadion** treffen, das man aber – wie oben schon gesagt – wegen seiner Mauern kaum als solches erkennt. Lediglich die **Flutlichtmasten** weisen auf ein Stadion dahinter hin.

2 Fortsetzung: Teilstrecke 2 - Seite 76

4 Camí de Muleta - Rundwanderung über das Cap Gros

Wir starten an der **Strandpromenade** in D'en Repic und folgen der schmalen Teerstraße an der Westseite der Bucht hinauf zum **Leuchtturm**. Je höher wir kommen, desto besser und weiter wird das Panorama. Nach maximal 30 Min. Gehzeit auf der kurvigen Straße haben wir den Leuchtturm oberhalb des *Cap Gros* erreicht. Von dort überblickt man die ganze Bucht, das Tal von Sóller und die dahinter aufragenden Gipfel der *Serra Tamuntana* sowie die Küstenlinie jenseits der Bucht nach Norden wie nach Süden. Grandios sind hier oben die **Sonnenuntergänge**.

Die Straße endet hinter dem Leuchtturm in einem unbefestigten **Parkplatz**. Dort ist auch der Zugang zum wenige Meter oberhalb gelegenen ***Refugi Muleta.*** Hier haben wir die Wahl: Entweder den Weg über das ***Refugi*** und einer Rast mit Panoramablick an der Hütte fortzusetzen, oder gleich am Parkplatz den Hinweisschildern und dem **Karrenweg** in Richtung Deià/Sóller zu folgen. Dieser führt uns kurz darauf **links** auf einen schmalen **Pfad** und bald darauf vereinigen sich beide Wege wieder.

TIPP Das ***Refugi Muleta*** mit schönem Freisitz vor der Wanderhütte, kühlen Grtänken für durstige Wanderer und einem tollen Ausblick aufs Meer bietet sich für eine kurze Rast an, ➪ Seite 379/380.

Auf dem stark mit Dissgrass überwachsene Pfad wandern wir über einen **Bergrücken** mit fortlaufend schönen Ausblicken auf Meer und Bucht zum Landgut *Muleta.* Der streckenweise restaurierte Pflastersteinweg führt uns in einem großen Bogen um den Taleinschnitt des *Torrent de s'Argentera* herum und durch einen **Mauerdurchlass** gelangen wir auf die Ländereien des Landguts *Muleta.* Entlang eines Maschendrahtzaunes erreichen wir schließlich den

Camí de Muleta - Rundwanderung über das Cap Gros 4

Die Leuchttürme von Port de Sóller

Geschichte

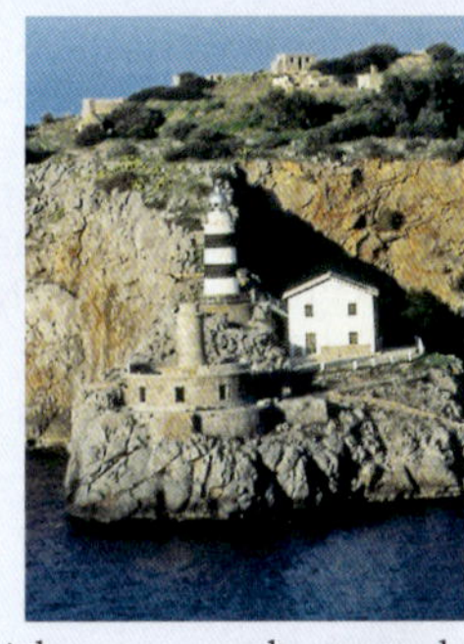

Port de Sóller verfügt über den einzigen geschützten Hafen der Nordwestküste.

Schon seit 1859 steht 122 m über dem ***Meer der Faro de Cap Gros***. Er sichert die westliche Begrenzung der Einfahrt in die Bucht von Sóller. Früher wurde er mit Öllampen und Spiegeln betrieben, die nur wenige Meilen Leuchtkraft hatten. Heute ist sein „Feuer" bei klarem Wetter bis zu 24 Seemeilen weit zu erkennen.

Um die Einfahrt in die Bucht noch sicherer zu machen, wurde 1864 auf der gegenüberliegenden Seite ein zweiter Leuchtturm in Betrieb genommen, der ***Faro de la Cruz***. Er war nur 10 m über dem Meer errichtet worden und wegen seiner exponierten Lage (⇨ Foto) bei Sturm und schwerer See immer wieder mal von der Außenwelt abgeschlossen. 1945 machte man diesem Problem ein Ende und nahm einen neuen Leuchtturm auf dem *Cap de la Cruz* in Betrieb, der schwarz-weiß gestreift, gut 30 m vom alten entfernt, etwas höher steht.

Das Gehöft der Finca Muleta Gran

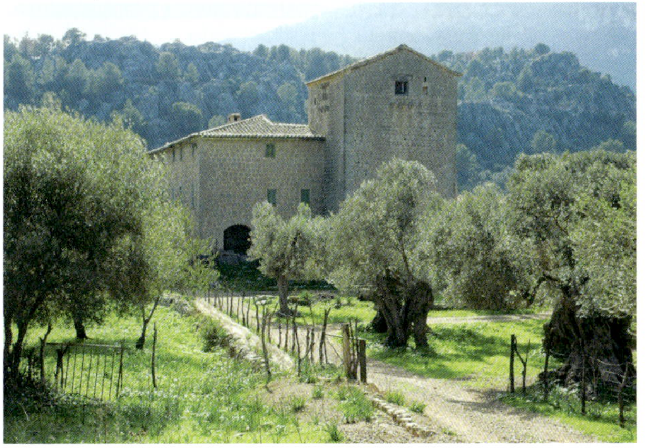

4 Camí de Muleta - Rundwanderung über das Cap Gros

Zufahrtsweg zum Landsitz *Muleta Gran* und gehen hier in Richtung **Port de Sóller links**.

Nach wenigen Metern weist uns **rechts** erneut ein Schild den **Pfad**, der uns um das Gehöft führt. Jenseits des Gebäudes nehmen wir **links** den markierten talwärtsführenden Weg, der durch mehrere aufeinanderfolgende **Gatter** später in einen Karrenweg mündet. Wir passieren bald linkerhand die ***Finca Muleta de Ca S'Hereu***, wo Wanderer Orangensaft kaufen und auf einer schönen Aussichtsterrasse Rast machen können.

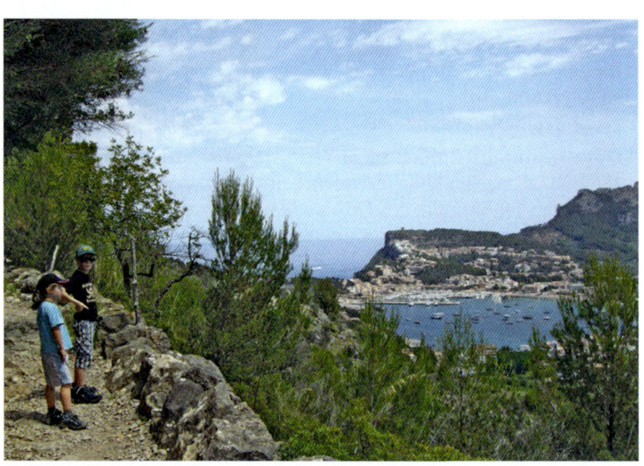

Auf dem Camí de Muleta mit Blick auf Port de Sóller

In einer großen **Linkskehre** umgehen wir einen Taleinschnitt und passieren nacheinander zwei **Eisengatter** mit dem Hinweis *„Cerrar per favor“* (Bitte schließen!). Alte knorrige Olivenbäume säumen links und rechts den Weg. Weiter geht es in **Serpentinen** durch einen kleinen Wald talwärts. Wir durchschreiten abermals ein **Holztor** und folgen dem Steinpflas-

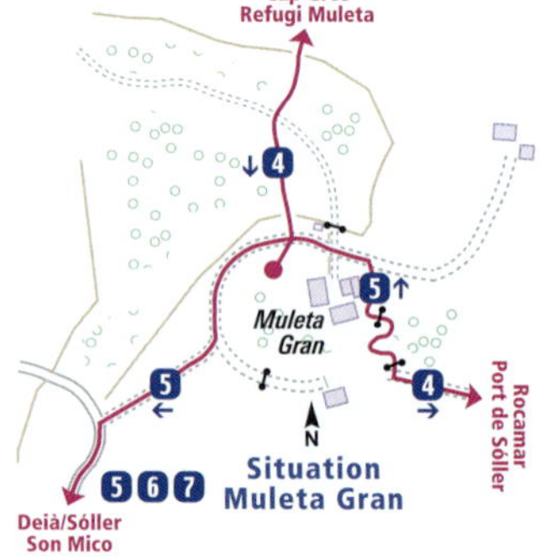

Camí de Muleta - Rundwanderung über das Cap Gros 

terweg, der bald auf eine Weggabelung trifft. Mit Ziel D'en Repíc halten wir uns **links**, erreichen kurz darauf die Straße und folgen dieser **links**. Nach wenigen Gehminuten erreichen wir unseren Startpunkt an der Strandpromenade von D'en Repic.

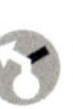

Camí de Rost - Vom Hafen in die Stadt Sóller 

Wir starten an der Strandpromenade von d'en Repic und verlassen die Bucht auf der Straße in Richtung Sóller. Nach gut **500 m** weist uns in einer Linkskehre ein Hinweisschild den Weg nach **rechts.** Wir ignorieren kurz darauf den Wegabzweig rechts und folgen der Beschilderung „Sóller/L'Horta" weiter **geradeaus**.

Hinter einem **Holzgatter** beginnt ein schattiger Waldweg, dem sich später ein Pfad durch Steinterrassen mit knorrigen Olivenbaumbeständen anschließt. Wir gehen in kurzen Abständen durch **zwei Eisentore**, die wir hinter uns wieder schließen. Der Pfad verbreitert sich bald zu einem Karrenweg und führt uns in einer weit ausholenden **Rechtskehre** um einen Taleinschnitt herum.

Am Ende des Tales erreichen wir rechter Hand die ***Finca Muleta de Ca S'Hereu***. Schilder laden zu frisch gepresstem Orangensaft auf die Terrasse der Finca ein.

Kurz darauf mündet der Karrenweg wieder in einen schmalen Fußweg und wir gehen nacheinander durch mehrere **Holzgatter** hinauf zum nur noch teilweise bewirtschafteten Gehöft *Muleta Gran* (⇨ Skizze links). Der hier gut ausgeschilderte Weg führt **rechts** um das Gehöft und trifft dort auf einen Karrenweg, dem wir nach **links** folgen.

Am Gehöft der *Muleta Gran* vorbei geht es in einer großen Linkskehre durch alte Olivenbaumbestände. An der nächsten **Gabelung** folgen wir dem Fahrweg nach **rechts**, der bald auf einen noch breiteren, geschotterten Weg trifft. Hier geht es **links** und wir genießen die Aussicht entlang der Küste in Richtung Deià und über die Villensiedlung *Bens d'Dvall.*

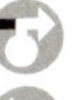

Der Schotterweg mündet in eine schmale Teerstraße. Vorbei an der ***Finca Es Cap Blau*** und einem kleinen Stromhäuschen (rechts dahinter) erreichen wir erneut eine Weggabel.

Anschluss: Küstenweg nach Deià – Teilstrecke 6 – Seite 82 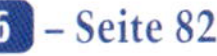 

5 Camí de Rost - Vom Hafen in die Stadt Sóller

An der Weggabel halten wir uns **links** und erreichen nach ca. 15 Minuten die **Straße Ma-10** zwischen Sóller und Deià. Dieser folgen wir nach **links** über einen Pass. Hinter dem Pass biegen wir bei nächster Gelegenheit **rechts** ab; dies ist die Zufahrt zur ***Finca Son Mico***. In der zweiten Rechtskehre des Weges weist **links** die in Stein gemeißelte Inschrift **„Deià-Sóller"** auf den *Camí de Castello hin.*

7 Anschluss: Höhenweg nach Deià – Teilstrecke 7 – Seite 85

TIPP Nicht verzichten sollte man auf den Besuch der herrlich gelegenen ***Finca Son Mico*** (Orangensaft, Kuchen, Ausruhen im Vorgarten), ein traditionelles mallorquinisches Landhaus.

Der Weg nach Sóller führt vom Hof an einer kleinen Kapelle vorbei in Richtung Osten. Man erreicht etwas unterhalb der Finca wieder den *Camí de Castello.*

4 Fortsetzung: Nach Sóller – Teilstrecke 4 – Seite 140

6 Entlang der Küste nach Deià

An der **Weggabelung** mit Hinweis auf das **Restaurant *Bens d'Avall*** und einem Umspannhäuschen folgen wir der talwärts laufenden Teerstraße nach **rechts**.

In wenigen Kehren geht es zügig bergab und nach ca. 30 Min. erreichen wir die Villensiedlung Bens d'Avall und das gleichnamige Restaurant. Am Parkstreifen vor dem Restaurant weist uns **links** ein **Holzschild** den Weg über ein **Bachbett** und folgen direkt dahinter dem Weg nach **rechts** weiter, ⇨ Skizze rechts.

Auf diesem gehen wir bis kurz vor erreichen der Küste. Dort beschreibt der Weg dann eine scharfe Rechtskurve und mündet in eine Zufahrt. Noch vor der nächsten Kurve zweigt **links** ein schmaler **Pfad** ab, der gleich steil bergauf führt und auf etwa gleichbleibender Höhe dem Verlauf der Küste in Richtung Deià folgt.

Der Pfad trifft bald auf einen **Karrenweg**, der rechts auf ein **verschlossenes Gatter** trifft. Wir folgen hier dem Karrenweg aber **links**, um gleich **rechts** an einem **Holzgatter** per Leiter einen Maschendrahtzaun zu übersteigen. Kurz darauf geht es per **Holzleiter** über einen Zaun.

Entlang der Küste nach Deià 6

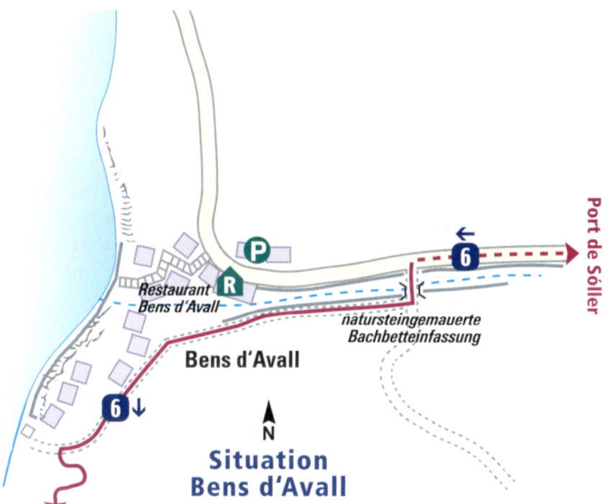

Der Pfad folgt nun im Auf und Ab dem Küstenverlauf. Immer wieder versperren **umgestürzte Bäume** unseren Weg. **Farbmarkierungen** erleichtern uns die Wegfindung. Nach einem letzten Anstieg führt der Pfad auf relativ gleichbleibender Höhe an einem Steilhang entlang, bevor er sich in Kehren talwärts windet und sich allmählich der Küste wieder nähert.

Wieder übersteigen wir an einer Mauer eine **Holzleiter** und umwandern bald darauf einen **Taleinschnitt** mit steil abfallenden Hängen. Nach Übersteigen einer weiteren **Holzleiter** erreichen wir kurze Zeit später das Badehaus des Nobelhotels *La Residencia*, das hier über exklusive Sonnen- und Badeterrassen am Meer verfügt. Unser Weg führt zwischen dem Badehaus (links) und den Terrassen (rechts) hindurch.

Im weiteren Verlauf ignorieren wir nach links abzweigende Steintreppen und folgen dem eingeschlagenen Weg. Nach einer kurzen Links-Rechts-Kehre erreichen wir die festungsähnliche Stützmauer eines Grundstücks. An der Ecke zweigt **links** ein **Treppenweg** zum malerisch gelegenen Minidorf Lluc Alcari ab (ca. 15 Min.).

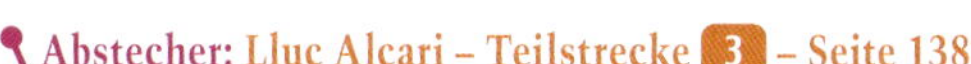

In Richtung **Cala Deià** laufen wir weiter **geradeaus** und wandern bald durch dichteren Aleppokiefernwald. Hinter einer Maueröff-

6 Entlang der Küste nach Deià

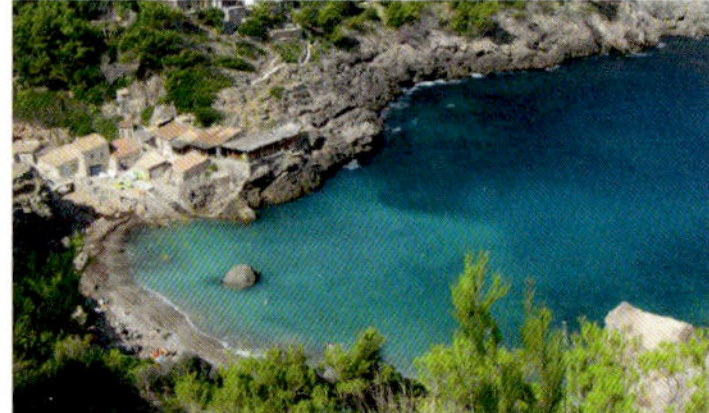
Blick in die Cala Deià

nung stößt unser Pfad an einem **Picknickplatz** mit Steinbank und rundem Steintisch auf einen weiteren Pfad. Wir folgen ihm nach **rechts** entlang der Küste. Nacheinander **übersteigen** wir an Zäunen **drei** weitere **Holzleitern**. Der hier dichtere Baumbestand lockert sich und kurz darauf ist der Pfad durch einen Hangrutsch unterbrochen. Diese Stelle müssen wir umklettern, bevor wir bald darauf eine kleine **Aussichtsplattform** erreichen. Kurze Zeit später ignorieren wir einen nach links markierten Abzweig, und schon bald können wir von oben auf die malerische *Cala Deià* blicken. Ein kurzer steiler **Serpentinenpfad** führt uns talwärts. Über vernachlässigte Terrassen und einige Stufen erreichen wir den Fußweg zwischen Parkplatz und Bucht. Jetzt sind es nur noch wenige Meter **rechts** bis zum steinigen Strand der *Cala Deià*, wo zwei einfache, aber dennoch nicht billige Lokale warten.

6.1 Von der Küste hinauf nach Deià

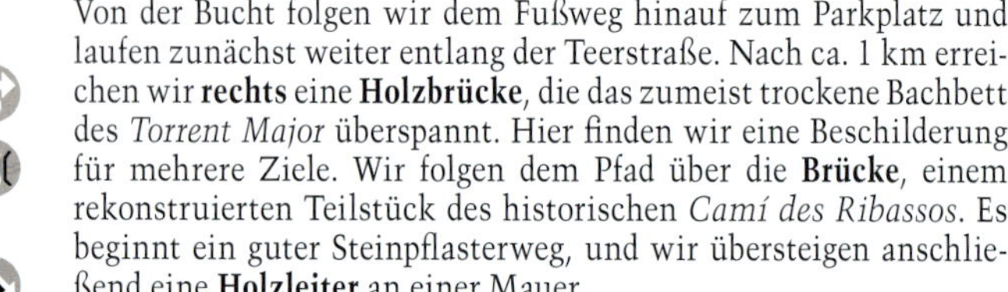

Von der Bucht folgen wir dem Fußweg hinauf zum Parkplatz und laufen zunächst weiter entlang der Teerstraße. Nach ca. 1 km erreichen wir **rechts** eine **Holzbrücke**, die das zumeist trockene Bachbett des *Torrent Major* überspannt. Hier finden wir eine Beschilderung für mehrere Ziele. Wir folgen dem Pfad über die **Brücke**, einem rekonstruierten Teilstück des historischen *Camí des Ribassos*. Es beginnt ein guter Steinpflasterweg, und wir übersteigen anschließend eine **Holzleiter** an einer Mauer.

Auf einem unbefestigten **Fußpfad** wandern wir durch Olivenbaumterrassen und treffen bald darauf auf einen **Karrenweg**. Links geht es durch ein zunehmend schmaler werdendes Tal und ein weiteres **Holzgatter** muss überstiegen werden. Der Weg am *Torrent* entlang führt durch die Ausläufer des unteren Dorfes von Deià mit vielen hübschen Gärten.

Am dörflichen **Waschplatz** stoßen wir auf eine kleine **Teerstraße**, der wir **links** hinauf zur Hauptstraße und in den **Ortskern** folgen. (⇨ Karte Seite 130)

Camí de Castello - Höhenweg nach Deiá 

Wir verlassen den Hof der ***Finca Son Mico*** zum Meer hin und folgen **links** dem Fahrweg bergauf.

Rechts des Weges fällt uns eine einzeln stehende markante **Schirmpinie** ins Auge, von denen es nur noch wenige Exemplare auf der Insel gibt. Sie liefert die schmackhaften Pinienkerne, die in unterschiedlichen Gerichten die mallorquinische Küche bereichern.

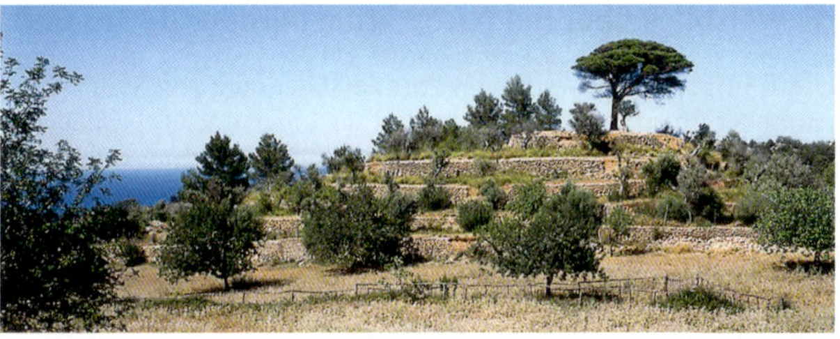

Markante Schirmpinie in der Nähe der Finca Son Mico

Der Weg läuft bis vor ein **Tor** an einem mit hohen Trockensteinmauern umgebenen Gelände. Links sehen wir die kreisrunde Fläche eines ehemaligen Dreschplatzes. Wir folgen dem **Pfad** nach **rechts** entlang der Mauer, an deren Ende wir durch ein **Gatter** gehen. Durch schattigen Aleppokiefernwald geht es nun auf und ab; bald passieren wir ein weiteres Gatter. Der streckenweise mit Steinpflasterung erst jüngst wiederhergestellte Weg führt vorbei an den Mauern der ***Finca Can Micalet***, quert kurz darauf eine Teerstraße, und passiert bald links die ***Finca Son Coll***.

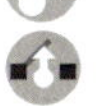

Bald haben wir einen guten Blick auf eines der meistfotografierten Motive an Mallorcas Westküste, das kompakte Minidorf Lluc Alcari. An einem **Abzweig** folgen wir **rechts** dem markierten Treppenweg und durchqueren ein **Kiefernwäldchen**. Bald darauf stoßen wir auf eine schmale **Teerstraße** (Holzpfahlmarkierung) und folgen dieser nach **rechts** abwärts. In der nächsten Rechtskehre nehmen wir aber **geradeaus** den Fußweg, der nach einer scharfen **Rechtskurve** auf die Straße Ma-10 Deià-Sóller trifft.

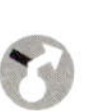

In Richtung Deià halten wir uns **links**, bis wir nach ca. **1 km rechts** auf den markierten ***Camí de Sa Vinyeta*** mit Zielangabe „Deià 30 min." stoßen. Wir passieren die ***Finca Son Bujosa*** (rechts) und folgen in der nächsten Rechtskehre **links** dem markierten Wanderpfad. Kurz darauf übersteigen wir auf einer **Leiter** einen **Maschendrahtzaun** und stehen dahinter an der Straße von der *Cala* nach Deià. Dort finden wir eine ausführliche **Beschilderung**. Der

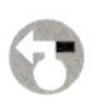

7 Camí de Castello - Höhenweg nach Deiá

schnellste Weg in den Ort führt nach **links** über einen streckenweise restaurierten Pflasterweg, der 10 m von der Straße entfernt beginnt. Er quert mehrfach die Teerstraße und mündet in einen Pfad, der sich in Kehren bergauf windet. Am Ortsrand Deià endet er an einem Überstieg per **Holzleiter** vor einer Straße, der wir bis in den **Ort** folgen.

8 Weitblick über die Bucht - Zum Mirador de Ses Barques

Die Tour kann wahlweise von Port de Sóller oder von Sóller (Zentrum) begonnen werden. Wer in Port de Sóller startet, beendet die Tour in Sóller und nimmt die Straßenbahn zurück zum Hafen und umgekehrt.

8.1 Von Port de Sóller zum Mirador de Ses Barques

Wir starten an der **Mole** von Port de Sóller in Richtung Sóller. An der hier durch eine Fußgängerpromenade geteilten Straße ***Antoni Montis*** biegen wir **links** ab und gehen bis zum **zweiten Kreisverkehr**.

Dort folgen wir der **schmalen Teerstraße** weiter geradeaus und wandern entlang des zumeist trockenen Bachbetts des *Torrent de sa Figuera* leicht bergauf bis ***Sa Figuera***, ein paar Häusern inmitten von Zitrusplantagen. Hier weist uns **links** ein **Holzschild** den erst jüngst angelegten **Wanderweg**, der uns um die Häuser von *Sa Figuera* und weiter durch Olivenhainterrassen führt, um dann in einer Spitzkehre wieder auf die schmale **Teerstraße** zu treffen, der wir nach **links** weiter bergan folgen.

Die Zufahrt zur *Finca Es Bosc* lassen wir links liegen und folgen weiter der Straße. Auf der mäßig ansteigenden Strecke erreichen wir nach ein paar Spitzkehren und gut 700 m den Sattelpunkt ***Coll d'en Marques***, der links durch einen **markanten Baum** *(Araukarie)* und rechts durch einen Strommast zu erkennen ist. Auf beiden Seiten zweigen hier Wege ab. Wir folgen der **Zufahrt** nach **links** und treffen nach ca. **20 m** rechter Hand auf ein verschlossenes **Eisentor**, hinter dem ein betonierter Weg zu einem Haus führt. Links neben dem Tor können wir die Trockensteinmauer übersteigen und dem sich anschließenden **Pfad** folgen. Nacheinander gehen wir durch **zwei Gatter**, die wir hinter uns schließen. Der Pfad führt – dabei ein kurzes Stück parallel zur Zufahrt – steil bergauf.

Von Port de Sóller zum Mirador de Ses Barques 8.1

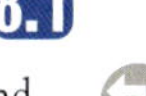

Wir gehen **links** am Haus vorbei über Olivenbaumterrassen und passieren rechts eine Hausruine. Kurz darauf treffen wir auf einen Fahrweg und folgen ihm nach **links** bergauf bis zu einem neueren Haus. Kurz vor Erreichen des Gebäudes nehmen wir einen **Pfad** nach **rechts**, gehen noch einmal nacheinander durch **zwei Gatter**, passieren wieder ein Haus (rechts) und stoßen auf einen **Karrenweg**, dem wir nach **rechts** folgen.

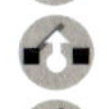

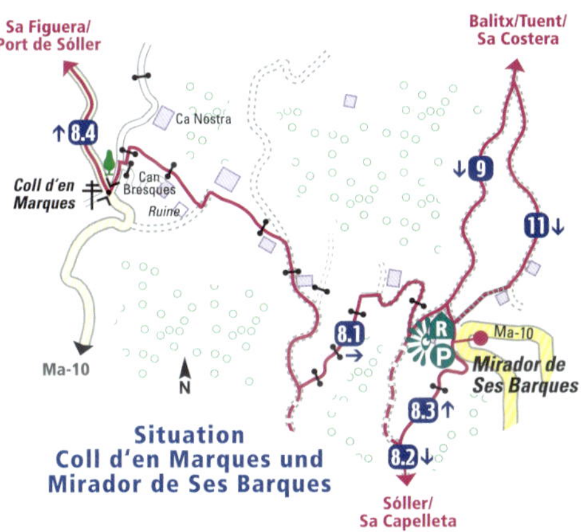

Nach einem weiteren **Gatter** führt der Weg in einer **Rechtskehre** um einen Taleinschnitt. In der darauffolgenden scharfen **Rechtskurve** folgen wir **links** dem mit *Tuent/Sa Calobra* ausgeschilderten **Pfad**.

Wir gehen erneut durch ein **Gatter** und folgen dem **Pfad** weiter bergauf, der uns durch Olivenbaumterrassen auf eine **Anhöhe** führt. Nach einem weiteren **Holzgatter** treffen wir bei einem Haus auf dessen **Zufahrtsweg**. Links setzt sich der Weg in Richtung *Tuent/ Sa Calobra* fort.

Zum Mirador folgen wir dem Zufahrtsweg nach **rechts**. Dieser mündet nach einigen Kehren und einem doppelflügligen **Eisentor** in einen weiteren **Karrenweg**. Wir befinden uns jetzt unterhalb Aussichtsterrasse und Gebäude des *Mirador de Ses Barques*. Wir folgen dem **Weg** nach **links**, dann an der Gabelung nach rechts und stehen nach wenigen Minuten auf dem Parkplatz vorm *Mirador* (⇨ Skizze oben)

8.2 Vom Mirador de Ses Barques nach Sóller

Vom Parkplatz am ***Mirador*** gehen wir in Richtung Sóller. **Rechts**, am Ende des Parkplatzes, steht hinter dem Stoppschild der Wegweiser für den **Wanderpfad** nach Sóller.

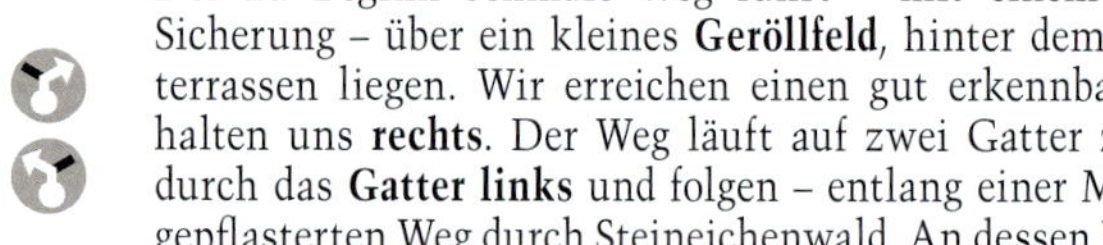

Der zu Beginn schmale Weg führt – mit einem Stahlseil als Sicherung – über ein kleines **Geröllfeld**, hinter dem Olivenbaumterrassen liegen. Wir erreichen einen gut erkennbaren **Weg** und halten uns **rechts**. Der Weg läuft auf zwei Gatter zu; wir gehen durch das **Gatter links** und folgen – entlang einer Mauer – einem gepflasterten Weg durch Steineichenwald. An dessen Ende gelangen wir an einen **Fahrweg** (Holzpfahlmarkierung), dem wir nach **links** talwärts folgen. An der nächsten scharfen **Rechtskehre** können wir **geradeaus** über einen markierten **Pfad** den Fahrweg abkürzen. Nach zwei weiteren **Gattern** treffen wir erneut auf den Fahrweg, der mittlerweile zur befestigten Straße geworden ist. Nach **links** talwärts erreichen wir wenige Meter weiter eine **Weggabelung** mit zwei Zielrichtungen:

Anschluss nach Fornalutx: Wer noch das preisgekrönte Dorf **Fornalutx** mitnehmen will und dafür einen Umweg von etwa einer Stunde in Kauf nimmt, folgt **links** dem ausgeschilderten ***Cami de Fornalutx***. Der Pfad trifft am Abzweig der Straße nach Fornalutx auf die **Ma-10**. Über die Ma-10 hinweg folgen wir der Straße nach Fornalutx. Kurz darauf zweigt **rechts** eine schmale Straße ab, die uns nach Fornalutx führt. Markierte **Stichpfade** verkürzen nochmals die Route. Im Ort fällt die Orientierung leicht, ⇨ **Karte** Seite 77.

Um **über Binibassi nach Sóller** zu gehen, verlassen wir Fornalutx auf der *Carrer J. Albertí Arbona* am **Sportplatz** vorbei und gehen bis zum **Friedhof**. Dort beginnt ein schmaler **Fußpfad**, der uns über Binibassi nach Sóller führt.

Über Biniaraix nach Sóller folgen wir ab Fornalutx der Wegbeschreibung für **Teilstrecke 2 – Seite 76**. Am Rande von Sóller können wir uns bis zur *Plaça* wieder anhand des Ortsplanes orientieren, ⇨ **Karte** Seite 50/51.

▶ **Der direkte Weg** nach **Sóller** führt (statt nach links Richtung Fornalutx) nach **rechts**. Wenige Meter hinter dem Abzweig *Camí de Fornalutx* steht ein **Wegweiser**, der den nach **links** abzweigenden Weg nach Sóller markiert. Der Pfad führt entlang eines Bachbetts rasch talwärts und **quert** zweimal den sich in Kehren windenden Fahrweg. An einem weiteren **Wegweiser** folgen wir dem Hinweis *„Sa Capeletta"* **links** talwärts.

Vom Mirador de Ses Barques nach Sóller 

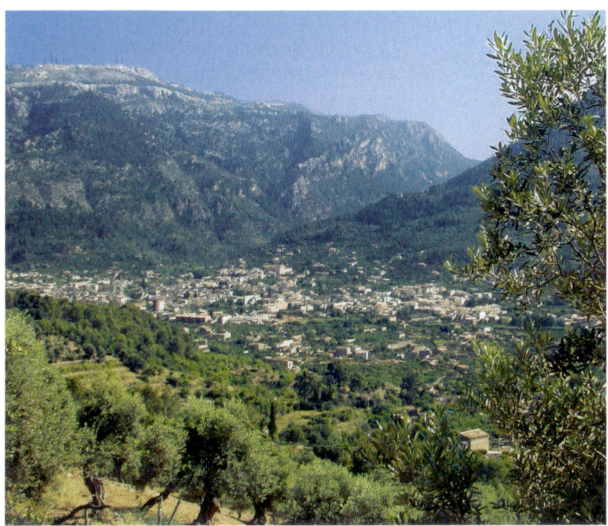

Blick auf Sóller und das Orangental

Über einen kurzen Treppenweg erreicht man die Hauptstraße Sóller-Lluc (**Ma-10**). Auf der gegenüberliegenden Straßenseite geht es ebenso auf einem Treppenweg weiter. Vorbei an der Kapelle *Santuari de la Immaculada*, die nur ***Sa Capelleta*** genannt wird, folgen wir einem gut erkennbaren **Pfad** talwärts, der die vielen **Serpentinen** des sich von Sóller hinaufwindenden Fahrweges **abkürzt**.

Rasch nähern wir uns den ersten Häusern der Stadt. Kurz vor Erreichen der Teerstraße trifft der **Pfad** ein letztes Mal auf den **Fahrweg**, und wir gehen auf diesem einige Meter nach **rechts**. Hier folgen wir **links** einem schmalen Fußpfad, der kurz darauf auf den *Camí de S'Ermita* trifft. Der **Ortsplan** von Sóller erleichtert die weitere Wegfindung.

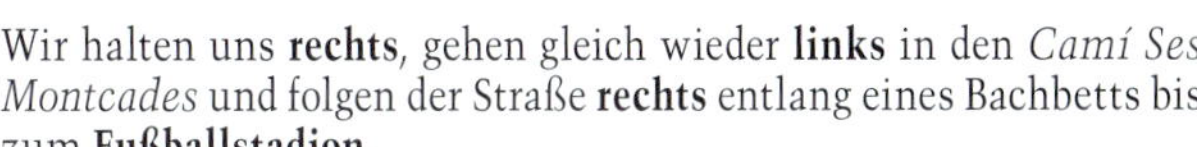

Wir halten uns **rechts**, gehen gleich wieder **links** in den *Camí Ses Montcades* und folgen der Straße **rechts** entlang eines Bachbetts bis zum **Fußballstadion**.

Links über die Brücke und den Bach führen uns nun die *Avinguda Astúries*, die *Avinguda Victoria 11 de Maig*, und die *Carrer de Sa Luna* bis zur *Plaça*.

(➪ Karte Sóller Seite 50/51)

8.3 Von Sóller zum Mirador de Ses Barques

(⇨ Karte Sóller Seite 50/51) Wir starten unsere Tour an der ***Plaça***. Durch die *Carrer de Sa Luna* und die *Avinguda Victoria 11 de Maig*, die später in die *Avinguda Astúries* übergeht, laufen wir ortsauswärts. Am **Bachbett** des *Torrent de Fornalutx* treffen wir auf das **Fußballstadion**.

Dort halten wir uns **rechts** und wandern auf der Straße ein kurzes Stück entlang des Baches. Bei nächster Gelegenheit, noch bevor die Straße die Bachseite wechselt, folgen wir **links** dem *Camí Ses Montcades*. Gleich wieder **rechts**, markiert durch die Beschilderung „Fornalutx/Binibassi/Balitx" geht es in den *Camí de S'Ermita*. Nach etwa **50 m** weist **links** ein **Schild** an einer Mauer auf den hier abzweigenden Weg nach *„Sa Capelleta/Balitx/Tuent"*.

Ein schmaler Fußweg führt rechts an einem Haus vorbei und trifft kurz darauf auf einen **Fahrweg**, der in vielen Serpentinen hinauf zur Kapelle *Capelleta Santuari de la Immaculada* führt. Wir folgen dem Fahrweg nur wenige Meter nach **rechts**, um gleich **links**, geleitet von Markierungspfosten, über einen **Treppenweg** viele Serpentinen abzukürzen. Mehrmals queren wir so den Fahrweg und gewinnen rasch an Höhe. Nach einer knappen halben Stunde ist die idyllisch gelegene **Kapelle** kurz unterhalb der Straße Ma-10 (Sóller-Lluc) erreicht.

Während einer kurzen Verschnaufpause können wir die Aussicht über die uns zu Füßen liegende Stadt genießen.

Ein **Treppenweg** führt entlang der **Kapellenmauer** hinauf zur Hauptstraße **Ma-10**, die wir überqueren. Gegenüber schließt sich ein weiterer kurzer **Treppenweg** an. Der Pfad führt entlang eines **Bachbetts** rasch bergauf und quert zweimal den Fahrweg, der das Balitx-Tal mit der Ma-10 verbindet. Gleich am ersten **Wegweiser** folgen wir weiter dem bergauf führenden Pfad in Richtung *„Mirador/Tuent"*. An einem weiteren Wegweiser stoßen wir auf einen betonierten Fahrweg. Hier halten wir uns **rechts** und biegen gleich darauf **links** in einen befestigten Weg ein.

Keine 10 m weiter können wir **rechts** durch ein **Gatter** einige Kehren des sich berganwindenden Weges abkürzen. Vorbei an einem **Steinhaus** und durch ein weiteres **Gatter** treffen wir erneut auf den Weg und folgen diesem weiter bergauf. Nach wenigen Gehminuten zweigt **rechts** ein mit **Holzpfahl** markierter **Pfad** ab. Ein **Pflasterweg** führt uns durch dichten Steineichenwald, wo ein **Gatter** passiert werden muss.

Von Sóller zum Mirador de Ses Barques 

Kurz darauf folgen wir **links** einem **Pfad** über Olivenbaumterrassen, der uns weitere Höhenmeter gewinnen lässt.

Zum Abschluss überqueren wir noch ein kurzes, durch ein Stahlseil gesichertes **Geröllfeld** und erreichen dann den Parkplatz am ***Mirador de Ses Barques***.

Vom Mirador de Ses Barques nach Port de Sóller 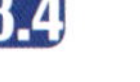

Wir folgen dem **Fahrweg** rechts neben dem ***Restaurant Mirador de ses Barques*** (⇨ Wegskizze Seite 87). Gleich an der ersten **Weggabelung** halten wir uns **links** und gehen kurz darauf **rechts** durch ein zweiflügeliges Eisentor. Nach ein paar Kehren gehen wir **rechterhand** an einem **Haus** vorbei und stoßen wenige Schritte weiter auf den Wanderweg Cami Vell de Balitx, dem wir **links** talwärts folgen.

Der Pfad führt uns durch Terrassenfelder und Olivenhaine bergab. Nacheinander gehen wir durch **zwei Gatter**, bevor der Pfad in einen **gepflasterten Weg** mündet und in einer Kurve auf einen **Karrenweg** und einen Schilderbaum mit mehreren Wegmöglichkeiten trifft. In Richtung *Port de Sóller/Sa Figuera* halten wir uns **rechts**. Es geht erst über eine kleine **Anhöhe** und danach um einen kurzen Taleinschnitt herum.

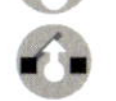

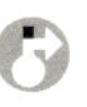

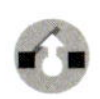

Wieder passieren wir an einer Stallung ein **Gatter**. Weiter vorbei an einem **Haus** (links) nehmen wir kurz darauf einen nach **links** gekennzeichneten schmalen **Pfad** der uns nacheinander durch **zwei** weitere **Gatter** führt. Kurz darauf treffen wir an einer **Finca** (rechts) auf dessen **Zufahrt** und folgen dieser **links** wenige Meter talwärts. Noch vor Erreichen einer Hausruine folgen wir dem weiterführenden Pfad nach **rechts**. Im Zick-Zack geht es auf nicht immer eindeutigen Pfaden über Olivenbaumterrassen bergab. Nur vereinzelte **Wegmarkierungen** leiten uns. Vorbei an einer weiteren Ruine (links) erreichen wir linker Hand ein **Steinhaus**, wo wir erneut ein **Gatter** passieren. Unser Pfad führt nun, getrennt durch einen Maschendrahtzaun, parallel zu einem betonierten Weg.

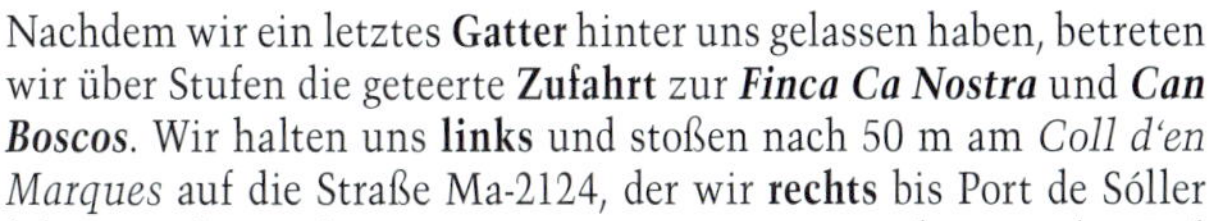

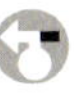

Nachdem wir ein letztes **Gatter** hinter uns gelassen haben, betreten wir über Stufen die geteerte **Zufahrt** zur ***Finca Ca Nostra*** und ***Can Boscos***. Wir halten uns **links** und stoßen nach 50 m am *Coll d'en Marques* auf die Straße Ma-2124, der wir **rechts** bis Port de Sóller folgen. Vorbei an den Häusern von *Sa Figuera* erreichen wir das Ziel nach rund 30 Min.

9 Rundwanderung auf den Puig de Bàlitx

Beim ***Mirador de Ses Barques*** weist ein Schild unübersehbar den **Weg** in Richtung *„**Tuent/Sa Calobra**"*. Ein **Steintreppenweg** führt uns auf eine kleine Bergkuppe und trifft dort auf einen **Fahrweg,** dem wir nach **links** folgen. Nacheinander gehen wir durch **zwei Gatter** und treffen auf den **Fahrweg**, der uns **rechts** weiter ins ***Balitx-Tal*** führt. An der Zufahrt zur ***Finca Balitx d'Amunt*** und einer **Grenzmauer** gehen wir durch ein offen stehendes **Eisentor**.

Gleich hinter der Grenzmauer können wir **links** einem weitgehend markierungslosen **Ziegenpfad** folgen, der uns an der rechten Seite der ***Finca Balitx d'Amunt*** vorbei und nach **400 m** auf die andere Talseite und den **Fahrweg** dort führt. Auf diesem gehen wir nach **links** und stehen gleich wieder an der gleichen Grenzmauer und einem weiteren Eisentor. Wem das zu mühsam erscheint, der folgt nach durchschreiten der ersten Grenzmauer dem Fahrweg weiter ins Balitx-Tal hinunter und nimmt dann den ersten Wegabzweig links wieder bergan bis zur Grenzmauer und dem weiteren Eisentor.

Wir gehen durch das **Eisentor** und folgen gleich **rechts** dem breiten **Karrenweg**, der uns ohne nennenswerten Anstieg an der Talflanke entlang führt und gelangen so nach etwa **500 m** an einen großen Platz mit schönem **Ausblick** ins Orangental.

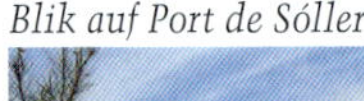

Blik auf Port de Sóller

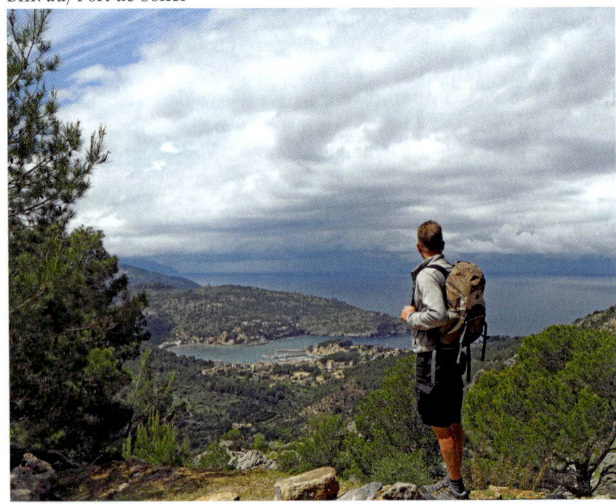

Rundwanderung auf den Puig de Bàlitx 9

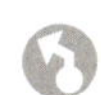

Auf dem sich fortsetzenden steinigen **Karrenweg** wandern wir nun bergan und nach kurzem Anstieg folgen wir in einer scharfen Rechtskehre dem mit Steinmännchen markierten und mit Dissgras überwachsenen Pfad **nach links**, der uns mit leichter Steigung weiter an der Talflanke entlang **in östliche Richtung** führt.

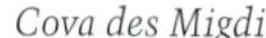

Cova des Migdia

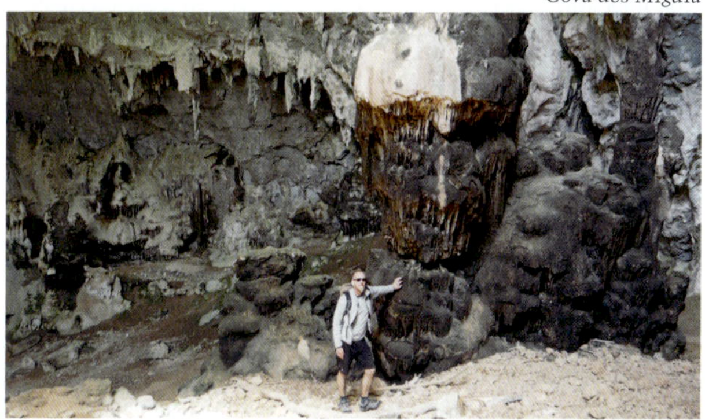

Nach etwa 500 m erreichen wir die **Höhle *Cova des Migdia*** und suchen den zwischen Kiefern und Dissgras versteckt liegenden Eingang zur Höhle. Über eine angelegte **Steintreppe** gelangen wir in die halb geöffnete **Tropfsteinhöhle** mit beeindruckenden Stalaktiten und Stalagmiten. Namensgebend für die Höhle ist der Sonnenschein, der um die Mittagszeit in die Höhle fällt und diese zum Erleuchten bringt.

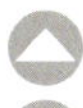

Den **Höhleneingang im Rücken** folgen wir dem **Pfad** nach **links**. Steil bergan führt uns der streckenweise stark mit Dissgras überwachsene Pfad und mit leichter Kraxelei auf den mit einer **trigonometrischen Säule** besetzten ***Gipfel des Puig de Bàlitx***, von dem aus wir bei einem zünftigen Rucksackvesper den **gigantischen Ausblick** über das Meer, die Steilküste und die umliegende Bergwelt genießen können.

Der **Abstieg** und **Rückweg** ist bis zur Grenzmauer und dem ersten Eisentor bei der ***Finca Balitx d'Amunt*** identisch mit dem Hinweg. An der dortigen **Wegverzweigung** vor der Grenzmauer und dem Eisentor folgen wir **rechts** dem **Fahrweg** talwärts weiter. Nach gut **einem Kilometer** erreichen wir die in eine Mauer gefasste Quelle Font des Salt links am Weg gelegen, der hier endet.

9 Rundwanderung auf den Puig de Bàlitx

Mit Blick auf die Quelle folgen wir **gleich rechts daneben** dem etwas versteckt liegenden **Pfad** durch ein dunkles **Wäldchen**, entlang einer **Steinmauer** und übersteigen kurz darauf eine **Holzleiter** zum Landgut der ***Finca Cas Bernats***. Wir durchschreiten **mehrere Gatter** auf dem mit Zitronen- und Olivenbäumen gesäumten und streckenweise betonierten **Zufahrtsweg** zum Landgut, der uns zur Passhöhe ***Coll d'en Marquès*** führt. Bei unklaren Wegverzweigungen ist stets der talwärtsführende Weg zu wählen.

Kurz vor der **Passhöhe *Coll d'en Marquès*** weisst uns ein **Holzschild links** den weiteren Weg nach Fornalutx/Tuent/Sa Calobra. Nach einem kurzen knackigen Anstieg, der uns über Stufen steil bergan führt, wandern wir auf dem ***Cami de Sa Figuera*** durch Olivenhainterrassen mit wunderschönen Ausblicken ins Sóllertal. Nach etwa **einem Kilometer** kommen wir an eine **Wegekreuzung** und folgen hier **links** dem Weg ***Cami Vell de Bàlitx*** in Richtung Tuent/Sa Calobra weiter. Nach **500 m** zweigen wir **rechts** auf einen **Steintreppenweg** ab, stoßen auf einen **Fahrweg** und gehen auf diesem nach **rechts**. Vor uns in der Höhe ist das Restaurant des ***Mirador de Ses Barques*** bereits zu sehen. An der nächsten **Wegverzweigung** geht es **links** und kurz darauf nochmals **rechts**, und wir haben nach wenigen Metern unseren **Ausgangspunkt** am ***Mirador de Ses Barques*** wieder erreicht.

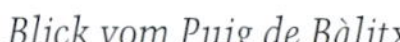

Blick vom Puig de Bàlitx

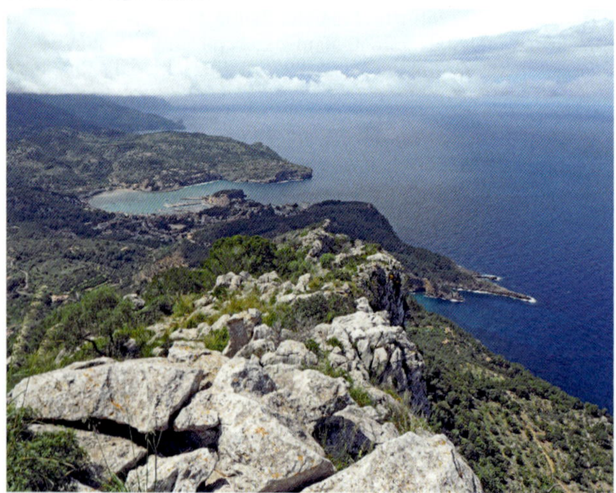

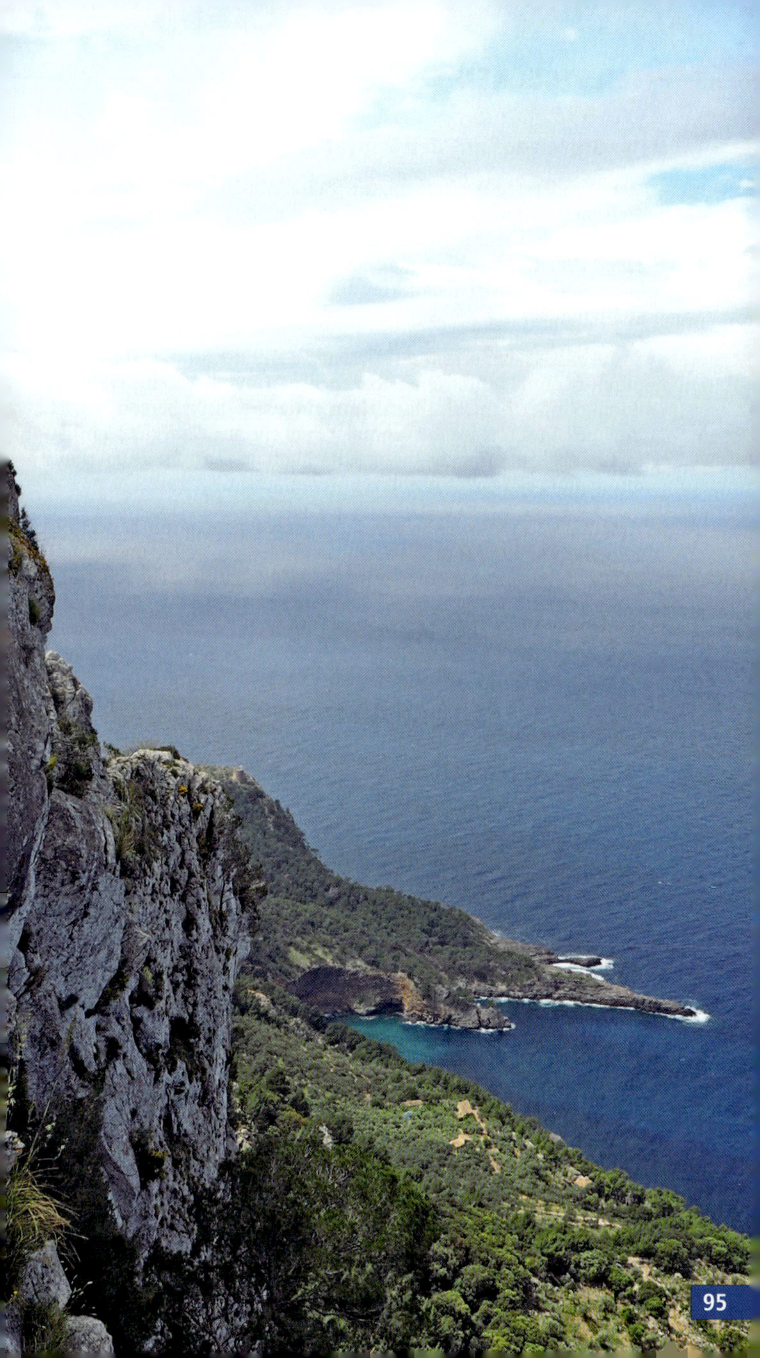

10 Gipfeltour auf den Penyal des Migdia

Der Wanderpfad beginnt an der Straße **Ma-10** auf halber Strecke **zwischen Kilometerstein 37 und 38** in einer Kurve. Parkmöglichkeiten für 2-3 Autos findet man an der geschotterten Zufahrt der ***Finca Bini Gran*** (400 m nördlich an der Ma-10) oder an den Parkbuchten des **Aussichtspunktes am Tunnel** von Monnaber (400 m südlichan der Ma-10).

Am Abfluss des ***Torrent de n'Arbona*** unter der Strasse **Ma-10** hindurch beginnt hinter einer **Kettenabsperrung** der breite **Waldpfad** durch Steineichenwald, der sich **in einigen Kehren bergan** windet. Von diesem setzt sich ein **schmaler Pfad** entlang des Taleinschnitts fort, der bald das trocken-steinige Bachbett des ***Torrent de n'Arbona*** **durchquert** und sich **links davon** weiter bergan fortsetzt.

Am Ende der Bewaldung führt der jetzt gut erkennbare steinige **Bergpfad** auf die **rechte Talseite** und windet sich fortan durch Dissgras steil bergan. Vorbei an zwei beeindruckenden **Schneehäusern** (Casa de Neu) verzweigt sich der Bergpfad bald in viele Wegmöglichkeiten. Wir folgen dem Bergpfad **am rechten Talrand** stets bergan durch die Dissgraslandschaft. Nach einem schweisstreibenden

Anstieg, bei dem wir in den Verschaufpausen den Ausblick ins Sóllertal genießen können, mündet der Pfad am ***Pas des Petit Marge*** an einer **Steinmauer,** die **mit Maschendrahtzaun** besetzt ist.

Durch einen **Durchschlupf** gelangen wir auf die andere Seite der Mauer und stehen einige Meter weiter am **Maschendrahtzaun** des **miltärischen Sperrgebietes** der auf dem ***Puig Major*** 1958 errich-
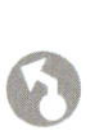
teten Radaranlage. Hier wenden wir uns nach **links**, steigen einige Meter entlang des Zauns den Berg hinauf und stehen nun an der schmalen **geteerten Militärtraße**, die die Radaranlage von der Basis unten an der Ma-10 aus versorgt. Von hier aus hat man bereits einen fantastischen Ausblick auf die Bergwelt der ***Serra de Tramuntana***.

Auch wenn hier kein militärischer Widerstand zu erwarten ist, sollte man die Begegnung mit einem der Versorgungsfahrzeuge vermeiden, die Wanderer ggf. unweigerlich mit nach unten nehmen müssten.

Dieser **Militärstraße** folgt man deshalb zügig ca. **50 Meter** bergan und steigt dann **links** über einen anfangs sehr steilen und undeutlichen **Geröllpfad in Richtung Gipfel** auf, der quasi direkt vor einem liegt. Auch hier führen mehrere Möglichkeiten zum Gipfelziel

und **Steinmännchen** sind unsere einzige und wichtigste Wegmarkierung, die wir stets im Auge behalten sollten. Mit zunehmender Höhe flacht der Anstieg etwas ab und der Geröllpad ist deutlicher zu erkennen.

Gipfelkamm des Penyal des Migdia : Foto

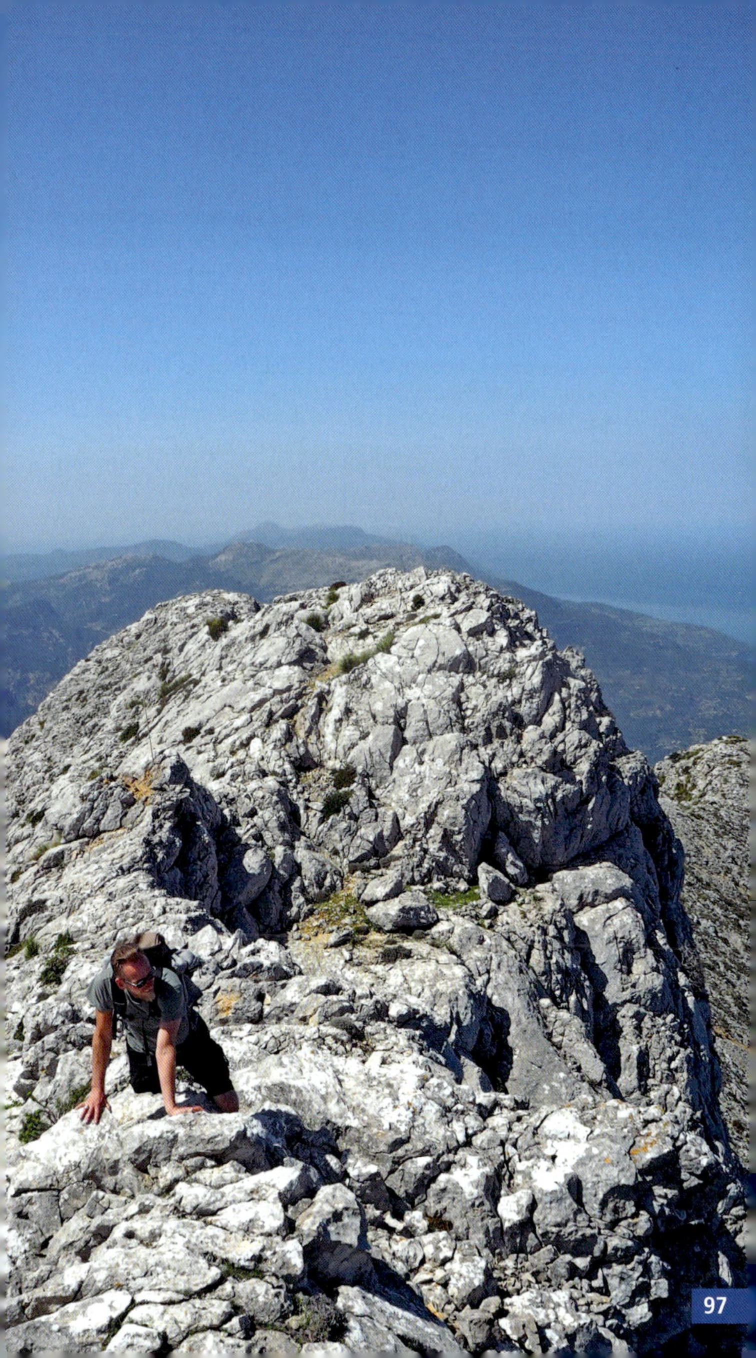

10 Gipfeltour auf den Penyal des Migdia

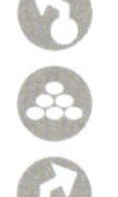

Unter dem bald steil vor uns aufragenden **Gebirgskamm** führt uns der Geröllpfad jetzt nach **links** in **süd-westliche Richtung** und steigt dabei weiter mäßig bergan, bis uns weitere **Steinmännchen** den **Schlussanstieg** nach **rechts** über den vor uns emporragenden Gebirgskamm weisen. Nach einer leichten **unproblematischen Kraxelei** erreichen wir den auf beiden Seiten abfallenden Gebirgskamm, der Menschen mit Höhenangst Probleme bereiten könnte. Jetzt sind es noch wenige Meter nach **rechts zum Gipfel**, den wir über eine **leichte Kletterpasage** erreichen und mit einem fantastischen Ausblick vom höchsten Punkt der Insel belohnt werden.

Der **Abstieg** erfolgt **auf gleichem Weg** wie der Aufstieg. **Alternativ** kann der Gipfelabstieg auch über den Gipfel hinweg auf **nordöstlicher Route** erfolgen, die unterhalb des Gebirgskammes wieder auf die Aufstiegsroute trifft. Für den Abstieg auf den rutschigen Geröllpfaden sind Wanderstöcke sehr hilfreich.

Pas des Petit Marge – Blick auf den Puig Major

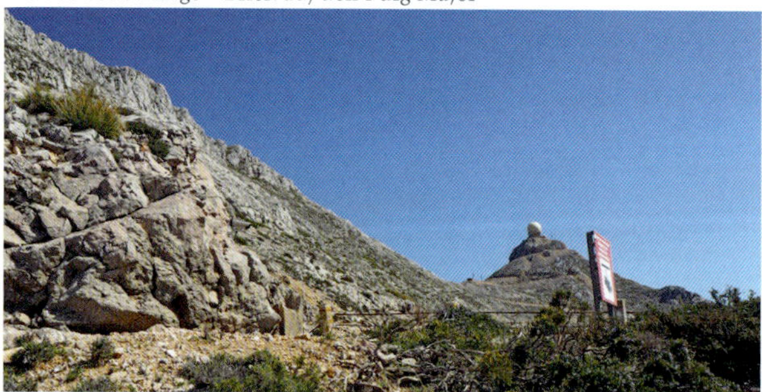

Aufstieg zum Penyal des Migdia

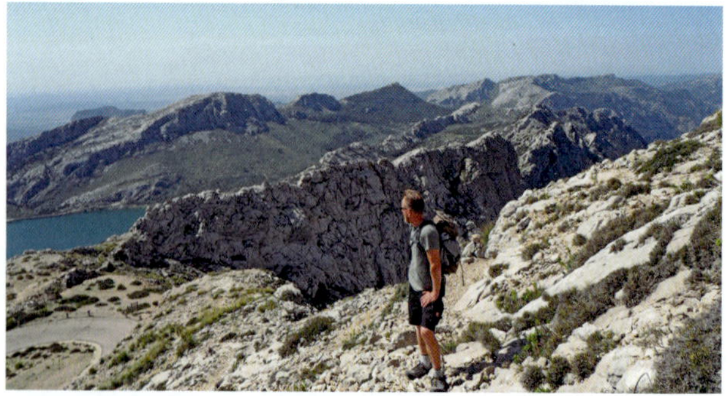

Von Torres, Talayas und dem Sieg über die Piraten

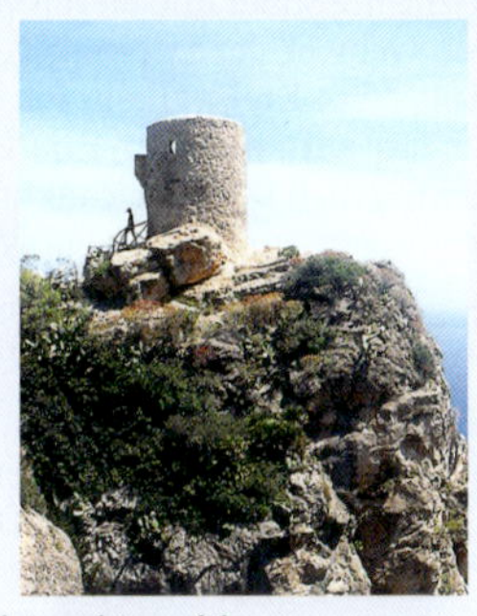

Rings um die Insel findet man die alten **Wehrtürme**, die auf ein ausgeklügelten Alarmsystem des 16./17. Jahrhunderts zurückgehen. Als sich Christentum und das Osmanische Reich feindlich gegenüberstanden und Überfälle türkischer und arabischer Piraten an der Tagesordnung waren, bauten die Mallorquiner nach und nach an exponierten Standorten rund um die Insel insgesamt 85 Wehrtürme. Die zweistöckigen, ca. 10-13 m hohen Bauwerke verfügen über einen erhöhten Zugang 5-6 m über dem Erdboden. Die Strickleiter hinauf konnte im Angriffsfall schnell eingezogen werden. Der Innenraum bot Schutz und Schlafplatz für eine Wachmannschaft aus 2-3 Männern, die von der Dachplattform aus das Meer beobachteten. Vielfach waren die Türme auch mit Kanonen bestückt, die vereinzelt noch vorhanden sind. Im Fall verdächtiger Schiffsannäherungen oder sogar Landungen meldeten die Wächter über Rauchzeichen oder – in der Nacht – mit Feuern die Überfallgefahr von Turm zu Turm bis nach Palma, wo Truppen zur Verteidigung bereit standen.

Die meisten dieser historischen Türme befinden sich heute in Privatbesitz und sind öffentlich nicht zugänglich. Rund 30, deren Steine wohl als Baumaterial Verwendung fanden, sind gänzlich verschwunden. Die noch vorhandenen Torres oder Talayas (arabische Bezeichnung für „Turm") dienen heute Booten und Wanderern als Orientierungspunkte. Einige zugängliche Talayas sind beliebte Aussichtspunkte (z.B. an der Straße Sóller-Andratx).

Vielleicht der wichtigste Tag in der Geschichte Sóllers war der 11. Mai 1561, an dem eine Flotte türkischer Piratenschiffe die Bucht von Sóller besetzte. Über 1700 Türken sollen damals in Hafen und Stadt eingefallen sein. Im Gegensatz zu früheren Invasionen setzte sich dieses Mal die Bevölkerung massiv gegen die Angreifer zur Wehr. Speziell auch Frauen sollen zu Schwert und Lanze gegriffen und dazu beigetragen haben, dass die Piraten in die Flucht geschlagen wurden.

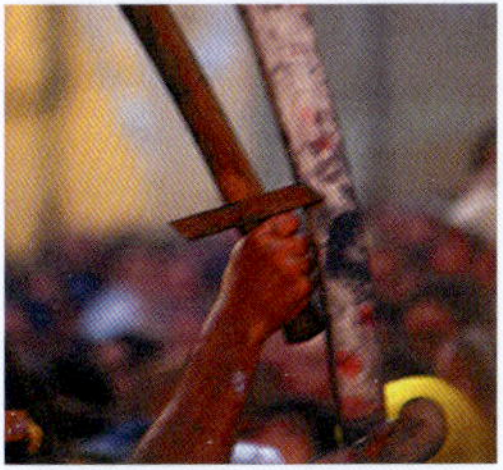

Seither wird an jedem 2. Montag im Mai diese Schlacht im Hafen von Sóller mit einer riesigen Siegesfiesta nachgespielt.

11 Küstenweg Costera Petita

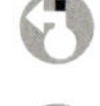

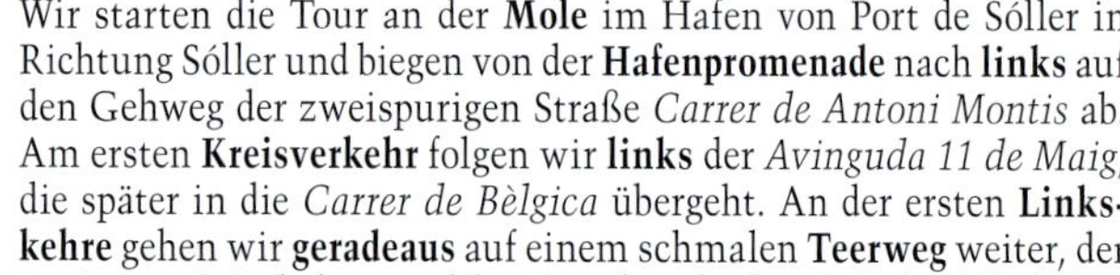

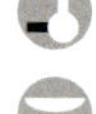

Wir starten die Tour an der **Mole** im Hafen von Port de Sóller in Richtung Sóller und biegen von der **Hafenpromenade** nach **links** auf den Gehweg der zweispurigen Straße *Carrer de Antoni Montis* ab. Am ersten **Kreisverkehr** folgen wir **links** der *Avinguda 11 de Maig*, die später in die *Carrer de Bèlgica* übergeht. An der ersten **Linkskehre** gehen wir **geradeaus** auf einem schmalen **Teerweg** weiter, der in einigen Spitzkehren auf den **Sattelpunkt** des ***Coll de L'Illa*** führt.

Abstecher – Aufstieg zum Torre Picada

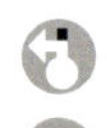

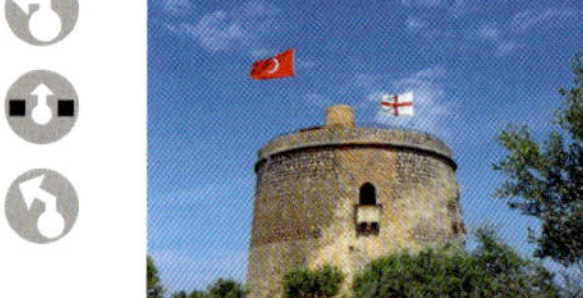

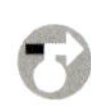

Links des Weges steht eine **Mauer** mit Maschendrahtzaun. Hinter einem **Durchlass** für Wanderer zweigt **links** ein mit **Steinmännchen** markierter schmaler **Pfad** ab, der uns auf direktem Weg hinauf zum nicht zugänglichen **Turm *Sa Torre Picada*** führt. Auf einen **Karrenweg** treffend, folgen wir diesem nach **rechts** und erreichen nach **300 m** den **Turm** mit einem **grandiosen Ausblick** auf die Steilküste und das Meer. Wer es gemütlicher mag, der folgt nach der Mauer dem Karrenweg geradeaus (Weg rechts führt in die ***Bucht Ses Puntes***), der in einer längeren Linkskehre den Berg hinauf und dann **rechts** zum gleichen Ziel führt. Der Abstecher zum Torre Picada dauert **30 min** für Hin- und Rückweg.

Geschichte

Der Torre Picada

Der Wachturm wurde zum Schutz vor Piratenüberfällen errichtet. Die größte Invasion auf die Bucht der Hafenstadt ereignete sich am 11. Mai 1561, als maurische Korsaren mit 22 Schiffen und 1.700 Mann an Land gingen. Den Bewohnern Sóllers gelang es jedoch, die Seeräuber in die Flucht zu schlagen. Dieses Ereignis wird jedes Jahr am 11. Mai mit einem großen Spektakel gefeiert (⇨ Seite 99). Schwindelfreie gelangen links vom Turm nach etwa 20 Metern zu den Steilklippen Punta de sa Gavina und Morro des Vent und genießen hier einen spektakulären Ausblick.

Wir passieren einige Landsitze und Olivenbaumterrassen säumen unseren Weg. Bald läuft der Karrenweg in Kehren bergauf und wir erreichen zwei **Steinhäuser** in hübschen Gärten. Links am Wegesrand steht ein **Mühlstein**, der Teil einer Ölmühle gewesen sein könnte. Nach **zwei weiteren Kehren** passieren wir rechts die Einfahrt zur ***Finca Ca'n Bardí*** und gehen weiter geradeaus. Unter

Küstenweg Costera Petita 

uns erblicken wir die ***kleine Insel S'Illeta***, die mit Ihren schroffen und steilen Felswänden ein Vogelparadies ist.

Nach Passieren des Zufahrtstors zur ***Finca Ca'n Bardi*** erreichen wir am verschlossenen **Eisentor** der ***Finca S`Illeta*** den Wendepunkt der Tour. Während der Saison bietet links daneben die ***Casa S`Illeta*** eine willkommene **Rast** mit **frisch gepresstem Orangensaft** oder einem kleinen Vesper mit Getränken. Auf der Terrasse mit Sitzgelegenheiten genießt man dazu einen **gigantischen Ausblick**.

Der **Rückweg** bis zur Straße *Carrer de Bèlgica* entspricht dem Hinweg. Wer Badelust verspürt, kann am ***Coll de L'Illa*** hinter der Mauer dem Weg nach rechts hinunter zur ***Bucht Ses Puntes*** gehen (Auf/Abstieg ca. **45 min**). An der Straße *Carrer de Bèlgica* folgen wir dieser nach **rechts** weiter, die später in den *Cami dels Cingles* übergeht. Kurz nach passieren des 5-Sterne-Hotels Jumeirah bietet die Nautilus-Bar eine weitere Einkehrmöglichkeit, die besonders zum abendlichen„Sundowner" beliebt ist. Weiter auf dem *Cami dels Cingles* erreichen wir wieder den **Hafen** von Port de Sóller mit zahlreichen Restaurants für einen kulinarischen Tourenabschluss.

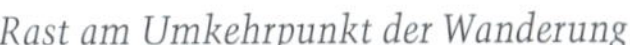

Rast am Umkehrpunkt der Wanderung

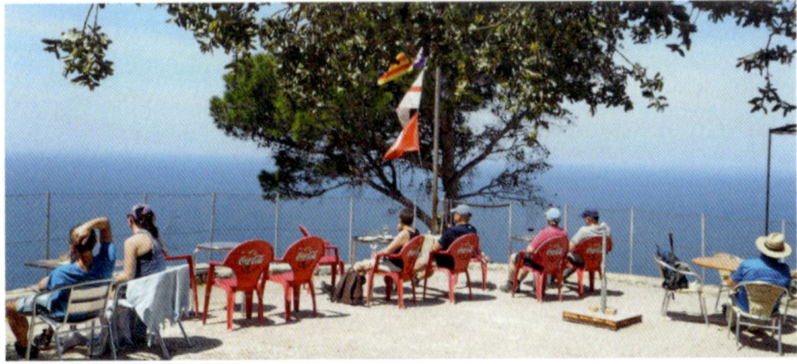

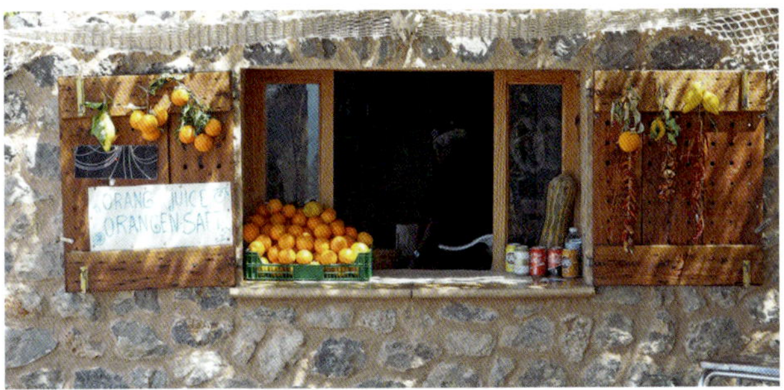

11.1 Der Sa Costera Küstenweg ab Sa Calobra/Cala Tuent

Bei dieser Variante des Tourenklassikers steht die Bootsfahrt nach Sa Calobra am Anfang. Man wandert dann zurück nach Port de Sóller in Nordost-Südwest-Richtung. Das hat den Vorteil, dass die „Durststrecke" von Sa Calobra bis zur Cala Tuent entlang der Straße gleich am Anfang bewältigt wird und man nicht mit der Abfahrtszeit des letzten Bootes ab Sa Calobra „ins Gedränge" kommt (Fahrzeiten ⇨ Seite 373).

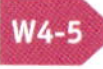

Vom **Anleger in *Sa Calobra*** folgen wir zunächst der **Zufahrtstraße**.

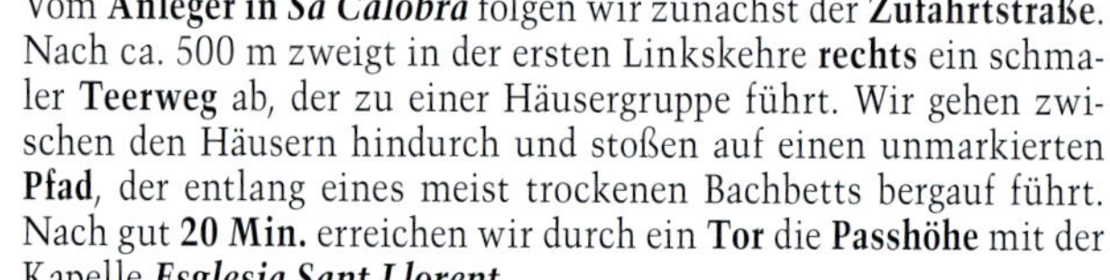

Nach ca. 500 m zweigt in der ersten Linkskehre **rechts** ein schmaler **Teerweg** ab, der zu einer Häusergruppe führt. Wir gehen zwischen den Häusern hindurch und stoßen auf einen unmarkierten **Pfad**, der entlang eines meist trockenen Bachbetts bergauf führt. Nach gut **20 Min.** erreichen wir durch ein **Tor** die **Passhöhe** mit der Kapelle ***Esglesia Sant Llorent***.

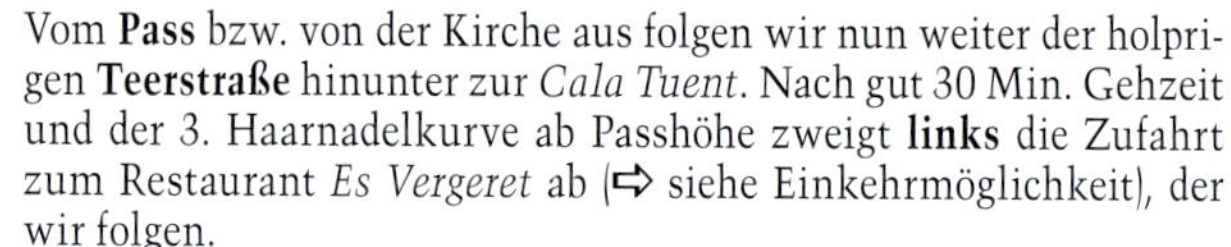

Vom **Pass** bzw. von der Kirche aus folgen wir nun weiter der holprigen **Teerstraße** hinunter zur *Cala Tuent*. Nach gut 30 Min. Gehzeit und der 3. Haarnadelkurve ab Passhöhe zweigt **links** die Zufahrt zum Restaurant *Es Vergeret* ab (⇨ siehe Einkehrmöglichkeit), der wir folgen.

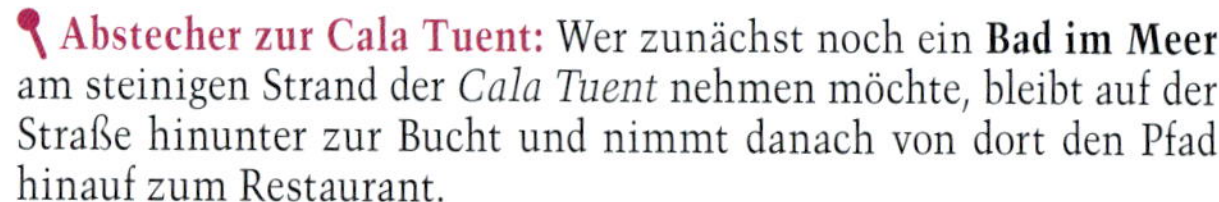

Abstecher zur Cala Tuent: Wer zunächst noch ein **Bad im Meer** am steinigen Strand der *Cala Tuent* nehmen möchte, bleibt auf der Straße hinunter zur Bucht und nimmt danach von dort den Pfad hinauf zum Restaurant.

▶ Kurz vor dem **Restaurant *Es Vergeret*** geht es **links** in Richtung „Sa Costera/Fornalutx/Sóller" (**Schild**). Wir achten auf **Markierungspfähle** und weitere **Wegweiser**, die uns – vorbei an einer kleinen Telekommunikationsstation, zwei Strommasten und einigen Häusern – bergan leiten. Der Weg verjüngt sich später zu einem **Pfad** und führt uns auf eine kleine **Passhöhe**, auf dessen Rücken eine **Grenzmauer** steht. Von da an läuft über mehrere Kilometer ein guter, streckenweise etwas gerölliger Weg total schattenlos durch Dissgras und Buschvegetation in +/-130 m über einem als ***Sa Costera*** bezeichneten Küstenabschnitt. Dieser herrliche, relativ eben verlaufende **Panoramaweg** begeistert mit jedem Meter. Nach etwa einer Stunde Gehzeit (ab Cala Tuent) passieren wir drei markante Aleppokiefern rechts am Hang. Dort beginnt ein Stück Pflasterung mit leichtem Anstieg. Danach geht es wieder leicht abwärts entlang einer Felswand.

Der Sa Costera Küstenweg ab Sa Calobra/Cala Tuent 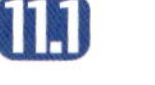

Abstecher zum alten Wasserkraftwerk: Ein Schilderbaum mit dem Hinweis **„Sa Fàbrica/Font des Verger"** markiert kurz nach Erreichen einer Felsnase einen steilen und stark über wachsenen **Abstiegspfad**, auf dem man in gut **20 Min.** zu einem ehemaligen **Wasserkraftwerk** gelangt. Ruinen und ein Auffangbecken für das **Quellwasser** zeugen vom gescheiterten Projekt, hier mittels Wasserkraft Strom zu erzeugen. Derzeit im Bau, soll das Quellwasser zukünftig per Unterwasserpipeline nach Port de Sóller und weiter nach Palma gepumpt werden.

▶ Es geht weiter in Richtung ***Balitx d'Àvall/Mirador de Ses Barques***. Unser Weg ist im weiteren Verlauf streckenweise gepflastert und steigt allmählich in Serpentinen bergan. Nach einem flacheren Wegstück gut 200 m über dem Meer laufen wir durch eine **Maueröffnung** mit verrostetem **Eisentor** und erreichen bald ein Waldareal, durch das der Weg in Serpentinen hinauf zum ***Coll de Biniamar*** führt. An der nächsten **Gabelung** folgen wir **links** dem bergauf laufenden Weg und erreichen über einige **Stichpfade** den **Pass** nach guten 60 Min. seit Passieren des Weges zur *Sa Costera*-Quelle.

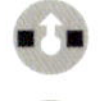

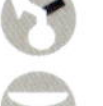

Vor uns öffnet sich nun nach Südwesten das weite *Balitx*-Tal. Von weit unten hochdringendes Schafsgeblöke kündigt die im Talkessel gelegene ***Finca Balitx d'Avall*** an. Auf etwa halber Höhe erkennen wir dahinter die *Finca Balitx d'en Mig*. Am oberen Talabschluss liegt das Gehöft der *Finca Balitx d'Amunt*. Wir folgen der Wegweisung talwärts und erreichen über ein meist trockenes **Bachbett** die *Finca Balitx d'Avall* nach ca. 15 Min. Gehzeit.

Ein **Weg** führt **rechts** durch ein offenstehendes Eisentor zum Hof. Dem durstigen Wanderer bietet sich hier die Gelegenheit, frisch gepressten Saft, Obst oder eingelegte Oliven zu genießen. Die Finca verfügt auch über Gästezimmer.

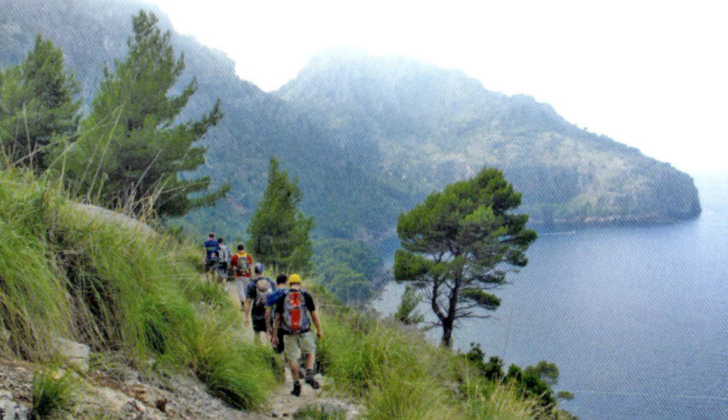

Küstenabschnitt Sa Costera

11.1 Der Sa Costera Küstenweg ab Sa Calobra/Cala Tuent

In Richtung *Mirador Ses Barques/Sóller* greifen wir an der Hofzufahrt **rechts** einen markierten **Pfad** auf, der die Kehren des Fahrweges hierher abkürzt und sich bald in einem gepflasterten Weg fortsetzt.

Nach einer guten **Viertelstunde** treffen wir erneut auf den Fahrweg, dem wir nun nach **rechts** folgen. Wieder ein Stück weiter passieren wir rechts die ***Finca Balitx d'en Mig***. Hier folgen wir **links** einem weiteren **Stichpfad**. Vorbei an einer **Quelle** und über einen Steintreppenabschnitt trifft dieser nach einen **Rechtsknick** wieder auf den vorher abgekürzten Fahrweg. Diesem folgen wir weiter bergwärts. An einer **Grenzmauer** gehen wir durch ein offenstehendes **Eisentor**. Direkt dahinter zweigt rechts die Zufahrt zur *Finca Balitx d'Amunt* ab. Wir halten uns **links** und folgen weiter der Schotterpiste durch eine breite, fruchtbare Hochebene mit Olivenbaumterrassen und Feldern.

Nach ca. **15 Min.** erreichen wir **links** den ausgeschilderten **Abzweig** zum *Mirador*. Nacheinander gehen wir durch zwei **Gatter**. Ein beidseitig von Bäumen gesäumter Weg führt uns über eine Bergkuppe. In einer **Linkskehre** zweigt an einem Steinhaus **rechts** ein Pfad ab, auf dem wir bald den Parkplatz am ***Mirador de Ses Barques*** erreichen.

8.4 **Anschluss: Nach Port de Sóller – Teilstrecke 8.4 – Seite 91**

8.2 **Anschluss: Nach Sóller – Teilstrecke 8.2 – Seite 88**

11.2 Der Sa Costera Küstenweg ab Port de Sóller

8.1 Das erste Wegstück von Port de Sóller bis zum ***Mirador de Ses Barques*** entspricht **Teilstrecke 8.1/Seite 86**.

11.3 **Anfahrt:** Wer Zeit sparen will für ein kühles Bad später in der *Cala Tuent* und/oder für einen Schlucht-Einblick in *Sa Calobra*, der nimmt den **Bus** (L354) um **8.30 Uhr** ab Port de Sóller zum Mirador des ses Barques (täglich außer So, Fahrzeit ca. 25 Min., ⇨ **Busfahrzeiten** Seite 372/373).

8.1 **Start:** Beim *Mirador de Ses Barques* weist ein **Schild** unübersehbar den Weg in Richtung *„Tuent/Sa Calobra"*. Ein Steintreppenweg führt uns auf eine kleine Bergkuppe und trifft dort auf einen Fahrweg, dem wir nach **links** folgen. Nacheinander gehen wir durch zwei **Gatter** und treffen auf den Fahrweg, der – links vom *Mirador* kommend – **rechts** weiter ins *Balitx-Tal* führt. An der Zufahrt zur

Der Sa Costera Küstenweg ab Port de Sóller 11.2

Finca Balitx d'Amunt und einer **Grenzmauer** gehen wir durch ein offenstehendes **Eisentor** und folgen gleich in der ersten **Linkskehre** dem markierten Pfad **geradeaus**. Nach einem Linksknick und über einen Steintreppenabschnitt trifft der Pfad bei der ***Finca Balitx d'en Mig*** wieder auf den vormals abgekürzten Fahrweg und wir folgen diesem weiter nach **rechts**. Bald darauf weist **links** ein Schild erneut auf eine **Wegabkürzung** hin, die später wieder auf den gleichen Fahrweg trifft. Wir erreichen kurz darauf die im Talkessel gelegene ***Finca Balitx d'Avall***. Dem durstigen Wanderer bietet sich hier die Gelegenheit, frisch gepressten Saft, Obst oder eingelegte Oliven zu genießen.

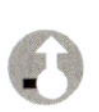

Auf dem sich fortsetzenden Fahrweg geht es über ein meist trockenes **Bachbett** und einen steilen Anstieg mit abkürzenden Fußpfaden hinauf zur **Passhöhe** *Coll de Biniamar*. Von dort führt der nun schmaler werdende Weg, der sich durch weitere Stichpfade abkürzen lässt, durch ein Waldstück in Serpentinen wieder talwärts. Nach Passieren des Waldes verjüngt sich der Weg zu einem **Pfad** und verliert anfangs weiter an Höhe. Dieser relativ eben verlaufende, aber streckenweise ziemlich geröllige Panoramaweg führt nun über mehrere Kilometer schattenlos durch Dissgras und Buschvegetation hoch über dem als ***Sa Costera*** bezeichneten Küstenabschnitt, der mit jedem Meter begeistert.

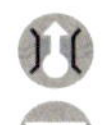

Nach ca. 1 Stunde passiert man links den Abzweig zum alten Wasserkraftwerk ***„Sa Fàbrica/Font des Verger"*** (➪ siehe Seite 102). Nach einer weiteren Stunde verlassen wir den Weg über einen kleinen **Pass**, auf dessen Rücken eine **Grenzmauer** steht. Ein Pfad führt nun talwärts, der sich später verbreitert. Wir achten auf **Markierungspfähle** und **Wegweiser**, die uns weiter bergab leiten. Am **Restaurant** *„Es Vergeret"* (➪ siehe Einkehrmöglichkeiten) treffen wir auf dessen Zufahrtsweg.

▶ Um den Kiesstrand der ***Cala Tuent*** und den Bootsanleger dort zu erreichen, halten wir uns **links** und folgen **gleich rechts** einem Stichpfad hinab zum Strand.

▶ Nach ***Sa Calobra*** folgen wir **rechts** der Restaurantzufahrt bis zur Straße und dieser bergauf bis zur **Passhöhe** mit der Kapelle ***Església Sant Llorent***. Auf der linken Straßenseite, **rechts** der Kapelle, gehen wir durch ein Tor und folgen dann rechts einem nur durch einzelne Steinmännchen markierten **Pfad**, der talwärts zu einer Häusergruppe führt. Wir gehen zwischen ihnen hindurch auf dem Teerweg bis zur Straße. Auf ihr **links** sind es dann noch ca 500 m bis *Sa Calobra*.

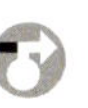

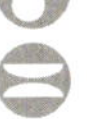

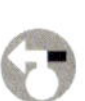

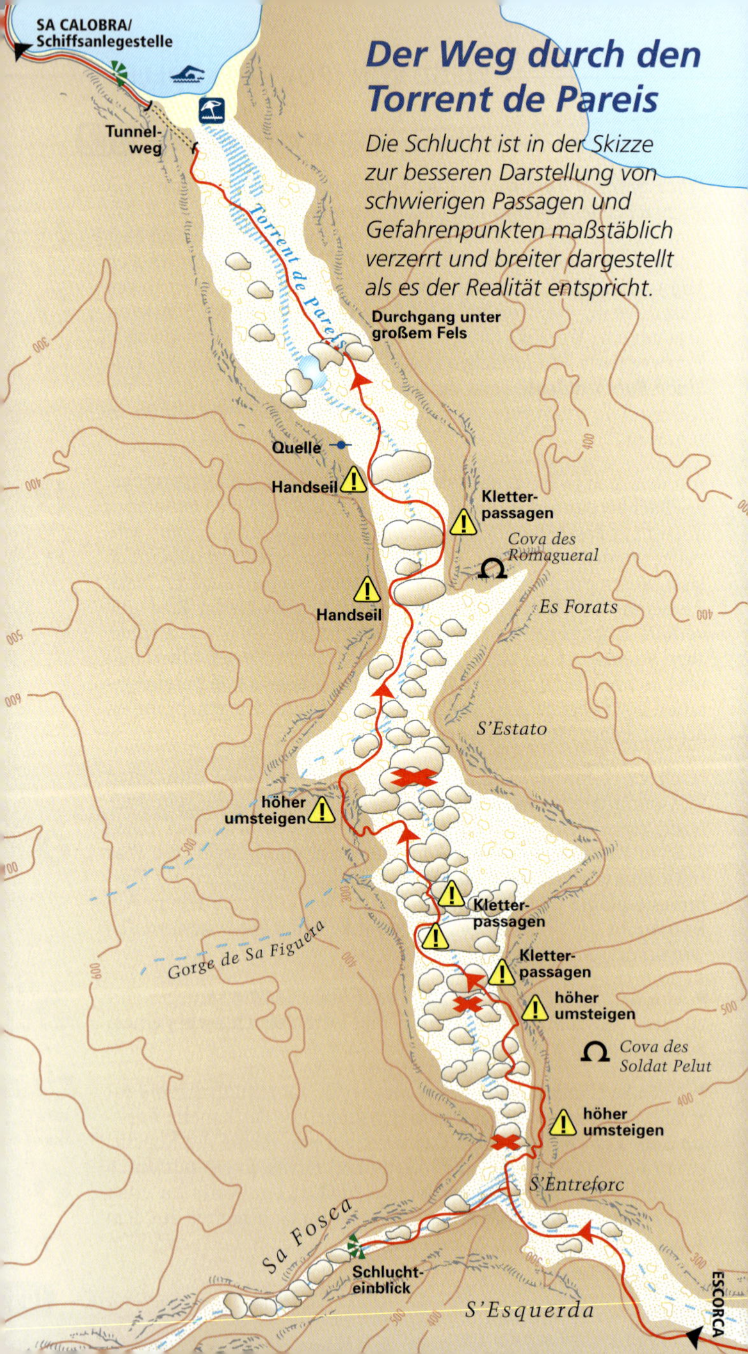
Der Weg durch den Torrent de Pareis
Die Schlucht ist in der Skizze zur besseren Darstellung von schwierigen Passagen und Gefahrenpunkten maßstäblich verzerrt und breiter dargestellt als es der Realität entspricht.
SA CALOBRA/
Schiffsanlegestelle
Tunnel-
weg
Torrent de Pareis
Durchgang unter
großem Fels
Quelle
Handseil
Kletter-
passagen
Cova des
Romagueral
Handseil
Es Forats
S'Estato
höher
umsteigen
Kletter-
passagen
Gorge de Sa Figuera
Kletter-
passagen
höher
umsteigen
Cova des
Soldat Pelut
höher
umsteigen
S'Entreforc
Sa Fosca
Schlucht-
einblick
S'Esquerda
ESCORCA
300
400
500
600

Der Torrent de Pareis

Verhaltensregeln und Tipps für die Durchsteigung der Schlucht:

- Der Torrent lässt sich nur bei **niedrigen Wasserständen und Trockenheit** bezwingen. Gutes Wetter ohne Regenrisiko und mindestens 8 Tage vorher keine starken Niederschläge sind dafür gute Voraussetzungen.
- Grundsätzlich **nie alleine** gehen, denn einige Abschnitte sind ohne gegenseitige Hilfestellung nur schwer zu meistern. Außerdem kann im Notfall eine zweite Person Hilfe holen.
- **Smartphone** mitnehmen und vorab Notfallnummer, Telefon der Unterkunft o.ä. speichern. **Achtung: kaum Empfang im Torrent!**
- **Festes Schuhwerk** mit rutschfestem Profil ist unabdingbar, wobei leichte flexible Wanderschuhe hier die beste Wahl sind.
- **Reichlich zu trinken** mitnehmen.

Hinweis zur Orientierung

In der Schlucht gibt es eine Reihe von schwierigen Hindernissen, deren Überwindung ohne Hast angegangen werden muss. In einigen Fällen gibt es nur eine einzige Passage, auf der man weiterkommt. Die muss man finden durch sorgfältige Suche der beschriebenen Markierungen und kleinen Steighilfen wie auch offensichtlicher Spuren früherer Bezwinger des *Torrent*. Sich waghalsig einer nächstbesten, scheinbar auch möglichen Passage zuzuwenden, kann danebengehen und sich günstigstenfalls als eine kraft- und zeitraubende Sackgasse erweisen. Mittlerweile wurden einige Wegmarkierungen in der Schlucht angebracht, die die Wegfindung ein wenig erleichtern.

Je nach **Restwasserstand** im Torrent muss auch schon mal gewatet oder in einen Tümpel gesprungen werden.

Foto: Abendstimmung über dem Torrent de Pareis

12 Von Escora durch den Torrent de Pareis

Anfahrt: Um diesen großartigen Canyon zu bezwingen, startet man am besten in Port de Sóller am ersten Kreisverkehr mit dem **Bus** (L354) um **8.30 Uhr** (täglich außer so- und feiertags) und lässt sich in ***Escorca*** absetzen (Fahrtzeit ca. 50 Min). *Escorca* ist kein Dorf, sondern bezeichnet nur eine Kapelle und gegenüber ein kleines Restaurant an der Straße. Den Zielwunsch „*Escorca*" sollte man gleich beim Einsteigen dem Busfahrer mitteilen, da dies kein regulärer Stopp ist.

Mit dem **PKW** parkt man am Restaurant in *Escorca* und nimmt von *Sa Calobra* den einzigen Bus (L355) am Tag um 15 Uhr zurück nach *Escorca* – deshalb die Tour in *Escorca* nicht später als 9 Uhr starten!

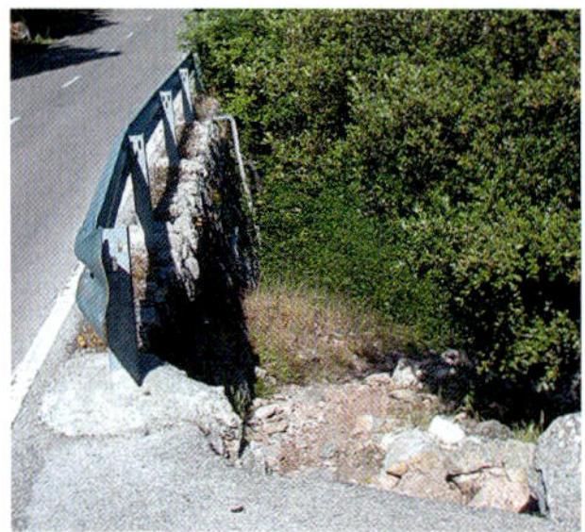

Einstieg in den Torrent de Pareis an der Straße Ma-10 in Escorca

Start: Gleich gegenüber vom Restaurant neben einer Leitplanke führt uns ein Pfad durch ein meist offenstehendes **Gatter**. An einer **Steinmauer**. folgen wir dieser nach **rechts**. Die Mauer knickt in ihrem Verlauf **zwei Mal** nach **links** ab. Danach nehmen wir weiter unten einen scharf nach **rechts** abzweigenden **Pfad**, der uns nach ca. **50 m** auf eine freie Felsfläche führt. An einer großen **Steinpyramide** halten wir uns **links** und folgen einem Pfad an den Rand der Schlucht. Ein natürlicher Felsbogen erlaubt erste Blicke in den *Torrent*. Ein Stück weiter links beginnt ein **Serpentinenpfad** voller Geröll durch Dissgraswiesen hinunter in die Schlucht. Nach gut **45 Min.** lädt links des Weges ein Lagerplatz unterhalb eines Felsüberhanges zu einer Rast ein.

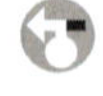

Nach weiteren **15 Min.** erreichen wir bei *S'Esquerda* das trockene Bachbett des ***Torrent de Lluc*** und folgen diesem in **Richtung *Torrent de Pareis/Sa Calobra*** nach **links**. Der vom **Kloster Lluc** in den Torrent führende Weg erreicht die Schlucht von rechts kommend.

W4-5

7

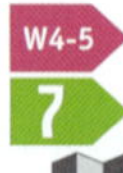

Anschluss: Vom Kloster Lluc – Teilstrecke 7 – Seite 292

(⇨ **Skizze** Seite 106) Zu **Beginn** der Schlucht verlassen wir wieder sein Kiesbett und folgen einem Pfad an seinem **linken Rand**, der wenig später wieder auf das Kiesbett trifft (⇨ Foto Seite 109). Kurz darauf erreichen wir eine als ***S'Entreforc*** bezeichnete Stelle des *Torrent* (zwischen den Felsen), an der die Felswände in wenigen Metern

Von Escora durch den Torrent de Pareis 12

Abstand voneinander senkrecht emporragen und die bei lauten Rufen ein Echo produzieren.

Wir bleiben im **Bett** des *Torrent* und erreichen bald linkerhand den Taleinschnitt des *Torrent de Gorg Blau*, der sich mit dem *Torrent de Lluc* zum ***Torrent de Pareis*** vereint. Hier sollte man auf jeden Fall einen kurzen Abstecher links in den Taleinschnitt bis ***Sa Fosca*** („die Dunkelheit") machen.

Abstecher Sa Fosca:
(⇨ großes Foto nächste Seite)

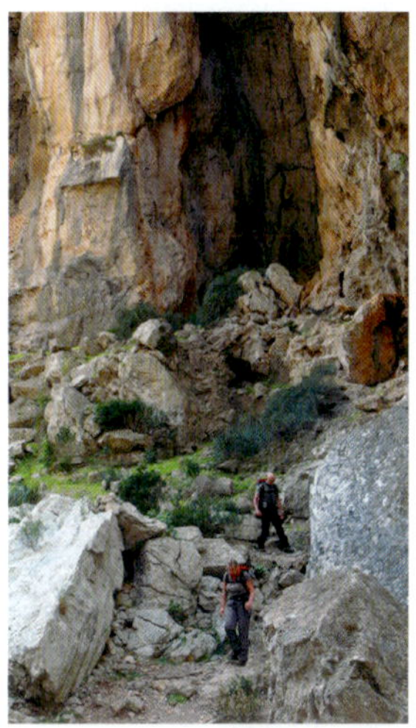

Bei S'Entreforc

Wir wenden uns hier also nach **links**. Die Luft wird schnell kühler und feuchter, denn die geringe bis völlig fehlende Sonneneinstrahlung sorgt für feuchtigkeitsspeichernde moosüberzogene Felsflächen. Je tiefer wir in die Schlucht hinaufsteigen, umso glitschiger wird das Gestein.

Nachdem wir aufgetürmte Felsblöcke und eine schwierige Passage links überwunden haben, wird die Schlucht immer enger und dunkler. Die steilen Felswände scheinen hoch oben fast zusammenzustoßen. Einzelne, große Brocken haben sich sogar zwischen den Wänden verkeilt, so dass dort kaum noch Licht den Boden erreicht. Nur einzelne Strahlen und förmliche *Spotlights* sorgen hier und dort für wunderbare Lichtspiele. Schon nach relativ kurzer Strecke ist aber ein weiteres Vorankommen fast unmöglich; das Klettern wird ohnehin zu gefährlich.

▶ Zurück im *Torrent* folgen wir hier der Schlucht weiter nach **links** in Richtung Meer. Nur wenig später nehmen wir **rechts** einen durch **Steinmännchen** und einige Farbpunkte **markierten Pfad** auf, der uns um eine **unpassierbare** Stelle führt. Beim späteren **Abstieg** zurück in den *Torrent* geht es über Felsblöcke von mehreren Metern Durchmesser. Farbpfeile helfen beim Finden der günstigsten Route. In den Stein geschlagene **Tritthilfen** erleichtern die Überwindung der teilweise sehr glatten Flächen. Mutige Sprünge sind gelegentlich nötig. Nur kurze Zeit bleibt uns zum Durchatmen, denn ein paar Meter weiter wartet schon die nächste Schikane:

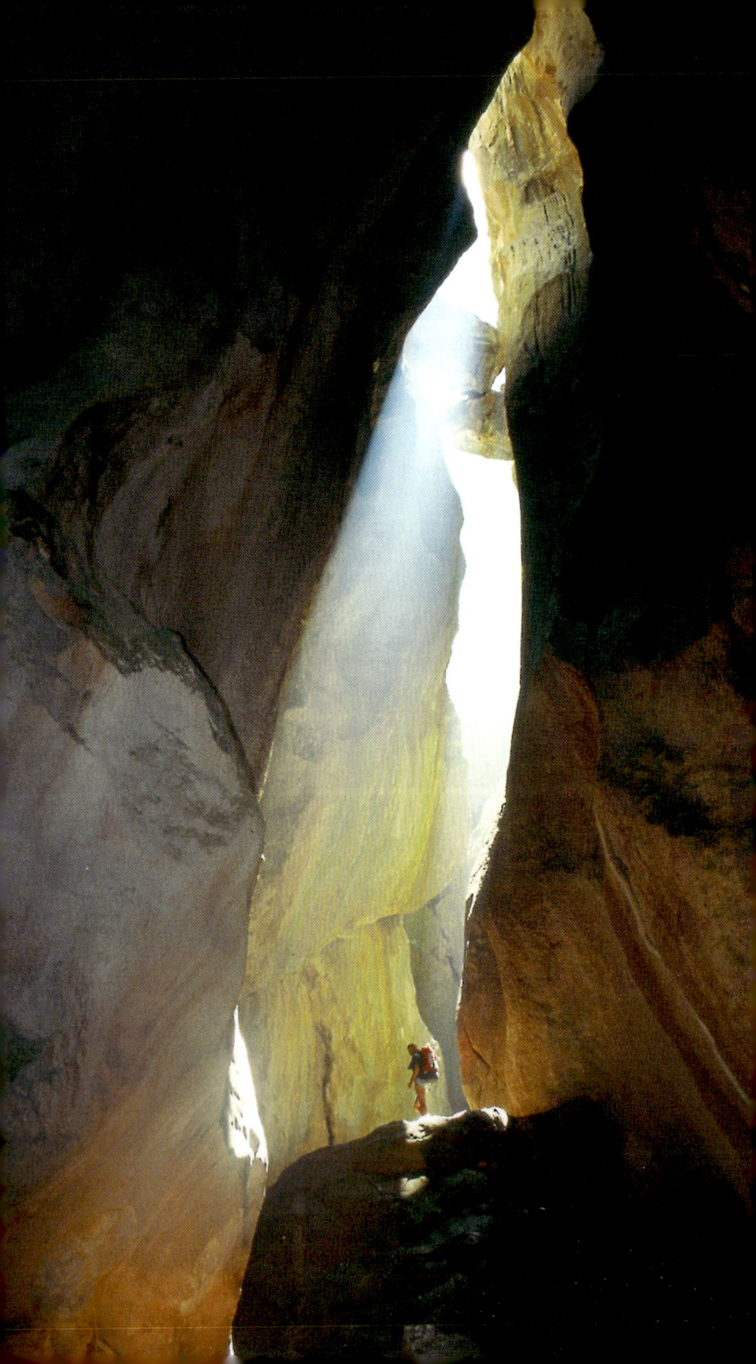

Von Escora durch den Torrent de Pareis 

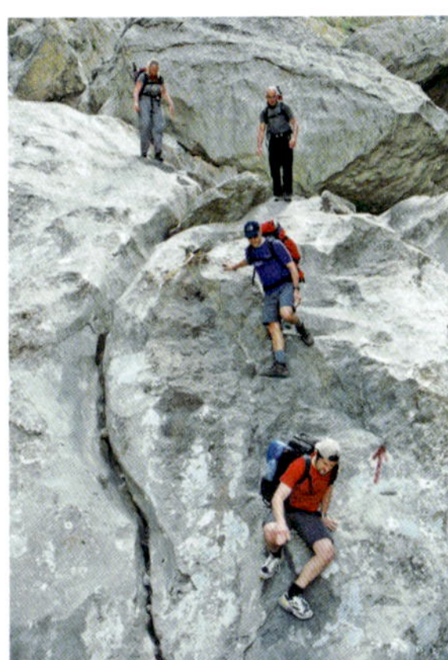

Wir halten **links** auf eine **Spalte** zwischen **Felswand** und einem massiven **Felsblock** zu (Foto), die wir nach unten durchklettern, und bewegen uns zwischen enormen Felsen auf der Suche nach dem passenden Schlupfloch.

Nach einigen **schwierigen Kletterpassagen** wird es vorübergehend leichter, bevor wir an eine weitere unüberwindbare Stelle gelangen, wo wir das Bachbett verlassen müssen. Ein Stück weiter sehen wir auf der rechten Seite der Schlucht die Höhle *Cova des Romagueral*. Links bildet der **Gorg de sa Figuera** einen leichten Einschnitt. Der mit niederem Buschwerk bewachsene Hang ist teilweise abgerutscht und lässt den nach **links** hinaufführenden **Pfad**, der die **unpassierbare Stelle** oberhalb des Bachbettes umgeht und einige Meter abwärts den Talboden wieder erreicht, nur schwer erkennen.

Nachdem wir rechts die große **Cova des Romagueral** hinter uns gelassen haben, gilt es noch, einige **Felsbarrieren** durch teilweise gewagte Sprünge zu überwinden. In den Stein geschlagene **Tritthilfen** erleichtern uns auch hier das Fortkommen. Bald bilden die zunehmend höheren Wände einen engen **Canyon**, in dem kaum mehr ein Pflänzchen zu finden ist. An den Felsen lassen sich die Pegel früherer winterlicher Regenperioden ablesen.

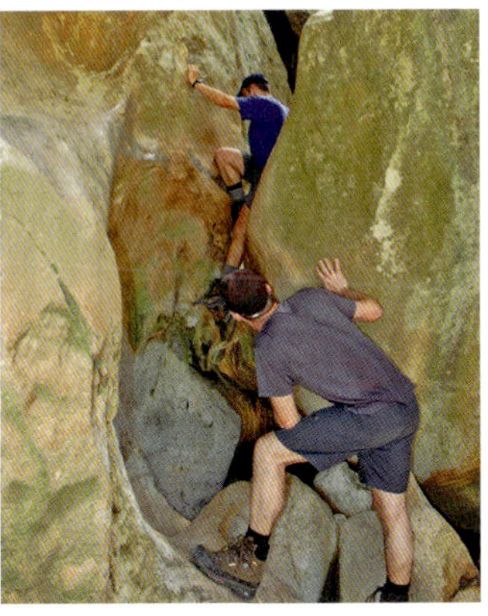

Bald versperrt uns noch ein **riesiger Felsblock** den Weg, der wie ein Pfropf vor der engen Talschlucht steckt. Durch einen schmalen Spalt **rechts** zwischen Felsblock und Wand lässt sich das Hindernis per kniffliger **Kletterpartie** aber meistern.

12 Von Escora durch den Torrent de Pareis

Wenige Meter weiter erwartet uns die nächste **schwierige Stelle**, die **links** über einen steilen **Abstieg** bewältigt werden muss. Die letzte Barriere, ein **gewaltiger Felsquader**, wird **links** über eine blankgeschliffene, runde Felskugel rutschend überwunden. Gelegentlich muss man sich hier schon mal Schuhe und Hose ausziehen und ein bisschen durchs Wasser.

Die schwierigen Passagen liegen nun hinter uns, das Bett des *Torrent* weitet sich. Auf der **linken Seite** können wir uns am heruntertropfenden Nass einer **Quelle** zwischen grünbemoosten und bewachsenen Steinen erfrischen.

Bald wird auch die Vegetation dichter. Wilde Feigenbäume kündigen das nahe Ende der Schlucht an. Vor Erreichen des Ziels ist aber noch ein Wassergraben zu überwinden, hier ein Sammelbecken von Niederschlägen. Wir umgehen ihn **rechts** über eine etwas versteckte, tunnelartige Passage.

Nun geht es noch **10 Min.** auf Kiesboden durch ein weites Becken des *Torrent*, bevor wir den nur ca. 25 m breiten **Durchbruch zum Meer** erreichen. Der grobe **Kiesstrand** dort am glasklaren Wasser ist in der Sommersaison eine beliebte (Sonnen-) Badestelle bei den Ausflugstouristen.

Links über einen **Fußgängertunnel** verlassen wir die Schlucht und folgen dann der schmalen Straße zum **Bootsanleger** von ***Sa Calobra***. Dort erwartet uns eine Reihe von Lokalen.

▶ **Rückweg:** Wer mit dem Bus von Port de Sóller nach *Escorca* gekommen ist, nimmt von *Sa Calobra* das Boot zurück nach Port de Sóller. Das letzte **Boot** legt meist um **16.40** Uhr ab, ⇨ **Hinweis Fahrzeiten** S. 373, unbedingt aktuell absichern! Wer sein **PKW** in *Escorca* geparkt hat, nimmt den **Bus L355** um **15 Uhr** mit Fahrziel Lluc/Pollença. Gruppen über 10 Pers. sollten vorher Verfügbarkeit anfragen (Tel. +34 617 365 365). Von Lluc fährt der Bus L354 um 17.40 nach Sóller.

Achtung: bei Starkwind und hohem Wellengang fallen die Boote aus; dann hilft nur das teure (anzufordernde) Taxi!

W4-5

11.1 Anschluss: (Port) Sóller – Teilstrecke 11.1 – Seite 102

»Durchbruch des Torrent de Pareis ins Meer bei Sa Calobra«

Durch den Barranc de Biniaraix zum Cúber 

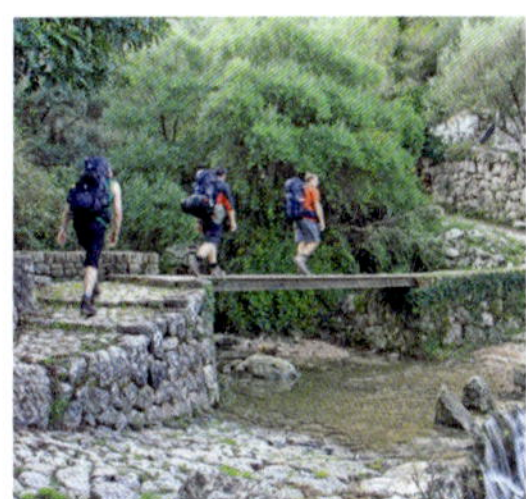

Die klassische Tour *durch den Barranc de Biniaraix zum Cúber Stausee* (13) lässt sich mit einem Aufstieg zum *Puig de L'Ofre* (13.1) oder dem Hin- oder Rückweg über *Portell de sa Costa* zur Rundwanderung (13.4/13.5) erweitern oder kann mit einem Aufstieg zum *Mirador d'en Quesada* (13.2) oder auf den *Puig d'es Cornadors* (13.3) variiert werden.

13	ANSPRUCH		MARKIERUNG	HÖHENMETER
	●●●	4,0 Std		↗ 778 / 28 ↘

▶ Unsere Wanderung beginnt am **Waschplatz von Biniaraix**. Dort folgen wir der Wegweisung *„Camí d'es Barranc/Cúber"* in Richtung *Torrent des Barrancs*. Nach wenigen Minuten überqueren wir die erste **Brücke** über den fast immer Wasser führenden Bach und befinden uns auf dem (restaurierten) gepflasterten Teilstück des historischen Pilgerwegs von Sóller nach Lluc. Er führt zunächst über zahllose Stufen und Kehren durch einen grünen pittoresken Canyon steil bergauf. GR221

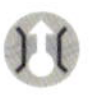

Gleich zu Beginn des Weges passieren wir rechts die erste von **drei Quellen** in der Schlucht. Ihr Wasser kann ohne Bedenken getrunken werden. Mit der Höhe wird der Canyon zunehmend schmaler und schroffer, und an einer Stelle bildet er einen engen Durchlass (⇨ Foto Seite 243). Mehrfach erkennt man bizarre Tropfsteinformationen. Bei der ***Finca Es Verger*** erweitert sich die Schlucht, und es bietet sich letzte Gelegenheit, die Wasserflaschen an einer Quelle am Wege zu füllen (Wasserleitung mit Hahn!).

Der danach wieder steiler ansteigende Weg führt durch kunstvoll angelegte landwirtschaftlich genutzte Terrassen, die teilweise bis unmittelbar an die steilen Felswände reichen. Den unzähligen Serpentinen schließt sich ein flacheres Wegstück an. Dort gehen wir durch ein **Eisengatter**. Kurz bevor wir ein zweites Gatter erreichen, zweigt **rechts** der mit ausgeschilderte Weg zum *Mirador d'en Quesada* ab.

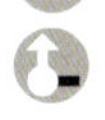

Anschluss: Mirador – Teilstrecken 13.2/13.3 – Seite 116

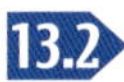

13 Durch den Barranc de Biniaraix zum Cúber

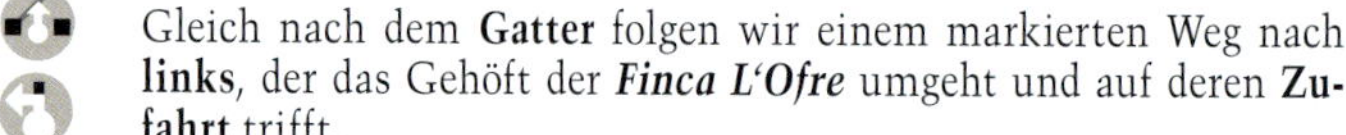

Gleich nach dem **Gatter** folgen wir einem markierten Weg nach **links**, der das Gehöft der ***Finca L'Ofre*** umgeht und auf deren **Zufahrt** trifft.

Hier steht ein Wegweiser für alle Richtungen. Zum ***Cúber-Stausee*** folgen wir dem Fahrweg bergauf, bis wir **links** über einen **Stichpfad** einige Serpentinen abkürzen können. Durch dichtere Bewaldung erreichen wir bald wieder den Fahrweg, den wir aber nach einer der nächsten Kehren erneut verlassen, um eine Abkürzung zu nehmen. Wieder auf dem Fahrweg folgen wir diesem wenige Meter bergan bis zur **Passhöhe *Coll de L'Ofre***, wo links eine große Steinpyramide steht.

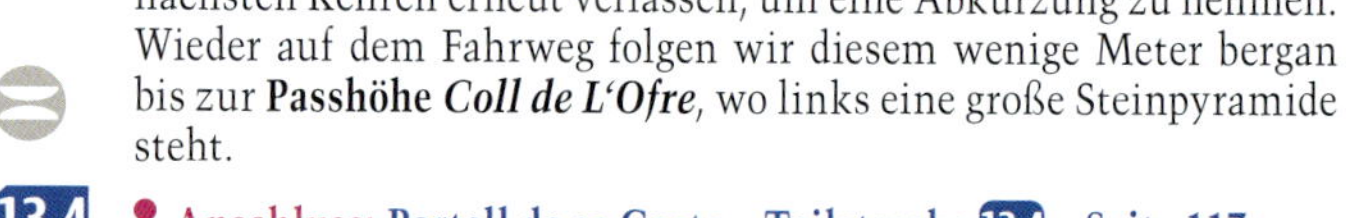

13.4 **Anschluss: Portell de sa Costa – Teilstrecke 13.4 – Seite 117**

Kurz vorher, noch unterhalb des Passes, zweigt rechts ein Karrenweg in Richtung L'Ofre Gipfel ab:

13.1 **Anschluss: Zum Puig de L'Ofre –Teilstrecke 13.1 – Seite 115**

13.5 Nach Überschreiten der Passhöhe **zweigt links** ein Pfad ab, der durch lockere Bewaldung läuft und später, kurz vor erreichen der Gebäude von *Bini Morat*, wieder auf den oben verlassenen **Fahrweg** trifft, dem wir **links** folgen.

Unser Weg läuft nun durch das beidseitig von hohen Bergen überragte Tal von *Bini Morat*. Rechts von uns erkennen wir von Norden nach Süden die Gipfel des ***Puig de Sa Rateta***, des ***Puig de Na Franquesa*** und – am markantesten – des **Puig de L'Ofre**, wo die Vegetation bis fast ganz nach oben reicht.

An der **Grenzmauer** zur ***Finca Bini Morat*** treffen wir auf ein verschlossenes **Eisentor**. Rechts davon existiert ein Durchgang für Wanderer. Bald erreichen wir den Stausee und ein Schutzhäuschen mit Picknick- und Grillplatz links am See. Der Schotterweg geht hier in einen Teerweg über. Bis zum Parkplatz an der Straße Sóller-Lluc (Ma-10) laufen wir noch – über den Staudamm und um den See herum – ca. 20 Minuten.

Am Ausgang des Barranc des Biniaraix

Aufstieg zum Puig de L'Ofre 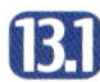

ANSPRUCH		MARKIERUNG	HÖHENMETER
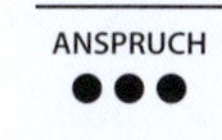	 1,5 Std	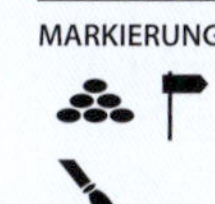	↗ 215 215 ↘

(Angaben für Hin-/Rückweg - gemessen vom Coll de L'Ofre auf den Gipfel)

Gipfelstürmer folgen einem Abstecher hinauf zum Puig de L'Ofre (1091 m), der im Aufstieg von der *Finca L'Ofre* kurz unterhalb des ***Coll de L'Ofre*** **rechts** abzweigt. Vom Gipfel hat man einen grandiosen Ausblick ins Sóllertal und weit über die Insel.

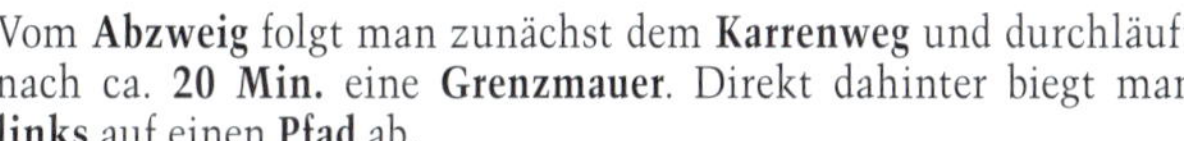

Vom **Abzweig** folgt man zunächst dem **Karrenweg** und durchläuft nach ca. **20 Min.** eine **Grenzmauer**. Direkt dahinter biegt man **links** auf einen **Pfad** ab.

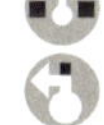

Eine **blaue Markierung** auf einem vom Weg zurückgesetzten großen Stein, lässt uns den Aufstiegspfad nicht verfehlen. Er führt in vielen Kehren zunächst durch dichten Wald über die südöstliche Flanke hinauf zum Gipfel.

Mit zunehmender Höhe wird der Pfad steil und geröllig, er führt uns bald durch schattenlose Buschvegetation. Weitere blaue Markierungen erleichtern die ohnehin nicht schwierige Wegfindung. Kurz unterhalb des Gipfels halten wir uns an einer **Wegverzweigung links** und erreichen den Gipfel nach wenigen Metern.

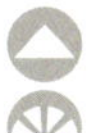

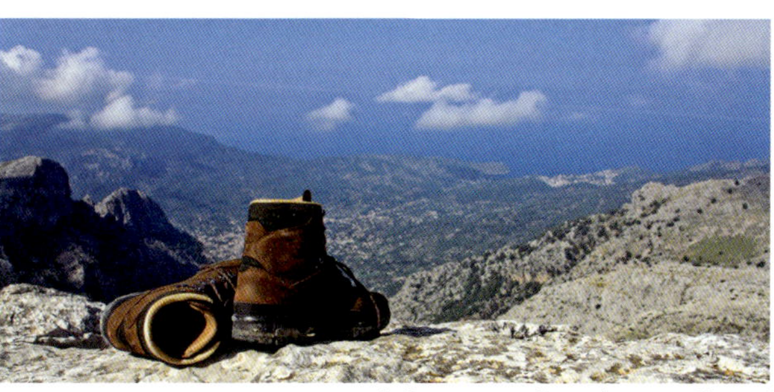

Blick vom Puig de L'Ofre ins Sóller-Tal

Der **Rückweg** zum *Coll de L'Ofre* kann alternativ auch über die Nordflanke des L'Ofre erfolgen. Dazu nimmt man an der erwähnten **Wegverzweigung** unterhalb des Gipfels einfach den Pfad nach **links** (➪ separate **Wanderkarte**)

 13.2 Zum Mirador d'en Quesada

ANSPRUCH		MARKIERUNG	HÖHENMETER
●●●	1,5 Std		↗ 300 / 300 ↘

(Angaben für Hin-/Rückweg - gemessen von L'Ofre (Tor) zum Mirador)

Kurz vor Erreichen der Gebäude der ***Finca L'Ofre*** zweigt ***rechts*** ein Pfad zum Aussichtspunkt ***Mirador d'en Quesada*** ab. Der Aufstieg dauert etwa eine Stunde, zurück geht es in 30 Min. Dieser Abstecher ist durchaus eine **Alternative zur Besteigung** ***des L'Ofre***, speziell für alle, die von Sóller/Biniaraix aus aufsteigen.

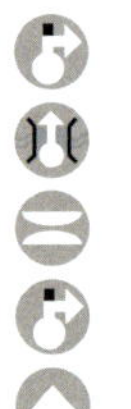

Wir folgen dem Wegweiser am *Camí de Barranc* (von unten kommend) nach **rechts**. Der gut markierte Pfad führt über eine **Brücke**, dann den Hang hinauf auf einen Bergkamm. Dort folgen wir einem geschotterten Weg in Kehren auf einen **Pass**. Kurz vor Erreichen der Passhöhe zweigt **rechts** der Pfad zum *Mirador* ab. Im Anstieg passieren wir die Schutzhütte *Refugi dels Cornadors* (sie bietet Wanderern bei Schlechtwetter Unterschlupf und Hartgesottenen sogar einen Schlafplatz). Bald darauf stehen wir auf einem **Plateau** in 957 m Höhe, von dem aus man eine großartige Aussicht genießt.

13.3 Auf den Puig des Sementer Gran

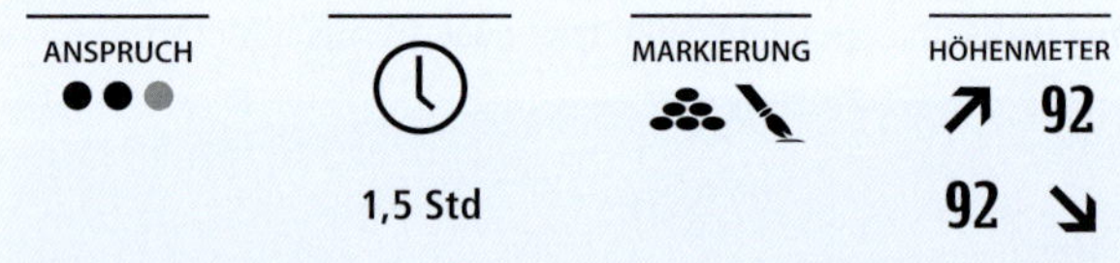

(Angaben für Hin-/Rückweg - gemessen von/zum Mirador d'en Quesada)

Vom *Mirador* lässt sich bei Zeit und Ausdauer noch eine kleine Gipfelbesteigung auf den etwas südlicher gelegenen ***Puig des Sementer Gran*** anschließen. Der Blick von dort ins Sóllertal ist zwar weniger spektakulär als vom *Mirador d'en Quesada* aus, dafür überblickt man aber auch das Tal von Orient.

Für den **Aufstieg** folgt man zunächst dem **Stichpfad** vom ***Mirador*** zurück bis zur **Weggabelung** und geht dann **rechts** hinauf zum **Pass**. Von dort gelangt man über einen schmalen **Pfad** in ca. **45 Min.** unverfehlbar auf den ***Puig des Sementer Gran*** (1014 m).

Rundwanderung über Portell de sa Costa 

ANSPRUCH	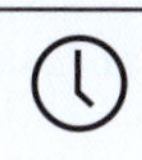	MARKIERUNG	HÖHENMETER
●●●			↗ 180
	2,5 Std		990 ↘

(Wegangaben - gemessen vom Coll de L'Ofre bis Sóller)

Seit die ehemals klassische Runde über die ***Finca S'Arrom*** vor langer Zeit schon vom Eigentümer gesperrt wurde, ist der Weg über ***Portell de sa Costa*** zu einer echten Alternative für eine schöne Rundwanderung von Sóller durch den ***Barranc de Biniaraix*** und zurück nach Sóller geworden.

Bei der großen Steinpyramide auf der Passhöhe am ***Coll de L'Ofre*** in Richtung Cúber zweigt **links** in nordwestlicher Richtung ein Pfad ab, der uns über einen Bergrücken und die Anhöhe ***Pas de l'Encletxa*** zur Hochebene ***Coma de Son Torrella*** bringt.

Durch das „Tor zur Küste" am ***Portell de sa Costa***, einem **Durchlass** an der schroffen Steilwand der *Serra de son Torella*, steigen wir auf einem schmalen Gebirgspfad in vielen Steilkehren hinab ins Orangental.

Ein alter Pflastersteinweg führt uns schließlich zum Fahrweg des ***Camí Vell de Monnàber***, dem wir nach **links** talwärts bis zum **Waschhaus** in **Biniaraix** folgen können. Auf bekannten Wegen geht es von hier zurück nach Sóller zur *Plaça Constitució*, wo wir unsere Wandertour begonnen haben.

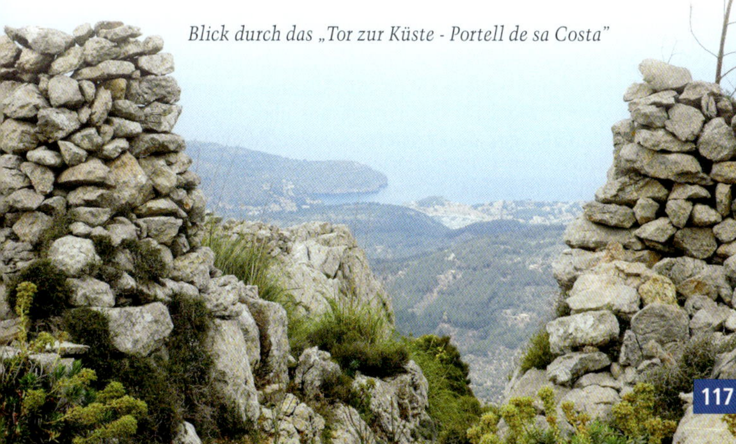

Blick durch das „Tor zur Küste - Portell de sa Costa"

13.5 Über Portell de sa Costa zum Coll de L'Ofre

Der nachfolgende Text beschreibt die **Rundwanderung** durch den *Barranc de Biniaraix* über ***Portell de sa Costa*** (13.4) alternativ in umgekehrter Gehrichtung und mit zusätzlicher Startmöglichkeit in Fornalutx.

Start in Biniaraix: Ab dem alten **Waschhaus** in Biniaraix folgt man **links** dem geteerten Fahrweg *Camí Vell de Monnàber* zunächst knapp 3 km bergan bis zum Wegabzweig in Richtung *Portell de Sa Costa* („Tor zur Küste"), einem mit Trocksteinmauern befestigten Durchlass an der Steilwand der *Serra de Son Torella* weiter oben.

Start in Fornalutx (⇨ auch **Skizze** Seite 77): Von der ***Plaça d'Espanya*** über die *Carrer Major* und die *Carrer de Sa Font* gehen wir ortsauswärts. Am oberen Dorfende **überqueren** wir die **Brücke** über das Bett des Torrent de Fornalutx Major. Jenseits des Baches geht es auf einem **Pflaster-/Teerweg** bergan, der nach einigen Kehren auf ein verschlossenes **Tor** trifft. Hier markiert **rechts** ein Schild den ***Camí des Creuer/Biniaraix***, der uns anfangs über einen Steintreppenweg durch Olivenhaine und Terrassengärten führt und rasch an Höhe gewinnt. Nachdem wir rechterhand ein Steinhaus passiert haben, zweigt kurz darauf **links** ein **Steintreppenweg** ab, dem wir bergan bis zum **Teerweg** *Camí Vell de Monnàber* folgen und auf diesem **links** etwa 500 m bis zum Wegabzweig in Richtung *Portell de Sa Costa* weitergehen.

▶ Dieser nach **rechts** abzweigende Weg ist durch eine etwa 2 m breite **Leitplanke** links am Hauptweg markiert. Der anfangs getreppte **Pflastersteinweg** geht bald in einen schmalen **Gebirgspfad** über, der sich in steilen Kehren den Hang hinauf windet. Herabgestürztes Geröll erschwert an einigen Stellen das Vorankommen. Nach etwa 1 Stunde erreichen wir das besagte **„Tor zur Küste"**.

Wir folgen dem Pfad weiter über die **Hochebene** *Coma de Son Torrella* und erreichen eine mit Steinmann markierte **Wegkreuzung**. Wir wandern weiter **geradeaus** über einen Bergrücken und die **Anhöhe** ***Pas de l'Encletxa*** bis zur **Passhöhe** ***Coll de L'Ofre*** zwischen dem *Cúber Stausee* und der Abstiegsroute *Barranc de Biniaraix*. Der Pass ist durch eine riesige **Steinpyramide** und ein Eisenkreuz markiert.

1 **Fortsetzung:** Cami de Barranc de Biniaraix – 1 – Seite 239

13 **Anschluss: Zum Cúber Stausee – Teilstrecke 13 – Seite 114**

Über den Gebirgskamm der Serra d'Alfabia 14

Von der **Plaça Constitució** gehen wir über die *Calle de Reial*, *Calle de Unió und Pau Noguera* bis zum **Friedhof der Stadt**, den zu besuchen sich lohnt. Er verfügt über mehrere Ebenen, die durch eindrucksvolle Portale miteinander verbunden sind. Die teilweise üppige Vegetation verleiht der Anlage einen **gartenartigen Charakter**. Neben diversen Skulpturen finden sich auf und an den Gräbern Inschriften in spanischer, katalanischer und französischer Sprache. Letzteres weist auf die historische Verbindung Sóllers mit Frankreich hin.

Gleich hinter dem Friedhof verlassen wir die schmale Teerstraße und folgen **rechts** dem Wanderweg ***Ses Tres Creus*** (Die drei Kreuze) in den gepflasterten ***Camino de Can Petra***, der an Trockensteinmauern entlang bald wieder auf die schmale **Teerstraße** trifft, die wir zuvor verlassen hatten. Gleich gegenüber setzt sich der anfangs als Treppenzug angelegte **Pflastersteinweg** fort. Er bringt uns über einige Kehren auf eine **Anhöhe**. Dort halten wir uns **links** und gehen durch ein **Holzgatter** auf dem gut erkennbaren **Weg** den **Bergsattel** weiter bergan.

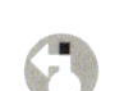

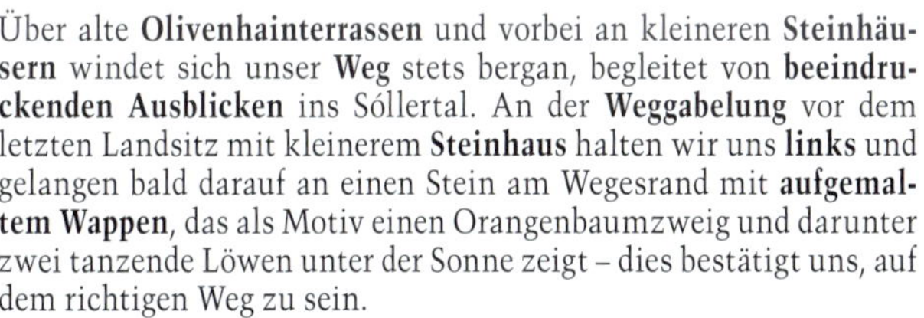

Über alte **Olivenhainterrassen** und vorbei an kleineren **Steinhäusern** windet sich unser **Weg** stets bergan, begleitet von **beeindruckenden Ausblicken** ins Sóllertal. An der **Weggabelung** vor dem letzten Landsitz mit kleinerem **Steinhaus** halten wir uns **links** und gelangen bald darauf an einen Stein am Wegesrand mit **aufgemaltem Wappen**, das als Motiv einen Orangenbaumzweig und darunter zwei tanzende Löwen unter der Sonne zeigt – dies bestätigt uns, auf dem richtigen Weg zu sein.

Unser Weg wird zunehmend ein **schmälerer Pfad** und führt uns durch **Wald** und **Buschvegetation** über den **Bergrücken** ***Es Castellot*** hinauf zum ***Alfabia-Gebirgskamm***. An einem **Wegabzweig links** gehen wir weiter **geradeaus** und halten uns kurz darauf an einer **Weggabelung links**. Neben **Steinmännchen** helfen uns vereinzelte **Farbmarkierungen** bei der Wegfindung. Nach Überwindung einer weiteren kleinen Anhöhe lassen wir den Wald bald hinter uns und wandern durch Schneidgras und über schroffes, mitunter scharfkantiges Gestein weiter bergan. Bald bestimmt **karstiger Fels** das Landschaftsbild. Die Wegführung ist in diesem Umfeld nicht immer eindeutig.

Mit erreichen der **Hochebene** von ***Sa Planella*** gehen wir durch ein **Gatter** und gelangen kurz darauf an das umzäunte ***Gehöft von Sa Serra***. Wir gehen an dem Gehöft links vorbei, überschreiten einen **Fahrweg** und treffen kurz darauf auf einen weiteren **Fahrweg**.

14 Über den Gebirgskamm der Serra d'Alfabia

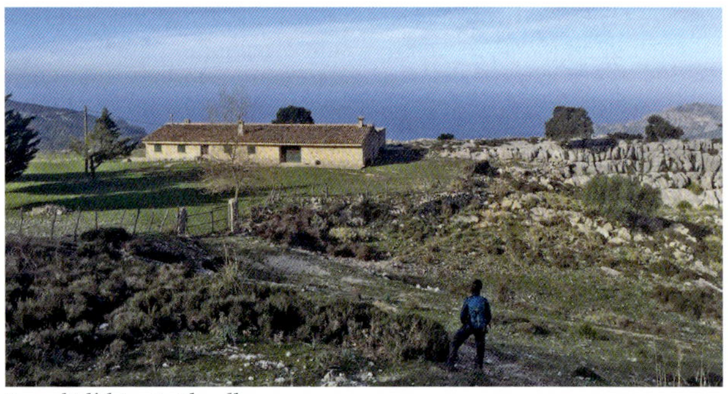

Serra d'Alfabia – Sa Planella

Vor uns sehen wir die **Funkmasten** der Sendeanlage auf dem vor uns liegenden **Gebirgskamm** und ganz **links** davon einen **rot-weiss** gestreiften **Funkmast**. Links von diesem befindet sich ein **Sattelpunkt**, der unser nächstes **Ziel** markiert.

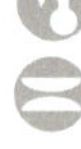

Wir folgen dazu dem **Fahrweg** kurz nach **links** und suchen uns dann **rechts** einen Pfad hinauf zum **Sattelpunkt**. Wegmarkierungen sind ab jetzt kaum vorhanden. Wir überschreiten den Sattelpunkt und treffen nach etwa **30 Metern talwärts** wieder auf einen **Karrenweg**, dem wir nach **links** fortan folgen.

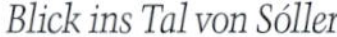

Blick ins Tal von Sóller

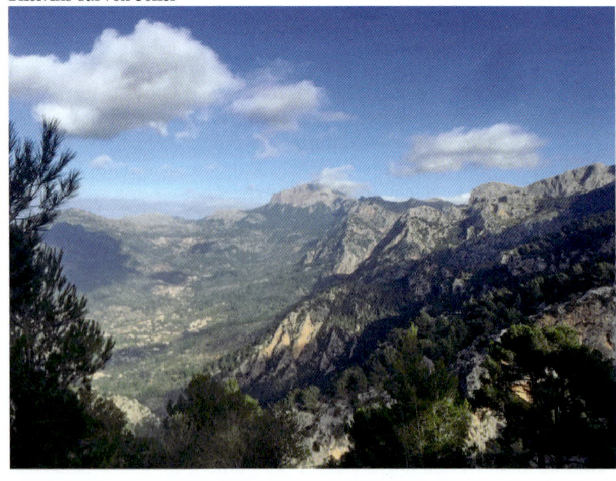

Über den Gebirgskamm der Serra d'Alfabia 14

Der Karrenweg führt uns **entlang** der rechten Seite **des Gebirgskamms** der ***Serra d'Alfabia*** in nord-östliche Richtung und gibt uns immer wieder mal den **Blick** rechts ins ***Orienttal*** frei. Einen **Wegabzweig** nach etwa einem Kilometer **ignorieren** wir. Nach einem weiteren Kilometer mündet der Karrenweg in einen **Pfad**, dem wir weiter auf dem Gebirgskamm folgen. Über die **Berghöhen** des ***Penya de s'Anyell***, des ***Puig des d Son Palou*** und des ***Puig des Sementer Gran*** wandern wir nun überwiegend **markierungslos** auf dem Gebirgskamm der ***Serra d'Alfabia*** in nordöstlicher und später nördlicher Richtung mit dem **Bergziel** ***Cornador Gran*** am Ende des Gebirgskamms.

Am **Sattelpunkt** vor dem Aufstieg zum ***Cornador Gran*** angekommen, gehen wir **rechts** auf dem Weg talwärts und treffen bei der ***Finca L'Ofre*** auf den ***Cami Barranc de Biniaraix*** (GR-221), dem wir nach **links** in **Richtung Sóller** weiter folgen.

Fortsetzung: Cami de Barranc de Biniaraix –  – Seite 239

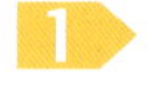

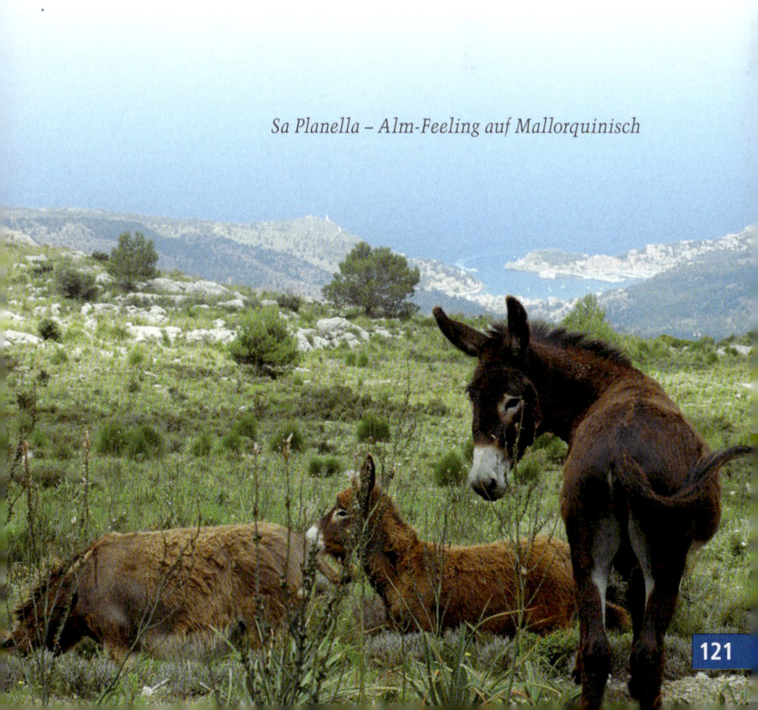

Sa Planella – Alm-Feeling auf Mallorquinisch

WEGE VON DEIÀ

Tour A : Auf dem Camí des Ribassos in die Cala Deià

Tour B : Von Son Marroig zur Halbinsel Na Foradada

Tour C : Die Küstenroute nach Port de Sóller

Tour D : Auf dem Camí de Castelló nach Sóller

Tour E : Über den Camí de S'Arxiduc zum Puig de Teix

Tour F : Auf Köhlerpfaden nach Valldemossa

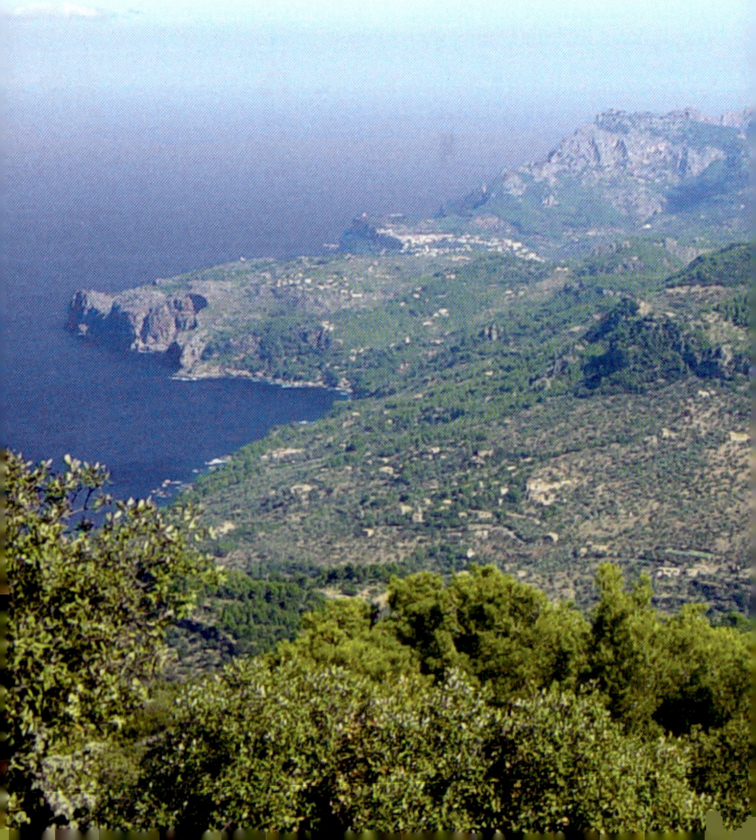

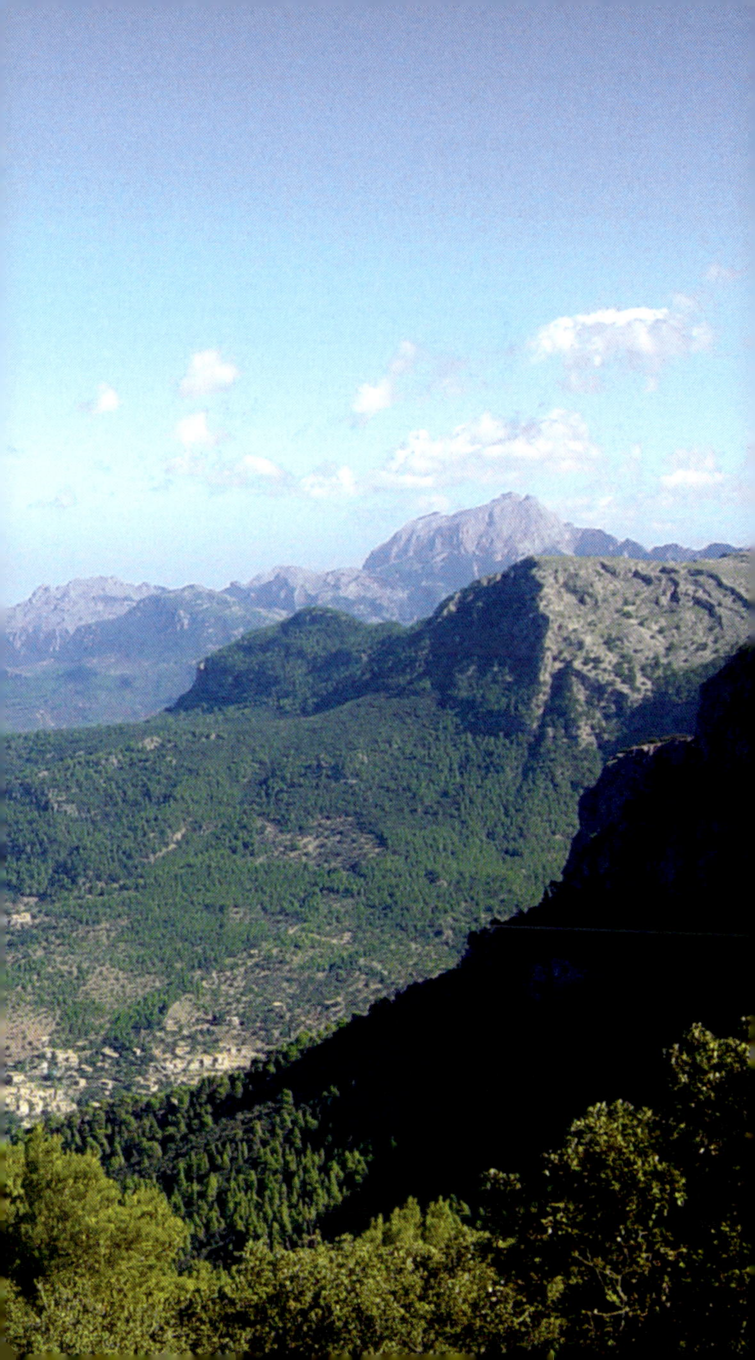

Künstlerkolonie Deià

Deià liegt idyllisch am Fuße des *Teix-Massivs*. Der ältere Ortskern mit seinen verwinkelten Gassen liegt auf einer Bergkuppe, auf deren höchstem Punkt die Pfarrkirche mit dem kleinen Friedhof thront. Umgeben von blühenden Gärten mit Oliven-, Mandel- und Zitrusbäumen bildet seine Lage jene malerische Kulisse, die Deià schon früh zum Anziehungspunkt machte für Schriftsteller, Künstler und solche, die sich dafür halten. Mehrere Galerien zeugen von der heute hier existierenden Künstlerkolonie, die von Ausländern dominiert wird. Berühmtester Resident Deiàs war der englische Dichter und Schriftsteller ***Robert Graves*** (1895-1985), der fast 50 Jahre seines Lebens hier verbrachte. In seinen „Geschichten aus dem anderen Mallorca" zeichnet er ein liebevolles Bild von der Landschaft und den Menschen seiner Wahlheimat, ⇨ Literaturtipp Seite 389. Ein Ihm und seinem Lebenswerk gewidmetes **Robert-Graves-Museum** befindet sich in dessen ehemaligem *Wohnhaus Ca N'Alluny*, ⇨ Seite 130/365.

Speziell das Nobelhotel *La Residencia* mit vielen prominenten Stammgästen hat Deià zu internationalem Bekanntheitsgrad und sogar Kultstatus verholfen.

Spaziergang durch den Ort

Deià erschließt sich Besuchern nur bei individueller Anreise (Touristenbusse dürfen dort nicht anhalten) und zu Fuß. Von den immer zu knappen Parkplätzen geht es auf engen Gassen – vorbei an alten, teils herrschaftlichen Steinhäusern – hinauf zur **Kirche** *Sant Joan Bautista*. Von oben fällt der Blick über Deià und das Meer.

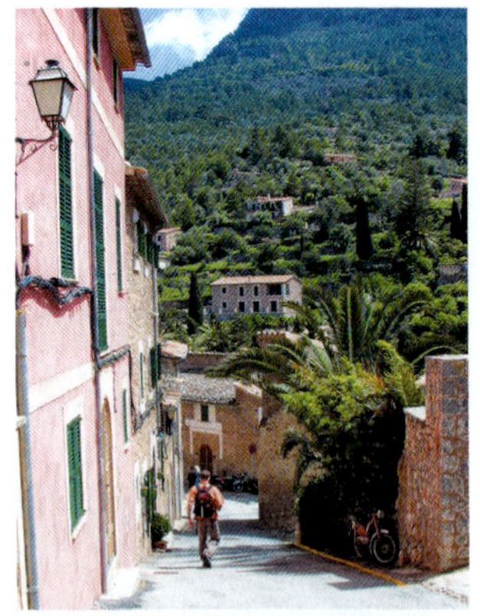

Die aus dem 18. Jahrhundert stammende Kirche nutzt einen alten Verteidigungs- als Glockenturm und besitzt einen barocken Hauptaltar. Sie beherbergt als bedeutendstes Kunstwerk ein Bildnis des Märtyrers Sebastian. Auf dem kleinen **Friedhof** neben der Kirche findet man neben dem schlichten **Grab von *Graves*** noch die Namen weiterer Künstler, die in Deià lebten und wirkten.

Umgebung von Deià

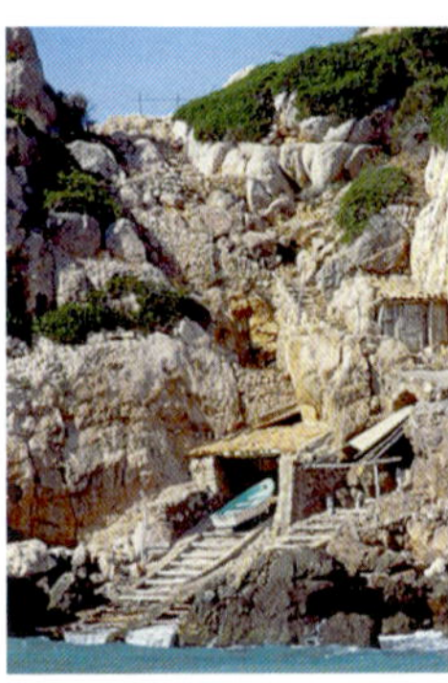

Cala Deià: Zum pittoresken Ortsbild passt die Bucht *Cala Deià*, die man zu Fuß über einen ausgeschilderten Pfad durch terrassierte Gärten in kaum 30 Minuten erreicht. Mit dem Auto sind es über eine enge steile Straße 3 km; der Parkraum ist beschränkt und zudem gebührenpflichtig. Die kieselige bis steinige **Badebucht** mit glasklarem Wasser gehört zu den attraktivsten ganz Mallorcas. Zwei einfache **Lokale** – zwischen den Bootsschuppen an der linken Flanke der Bucht und unter der Steilküste – servieren Getränke, einfache Gerichte und fangfrischen Fisch. An der *Cala Deià* kann man – zumindest an ruhigen Tagen – wunderbar entspannen und Sonne und Meer genießen.

Son Marroig: Folgt man der Straße von Deià in Richtung Valldemossa, passiert man nach gut 2 km das ehemalige Landgut und Herrenhaus des österreichisch-toskanischen Erzherzogs ***Ludwig Salvator*** (1837-1915). Seine einstige Residenz ist heute Museum und steht zur Besichtigung offen.

Ludwig Salvator von Österreich (oder *Arxiduc Lluis Salvador*, wie er auf Mallorca heißt), als Sohn des Hauses Habsburg-Lothringen und Bourbon 1847 in Florenz geboren, entdeckte schon früh sein starkes Interesse an Naturwissenschaften und Literatur. Der junge Herzog konnte einer für Adlige damals zeitgemäßen Laufbahn zum Offizier oder Staatsbeamten wenig abgewinnen und begab sich lieber auf Forschungsreisen. Als Zwanzigjähriger besuchte er erstmals die Insel, die ihn nachhaltig beeindruckte, und kaufte entlang der Küste große Ländereien zwischen Valldemossa und Deià. Um 1870 siedelte er sich ganz dort an. Vier Jahrzehnte lang lebte er – mit wenigen Unterbrechungen – auf Mallorca.

Untypisch für seine Zeit entwickelte ***Lluis Salvador*** bereits damals ein ausgeprägtes Umweltbewußtsein. U.a. ließ er naturgemäße Wege anlegen, auf denen er ausritt, um die Pflanzen- und Tierwelt zu studieren (*Camí de S'Arxiduc*).

Umgebung von Deià

Die Ergebnisse seiner Studien schrieb er in einem fünfbändigen Werk ***„Die Balearen in Wort und Bild“*** (1869-1884) nieder, dem bis heute umfassendsten geographischen und naturkundlichen Werk über die Balearen. Nebenbei sammelte er mallorquinische Volkslieder und -märchen und machte seinen Einfluss zur Erhaltung des historischen Erbes geltend.

Ihm entgingen auch die Reize der weiblichen Inselbewohner nicht. Ludwig Salvator hatte angeblich zahlreiche Liebschaften und uneheliche Kinder, war aber vor allem ***Catalina Homar*** zugetan, Tochter eines Tischlers. Sie lernte bei ihm Fremdsprachen und sogar höfische Umgangsformen. Ein Besuch an der Seite des Herzogs in Wien geriet dennoch zum Skandal.

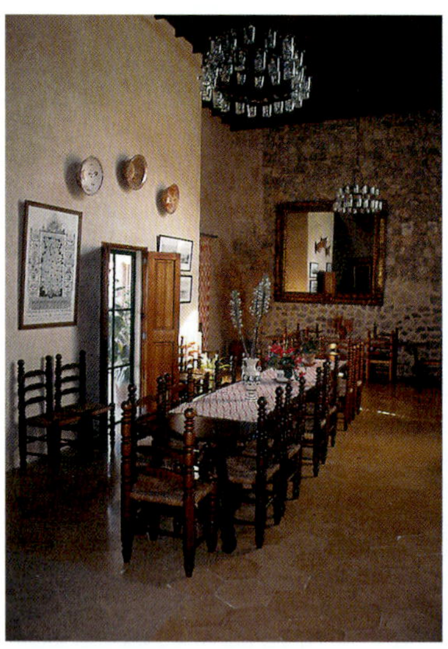

Später verwaltete sie seine Ländereien und hatte die Ehre, die Bekannschaft seiner Tante, der Kaiserin Elisabeth (***Sissy***) von Österreich, zu machen, die ihren unkonventionellen Neffen inkognito auf Mallorca besuchte.

Das Herrenhaus ***Son Marroig*** liegt in hervorragender Lage mit Blick auf die Halbinsel ***Na Foradada***. Ein markanter Wehrturm mit „Pechnasen“ lässt noch seine frühere Funktion als Verteidigungsbastion gegen Seeräuber erkennen.

Im Haupthaus befindet sich ein Sammelsurium aus Bildern, Büchern und persönlichen Gegenständen aus dem Nachlass des Erzherzogs, unter anderem sein fünfbändiges originales (Lebens-) Werk über die Balearen. In den prächtigen Räumen, die im Zustand vergangener Tage belassen wurden, scheint die Zeit stehen geblieben zu sein. In den oberen Räumlichkeiten werden in den Sommermonaten, meist an Wochenenden, **klassische Konzerte** gegeben. Wem sich die Gelegenheit bietet, sollte allein schon wegen des ganz besonderen Ambientes daran teilnehmen. Sehenswert ist

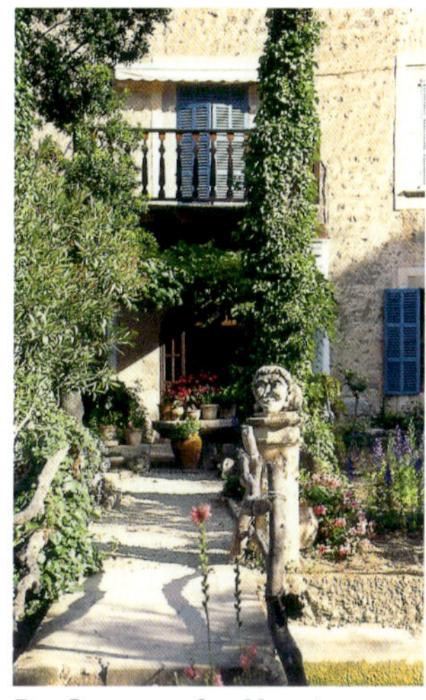
Der Garten von Son Marroig

auch der kunstvoll gestaltete **Garten** mit kleinem **Marmorpavillon**, von dem aus man weit über die Küstenlandschaft nach Süd und Nord und übers Meer schauen kann.

Die Eintrittskarte für die Besichtigung von Gebäude und Garten berechtigt gleichzeitig zum Besuch der zum Besitz von *Son Marroig* gehörenden Halbinsel. Der Weg hinunter beginnt auf der Rückseite des Hauses hinter einer Absperrung.

Geöffnet: April-September Mo-Sa 9.30-19 Uhr; Oktober-März Mo-Sa 10-18 Uhr. Eintritt 4 €, Kinder frei.

Einkehr & Restaurants

Die Kneipen und Restaurants liegen vor allem entlang der Hauptstraße. Als **Treffpunkt** für einen Drink ist die etwas erhöht gelegene Terrasse des Cafés ***Sa Fonda*** zu empfehlen. Von den Restaurants besitzt das ***Sa Vinya*** mit mallorquinischer Küche ein sehr schönes Mallorca-Ambiente und ist noch vergleichsweise preiswert, Tel. +34 971 639500. Alternativen sind die Restaurants ***Sebastian*** (*C. Felipe Bauza*, Tel. +34 971 639 417) oder das ***Es Raco d`es Teix*** (oberhalb der Hauptstraße *Vinya Veia 6*, Tel. +34 971 639501), ebenso die nebeneinander am südlichen Ortsausgang an der Hauptstraße liegenden Lokale **CA'N JAVI** (+34 971 63 90 82) und das **Restaurant Deià** (+34 971 63 60 74).

Das kleine Restaurant ***Mirador de Na Foradada***, neben ***Son Marroig*** hoch über dem Meer, bietet einen tollen Blick über die Nordwestküste. Sehr gute mallorquinisch-spanische Küche, Tel. +34 971 63 60 84; http://naforadada.es/en/. Nur saisonal geöffnet!

Verkehrsanbindung

Deià liegt an der Busroute Palma-Sóller (Port de Sóller) über Valldemossa. Die Busse dieser Strecke verkehren im 2-Stundentakt. ⇨ Busfahrzeiten Seite 372/373.

WEGE VON DEIÀ

TOURENÜBERSICHT

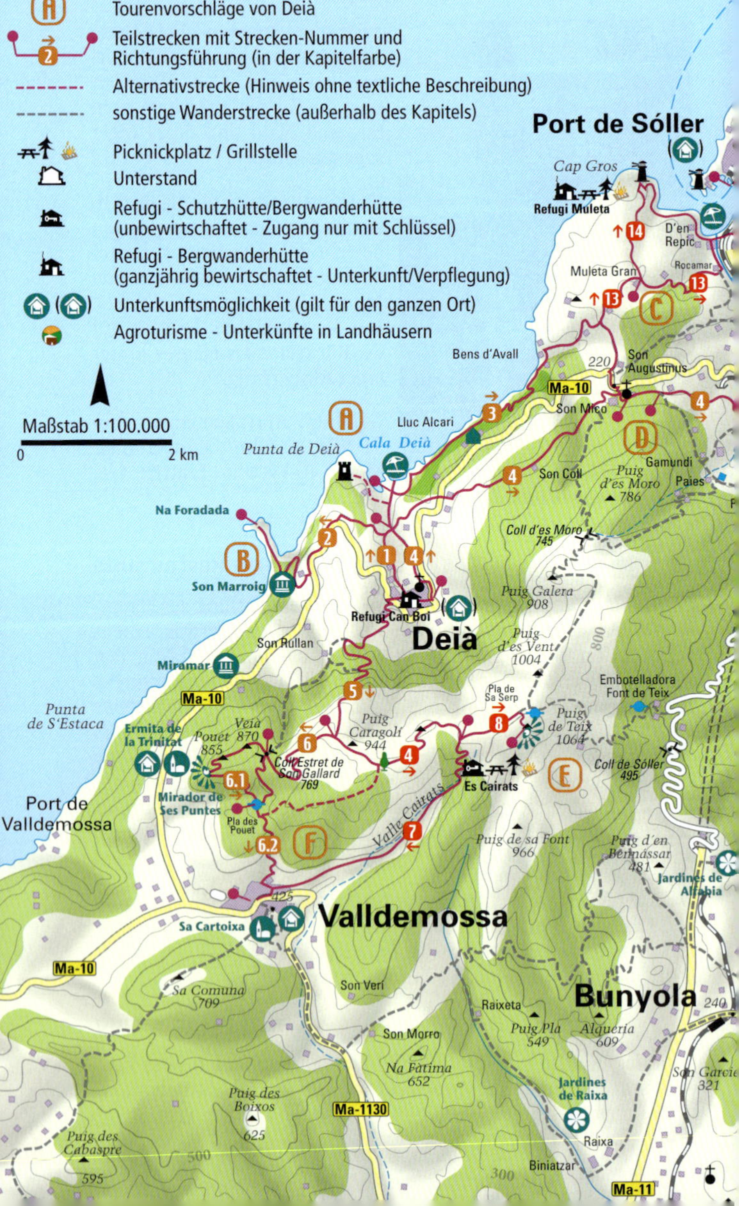

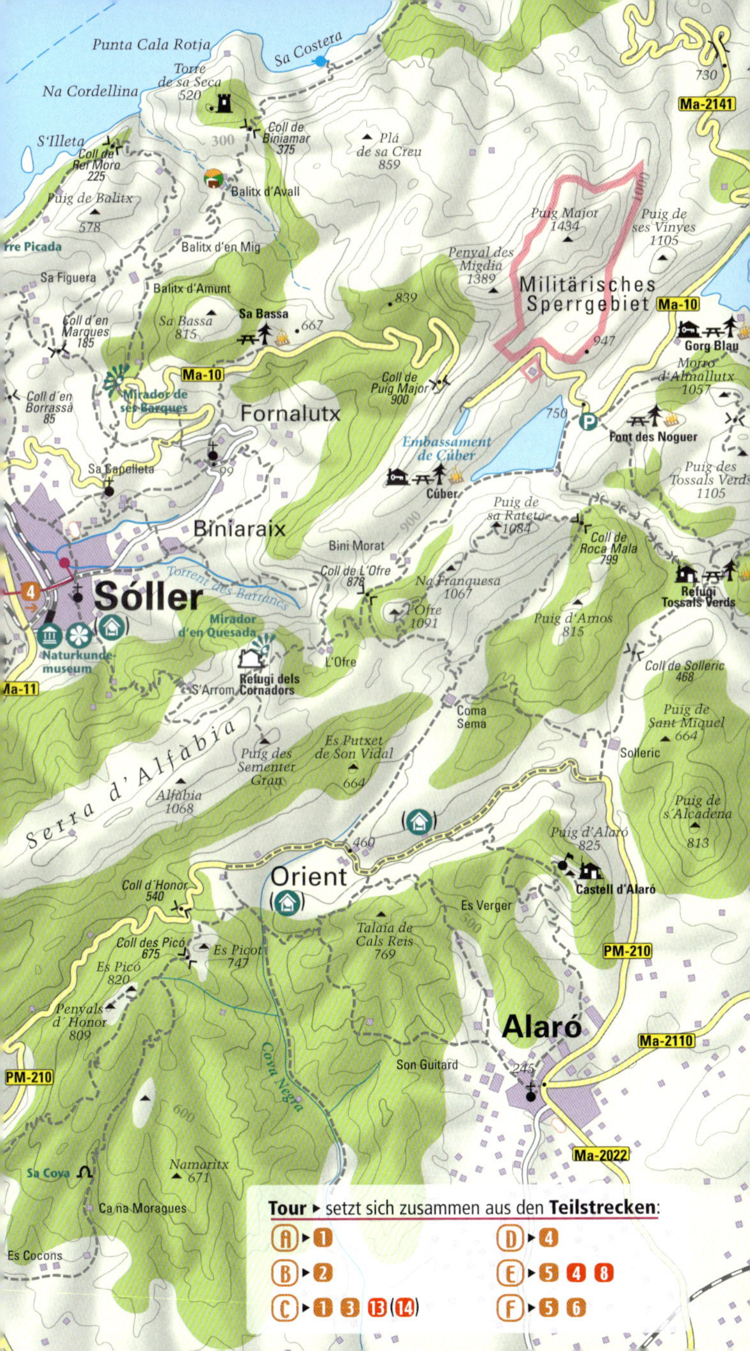
Punta Cala Rotja
Sa Costera
Na Cordellina
Torre de sa Seca 520
Coll de Biniamar 375
S'Illeta
Coll de Rei Moro 225
300
Plá de sa Creu 859
Balitx d'Avall
Puig de Balitx 578
730
Ma-2141
Puig Major 1434
Puig de ses Vinyes 1105
Balitx d'en Mig
Penyal des Migdia 1389
Sa Figuera
Balitx d'Amunt
839
Militärisches Sperrgebiet
Ma-10
Coll d'en Marques 185
Sa Bassa 815
Sa Bassa
667
Gorg Blau
947
Morro d'Almallutx 1057
Ma-10
Coll de Puig Major 900
Mirador de ses Barques
Coll d'en Borrassà 85
Fornalutx
750
Font des Noguer
Embassament de Cúber
Sa Capelleta
99
Cúber
Puig des Tossals Verds 1105
Puig de sa Rateta 1084
Biniaraix
900
Coll de Roca Mala 799
Bini Morat
Coll de L'Ofre 878
Na Franquesa 1067
Refugi Tossals Verds
Sóller
Torrent des Barrancs
L'Ofre 1091
Puig d'Amos 815
Mirador d'en Quesada
Naturkunde-museum
Refugi dels Cornadors
L'Ofre
S'Arrom
Coll de Solleric 468
Ma-11
Coma Sema
Puig de Sant Miquel 664
Serra d'Alfàbia
Es Putxet de Son Vidal 664
Puig des Sementer Gran
Solleric
Alfàbia 1068
Puig de s'Alcadena 813
Puig d'Alaró 825
460
Orient
Castell d'Alaró
Coll d'Honor 540
Es Verger
Talaia de Cals Reis 769
Coll des Picó 675
Es Picot 747
PM-210
Es Picó 820
Penyals d'Honor 809
Alaró
Ma-2110
Cova Negra
Son Guitard
245
PM-210
600
Ma-2022
Namaritx 671
Sa Cova
Ca na Moragues
Es Cocons
Tour ▸ setzt sich zusammen aus den Teilstrecken:
A ▸ 1
B ▸ 2
C ▸ 1 3 13 (14)
D ▸ 4
E ▸ 5 4 8
F ▸ 5 6

Ortsplan von Deià

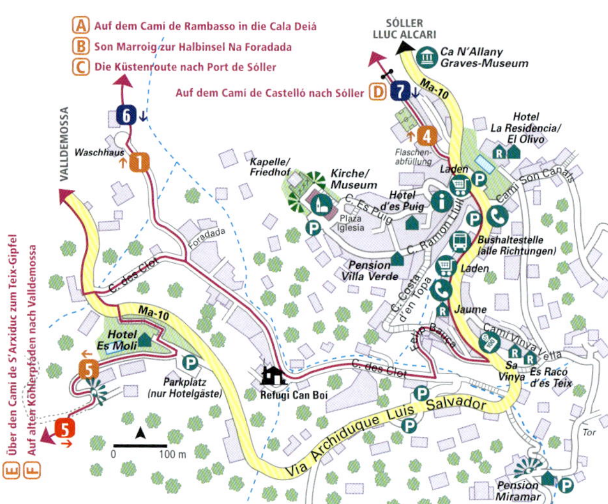

TOUR A Auf dem Camí des Ribassos in die Cala Deià

Cala Deià — K352

ANSPRUCH
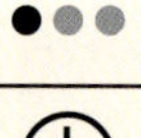

75 Min

MARKIERUNG
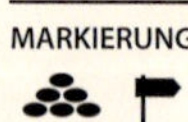

HÖHENMETER
↗ 150
150 ↘

TEILSTRECKE NR – SEITE
1 135

Ein idyllischer Fußweg führt durch blühende Gärten am *Torrent Major* entlang und auf dem teilweise restaurierten Pilgerweg *Camí des Ribassos* hinunter in die Cala Deià. Die von Felsen malerisch eingefasste Bucht mit Kiesstrand, ein paar Bootsschuppen und zwei kleinen Lokalen gilt als die schönste der Westküste.

Auf jeden Fall kann man dort gut ausspannen und schwimmen. Beliebt ist die Bucht wegen ihres glasklaren Wassers auch bei Schnorchlern!

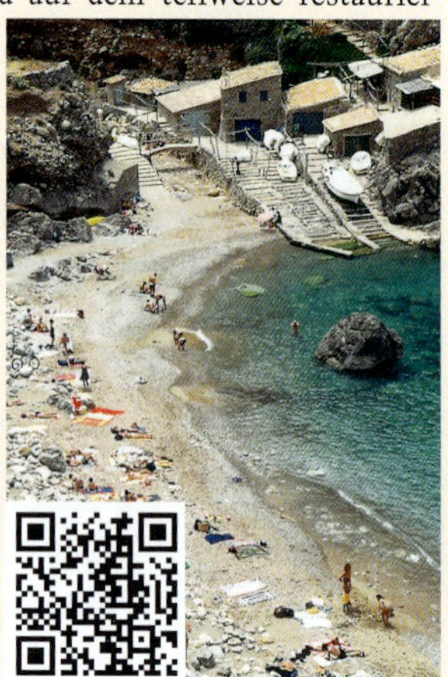

Steiniger Strand der Cala Deià

Son Marroig und zur Halbinsel Na Foradada TOUR B

K351

Abseits jeden Massentourismus' geht es vom Herrenhaus zur häufig brandungsumtosten Felsnase ***Punta de Sa Foradada***, deren markantes „Fenster" schon von weitem ins Auge sticht. Nach einem kurzen Stück auf breitem Karrenweg findet man sich bald auf einem gerölligen Serpentinenpfad die Halbinsel hinunter bis zur Stelle, an der einst die *„Nixe"* anlegte, die Yacht des Erzherzogs Ludwig Salvator. Bei ruhiger See kann man dort unten sehr schön schwimmen.

Wer Lust hat und schwindelfrei ist, kann über einen (nicht weiter gekennzeichneten) Pfad zum höchsten, durch eine Betonsäule markierten Punkt der Halbinsel hinaufkraxeln. Nach kurzem Aufstieg genießt man von dort einen Panoramablick über die Ländereien des Gutes auf die senkrecht abfallenden Felswände des *Teix-Massivs*, an dessen Grat entlang hoch oben der *Camí de S'Arxiduc* führt, ⇨ siehe Seite 134.

Etwas Puste braucht man für den Rückweg. Denn nun geht es auf gleichem Wege, den man gekommen ist, steil bergauf zurück.

ANSPRUCH

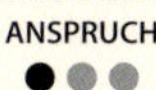

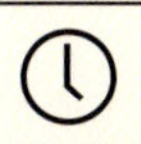

1,75 Std

MARKIERUNG

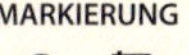

HÖHENMETER

↗ 315

315 ↘

TEILSTRECKE
NR – SEITE

1 135

2 136

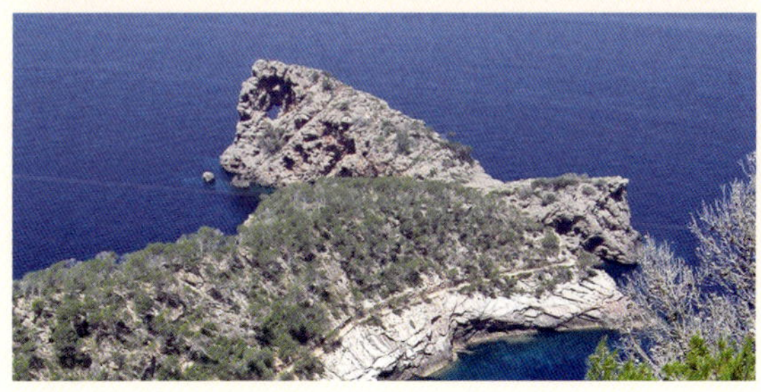

Halbinsel Na Foradada mit „Lochfelsen"

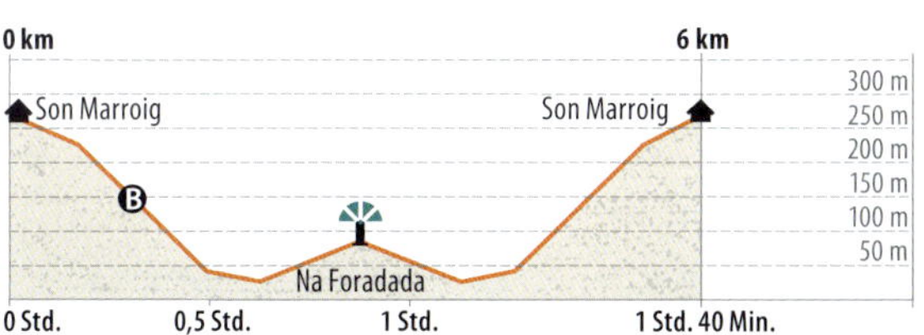

TOUR C Die Küstenroute nach Port de Sóller

↔ Ⓑ ⌂ Es Faro — K352

ANSPRUCH

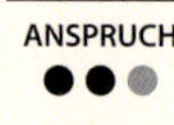

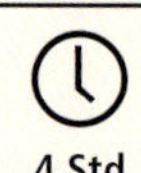

4 Std

MARKIERUNG

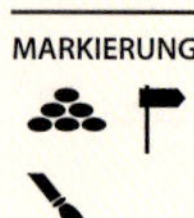

HÖHENMETER

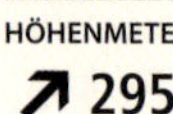

↗ 295

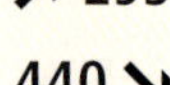

440 ↘

TEILSTRECKE NR – SEITE

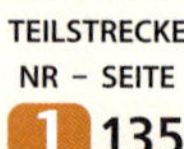

1 135

3 137

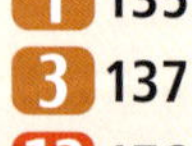

13 176

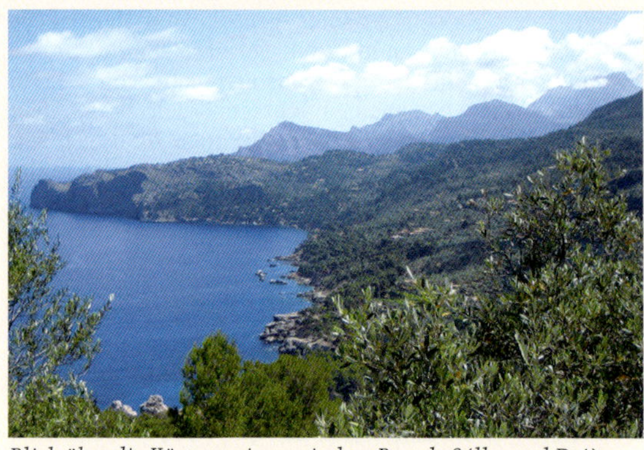

Blick über die Küstenregion zwischen Port de Sóller und Deià

Ein sehr schöner Küstenweg führt von der *Cala Deià* – vorbei am verschlafenen Nest *Lluc Alcari* – zur Villensiedlung von *Bens d'Avall* hoch über dem Meer. Auf wenig befahrenen kleinen Straßen, Fahrwegen und Pfaden geht es weiter durch eine alte Kulturlandschaft über die Ländereien der Finca *Muleta Gran* bis zum Leuchtturm am *Cap Gros*. Vom Café/Restaurant *Es Faro* genießt man einen tollen Blick auf die Bucht von Sóller. Von dort läuft man auf schmaler Straße ohne Anstrengung an der Südseite der Bucht entlang talwärts zunächst nach D`en Repic und weiter um die Bucht herum nach Port de Sóller.

Diese Streckenwanderung ist nur mäßig anstrengend und abwechslungsreich. Sie ist gekennzeichnet durch immerwährende Blicke über Küste und Meer.

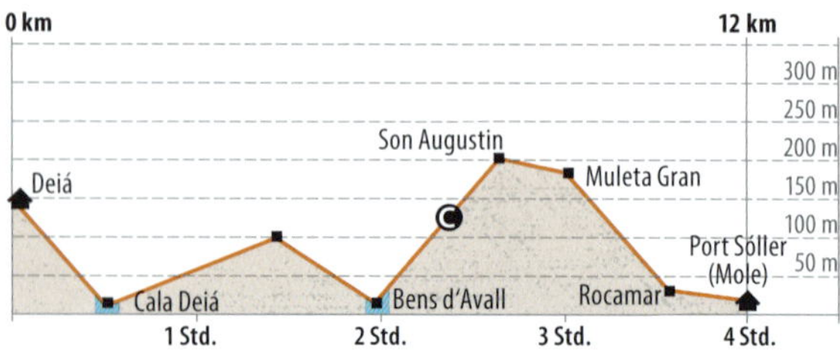

Auf dem Cami de Castelló nach Sóller TOUR D

↔ Ⓑ ⌂ Son Mico K352/353

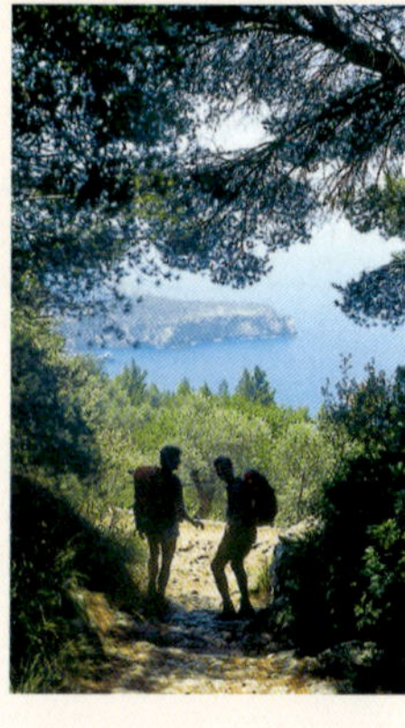

Dieser alte, streckenweise gut restaurierte Weg verbindet die Orte Deià und Sóller.

Sein reizvoller Verlauf parallel zur Küste, aber weiter landeinwärts, liefert ebenfalls immer wieder schöne Panoramablicke. Von der Finca *Son Mico* überschaut man das weite Tal, die *Horta de Sóller* mit ihren Orangen- und Zitrusgärten, soweit das Auge reicht. In *Son Mico* gibt es oft frischen Orangensaft, genau die richtige Erfrischung auf halbem Weg.

Auch diese Strecke ist nicht besonders anstrengend, dafür abwechslungsreich.

ANSPRUCH ●●●

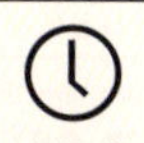

3 Std

MARKIERUNG

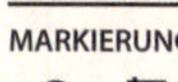

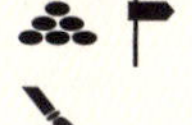

HÖHENMETER

↗ 250

360 ↘

TEILSTRECKE NR – SEITE

4 139

Blick über das idyllische Dorf Lluc Alcari

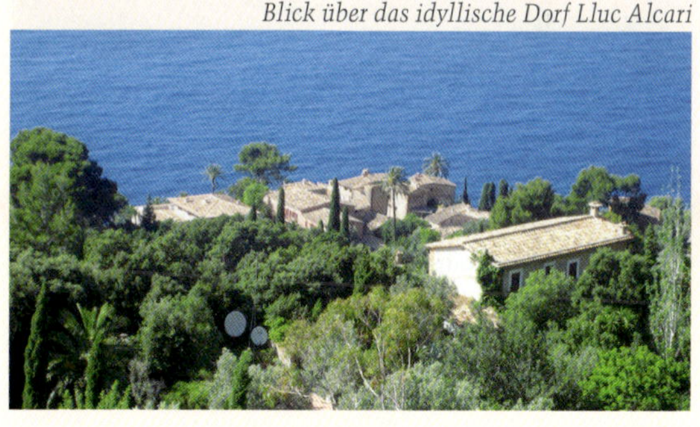

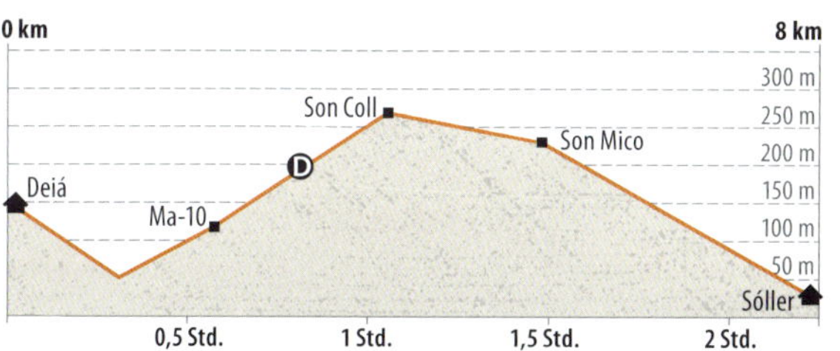

TOUR E Über den Camí de S'Arxiduc zum Teix-Gipfel

↔ Ⓑ K352

ANSPRUCH ●●●

Tour E

HÖHENMETER ↗ 955 · 955 ↘ · Zeit 7 Std

TEILSTRECKE NR	SEITE
5	142
4	165
8	170

Die anspruchsvolle Gipfeltour mit einem langen und anstrengenden Aufstieg führt durch wechselnde Landschaften mit teilweise spektakulären Aussichtspunkten.

Auf versteckten, teils ausgesetzten alten Pfaden der Köhler und „Schneesammler" steigen wir an den steilen Felswänden des *Teix-Massivs* hinauf in alpines Gelände und folgen dort den Spuren des Erzherzogs auf dem *Camí de S'Arxiduc* bis zum *Teix-Gipfel*.

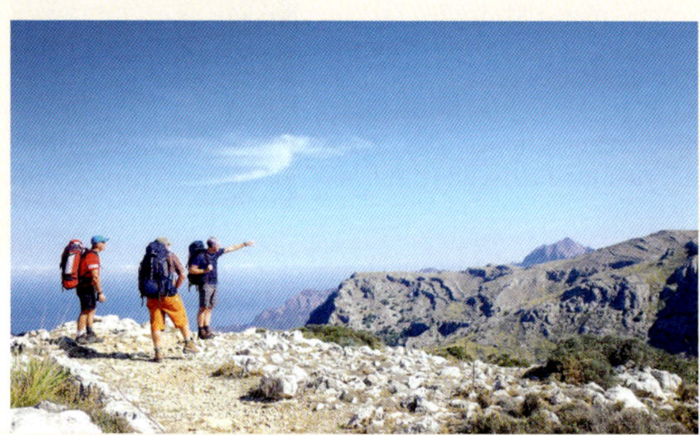

TOUR F Auf Köhlerpfaden nach Valldemossa

↔ Ⓑ K352

Tour F

HÖHENMETER ↗ 955 · 505 ↘ · Zeit 5,5 Std

TEILSTRECKE NR	SEITE
5	142
6	144
6.1	145

Eine Variante der **Tour E** führt vom *Camí de S'Arxiduc* über den *Coll Estret de Son Gallard* hinunter nach Valldemossa. Wer nach Deià nicht auf demselben Weg (**Tour E**) zurücklaufen will, folgt (wahlweise mit oder ohne Gipfelbesteigung des *Teix*) alten Köhlerpfaden über die *Pla des Pouet* hinab nach Valldemossa und nimmt ggf. von dort den Bus (L210) nach Deià.

Achtung: Zugangsbeschränkung ⇨ **Seite 157**

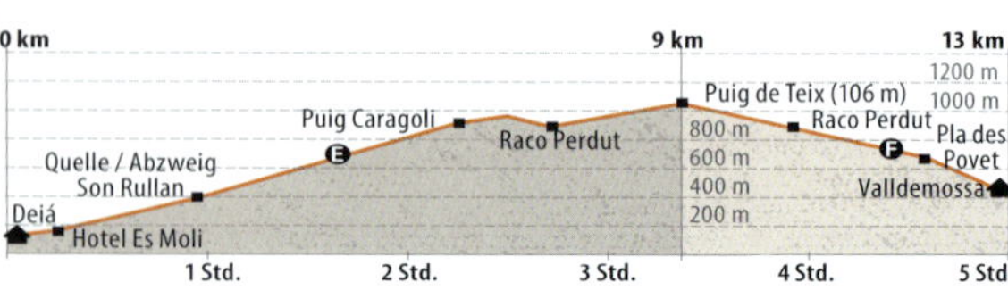

Auf dem Camí des Ribassos in die Cala Deià 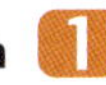

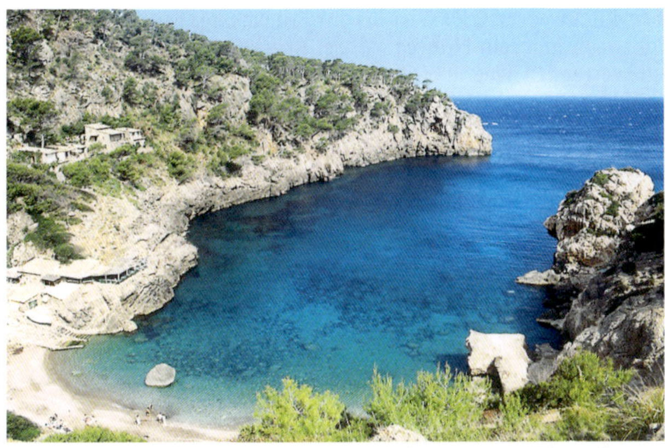

Glasklares Wasser in der Cala Deià

Die Wanderung beginnt am **Waschhaus** unterhalb des Ortes im Tal. Von der kleinen Teerstraße weist uns dort ein **Schild** auf den schmalen Weg durch die Gärten am *Torrent* entlang. Ein **Holzgatter** muss überstiegen werden, und bald darauf zweigt von dem zunehmend breiter werdenden Weg nach **rechts** ein **Pfad** ab, der durch Olivenhainterrassen führt. Wir übersteigen anschließend eine **Holzleiter** an einer Mauer, hinter der ein guter **Steinpflasterweg** beginnt, ein rekonstruiertes Teilstück des ***Cami des Ribassos***. Über eine **Holzbrücke**, die das zumeist trockene Bachbett des *Torrent Major* überspannt, gelangen wir dann – schon ziemlich weit unten – auf die kleine Teerstraße, die von der Ma-10 hinunter zur Bucht führt. Hier finden wir Hinweisschilder für mehrere Ziele. Wir folgen der **Straße nach links** knapp 10 Minuten talwärts bis zu einem kleinen Parkplatz. Von dort sind es noch 200 m bis zur **Bucht**, die wir über einen Stufenweg erreichen.

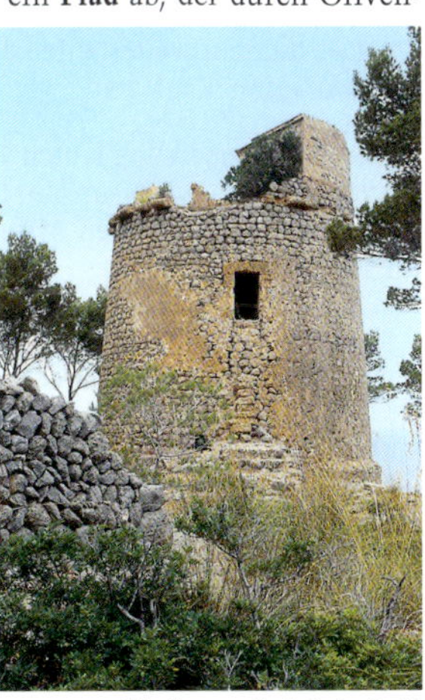

Wachturm bei Cala Deià

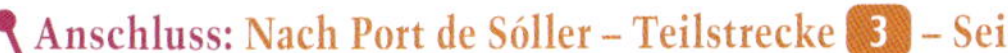

Anschluss: Nach Port de Sóller – Teilstrecke 3 – Seite 137

1 Auf dem Camí des Ribassos in die Cala Deià

Der **Rückweg** nach Deià ist bis zur Brücke über den *Torrent Major* identisch mit dem Hinweg. Ab der Brücke nehmen wir **nicht den abzweigenden Weg** über das Bachbett, sondern folgen dem durch **Schilder** gekennzeichneten ***Camí de Sa Vinyeta*** ein kurzes Stück geradeaus auf der Teerstraße. Nach nur ca. 10 m biegen wir nach **links** ab auf einen berganführenden **Steinpflasterweg**, der in seinem weiteren Verlauf die sich in Serpentinen berganwindende Straße mehrfach quert. Markierungspfähle lassen hier kaum Zweifel aufkommen. Die Pflasterung geht in einen schmalen **Fußpfad** über und schlängelt sich in Kehren durch Terrassen bergan. Hinter einer Barriere mit **Überstieg** treffen wir auf einen **Teerweg**, dem wir – vorbei am Sportplatz – hinauf bis in den **Ort** folgen.

2 Son Marroig und zur Halbinsel Na Foradada

Wir starten auf dem selben Weg wie Tour 1, biegen am Hinweisschild ***Camí de sa Pesta / Sa Pedrissa*** nach links ab und machen uns an einen kleinen Aufstieg bis zur Straße Ma-10. Wir halten uns rechts auf der Straße bis Son Marroig.

Das **Herrenhaus** rechts liegen lassend, folgt man weiter dem **Weg** und steht bald vor einem verschlossenen **Eisentor** mit seitlichem **Überstieg**. Der Hinweis *„No pasar sin autorización"* erinnert daran, dass hier nur weiterlaufen darf, wer zuvor eine Eintrittskarte für *Son Marroig* gekauft hat.

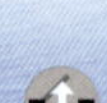

Hinter der Absperrung laufen wir auf einem breiten Fahrweg durch Olivenhaine talwärts und halten uns an einer **Weggabel rechts**. Bald erreichen wir einen ***Mirador*** (Aussichtspunkt) mit Blick auf die Halbinsel.

Nachdem wir ein **Gatter** durchschritten haben, das wir hinter uns wieder schließen müssen, geht es auf einem Geröllpfad in Serpentinen talwärts. Nach einigen Kehren zweigt **links** ein Treppenweg

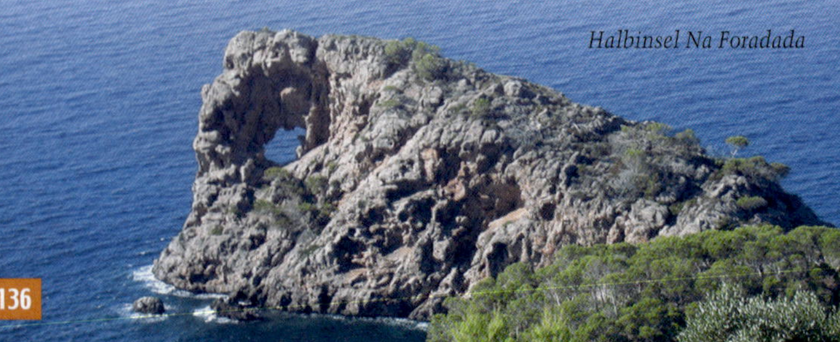

Halbinsel Na Foradada

Son Marroig und zur Halbinsel Na Foradada 

ab, der zu einem weiteren **Aussichtspunkt** führt. Nach einer guten halben Stunde erreichen wir die Ausläufer der Halbinsel, und unser Weg gabelt sich. Nach links führt der ***Cami Pérdut*** (verlorene Weg) ein Stück entlang der Küste. Vor wenigen Jahren konnte man diesen Weg über **S'Estaca** (eine weitere Residenz des *Lluis Salvador*, heute Besitz des amerikanischen Schauspielers *Michael Douglas*) bis zur *Cala Valldemossa* gehen. Leider wurde er durch einen Erdrutsch unterbrochen. Wir folgen dem **Abzweig** nach **rechts** über einen Pfad entlang der Nordseite bis zur kleinen **Anlegestelle** und **Badebucht *Playola*** (fast) am Ende der Halbinsel *Na Foradada*.

Zum **Aussichtspunkt** oberhalb der Felsöffnung, markiert durch eine Betonsäule, erkennt man von der Anlegestelle einen nicht weiter gekennzeichneten **Kletterpfad** in Richtung südliche Spitze der Halbinsel, den allerdings nur absolut schwindelfreie Personen gehen sollten. Der Rückweg ist mit dem Hinweg identisch.

Die Küstenroute nach Port de Sóller 

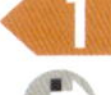

Unmittelbar vor Erreichen der Cala Deià zweigt **rechts** ein Fußpfad ab (Ausschilderung vorhanden). Über einige Stufen eines **Treppenweges** betreten wir eine etwas verwilderte **Terrassenlandschaft**. Auf einem der Absätze umwandern wir die Bucht und folgen an deren Rand oberhalb von Bootsschuppen einem schmalen **Pfad**. Er führt in Kehren bis zur oberen Abbruchkante der hier steil abfallenden Küste. Von dort blickt man ein letztes Mal hinunter auf die Cala Deià.

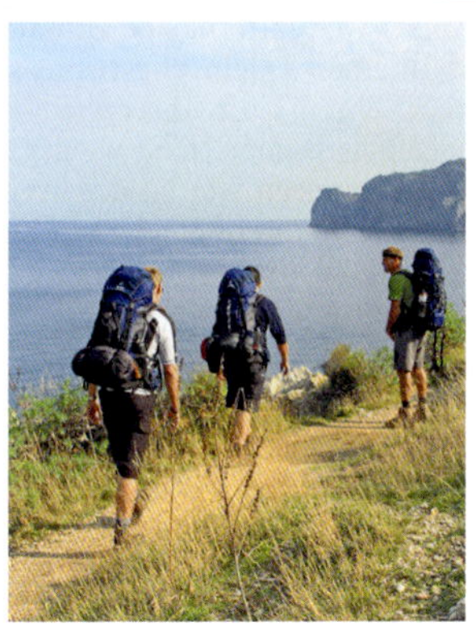

Kurze Zeit später ignorieren wir einen nach rechts markierten Abzweig und folgen dem Pfad geradeaus entlang der Küste. Schon bald treffen wir auf eine kleine **Aussichtsplattform**. Etwas weiter wandern wir durch dichteren **Aleppokiefernwald** und übersteigen nacheinander auf **Holzleitern** drei Zäune. An einem durch umgestürzte Bäume teilweise verwüsteten **Picknickplatz** mit Steinbank und rundem Steintisch halten wir uns nach der Bank links. Gut **20 Minuten** nach Verlassen der Cala Deià erreichen wir rechterhand die festungsähnliche ca. 4 m hohe **Stützmauer** eines

3 Die Küstenroute nach Port de Sóller

Grundstücks. An der Ecke zweigt nach rechts ein Steintreppenweg ab, über den man zum malerisch gelegenen **Minidorf Lluc Alcari** gelangen kann.

6

Abstecher nach Lluc Alcari: Der Steintreppenweg entlang der Mauer knickt nach ca. 25 m nach links ab und führt eben weiter durch ein Holzgatter. Der sich anschließende Pfad schlängelt sich über Steinterrassen bergauf. An zwei Weggabelungen nacheinander halten wir uns jeweils rechts. Durch ein Eisentor betreten wir das kompakte Dorf bzw. die (einzige) schmale Dorfstraße. Lluc Alcari besteht weitgehend aus Privatbesitz. Es gibt dort keine Läden oder Restaurants.

In **Richtung Port de Sóller** setzen wir unsere Wanderung entlang der Küste fort. Bis zur Villensiedlung *Bens d'Avall* versperren immer wieder **umgestürzte Bäume** den Pfad und erschweren teilweise auch die Wegfindung.

Unser Weg entfernt sich allmählich von der Küste, und wir umwandern einen **Taleinschnitt** mit steil abfallenden Hängen. In mehreren Kehren läuft unser Pfad anschließend bergauf, um dann auf gleichbleibender Höhe wieder dem Küstenverlauf zu folgen. **Rote Markierungen** weisen den Weg. Nach einer guten Strecke treffen wir kurz hintereinander auf **zwei** verschlossene **Gatter** mit seitlichem **Überstieg**. Mit dem zweiten Überstieg gelangen wir an einen **Karrenweg** und folgen diesem nach **links**. Der trifft kurz darauf, nach einer Linkskehre, an ein verschlossenes Tor. Direkt in der **Kehre**, noch vor Erreichen dieses Tors, zweigt **rechts** der weiterführende Pfad ab. Wieder laufen wir ein Stück auf gleicher Höhe, bevor wir uns über steile **Serpentinen** erneut der Küste nähern und bei der **Villensiedlung *Bens d' Avall*** auf einen **Karrenweg** treffen, dem wir nach **rechts** bergauf folgen. Über einen streckenweise **betonierten Weg** treffen wir am rückwärtigen Gebäudeteil des **Restaurants *Bens d'Avall*** auf ein in Mauern gefasstes **Bachbett**. Diesem folgen wir ein kurzes Stück und

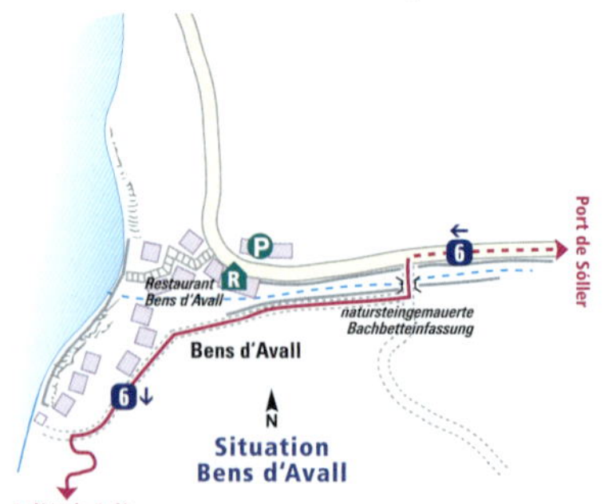

Die Küstenroute nach Port de Sóller 3

und gehen dann **links** über eine kleine **Brücke**. Direkt hinter der Brücke treffen wir auf die Zufahrtsstraße nach ***Bens d'Avall*** und setzen unseren Weg nach **rechts** bergan fort.

Von dort sind es ca. **20 Minuten** Gehzeit bis zur Straßengabelung, an der sich rechterhand das Hinweisschild auf das unten passierte Restaurant *Bens d'Avall* befindet. **Links** geht es weiter nach **Port de Sóller**.

Fortsetzung nach Port de Sóller: Teilstrecke 13 – Seite 176

13

Auf dem Camí de Castelló nach Sóller 4

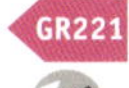

Wir verlassen **Deià** über die Ma-10 in Richtung Sóller. Am **Ortsausgang** folgen wir **links** an einem Strom-Umspannhäuschen dem **Hinweisschild** in eine schmale **Teerstraße**. Vorbei am **Sportplatz** (links) mündet der Teerweg hinter einer **Barriere** mit seitlichem **Überstieg** in einen Pfad (Markierungspfahl). In Kehren windet sich der Pfad talwärts und mündet bald in einen streckenweise restaurierten **Steinpflasterweg**. Dieser **quert** mehrfach die schmale **Teerstraße**, die von der Hauptstraße zur Cala Deià hinunter führt. Nach ca. 20 Minuten endet der Pflasterweg an der **Straße** und wir folgen dieser ca 10 m nach **rechts** talwärts, wo wir an einer **Holzbrücke** (links) auf eine **Wegkreuzung** treffen.

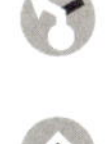

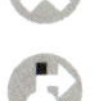

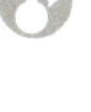

In Richtung Sóller halten wir uns **rechts**, übersteigen per Leiter einen **Maschendrahtzaun** und gehen auf dem ***Camí de Sa Vinyeta*** in Richtung Sóller weiter. Nach einem kurzen Wegstück über **Steinterrassen** treffen wir bald auf einen **Karrenweg**, dem wir nach **rechts** folgen. Nach einer Linkskehre passieren wir linkerhand die ***Finca Son Bujosa***. Von dort sind es noch ca. **5 Minuten** bis zu einem **gepflasterten Weg** nach **rechts**, der auf die Straße Ma-10 Deià-Sóller mündet. Nun geht es **links** ein Stück entlang der Straße, bis wir nach etwa **1 km** an der ***Finca Ca Ne Bel*** auf einen mit „Sóller" markierten Weg stoßen, der nach **rechts** abzweigt. Dieser mündet bald in eine alte **Teerstraße**, der wir **rechts** bis zur nächsten Rechtskehre bergauf folgen. In der **Kurve** beginnt **links** der als (historischer) ***Camí de Castello*** gekennzeichnete alte Weg von Deià in Richtung Sóller.

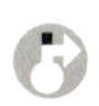

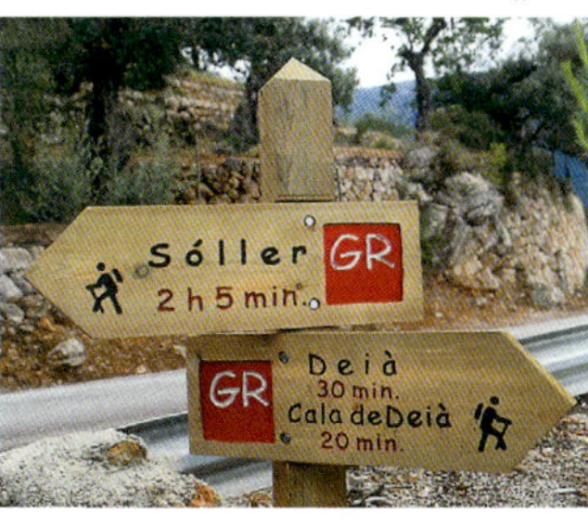

4 Auf dem Camí de Castelló nach Sóller

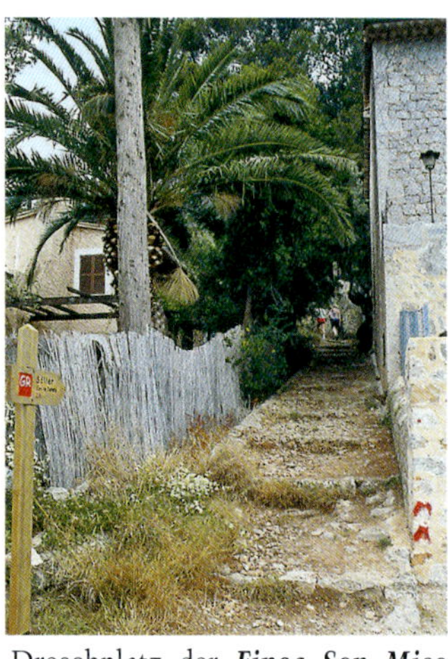

Wir durchqueren ein kleines **Kiefernwäldchen**, dem sich ein **Treppenpfad** anschließt. Bald haben wir einen freien **Blick** auf eines der meistfotografierten Motive Mallorcas, das Minidorf Lluc Alcari. Der streckenweise mit alter Steinpflasterung erst jüngst rekonstruierte Weg passiert die ***Finca Son Coll*** (rechts), **quert** bald eine **Teerstraße** und führt vorbei an den Steinmauern der ***Finca Can Micalet***. Zwei weit auseinander liegende **Gatter** sind zu passieren, bevor wir – am Ende einer hohen Mauer – den ehemaligen, kreisrunden Dreschplatz der ***Finca Son Mico*** erreichen. Wir nehmen **links** den **Karrenweg** und gelangen nach wenigen Kehren durch ein Eisengatter zur Finca, wo sich eine Rast bei frisch gepresstem Orangensaft und netter Sitzgelegenheit lohnt.

Anschluss von Port de Sóller: Wegführung 1 – Seite 74
Wegführung 5 – Seite 81

GR221 Anschluss: GR-221 Muleta-Port de Sóller - Wegführung 13 – Seite 176

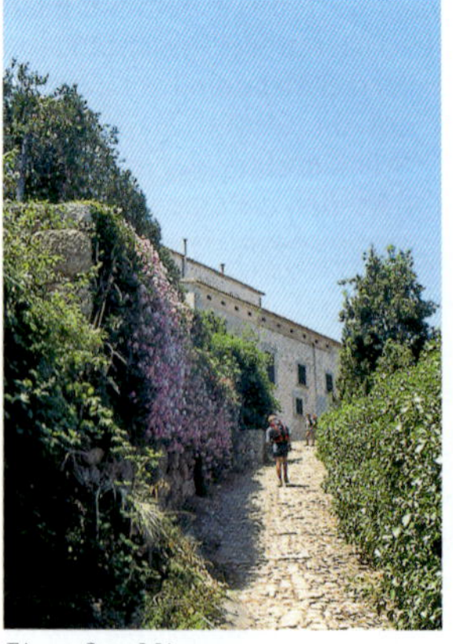

Finca Son Mico

Mit dem Ziel **Sóller** verlassen wir den Hof der Finca in östliche Richtung über den **Treppenweg** rechts an der *Capella de Castelló* vorbei. Blickt man über das Dach der Kapelle, sieht man in der Ferne den alles überragenden Gipfel des *Puig Major*. Nachdem wir ein **Holzgatter** hinter uns gelassen haben, stehen wir wenige Meter weiter vor dem **verschlossenen Tor** der ***Finca Ca'n Carrabasseta***. Wir folgen dem hier anfangenden **Pfad links** neben dem Tor, der entlang einer Mauer um das Gehöft herumführt. Der Pfad läuft durch üppige Vegetation aus einer

Auf dem Camí de Castelló nach Sóller 4

Mischung von Ginsterbüschen, Feigenbäumen, Johannisbrotbäumen und Aleppokiefern. Nach ca. 10 Min. sehen wir links die idyllisch gelegene ***Finca Can S'Heretat***, die von Zitrusbäumen und Zypressen umgeben ist, und erreichen kurz darauf eine **Wegkreuzung** mit mehreren Richtungshinweisen.

Anschluss: Folgt man dem Fahrweg **rechts**, setzt sich der ***Camí de Castello*** 3 km bis zum Gehöft *Pujol de Banya* fort. Nach ca.1 km bzw. 2 km zweigen von diesem die Wanderpfade ***Camí de Montsreals*** und ***Camí de Rocafort*** ab, die beide wieder auf den ***Camí de Rost*** stoßen.

▶ Wir folgen dem Hinweis ***Camí de Rost*** geradeaus in Richtung Sóller. Auf dem teils gut erhaltenen historischen Steinpflasterweg wandern wir durch Steineichen und Aleppokiefern; später säumen Olivenbäume unseren Weg. Links haben wir schöne Ausblicke ins Orangental und auf die umliegenden Berge der *Serra Tramuntana*.

In **Kehren** windet sich der Weg bald talwärts und schon bald sehen wir durch den Wald die ersten Häuser der Stadt. Wir passieren rechts die Einmündung des *Camí de Montsreals* und überqueren nun einen der 13 **Eisenbahntunnel**, durch die der Zug nach Palma bzw. nach Sóller rollt.

Bald darauf erreichen wir einen feingeschotterten Fahrweg, der später zu einer schmalen Teerstraße wird. Von rechts mündet kurz vor der Stadt der *Camí de Rocafort* in die Teerstraße ein.

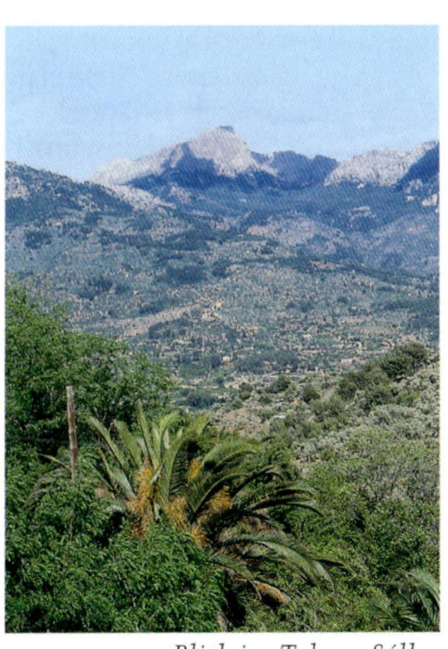

Blick ins Tal von Sóller

Wir folgen der schmalen **Teerstraße** weiter **geradeaus**. Sie mündet bei der **Tankstelle** in Sóller auf die Ma-10. Ins Stadtzentrum von **Sóller** mit seiner einladenden, schattigen Plaça geht es – vorbei an Naturkundemuseum und Botanischem Garten – weiter geradeaus.

(⇨ Karte Sóller Seite 50/51).

5 Über den Camí de S'Arxiduc zum Teix-Gipfel

Abzweig zum Teix

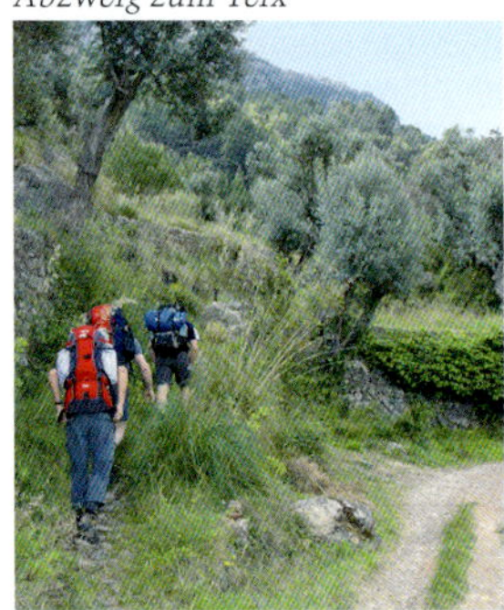

Ausgangspunkt dieser Wanderung ist das **Hotel *Es Moli*** an der Straße in Richtung Valldemossa. Vor dem Eingang des Hotels halten wir **links** auf den Parkplatz zu und folgen der **kleinen Teerstraße**, die hinter den Wirtschaftsgebäuden des Hotels und der Gartenanlage in **Serpentinen** rasch aufwärts führt. Sie mündet in einen **unbefestigten Fahrweg**. Nach zwei weiteren Kehren zweigt von unserem Weg ein durch Hinweisschilder markierter Pfad nach **links** ab.

Rechts oberhalb können wir die Gebäude der ***Finca C'an Borras*** erkennen. Über Olivenhainterrassen auf teilweise verwittertem **Steinpflasterweg** windet sich der Pfad in **Serpentinen** bergan, und wir erreichen nach einigen Kehren und Höhenmetern einen Überstieg (**Holzleiter**). **Steinmännchen** sind neben unterschiedlichen vereinzelten **Farbmarkierungen** unsere wichtigste Orientierungshilfe. Der **Taleinschnitt** verjüngt sich zunehmend, und Dissgras, das streckenweise den Pfad überwuchert, bestimmt die Vegetation. Vereinzelte Aleppokiefern und Steineichen ragen aus dem Dissgrasteppich. Ihre Zahl nimmt mit der Höhe zu. Der nach wie vor abschnittsweise gepflasterte Pfad führt weiterhin aufwärts. Verwahrloste Steinterrassen prägen vorübergehend das Bild. Weiter links steht am Hang oberhalb des Weges ein verlassenes Steinhaus. An einer hohen Trockensteinmauer (links) passieren wir den **Ausgangstunnel** einer versiegten **Quelle**.

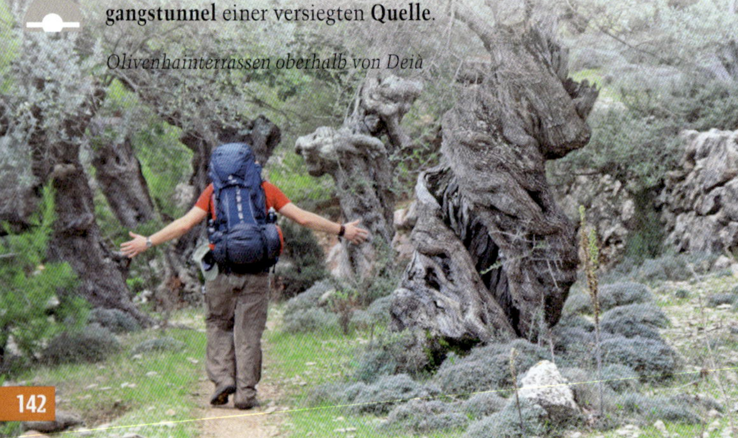

Olivenhainterrassen oberhalb von Deià

Über den Camí de S'Arxiduc zum Teix-Gipfel 

Unser Weg führt über weitere Steinterrassen nach **rechts** um den Taleinschnitt herum und weiter auf einen kleinen **Bergsattel**. Der Wegverlauf durch diesen Bereich ist nicht immer klar zu erkennen, da er sich nicht eindeutig vom Verlauf der Terrassen abhebt. Wieder bilden **Steinmännchen** die wichtigste Orientierungshilfe. An einer Trockensteinmauer stoßen wir auf ein **verrostetes Eisentor**. Hier zweigt unser weiterführender Pfad in spitzem Winkel nach **links** ab.

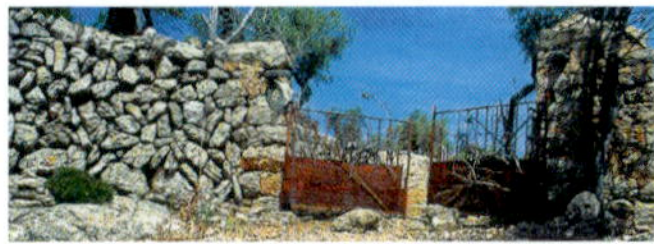

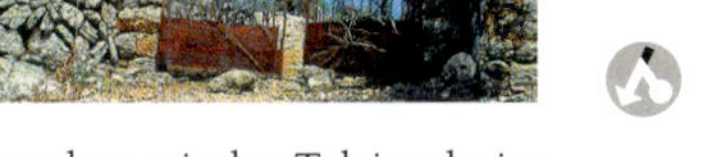

Ohne nennenswerte Steigungen umwandern wir den Taleinschnitt wiederum gegen den Uhrzeigersinn. Vor uns erkennen wir die steil aufragenden Felswände des *Teix-Massivs*. Dichter **Steineichenwald** säumt aber bald unseren Weg und verhindert jede Fernsicht. Kurz nach Beginn der Bewaldung gelangen wir an eine **Weggabel** und ignorieren einen **Abzweig** nach links. Kurz darauf treffen wir erneut auf eine **Weggabel** und folgen dem durch **Steinmännchen** und **rote Farbe** auf Felsen markierten Pfad in einer **Spitzkehre** nach **rechts**.

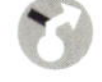

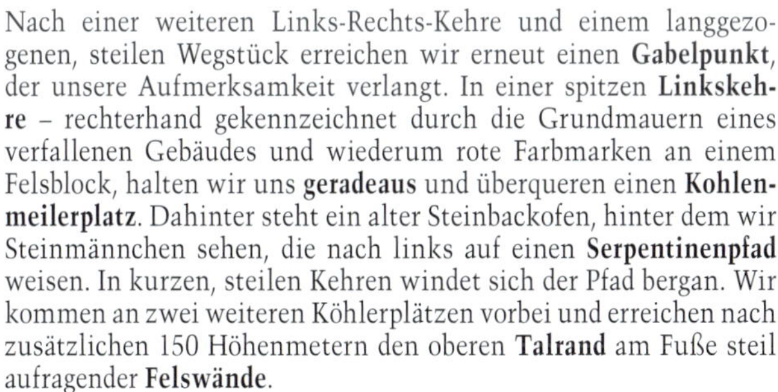

Nach einer weiteren Links-Rechts-Kehre und einem langgezogenen, steilen Wegstück erreichen wir erneut einen **Gabelpunkt**, der unsere Aufmerksamkeit verlangt. In einer spitzen **Linkskehre** – rechterhand gekennzeichnet durch die Grundmauern eines verfallenen Gebäudes und wiederum rote Farbmarken an einem Felsblock, halten wir uns **geradeaus** und überqueren einen **Kohlenmeilerplatz**. Dahinter steht ein alter Steinbackofen, hinter dem wir Steinmännchen sehen, die nach links auf einen **Serpentinenpfad** weisen. In kurzen, steilen Kehren windet sich der Pfad bergan. Wir kommen an zwei weiteren Köhlerplätzen vorbei und erreichen nach zusätzlichen 150 Höhenmetern den oberen **Talrand** am Fuße steil aufragender **Felswände**.

Zwar zum Teil **ausgesetzt**, aber dennoch erkennbar, läuft der Pfad auf streckenweise stark gerölligem Untergrund dicht unterhalb der Felsabhänge in **Serpentinen** aufwärts und bietet von vielen Punkten einen atemberaubenden Blick ins Tal. Nach etwa 1-1,5 Stunden erreichen wir den oberen Rand der Wand.

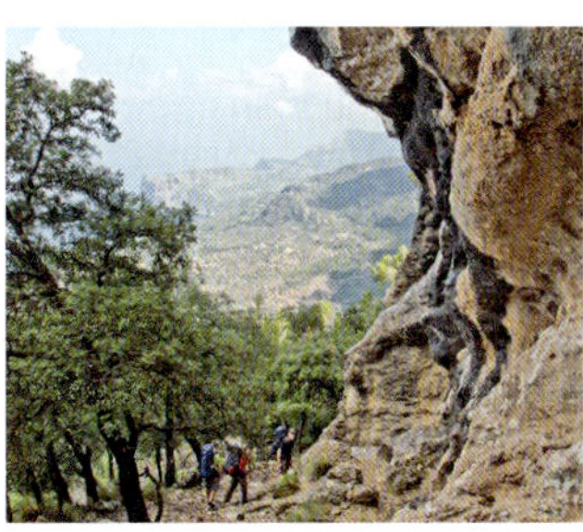

5 Über den Camí de S'Arxiduc zum Teix-Gipfel

Weitblicke über Deià, auf die Nase von *Na Foradada* und die Küste in Richtung Norden belohnen den Wanderer für die Anstrengung des Aufstiegs.

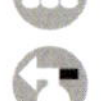

Wir folgen nun den Steinmännchenmarkierungen und stehen bald auf einem Bergrücken, den wir in südlicher Richtung überqueren. Nach wie vor sind Steinmännchen für eine längere Strecke die einzige Orientierungshilfe. Wer den Weg verliert, sollte bis zum letzten markierten Punkt zurückgehen und erneut die nächste Markierung suchen. Bereits aus der Ferne kann man aber die beiden großen **Steinmänner** ausmachen, die den **Abzweig** am ***Camí de L'Arxiduc*** kennzeichnen, mit denen wir unser Etappenziel erreichen. Zum ***Teix-Gipfel*** folgen wir dem ***Camí de S'Arxiduc*** nach **links**.

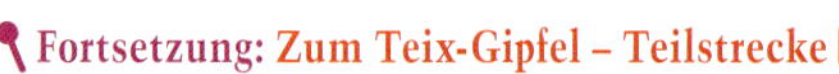

4 Fortsetzung: Zum Teix-Gipfel – Teilstrecke 4 – Seite 165

Anschluss: Nach Valldemossa – Teilstrecke 6

6 Auf alten Köhlerpfaden nach Valldemossa

(⇨ hierzu auch Seite 156 – Tourenvorschlag A)

Nach Valldemossa folgen wir zunächst dem ***Camí de S'Arxiduc*** nach **rechts**, einem eindrucksvoll in gebührendem Abstand an der Abbruchkante entlang konstruierten **Höhenweg**. Von leichten, kurzen Anstiegen abgesehen ist sein Verlauf relativ **eben**.

Das Panorama ringsum ist überwältigend, atemberaubend die schwindelnde Höhe an der Kante, von der die Felswand über 200 m senkrecht abfällt. Aber **Vorsicht**: Ein kleiner Fehltritt oder eine plötzliche Windböe genügen zum Absturz!

Nach etwa 30 Minuten Rundumsicht nehmen wir Abschied vom einstigen Reitweg des Erzherzogs und folgen einem mit Trockensteinmauern gesäumten **Serpentinenpfad**, der vom südlichen Ende des Höhenwegs über die Ausläufer des *Teix- Massivs* in einigen Kehren rasch **talwärts** führt. Steineichen und Aleppokiefern tauchen nun in zunehmender Zahl auf.

Nach einem guten Wegstück steigen wir durch eine **Mauer**, und etwas später **ignorieren** wir einen nach **links** abzweigenden markierten **Pfad**. Etwa eine gute Viertelstunde nach Verlassen des Höhenwegs erreichen wir den ***Coll Estret de Son Gallard***, markiert durch eine **spitzwinklige Steinbank**.

Coll Estret de Son Gallard: Von der **Passhöhe** (769 m) laufen **drei Pfade** in unterschiedliche Richtungen weiter:

Auf alten Köhlerpfaden nach Valldemossa 

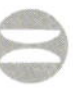

Der Pfad **rechts** (nach Norden) führt über die *Finca Son Gallard* nach Deià bzw. *Son Marroig*; er wurde allerdings schon vor geraumer Zeit vom Eigentümer von *Son Gallard* für Wanderer gesperrt.

Nach Valldemossa bieten sich uns nun **zwei Möglichkeiten:**

▶ **Geradeaus** (**Teilstrecke 6.1**) geht es auf einem **Umweg** über die **Geschwistergipfel *Veià*** und ***Pouet*** zur Hochfläche ***Pla des Pouet***, auf dem man noch zwei zusätzliche Gipfelbesteigungen und einen weiteren beeindruckenden Aussichtspunkt „nebenbei" mitnehmen kann. Zusätzlicher Zeitbedarf etwa 1 Stunde (⇨ siehe auch Seite 157 – **Tourenvorschlag A2**)

▶ **Links** (**Teilstrecke 6.2**) geht es zum **direkten Abstieg** in den Ort **Valldemossa**, den man nach ca. 45 Minuten erreicht.

Über die Gipfel Pouet und Veià zur Pla des Pouet 

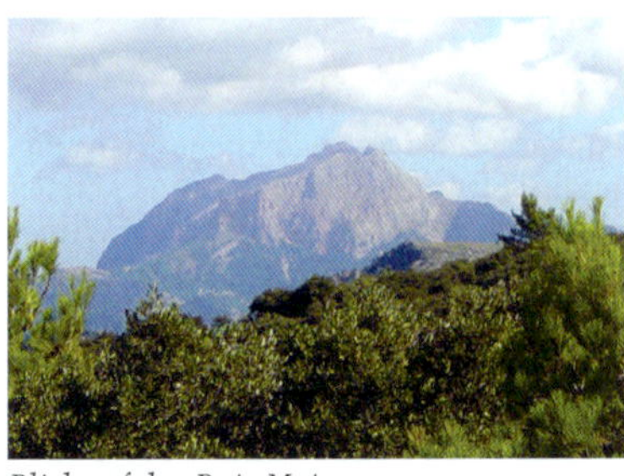

Blick auf den Puig Major

In Richtung dieser Gipfel halten wir uns am ***Coll Estret de Son Gallard*** **geradeaus** und wandern auf einem schmalen **Köhlerpfad** in knapp 30 Minuten bergauf. Die **Ruine** eines ehemaligen Refugiums befindet sich in unmittelbarer Nähe des ***Puig Veià***. Nicht weit entfernt sehen wir weiter südlich den Puig Pouet, dessen Gipfelpunkt durch einen quadratischen Sockel mit Betonsäule als topographischer Punkt markiert ist. Vom *Puig Veià* trennt uns nur eine kurze, flache **Senke** von der gegenüberliegenden Höhe. Wir erreichen den ***Puig Pouet*** in wenigen Minuten.

Hier treffen wir wieder auf einen befestigten Weg, den der Erzherzog Ludwig Salvator einst anlegen ließ und wandern auf diesem in südlicher Richtung weiter **talwärts**. Unterschiedliche Farbmarkierungen unterstützen die hier ohnehin nicht schwierige Orientierung. Nach etwa 15 Minuten erreichen wir den ***Mirador de Ses Puntes***, einen durch eine Zinne gesicherten Aussichtspunkt, der ebenfalls bereits von *Lluis Salvador* angelegt wurde. Aus exponierter Lage am senkrecht abfallenden Fels überblickt man weite Küstenbereiche und die umliegende Region der *Serra Tramuntana*.

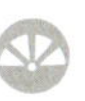

6.1 Über die Gipfel Pouet und Veià zur Pla des Pouet

Vom *Mirador* läuft unser Weg in **Serpentinen** weiter **talwärts** vorbei an ehemaligen Köhlerplätzen. Nach einer **Rechtskehre** erreichen wir die Hochfläche ***Pla des Pouet***. Dort steuern wir einen Platz mit verschlossenem **Ziehbrunnen** an, wo mehrere Pfade beginnen. In Richtung Valldemossa geht es **geradeaus** hinter dem Ziehbrunnen weiter. (▶ weiter unter 6.2)

6.2 Der direkte Abstieg zur Pla des Pouet

Vom Höhenweg über den ***Coll Estret de Son Gallard*** folgen wir dem markierten talwärtsführenden Weg nach **links**. Zügig bergab durch dichten **Steineichenwald** führt er an ehemaligen Köhlerstätten vorbei, die bis in die 1950er-Jahre noch bewirtschaftet wurden.

Wir erreichen nach knapp **30 Minuten** die Hochfläche ***Pla des Pouet***. Vom schon erwähnten Platz mit dem **Ziehbrunnen**, von dem mehrere Wege abzweigen, wenden wir uns – mit Ziel Valldemossa – nach **links**.

6.1 ▶ **Abstieg von der Pla des Pouet nach Valldemossa:**

Wir folgen dem leicht erkennbaren Pfad in südöstliche Richtung, verlassen durch einen **Mauerdurchlass** die Hochebene und können gleich **rechts** über einen **Stichpfad** den **Karrenweg** abkürzen. Wieder auf dem Hauptweg, steigen wir auf diesem durch den Steineichwald weiter bergab.

Nach ca. **15 Minuten** Gehzeit treffen wir an einem **Holzgatter** auf das **Kontrollhäuschen** des **Geierschutzgebiets *Muntanya del Voltor***, wo unsere **Zugangsgenehmigung** kontolliert wird. Wir folgen weiter dem Weg talwärts durch alte Olivenbaumhaine und erreichen bald – bei der ***Finca C'an Massana*** – den Ortsrand von Valldemossa.

Valldemossa

In Richtung **Ortszentrum** und **Bushaltestelle** geht es links über die *Carrer Alzines* und *Carrer Pins* bis zur Schule. Dort folgen wir einem Treppenweg hinunter in den *Carrer Joan Mir*, von der geradlinig der *Carrer de Na Mas* abzweigt und direkt zur Hauptstraße *Avenida de Palma* führt. Nach rechts sind es jetzt noch etwa 150 m bis zu Bushaltestelle und Altstadtzentrum. (⇨ **Karte Valldemossa** Seite 162).

Zu Son Marroig gehörender Marmorpavillon (⇨ Seite 126) ▶

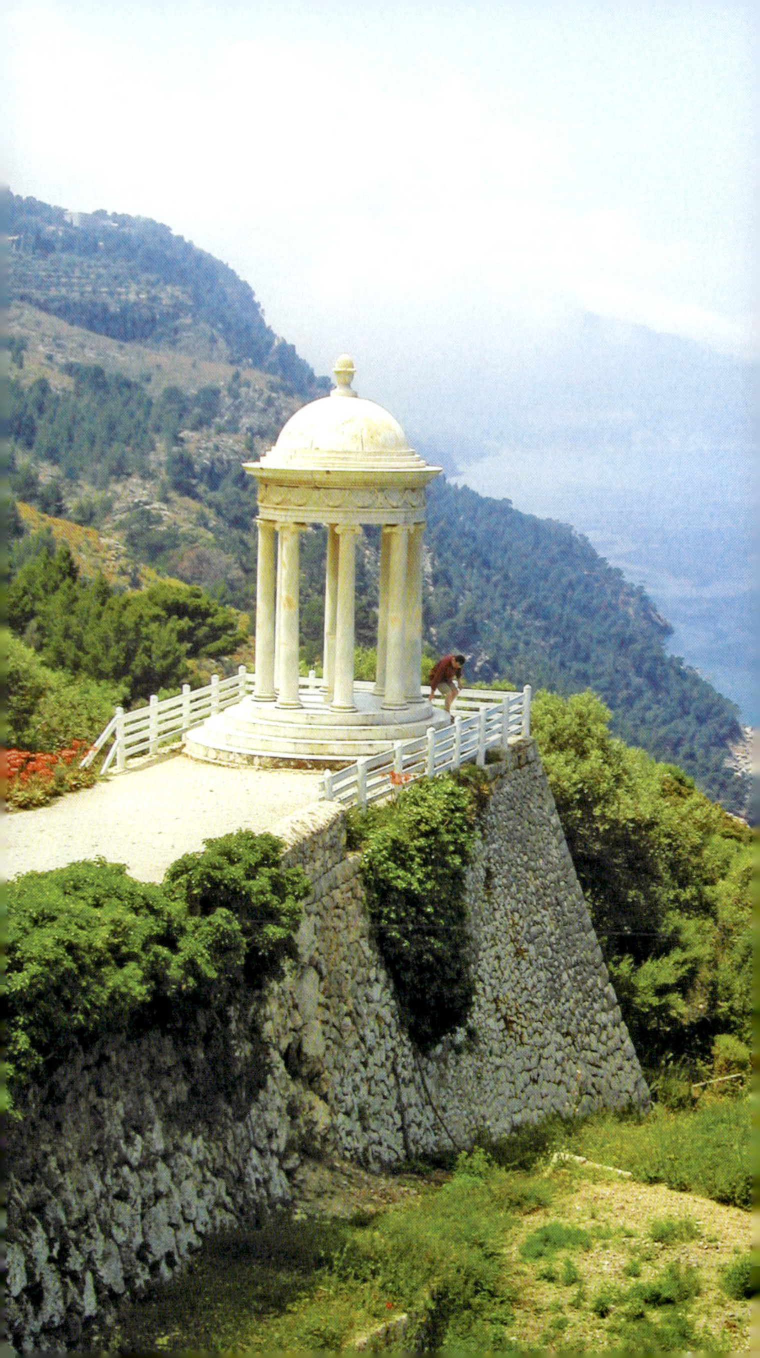

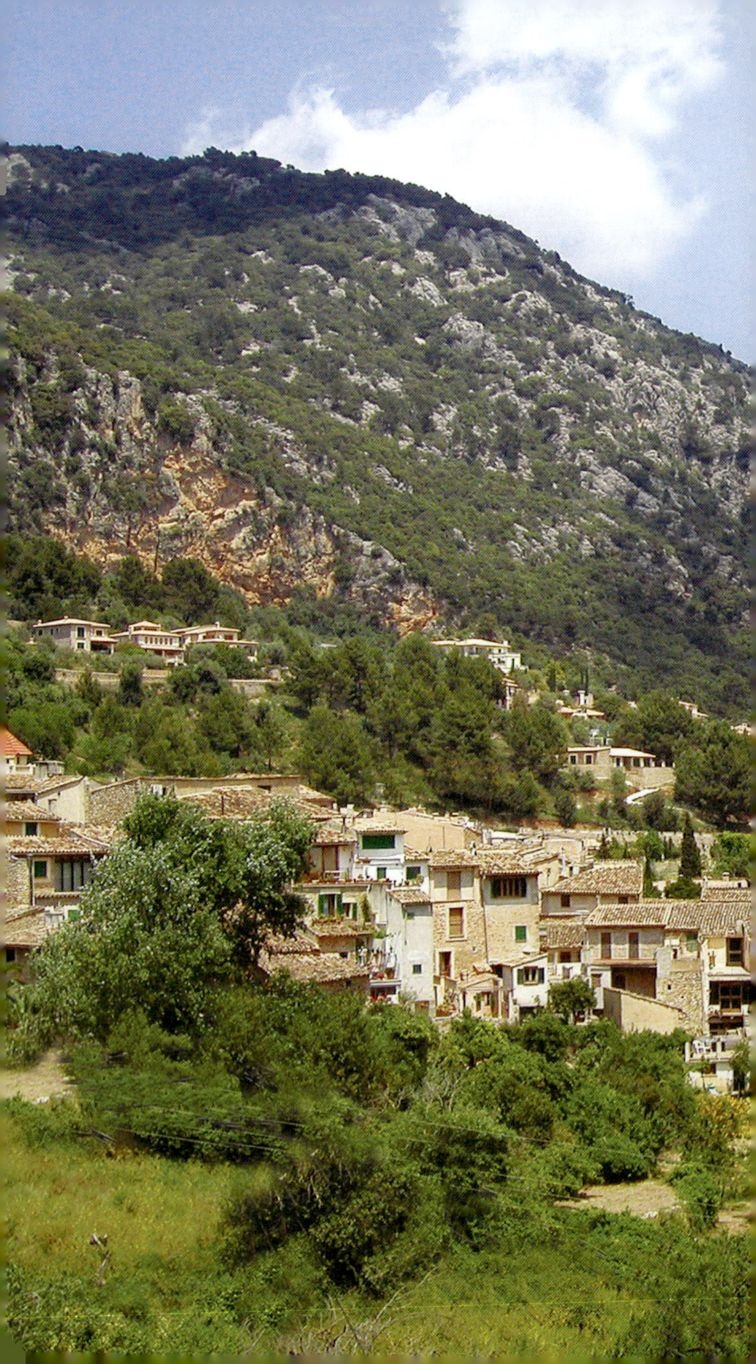

WEGE VON VALLDEMOSSA

Tour A : Auf den Reitwegen des Erzherzogs zum Teix-Gipfel

Tour B : Über die Serra Boixos nach (Port de) Sóller

Tour C : Abstieg ins Künstlerdorf Deià

Tour D : Abstieg vom Puig de Teix zum Coll de Sóller

Tour E : Auf alten Fischerpfaden in den Hafen von Valldemossa

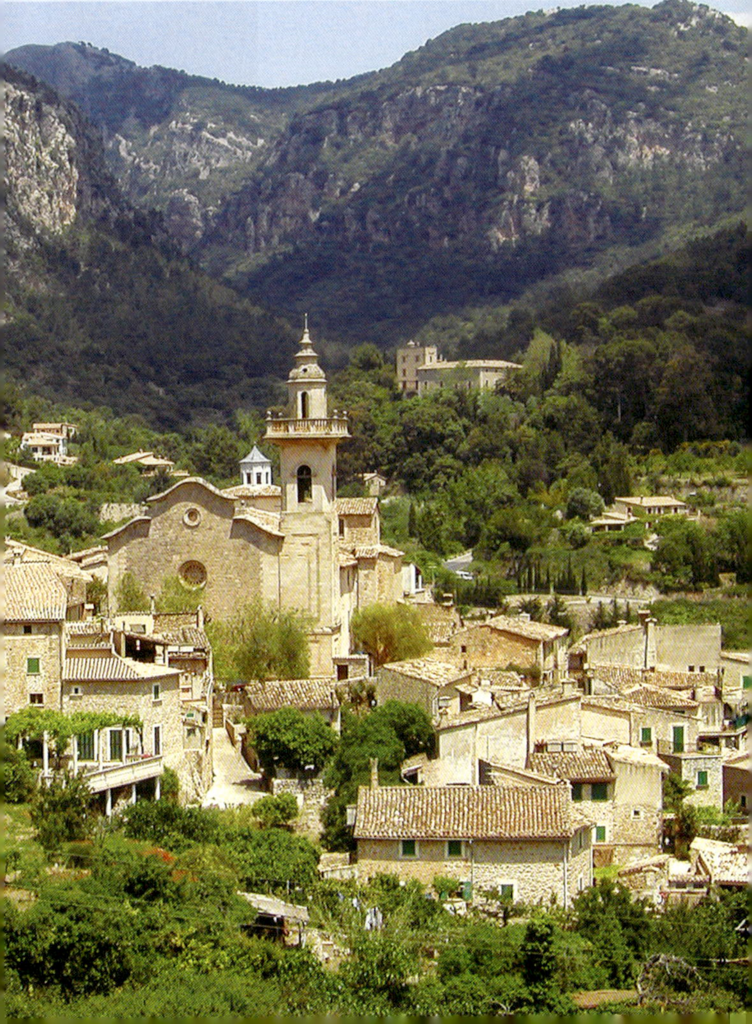

Fréderic Chopin und George Sand

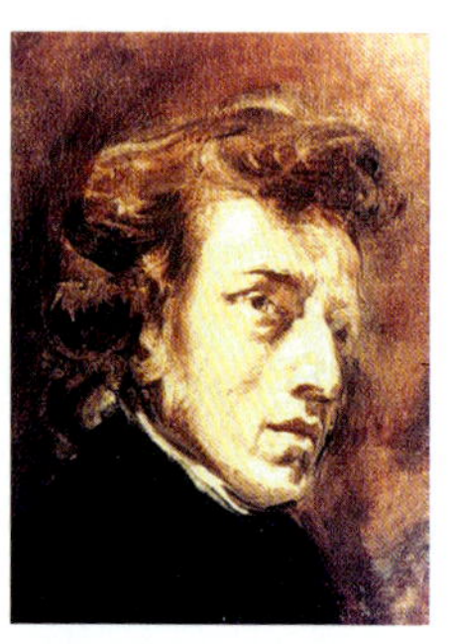

Über 200.000 Besucher besichtigen Jahr für Jahr die Kartause von Valldemossa, in deren Räumlichkeiten der berühmte Komponist ***Frédéric Chopin*** und die Schriftstellerin ***George Sand*** den kalten, feuchten Winter 1838/39 zubrachten. Ihre schwierige Beziehung wurde nachträglich als tragisch-romantisch verklärt. Für die Mallorquiner war sie damals aber schlichtweg nur ein Skandal.

Begünstigt durch eine herrliche Lage am Fuße des *Teix-Massiv* und umgeben von fruchtbaren Gärten ist Valldemossa mit seinen vielen stattlichen Häusern auch ohne die Story der *Chopin-/Sand*-Romanze einen Besuch wert.

Sehenswertes

Klosterkomplex: Die unverfehlbare **Kartause** (*Cartoixa*), die **Klosterkirche** und der **Garten** bilden eine in sich geschlossene, gepflegte Anlage, die in der heutigen Form im wesentlichen aus dem 17./18. Jahrhundert stammt, wiewohl die baulichen Vorläufer bis auf das 13. Jahrhundert zurückgehen. Bei der spanischen Obrigkeit in Ungnade gefallen, mussten die Mönche, wie damals vielerorts in Spanien, das Kloster im Jahre 1835 aufgeben. Ihre ehemaligen Zellen wurden in Wohnungen umfunktioniert, die einige Jahre später eben *Frédéric Chopin* und *George Sand* für zwei Monate beherbergen sollten.

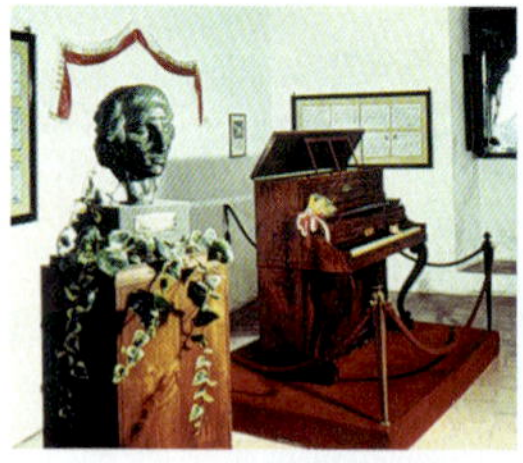

Im angeschlossenen **Museum** sind die ehedem angeblich von *Sand & Chopin* bewohnten Räume der touristische Magnet. Niemand weiß aber heute mit Sicherheit, wo sie wirklich gelebt haben. Die Kartause beherbergt außerdem eine sehenswerte antike **Apotheke** und die alte **Klosterdruckerei**.

Gegenüber dem Klosterkomplex, an der *Plaça Cartoixa*, steht der frühere Königspalast ***Palau del Rei Sanxo***. Das Gebäude entstand schon 1340 und diente zunächst bis ins 15. Jahrhundert als Kloster. In ihm findet man u.a. Werke des Malers *Anckermann* mit Themen aus der Geschichte Valldemossas.

Ortsplan Valldemossa auf Seite 156

Öffnungszeiten: (alle Gebäude) Mo-Sa 10-16.30 Uhr; Eintritt 9,50 €; Kinder 6 €, Gruppen ab 10 Personen 8,50 €/Pers. Der Klostergarten ist frei. Die Kartause ist ganz interessant, aber kein „Muss".

Multimediamuseum: Dank des amerikanischen Schauspielers ***Michael Douglas*** wurde Valldemossa um einen Anziehungspunkt reicher. Er finanzierte den Bau des ***Centro Culturál Costa Nord***. Das Museum zu Natur und Kultur der Nordwestküste liegt unverfehlbar an der Hauptstraße Avinguda Palma. Nach einem Kurzfilm mit dem Sponsor geht's u.a. in den Nachbau der Nixe, der Yacht des Erzherzogs.

Geöffnet: ganzjährig Mo-Fr 10-18 Uhr (Sommer etwas länger). Eintritt 6,00 €. Kein „Muss".

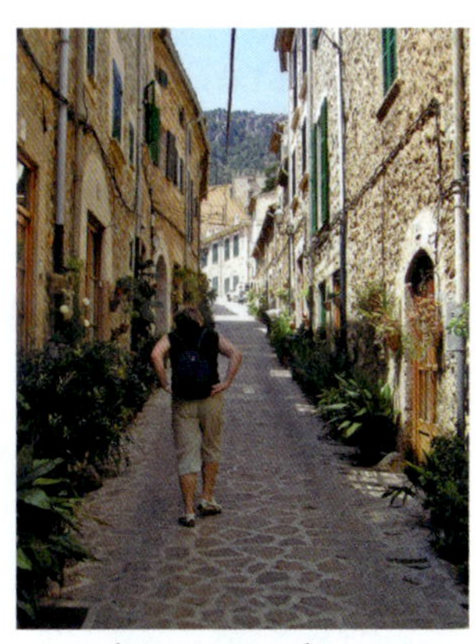

Altstadtrundgang: Unbedingt lohnenswert ist ein Rundgang durch die malerische Unterstadt. Hier scheint die Zeit stehengeblieben zu sein. Die verwinkelten Gassen mit vielen ansehnlichen Häusern laden zu einer kleinen Entdeckungstour ein. Die Schönheit liegt dort im Detail, beispielsweise im üppigen Blumenschmuck an verwitterten Hauswänden neben uralten Holztoren, und immer wieder in pittoresken *Patios*.

Pfarrkirche *Sant Bartomeu*: Die auf das Jahr 1245 zurückgehende Kirche wurde in vergangenen Jahrhunderten mehrfach verändert. Im Inneren hängen zahlreiche Bilder mit Motiven aus dem Leben der heiligen ***Catalina Tomás***, die 1531 in Valldemossa geboren wurde. Sie ist die einzige Heilige der Insel; und so erinnern in mallorquinischen Kirchen, Kapellen und Eremitagen unzählige Skulpturen und Fresken an sie. In Valldemossa versteckt sich eine **Statue** der Heiligen im Schatten einer Mauerecke neben der Kirche, aber an jedem Haus findet sich eine **Kachel** mit einer Szene ihres Wirkens, ➪ siehe links.

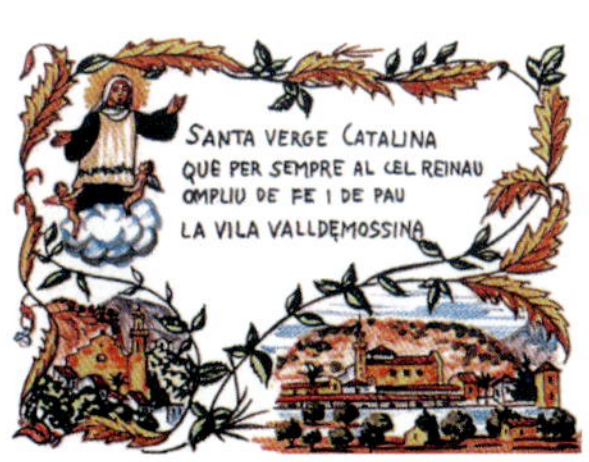

Restaurants

Das gastronomische Angebot in Valldemossa ist immens. Es gibt eine ganze Reihe attraktiver Lokale, wo man drinnen wie draußen angenehm sitzt. Beste Adresse für **mallorquinische Küche** ist das einfache ***Ca'n Mario*** in der Altstadt, Carrer Uetam 8. Auch der ***Celler Ca'n Pedro*** an der Straße in Richtung Küste ist gut, aber oft sehr voll und nicht billig.

TIPP Ein besonderes Ambiente in historischem Gemäuer und deftig-rustikale Küche bietet das Restaurant ***Son Moragues*** in einem alten Gutshof 1 km westlich (ausgeschildert).

Verkehrsanbindung

Im **2-Stunden-Takt** fährt der **Bus Palma-Valldemossa-Sóller** (L210) in beide Richtungen, je **einmal täglich Peguera-Valldemossa** und **Valldemossa-Peguera.** ⇨ Fahrzeiten Seite 372/373.

Abstecher zur Ermita de Trinitat

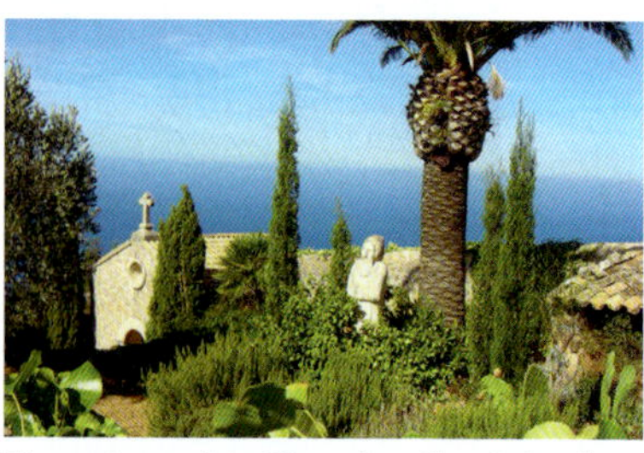

Blick von der Aussichtsterrasse über die Kapelle der Einsiedelei aufs Meer

Früher gab es von Valldemossa aus einen sehr schönen Wanderweg an der *Finca Son Moragues* vorbei zur ***Ermita de Trinitat***. Doch seit Eigentümer den Weg über ihr Gelände sperrten, gelangt man nur noch über die Straße **Richtung Deià** und eine (beim Restaurant *Ca'n Costa*, Ausschilderung ist leicht zu übersehen) scharf rechts abzweigende schmale Straße zu dieser Einsiedelei. Sie beherbergt bis heute eine kleine, intakte Klostergemeinschaft, die nicht zu jeder Zeit gestört werden möchte. Dann ist die Pforte geschlossen. Ansonsten können der Innenhof mit fröhlichen Kachelbildern, eine Kapelle sowie ein kleiner **Garten** mit **Aussichtsterrasse** eintrittsfrei betreten werden. Am meisten beeindruckt dort das Küstenpanorama. Im Hof gibt es einen kleinen Kiosk, der zwar Devotionalien, aber keine Erfrischungen verkauft. Unter schattigen alten Steineichen findet man auf dem Vorplatz dieser *Ermita* aus Felsen gehauene **Picknicktische**.

Hinweis: Besser nicht sonntags besuchen, dann wird's auf der Zufahrt und rund um die Ermita oft sehr eng.

Ramon Llull und Mallorcas Einsiedeleien

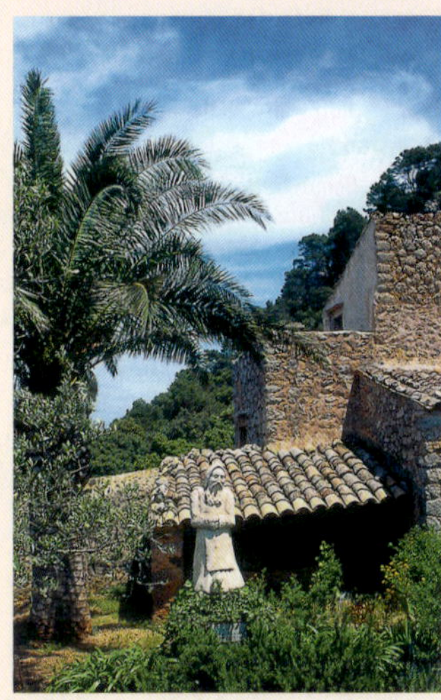

Wohl kaum anderswo im gesamten Mittelmeerraum finden sich derart viele Einsiedeleien wie auf Mallorca. Sie gehen auf Lehren des ***Ramon Llull*** zurück, des bedeutendsten Denkers der Insel.

Ramon Llull bzw. *Raimundus Llullus,* wie sein lateinischer Name lautet, wurde 1232 – also nur kurz nach der Rückeroberung Mallorcas von den Arabern – geboren und stieg zu einem der größten Gelehrten seiner Zeit auf.

Sein Hauptinteresse galt zwar der vernunftmäßigen, argumentativen Missionierung Andersgläubiger, besonders der Araber und Juden, aber seine Schriften waren nicht ausschließlich religiös ausgerichtet: die spätere Leibniz'sche mathematische Logik etwa basiert auf Llull'schen Denkansätzen.

Als gebürtiger Adliger und Höfling wandte er sich dabei erst spät Wissenschaft und Religion zu. Er brachte es nichtsdestoweniger im Laufe seines langen Lebens (bis 1315) auf über 260 Werke. Die schrieb er fast ausnahmslos in katalanischer Sprache nieder und nicht auf lateinisch, wie damals üblich. Der dadurch bewirkte nachhaltige Impuls für das *Catalán,* das unter der Dominanz des kastilischen Spanisch über Jahrhunderte ein Schattendasein führte, machte ihn zu einer Symbolfigur für die Eigenständigkeit der Kultur Kataloniens und Mallorcas.

Seine Lehren über die Suche nach Gott in der Abgeschiedenheit des Eremitendaseins führten um 1260 dazu, dass auf Mallorca erste Einsiedeleien entstanden. Anfänglich in verfallenen Stallungen und Höhlen angelegt, wurden diese später eher an landschaftlich reizvollen Plätzen errichtet. Ende des 13. Jahrhunderts zählte man auf der Insel über 70 Einsiedeleien. Viele von ihnen wurden jedoch später aufgegeben und verfielen.

Im Alter von 80 Jahren soll Ramon Llull im heutigen Algerien zu Tode gesteinigt worden sein, was ihn zum Märtyrer und Nationalhelden Mallorcas machte.

WEGE VON VALLDEMOSSA
TOURENÜBERSICHT

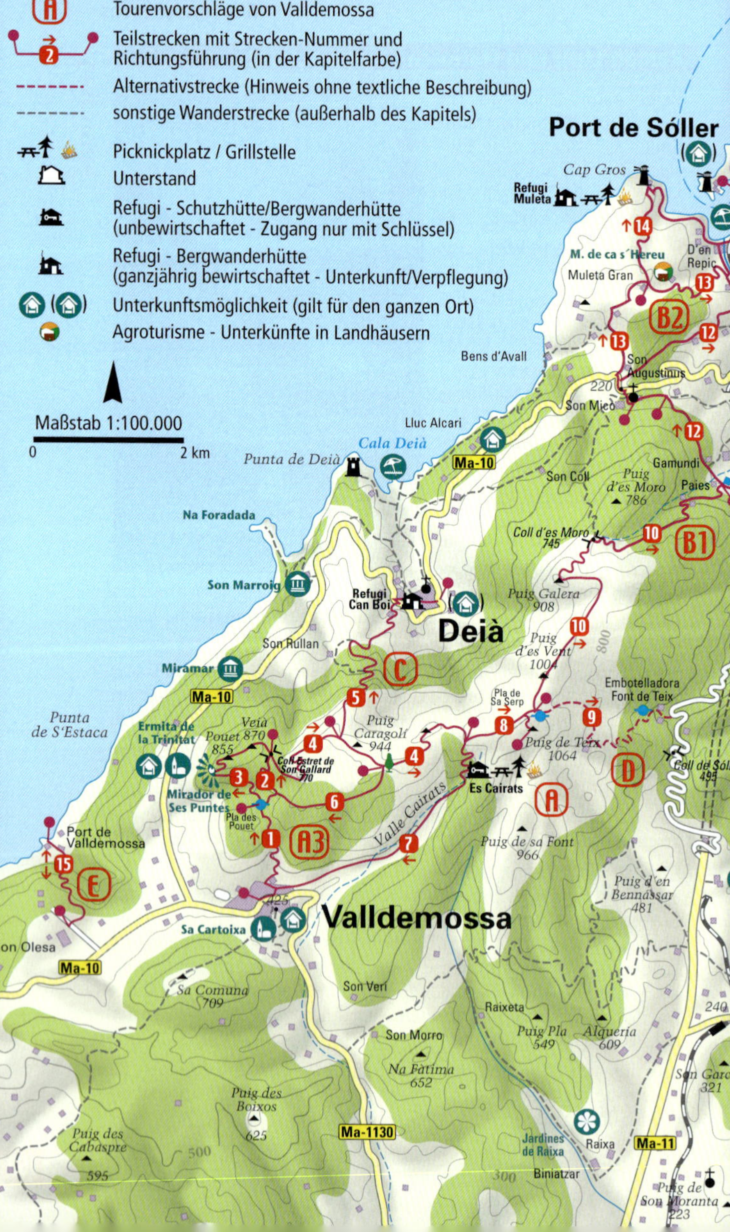

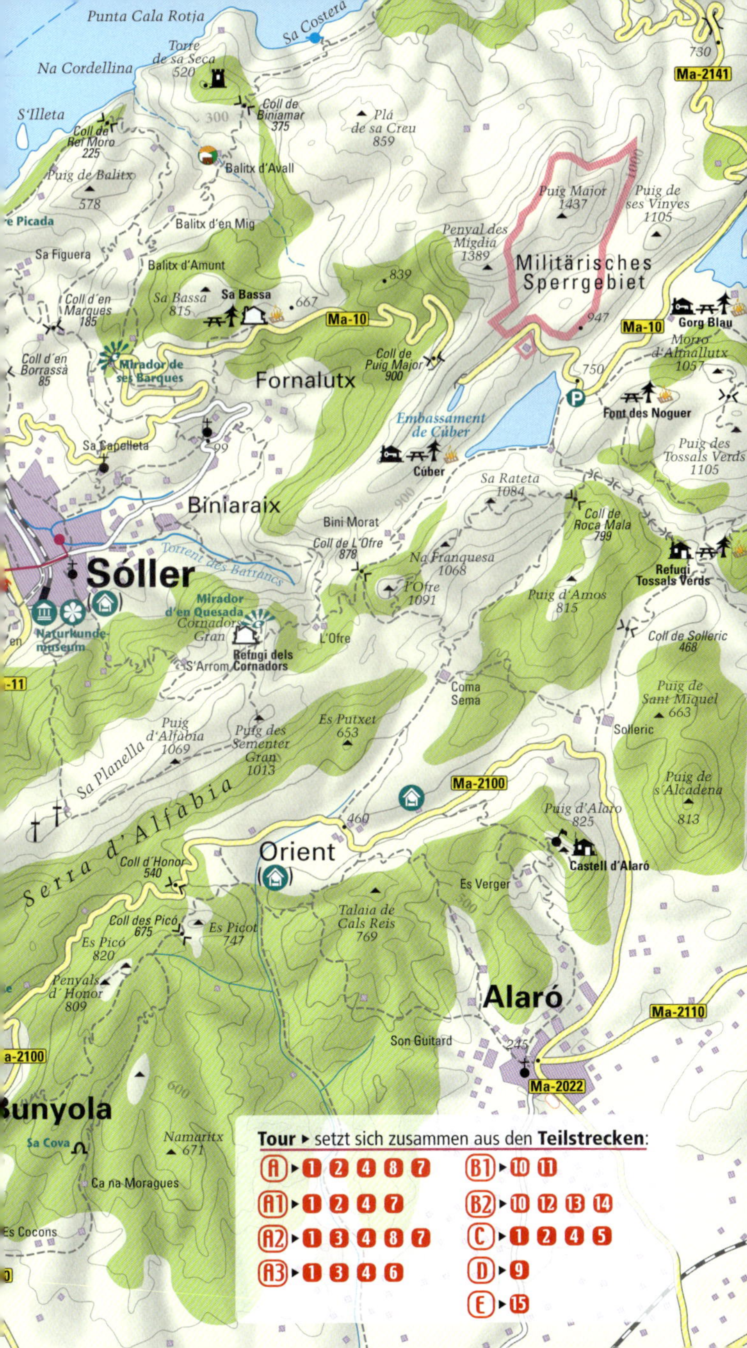

Punta Cala Rotja
Sa Costera
Torre de sa Seca 520
Na Cordellina
730
Ma-2141
S'Illeta
Coll de Rei Moro 225
Coll de Biniamar 375
Plá de sa Creu 859
Puig de Balitx 578
Balitx d'Avall
Puig Major 1437
Puig de ses Vinyes 1105
Balitx d'en Mig
Penyal des Migdia 1389
Sa Figuera
Balitx d'Amunt
Militärisches Sperrgebiet
839
Sa Bassa 815
Sa Bassa
667
Ma-10
947
Ma-10
Gorg Blau
Coll d'en Marques 185
Morro d'Almallutx 1057
Coll d'en Borrassà 85
Mirador de ses Barques
Coll de Puig Major 900
750
Fornalutx
Font des Noguer
Embassament de Cúber
Sa Capelleta
Puig des Tossals Verds 1105
Cúber
Sa Rateta 1084
Biniaraix
Bini Morat
Coll de Roca Mala 799
Coll de L'Ofre 878
Na Franquesa 1068
Sóller
Torrent des Barrancs
L'Ofre 1091
Refugi Tossals Verds
Mirador d'en Quesada
Puig d'Amos 815
Cornadors Gran
Naturkundemuseum
Refugi dels Cornadors
L'Ofre
Coll de Solleric 468
S'Arrom
Coma Sema
Puig de Sant Miquel 663
Puig d'Alfàbia 1069
Es Putxet 653
Puig des Sementer Gran 1013
Solleric
Sa Planella
Puig de s'Alcadena 813
Ma-2100
Serra d'Alfàbia
460
Puig d'Alaró 825
Orient
Coll d'Honor 540
Castell d'Alaró
Es Verger
Coll des Picó 675
Es Picot 747
Talaia de Cals Reis 769
Es Picó 820
Penyals d'Honor 809
Alaró
Ma-2110
Son Guitard
245
Ma-2022
Bunyola
Sa Cova
Namaritx 671
Ca na Moragues
Es Cocons
Tour ▸ setzt sich zusammen aus den Teilstrecken:
A ▸ 1 2 4 8 7
A1 ▸ 1 2 4 7
A2 ▸ 1 3 4 8 7
A3 ▸ 1 3 4 6
B1 ▸ 10 11
B2 ▸ 10 12 13 14
C ▸ 1 2 4 5
D ▸ 9
E ▸ 15

TOUR A Auf den Reitwegen des Erzherzogs zum Teixgipfel

K352

ANSPRUCH

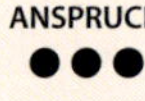

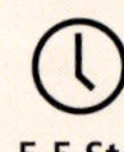

5,5 Std

MARKIERUNG

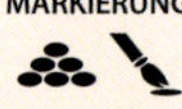

HÖHENMETER

↗ 680

680 ↘

TEILSTRECKE NR – SEITE

1 163
2 163
4 165
8 170
7 168

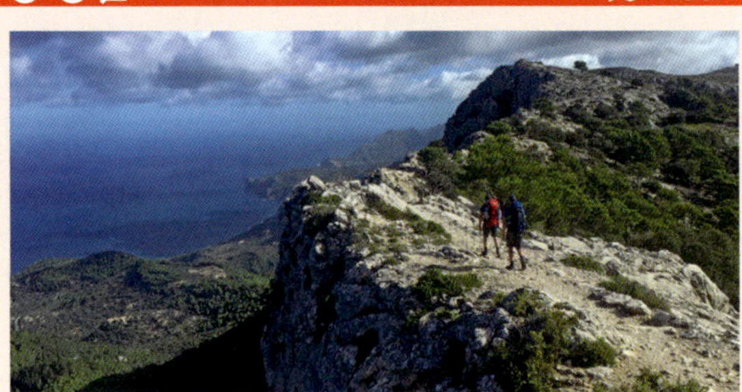

Der große **Naturpark *Son Moragues*** am Fuß des *Teix*, durch den die Wanderung führt, gehört zu den weitläufigen ehemaligen Besitztümern des österreichischtoskanischen Erzherzogs ***Ludwig Salvator*** (⇨ Seite 117). Er ließ u.a. Reitwege anlegen, auf denen er einst hoch zu Ross die Tier- und Pflanzenwelt der *Serra Tramuntana* erkundete.

Achtung: Zugangsbeschränkung ⇨ Seite 157

Auf steinigen Pfaden steigen wir durch schattigen Steineichenwald und das Geierschutzgebiet ***„Muntanya del Voltor"*** hinauf in die felsige, weitgehend strauch- und baumlose Plateaulandschaft des *Teix-Massivs*, die nach Nordwesten hin (Deià) steil abfällt.

In spektakulärem Verlauf führt uns der *Camí de S'Arxiduc* am Rand der Hochebene und auf alpinen Pfaden hinauf zum 1056 m hohen Gipfel des *Teix*. Der Aufstieg wird mit Rundumblicken über die Küsten- und Berglandschaft belohnt. Der Abstieg zurück nach Valldemossa erfolgt durch das Tal des *Cairat* vorbei an ehemaligen Schneehäusern und verlassenen Köhlerstätten.

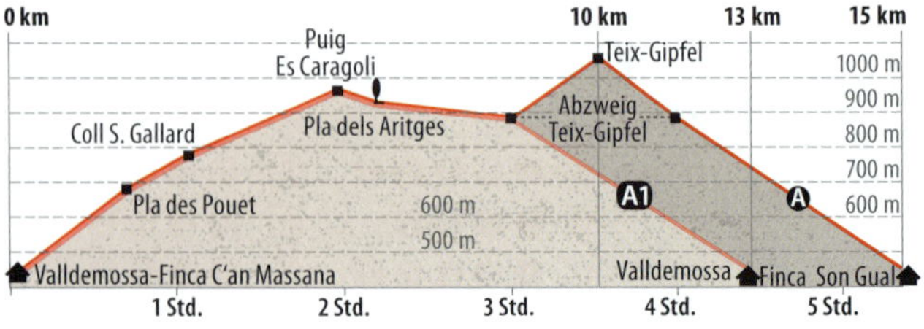

Achtung: Zugangsbeschränkung *„Muntanya del Voltor"*

*Wanderungen durch das Geierschutzgebiet „**Muntanya del Voltor**" unterliegen einer Zugangsbeschränkung von max 50 Wanderern pro Tag! **Genehmigungsantrag** formlos per E-Mail **info@muntanyadelvoltor.com** oder telefonisch unter **+34 619 591 985** – deutsch/englisch/spanisch*

Variante - A2

6,5 Std

ANSPRUCH	MARKIERUNG	HÖHENMETER
●●●		↗ 770 770 ↘

TEILSTRECKE NR – SEITE

NR	SEITE
1	163
3	164
4	165
8	170
7	168

Über die Gipfel Pouet und Veià auf den Teix

Eine lohnenswerte Erweiterung der Teix-Tour ist die Besteigung der beiden Geschwistergipfel Pouet und Veià. Der die Wanderweg, den ebenfalls schon im 19. Jh. Erzherzog Ludwig Salvator anlegen ließ, bereichert die Tour um weitere Panoramablicke und „Gipfelsammler" kommen mit drei Bergspitzen am gleichen Tag voll auf ihre Kosten.

Achtung: Zugangsbeschränkung ⇨ Siehe oben

Variante - A3

4,5 Std

ANSPRUCH	MARKIERUNG	HÖHENMETER
●●●		↗ 590 590 ↘

TEILSTRECKE NR – SEITE

NR	SEITE
1	163
3	164
4	165
6	168

Kleine Runde mit Gipfelglück

Wem die große Runde auf den Gipfel des *Teix* zuviel ist, steigt über die „Geschwistergipfel" hinauf zum *Camí de S'Arxiduc* und kürzt den Rückweg nach Valldemossa über die ***Pla dels Aritges*** auf dem ***Cami des Fontanelles*** oder den ***Camí de Ses Basses*** ab.

Achtung: Zugangsbeschränkung ⇨ Siehe oben

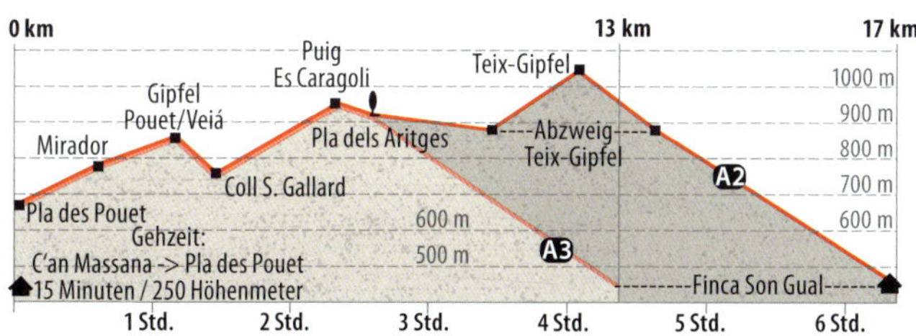

TOUR B Über die Serra Boixos nach (Port de) Sóller

↔ Ⓑ K352/353

ANSPRUCH ●●●

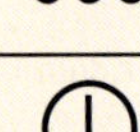

8-9 Std

MARKIERUNG

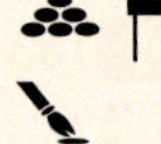

HÖHENMETER
↗ 720
1150 ↘

TEILSTRECKE NR - SEITE

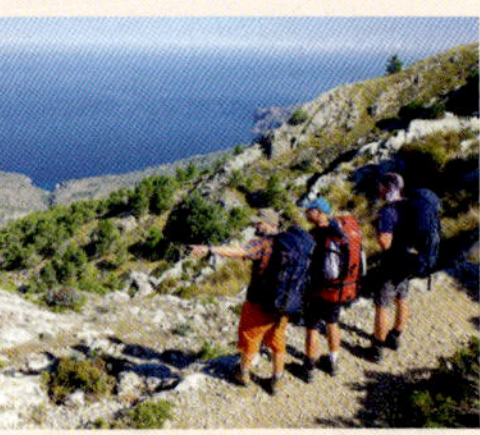

Tour B ist bis zum Gipfel des *Teix* identisch mit **Tour A** (➪ siehe Seite 162)

Eine abenteuerliche Route führt vom Gipfelmassiv des *Teix* über den Bergrücken der strauch- und baumlosen Gebirgslandschaft der ***Serra des Boixos***, die sich vom Teix in nordöstliche Richtung erstreckt. Auf einsamen Pfaden geht es über die bewaldeten Hänge des ***Torrent des Cinc Ponts*** und über Olivenhainterrassen hinab ins Orangental. An den nördlichen Ausläufern des Teix-Massivs bei *Monserat* trennen sich schließlich die Wege in Richtung Sóller und Port de Sóller.

Tour B1: Sóller (8 Std. - 19 km) ➪ 10, 11

Der Weg nach Sóller führt über den ***Camí de Castello*** in Richtung ***Pujol de Banya*** und weiter auf dem ***Camí de Rocafort*** hinunter nach Sóller.

Tour B2: Port de Sóller (9 Std. - 20 km) ➪ 12 oder 13/14

Auf dem ***Camí de Castello*** geht es zur *Finca Son Mico*, wo man zur Rast frisch gepressten Orangensaft genießen kann. Der kürzeste Weg nach Port de Sóller führt über den ***Camí de Son Sales*** (45 Min.) ➪ 12.
Alternative Routen in die Bucht von Sóller führen über die *Finca Muleta Gran* und das *Cap Gros* ➪ 13/14.

TIPP Sehr anspruchsvolle Tour. Ein Großteil der Strecke muss auf alpinen schattenlosen Geröllwegen zurückgelegt werden. Trittsicherheit ist erforderlich.

Achtung: Zugangsbeschränkung **➪ Seite 157**

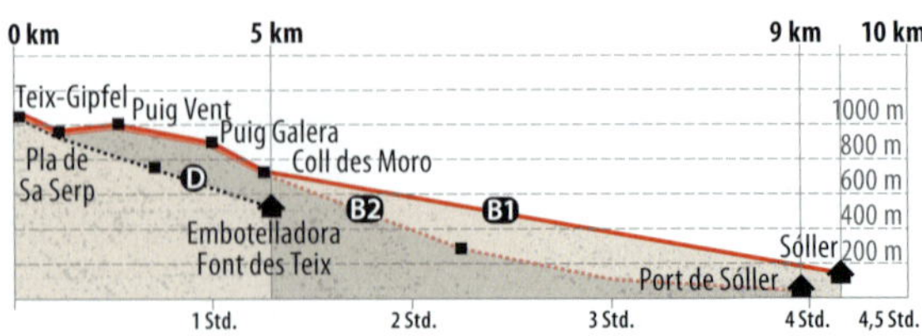

Abstieg ins Künstlerdorf Deià TOUR C

↔ Ⓑ K352

Tour C ist bis zum Abzweig des Abstiegspfades vom *Camí de S'Arxiduc* identisch mit der **Tour A**. (⇨ Seite 156)

Gekennzeichnet durch zwei riesige Steinmänner am Ende eines spektakulären Höhenpfades, zweigt links ein alpiner Pfad in Richtung Deià ab. Über felsiges Terrain hangelt sich der teilweise sehr schmale Pfad an steil abfallenden Felswänden entlang talwärts und taucht dann in einen schattigen Steineichenwald ein. Nach Passieren ehemaliger Köhlerstätten lichtet sich allmählich die Bewaldung, und der Weg folgt einer wild bewachsenen Schlucht. Das letzte Wegstück führt durch Olivenhainterrassen und endet am Nobelhotel ***Es Moli*** am Ortsrand von Deià.

Diese recht anstrengende Tour über alpine, teils ausgesetzte Geröllpfade und schattige Waldwege sollte nur bei gutem Wetter unternommen werden. Trittsicherheit und Schwindelfreiheit sind Voraussetzung.

ANSPRUCH

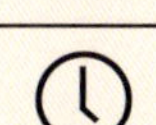

4 Std

MARKIERUNG

HÖHENMETER

↗ 540

760 ↘

TEILSTRECKE

NR	SEITE
1	163
2	163
4	165
5	166

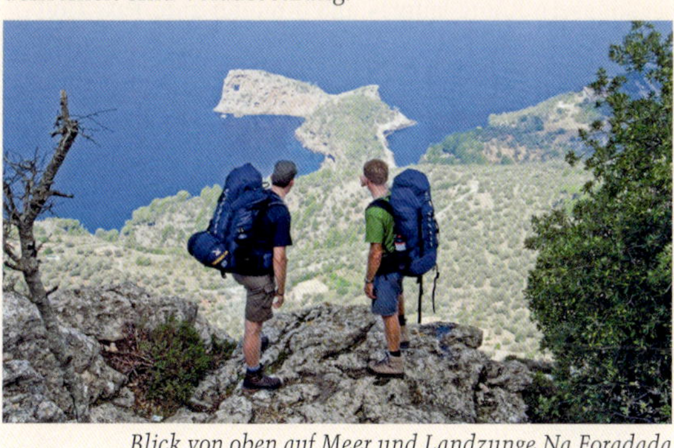

Blick von oben auf Meer und Landzunge Na Foradada

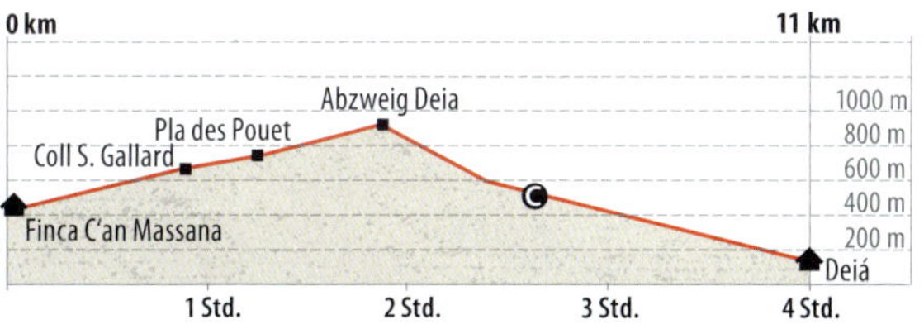

TOUR D Abstieg vom Gipfel des Teix zum Coll de Sóller

↔ ⌀ K352

ANSPRUCH

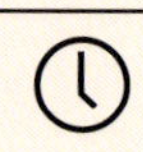

1 Std

MARKIERUNG

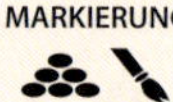

HÖHENMETER

↗ 0

580 ↘

TEILSTRECKE NR - SEITE

9 171

Vom Gipfel des Teix
zur Embotelladora Font des Teix am Coll de Sóller

Für die meisten Wanderer dürfte diese Variante uninteressant sein, da der *Coll de Sóller* an der alten Passstraße von Palma nach Sóller nicht mit öffentlichen Verkehrsmitteln erreichbar ist und sich von dort auch kein Weg nach Sóller oder Bunyola fortsetzt, man also – ohne ein dort wartendes Auto – auf der Straße absteigen müsste.

Es handelt sich bei dieser Route deshalb mehr um einen „Notabstieg" mit dem kürzesten Ab- bzw. Aufstiegsweg vom/zum Gipfel des Teix, dessen Start-/Zielpunkt mit dem Auto angefahren werden kann.

Der Pfad führt vom Gipfel zunächst hinab in die Schlangenebene bis zur Quelle *Font de sa Serp.* Von dort läuft er in östliche Richtung zügig talwärts vorbei an den ehemaligen Jagdhäusern König Jaumes und hinunter zum Pass *Coll de Sóller.*

Höhenprofil ⇨ siehe Seite 158

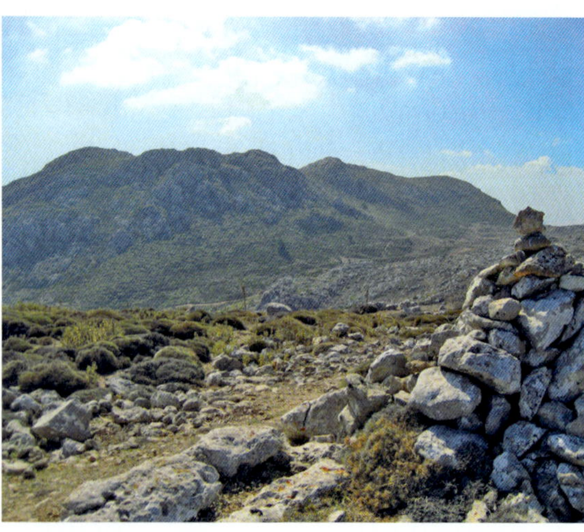

Blick auf das Teix-Massiv von Norden: Gut zu erkennen ist der Abstiegsweg zum Coll de Sóller

Auf alten Fischerpfaden in den Hafen von Valldemossa

TOUR E

↔ ⌂ K351

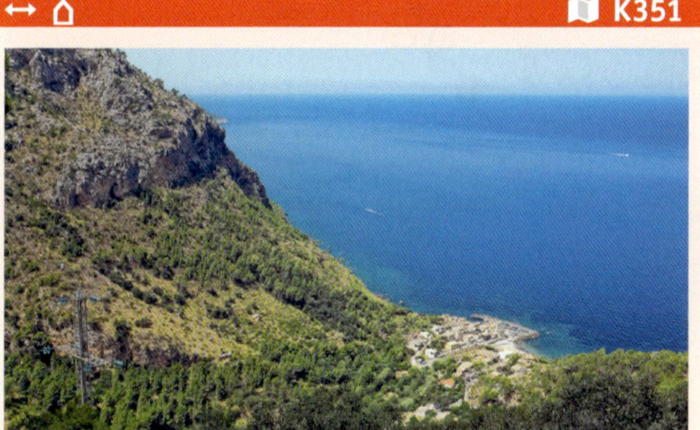

Während die 6 Kilometer lange Autofahrt von der Straße Ma-10 nach **Port de Valldemossa** in vielen engen Spitzkehren nur nervenstarken Fahrern zu empfehlen ist, bietet die kurze mittelschwere Wanderung eine entspannte Alternative. Die Tour startet vom ***Gutshof Son Olesa Gran***, in der Nähe von Valldemossa. Das Landgut zählt zu den ältesten besiedelten Gebieten Mallorcas. Auf dem alten ***Fischerpfad Camí de sa Marina***, der später auch von Köhlern und Schmugglern genutzt wurde, führt die Wanderung über stille Wege und mit beeindruckenden Ausblicken in den Hafen von Valldemossa. In der einzigen Hafen-Kneipe im Ort lässt es sich drinnen wie draußen gut sitzen, kleine mallorquinische Leckereien genießen und entspannt aufs Meer schauen. Ein kleiner Strand lädt auch zum Baden ein. Der Hinweg entspricht dem Rückweg.

ANFAHRT Nach Son Olesa gelangt man auf der Straße Ma-10 in Richtung Andratx bei Kilometer 72,8 und biegt am Schild „Hotel Cases de Ca´s Garriguer" rechts in eine schmale Teerstraße ab, die direkt zum Gutshof führt. Das Auto kann beim Gutshof an der Straße geparkt werden.

ANSPRUCH

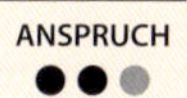

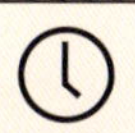

2,5 Std

MARKIERUNG

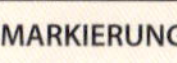

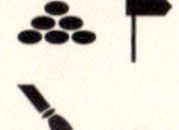

HÖHENMETER

↗ 350

350 ↘

TEILSTRECKE

NR – SEITE

15 178

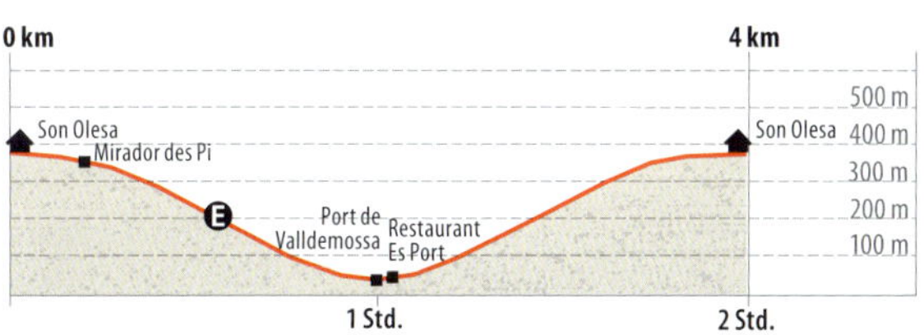

Stadtplan Valldemossa

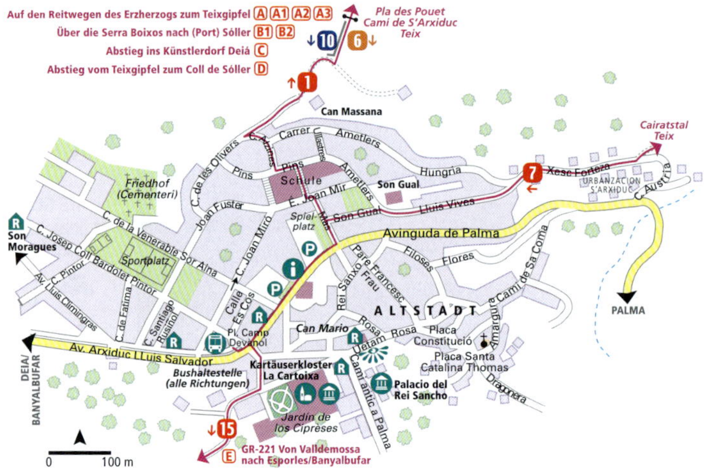

Der Einstieg Tour A,B,C,D

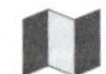

(⇨ Karte oben)

GR221

Vom Platz an der **Bushaltestelle** folgen wir zunächst der **Hauptstraße** ca. 150 m in Richtung Palma vorbei an zwei Parkplätzen. Dann biegen wir **links** in den *Carrer de Na Mas* ein und folgen diesem bis zur **Schule**. Weiter geht es über einen **Treppenweg** an der Schule aufwärts zum *Carrer Pins*, an dem wir uns **links** halten. Wir biegen gleich **rechts** in den *Carrer Alzines* ab, folgen diesem bis zum Ende und halten uns dann im *Carrer de les Olivers* rechts. Gut 100m weiter mündet die Straße bei der ***Finca C'an Massana*** (rechts) in einen privaten Zufahrtsweg und endet vor einem verschlossenem Tor (Foto).

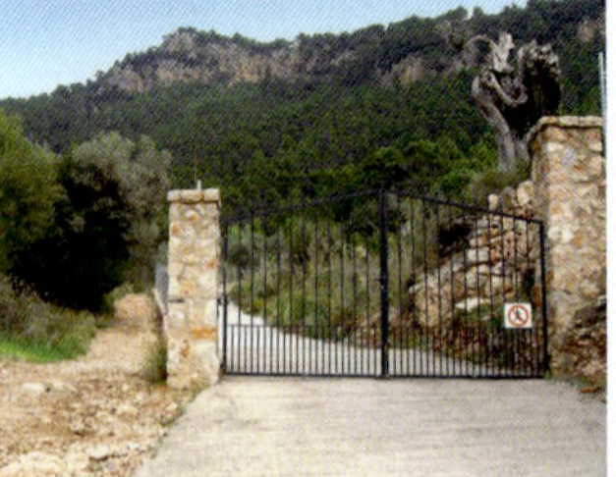

Hier folgen wir links dem sich am Grundstückzaun fortsetzenden Weg durch knorrige Olivenbaumbestände. Er führt bald entlang einer Mauer in einen Steineichenwald.

Aufstieg zur Hochebene Pla des Pouet 

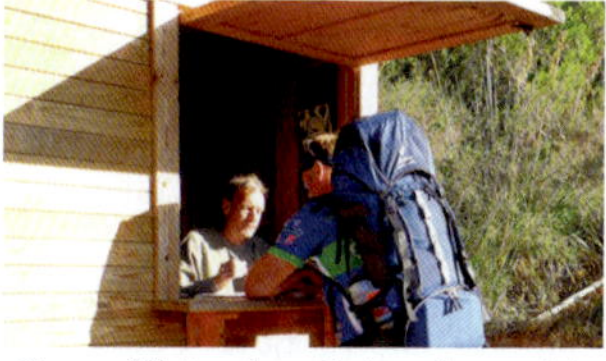
Kontrollhäuschen Geierschutzgebiet

Kurze Zeit später treffen wir an einem **Holzgatter** auf das **Kontrollhäuschen** des **Geierschutzgebiets** ***Muntanya del Voltor***, wo unsere **Zugangsgenehmigung** kontolliert wird, bevor wir unseren Weg fortsetzen können, ⇨ siehe Seite 157.

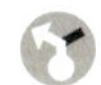

Auf schattigem **Geröllpfad** geht es in vielen Kehren bergan und nach ca. 30 Minuten Gehzeit können wir den Hauptweg links über einen Stichpfad in einer Rechtskehre abkürzen. Wir stoßen erneut auf den Hauptweg, gehen **links** durch einen **Mauerdurchlass** und befinden uns jetzt auf der bewaldeten Hochebene ***Pla des Pouet***. Hier folgen wir dem Weg weiter **geradeaus**.

Vorbei an ehemaligen Köhlerstätten gelangen wir auf einen größeren Platz mit einem alten **Ziehbrunnen**, von wo aus die Teilstrecken 2 und 3 abzweigen.

Zum Coll Estret de Son Gallard - direkter Weg 

Fortsetzung von Tour A, A1

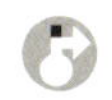

Auf dem direkten Weg zum Pass *Coll Estret de Son Gallard* nehmen wir ab dem **Ziehbrunnen** den nach **rechts** laufenden Pfad. Zunächst noch eben führt der Weg bald zügig bergan durch dichten Steineichenwald. **Farbmarkierungen** (überwiegend rot) unterstützen die an sich eindeutige Wegführung. Hin und wieder passiert der Pfad Köhlerstätten, die bis in die 1950er-Jahre betrieben wurden. Nach guten 20 Minuten Gehzeit erreichen wir den ***Coll Estret de Son Gallard*** (769 m), einen **Pass** mit markanter, **spitzwinkliger Steinbank**, die geradezu zum Verschnaufen einlädt.

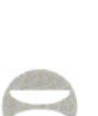

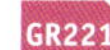

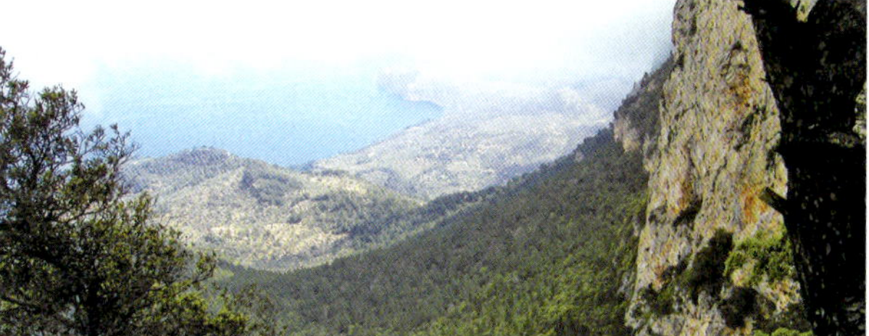
Blick vom Coll Estret de Son Gallard

3 Abstecher über Puig Pouet und Veià

Fortsetzung von Tour A2, A3

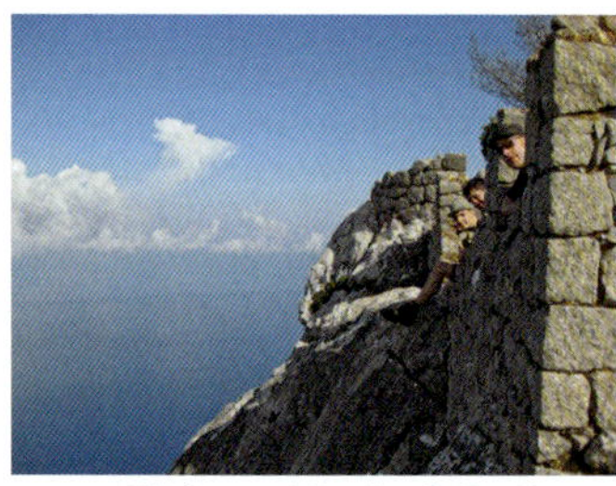
Blick vom Mirador de Ses Puntes

Eine lohnenswerte Erweiterung führt geradeaus über den ***Mirador de Ses Puntes*** und die Gipfel ***Puig Pouet*** und ***Puig Veià***. Die Schleife ist eine Verlängerung der **Tour A bzw. A1** um etwa eine Stunde.

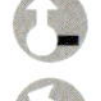

Dazu folgen wir dem Weg hinter dem **Ziehbrunnen** zunächst **geradeaus** durch anfänglich dichtere Bewaldung und schwenken bald nach **links**. Vorbei an alten Köhlerplätzen führt der Pfad stetig in **Serpentinen** bergan. Vereinzelte rote Punktmarkierungen helfen bei der Wegfindung. Wir erreichen nach gut **30 Minuten** den durch eine Mauer und Zinnen gesicherten **Aussichtspunkt** ***Mirador de ses Puntes***.

Aus exponierter Lage vor senkrecht abfallenden Felswänden hat man von dort atemberaubende Blicke entlang der Küste und auf die umliegende Bergregion.

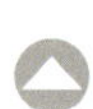
Wir folgen dem befestigten Weg, den der Erzherzog Ludwig Salvator einst anlegen ließ, weiter bergan und orientieren uns wieder leicht an (unterschiedlichen) Farbmarkierungen. Nach weiteren Höhenmetern und gut **15 Minuten** Gehzeit erreichen wir den ***Puig Pouet***, dessen Gipfel durch einen quadratischen Sockel mit Betonsäule als topographischer Punkt markiert ist.

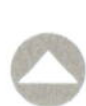
Auf dem Puig Pouet trennt uns jetzt nur noch eine kurze, flache **Senke** von der gegenüberliegenden Höhe und wir erreichen den Gipfel des ***Puig Veià*** in nur wenigen Minuten. Die **Ruine** eines ehemaligen Refugiums befindet sich in unmittelbarer Nähe des Gipfels.

Vor uns erstreckt sich in nordöstlicher Richtung eine 200 m senkrecht abfallende Steilwand, auf dessen Kamm der Reitweg des Erzherzogs entlangläuft.

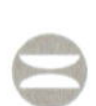
Über einen **Serpentinenpfad** an der nordöstlichen Flanke des *Puig Veià* erreichen wir nach weiteren ca. 15 Minuten den Pass ***Coll Estret de Son Gallard***, leicht zu erkennen durch eine **spitzwinklige Steinbank** auf dem Pass.

Abstecher über Puig Pouet und Veià 3

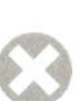

Coll Estret de Son Gallard: Von den „Geschwistergipfeln" Puig Pouet und Puig Veià kommend, führen auf der **Passhöhe zwei Pfade** in unterschiedliche Richtungen weiter:

Geradeaus geht es auf dem Reitweg hinauf zum ***Camí de L'Arxiduc*** und weiter zum ***Teixgipfel***.

Rechts geht es zum **direkten Abstieg** über die ***Pla des Pouet*** wieder hinunter nach Valldemossa. Dafür benötigt man vom Pass ca. 45 Minuten.

Höhenweg Camí de S'Arxiduc 4

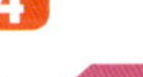

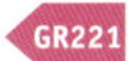

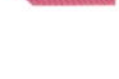

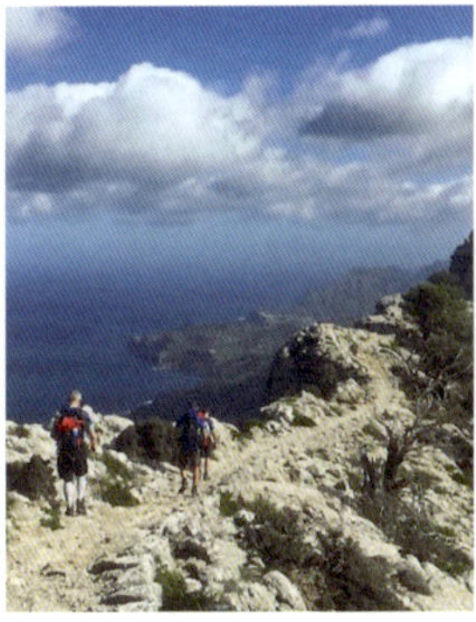

Cami de S'Arxiduc

Zum ***Puig Es Carágoli*** und weiter auf den Gipfel des *Teix* bzw. über das Tal des *Cairat* zurück nach Valldemossa folgen wir ab ***Coll de Son Gallard*** dem bergan führenden Weg. Die Bewaldung wird lichter, und wieder belohnen schöne Ausblicke die Anstrengung. Wir **ignorieren** einen nach **rechts** abzweigenden Pfad und steigen etwas später durch eine **Maueröffnung**. Der von Steinmauern eingefasste Weg führt in Serpentinen bergan, und wir erreichen eine Hochebene mit einer nach Nordosten 200 m tief abfallenden Felswand. Der Blick von dort ist atemberaubend. Aber **Vorsicht**: Ein kleiner Fehltritt oder eine plötzliche Windböe genügen zum Absturz!

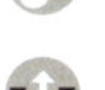

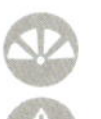

Hier beginnt der bereits des öfteren angesprochene imposante **Höhenweg**. Er verläuft meist in respektvollem Abstand zur Abbruchkante – von leichten, kurzen Anstiegen abgesehen – relativ eben. Nach einer guten Strecke schwenkt der Weg nach **rechts** von der Steilwand weg. Links des Weges fallen zwei kindsgroße Steinmännchen ins Auge, welche die **Abzweigung** des Weges nach **Deià** markieren.

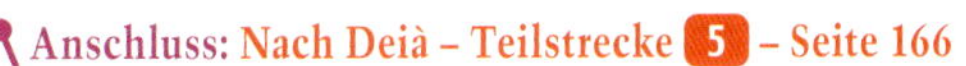

Anschluss: Nach Deià – Teilstrecke 5 – Seite 166

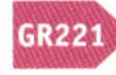

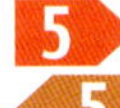

Kurz darauf geht es **links** ab zum ***Puig Es Carágoli*** (944 m). Der kleine Abstecher ist vor allem lohnenswert für alle, die sich für Aussichtspunkte mit Panoramablick begeistern und genügend Zeit dafür mitbringen.

4 Höhenweg Camí de S'Arxiduc

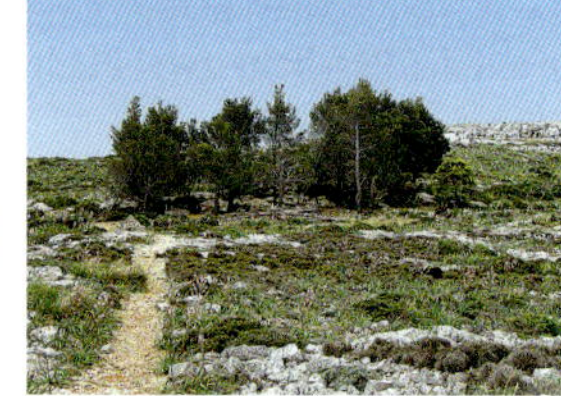

Markantes Kiefernwäldchen am Cami de S'Arxiduc

Auf dem Hauptweg erreichen wir kurze Zeit darauf in einer Senke ein Kiefernwäldchen.

Anschluss: Nach Valldemossa – Teilstrecke 6 - Seite 168

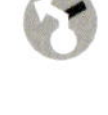

An der Gabelung vor dem Waldstück halten wir uns **links** und folgen dem Weg durch eine grüne Senke. Nach einem abermaligen kurzen Anstieg erreichen wir die Anhöhe ***Puig des Pou*** und können wieder die Aussicht genießen. Von der Anhöhe führt der Weg zunächst leicht abfallend in nordöstliche Richtung, bevor er nach **rechts** schwenkt und kurz darauf auf eine **Wegverzweigung** trifft, die durch einen großen **Steinmann** markiert wird.

8 Anschluss: Zum Teix-Gipfel – Teilstrecke 8 – Seite 170

7 Anschluss: Nach Valldemossa – Teilstrecke 7 – Seite 168

5 Abstieg hinunter nach Deià

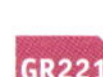

Zwei große, unübersehbare **Steinmänner** und ein **Hinweisschild** markieren am *Camí de S'Arxiduc* den **Wegabzweig** des Pfades hinunter nach Deià.

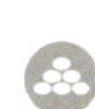

Anfänglich geht es über Geröll bis zum Rand der Steilwand und dann über einen sich an den Fels schmiegenden Pfad abwärts. Wir orientieren uns ausnahmslos an den zahlreichen weiterhin vorhandenen **Steinmännchen**, die streckenweise die einzige Wegmarkierung darstellen. **Achtung!** Wer hier den Weg verliert, sollte bis zur letzten Markierung zurückgehen und von dort erneut den nächsten Punkt anpeilen.

Sobald wir die Steilwand erreichen, weisen wiederum **Steinmännchen** und eine **Farbmarkierung** den **Einstieg zum Pfad** in die Tiefe. Er ist zwar teilweise ausgesetzt, verläuft aber fortan eindeutig erkennbar in **Serpentinen** talwärts. Der streckenweise stark geröllige Untergrund erfordert volle Aufmerksamkeit. Nach rund. **45 Minuten** erreichen wir den oberen **Talrand** (auf ca. 600 m über dem Meer) am Fuße der soeben bezwungenen Felswand.

Ab dort bis unten erstreckt sich dichter **Steineichenwald**. Auf erdigen Waldpfaden geht es in Serpentinen bergab. Nacheinander passieren wir drei ehemalige Köhlerplätze. Beim dritten gibt es

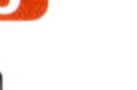

Abstieg hinunter nach Deià 5

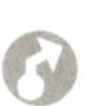

rechterhand einen alten **Steinbackofen**, ab dem wir dem Weg nach **rechts** folgen. Wir überqueren einen weiteren Kohlenmeilerplatz und passieren die Grundmauern eines ehemaligen Hauses. Nach einigen weiteren Kehren treffen wir auf einen im spitzen Winkel nach **rechts** abzweigenden Weg, den wir ignorieren.

Wir wandern um einen **Taleinschnitt**, und schon bald haben wir wieder Sicht nach rechts hinunter auf Deià. Das Tal weitet sich, und verwahrloste **Steinterrassen** bestimmen das Bild. An einer Steinmauer stoßen wir linkerhand auf ein verrostetes **Eisentor**. Hier zweigt unser Pfad in spitzem Winkel **nach rechts** ab. Er führt über einige Terrassen abwärts und wechselt auf die andere Talseite. Der Wegverlauf ist in diesem Bereich nicht immer klar ersichtlich. Wieder bilden **Steinmännchen** die wichtigste Orientierungshilfe.

Rechterhand, an einer höheren Steinmauer, passieren wir einen **Tunnel**, durch den es zu einer (ausgetrockneten) **Quelle** geht. Weiter rechts steht oberhalb am Hang ein verlassenes Steinhaus. Der nun zum Teil gepflasterte Pfad läuft in Kehren weiter talwärts. Dissgras, vereinzelte Aleppokiefern und Steineichen säumen den Weg.

Wir erreichen ein **Holzgatter** mit **Überstieg**, hinter dem uns durchgängig verwitterte Steinpflasterung und weitere Kehren erwarten, bevor unser Pfad nach Passieren eines **Mauerdurchlasses** auf einen **Karrenweg** mündet, dem wir nach **rechts** folgen. Der Weg geht über in eine schmale Teerstraße, die am Parkplatz des **Hotels *Es Moli*** endet. Bis zum Ortskern von Deià (und zur Bushaltestelle) ist es auf der Hauptstraße (unterhalb des Hotels nach rechts) noch etwa 1 km.

Ungefährer Tourenverlauf; unten rechts das Hotel Es Moli bei Deià

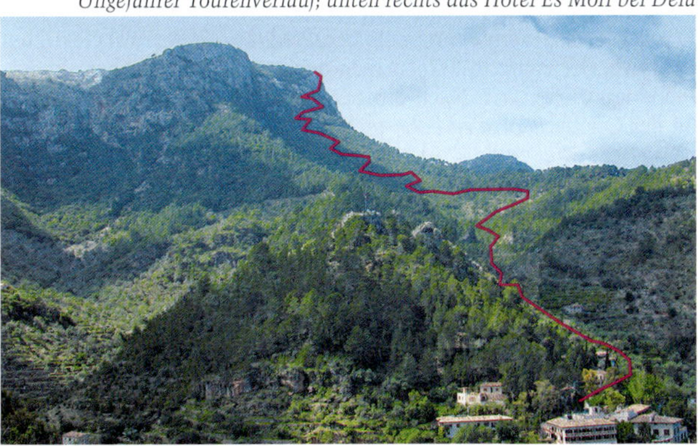

6 Abgekürzter Rückweg zurück nach Valldemossa

4 An der **Weggabelung** vor dem **Wäldchen** an der *Pla dels Aritges* führt der **rechts** abzweigende **Pfad** *Camí de ses Fontanelles* auf direktem Weg nach Valldemossa. Alternativ geht man über den *Camí de ses Basses*, der später vom *Camí de ses Fontanelles* **links** abzweigt. Beide Wege vereinigen sich später wieder zu einem Weg. Am **Kontrollhäuschen** des **Geierschutzgebiets *Muntanya del Voltor***, trifft der Weg hinter einem Gatter wieder auf den Aufstiegsweg. Dieser führt von dort links weiter nach Valldemossa.

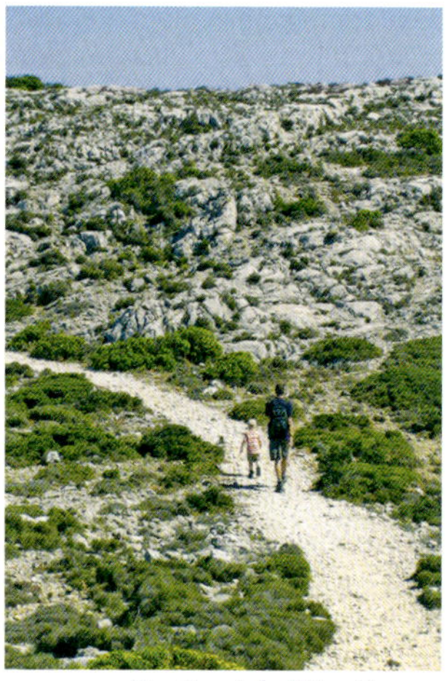

Der Cami de S'Arxiduc – auf dem Teix-Massiv

7 Durch das Cairatstal nach Valldemossa

Von der **Wegabzweigung** zum *Teixgipfel* (links) wandern wir weiter auf dem Reitweg **geradeaus**, der schon bald durch lichte Bewaldung talwärts läuft. Linkerhand passieren wir nach einiger Gehzeit die Ruine eines früheren **Schneehauses** (*Casa de sa Neu*, ⇨ siehe **Erläuterung** auf Seite 28) und kurze Zeit später das ***Refugi de Son Moragues***, das für Wanderer nur mit Schlüssel zugänglich ist, ⇨ Seite 381

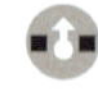

Bei der Hütte verbreitert sich der Pfad zu einem **unbefestigten Fahrweg**, der zügig in Serpentinen nach unten führt. Abzweigende Pfade ignorieren wir. Nach einigen Kehren laufen wir rechterhand an der Quelle *Font d'es Polls* und einem **Picknickplatz** vorbei. Wir passieren später einen Köhlerplatz und treffen auf ein **Holzgatter**, das wir links per Leiter übersteigen. Wieder ignorieren wir abzweigende Wege. Nachdem wir ein offenes **Tor** durchlaufen haben, stoßen wir auf eine **Weggabel**, an der wir uns **rechts** halten. Schon bald erreichen wir die ersten Häuser Valldemossas und treffen auf die Straße *Carrer Xesc Forteza* und folgen dieser nach **rechts**. An der nächsten Gabelung biegen wir **links** in die *Carrer Lluis Vives*. Vorbei am ***Palau Son Gual***, dessen Zinnen auf einen maurischen Ursprung schließen lassen, geht es weiter in Richtung **Ortskern** und **Bushaltestelle**. (⇨ Karte Seite 162)

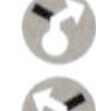

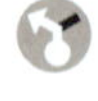

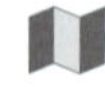

Durch das Cairatstal nach Valldemossa 

Haben wir unser **Auto** in der Nähe der ***Finca C'an Massana*** geparkt, wenden wir uns nach Passieren von Son Gual nach rechts den *Carrer Pins* den Berg hinauf und gelangen so an unseren Ausgangspunkt zurück.

Schlangen auf Mallorca

Auf den Balearen ist nur die Schlangengattung der Nattern vertreten. Auf Mallorca gibt es dabei vier Unterarten:

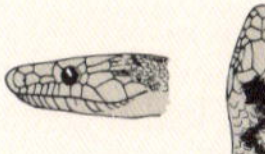

Die **Vipernatter** lebt vorwiegend in feucht-schattigem Gelände. Ihre Oberseite trägt dunkle Fleckenreihen auf meist grau- bis rötlichbraunem Grund, ähnlich wie die Kreuzotter. An den Körperseiten hat sie je eine Reihe dunkler, weißlich gekernter Augenflecke. Die Bauchseite ist gelblich, rötlich oder grünlich mit dunklen Flecken.

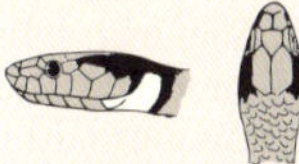

Die **Ringelnatter** ist auch in Deutschland bekannt und hat zwei halbmondförmige weiß-gelbe Flecken am Hinterkopf. Sie ist nicht giftig und bevorzugt ebenfalls ein feucht-schattiges Revier.

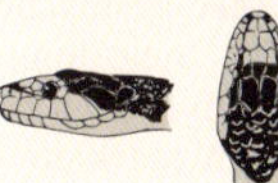

Die **giftige**, aber dennoch für Menschen harmlose **Kapuzennatter** ist ein nachtaktives Tier und tagsüber selten zu sehen. Ihr Biss ist schmerzhaft, aber nicht gefährlich. Durch die gezackte Rückenfärbung ähnelt sie der Vipernatter. Markant ist ihre auffällige, schwarze Kopffärbung, der sie ihre Bezeichnung verdankt.

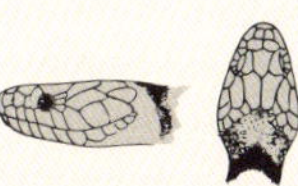

Die junge Treppennatter ist oberseits hellgrau bis gelblich mit dunkler, treppenähnlicher Rückenzeichnung. Erwachsene **Treppennattern** sind rötlichbraun bis olivfarben mit zwei dunklen Längsstreifen. Diese Natternart bevorzugt Buschwerk in sandig-schattigem Gelände, Laubwälder oder Spalten in Trockenmauern.

8 Aufstieg zum Puig de Teix

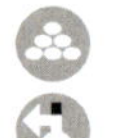

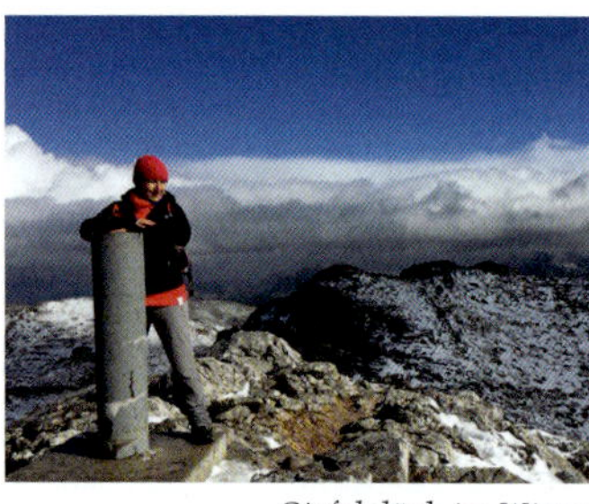
Gipfelglück im Winter

Am **Abzweig** mit dem großen **Steinmann** folgen wir dem Pfad nach **links**. Schon kurz darauf überwinden wir einen kleinen Sockel. Anschließend halten wir auf eine **Steinmauer** zu. An der Steinmauer stoßen wir auf einen **abgesperrten Überstieg** mit vielen **Verbotshinweisen.** Ohne große Mühe lässt sich indessen die Absperrung umsteigen, und wir befinden uns nun auf der Hochebene ***Pla de Sa Serp*** (Schlangenebene).

Diese **Ebene** auf ca. 900 m Höhe wird ihrem Namen kaum gerecht. Selten Schlangen (völlig ungefährlich!) als vielmehr Schafe beleben hier oben die kärgliche Vegetation aus vorwiegend Dissgräsern und Igelpolstern.

Am nördlichen Ende der Hochebene trifft man auf die **Quelle *Font de Sa Serp***, an der ein gemauerter Trog als Schafstränke dient. Das Quellwasser ist auch für Menschen unbedenklich. Aber man sollte sich nicht die Hände im Wasserstrahl waschen. Wenn Rückstände von Sonnenöl oder Creme das Wasser im Trog verunreinigen, ist es für die Schafe nicht mehr genießbar.

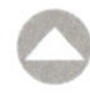

Rechts oberhalb können wir bereits an seinem Vermessungspunkt (Betonsäule) den höchsten der **drei Gipfel des Teix** ausmachen, deren Höhenunterschiede nicht nennenswert sind. Viele Routen führen hinauf. Weiter oben vereinen sie sich zu einem kurzen **Pfad** über nackten Fels. Den höchsten Gipfelpunkt (1063 m) markiert die besagte, eher triste Säule. Das früher dort stehende Eisenkreuz ist verschwunden.

Für die Strapazen des Aufstiegs entschädigt der – bei schönem Wetter und guter Sicht – sagenhafte Ausblick nach allen Seiten und Richtungen. Fünf weitere „Tausender" erscheinen in greifbarer Nähe: *Puig Major*, *Puig Massanella* und *Puig L'Ofre* im Nordosten, der *Puig d`Alfàbia* etwas östlicher und im Südwesten das „Matterhorn" Mallorcas, der *Galatzó*.

Rückweg: In Richtung Valldemossa steigen wir auf gleichem Weg hinab bis zum Hauptweg am **Steinmann/Holzschild** und wenden uns dann links in Richtung Tal des *Cairat*

Aufstieg zum Puig de Teix 8

(⇨ siehe Teilstrecke 7 – Seite 168)

Anschluss: Von der **Quelle** führen Pfade weiter zum Coll de Sóller (9) und über die Serra des Boixos (10) nach Sóller (11) und Port de Sóller (12):

(Not)Abstieg zum Coll de Sóller 9

Für die Mehrzahl der Wanderer ist diese Variante weniger interessant, da die Passhöhe der alten Straße von Palma nach Sóller nicht mehr von öffentlichen Verkehrsmitteln befahren wird und **der Weg ohnehin von den Eigentümern gesperrt wurde**. Auch gibt es von dort aus keine weiterführenden Wanderwege. In **Notfällen** kann man aber vom Teix aus über diese Route am schnellsten eine Straße erreichen. Im Bedarfsfall lässt sich im voraus oder per Handy ein Taxi zum *Coll de Sóller* bestellen. Daher wird diese Route hier beschrieben.

Von der Quelle ***Font de Sa Serp*** folgen wir dem Pfad nach Osten zunächst entlang einer **Wasserleitung**. Nach wenigen Minuten treffen wir auf eine mit Steinmännchen markierte **Weggabel**. Wir wenden uns nach **links** talwärts. Schon bald geht die karge Gebirgsflur über in zunehmend grüne Matten. Der Weg führt idyllisch durch Dissgrasflächen vorbei an – im Frühsommer prächtig blühenden – Ginsterbüschen.

Nach einer guten Viertelstunde tritt der Pfad in dichten **Wald** ein, wird zunehmend breiter und geht bald in einen **Karrenweg** über. An der nächsten **Weggabel** halten wir uns **rechts** und erreichen kurze Zeit später die Steinhäuser der ***Cases del Rei Jaume***, die ehemaligen Jagdhütten des Königs *Jaume* aus dem 13. Jahrhundert, die heute in Privatbesitz der Mineralwasserabfüllfirma *Font d'es Teix* sind.

Der Weg ist hier durch **rote Punkte** markiert. Wir verlassen das Gelände der Jagdhäuser nach links durch ein **Eisengatter** (Tor wieder schließen!) und folgen dem Karrenweg durch Mischwald weiter bergab. Vom Hauptweg abzweigende Pfade und Wege beachten wir nicht weiter. Links in einer Kehre sehen wir die in Beton gefasste **Quelle *Font d'es Teix***. Ihr Wasser wird in Flaschen abgefüllt und unter dieser Bezeichnung in Restaurants und Supermärkten überall auf der Insel verkauft. Nachdem wir ein weiteres **Eisengatter** passiert haben, führt der Karrenweg über Olivenbaumterrassen bis zur **Abfüllstation** (Eisentor). Über deren Hof geht es auf die geteerte Zufahrt und auf ihr bis zur Passstraße.

10 Über die Serra des Boixos nach (Port de) Sóller

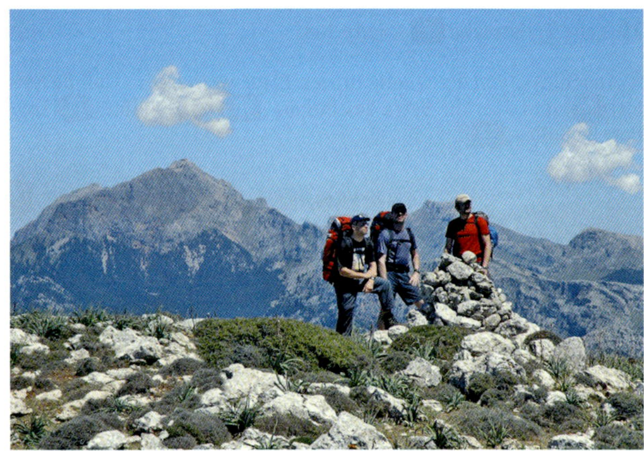

Blick vom Gebirgskamm der Serra des Boixos – im Hintergrund der Puig Major

Ausgangspunkt dieser Wegvariante ist wiederum die **Quelle *Font de Sa Serp*** auf der gleichnamigen Hochebene. Der Weg nach Sóller ist in der Gipfelregion **zunächst kein eindeutiger Fußpfad**, sondern führt, markiert durch einzelne **Steinmännchen**, über felsiges Terrain. Dennoch ist die Wegfindung über den sich nach **Norden** erstreckenden Kamm der ***Serra des Boixos***, der die Richtung vorgibt, relativ unproblematisch.

Wir durchwandern also zunächst die Schlangenebene, um auf der gegenüberliegenden Talseite aufzusteigen. Den Gipfel des ***Puig d`es Vent*** vor Augen treffen wir bald auf die Mauerreste einiger alter **Schneehäuser**. Nach rund 45 Minuten Gehzeit **teilt** sich die **Kammlinie**, und wir folgen dem **linken Kamm**. Hier halten wir auf den in der Ferne bereits sichtbaren Gipfel des ***Puig de Sa Galera*** zu (Betonsäule, 905 m). Von dort haben wir einen großartigen Blick hinunter auf Deià. Mit etwas Glück sieht man an manchen Tagen einen der seltenen **Mönchsgeier**, die in der Gipfelregion des Teix ihre Kreise ziehen und nach Beute – einem verendeten Schaf oder einer Ziege – Ausschau halten (⇨ **siehe Thema auf Seite 177**).

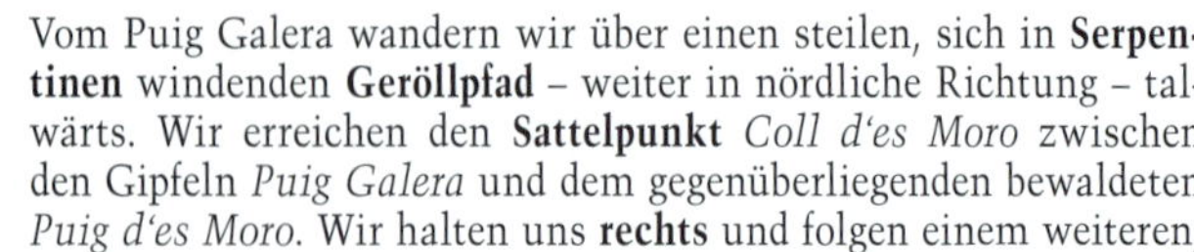

Vom Puig Galera wandern wir über einen steilen, sich in **Serpentinen** windenden **Geröllpfad** – weiter in nördliche Richtung – talwärts. Wir erreichen den **Sattelpunkt** *Coll d'es Moro* zwischen den Gipfeln *Puig Galera* und dem gegenüberliegenden bewaldeten *Puig d'es Moro*. Wir halten uns **rechts** und folgen einem weiteren,

Über die Serra des Boixos nach (Port de) Sóller 

steilen **Serpentinenpfad**, der in der Falllinie eines Geröllfeldes im beginnenden trockenen **Bachbett** des *Torrent de Cinc Ponts* talwärts läuft. Vorbei an einem ehemaligen Köhlerplatz verlässt der Pfad später nach **rechts** den *Torrent* und läuft fortan – zum Teil durch Stützmauern befestigt – etwas höher entlang der rechten bewaldeten **Talseite**. Ab und zu stößt man auf Steinmännchenmarkierungen.

Nach Passieren einer markanten **Felsformation** links des Weges treffen wir nach einigen Gehminuten erneut auf einen **Köhlerplatz**. Der Weg verjüngt sich nun und ist zunehmend mit Dissgras bewachsen; bald verbreitert er sich aber wieder. Links bildet der *Torrent de Cinc Ponts* nun einen tiefen Taleinschnitt, und wir durchqueren lockeren Pinienwald. 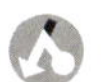

Ca. 45 Minuten nach Verlassen des *Coll d'es Moro* treffen wir auf einen breiten **Karrenweg**. (**Achtung:** Dieser Weg war bei letzter Begehung an der Einmündung in den Karrenweg durch umgestürzte Bäume verdeckt; aber ein Umgehungspfad wurde durch Wanderer gekennzeichnet). Wir folgen danach der Route nach **links** abwärts. Der zwar teilweise gepflasterte, aber verwitterte Weg führt uns bald in Serpentinen talwärts. Durch den lichten Wald hat man bereits schöne Blicke auf die Bucht von Sóller. Nach links und rechts abzweigende Pfade ignorieren wir, bis wir nach ca. 15 Minuten **rechts** eine **Stützmauer** und ein paar Felsbrocken in Falllinie abwärts steigen.   

Nur wenig tiefer stoßen wir auf einen Weg, der uns nach **rechts** in Richtung Sóller weiterführt. Ein **streckenweise gepflasterter** Pfad führt uns nun in einigen **Spitzkehren** zügig bergab. Wir erreichen einen **Überstieg** mit Holzleiter und bald darauf eine **Maueröffnung**. Ein schmaler von Dissgras bewachsener Pfad schließt sich an und führt uns dicht unterhalb einer steil abfallenden Felswand im Bett des ***Torrent des Cinc Ponts*** weiter talwärts. Von unserer Route abzweigende Pfade ignorieren wir.   

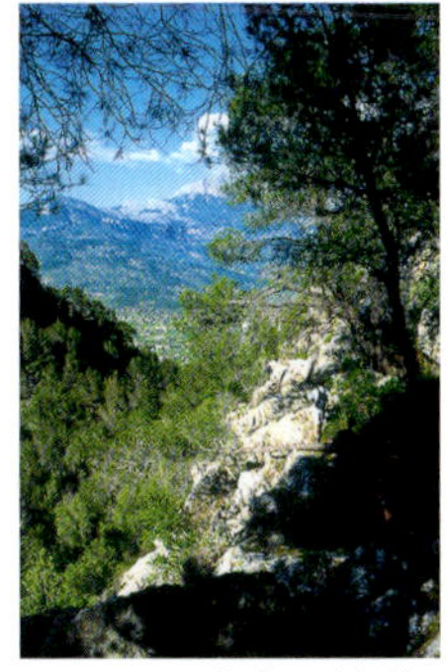
Blick auf Sóller

Erneut stehen wir bald vor einem verschlossenen **Eisentor** mit Überstieg und Holzleiter. Es geht ein kurzes Stück auf gleicher Höhe auf einem schmalen Pfad weiter und nochmals durch einen **Mauerdurchbruch**, bevor wir auf einen Fahrweg

10 Über die Serra des Boixos nach (Port de) Sóller

und rechts auf ein verschlossenes **Gatter** mit wiederum seitlichem **Überstieg** treffen. Ein Serpentinenweg, gestützt von hohem Mauerwerk, zieht sich in einigen Kehren talwärts und mündet dann in einen unbefestigten **Fahrweg**, dem wir nun nach **rechts** folgen. Rechterhand passieren wir eine markante, in den **Fels** gebaute **Behausung**. Der Weg geht bald darauf in eine betonierte Straße über und führt in einigen Kehren talwärts. In einer Linkskurve gelangen wir an ein eingezäuntes **Wasserreservoir** und treffen dort auf den mit Hinweisschildern gekennzeichneten **Wanderpfad *Camí de Castello***.

Anschluss: Nach Sóller – Teilstrecke 11

12 Anschluss: Nach Port de Sóller – Teilstrecke 12 – Seite 175

11 Auf dem Camí de Rocafort nach Sóller

Mit Ziel Sóller folgen wir am **Wasserreservoir** der **Beschilderung rechts** in Richtung ***Pujol de Banya***. Nach ca. **15 Minuten** treffen wir erneut auf eine für Wanderer beschilderte **Wegverzweigung**. Hier geht es **links** auf dem ***Camí de Rocafort*** weiter in Richtung Sóller. Steil führt uns der teils steingepflasterte Pfad mit herrlichen Ausblicken auf Sóller talwärts. Wir überqueren an einem **Tunnel** die **Eisenbahnlinie** Sóller-Palma und treffen am Ortsrand auf eine schmale Teerstraße, der wir nach **links** folgen. Dieser Weg führt uns erneut über die Schienen der Bahnlinie Sóller- Palma und mündet kurz darauf in den ***Camí de Rost***, dem wir nach **rechts** folgen. An der **Tankstelle** treffen wir auf die Straße Ma-10 Palma-Port de Sóller. Ins **Stadtzentrum** von **Sóller** mit seiner einladenden, schattigen *Plaça* geht es am Naturkundemuseum und Botanischen Garten vorbei weiter geradeaus.

Am Ortsrand von Sóller

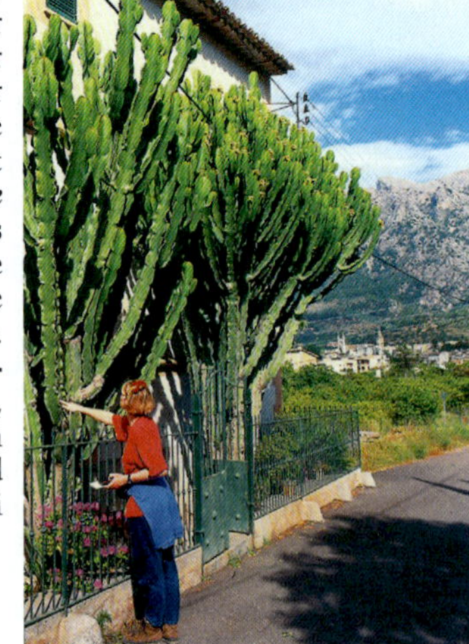

(⇨ Karte Sóller Seite 50/51)

Über Son Mico und Son Sales nach Port de Sóller 

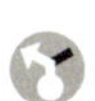

Mit Ziel Port de Sóller folgen wir am **Wasserreservoir** dem ***Camí de Castello*** nach **links**. Dieser trifft kurze Zeit später wieder auf den zuvor verlassenen **Fahrweg** und wir gehen auf ihm wenige Meter **talwärts**. In einer **Rechtskehre** weisen erneut Hinweisschilder auf den sich **links** fortsetzenden Camí de Castello. Wir passieren das **Landgut** ***Ca'n Paies*** und gelangen nach einem idyllischen Pfad zur ***Finca Ca'n Gamundi***.

Durch ein **Tor** führt uns der Weg über das Gehöft der Finca, setzt sich im Anschluss auf einem Karrenweg fort und trifft nach einem kurzen Anstieg auf einen **Fahrweg**, dem wir nach **rechts** folgen. Kurz darauf mündet dieser in einen schmalen **Teerweg**. Wir passieren rechts das **Landhotel** ***Ca's Xorç*** und erreichen kurz darauf eine beschilderte **Wegkreuzung**.

Hier halten wir uns **links** in **Richtung Deià**, also weiter auf dem *Camí de Castello*. Bald passieren wir die von Zitrusbäumen und Zypressen umgebene ***Finca Can S'Heretat*** und kurz darauf das Zufahrtstor der ***Finca Ca'n Carrabasseta***. Jetzt sind es nur noch wenige Meter bis zur kleinen, weitgehend eingestürzten **Kapelle**, an der **links** vorbei ein kurzer Stichweg zur ***Finca Son Mico*** führt.

TIPP Auf den Abstecher zur herrlich gelegenen ***Finca Son Mico*** sollte man nicht verzichten. Dort gibt es wunderbar frisch gepressten Orangensaft und im Vorgarten Sitzgelegenheiten zum Ausruhen. Interessant ist auch der Blick ins Innere dieses traditionellen mallorquinischen Landhauses.

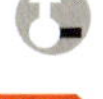

An der **Kapelle** weiter geradeaus treffen wir kurz darauf auf die Straße Ma-10 und eine Wegverzweigung.

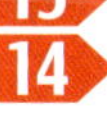

Anschluss: Nach Port de Sóller über Muleta Gran – Teilstrecke 13 (14) – Seite 176

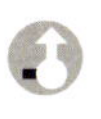

Zum *Camí Son Sales* folgen wir auf der gegenüberliegenden Straßenseite am Landhotel ***Son Bleda*** dem Wegweiser nach (Port de) Sóller, der uns am Parkplatz des Hotels und am rückwärtigen Hotelgebäude vorbeiführt. Über einen von Zypressen gesäumten Karrenweg gelangen wir an eine **Weggabelung** und folgen hier **rechts** dem beschilderten Wanderpfad, der uns durch Olivenhainkulturen und vorbei an kleineren Landhäusern in Serpentinen talwärts führt. Nacheinander gehen wir durch vier **Gatter** und treffen dann auf einen Karrenweg, auf dem wir **links** durch das beschauliche Tal des *Torrent de Son Sales* bergab wandern.

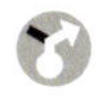

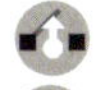

12 Über Son Mico und Son Sales nach Port de Sóller

Wenig später mündet der **Karrenweg** am Landsitz der *Finca D'Alt Son Sales* in einen betonierten **Fahrweg** und an dem folgenden **Wegabzweig** nach rechts gehen wir weiter **geradeaus**. Kurz darauf passieren wir das Anwesen der ***Finca Son Sales***, wo der betonierte Fahrweg in einen **Teerweg** wechselt. Später führt uns dieser durch ein großes Eisentor und nach einer Rechts-Links-Kehre weist uns **links** ein Schild den hier abzweigenden Weg nach Port de Sóller. Auf dem jetzt Camí de Binidorm heißenden Weg wandern wir am gleichnamigen Anwesen vorbei bergan. Am Höhepunkt des kurzen Anstiegs haben wir nochmals einen schönen **Ausblick** ins Sóller-Tal.

Bergab schwenkt der Pfad bald nach links und führt uns parallel zur Straße am Talrand entlang weiter in Richtung Hafen. Nachdem wir zwei **Gatter** passiert haben, halten wir uns an der nächsten Weggabelung **links**. An dem Wegabzweig nach Muleta Gran und der Hotelruine Rocamar vorbei gehen wir bis zur **Straße** und folgen dieser dann **links** bis D'en Repic und zur Bucht von Port de Sóller.

13 Über Muleta Gran nach Port de Sóller

GR221

Entlang der Straße Ma-10 folgen wir den Hinweisschildern in Richtung Port de Sóller über den Pass und etwas darüberhinaus, bis **rechts** eine kleine **Teerstraße** abzweigt. Der folgen wir für ca. 1 km und halten uns an einer **Weggabelung rechts**.

3

Anschluss: Von Deià – Teilstrecke 3

Wir passieren die ***Finca Es Cap Blau***. Die Teerung geht bald in feinen **Schotter** über und wir nehmen den nächsten nach **rechts** abzweigenden **Schotterweg**. An der folgenden **Weggabelung** halten wir uns **links**. Nach einer weiten Rechtskehre gelangen wir kurz vor dem Gehöft der *Finca Muleta Gran* an eine **Wegverzweigung**.

14

GR221

Anschluss: Nach Port de Sóller über das Cap Gros – Teilstrecke 14 – Seite 177

Wir gehen **geradeaus** weiter und lassen auch das Gehöft der *Finca Muleta Gran* **rechts** liegen. Ein markierter **Pfad** führt uns in einer weiten Rechtskurve um das Gehöft. Auf der Rückseite des Gebäudes folgen wir dem Pfad durch mehrere aufeinanderfolgende **Gatter** talwärts und treffen schließlich auf einen Karrenweg. Nach links wandern wir auf diesem in Richtung Hafen und passieren linkerhand die ***Finca Muleta de Ca S'Hereu***, die unübersehbar für ihren Orangensaft wirbt. Mittels einer großen **Linkskehre** umrunden wir einen Taleinschnitt und gehen nacheinander durch zwei **Eisengat-**

Über Muleta Gran nach Port de Sóller 

ter, mit dem Hinweis *„Cerrar per Favor"* (Bitte schließen!). Alte knorrige Olivenbäume säumen links und rechts den Weg. Schon bald darauf wandern wir in **Serpentinen** durch ein kleines Wäldchen talwärts. Nochmals gelangen wir an ein **Holzgatter** und folgen dem sich anschließenden Steinpflasterweg, der nach kurzer Strecke auf den Wanderweg zwischen Sóller und dem Hafen von Sóller trifft. Hier gehen wir **links**, treffen kurz darauf auf die **Zufahrtstraße nach d'en Repic** und folgen dieser **links** bis zur Strandpromenade an der Bucht von Sóller, wo unsere Wanderung endet.

Über das Cap Gros nach Port de Sóller 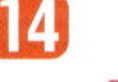

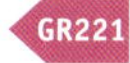

Zum **Cap Gros** und dem ***Refugi Muleta*** folgen wir der Beschilderung nach **links**. Der mittlerweile gut markierte Wanderpfad führt zunächst entlang eines Zaunes über die Ländereien der *Finca Muleta Gran* und wir verlassen schließlich das Gelände über eine **Trockensteinmauer**.

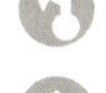

In Kehren geht es nun durch eine wilde, von Dissgras dominierte Buschvegetation mit lockerer Bewaldung. Nach **links** wandern wir in einer großen Schleife über einen Bergrücken zum Cap Gros, dessen **Leuchtturm** weithin sichtbar ist. Im **Refugi Muleta** (⇨ siehe Seite 380) oder dem gleich daneben liegenden *Restaurant Es Faro* können wir noch einmal Rast machen, bevor wir auf der schmalen **Teerstraße** entlang der Bucht zum **Hafen** von Sóller wandern.

Mönchsgeier

Mit einer Spannweite von bis zu 3 m ist der Mönchsgeier der größte auf Mallorca beheimatete Vogel. Etwa 50 Exemplare dieser bedrohten Gattung zählt man noch in der *Tramuntana*. Vorwiegend in Paargemeinschaft ist der Mönchsgeier heute in unzugänglichen Steilhangregionen der Nordküste zu Hause, wo er sich vorwiegend von verendeten Tieren ernährt. Mit Glück sieht man den imposanten Geier insbesondere in der *Teix Region*.

Centre d'Informatió Serra de Tramuntana - Lluc:
Interessante Ausstellung mit Dioramen, die den Lebensraum der Mönchsgeier anschaulich darstellen, ⇨ Seite 259

15 Auf alten Fischerpfaden in den Hafen von Valldemossa

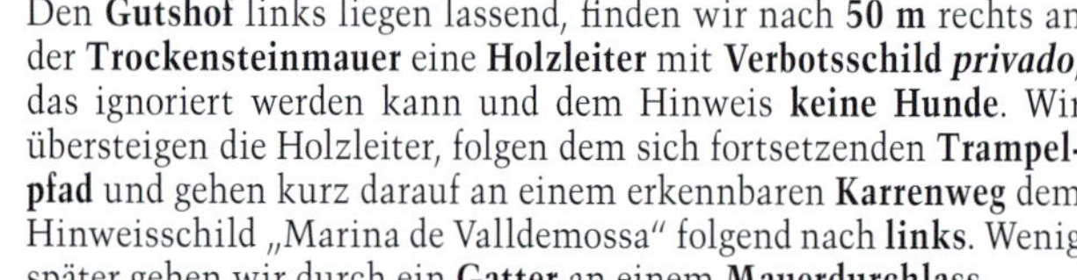

Den **Gutshof** links liegen lassend, finden wir nach **50 m** rechts an der **Trockensteinmauer** eine **Holzleiter** mit **Verbotsschild** ***privado***, das ignoriert werden kann und dem Hinweis **keine Hunde**. Wir übersteigen die Holzleiter, folgen dem sich fortsetzenden **Trampelpfad** und gehen kurz darauf an einem erkennbaren **Karrenweg** dem Hinweisschild „Marina de Valldemossa" folgend nach **links**. Wenig später gehen wir durch ein **Gatter** an einem **Mauerdurchlass**.

Der breite ehemalige **Fischerpfad**, führt uns jetzt durch **Steineichenwald** leicht abwärts. **Steinmännchen** und **rote Punkte** markieren den Weg. Nach **drei Kehren** weisen Steinmännchen auf den **Wegabzweig** und **Abstecher** zum ***Mirador des Pi*** (Hin/Rückweg ca **5 min**) von dem man einen **schönen Ausblick** genießen kann.

Bildtext

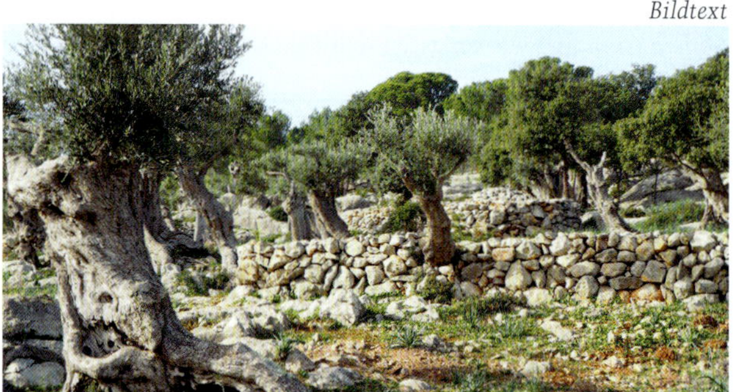

Weiter geht es auf dem alten **Fischerpfad talwärts** und ein ehemaliger **Köhlerplatz** mit einer Hüttenruine zeugen davon, dass es sich auch um alte Köhlerwege handelt. Einen **Wegabzweig** nach **links ignorieren** wir. Jetzt schlängelt sich der Pfad in engen, **mauergestützten Kehren** immer steiler talwärts und viele Steinmännchen und Farbmarkierungn signalisieren uns den richtigen Wegverlauf.

Der Wald lichtet sich zunehmend und von einer **exponierten Stelle** aus hat man einen **grandiosen Ausblick** auf den Hafen von Valldemossa und das Meer. Überragt wird der spektakuläre Küstenabschnitt von den Steilwänden der bis zu 360 Meter hohen ***Bergkette Cingles des Cossi***. Im Nordwesten ist die ***Felsnase Sa Foradada*** zu erkennen.

Weiter führt uns der Fischerpfad in steilen Spitzkehren talwärts, fortwährend begleitet von schönen Ausblicken. Kurz vor erreichen des Hafens **ignorieren** wir einen **Wegabzweig** nach **rechts**, **queren**

Auf alten Fischerpfaden in den Hafen von Valldemossa 

bald darauf eine **Teerstraße** im Ort und **folgen** an der nächsten **Teerstrasse** dieser nach **links** bis in den **Hafen** und zum **Restaurant Es Port** hinunter .

Bildtext

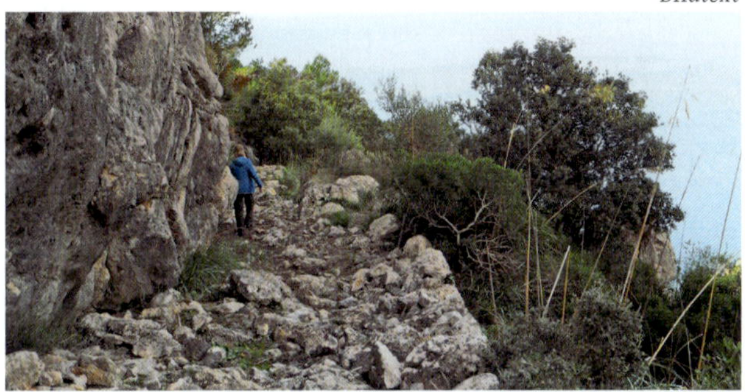

Autoren-Tipp: Wer es mag, sollte Chipirones (frittierte Baby-Tintenfische), Boquerones (kleine frittierte Sardellen) oder Pimientos de Padrón mit Aioli und Oliven bestellen.

Port de Valldemossa wurde schon von den Römern und später Mauren als Hafen genutzt. Im 16. und 17. Jahrhundert verließen viele Bewohner wegen zahlreicher Piratenüberfälle den Ort. Erst Ende des 18. Jahrhunderts siedelten sich wieder Fischer an. Auch der Erzherzog Ludwig Salvator hat sich hier einst eine kleine Finca gekauft. Lange Zeit gab es auch eine kleine Werft im Hafen, die mallorquinische Llaüts, kleine Holzboote, hier gebaut hat. Der kleine Sandstrand, gleich links neben dem Parkplatz im Hafen, lädt zum schwimmen und schnorcheln an den benachbarten Felsriffen ein.

Bildtext

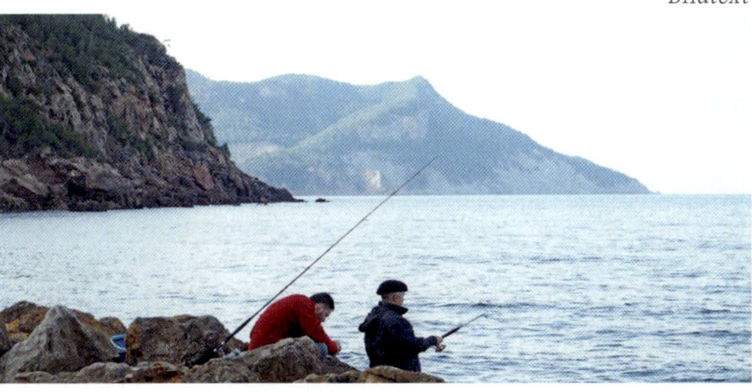

WEGE VON BUNYOLA

Tour A : Rundwanderung zum Mirador Leandro Ximenis

Tour B : Rundwanderung um Bunyola

Tour C : Von Bunyola nach Orient

Tour D : Rundwanderung durch den Torrent d'en Colomer

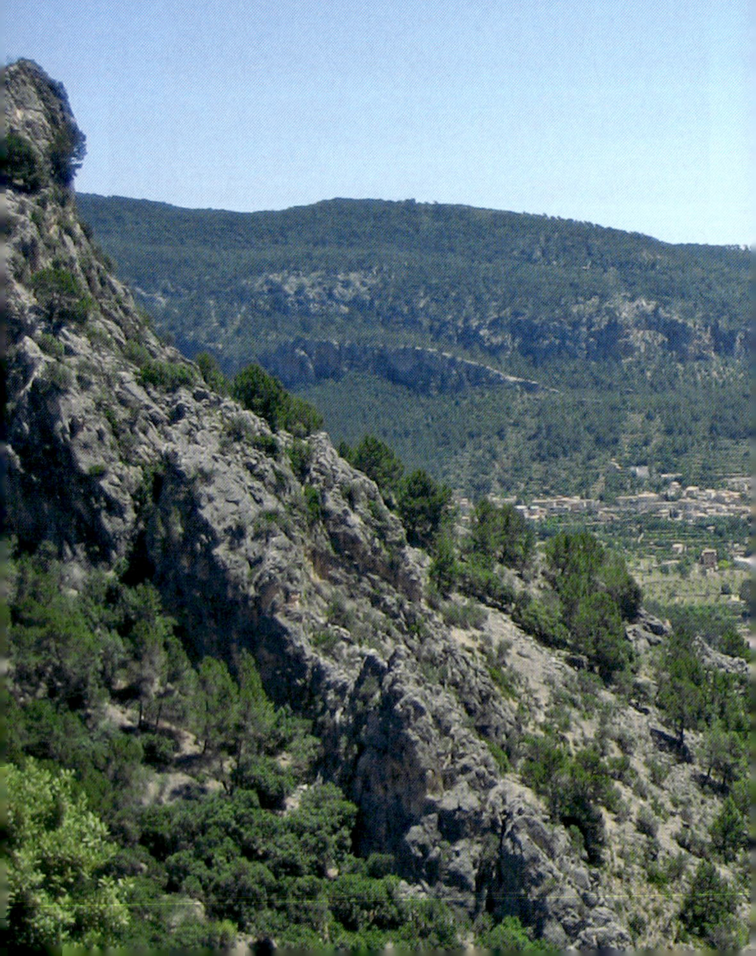

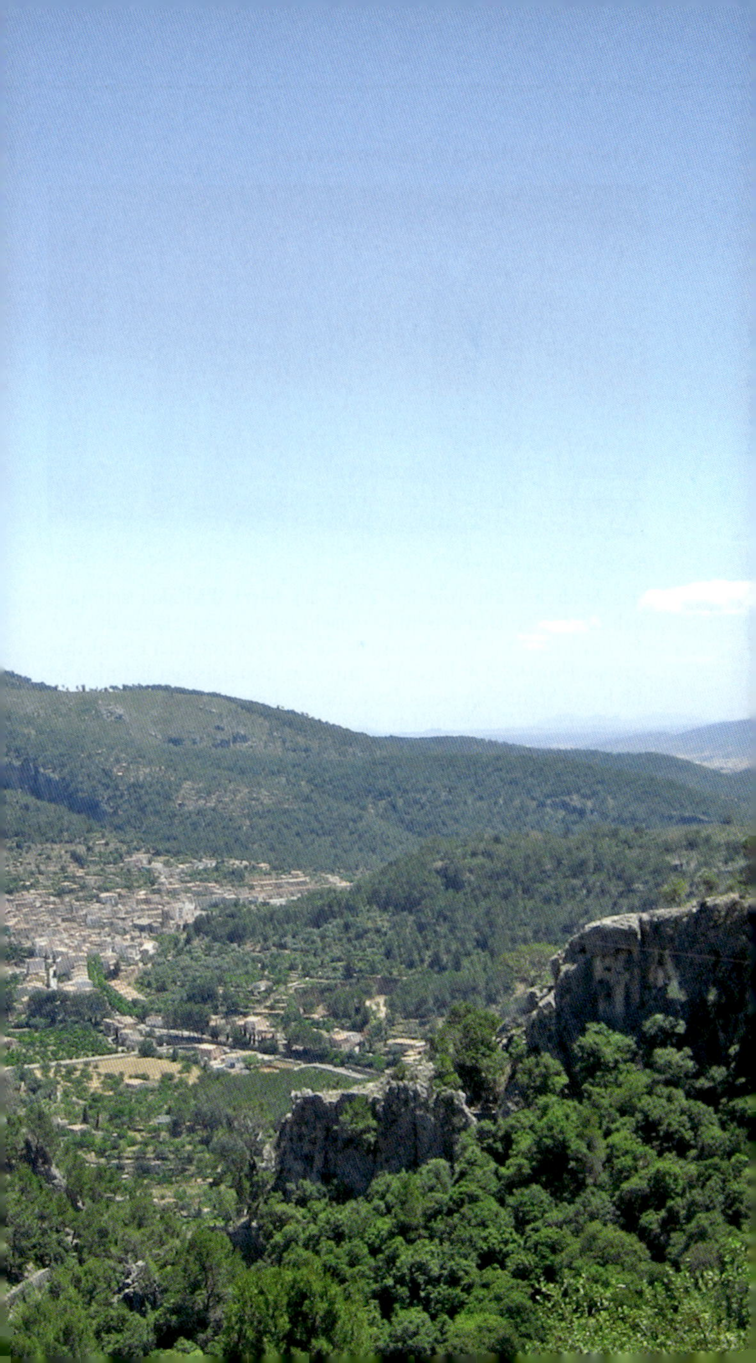

Ortsbeschreibung & Sehenswertes

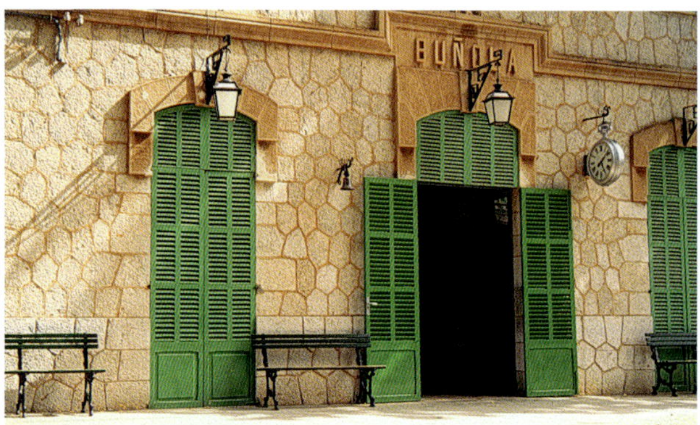

Bahnstation in Bunyola

Das Städtchen Bunyola am Fuße der **Serra d'Alfàbia** schmiegt sich mit vielen Häusern und Treppengassen an die Hänge des Berges *Es Castellet*. Westlich wird es von den Schienen der Eisenbahnstrecke Palma-Sóller begrenzt. Bunyolas nostalgischer Bahnhof ist die letzte Station diesseits des Gebirges, bevor sich der historische Zug über viele Kehren und durch dreizehn Tunnel auf den Weg nach Sóller macht.

Das Zentrum des Ortes bildet der kleine Marktplatz mit der Pfarrkirche *San Mateu* (1756) und einigen Kneipen. Im Supermarkt 50 m südlich der *Plaça* lässt sich ggf. noch der Wanderproviant ergänzen. Restaurants der gehobenen Preisklasse sind das *Sa Costa* in erhöhter Position an der Hauptstraße östlich des Bahnhofs und *Es Carreró* mit Dachterrasse und Weitblick 50 m von der *Plaça* entfernt. Unterkünfte gibt es direkt in Bunyola nicht.

Wer einen Spaziergang durch die zum Berg hin verwinkelten Gassen unternimmt, blickt von vielen höher gelegenen Punkten über die Ziegeldächer auf die umgebenden Berge und bis nach Palma.

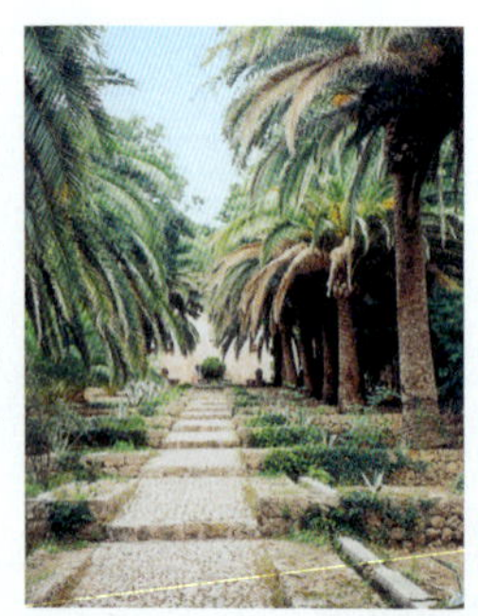

TIPP Beliebtes touristisches Ziel in der Nähe sind die ***Gärten von Alfàbia*** (Bild rechts)

(30 Min. Gehzeit von Bunyola)

Ortsbeschreibung & Sehenswertes

Das Herrenhaus Son Alfàbia war – bis zur Rückeroberung Mallorcas durch die Christen – Sommersitz maurischer Wesire, die hier schon im 12. Jahrhundert **subtropische Gärten mit Wasserbecken** und Bachläufen anlegen ließen. **Öffnungszeiten:** März-Okt. Mo-So und Feiertage 9.30-18.30 Uhr, Nov.-Feb. geschlossen; Eintritt 7,50 €, Kinder frei, Infos unter: **www.jardinesdealfabia.com**

Bunyola ist Ausgangspunkt einer abwechslungsreichen **Rundwanderung** durch den Gemeindewald zum Gipfel des *Penyal d'Honor.* **Streckenwanderungen** verbinden Bunyola mit Valldemossa und Orient, was besonders bei **Planung mehrtägiger Wanderungen** interessant sein kann (➪ ab Seite 342).

Verkehrsanbindung

Ab Palma oder Sóller empfiehlt sich für eine Fahrt nach Bunyola die nostalgische **Eisenbahn** (Fahrplan und Tarife ➪ siehe Seite 317). Die Reise beginnt, wenn der Schaffner dreimal die Glocke läutet und danach in eine Trompete bläst. Von **Sóller** keucht die Bahn zunächst in die Berge hinauf und rattert in langen Serpentinen durch die erwähnten Tunnel, bevor sie östlich des Höhenzuges wieder ebenes Gelände erreicht. Rund 25 Minuten dauert die Fahrt bis Bunyola. Die **Anfahrt ab Palma** ist weniger spektakulär. Bis zu 8x täglich fahren **Busse** von Palma, bis 5x ab Sóller nach Bunyola.

Ortsplan Bunyola

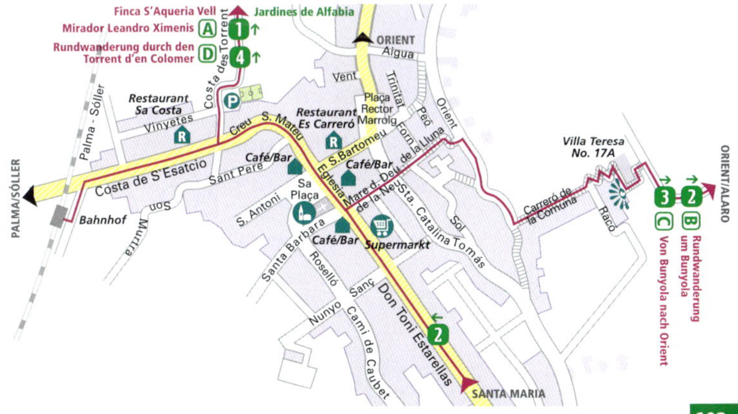

WEGE VON BUNYOLA

TOURENÜBERSICHT

- (A) Tourenvorschläge von Bunyola
- Teilstrecken mit Strecken-Nummer und Richtungsführung (in der Kapitelfarbe)
- Alternativstrecke (Hinweis ohne textliche Beschreibung)
- sonstige Wanderstrecke (außerhalb des Kapitels)
- Picknickplatz / Grillstelle
- Unterstand
- Refugi - Schutzhütte/Bergwanderhütte (unbewirtschaftet - Zugang nur mit Schlüssel)
- Refugi - Bergwanderhütte (ganzjährig bewirtschaftet - Unterkunft/Verpflegung)
- Unterkunftsmöglichkeit (gilt für den ganzen Ort)
- Agrotourismus - Unterkünfte in Landhäusern

Tour ▸ setzt sich zusammen aus den **Teilstrecken**:

A	▸ 1	C	▸ 3
B	▸ 2	D	▸ 4

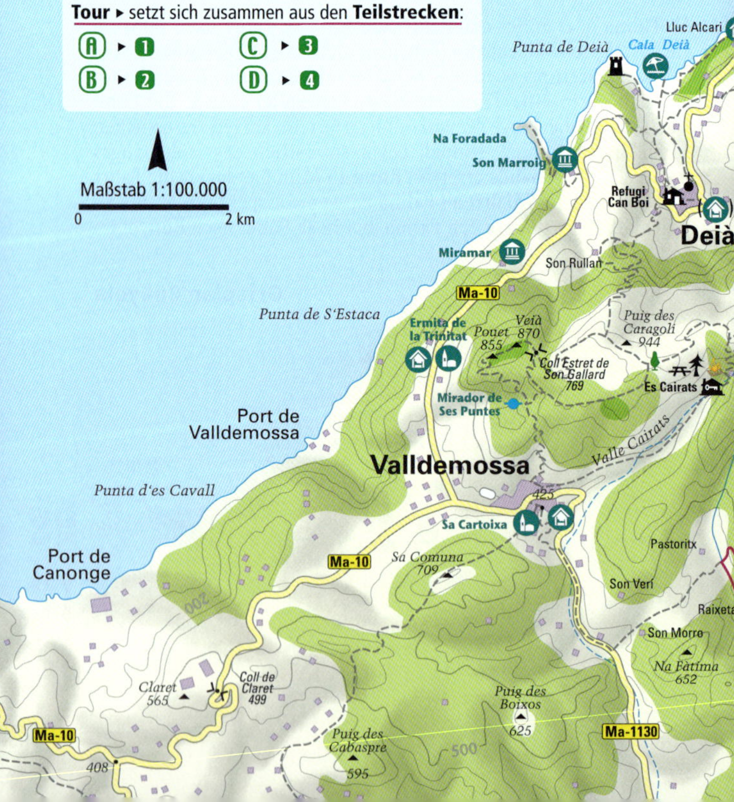

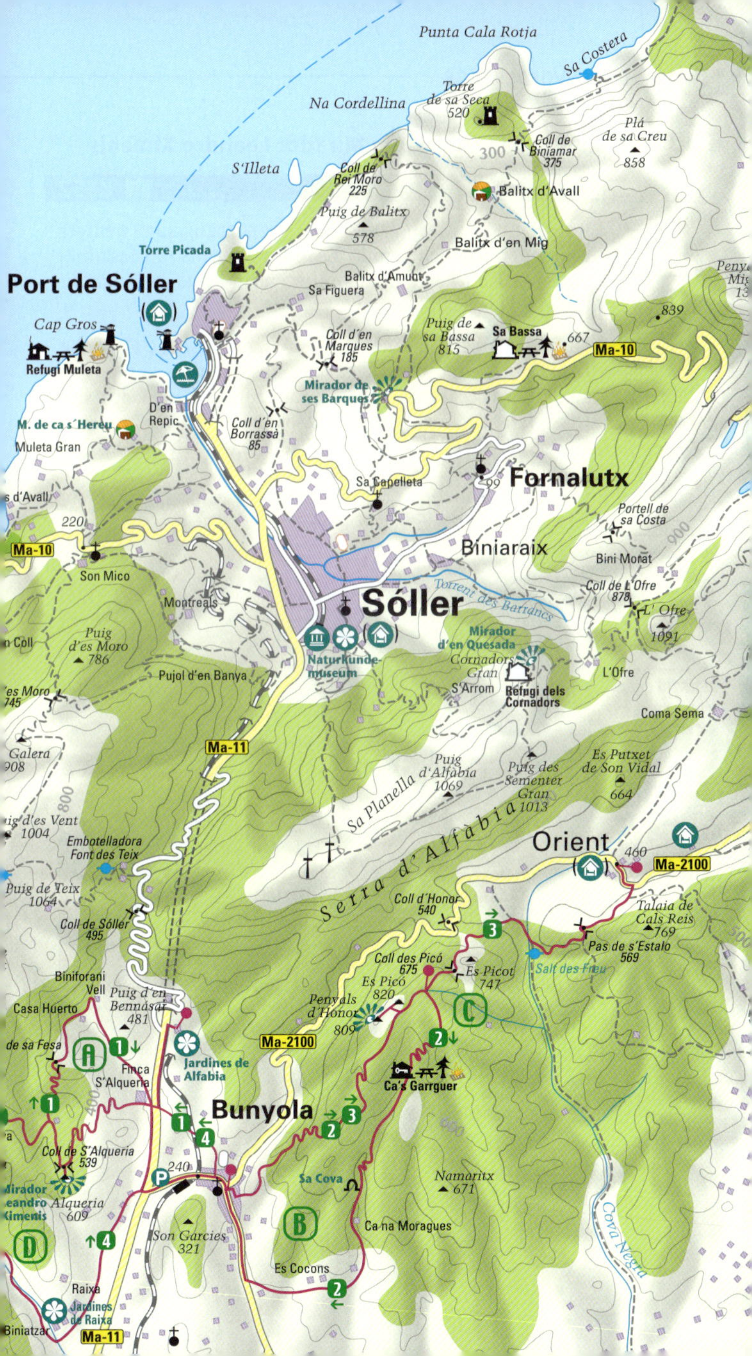
Punta Cala Rotja
Sa Costera
Na Cordellina
Torre de sa Seca 520
Coll de Biniamar 375
Plá de sa Creu 858
S'Illeta
Coll de Rei Moro 225
Balitx d'Avall
Puig de Balitx 578
Balitx d'en Mig
Torre Picada
Port de Sóller
Balitx d'Amunt
Sa Figuera
Cap Gros
Refugi Muleta
Coll d'en Marques 185
Puig de sa Bassa 815
Sa Bassa
667
839
Ma-10
Mirador de ses Barques
M. de ca s'Hereu
D'en Repic
Coll d'en Borrassà 85
Muleta Gran
Sa Capelleta
Fornalutx
Portell de sa Costa
220
Ma-10
Son Mico
Biniaraix
Bini Morat
Coll de L'Ofre 878
L' Ofre 1091
Torrent des Barrancs
Montreals
Sóller
Puig d'es Moro 786
Naturkunde-museum
Mirador d'en Quesada
Cornadors Gran
S'Arrom
Refugi dels Cornadors
L'Ofre
Pujol d'en Banya
Coma Sema
Ma-11
Galera 908
Puig d'Alfàbia 1069
Puig des Sementer Gran 1013
Es Putxet de Son Vidal 664
Sa Planella
Embotelladora Font des Teix
Serra d'Alfàbia
Orient
460
Ma-2100
Puig de Teix 1064
Coll d'Honor 540
Talaia de Cals Reis 769
Coll de Sóller 495
Pas de s'Estalo 569
Coll des Picó 675
Es Picot 747
Salt des Freu
Biniforani Vell
Es Picó 820
Penyals d'Honor 809
Casa Huerto
Puig d'en Bennàsar 481
Jardines de Alfabia
Ma-2100
Finca S'Alqueria
Ca's Garrguer
Bunyola
Coll de S'Alqueria 539
240
Sa Cova
Namaritx 671
Alqueria 609
Son Garcies 321
Ca na Moragues
Cova Negra
Es Cocons
Raixa
Jardines de Raixa
Biniatzar
Ma-11

TOUR A Rundwanderung zum Mirador Leandro Ximenis

K352

ANSPRUCH

●●●

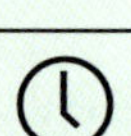

4 Std

MARKIERUNG

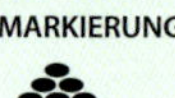

HÖHENMETER

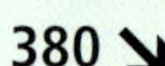

↗ 380

380 ↘

TEILSTRECKE
NR – SEITE

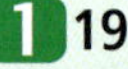

1 190

TEILSTRECKE NR 1 – SEITE 190

Ruhige und Abwechslungsreiche Wanderung zum weniger bekannten Aussichtspunkt ***Leandro Ximenis*** mit faszinierenden Ausblicken auf die umliegenden Berge der *Tramuntana* und bis nach Palma.

Über eine Hochebene geht es weiter zur Passhöhe ***Pas de sa Fesa*** mit einem beeindruckenden Felsdurchlass. Ein kurzer steiler Abstieg führt uns auf rutschigen Waldpfaden talwärts (Wanderstöcke sind dort sehr hilfreich) und entlang eines Sturzbachtals auf einem Pfad in das idyllische Tal von *Biniforani Vell*. Auf der schmalen Zufahrtsstraße wandern wir schließlich zurück zu unserem Ausgangspunkt an der *Finca S'Alqueria Vell*.

Mirador Leandro Ximenis

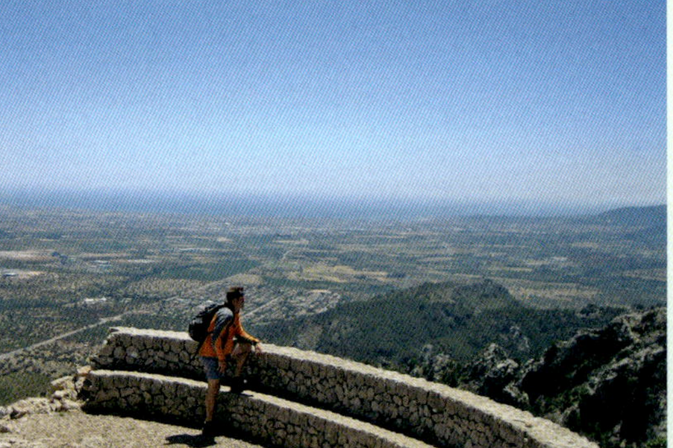

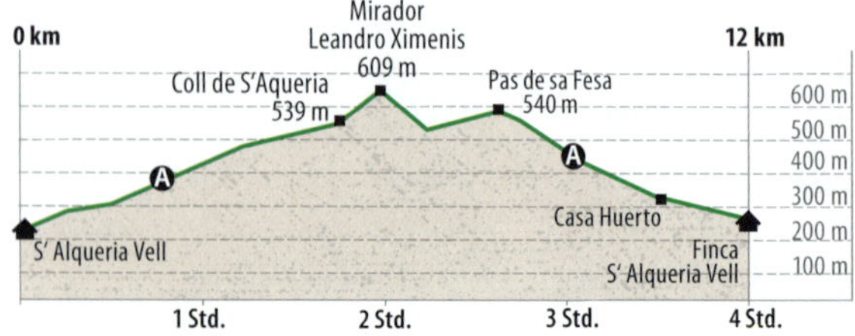

Rundwanderung um Bunyola TOUR B

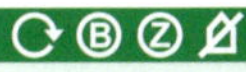

K352/353

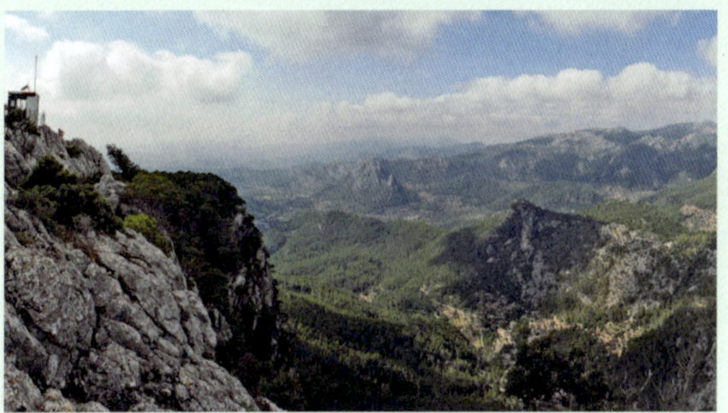

Blick vom Gipfel des Penyal d'Honor

ANSPRUCH

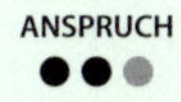

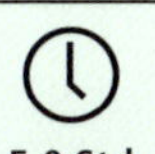

5,0 Std

MARKIERUNG

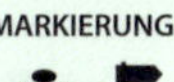

HÖHENMETER

↗ 655

655 ↘

TEILSTRECKE
NR – SEITE

2 192

Vom Kirchplatz des Ortes geht es durch schmale Gassen hinauf in den **Gemeindewald Sa Comuna**. Unter schattigen Steineichen wandern wir auf dem *Camí d'es Grau*, einem teilweise rekonstruierten alten Köhlerpfad. Entlang des Weges sehen wir gut erhaltene Reste ehemaliger Köhlerstätten und Kalköfen.

Den Höhepunkt der Wanderung bildet der Aufstieg zu den beiden Gipfeln des ***Penyal d'Honor***, von denen man einen großartigen Panoramablick hat. Eine weitere Attraktion sind die **Höhlenhäuser von *Sa Cova***, die wir zwischen Terrassengärten und imposant aufragenden Felswänden passieren.

Diese Tour ist eine ohne übermäßige Anstrengung zu bewältigende, überwiegend schattige Rundwanderung. Die erste Weghälfte entspricht dem Aufstieg bis zum Gipfel, dann geht es wieder bergab zurück.

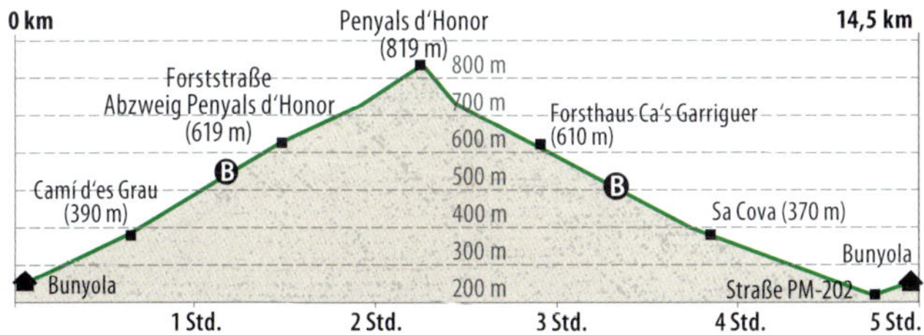

TOUR C Von Bunyola nach Orient

↔ ⌀ K352/353

ANSPRUCH

●●●

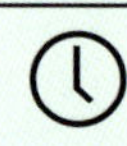

4,5 Std

MARKIERUNG

HÖHENMETER

↗ 565

455 ↘

TEILSTRECKE

NR – SEITE

2 192

3 196

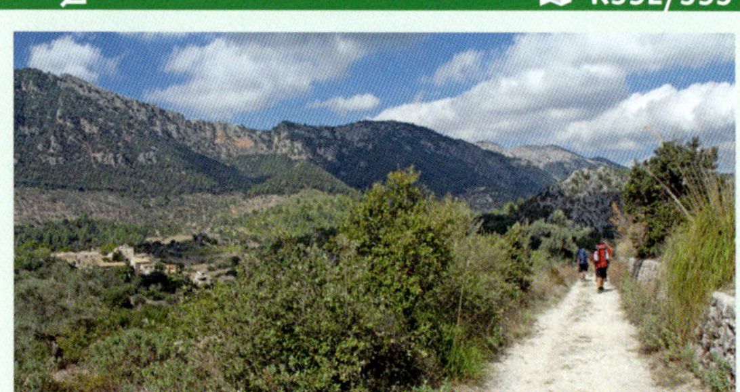

Bis zum Abzweig kurz nach dem Gipfelanstieg auf den *Penyal d'Honor* ist diese Route **identisch mit Tour B**, der Rundwanderung um Bunyola, (⇨ siehe Seite 187)

Auf versteckten Pfaden, landschaftlich abwechslungsreich und mit herrlichen Ausblicken in das grüne Tal von Orient, geht es über zwei Pässe hinab. Unser Weg führt uns durch – mit Trockensteinmauern eingefriedete – Felder und Wiesen zur Straße Ma-2100, auf der wir bis Orient laufen (2 km). Diese Tour bildet zugleich eine **Teilstrecke der auf Seite 347 beschriebenen mehrtägigen Mallorca-Wanderroute**, wobei es dann ab Orient zum *Castell d'Alaró*, zum *L'Ofre*, zum Cúber- Stausee und/oder zur Berghütte *Tossals Verds* weitergeht.

Anzumerken ist, dass der überwiegend bewaldete Weg hier im ersten Wegabschnitt kontinuierlich ansteigt und streckenweise markierungslos verläuft. Von einem weiteren geringfügigen Anstieg abgesehen, geht es im zweiten Abschnitt durch wechselnde Landschaften erst bergab und später auf ebener Strecke bis Orient.

Übernachtung und Einkehr sind in Orient möglich.

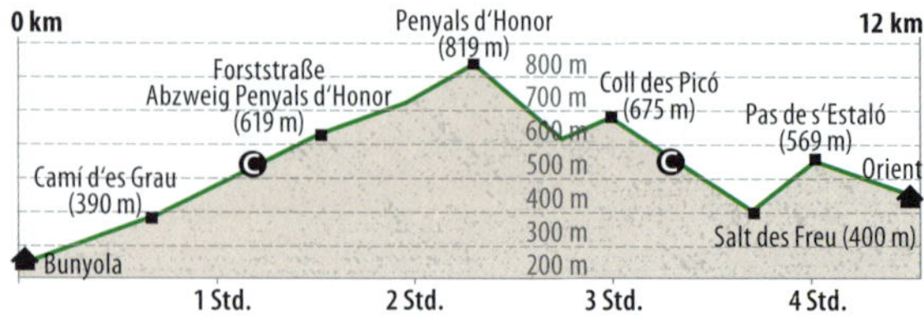

Rundwanderung durch den Torrent d'en Colomer TOUR D

Sehr abwechslungsreiche Rundwanderung auf versteckten Pfaden mit vielen schönen Ausblicken und einem abenteuerlichen Rückweg durch ein Sturzbachtal.

Dem Aufstieg zum Aussichtspunkt ***Leandro Ximenis*** (⇨ Tour A) schließt sich eine lohnende Abenteuerwanderung über eine einsame Hochebene und versteckte Bergpfade an, die uns über den Pass *Cingle de Sa Milana* hinab in den *Torrent d'en Colomer* führen.

Dabei müssen wir durch das Sturzbachtal des ***Torrent d'en Colomer*** kraxeln und talauswärts zum sehenswerten Landgut ***La Raixa*** wandern.Der Rückweg führt uns schließlich durch das Tal von Bunyola und entlang der Straße zurück zu unserem Ausgangspunkt.

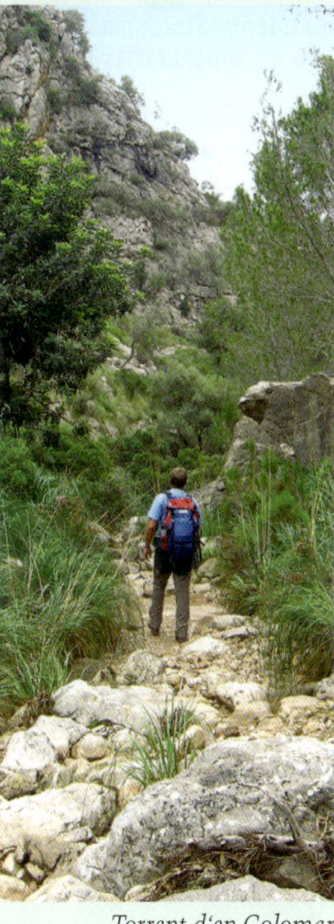

Torrent d'en Colomar

▶ Lange und anstrengende Tour auf fast markierungslosen Pfaden, für trittsichere Wanderer.

ANSPRUCH

●●●

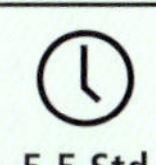

5,5 Std

MARKIERUNG

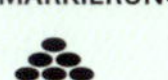

HÖHENMETER

↗ 480

480 ↘

TEILSTRECKE

NR – SEITE

1 190

4 198

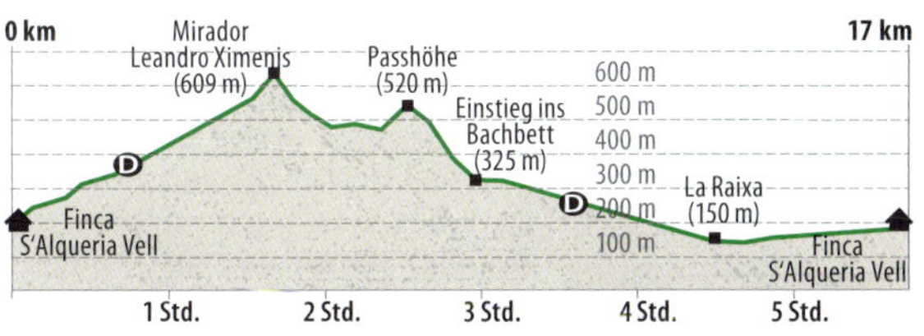

1 Zum Mirador Leandro Ximenis

▶ Wer mit **Bus** oder **Bahn** nach Bunyola kommt, folgt zunächst der Wegbeschreibung (1) bis zur Hauptstraße Palma- Sóller und dort auf der anderen Straßenseite schräg gegenüber weiter der Zufahrt zur ***Finca S'Alqueria d'Avall***.

Autofahrer parken am einfachsten am **Restaurant *Ca'n Penasso*** an der Abzweigung nach Bunyola oder auf dem kurzen breiteren Seitenstreifen an der Straße, direkt an der Zufahrt zur Finca.

Der Einstieg: Vor dem imposanten Hauptgebäude des Gehöfts geht es **links** an einer **Hundehütte** vorbei und durch ein **Eisentor**. Dahinter setzt sich ein **geschotterter Fahrweg** fort, der in Serpentinen durch einen Olivenhain stetig ansteigt.

Auf dem langgezogenen, aber gemütlichen Aufstieg haben wir drei karstig-schroffe Felsköpfe im Blickfeld. Der entfernteste davon ist der *Puig Alqueria (608 m)*, auf dessen Gipfel der Aussichtspunkt *Mirador Leandro Ximenis* angelegt wurde. Begleitet von Panoramablicken auf Bunyola, die Alfàbia-Bergkette und ins Orienttal durchlaufen wir mehrere **Tore**, passieren **Schafstallungen**, welche durch ihre markante runde Dachform auffallen und erreichen schließlich nach etwa einer Stunde Gehzeit den **Pass** *Coll de S'Alqueria*. Hier weist uns **links** eine **Steinsäule** den Pfad hinauf zum *Mirador Leandro Ximenis*. Er wurde nach einem berühmten mallorquinischen Bergsteiger benannt.

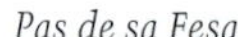

Pas de sa Fesa

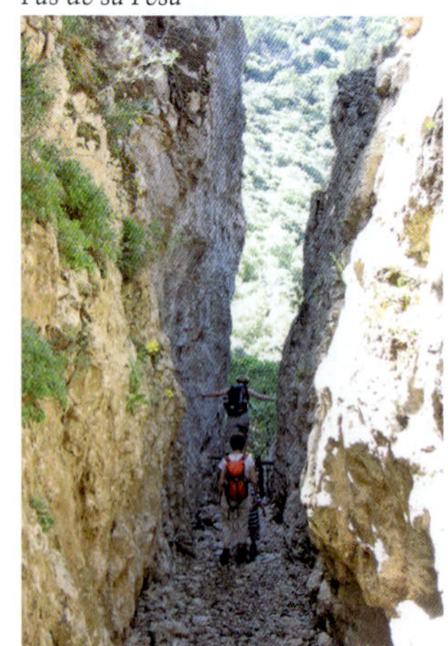

In etwa 15 Minuten erklimmen wir auf einem schmalen **Pfad** den **Gipfelpunkt**, steigen kurz unterhalb des Gipfels nochmals über eine **Eisenleiter** und gelangen schließlich zu einer offenen **Schutzhütte** mit Feuerstelle. Nun sind es nur noch wenige Schritte bis an die Spitze zum halbrund gemauerten **Aussichtsterrasse**. Der Rückweg zum Pass ist identisch mit dem Hinweg.

Am Pass folgen wir **links** dem Karrenweg weiter, der sich über eine Hochebene fortsetzt. Wir gehen durch ein weiteres **Tor** und vorbei an einer offenen **Steinhütte**.

Zum Mirador Leandro Ximenis 

Fortsetzung: Torrent d'en Colomer – Teilstrecke 4 – Seite 198  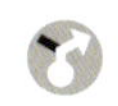

▶ Direkt dahinter biegen wir **rechts** auf einen **Karrenweg** ab, der uns ein kurzes Stück durch einen Olivenhain führt. Ohne klare Wegführung gehen wir nun die letzten Meter eine kleine **Anhöhe** hinauf und gelangen nach etwa 30 Minuten (ab dem *Coll de S'Alqueria* gerechnet), an eine steile, mit Steineichen bewaldete Abbruchkante. Hier orientieren wir uns nach links und entdecken etwas versteckt im Eichenwald den ***Pas de sa Fesa***, einen schmalen Durchlass zwischen zwei Felswänden mit einer **Holzleiter** in der Mitte des Durchstiegs. Nach dem Durchstieg führt uns ein **Serpentinenpfad** durch **Steineichwald** rasch talwärts. Der teilweise rutschigsteile Pfad verlangt volle Konzentration. Wer Wanderstöcke nutzt, tut sich hier wesentlich leichter.

Mit Erreichen von wilden **Olivenhainterrassen** gelangen wir bald an ein meist trockenes Bachbett. Dort verlassen wir den mittlerweile breiter gewordenen Pfad nach **rechts** und folgen diesem weiter talwärts. Kurz darauf passieren wir linkerhand ein verschlossenes **Eisentor**. Auf dem anfangs nicht ganz eindeutigen Pfad wandern wir in der Talsenke entlang des Bachbettes stetig abwärts.

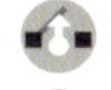

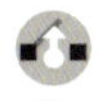

Später verbreitert sich unser Pfad zu einem Karrenweg. Nach einer scharfen Linkskehre des Weges gehen wir nacheinander durch **zwei Tore** und erreichen schließlich das **Gehöft** der *Casa Huerto*, das wir rechts liegen lassen. Wir folgen dem **Zufahrtsweg rechts** bis zur schmalen **Straße**, die das Tal und die *Finca Biniforani Vell* mit der Hauptstraße verbindet.

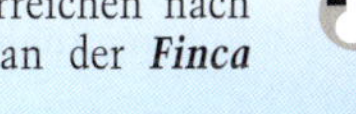

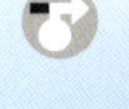

Auf dieser wandern wir **rechts** talauswärts und erreichen nach gut 30 Minuten wieder unseren Ausgangspunkt an der ***Finca S'Alqueria Vell***.

Blick auf die Serra d'Alfàbia

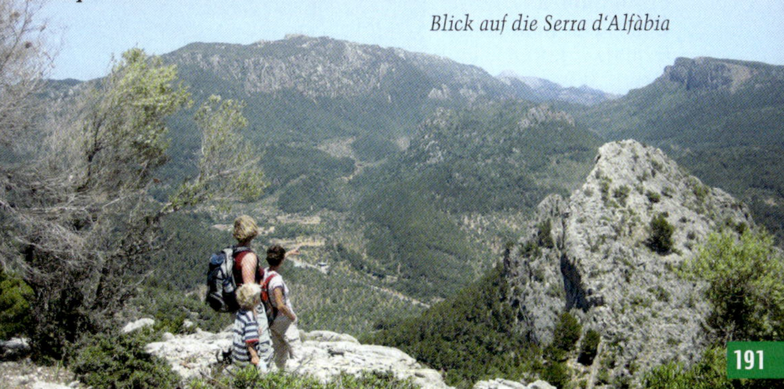

2 Rundwanderung um Bunyola

Anreise mit der Bahn: Vom **Bahnhof** folgen wir gleich **rechts** dem *Carrer Costa de S'Estació* (weiter oben *Carrer de sa Creu*). Den **Marktplatz** können wir nach einer scharfen Rechtskurve nicht verfehlen.

⇨ auch **Ortsplan Bunyola** Seite 183

W4-5 Unsere Wanderung beginnt an der Plaça (**Marktplatz**). Schräg gegenüber der Kirche zweigt der *Carrer de Déu de la Neu* von der Hauptstraße durch den Ort ab. Wir folgen diesem bis ans Ende, wo er auf den *Carrer Santa Catalina Tomás* stößt. Dort nehmen wir den **Treppenweg *Carrer de la Lluna***, der auf der gegenüberliegenden Straßenseite beginnt. Die Steige trifft oben auf eine schmale Teerstraße, der wir nach **rechts** folgen. Von dort genießen wir bereits erste Blicke über Bunyola.

Nach weiteren ca. 50 m nehmen wir den **links** abzweigenden **Treppenweg *Carrer la Comuna***, auf dem es in Serpentinen bergauf geht. An dessen Ende erreichen wir die ***Villa Teresa*** (Nr. 17A), an der wir **rechts** vorbeigehen. Wir stoßen dann auf einen gepflasterten **Karrenweg** und folgen diesem wiederum nach rechts. Hoch über den Dächern von Bunyola haben wir herrliche Ausblicke auf das *Teix-Massiv* und bis hinüber zur Bucht von Palma.

Nach etwa **100 m** auf dem Karrenweg passieren wir links das **grüne Einfahrtstor** zu einer Finca und gehen auf einem abwärts führenden betonierten Wegstück daran vorbei. Kurz darauf zweigt **links** ein schmaler Pfad ab. Dieser von Steinmauern eingefasste Weg führt uns in einen **Steineichenwald**. An einer Weggabelung halten wir uns **links** und gehen bergauf. Dabei stoßen wir auf mehrere Relikte früherer **Köhlerstätten** und Kalkbrennöfen.

Ein **Kalkofen** *(Forn de Calc)*, ein **Kohlenmeilerplatz** *(Sitja)* und eine **Wassersammelstelle** für Tiere *(Aljub)* sind durch Holzschilder gekennzeichnet (⇨ Seite 27). Unter dem Hinweisschild auf den *Forn de Calc* finden wir eine **rote Punktmarkierung** mit einem gelben Pfeil.

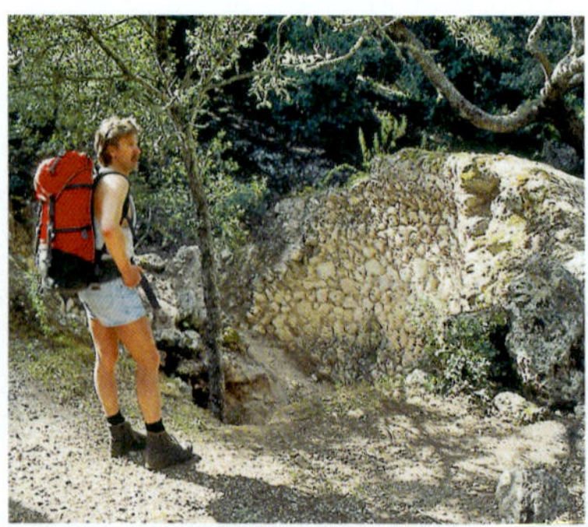

Rundwanderung um Bunyola 2

Nach weiteren 10 Minuten Gehzeit erreichen wir einen kleinen **Pass** (150 m) und eine weitere **Weggabelung**. Das Schild ***Camí des Grau*** und wiederum rote Punktmarkierungen weisen uns **rechts** den richtigen Weg.

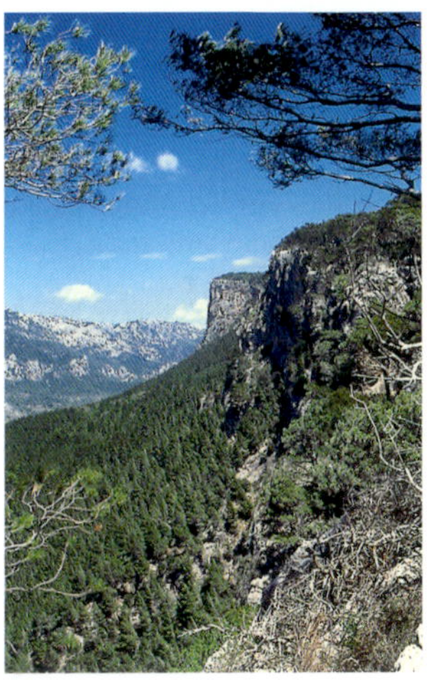

Bald wandern wir auf altem **Kopfsteinpflaster** in Serpentinen bergauf. Nach **15 Minuten** erreichen wir das Schild ***Mirador***; von dort geht es auf einem kurzen Stichpfad zum abseits gelegenen **Aussichtspunkt** (300 m). Von den schroff abfallenden Felsen hat man dort einen wunderbaren Blick ins **Orienttal**, auf den *Teix* und die *Alfàbia-Bergkette.*

Zurück auf dem *Camí des Grau* erreichen wir – nachdem wir rechts einen **Kohlenmeilerplatz** passiert haben – kurz darauf einen **Bergsattel**. An der sich anschließenden **Weggabelung** gehen wir **links** vorbei an einem früheren **Kalkofen** bergauf. Fortan wandern wir durch einen dichten **Steineichenwald**.

Der **Karrenweg** lässt noch teilweise tiefe, alte Spurrillen erkennen. Links und rechts des Weges treffen wir erneut auf Überbleibsel ehemaliger Kalköfen und Kohlenmeilerplätze. Nach gut 10 Minuten auf diesem Weg kommen wir an eine **Wegkreuzung**. Am Baum gegenüber weisen gelbe und rote **Pfeilmarkierungen** den Weg, der hier scharf **rechts** abknickt.

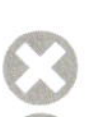
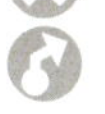

Wir gelangen auf eine Lichtung und können rechterhand ein grünes, geschlossenes Wasserbassin erkennen. Sobald wir auf den Fahrweg treffen, der sich von Bunyola in Serpentinen zum **Forsthaus *Ca's Garriguer*** hinaufschlängelt, wenden wir uns nach **links**, um gleich darauf wieder **links** in einen abgesperrten Forstweg abzubiegen (Schotterpiste). Ein **Schilderpfahl** mit Hinweisen zum *Penyal d'Honor* und *Ca's Garriguer* sowie Verbotsschilder für Pferde und Fahrräder markieren den Abzweig. Gut 10 Minuten lang geht es nun leicht bergan. Der Weg knickt dabei in seinem Verlauf nach **rechts** ab. Entlang eines **Bergkammes** laufen wir dann relativ eben für weitere 10 Minuten.

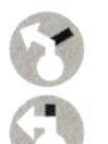

2 Rundwanderung um Bunyola

Noch bevor der Weg wieder bergab führt, steht rechterhand ein **Hinweisschild**, das den **Stichpfad** zu den **Gipfeln** der ***Penyals de Honor*** nach **links** markiert. Der Aufstieg ist in 15 Minuten zu meistern. Eine rote Punktmarkierung auf Steinen hilft uns bei der Wegfindung. Es gibt oben zwei Gipfelpunkte, die nur etwa 20 m voneinander entfernt liegen und eine unwesentliche Höhendifferenz von einigen Metern aufweisen.

Ein großartiges **Panorama** mit Ausblicken ins Orienttal (N), auf das *Castell d'Alaró* (NO), hinüber zur Bucht von Alcudia (O), bis zum *Randaberg* (SO), über die Bucht von Palma (S) und auf die Gipfel *Galatzó* (SW) und *Teix* (NW) belohnt den Aufstieg – gute Sicht vorausgesetzt. Während länger anhaltender Trockenperioden im Sommer, wenn auf Mallorca immer akute Waldbrandgefahr herrscht, kann man hier – von der Forstbehörde mit Fernglas und Funkgerät ausgestattete – Studenten aus Palma treffen, die Feuerwache halten, ein beliebter Job in den Semesterferien.

Der Abstieg vom Gipfel des *Penyal d'Honor* zurück zum **Abzweig** am Forstweg erfolgt auf gleicher Route.

Anschluss nach Orient: Vom Gipfel des *Penyal d'Honor* zurück auf dem Hauptweg setzen wir unsere Wanderung **nach links** fort. Der Weg geht bald abwärts in eine langgezogene Rechtskurve über. In deren Verlauf biegt nach links der Pfad in **Richtung Orient** ab, markiert durch Steinmännchen.

W4-5

3 **Fortsetzung: Nach Orient – Teilstrecke 3 – Seite 196**

8 **Rückweg nach Bunyola:** Zurück vom Gipfel **queren wir** am **Abzweig** den Forstweg und folgen einem zunächst steilen **Pfad**, der

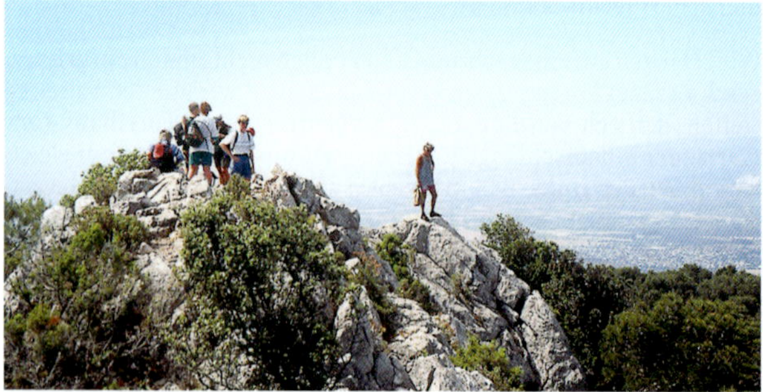

Auf den Penyals de Honor mit Blick auf die Alfàbia-Kette

Rundwanderung um Bunyola 

sich später zu einem **Karrenweg** weitet. Durch Steineichenwald und vorbei an einigen Köhlerplätzen trifft dieser nach gut 20 Minuten am **Forsthaus** *Ca's Garriguer* (mit Picknickplatz und Grillstelle) auf den **Fahrweg**, der von Bunyola hinauf zum Forsthaus führt.

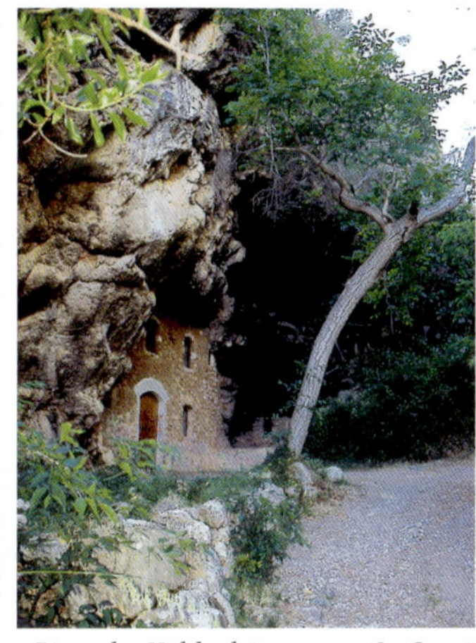

Eines der Höhlenhäuser von „Sa Cova"

Wir queren den Fahrweg, lassen das Forsthaus rechts liegen, und **überqueren den Platz** in Richtung eines Ziehbrunnens. Hinter dem Ziehbrunnen setzt sich der Weg entlang eines Bachbettes fort. Er wird bald versperrt durch ein **Eisengatter**, das wir aber leicht übersteigen können. Vorbei an einer einstigen Tiertränke, einem Kohlenmeilerplatz und einem altem Backofen (490 m), wandern wir noch einige Minuten, bis wir links steile Felswände sehen. Manchmal sind dort Kletterer zu beobachten.

Vom Forsthaus talwärts erreichen wir nach gut 30 Minuten eine **Steinmauer** mit **Gatter** und seitlichem **Überstieg**. Dort verlassen wir den dichten Wald. Vorübergehend bestimmen Terrassengärten mit Oliven-, Feigen- und Pfirsichbäumen das Landschaftsbild zwischen den hoch aufragenden Felswänden. Nach kurzer Distanz stoßen wir wieder auf ein **Gatter** und stehen bald vor den **Höhlenhäusern** ***Sa Cova*** (330 m). Bis vor ca. 50 Jahren waren sie bewohnt. Weitere Höhlenhäuser, zugleich größer und bekannter, sind die von *Cosconar* unterhalb des *Puig Roig*.

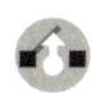

Von *Sa Cova* folgen wir dem Weg weiter ins Tal. Über Olivenhaine erreichen wir die ***Finca Ca Na Moragues***. Das **Holzgatter** öffnen wir und schließen es wieder hinter uns. Einen Wegabzweig links ignorieren wir und folgen weiter dem Karrenweg **geradeaus**. Dieser geht in eine zunächst schlechte Teerstraße über, die bald mehrere Häuser und dann die ***Finca Es Cocons*** passiert. Nach einer Rechtskehre sehen wir linkerhand einen großen Transformator und sind dann schon fast an der Straße **Ma-2020** Bunyola-Santa Maria, auf der wir **rechts** nach Bunyola zurück zum Ausgangspunkt gelangen.

3 Von Bunyola nach Orient

Die Wanderung beginnt wiederum an der *Plaça* in Bunyola: Bis zum Abzweig kurz hinter dem Pfad zum Aussichtspunkt ***Penyals de Honor*** entspricht die Wegführung der vorstehend beschriebenen Rundwanderung um Bunyola:

⇨ **Teilstrecke 2, bis Seite 194**

W4-5 **Fortsetzung nach Orient ab Penyals de Honor:**

2 Wir folgen dem abzweigenden **Pfad** in der langgezogenen Rechtskurve **nach links** (Markierung durch Steinmännchen). Der Pfad führt entlang eines Kamms auf einem kurzen, ebenen Stück durch eine dichte Buschvegetation. Nach ca. **5 Minuten** erreichen wir einen **Aussichtspunkt** über schroff abfallenden Felsen mit Panoramablick über das Tal von Orient. Der Weg knickt nun nach **rechts** ab und verläuft steiler – teilweise über Geröll – in Serpentinen bergab. Steinmännchen und rote Punkte helfen den nicht immer eindeutigen Wegverlauf zu identifizieren.

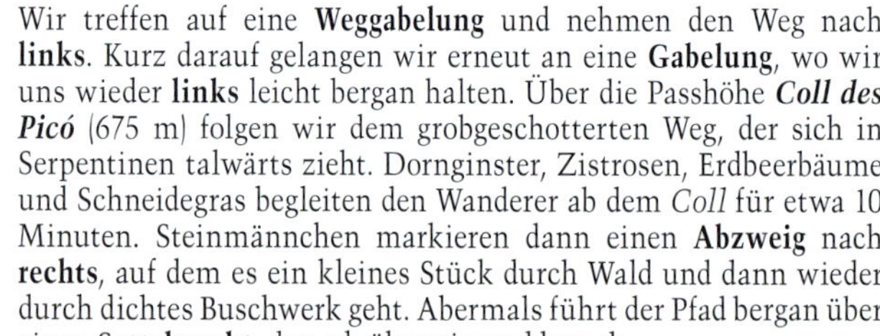

Wir treffen auf eine **Weggabelung** und nehmen den Weg nach **links**. Kurz darauf gelangen wir erneut an eine **Gabelung**, wo wir uns wieder **links** leicht bergan halten. Über die Passhöhe ***Coll des Picó*** (675 m) folgen wir dem grobgeschotterten Weg, der sich in Serpentinen talwärts zieht. Dornginster, Zistrosen, Erdbeerbäume und Schneidegras begleiten den Wanderer ab dem *Coll* für etwa 10 Minuten. Steinmännchen markieren dann einen **Abzweig** nach **rechts**, auf dem es ein kleines Stück durch Wald und dann wieder durch dichtes Buschwerk geht. Abermals führt der Pfad bergan über einen **Sattelpunkt**, danach überwiegend bergab.

In raschen Abständen gelangen wir an **zwei weitere Weggabeln**. Wir halten uns erst **links** und folgen **dann** dem **rechten Weg**, der durch ein Waldstück in einer weiten Linkskehre Richtung Orient läuft. Bald erreichen wir einen Maschendrahtzaun mit **Holzgatter** und seitlichem **Überstieg**. Danach wechselt der Weg häufig sein Aussehen: mal ist er breit, dann wieder schlängelt er sich als schmaler Pfad durch unterschiedliche Vegetationsdichte.

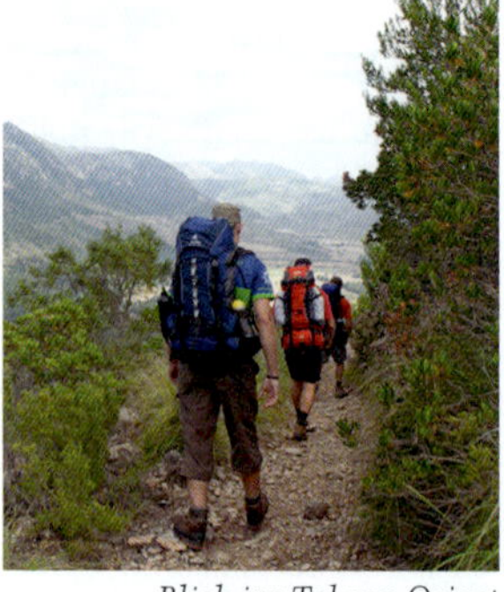

Blick ins Tal von Orient

Von Bunyola nach Orient 

Bald passieren wir links einen Kohlenmeilerplatz und eingefallene Mauern. Steinmännchen markieren die nächste **Weggabelung**, wo wir dem **linken** Pfad bergab folgen. Eine **Steinbarriere** quer über den geradeaus weiterlaufenden Weg und wieder Steinmännchen kennzeichnen einen **abzweigenden Pfad** nach **links**. Dieser wird immer schmaler, ist aber durch den dichter werdenden **Steineichenwald** gut markiert.

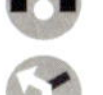

Nach dem Passieren eines **Mauerdurchlasses** steht man auf abschüssigen Steinterrassen, die wir in der Fallinie überqueren. Wir stoßen auf einen Weg, dem wir nach **links** talwärts folgen. Die Bewaldung wird nun wieder lichter, und wir erreichen bald ein **verfallenes Steinhaus** mit eingezäuntem Grundstück. Eine kurze Strecke gehen wir an der **Steinmauer** entlang nach **links** und treffen dort auf einen breiteren **Fahrweg**, dem wir wiederum nach **rechts** folgen.

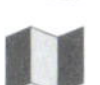

Rechts – Anschluss nach Sta. Maria: ⇨ Wanderkarte

Hinter einem **Tor** mit **Überstieg** erreichen wir das Bachbett des ***Torrent de Orient***. Wir **durchqueren** das **Bachbett** und nehmen auf der gegenüberliegenden Seite einen **Karrenweg** auf, dem wir bergan durch **Steineichenwald** folgen. An **zwei** aufeinander folgenden **Weggabelungen** halten wir uns jeweils **links**. An einem Felseinschnitt erreichen wir die **Anhöhe** *Pas s'Estaló* und genießen hier den **Ausblick** ins Orienttal.

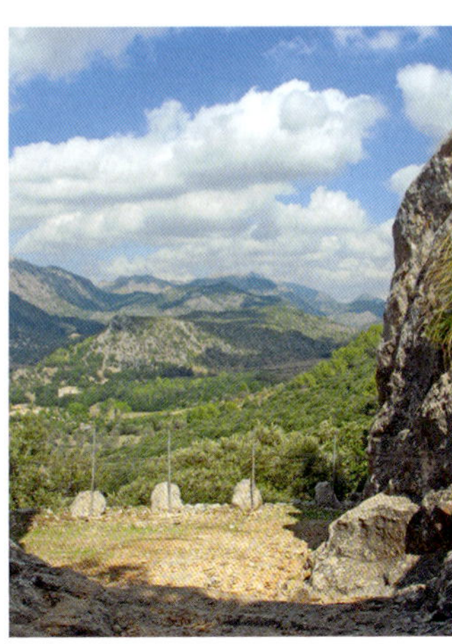
Pas de s'Estaló

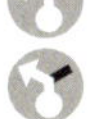

Wir gehen bergab weiter durch **Steineichenwald** und treffen nach 10 Minuten auf eine **Weggabelung**, der wir **links** folgen. Kurz darauf halten wir uns **rechts** und treffen bald wieder auf eine **Weggabelung** und **links** ein **Eisentor**, das wir passieren. Nach einem kurzen Wegstück durch Terrassenkulturen gelangen wir auf ein weiteres verschlossenes **Eisengatter**, das wir überwinden müssen. Dahinter stoßen wir auf die **Verbindungsstraße Orient-Alaró** (Ma-2100). Nach **links** entlang der Straße sind es noch 300 m bis zum Ort **Orient**.

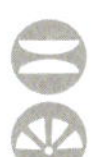
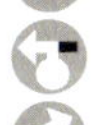
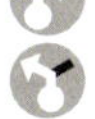
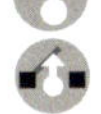
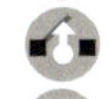
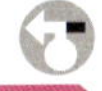

W4-5

4 Rundwanderung durch den Torrent d'en Colomer

1 Der erste Wegabschnitt zum *Mirador Leandro Ximenis* und weiter bis zum Abzweig nach der **Steinhütte** ist identisch mit **Teilstrecke 1, bis Seite 190**.

▶ **Fortsetzung:** Den Wegabzweig hinter der Hütte lassen wir rechts liegen und folgen hier weiter dem Fahrweg. Kurz darauf gehen wir durch ein **Eisentor**. Vorbei an einem ehemaligen **Kalksteinofen** führt uns der Fahrweg über eine Hochebene, später an der Bergflanke entlang, dem Taleinschnitt weiter folgend. Wir gehen durch ein weiteres **Gatter**, links unten im Tal erblicken wir das einsame und nur zeitweise bewohnte Gehöft der ***Finca Sa Muntanya***.

Bald darauf treffen wir auf eine **Weggabelung**. Der Weg links führt direkt zum Gehöft. Wir halten uns hier **rechts**, gehen durch ein weiteres **Gatter** und folgen dem jetzt ansteigenden **Karrenweg** ein kurzes Stück in den **Taleinschnitt** des ***Torrent s'Aubi*** hinein. Eine weiter oben auf der rechten Seite gelegene Hütte nebst einem großen runden Wasserbehälter erscheint in unserem Blickfeld. Jetzt verlassen wir den Karrenweg und steigen **links** ohne eindeutige Wegführung auf **Ziegenpfaden** den mit Bäumen, Dissgras und Buschwerk wild bewachsenen Hang hinauf zur **Passhöhe** *Cingle de Sa Milana*, auf dessen Rücken eine **Trockensteinmauer** mit Maschendrahtzaun verläuft. Etwa in der Mitte des Passes treffen wir auf eine Lücke im Drahtzaun samt **Holzleiter**, die wir übersteigen.

Auf der anderen Seite erwartet uns neben beeindruckenden Ausblicken auf das *Teix-Massiv* ein über und über mit **Dissgras** bewachsener Hang, durch den ein Weiterkommen schier unmöglich erscheint. Durch diese Graslandschaft orientieren wir uns auf einem kaum erkennbaren **Pfad** nach **rechts** und treffen nach etwa 200 m auf eine weitere **Trockensteinmauer**, die in Falllinie zum Hang verläuft. Wir **übersteigen** auch diese und kämpfen uns die Bergflanke entlang

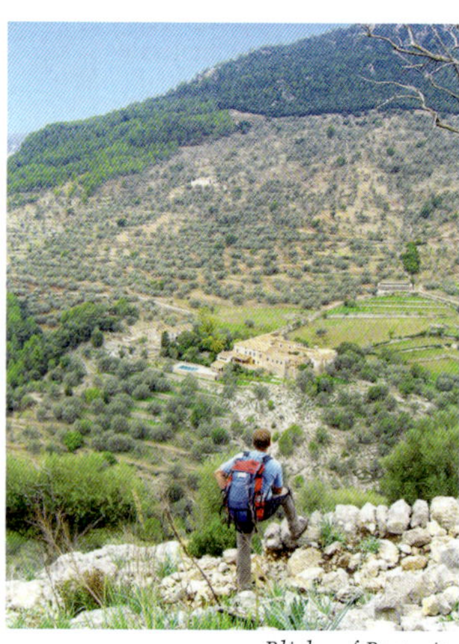

Blick auf Pastoritx

Rundwanderung durch den Torrent d'en Colomer 

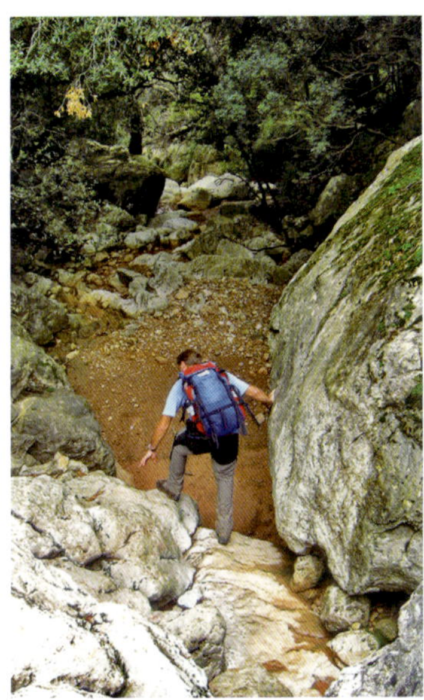

Im Torrent d'en Colomer

auf dem weiter schwer zu identifizierenden Pfad durch das Gras langsam wieder talwärts. Die dichte Vegetation lichtet sich langsam und die Umgebung wechselt nun in eine wilde Terrassenlandschaft mit einzelnen Olivenbäumen und Steineichen. Wir passieren hier erneut eine **Trockensteinmauer**. Dahinter führt uns ein Pfad in vielen engen Serpentinen über die Terrassen talwärts. Im Tal unter uns erblicken wir das **Gehöft** von ***Pastoritx***. Mit Erreichen des **Talbodens** endet der Pfad und wir orientieren uns auf die **gegenüberliegende Talseite** des hier breiteren **Sturzbachtales**. Dort erkennen wir einen **Karrenweg**, der zur Fahrstraße hinauf führt, die das Gehöft *Pastoritx* mit Valldemossa verbindet.

Wir halten uns hier jedoch **links** und folgen einem schmalen **Pfad**, der uns parallel zum Sturzbachtal in südöstlicher Richtung **talwärts** führt. In seinem weiteren Verlauf wird dieser stellenweise durch umgestürzte Bäume unterbrochen oder ist mit **Buschwerk** und **Gräsern stark überwachsen**. Später verläuft sich der Pfad im Dickicht und wir gehen nun im trockenen Bachbett des *Torrent d'en Colomer* weiter talauswärts. Das vom Wasser geformte Bachbett bildet eine abenteuerliche und eindrucksvolle Route. Wir benötigen darin viel Aufmerksamkeit und teilweise auch Klettergeschick. Etwa 30 Minuten lang **kraxeln** wir so durch das **Bachbett**, dann wird das Gehen einfacher und das Tal weitet sich zunehmend. Hier treffen wir **links** auf eine akkurat gemauerte **Trockensteinmauer**, die das Bachbett stützt. Über diese verlassen wir das Bachbett und folgen einem erkennbaren **Pfad** durch die mit Dissgras überwachsene Ebene bis zu den verfallenen Gebäuden von **Raixeta**, die wir, von deren Rückseite kommend, kurz darauf erreichen.

4 Rundwanderung durch den Torrent d'en Colomer

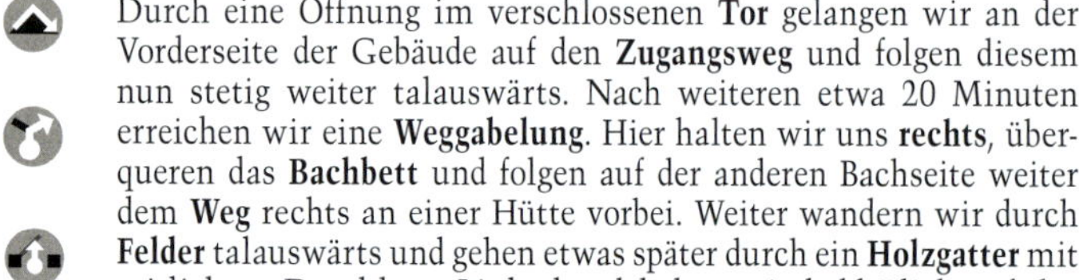

Durch eine Öffnung im verschlossenen **Tor** gelangen wir an der Vorderseite der Gebäude auf den **Zugangsweg** und folgen diesem nun stetig weiter talauswärts. Nach weiteren etwa 20 Minuten erreichen wir eine **Weggabelung**. Hier halten wir uns **rechts**, überqueren das **Bachbett** und folgen auf der anderen Bachseite weiter dem **Weg** rechts an einer Hütte vorbei. Weiter wandern wir durch **Felder** talauswärts und gehen etwas später durch ein **Holzgatter** mit seitlichem Durchlass. Linkerhand haben wir bald Blick auf das *Landgut La Raixa.*

Der Herrensitz *La Raixa*

Der aufwendig restaurierte und zu einem Besucher- und Informationszentrum umgebaute Gutshof Raixa bietet eine anschaulische Ausstellung zu Geschichte und Architektur des weitläufigen Landsitzes. Eine weitere Ausstellung bietet kulturhistorische und völkerkundliche Informationen zu dem, 2011 zum UNESCO Weltkulturerbe erhobenen, Tramuntanagebirge. Am beeindruckensten ist aber sicherlich die Gartenanlage des Landguts mit wasserspeienden Skulpturen, einem kleinen achteckigen Tempel inmitten von

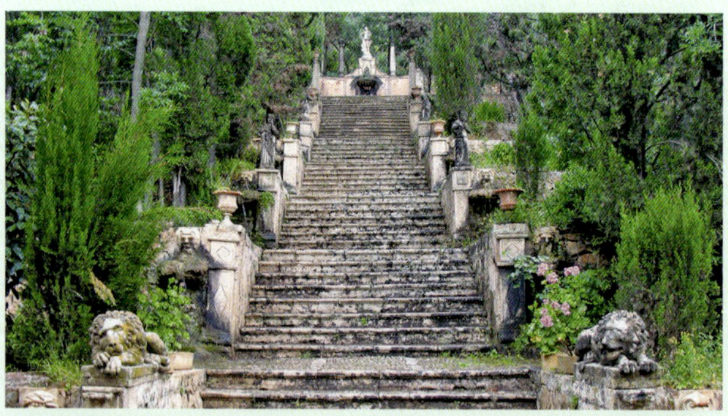

Feigenkakteen, einer kleinen Kapelle und einem riesigen Wasserreservoir mit Freisitz und einem herrlichen Blick in die Ebene von Palma. Der Landsitz war seit 1620 im Besitz der Familie Despuig. 1797 reiste Kardinal Antonio Despuig y Dameto nach Rom und brachte von dort die neoklassizistischen Ideen mit, die bis heute das Gesamtbild der Gartenanlage bestimmen.

Geöffnet Dienstag - Samstag, 10-15 Uhr, Eintritt frei.

TIPP Großen P mit Zugangsweg links vom Zufahrtsweg nutzen!

Rundwanderung durch den Torrent d'en Colomer 4

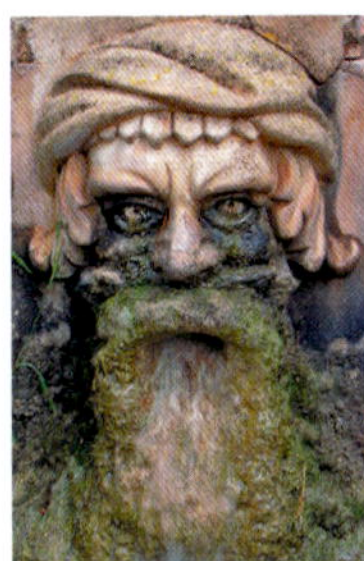

▶ Wir lassen *Raixa* links liegen und treffen am **Besucherparkplatz** auf die **Zufahrt**. Hier halten wir uns **links**, lassen das Gutsgebäude weiter links liegen und wandern auf dem **Fahrweg** nördlich in Richtung Bunyola. Nach einem knappen Kilometer und der darauffolgenden zweiten Weggabelung geht es weiter auf einem **Fußpfad**. Entlang von Trockensteinmauern ist es einen weiteren Kilometer bis zu einer schmalen Straße, die bald auf die **Hauptstraße** stößt.

Mit Ziel **Bunyola** überqueren wir diese und folgen der gegenüberliegenden Straße entlang gut einen Kilometer in den Ort hinein. Unseren Ausgangspunkt an der ***Finca S'Alqueria Vell*** erreichen wir **links**, der Hauptstraße folgend, nach gut einem Kilometer.

Die nostalgische Eisenbahn

Geschichte

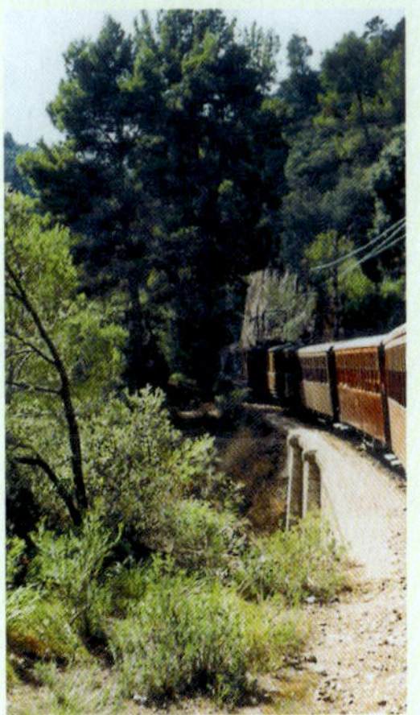

Bereits seit 1912 schnauft die historische Bahn nun schon, dessen elekrische Lok (Siemens 1929) und ihre schönen Holz-Waggons mehrmals täglich die 28 km von Palma nach Sóller und zurück bewältigen. Der nostalgische Zug durchfährt dabei 13 Tunnel und quert die *Serra d'Alfàbia* über weit ausholende Serpentinen.

Die Bahn, einst gebaut für den raschen Transport der Orangen aus dem Tal von Sóller zum Hafen von Palma, hat seit Eröffnung des Straßentunnels im Jahr 1997 ihre Funktion als Verkehrsmittel für Mallorquiner fast ganz verloren. Sie ist heute überwiegend eine teure Touristenattraktion und legt auf zwei Vormittagsabfahrten ab Palma (im Winter nur eine) sogar Fotostopps auf der Passhöhe ein. Die Zugfahrt dauert mit Zwischenhalt an drei Stationen in der Ebene ungefähr eine Stunde. Wer will, kann in Sóller umsteigen in die ebenso nostalgische offene Straßenbahn nach Port de Soller, ⇨ Seite 52.

WEGE VON ORIENT

Tour A : Auf den Festungsberg von Alaró

Tour B : Zur Berghütte Tossals Verds

Tour C : Rundwanderung über Alaró und seinen Festungsberg

Tour D : Wanderung zu den Wasserfällen von Salt des Freu

Tour E : Von Orient nach Bunyola

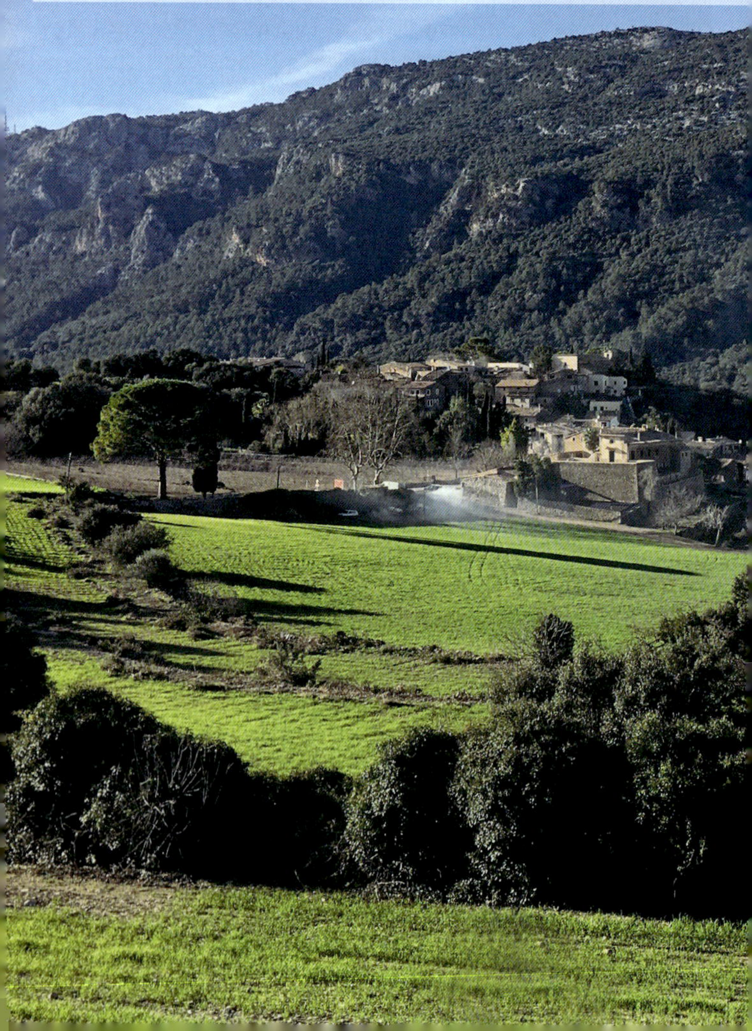

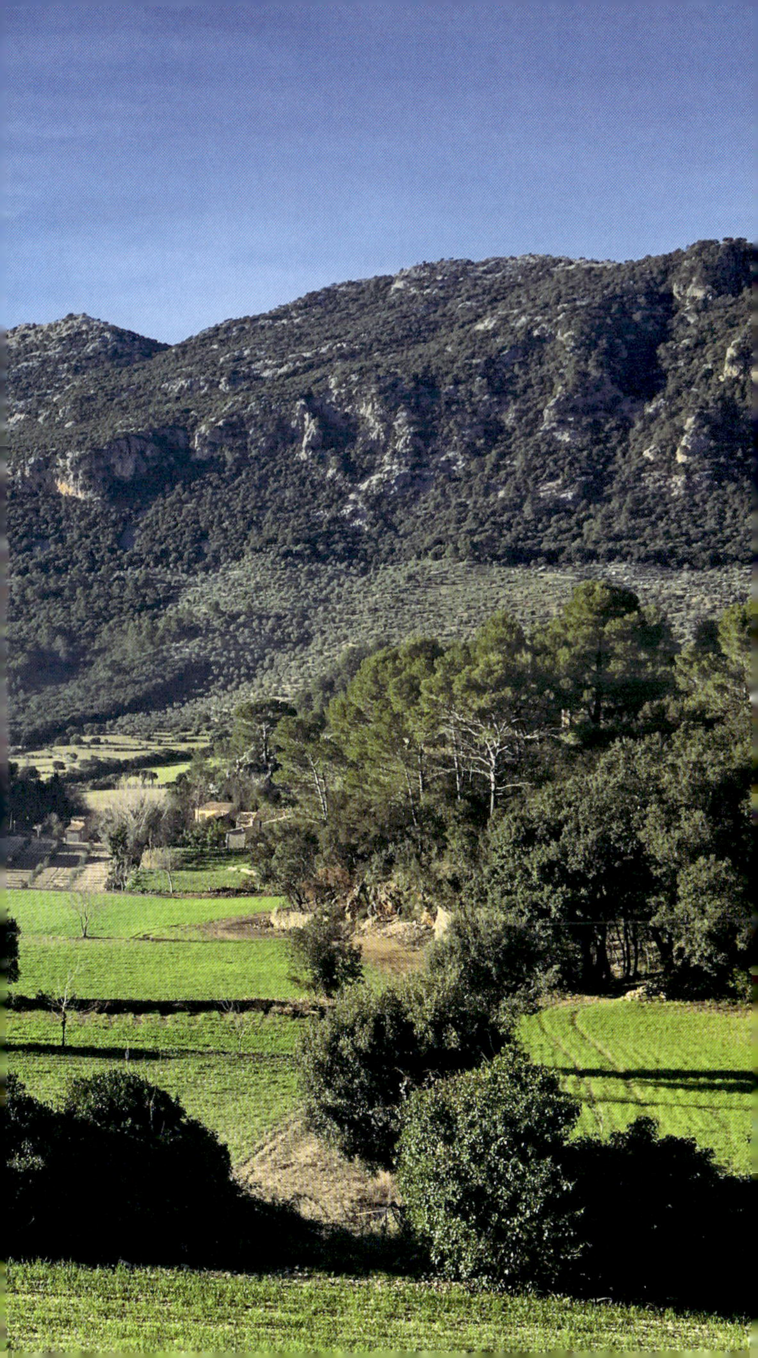

Ortsbeschreibung

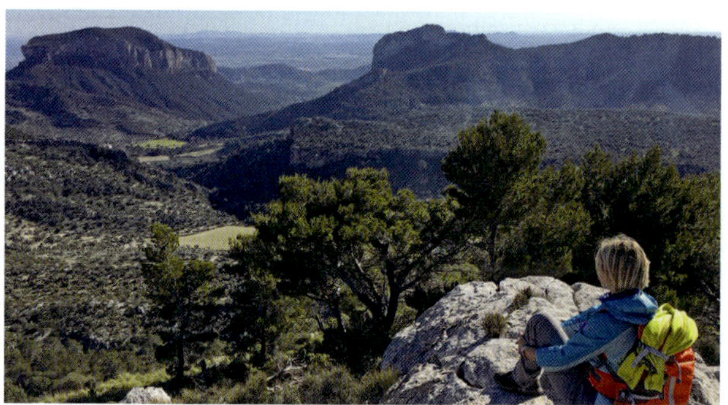

Blick auf Orient von der Alfàbia-Kette

Wenngleich Orient nicht ganz halten kann, was der exotische Name verspricht, liegt dieses kleine Dorf doch reizvoll auf einer Anhöhe am Rande eines fruchtbaren Hochtals voller Wiesen, Felder und Obstgärten. Ringsum überragen Gipfel und Felsen der *Serra Tramuntana* die Idylle.

Wegen dieser Lage weitab der Küsten und Durchgangsstraßen blieb Orient vom Tourismus weitgehend verschont. Den Weg dorthin finden neben einzelnen Autoausflüglern vor allem Radler und Wanderer.

Orient ist schnell erkundet. Sehenswertes hat das Dorf als solches nicht zu bieten, besticht aber durch den kompakten ideal in die Landschaft eingepassten Gesamteindruck. Das **Tal von Orient** wird im wesentlichen von zwei großen Höfen bewirtschaftet, die einsam außerhalb des Ortes liegen.

Restaurants & Unterkunft

Mallorquinische Küche bieten die beiden Restaurants an der Hauptstraße. Nicht immer sind beide gleichzeitig geöffnet. Wenn doch, so ist ***Can Jaume*** die kulinarisch empfehlenswertere Wahl (*Pa amb oli* bestellen!), aber es fehlt dort eine sonnige Terrasse wie im ***Restaurant Muntanya***. Abends stimmungsvoller ist ein kleines Restaurant oben bei der Kirche.

Das ***Restaurant Muntanya*** gehört zum gleichnamigen Hotel, das vor einiger Zeit auf höheren Standard gebracht wurde und recht teuer ist (⇨ Seite 377). Gehobeneren Ansprüchen genügen die ***Finca Son Palou*** auf dem Ortshügel hinter der Kirche mit Blick auf die

Verkehrsanbindung

eigenen Ländereien (Zufahrt 300 m westlich des Dorfes) und das ****Hotel L'Hermitage, 2 km außerhalb des Ortes in Richtung Alaró. **Läden** gibt es in Orient nicht.

Orient ist nicht an das öffentliche Verkehrsnetz angeschlossen und daher nur mit Mietwagen, Taxi oder eigener Muskelkraft zu erreichen. Wer im Auto von Alaró oder Bunyola anfährt, findet **Parkmöglichkeiten** nur im bzw. nah beim Ort, da es entlang der engen, kurvenreichen Straße nur selten Plätzchen gibt, an denen man ein Fahrzeug abstellen kann.

Wandern in der Umgebung von Orient

Orient ist Startpunkt eines der beiden populären Wege hinauf zu den Ruinen der **Burg *(Castell)* von Alaró.** Außerdem kann eine Rundwanderung über den Ort **Alaró** zum Burgberg unternommen werden. Eine weitere schöne Wanderung führt zu den periodischen Wasserfällen von Salt des Freu.

Zwar gibt es noch weitere attraktive Routen zu Zielpunkten der näheren und entfernteren Umgebung, aber wegen der fehlenden Verkehrsanbindung und der Sperrung des Gebiets der Finca Coma Sema ist Orient als Wanderdestination bislang nicht sehr attraktiv.

Orient ist zudem ein interessantes Etappenziel zwischen Bunyola oder Alaró und der Berghütte Tossals Verds auf einer mehrtägigen Wanderung durch die Serra Tramuntana.

(⇨ siehe **Kapitel Mehrtägige Wanderungen**, ab Seite 342)

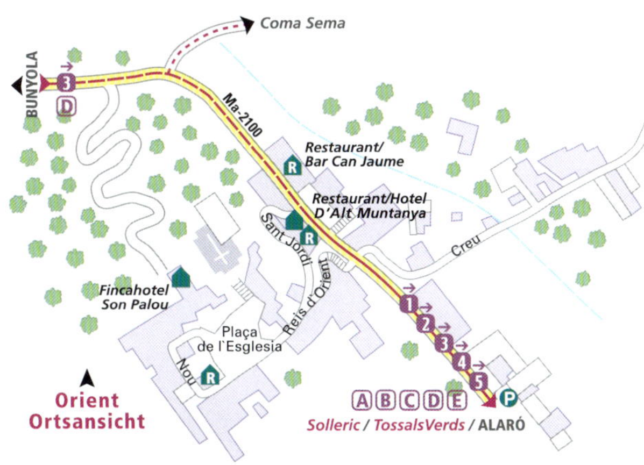

WEGE VON ORIENT
TOURENÜBERSICHT

- (A) Tourenvorschläge von Orient
- (2) Teilstrecken mit Strecken-Nummer und Richtungsführung (in der Kapitelfarbe)
- Alternativstrecke (Hinweis ohne textliche Beschreibung)
- sonstige Wanderstrecke (außerhalb des Kapitels)
- Picknickplatz / Grillstelle
- Unterstand
- Refugi - Schutzhütte/Bergwanderhütte (unbewirtschaftet - Zugang nur mit Schlüssel)
- Refugi - Bergwanderhütte (ganzjährig bewirtschaftet - Unterkunft/Verpflegung)
- Unterkunftsmöglichkeit (gilt für den ganzen Ort)

Maßstab 1:100.000

0 2 km

Punta Cala Rotja
Na Cordellina
Torre de sa Seca 520
S'Illeta
Coll de Rei Moro 225
Coll de Biniamar 375
Balitx d'Avall
Puig de Balitx 578
Balitx d'en Mig
Balitx d'Amunt
Sa Bassa 815
Sa Bass
Mirador de ses Barques
Ma-10
Port de Sóller
Sa Capelleta
99
Fornalutx
Sóller
Biniaraix
Torrent des Barran
Mirador d'en Quesada
Cornadors Gran
Refugi dels Cornadors
Naturkunde-museum
S'Arrom
220
Son Mico
Lluc Alcari
Ma-10
Cala Deià
Montreals
Son Coll
Puig d'es Moro 786
Pujol d'en Banya
Coll d'es Moro 745
Deià
Refugi Can Boi
Puig Galera 908
Ma-11
Puig d'Alfàbia 1069
Puig de Sementer Gran 1013
Sa Planella
Puig d'es Vent 1004
800
Embotelladora Font de Teix
Serra d'Alfàbia
Puig Caragolí 944
Puig de Teix 1064
Coll de Sóller 495
Coll d'Honor 540
Es Freu
Son Moragues
Valle Cairats
Coll des Picó 675
Es Picot 747
Salt d
Puig de sa Font 966
Es Picó 820
Ma-2100
Penyals d'Honor 809
Puig d'en Bennàssar 481
Jardines de Alfàbia
Valldemossa
Ca's Garriguer
Puig Gros 678
600
Son Verí
Bunyola
240
Raixeta
Namaritx 671
Son Morro
Puig Pla 549
Alquería 609
Son Garcies 321
Ca na Moragues
Ma-1130
Na Fàtima 652
Ma-11

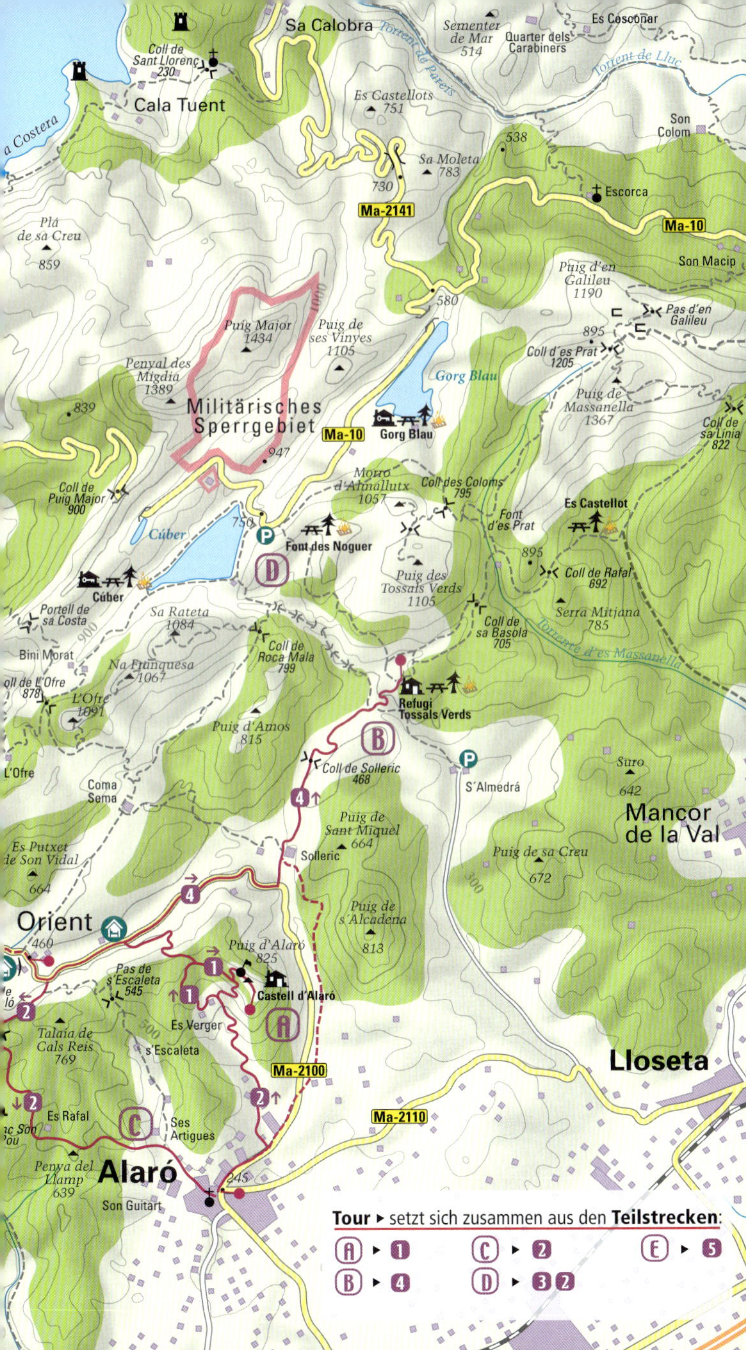
Sa Calobra
Cala Tuent
Coll de Sant Llorenç 230
Es Castellots 751
Sa Moleta 783
Sementer de Mar 514
Quarter dels Carabiners
Es Cosconar
Torrent de Pareis
Torrent de Lluc
Son Colom
Escorca
Ma-2141
Ma-10
Son Macip
Plá de sa Creu 859
Puig d'en Galileu 1190
Pas d'en Galileu
Puig Major 1434
Puig de ses Vinyes 1105
Penyal des Migdia 1389
Militärisches Sperrgebiet
Coll d'es Prat 1205
Gorg Blau
Puig de Massanella 1367
Coll de sa Línia 822
Coll de Puig Major 900
Cúber
Morro d'Almallutx 1057
Coll des Coloms 795
Font d'es Prat
Es Castellot
Font des Noguer
Puig des Tossals Verds 1105
Coll de Rafal 692
Serra Mitjana 785
Coll de sa Basola 705
Torrente d'es Massanella
Portell de sa Costa
Sa Rateta 1084
Coll de Roca Mala 799
Bini Morat
Na Franquesa 1067
L'Ofre 1091
Refugi Tossals Verds
Puig d'Amos 815
Coll de Solleric 468
S'Almedrá
Suro 642
Mancor de la Val
Coma Sema
Puig de Sant Miquel 664
Solleric
Puig de sa Creu 672
Es Putxet de Son Vidal 664
Orient 460
Puig de s'Alcadena 813
Puig d'Alaró 825
Pas de s'Escaleta 545
Castell d'Alaró
Es Verger
s'Escaleta
Talaia de Cals Reis 769
Ma-2100
Lloseta
Es Rafal
Ses Artigues
Ma-2110
Penya del Llamp 639
Alaró 245
Son Guitart
Tour ▸ setzt sich zusammen aus den Teilstrecken:
A ▸ 1
B ▸ 4
C ▸ 2
D ▸ 3 2
E ▸ 5

TOUR A Auf den Festungsberg von Alaró

Es Verger/Castell d'Alaró K353

ANSPRUCH
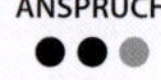

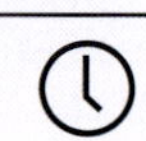
4 Std

MARKIERUNG
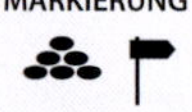

HÖHENMETER
↗ 475
475 ↘

TEILSTRECKE NR – SEITE
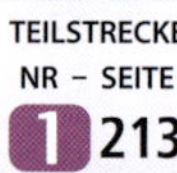
1 213

Diese leichte bis mittelschwere Wanderung führt auf den legendenumwobenen **Festungsberg** des ***Castell de Alaró***. Neben den Ruinen der einst großflächigen Burganlage beeindruckt vor allem der nach allen Seiten hin steil abfallende Plateaufelsen in exponierter Lage östlich der ansonsten zusammenhängenden Bergketten der *Serra Tramuntana*.

Über den Ruinen befindet sich auf der obersten Hochfläche des Massivs eine weitläufige Aussichtsterrasse mit einem einfachen Lokal samt Herberge. Auch eine kleine Wallfahrtskirche fehlt dort nicht.

⇨ siehe auch Seite 214

Der Weg hinauf ist nicht schwer zu bewältigen, aber streckenweise durchaus anstrengend mit engen Fußpfaden auf kurzen, steilen Passagen. Später läuft der Aufstieg zum *Castell* dafür zum Teil über sauber restaurierte, gemauerte Stufen.

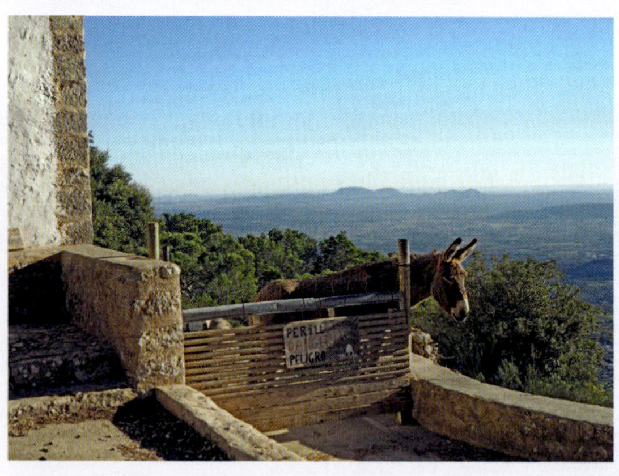

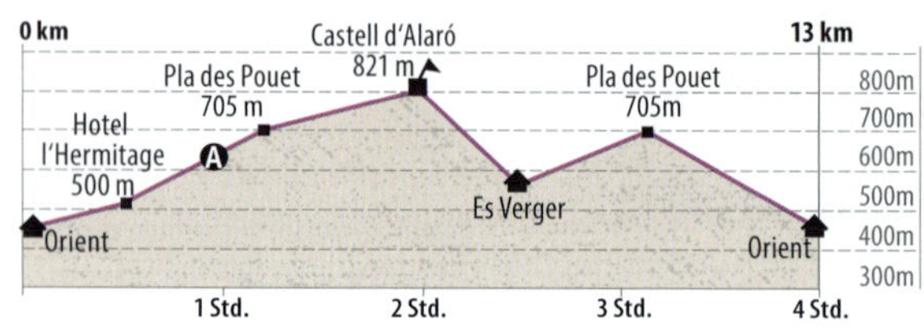

Zur Berghütte Tossals Verds TOUR B

↔ Tossals Verds K353/354

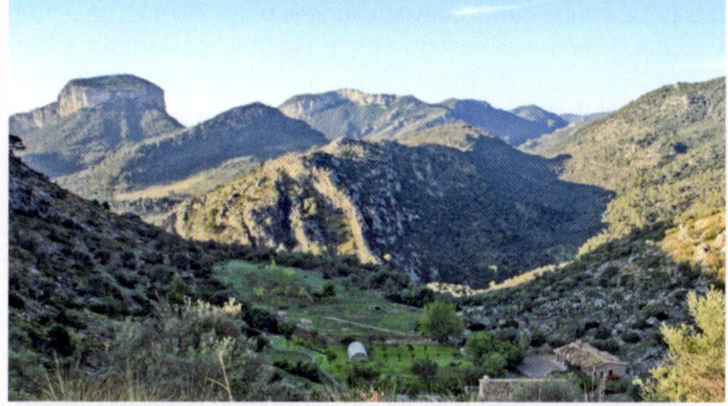

ANSPRUCH

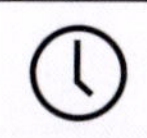

2 (3) Std

MARKIERUNG

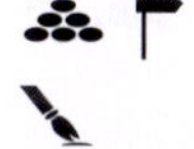

HÖHENMETER

↗ 340

280 ↘

TEILSTRECKE NR – SEITE

4 221

Seit die Wanderwege über die Ländereien der *Finca Coma Sema* nur noch Gästen des Hotels *L'Hermitage* mit entsprechendem Schlüssel zugänglich sind, führt der einzige legale Weg vom Orienttal zur Berghütte *Tossals Verds* über das Gebiet der ***Finca Solleric***, 4 km von Orient entfernt in Richtung Alaró gelegen.

Durch die Seitentäler der Hochebene wandert man von dort auf teilweise versteckten Pfaden zur Berghütte, die auf 520 m Höhe am Ende und über einer wildromantischen, grün bewachsenen Schlucht liegt.

Sie ist idealer Ausgangspunkt für Wanderungen auf die umliegenden höchsten Gipfel Mallorcas und ein prima Etappenziel für mehrtägige Tramuntana-Wanderungen. Ganzjährig bewirtschaftet, bietet die Berghütte Übernachtungsgästen Kost und Logis in gehobenem Hüttenstandard, ⇨ Seite 380.

Unter der Woche eher ruhig ist die Hütte an Wochenenden Anlaufpunkt für viele mallorquinische Wanderer und Ausflügler.

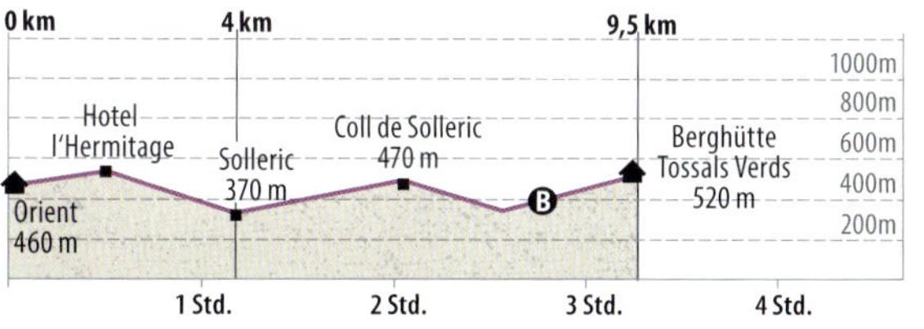

TOUR C Rundwanderung über Alaró und seinen Festungsberg

Alaró/Es Verger/Castell d'Alaró K353

ANSPRUCH

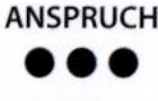
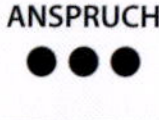

5,5 Std

MARKIERUNG

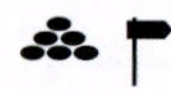

HÖHENMETER

↗ 720

720 ↘

TEILSTRECKE NR – SEITE

3 219

2 217

Anspruchsvolle und abwechslungsreiche Wanderung mit vielen schönen Ausblicken, einem typisch mallorquinischen Landgasthof mit deftiger Küche und dem ***Castell d'Alaró*** (⇨ Seite 214) als Wanderziel.

Von Orient führt uns ein Pfad hinauf zur **Passhöhe von S'Estaló** mit markantem Felseinschnitt und Ausblick ins Orienttal. Über bewaldete Gebirgshänge wandern wir zum einsam gelegenen und verfallenen **Gehöft *Es Rafal*** mit weiteren schönen Ausblicken in die mallorquinische Zentralebene.

Auf bequemen Forstwegen geht es talwärts nach **Alaró** und von dort hinauf zum freistehenden Tafelberg des **Puig d'Alaró**, von dem aus man weite Teile der Insel und des *Tramuntanagebirges* überblicken kann. Über die Hochebene ***Es Pouet*** und durch Terrassenkulturen wandern wir schließlich zurück zu unserem Ausgangspunkt in Orient.

Der Festungsberg – Castell d'Alaró

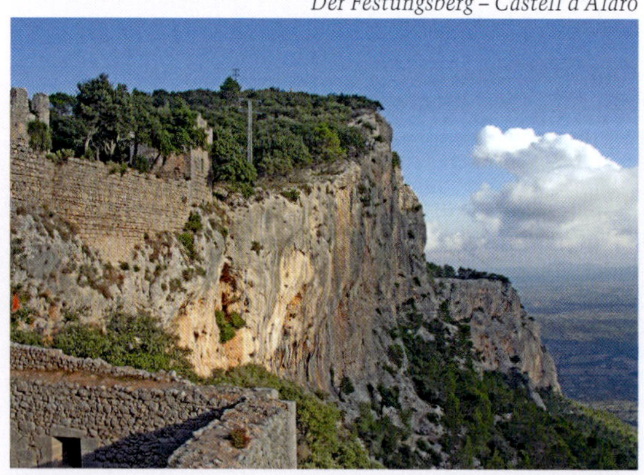

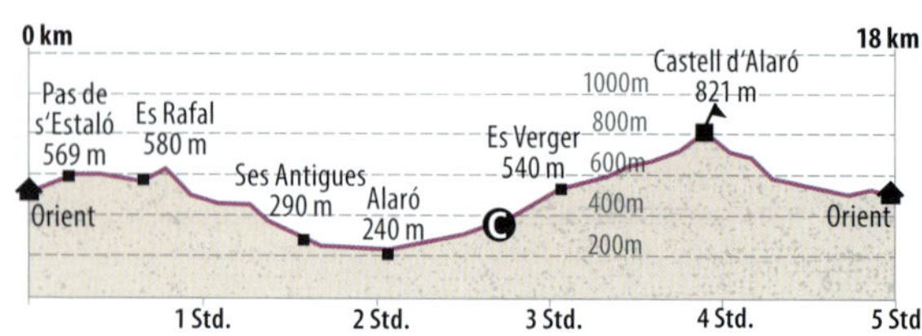

Wanderung zu den Wasserfällen von Salt des Freu

TOUR D

K353/354

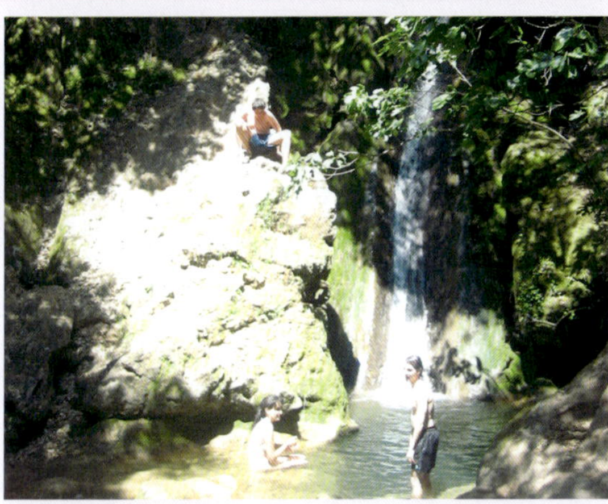

ANSPRUCH

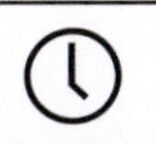

2,5 Std

MARKIERUNG

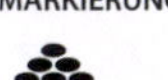

HÖHENMETER

↗ 250

250 ↘

TEILSTRECKE NR – SEITE

3 219

Diese nur mäßig anstrengende Wanderung kann auch an wärmeren Tagen unternommen werden. Von Orient aus führt uns ein Pfad über bewaldete Gebirgshänge hinauf zur **Passhöhe *S'Estaló*** mit dem links bereits erwähntem markanten **Felseinschnitt**.

An Köhlerstätten und ihren typischen Steinbauten vorbei geht es wieder talwärts in den ***Torrent de Orient***, wo uns die periodisch aktiven Wasserfälle ***Salt de Freu*** mit teilweise steil abfallenden Felswänden und Wassergumpen zu abenteuerlichen Erkundungs- und Klettertouren erwarten. Der Rückweg ist identisch mit dem Hinweg.

Ein lohnenswerter Abstecher in Richtung Santa Maria führt zu einer spektakulären **Höhle**. Über die Finca Son Perot und entlang der Straße kann die Wanderung auch alternativ zu einer Rundtour gestaltet werden.

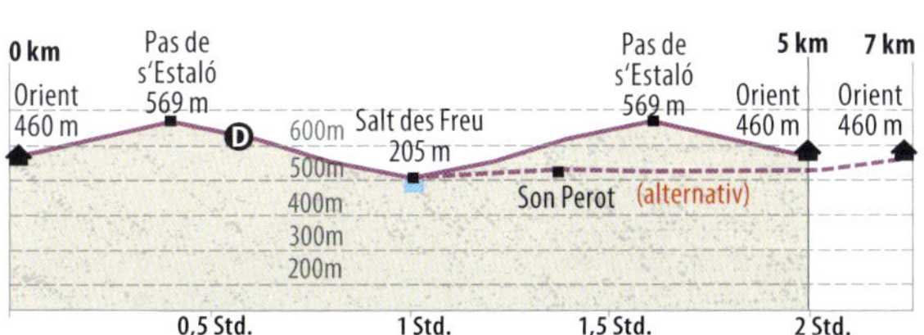

TOUR E Von Orient nach Bunyola

↔ K353

ANSPRUCH

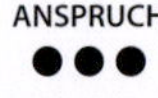

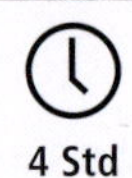

4 Std

MARKIERUNG

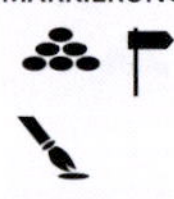

HÖHENMETER

↗ 385

630 ↘

TEILSTRECKE NR – SEITE

3 219

5 222

Der erste Wegabschnitt über die **Passhöhe *S'Estaló*** zu den **Wasserfällen** *Salt de Freu* entspricht Tour D, ⇨ Seite 211.

Von dort geht es auf stillen Pfaden hinauf in den **Gemeindewald** von Bunyola. Wechselnde Ausblicke ins Tal und auf die umliegenden Berge begleiten den Wanderer auf dem Weg zum **Gipfel des *Penyal de Honor***, um den sich – bei guter Wetterlage – ein eindrucksvolles Rundumpanorama öffnet.

Auf alten Köhlerwegen, vorbei an steinernen Zeugen ehemaliger Holzkohlengewinnung und Kalkbrenneraktivitäten, geht es hinunter nach Bunyola.

Charakteristisch sind für diese Wanderung die überwiegend schattigen Wege. Streckenweise fehlt dort jede Wegmarkierung.

Blick am Pass S'Estaló

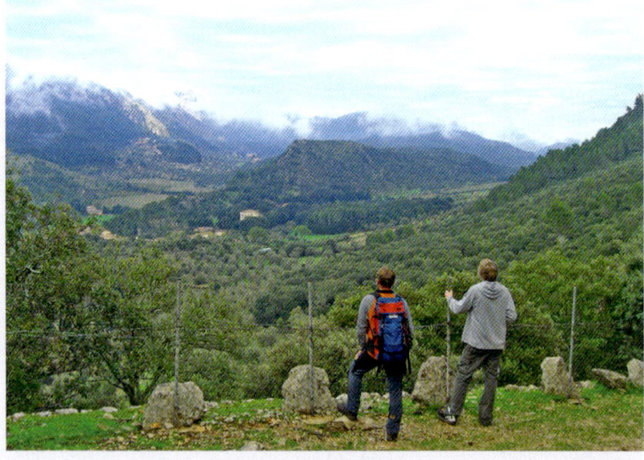

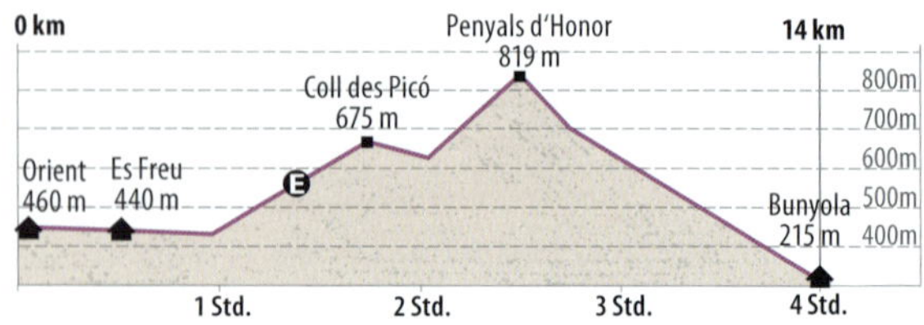

Auf den Festungsberg von Alaró 

W4-5

Von **Orient** laufen wir entlang der Hauptstraße etwa 2 km in Richtung Alaró. Kurz nach Passieren des Hotels *L'Hermitage* (links der Straße) sehen wir auf der **rechten Straßenseite** (bei Kilometer 11,8) ein verschlossenes **Eisentor** mit einem seitlichen Durchlass für Wanderer. Ein Schild mit der Aufschrift **Castell** weist uns den Weg. Hinter dem Tor halten wir uns auf dem Schotterweg **links** und laufen zunächst parallel zur Straße auf ebenem Weg über Oliventerrassen.

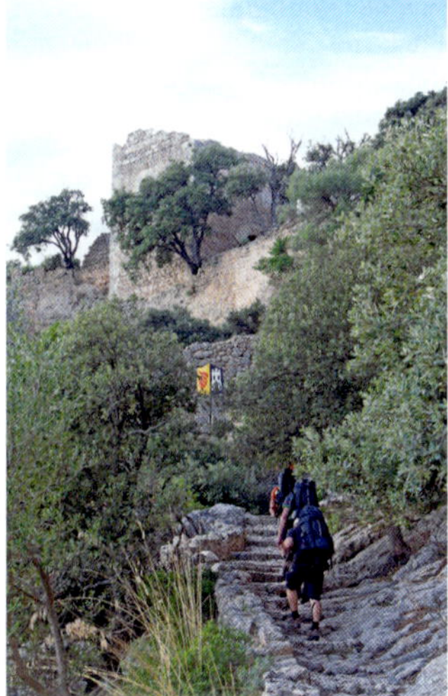

Aufstieg Festungsberg von Alaró

Der Schotterweg geht bald in einen schmalen **Pfad** über und an einer Weggabelung halten wir uns weiter bergan. Nach einer guten Viertelstunde knickt der Weg nach **rechts** ab, führt ein kurzes steiles Stück entlang einer **Mauer** und windet sich fortan in Serpentinen stetig bergauf durch **Steineichenwald**. Hinweisschilder und Wegmarkierungen kennzeichnen den Wegverlauf.

Nach einer weiteren guten Viertelstunde und einigen Höhenmetern stoßen wir auf einen **Karrenweg**. Diesem folgen wir nach **rechts** und erreichen kurz darauf den (Park-) Platz ***Pla d'es Pouet***. Wir orientieren uns **links** und nehmen den ab hier restaurierten, teils gestuften alten Pilgerweg, der uns in weniger als 30 Minuten unverfehlbar hinauf zum ***Castell*** führt.

Castell d'Alaró

Durch das restaurierte Portal mit seinen Zinnen und dem kantigen *Torre de Honor* (Turm der Ehre) gelangen wir auf die Festungsebene des Tafelbergs. Dank der ringsum steil abfallenden Felswände diente er in vergangenen Zeiten als natürliche Trutzburg. Besonders der **Blick von der Westflanke** auf das am Fuße des Berges gelegene Gehöft von *Es Pouet* und in die Zentralebene – mit dem Klosterberg Randa in der Ferne – ist beeindruckend.

1 Auf den Festungsberg von Alaró

Von der **Nordflanke** öffnet sich der Blick ins Tal von *Solleric* und auf die dahinter aufragenden höchsten Berge der Insel.

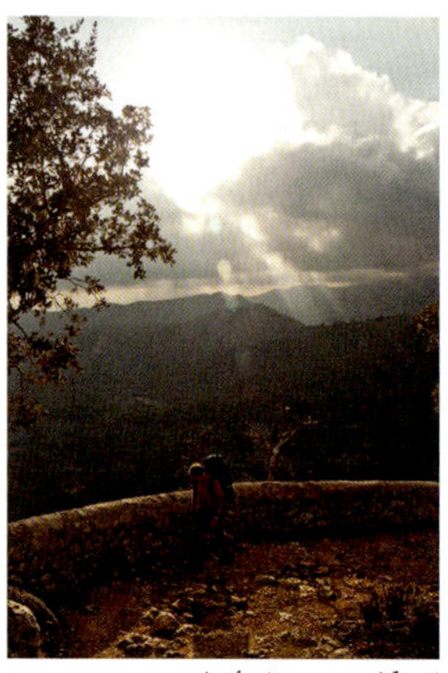

Aufstieg zum Alaró

Auf einem holprigen Pfad, der häufig voller „Eselsäpfel" liegt, gelangen wir nach kurzem Anstieg auf die **Aussichtsterrasse** vor der eher kleinen Wallfahrtskirche *Nostra Senyora del Refugi*. Getränke oder das eigene **Picknick** kann man auf der breiten Außenmauer mit Blick über die halbe Insel genießen.

⇨ Zur bereits erwähnten Bewirtschaftung samt Herberge mehr auf der nächsten Seite unten.

Einmal oben sollte man auch einen Blick in die Kapelle werfen, deren Altarbilder die Hauptleute Cabrit und Bassa darstellt. Sie spielen in der Geschichte des Castell d'Alaró eine besondere Rolle, ⇨ Kasten rechts. In dem sich rechts anschließenden Nebenraum befinden sich in einem Glaskasten zwei mit silbernen Kappen versehene Rippen, die angeblich von den beiden Hauptleuten stammen sollen.

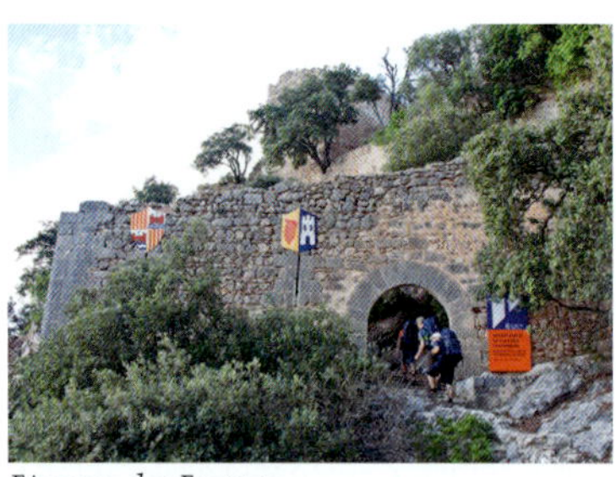

Eingang der Festung

Zwischen Kapelle und Wirtschaftsgebäuden geht es noch ein paar Schritte bergauf zum **Puig d'Alaró**, dem mit 825 m höchsten Punkt des Festungsberges, der durch einen Funkmast gekennzeichnet ist. Von dort bietet sich ein außerordentlicher Rundumblick.

Abenteuerlustige können bis zur Ruine eines Wachtturms am südlichen Ende des abschüssigen Plateaus kraxeln. An der Ostseite befindet sich der Eingang zu einer **Tropfsteinhöhle** *(Cova de Sant Antoni)*, die sich mit Mut und Lampe erkunden lässt. Aber die Angelegenheit ist nicht ungefährlich.

Auf den Festungsberg von Alaró 

Geschichte

Cabrit und Bassa auf dem Castell d'Àlaró

Im Jahr 1285 landete *Alfonso von Aragón* mit einem Heer auf der Insel, um sie wieder der spanischen Krone zuzuführen. Denn das unabhängige Königreich Mallorca stand mit *Jaume II. (1276-1311)* unter dem Einfluss des Königs von Frankreich. Ohne größere Kampfhandlungen konnte in Abwesenheit *Jaumes* zunächst Palma eingenommen werden.

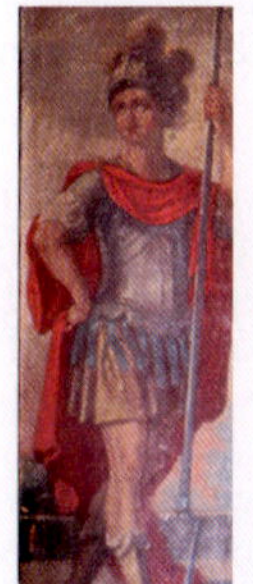

Außerhalb der Hauptstadt jedoch trafen die Truppen auf den Widerstand königstreuer Gefolgsleute. Das *Castell d`Alaró* unter dem Befehl der Edelleute *Cabrit* und *Bassa* hielt allen Angriffen stand. Emissäre *Alfonsos* forderten zwar die Übergabe, doch *Cabrit* und *Bassa* beantworteten das Ansinnen mit Hohn und nannten *Alfonso* in Anspielung auf seinen Namen einen *Anfós* (Heilbutt), den man sich vorzugsweise mit Soße einverleiben sollte.

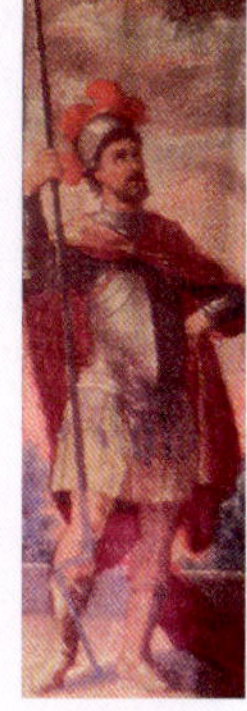

Alfonso konterte: *Cabrit* hieße auf Mallorquín Ziegenbraten, den man am besten *à la brassa* zubereite (am Spieß auf Holzkohlenglut – in Anspielung auf *Bassa*). So würde es ihnen bald ergehen. Als die Burg schließlich nach Aushungerung fiel, machte Alfonso seine Drohung wahr und ließ die beiden in Palma grillen. Die Eroberung Mallorcas aber misslang am Ende. *Alfonso* musste sich wieder zurückziehen.

Dank ihrer unnachgiebigen Haltung wurden *Cabrit* und *Bassa* von den Mallorquinern zu Volkshelden erhoben. Von jedem befindet sich eine Rippe als Reliquie im Glaskasten im Nebenraum der Kapelle (➪ umseitig). Die Urnen der beiden stehen in der Kathedrale in Palma.

Herberge/Bar-Restaurant *Castell d'Alaró:* Zum kleinen Lokal neben der Kapelle gehört auch eine Herberge, die Wanderern einfachste Nachtquartiere bietet, ➪ Seite 380.
Für den fehlenden Komfort wird entschädigt, wer die typisch mallorquinisch-rustikale Küche und den Krug Landwein auf dem Tisch zu schätzen weiß. Vor allem gilt das draußen auf der Terrasse, wo in der Sonne oder unter schattigen Zürgelbäumen die Stille und das Panorama überwältigen.

1 Auf den Festungsberg von Alaró

W4-5 ▶ Wir verlassen das *Castell* wieder durch das **Burgtor** am Westrand der unteren Ebene. Vom Burgberg ist der Rückweg identisch mit dem Hinweg.

Umweg über Es Verger: Am Ende des Treppenwegs können wir uns nach links oder rechts wenden. Auf dem rechten Weg sind wir gekommen. Nach **links** führt der Weg nach Alaró. Wer nicht nach Alaró will, aber Hunger verspürt und nicht auf komplett gleicher Strecke zurück möchte, könnte einen Abstecher zum **Landgasthof *Es Verger*** in der Finca machen. In langen **Kehren** zieht sich der Pfad zunächst bergab. An der holprigen Zufahrtsstraße trennen sich die Wege nach ***Es Verger*** und ***Alaró***.

Zum Landgasthof Es Verger: Den Gasthof in Sichtweite nehmen wir den Weg nach **rechts** und folgen der Zufahrtsstraße bergan, bis wir nach ca. 15 Minuten das Gehöft erreichen. Der direkte Weg von oben zum Gasthof ohne Umweg über die Autozufahrt wurde leider vor ein paar Jahren gesperrt. Das - wie man es nimmt - urig oder primitiv eingerichtete, aber recht populäre Lokal bietet deftige mallorquinische Spezialitäten, die über offenem Feuer zubereitet werden, u.a. *Arroz Brut* (Reissuppe) und – besonders empfehlenswert – *Cordero al Horno* (Lammkeule); gut sind (saisonal) auch Schnecken (*Caracoles*) mit Knoblauchmayonaise (*Alloli*).

Mit Abstecher über *Es Verger* läuft man auf dem Fahrweg **links** an den Gebäuden der Finca vorbei hinauf zum ***Pla d'es Pouet*** und marschiert von dort den Weg **zurück nach Orient**, den man gekommen ist.

Nach Alaró: Wir halten uns links und folgen der etwas weiter unten asphaltierten Zufahrtstraße bergab bis in den Ort.

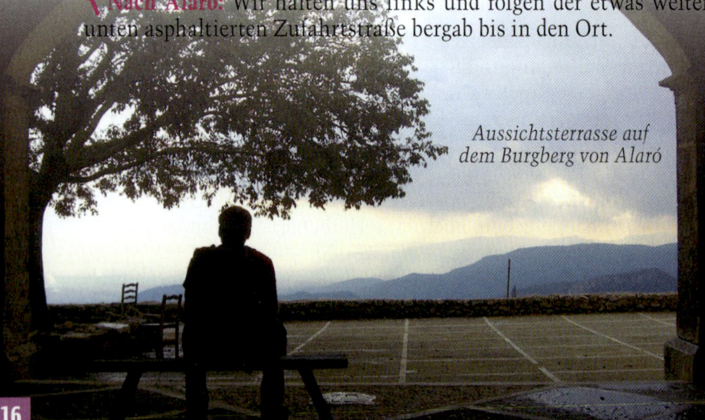

Aussichtsterrasse auf dem Burgberg von Alaró

Rundwanderung über Alaró und seinen Festungsberg 2

Der erste Wegabschnitt von Orient bis zur Passhöhe von *S'Estaló* ist identisch mit Teilstrecke 3 – Seite 219

▶ Direkt nach dem **Felseinschnitt** folgen wir **links** einem **Pfad**, der uns ohne große Höhenunterschiede an der Bergflanke entlang durch dichten **Steineichenwald** führt. An **Köhlerplätzen** und ihren typischen Steinbauten vorbei **übersteigen** wir nacheinander zwei **Trockensteinmauern** und erreichen eine Hochebene. Entlang einer weiteren Trockensteinmauer führt uns der Pfad aus dem Wald hinaus und wir treffen auf einen **Fahrweg**. Hier halten wir uns **links** und gehen in einer weiten Kehre an einer in Stein gefassten **Quelle** vorbei über die unbewaldete Hochebene und erreichen bald darauf rechts das zerfallene Gehöft **Es Rafal**.

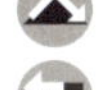

Von dort hat man einen beeindruckenden **Ausblick** über die Zentralebene Mallorcas. Wir lassen *Es Rafal* rechts liegen und setzen unsere Wanderung auf dem zunächst noch ebenen **Fahrweg** fort. An der folgenden **Weggabelung** halten wir uns **rechts**. Über die Bergflanke des *Puig de Sa Galera* und rechts vorbei an dem bald vor uns aufragenden **Fels** des *Sa Bastida* führt uns nun der Fahrweg 2 km talwärts. Links (nach Nordosten blickend) können wir in der Ferne bereits unser heutiges höchstes Tagesziel ins Visier nehmen: den **Festungsberg** von Alaró. Unterwegs kann der Fahrweg über einen **Stichpfad** nach **rechts** abgekürzt werden. An der ***Finca Ses Artigues*** erreichen wir die Talsohle und gehen dort an einer **Weggabelung geradeaus** weiter. Kurz darauf treffen wir auf eine schmale **Teerstraße**, der wir **rechts** einen knappen Kilometer bis Alaró folgen.

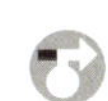

Wir erreichen Alaró im höher gelegenen Ortsteil *Los d'Amunt*. **Alaró** selbst ist ein verschlafener Ort, in dem es wenig zu entdecken gibt. Im Mittelpunkt liegt der **Marktplatz** *Plaça Ajuntament* mit Kirche, Rathaus, Bars und der **Bäckerei** *Ca na Juanita*, die berühmt ist für ihre *Ensaimadas*. Jeden **Samstag** findet hier auch der **Markt** statt.

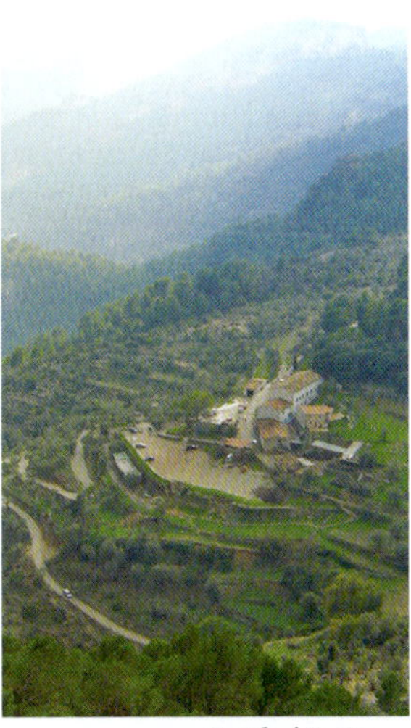

Gasthof Es Verger

2 Rundwanderung über Alaró und seinen Festungsberg

Von der Plaça gehen wir entlang der ***Carrer Son Duran*** zur ***Plaça Cabrit i Bassa***. Hier folgen wir links der Straße ***Carrer de Ca Na Fara*** und wandern über die Straßen ***Carrer del Pujol*** und ***Carrer de Puig*** nördlich am Ortskern von Alaró vorbei in Richtung Festungsberg.

Eine **Teerstraße** führt leicht ansteigend in einen Taleinschnitt und windet sich später in Serpentinen bergan. Der touristische Autoverkehr vom und zum Landgut *Es Verger* zwingt uns immer wieder am Straßenrand zu gehen. Im oberen Wegabschnitt kann die Straße durch **Stichpfade** abgekürzt werden. Nach gut 3 km (seit Verlassen der *Plaça* in Alaró) endet die geteerte Strecke und geht in einen zementierten Fahrweg über. Nach weiteren 500 Metern zweigt scharf **rechts** der ***Camí de Castell d'Alaró*** ab, der uns auf den Festungsberg führt.

Gut einen Kilometer Wegstrecke sind es jetzt noch auf diesem **Serpentinenpfad** bis zum **Wehrturm** am Zugang zum Castell. Weitere 400 m steil bergauf läuft man bis zur Aussichtsterrasse, einer kleinen Kapelle und der Herberge des *Castell d'Alaró* auf der Hochebene. Weitere Informationen zum *Castell d'Alaró* und seiner Geschichte, ⇨ Seite 213-215.

Der Abstieg vom Castell erfolgt zunächst auf gleichem Weg bis zur **Weggabelung** unterhalb der Ruinen der Burg, auf dem wir uns jetzt **rechts** halten in Richtung Hochebene ***Es Pouet***.

▶ Auf dem Hinweg kann man alternativ auch dem **Fahrweg** noch 500 m weiter bis zum **Landgasthof** *Es Verger* folgen, ⇨ Seite 216. Von dort führt ein **Karrenweg** zur Hochebene *Es Pouet* (1,5 km) und über den *Camí de Castell d'Alaró* weiter hinauf zum *Castell*.

Mit **Ziel Orient** wenden wir uns auf der Hochebene ***Es Pouet*** nach Norden, einem Karrenweg folgend. Nur ein paar Schritte weiter zweigt **links** ein mit **Steinmännchen** markierter **Pfad** ab, der uns durch dichten **Steineichenwald** in Serpentinen talwärts führt.

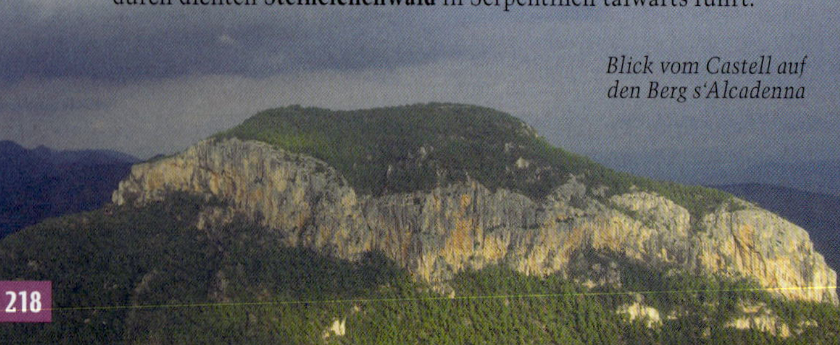

Blick vom Castell auf den Berg s'Alcadenna

Rundwanderung über Alaró und seinen Festungsberg 

Der in Teilen steile und rutschige Pfad verlangt stellenweise hohe Aufmerksamkeit. Wer Wanderstöcke nutzt, tut sich hier wesentlich leichter. Nach etwa 15 Minuten Gehzeit ab Es Pouet und einem kurzen Wegstück entlang einer **Trockensteinmauer** treten wir aus dem Steineichenwald heraus und erreichen **Terrassenkulturen** mit Olivenbäumen. Hier schwenkt unser Pfad links nach Westen und wir wandern über die Terrassen weitere 15 Minuten bis zur **Straße** (Ma-2100) im **Orienttal**. Dort übersteigen wir ein letztes **Gatter**. Entlang der **Straße** wandern wir zurück nach **Orient** zu unserem Ausgangspunkt (ca. 1,5 km).

Wanderung zu den Wasserfällen von Salt des Freu 

Wir starten die Tour in Orient am **Ortsausgang** nach **Alaró**, wo wir auch unser Auto parken können. Entlang der **Straße** gehen wir etwa 300 Meter in **Richtung Alaró**, bis wir nach der zweiten Kurve links der Straße auf eine auffällige **Baumreihe** und ein **Wasserreservoir** treffen. Hier zweigt **rechts** ein **Karrenweg** ab, der uns weiter an ein (verschlossenes) **Eisentor** führt, das wir überwinden müssen.

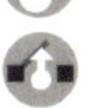

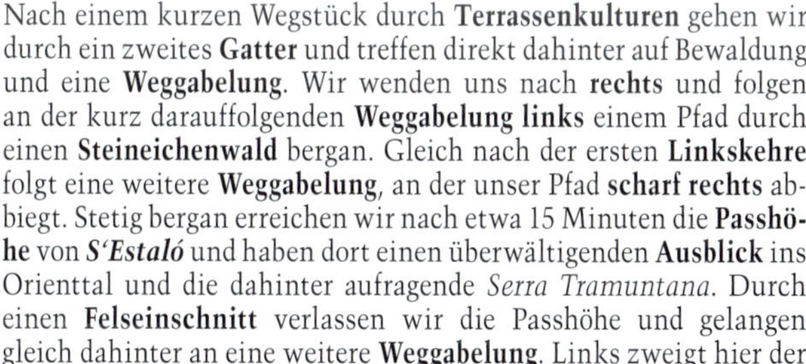

Nach einem kurzen Wegstück durch **Terrassenkulturen** gehen wir durch ein zweites **Gatter** und treffen direkt dahinter auf Bewaldung und eine **Weggabelung**. Wir wenden uns nach **rechts** und folgen an der kurz darauffolgenden **Weggabelung links** einem Pfad durch einen **Steineichenwald** bergan. Gleich nach der ersten **Linkskehre** folgt eine weitere **Weggabelung**, an der unser Pfad **scharf rechts** abbiegt. Stetig bergan erreichen wir nach etwa 15 Minuten die **Passhöhe** von ***S'Estaló*** und haben dort einen überwältigenden **Ausblick** ins Orienttal und die dahinter aufragende *Serra Tramuntana*. Durch einen **Felseinschnitt** verlassen wir die Passhöhe und gelangen gleich dahinter an eine weitere **Weggabelung**. Links zweigt hier der Rundwanderweg (**Tour C**) nach Alaró ab.

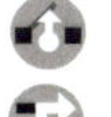

Anschluss: Rundwanderung Alaró – Teilstrecke 2 – Seite 217

▶ Wir folgen dem **Pfad** nach **rechts**, der uns an **Köhlerplätzen** mit ihren typischen Steinbauten vorbei durch den Steineichenwald wieder talwärts führt. An **zwei** weiteren aufeinanderfolgenden **Weggabelungen** halten wir uns jeweils **rechts** und erreichen so die Talsohle und das hier breitere Bachbett des ***Torrent de Orient***.

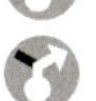

Anschluss: Nach Bunyola – Teilstrecke 5 – Seite 222

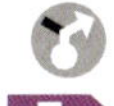

Uns **links** entlang des Bachbetts wendend erreichen wir nach etwa 100 Metern die periodisch aktiven Wasserfälle ***Salt de Freu*** mit teilweise steil abfallenden Felswänden und Wassergumpen. In

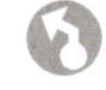

wasserführenden Zeiten kommen vor allem an Wochenenden viele Mallorquiner zum *Canyoning* hier her. Wenn das Bachbett trocken ist, können Trittsichere und Kletterbegeisterte noch weiter in den Torrent vordringen. Der **Rückweg** ist identisch mit dem Hinweg.

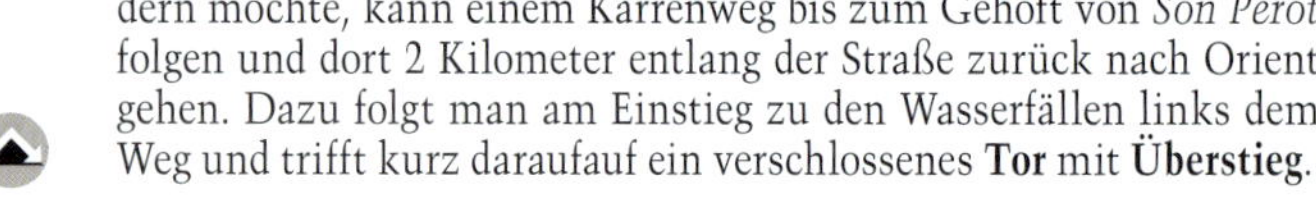

▶ **Alternativer Rückweg:** Wer nicht den gleichen Weg zurückwandern möchte, kann einem Karrenweg bis zum Gehöft von *Son Perot* folgen und dort 2 Kilometer entlang der Straße zurück nach Orient gehen. Dazu folgt man am Einstieg zu den Wasserfällen links dem Weg und trifft kurz daraufauf ein verschlossenes **Tor** mit **Überstieg**.

Auf dem sich fortsetzenden **Karrenweg** wandert man einen Kilometeran durch die Felderlandschaft bis Son Perot An der Finca ist ein weiteres **Tor** mit Hilfe einer **Holzleiter** zu überwinden, bevor man **rechts** 2 Kilometer entlang der Straße nach Orient geht.

Blick durch den Felseinschnitt am Pas de s'Estaló ins Orienttal

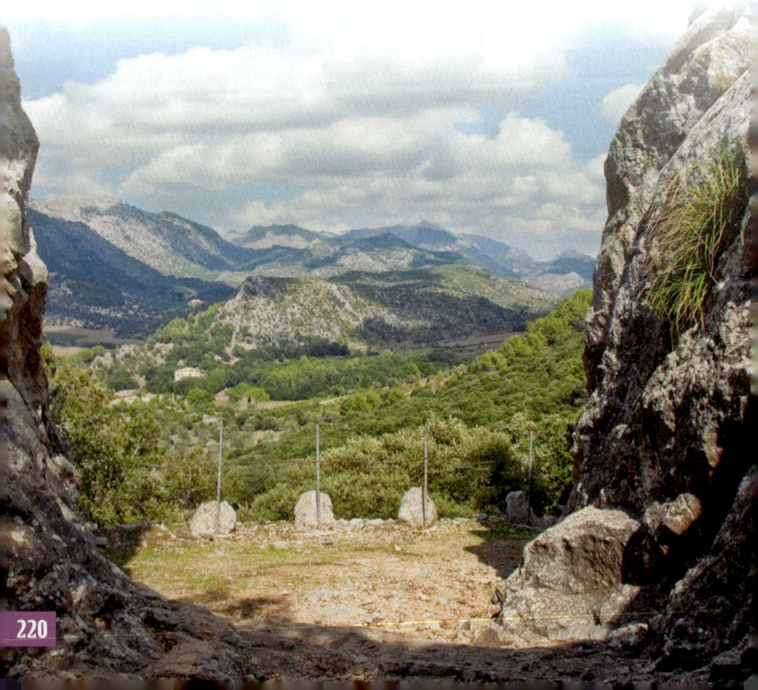

Über Solleric zur Berghütte Tossals Verds 

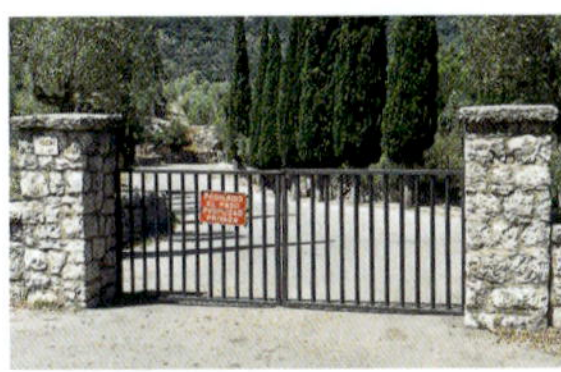
Zugangstor zur Finca Solleric

Wer mit dem Auto anfährt, parkt am besten gegenüber der Zufahrt zur ***Finca Solleric*** oder entlang der Straße.

Ab Orient sind es 4 km Fußmarsch (ca. 1 Std.) entlang der Straße in Richtung Alaró bis *Solleric*. Von Alaró aus führt der erst jüngst restaurierte und ausgeschilderte ***Camí Vell d'Orient*** (Zustiegsweg des **GR-221**) in 5,5 km zur Finca Sollericund von dort weiter zur Berghütte Tossals Verds.

▶ Von der Straße kommend betreten wir das Gelände der *Finca Solleric* durch/über (wenn verschlossen) **Eisentor** und folgen dem Teerweg über das Bachbett des *Torrent d'en Paragon* hinweg zum Gehöft der Finca, das wir an seiner linken Gebäudeseite passieren. Hier trifft rechts der *Camí Vell d'Orient* von Alaró kommend auf unseren Weg.

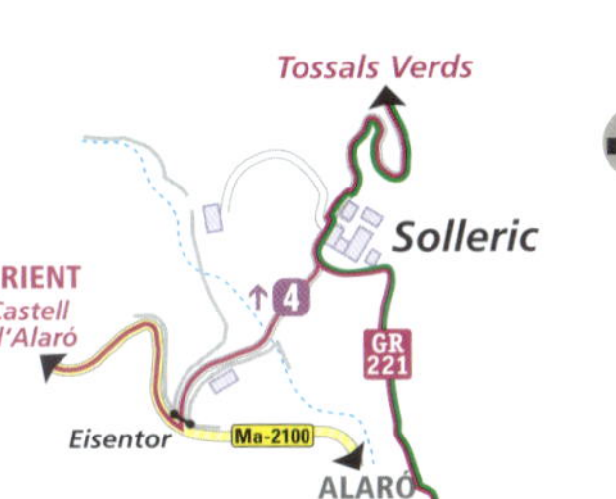

An der ***Finca Solleric*** vorbei führt eine holprige Teerstraße hinauf zum ***Coll de Solleric***. Sie geht später in eine Art **Piste** über. Der mittlerweile gut beschilderte Wanderweg kürzt die Piste bis zur **Passhöhe** (450 m) mehrmals ab.

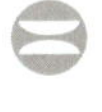

Auf der Passhöhe folgen wir **rechts** dem **markierten Wanderpfad** talwärts, der kurz darauf eine **Piste** überquert. Bald darauf treffen wieder auf dieselbe **Piste**. Auf dieser gehen wir jetzt nach **links** weiter. Kurz vor erreichen des Gehöfts der *Casa Nova* zweigt **rechts** der markierte **Wanderpfad** in Richtung Tossals Verds von der Piste ab. Entlang dem trockenen **Bachbett** des *Comellar des Noguer* wandern wir weiter **talwärts.** Nach ca. **15 Minuten** stoßen wir auf ein **Eisentor** mit seitlichem **Überstieg** für Wanderer.

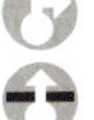

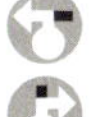

Dahinter treffen wir auf die für den öffentlichen Verkehr gesperrte **Forststraße**, die von der *Finca Almedrà* hinauf nach *Tossals Verds* führt. Wir folgen ihr nach **links**. Sie windet sich in einigen **Serpentinen bergan** und kann durch Stichpfade abgekürzt werden. Nach etwa **30 Minuten** erreichen wir die **Berghütte Tossals Verds**.

5 Von Orient nach Bunyola

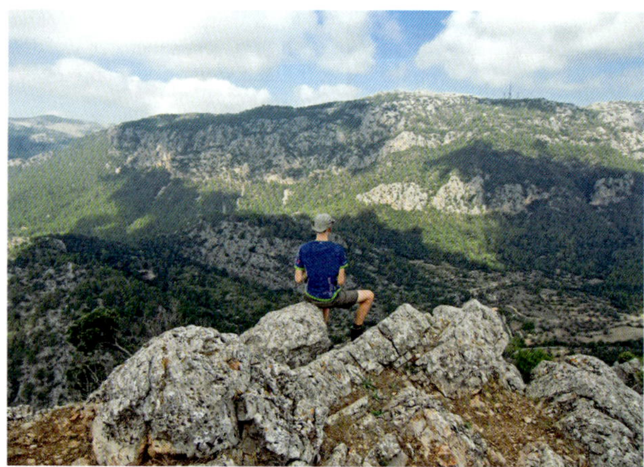

Blick vom Penyal de Honor auf die Alfàbia Bergkette

Der erste Wegabschnitt über die Passhöhe von **S'Estaló** bis zum ***Torrent de Orient*** ist identisch mit Teilstrecke 3 – Seite 219

3 ▶ Fortsetzung: Auf der dem Bachbett des *Torrent de Orient* gegenüberliegenden Seite treffen wir auf ein **verschlossenes Tor** mit **Überstieg**. Dahinter folgen wir dem Karrenweg ca. 200 m, bis wir links auf eine in Naturstein eingefasste **Quelle** und eine etwas weiter oberhalb liegende **Steinhausruine** erreichen. Dort biegen wir **links** auf einen schmalen **Pfad** ab, der uns an der Hausruine vorbei den dicht bewaldeten Hang hinaufführt.

Wir folgen dem Pfad aber nur ein kurzes Stück bergan. **Rechterhand** sehen wir bald darauf **Steinterrassen**. Ohne deutlich erkennbare Wegführung **steigen** wir **gradlinig** über diese nach oben, bis wir auf eine **Steinmauer** mit einem **Durchlass** stoßen. Dahinter läuft ein schmaler **Köhlerpfad** durch dichten **Steineichenwald** den Hang hinauf. **Steinmännchenmarkierungen** erleichtern uns die hier nicht immer einfache Wegfindung.

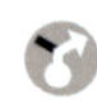

Die Bewaldung wird mit zunehmender Höhe etwas lichter, und an einer **Weggabelung** halten wir uns **rechts** (auf Steinmännchenmarkierung achten!). Der sich anschließende Weg verändert in seinem Verlauf häufig sein Erscheinungsbild: Mal wird er breiter, mal schlängelt er sich schmal durch unterschiedliche Vegetation, teils ist er dicht bewachsen. An der darauffolgenden **Weggabelung** wenden wir uns wieder nach rechts. An einer ehemaligen Köhlerstätte

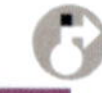

Von Orient nach Bunyola 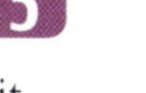

und an zwei Steinmauern vorbei erreichen wir ein **Holzgatter** mit Maschendraht und seitlichem **Überstieg**.

Dem dichten Wald schließt sich nun **Busch- und Strauchvegetation** an. In einer weiten **Rechtskehre** folgen wir dem Weg und gelangen nach einigen Gehminuten kurz hintereinander an **zwei Weggabeln**, bei denen wir uns erst **links** und darauffolgend **rechts** halten. Durch dichtes **Buschwerk** aus Dornginster, Zistrosen, Erdbeerbäumen und Schneidegras geht es nun ein kurzes Stück **bergan** auf einen kleinen **Sattelpunkt**. Wieder **bergab** kommen wir durch ein **Wäldchen** und wenden uns an der nächsten **Weggabel** nach **links**. Ein grobgeschotterter Weg zieht sich in langgezogenen **Serpentinen** hinauf zum ***Coll des Picó***.

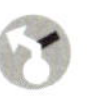

Nachdem wir den **Pass** erreicht haben, läuft unser **Pfad** wieder ein Stück **talwärts**. Bald darauf folgen wir an einer **Gabelung** dem aufwärts führenden Weg nach **rechts**. Schon kurze Zeit später erreichen wir erneut einen kleinen **Sattelpunkt**. Hier zweigt nach **rechts** fast im rechten Winkel ein steiniger **Pfad** ab, der durch dichten Wald hinauf auf einen **Bergkamm** führt. Wir erreichen einen **Aussichtspunkt** vor schroff abfallenden Felsen mit weitem Blick übers Tal von Orient. Hier knickt unser **Pfad** nach **links** ab und führt an einem Kamm entlang. Wir treffen auf einen **Karrenweg**, dem wir nach **rechts** bergan folgen. Schon bald, noch bevor der Weg leicht bergab weiterführt, stoßen wir rechts auf ein Schild, das den **Stichpfad** zum Gipfel des *Penyal de Honor* markiert.

Zum Gipfel des Penyal de Honor: Der Aufstieg ist in 15 Minuten zu meistern. Eine rote Punktmarkierung auf Steinen hilft uns bei der Orientierung. Es gibt hier zwei Gipfelpunkte, die nur etwa 20 m voneinander entfernt liegen und eine unwesentliche Höhendifferenz von nur wenigen Metern aufweisen. Ein großartiges **Panorama** mit Ausblicken ins Orienttal (N), auf das Castell d'Alaró (NO), hinüber zur Bucht von Alcudia (O), bis zum Randaberg (SO), über die Bucht von Palma (S) und auf die Gipfel Galatzó (SW) und Teix (NW) belohnt den Aufstieg – gute Sicht vorausgesetzt. Der **Abstieg** bis zum Abzweig erfolgt auf **gleicher Route**.

▶ Wir setzen unseren Weg **geradeaus** weiter fort und folgen weiter dem **Karrenweg** in Richtung Bunyola. Ohne allzu steiles Gefälle wandern wir durch schattige Wälder talwärts.

Nach einer guten Viertelstunde treffen wir an einer Lichtung hinter einem **Gatter** auf einen **Fahrweg**, der von Bunyola hinauf zum

5 Von Orient nach Bunyola

Forsthaus ***Ca's Garriguer*** führt. Ein Holzpfahl mit Hinweisschildern markiert den Abzweig.

Wir gehen auf dem **Fahrweg** wenige Meter nach **rechts** talwärts, um kurz darauf dem nach **rechts** abzweigenden ***Camí des Grau***, einem alten **Pilgerpfad**, zu folgen. Vorbei an einem geschlossenen grünen Wasserbassin links des Weges treten wir bald wieder in dichteren Wald ein und erreichen eine **Wegkreuzung**. Die Weiterführung des Weges, der hier **scharf links** abknickt, ist an einem Baum gelb und rot markiert.

Fortan wandern wir durch dichten **Steineichenwald**. Der **Karrenweg** lässt noch teilweise tiefe, alte Spurrillen erkennen. Links und rechts des Weges passieren wir Überbleibsel ehemaliger Kalköfen und Kohlenmeilerplätze. An der sich nach ca. **10 Minuten** Gehzeit anschließenden **Gabelung** folgen wir dem Weg nach **rechts**. Vorbei an einem ehemaligen Kalkofen und einem weiteren Kohlenmeilerplatz erreichen wir einen kleineren **Bergsattel**. Von dort zieht sich ein **Serpentinenpfad** talwärts, der streckenweise identisch mit einem alten Kopfsteinpflasterweg ist. Nach wenigen Kehren weist ein Schild **„Mirador"** auf einen kurzen **Stichpfad** hin, der zu einem abseits gelegenen **Aussichtspunkt** führt.

▶ Von den schroff abfallenden Felsen hat man einen schönen Ausblick ins Orienttal, auf den *Teix* und die *Serra d'Alfàbia*.

Zurück auf dem *Camí des Grau* wandern wir weiter talwärts. Nach einigen Kehren erreichen wir abermals einen kleinen **Pass**. Hier halten wir uns **links**, den Markierungen folgend, und treffen nach gut 10 Minuten nacheinander auf diverse **Relikte der einstigen Köhler- und Kalkbrenner-Aktivitäten**. Eine Wasserstelle für Mensch und Tier (*Aljub*), ein Kohlenmeilerplatz (*Sitja*) und ein Kalkofen (*Forn de Calc*) sind durch Holzschilder gekennzeichnet (⇨ hierzu auch ab Seite 27).

An der bald folgenden **Weggabelung** gehen wir **rechts** weiter talwärts. Wir **verlassen** den dichten **Wald** und erreichen auf dem von **Steinmauern** gesäumten Pfad wenig später einen **Fahrweg**, auf dem wir nach **rechts** weitergehen.

Erste Häuser verkünden nun die Nähe zu **Bunyola**. Wir können bald über die Dächer des Ortes schauen und in der Ferne das *Teix-Massiv* und die Bucht von Palma sehen.

Von Orient nach Bunyola 5

Nachdem unser **Weg** nach **rechts abgeknickt** ist, treffen wir linkerhand auf das Gebäude der ***Villa Teresa***. Hier folgen wir einem nach **links** abzweigenden **Treppenweg**, der um das Gebäude herum und weiter in Serpentinen durch engstehende Häuserzeilen in den Ort hinabführt. An der talzugewandten Seite des Hauses finden wir ein Schild an der Wand mit der Aufschrift „Villa Teresa Nr.17A", das uns bestätigt: Wir befinden uns auf dem richtigen Weg.

⇨ auch **Ortsplan Bunyola**, Seite 183

Jetzt sind es nur noch wenige Schritte zum Marktplatz im Zentrum des Ortes. An der folgenden kleinen **Teerstraße** halten wir uns **rechts** und steigen gleich wieder **links** über den Treppenweg ***Carrer de la Luna*** weiter in den Ort hinab. An dessen Ende stoßen wir auf den *Carrer Santa Catalina Tomás*. Durch den ***Carrer de Du de la Neu***, der sich auf der gegenüberliegenden Seite anschließt, laufen wir bis zur **Hauptplaça** mit der Pfarrkirche.

In Richtung **Bahnhof** lassen wir den Marktplatz links liegen und folgen der *Carrer de Sa Creu*. Diese knickt kurz darauf links ab in den *Carrer Costa de S'Estació*. Von der Plaça zum Ziel sind es noch ca. 500 m.

Blick vom Bunyolatal auf die Bergkette der Serra d'Alfàbia und die Penyals d'Honor (rechts am Bildrand)

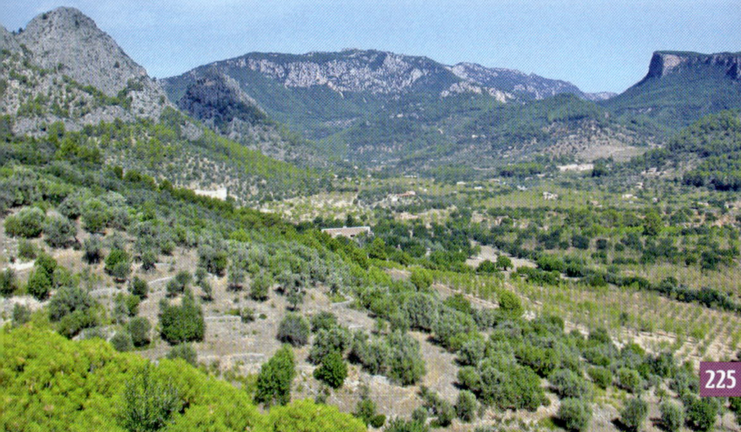

WEGE VOM CÚBER STAUSEE

Tour A : Klettertour am Puig de Massanella

Tour B : Der Drei-Gipfel-Kammweg

Tour C : Rund um das Tossals-Massiv

Tour D : Aufstieg zum Puig de Tossals Verds

Tour E : Auf historischen Pilgerpfaden zum Kloster Lluc

Tour F : Auf dem Camí de Barranc de Biniaraix nach Sóller

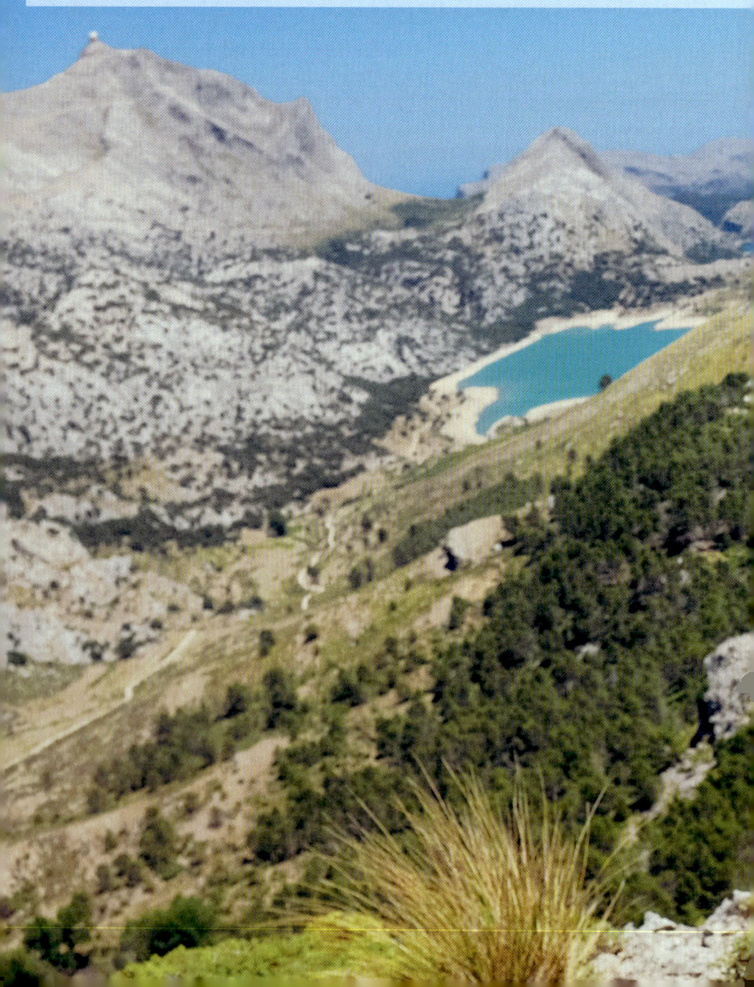

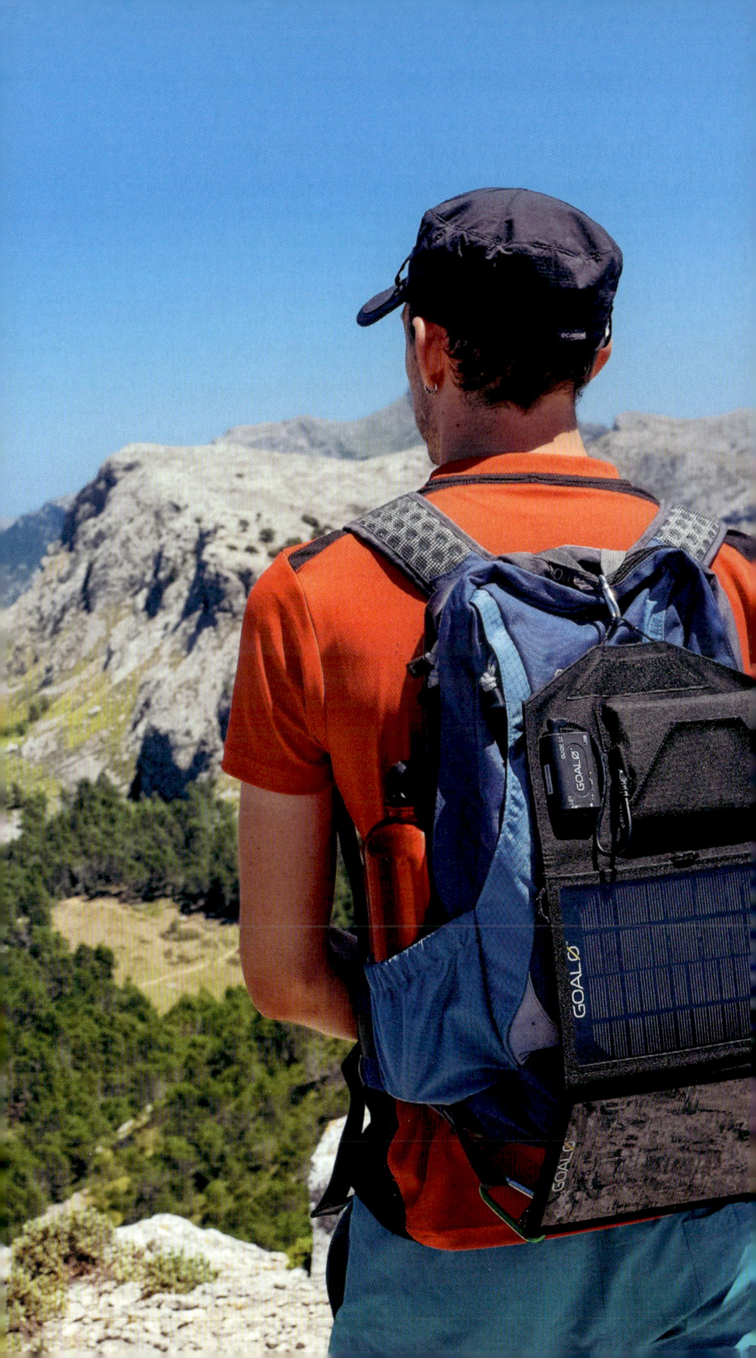
GOALØ

Die Stauseen im Tramuntana-Gebirge

Die beiden **Stauseen *Cúber*** und ***Gorg Blau*** liegen nur wenige Kilometer voneinander entfernt zwischen den höchsten Bergen Mallorcas. Man schuf die Reservoire Anfang der 1970er- Jahre in den Hochtälern *Allmalutx* und *Cúber*. Im Winter füllen sie sich – je nach Niederschlagsmenge mal mehr, mal weniger – und tragen zur Trinkwasserversorgung Palmas bei. Beide Seen sind durch ein größtenteils überirdisch geführtes offenes Rinnensystem miteinander verbunden. Darüber wird das Wasser des *Gorg Blau* zunächst in den *Cúber* Stausee gepumpt. Über betonummantelte Röhren und Kanäle fließt es quer durchs Gebirge nach Lloseta zu einer Wasseraufbereitungsanlage und von dort ins Versorgungsnetz der Insel. Mehrere **Wanderrouten** führen streckenweise an der Wasserleitung entlang und sogar durch die bis zu 200 m langen Tunnel, die speziell dafür durch den Berg getrieben wurden.

Am *Cúber* starten einige der interessantesten **Rundwanderungen** und **Gipfelrouten**. Spektakuläre Klettertouren, herrliche Panoramen und abenteuerliche Tunnelwege bieten ein breites Spektrum an Möglichkeiten. Mit Ausnahme des vom Militär gesperrten höchsten Gipfels *Puig Major* lassen sich alle Berge in der Umgebung der Stauseen erklimmen.

Misslich ist die schlechte Erreichbarkeit des Cúber mit öffentlichen Verkehrsmitteln. Der **Hinweg morgens per Bus** (L354) ab Port de Sóller oder Can Picafort/Alcudia (Abfahrt je ca. 9 Uhr, dem Busfahrer sagen, dass man am *Cúber* aussteigen möchte) führt noch zu akzeptablen Startzeiten. Den einzigen Bus (L354) am Nachmittag für die Rückfahrt abzupassen, ist schon schwieriger. Er fährt ca. 16.45 Uhr ab Lluc nach Sóller. Je nach Standort, muss man also ab ca. 17.00 Uhr am Straßenrand stehen. Gggf. kann man sich auch ein **Taxi** bestellen, ⇨ siehe Seite 369.

Mietwagenfahrer finden Parkmöglichkeiten am Zugang zum See und auf dem nahen Picknickplatz *Font des Noguer.*

Einstieg zu den Wanderungen B, F beim Parkplatz am Cúber Stausee

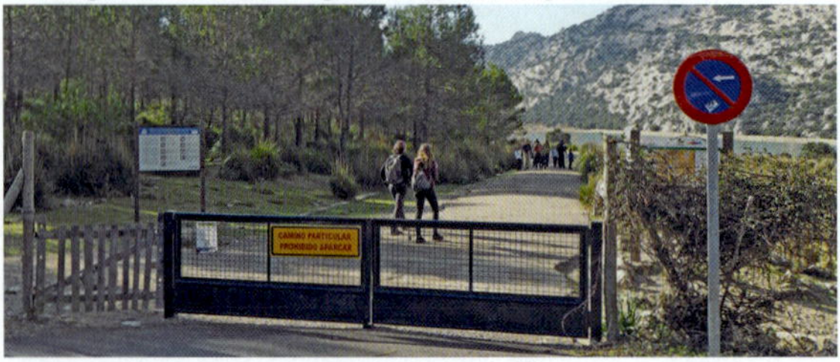

◄ *Foto vorstehende Doppelseite: Blick vom Puig de sa Rateta (Tour B)*

Blick vom Wasserleitungspfad über den Stausee Gorg Blau, auf dem Weg vom Cúber Stausee zum Coll des Coloms

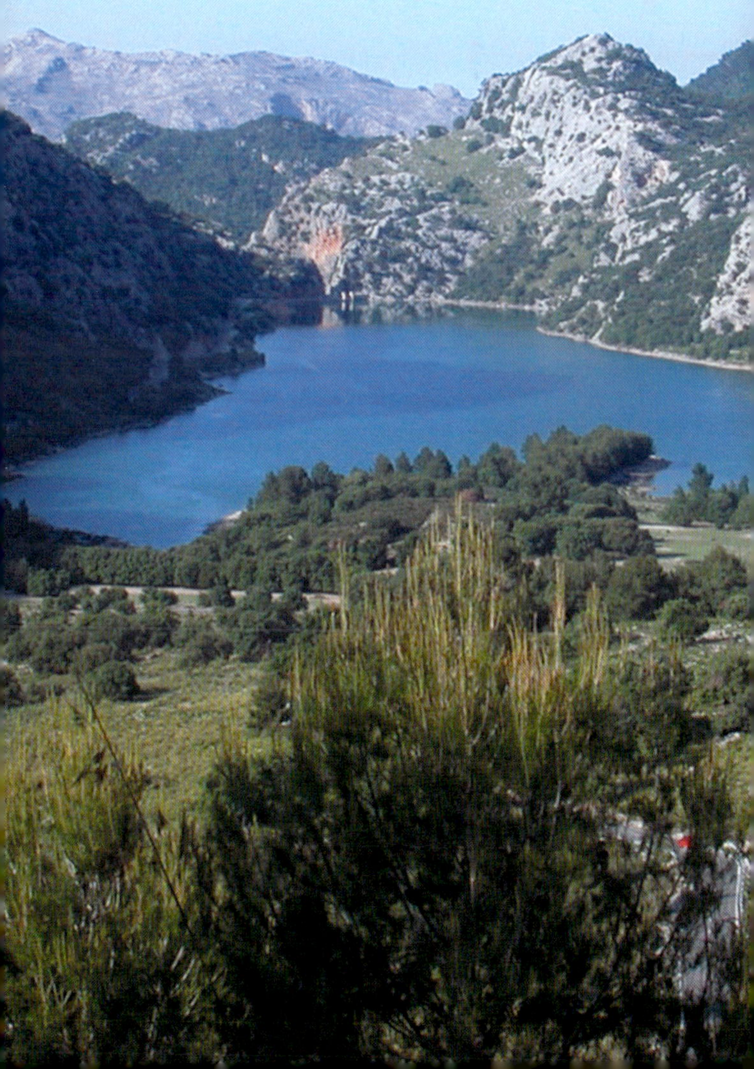

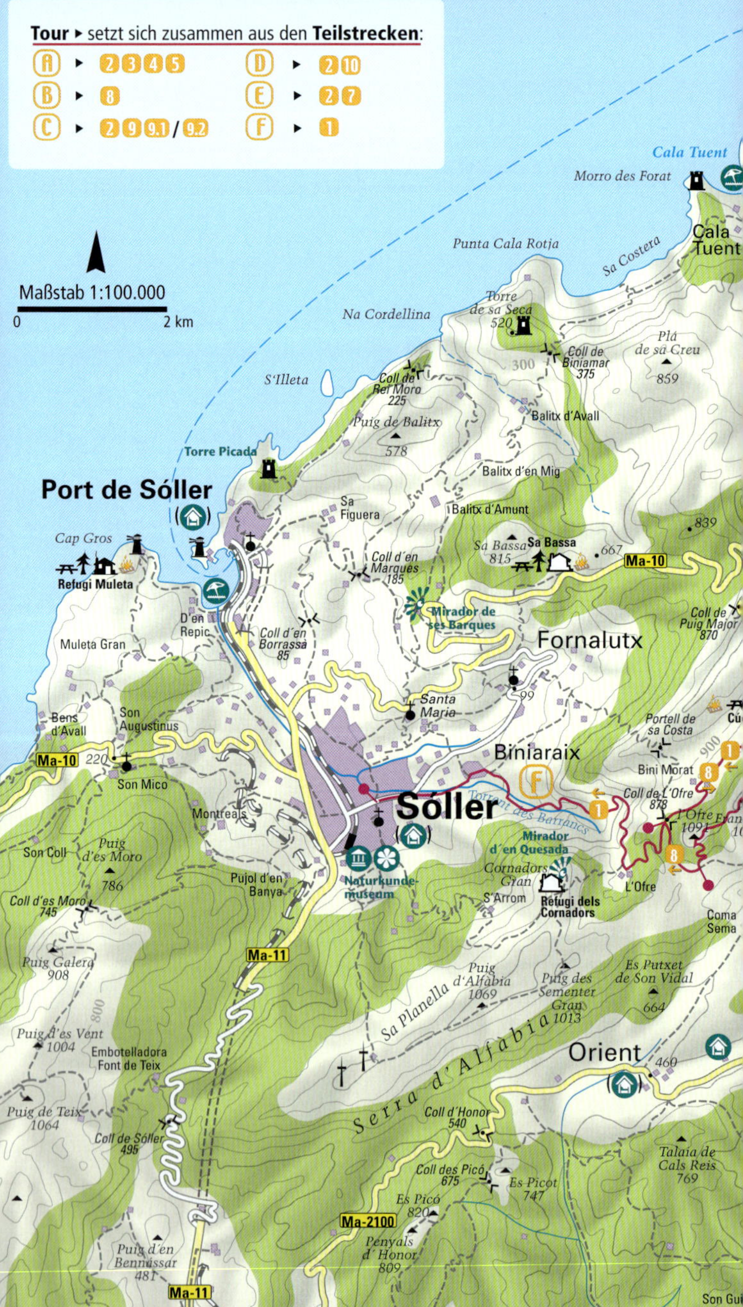

Tour ▸ setzt sich zusammen aus den Teilstrecken:
A ▸ 2 3 4 5
B ▸ 8
C ▸ 2 9 9.1 / 9.2
D ▸ 2 10
E ▸ 2 7
F ▸ 1
Maßstab 1:100.000
0
2 km
Cala Tuent
Morro des Forat
Cala Tuent
Sa Costera
Punta Cala Rotja
Torre de sa Seca
520
Na Cordellina
Coll de Biniamar
375
Plá de sa Creu
859
S'Illeta
Coll de Rei Moro
225
Puig de Balitx
578
Balitx d'Avall
Torre Picada
Balitx d'en Mig
Port de Sóller
Sa Figuera
Balitx d'Amunt
839
Cap Gros
Refugi Muleta
Coll d'en Marques
185
Sa Bassa
815
Sa Bassa
667
Ma-10
Mirador de ses Barques
Coll de Puig Major
870
D'en Repic
Coll d'en Borrassà
85
Fornalutx
Muleta Gran
Santa Maria
99
Bens d'Avall
Son Augustinus
Portell de sa Costa
Ma-10
220
Biniaraix
Bini Morat
Son Mico
Sóller
Torrent des Barrancs
Coll de L'Ofre
878
L'Ofre
1091
Montreals
Son Coll
Puig d'es Moro
786
Mirador d'en Quesada
Cornadors Gran
S'Arrom
Refugi dels Cornadors
L'Ofre
Pujol d'en Banya
Naturkunde-museum
Coll d'es Moro
745
Coma Sema
Puig Galera
908
Ma-11
Puig d'Alfàbia
1069
Puig des Sementer Gran
1013
Es Putxet de Son Vidal
664
Sa Planella
Serra d'Alfàbia
Puig d'es Vent
1004
Embotelladora Font de Teix
Orient
460
Puig de Teix
1064
Coll de Sóller
495
Coll d'Honor
540
Talaia de Cals Reis
769
Coll des Picó
675
Es Picot
747
Es Picó
820
Ma-2100
Penyals d'Honor
809
Puig d'en Bennàssar
481
Ma-11
Son Gui

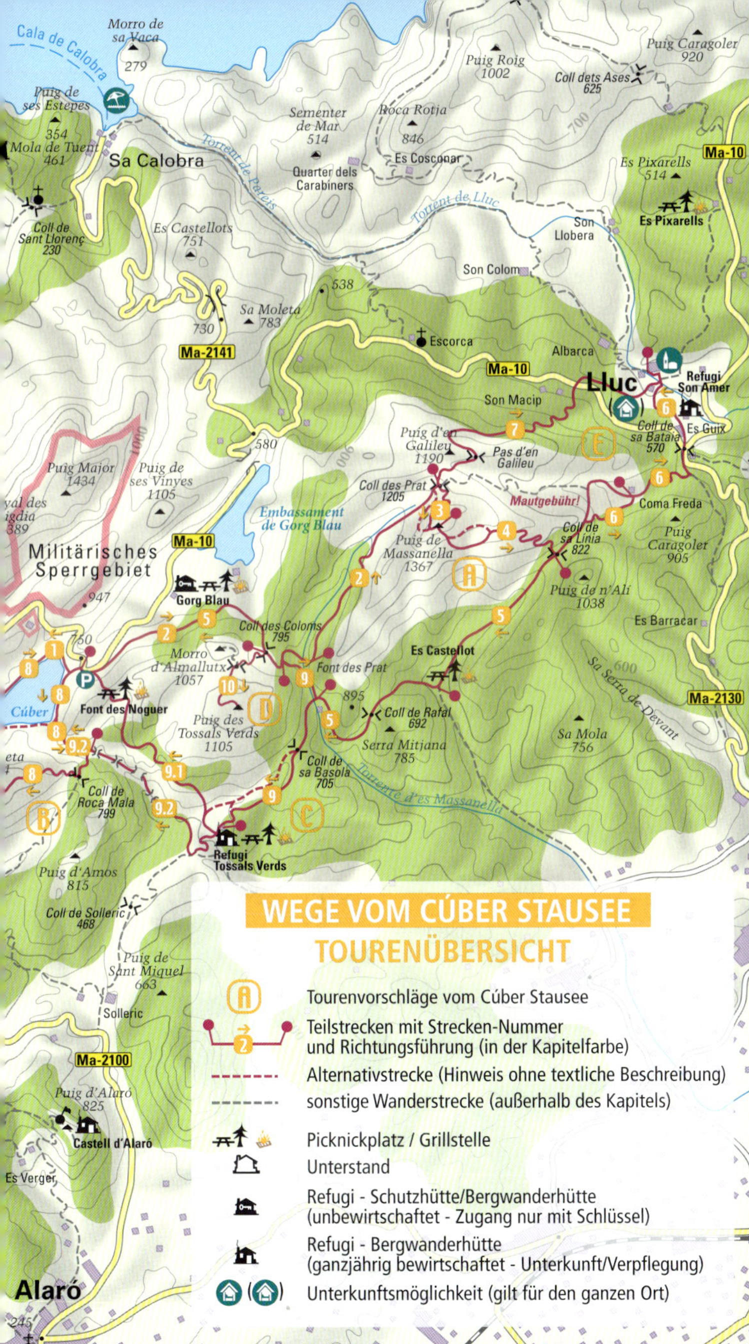

WEGE VOM CÚBER STAUSEE
TOURENÜBERSICHT
Tourenvorschläge vom Cúber Stausee
Teilstrecken mit Strecken-Nummer und Richtungsführung (in der Kapitelfarbe)
Alternativstrecke (Hinweis ohne textliche Beschreibung)
sonstige Wanderstrecke (außerhalb des Kapitels)
Picknickplatz / Grillstelle
Unterstand
Refugi - Schutzhütte/Bergwanderhütte (unbewirtschaftet - Zugang nur mit Schlüssel)
Refugi - Bergwanderhütte (ganzjährig bewirtschaftet - Unterkunft/Verpflegung)
Unterkunftsmöglichkeit (gilt für den ganzen Ort)
Cala de Calobra
Morro de sa Vaca 279
Puig de ses Estepes 354
Mola de Tuent 461
Sa Calobra
Coll de Sant Llorenç 230
Torrent de Pareis
Sementer de Mar 514
Quarter dels Carabiners
Roca Rotja 846
Es Cosconar
Puig Roig 1002
Coll dets Ases 625
Puig Caragoler 920
Es Pixarells 514
Es Pixarells
Ma-10
Torrent de Lluc
Son Llobera
Son Colom
Es Castellots 751
Sa Moleta 783
538
Escorca
Albarca
Lluc
Refugi Son Amer
Es Guix
Coll de sa Bataia 570
730
Ma-2141
580
Son Macip
Puig d'en Galileu 1190
Pas d'en Galileu
Coll des Prat 1205
Mautgebühr!
Coma Freda
Puig Major 1434
Puig de ses Vinyes 1105
Embassament de Gorg Blau
Puig de Massanella 1367
Coll de sa Línia 822
Puig Caragoler 905
Militärisches Sperrgebiet
947
Gorg Blau
Puig de n'Alí 1038
Es Barracar
Coll des Coloms 795
Morro d'Almallutx 1057
750
Cúber
Font des Noguer
Font des Prat
Es Castellot
Sa Serra de Devant
Ma-2130
895
Coll de Rafal 692
Sa Mola 756
Puig des Tossals Verds 1105
Serra Mitjana 785
Coll de sa Basola 705
Torrente d'es Massanella
Coll de Roca Mala 799
Refugi Tossals Verds
Puig d'Amos 815
Coll de Solleric 468
Puig de Sant Miquel 663
Solleric
Ma-2100
Puig d'Alaró 825
Castell d'Alaró
Es Verger
Alaró
245

TOUR A Klettertour am Puig de Massanella

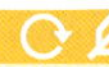

K354/355

ANSPRUCH

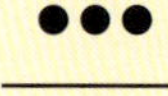

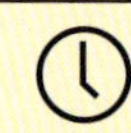

8 Std

MARKIERUNG

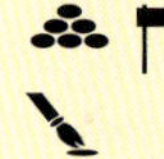

HÖHENMETER

↗1050

1050↘

TEILSTRECKE

NR	SEITE
2	242
3	243
4	245
5	245

Gleich **mehrere Routen führen** vom *Cúber* Stausee und vom Kloster Lluc ***auf den Massanella***, wobei die für diese Route beschriebene Variante den spektakulärsten Aufstieg bietet.

Die Rundwanderung beginnt entlang der bereits erwähnten Wasserleitung und führt zunächst über einsame Köhlerpfade auf den ***Coll des Coloms*** und wieder hinab in die bewaldete **Hochebene *Font des Prat***.

Von dort beginnt der eigentliche Gipfelaufstieg, der mit der Höhe stets an Aussicht gewinnt. Am ***Coll des Prat*** befindet man sich bereits 100 Höhenmeter unterhalb des Gipfels. Von hier führt die letzte Etappe auf einem steilen Geröllpfad und über eine kurze **ungesicherte** Kletterpassage (!) mit ausgesetzten Pfaden zum Gipfel. Schwindelfreiheit und Klettergeschick sind dort unbedingt erforderlich!

Vom Gipfelpunkt des Massanella steigt man über die schroffe Felslandschaft an der Ostflanke zum Pass ***Coll de Sa Línia*** hinab. Weitere herrliche Höhenwege und abenteuerliche Pfade über ein ehemaliges Aquädukt schliessen sich an und führen um das Massanella-Massiv zurück zum *Cúber*.

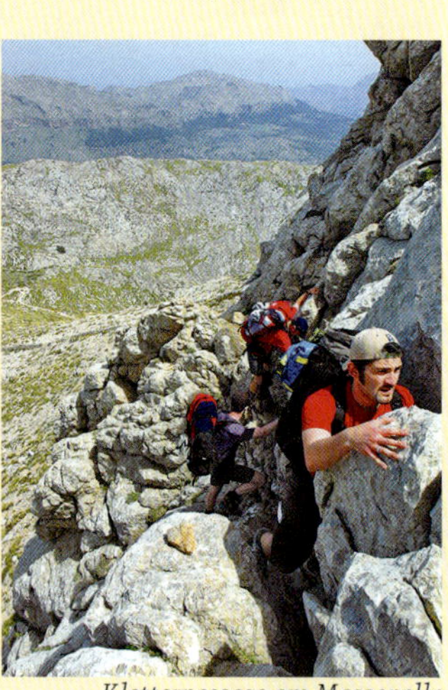

Kletterpassage am Massanella

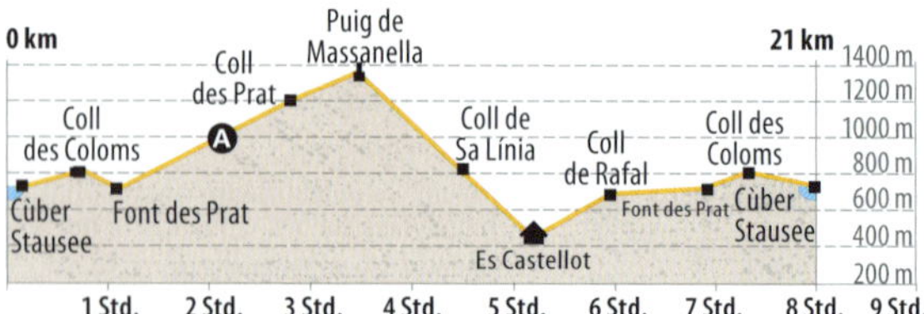

Der Drei-Gipfel-Kammweg TOUR B

K354

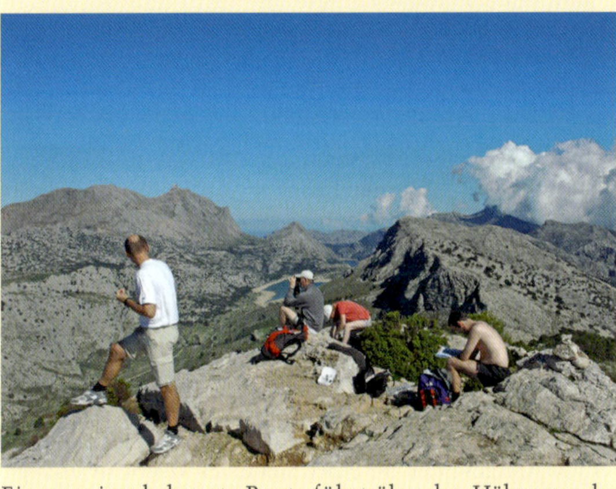

ANSPRUCH ●●●

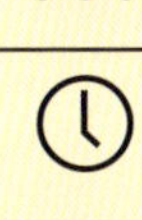

5 Std

MARKIERUNG

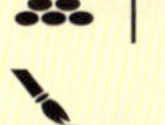

HÖHENMETER
↗ 600
600 ↘

TEILSTRECKE
NR – SEITE
8 248

Eine weniger bekannte Route führt über den Höhenzug der drei Gipfel ***Puig de Sa Rateta, Puig de Na Franquesa*** und ***Puig de L'Ofre*** durch oft bizarre Gebirgslandschaften.

Die Tour beginnt am Cúber Stausee. Zunächst wandern wir ein kurzes Stück am ***Torrent d'Almedra*** entlang, durch dessen Schlucht die Wasserleitung nach Lloseta verlegt ist. Durch ein Seitental gelangt man zum Pass ***Coll de Roca Mala*** und erklimmt von dort den ***Puig de Sa Rateta*** (1084 m). Auf einem spektakulären Pfad mit grandiosen Ausblicken geht es entlang der Kammlinie in südwestliche Richtung über zwei weitere Gipfel. Ohne große Höhenunterschiede erreichen wir den ***Puig de Na Franquesa*** (1067 m), gefolgt vom ***Puig de L'Ofre*** (1091 m). Dort reicht die Vegetation fast bis zum Gipfel. Vom *L'Ofre* wandert man hinunter ins **Tal von *Bini Morat*** und zurück zum Ausgangspunkt am nördlichen Ende des Stausees.

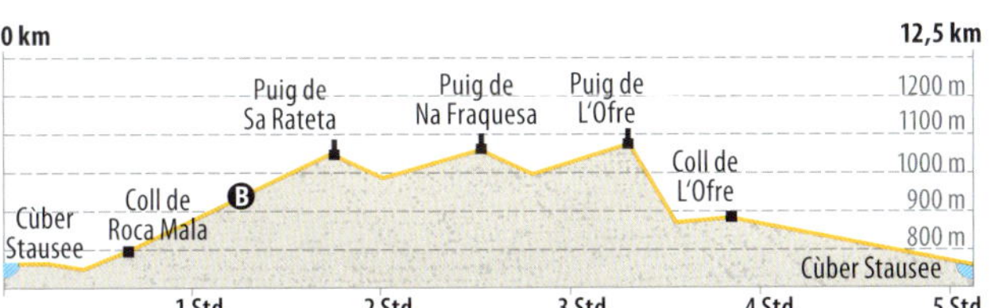

TOUR C Rund um das Tossals-Massiv

ANSPRUCH

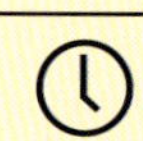

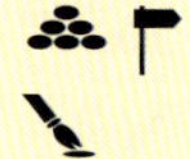

5,5 Std

MARKIERUNG

HÖHENMETER

↗ 400

400 ↘

TEILSTRECKE NR – SEITE

2 242

9 252

K354/355

Diese anfänglich gut gekennzeichnete und abwechslungsreiche **Rundwanderung** ist bis zur **Berghütte *Tossals Verds*** bequem zu laufen. Das zweite Wegstück zum *Cúber* Stausee wird da schon anstrengender und bietet zudem die Wahl zwischen zwei ganz besonderen Wegabschnitten:

9.1 Ein recht **abenteuerlicher** steiler Pfad führt links entlang des *Torrent d'Almedra* durch **fünf Tunnel für die Wasserleitung** vom *Cúber* nach Lloseta. Die bis zu 200 m langen und teils stockdunklen Tunnel sind zwar ohne weiteres begehbar, aber man benötigt unbedingt eine gute **Taschenlampe**. Damit ist diese Strecke relativ gefahrlos zu meistern.

9.2 Die Alternative dazu ist die **Höhenroute** entlang der rechten Bergflanke des *Torrent*, die Trittsicherheit und etwas **Klettergeschick** an einer Stelle des Weges abverlangt. Beide Wege sind etwa gleich lang.

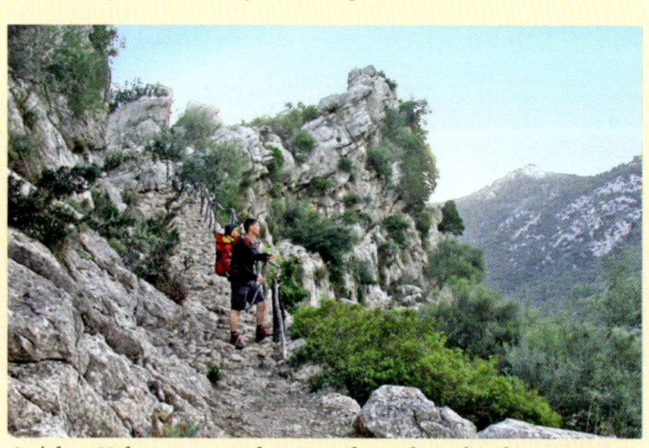

Auf dem Höhenweg zwischen Tossals Verds und Cúber-Stausee

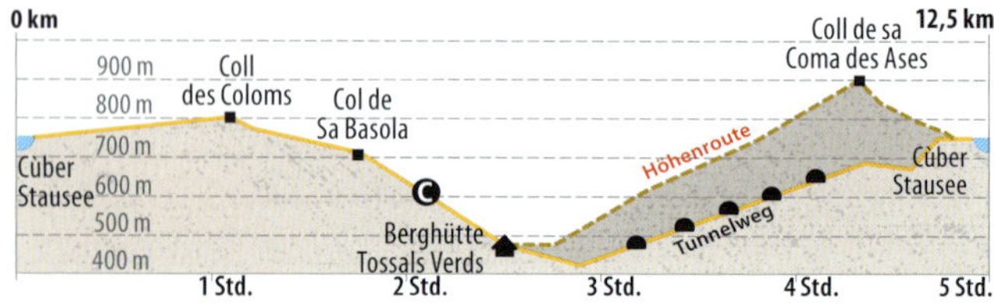

Aufstieg zum Puig de Tossals Verds TOUR D

↔ K354/355

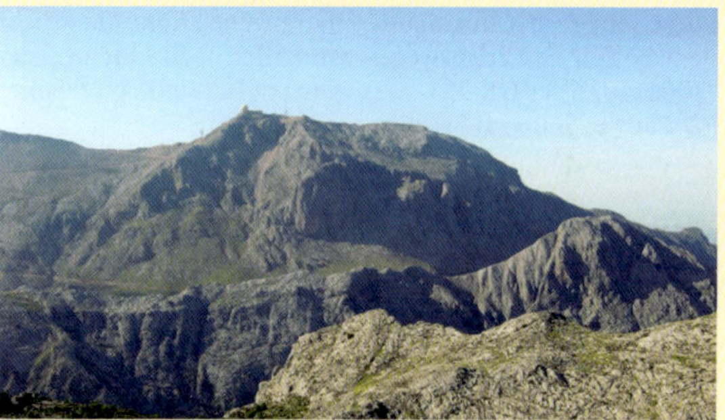

Zum Greifen nah – Blick auf das Gipfel-Massiv des Puig Major

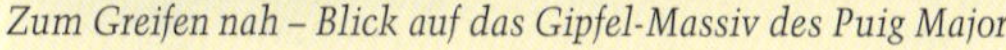

Diese relativ kurze Wanderung eignet sich besonders als **Halbtagestour** oder – im Frühsommer, wenn die Tage schon sehr warm und länger sind – auch für die kühleren Abendstunden. Wanderer mit guter Kondition könnten sie als Abstecher mit Tour C verbinden.

Der erste Wegabschnitt ist identisch mit Tour C. Ein versteckter Pfad führt vom ***Coll des Coloms*** hinauf zu ehemaligen Schneehäusern in einem Hochtal zwischen den Gipfeln des *Tossals Verds* und *Morro d'Almutx*.

Auf schroffen Wegen erklimmen wir über felsiges Terrain den ***Puig de Tossals Verds***. Dort erwarten den Wanderer als kleine Überraschung ein Heiligenschrein mit „Wanderbezug" und – wie von fast allen Gipfeln – grandiose Ausblicke pur. Die höchsten Berge Mallorcas scheinen zum Greifen nah zu sein.

Insgesamt ist dies eine nur mäßig anstrengende Wanderung auf allerdings streckenweise (vor allem im Gipfelbereich) alpinen Geröllpfaden.

ANSPRUCH

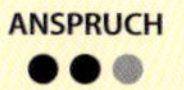

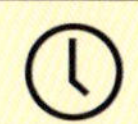

3 Std

MARKIERUNG

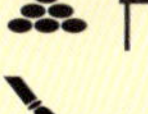

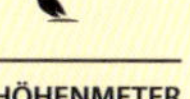

HÖHENMETER

↗ 350

350 ↘

TEILSTRECKE

NR	SEITE
2	242
10	255

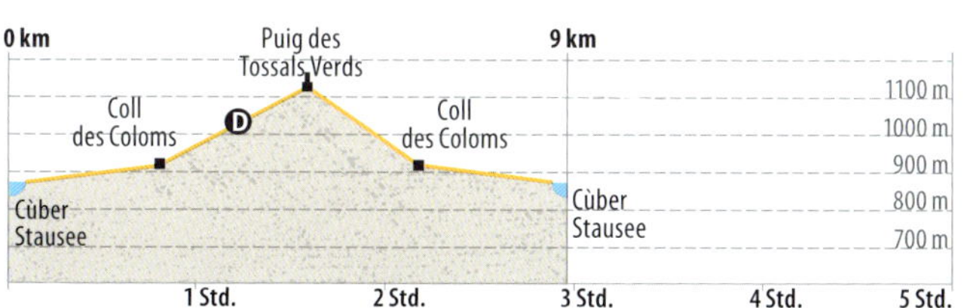

TOUR E Auf historischen Pilgerpfaden zum Kloster Lluc

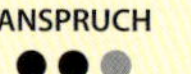

ANSPRUCH

●●●

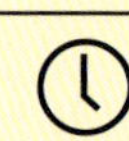

5,5 Std

MARKIERUNG

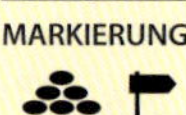

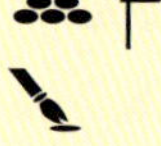

HÖHENMETER

↗ 620

910 ↘

TEILSTRECKE NR – SEITE

2 242

7 247

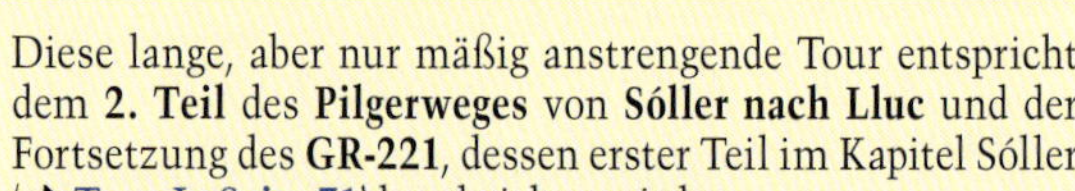

K354/355

Diese lange, aber nur mäßig anstrengende Tour entspricht dem **2. Teil** des **Pilgerweges** von **Sóller nach Lluc** und der Fortsetzung des **GR-221**, dessen erster Teil im Kapitel Sóller (➪ Tour L, Seite 71) beschrieben wird.

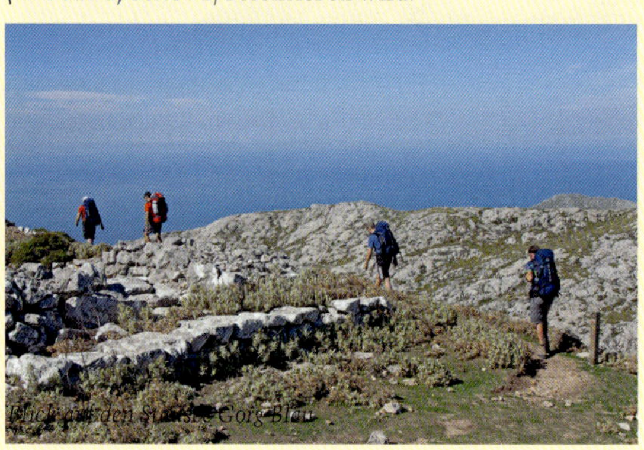

Auf dem Camí de ses Voltes d'en Galileu

Die **erste Teilstrecke** der Wanderung ist bis zum Coll des Prat **identisch mit** Tour A, ➪ Seite 232

Von der Passhöhe nach Norden wandert man auf dem markierten ***Camí de ses Voltes d'en Galileu***. Vorbei an den Ruinen von Schneehäusern führt der – im ersten Abschnitt weite Blick gewährende – Weg am Fuße des *Puig d'en Galileu* entlang über die Nordflanke des *Massanella*-Massivs zum Kloster Lluc, das in einem grünen Talkessel der zentralen *Serra Tramuntana* liegt, ➪ ab Seite 258.

Eine Rückkehr zum *Cúber* bzw. nach Sóller ist mit dem Bus (L534) um 16.45 Uhr ab Kloster Lluc möglich.

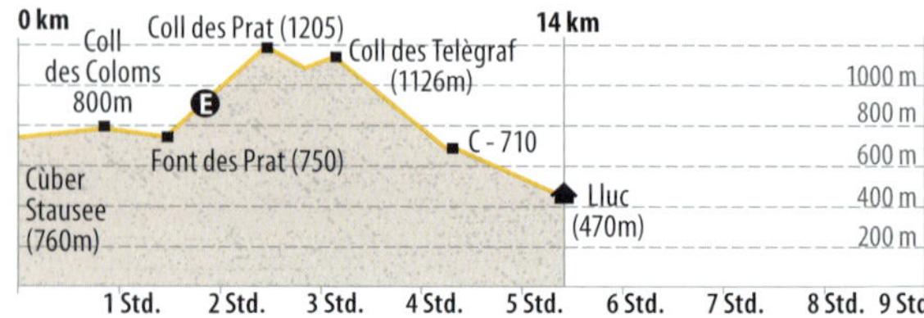

TOUR F: Auf dem Camí de Biniaraix nach Sóller

K354/355

Diese vielbegangene, sehr attraktive Abstiegswanderung vom *Cúber* Stausee durch die Schlucht von Biniaraix ist insgesamt nicht besonders anstrengend und lässt sich obendrein mit Anfahrt per Bus (L354) von (Port de) Sóller aus organisieren, ⇨ **siehe auch Kapitel (Port de) Sóller, Tourenvorschlag L, Seite 71**.

Zunächst geht es durch das Tal von *Bini Morat*, wo oft der auf Mallorca seltene Anblick weidender Kühe überrascht. Ein kurzer, nur leichter Anstieg führt zur Passhöhe ***Coll de L'Ofre*** (878 m).

Von der Passhöhe ist ein **Abstecher** auf den 1091 m hohen ***Puig de L'Ofre*** möglich (⇨ Seite 115), von dem der Blick über das Tal von Sóller und die ganze Insel jenseits der *Serra Tramuntana* fällt.

Ab *Coll de L'Ofre* geht es nur noch bergab. Ein steingepflasterter **Pilgerpfad** führt in annähernd 100 Kehren und über zahllose Stufen durch die malerische Landschaft des *Barranc* bis Biniaraix. Das letzte Stück der Route entspricht dem Straßenverlauf Biniaraix-Sóller.

ANSPRUCH

3-4,5 Std

MARKIERUNG

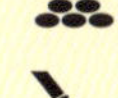

HÖHENMETER

↗ 120

855 ↘

TEILSTRECKE NR - SEITE

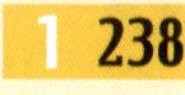

1 238

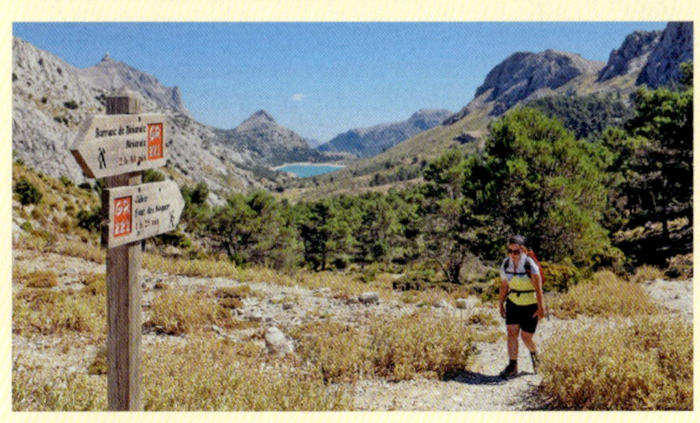

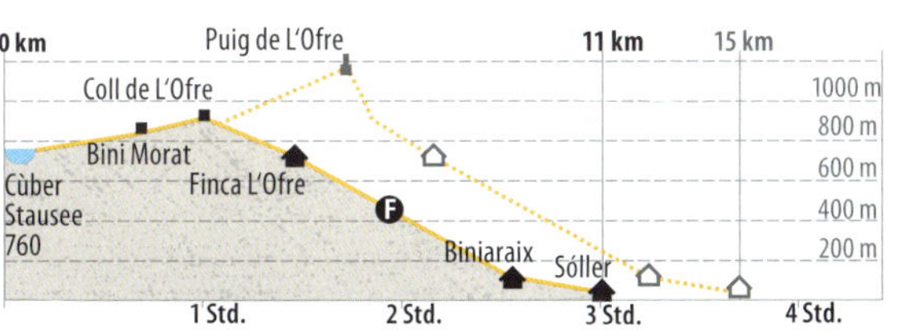

1 Auf dem Camí de Barranc de Biniaraix nach Sóller

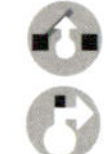

Unsere Wanderung beginnt am *Cúber* Stausee am kleinen **Parkplatz** an der Straße **Ma-10** Sóller-Lluc. Wir gehen durch das **Holzgatter** neben dem Eisentor (⇨ Foto Seite 228) und biegen kurz darauf **rechts** auf den **markierten Wanderpfad** ab, der uns uferbegleitend um den Stausee führt. Am südlichen Ende des Sees passieren wir dann linkerhand das **Refugi** Cúber (⇨ Selbstversorgerhütten Seite 381) und treffen kurz darauf wieder auf den **Fahrweg**, der vom Parkplatz zur *Finca Bini Morat* führt. Dem Weg nach **rechts** folgend, gelangen wir an der Grenze zur ***Finca Bini Morat*** an ein weiteres **Eisentor**, das rechts einen **Durchgang** für Wanderer aufweist.

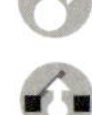

Der Weg setzt sich fort durch das Tal von *Bini Morat*, das beidseitig von Gebirgskämmen überragt wird. Links von uns erkennen wir von Norden nach Süden die Gipfel des ***Puig de Sa Rateta***, des ***Puig de Na Franquesa*** und – am markantesten – des ***Puig de L'Ofre***, wo die Vegetation bis fast an den Gipfel reicht. Steinterrassen, vereinzelte Aleppokiefern, Dissgras, Ginsterbüsche, Rosmarin, Mastix- und Heidesträucher prägen das Landschaftsbild. Der für Mallorca ungewohnte Anblick weidender Kühe ist in diesem Hochtal keine Seltenheit.

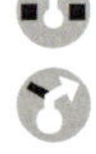
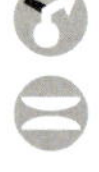

Wir queren wieder eine **Grenzmauer** und erreichen bald die Häuser von ***Bini Morat***. Kurz darauf verlassen wir den Fahrweg und folgen **rechts** dem mit *„Barranc de Biniaraix/Biniaraix"* beschilderten **Pfad** nach **rechts**, der uns durch lockere Bewaldung zum **Pass *Coll de L'Ofre*** führt und dort wieder auf den zuvor verlassenen Fahrweg trifft.

Das gleichnamige Tal und Gehöf tief unter dem Puig de L'Ofre

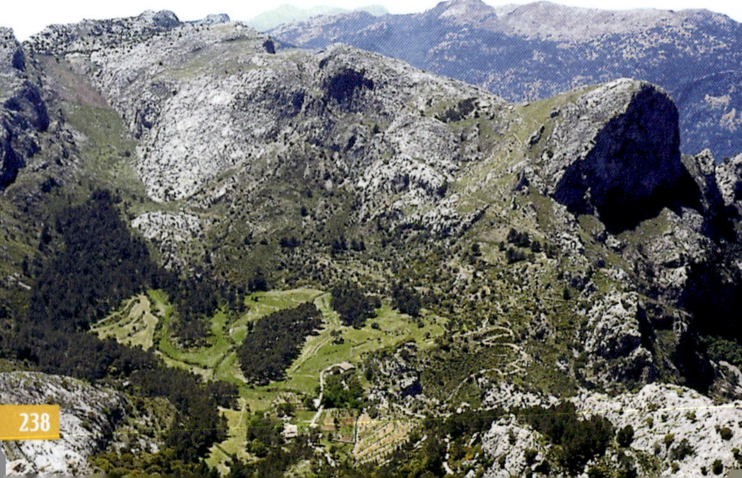

Auf dem Camí de Barranc de Biniaraix nach Sóller 

Wenige Schritte bergan sind es noch bis zum Pass, auf dessen Höhe rechterhand eine große **Steinpyramide** mit Eisenkreuz steht.

Anschluss: Nach Fornalutx – Teilstrecke 13.4 – Seite 117 13.4

Ein kleines Stück weiter talwärts zweigt unterhalb der Passhöhe links ein Karrenweg ab, der in Richtung *L'Ofre*- Gipfel führt.

Anschluss: Zum Gipfelaufstieg – Teilstrecke 13.1 – Seite 115 13.1

Wir setzen den Weg in Richtung **Gehöft *L'Ofre*** und Sóller **talwärts** fort und stoßen kurz unterhalb des Passes auf einen Pfad nach **rechts**, der die Serpentinen des Fahrwegs abkürzt. Hier folgen wir den **Markierungspfählen**.

Durch dichtere Bewaldung gehen wir talwärts, treffen in einer Spitzkehre wieder auf den **Fahrweg** und folgen hier weiter dem sich fortsetzenden Stichpfad. Wiederum gelangen wir auf den **Fahrweg** und folgen diesem jetzt **rechts** bis kurz vor Erreichen des Gehöfts der Finca L'Ofre. Nach einer längeren Geraden und einer scharfen Linkskehre treffen wir rechts auf einen **Schilderbaum** und folgen dort den bekannten Wegweisern in Richtung ***Barranc de Biniaraix.***

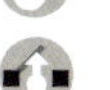

Hier blicken wir erstmals in die tiefe Schlucht und gewinnen einen Eindruck vom steilen Abstieg, der uns erwartet. Wir nehmen den **Pfad** nach **rechts**, der bald wieder auf den **Zugangsweg** zum Gehöft der Finca trifft. Dort halten wir uns **abermals rechts**, durchlaufen bald ein **Eisengatter** und passieren links ein Wasserbassin. Dort zweigt nach links der Pfad zum **Aussichtspunkt *„Mirador d'en Quesada“*** ab.

Anschluss: Mirador d'en Quesada – Teilstrecke 13.2 – S. 116 13.2

Wir folgen aber dem Pfad **geradeaus** in die Schlucht, der kurz darauf erneut durch ein Eisengatter führt.

Bald beginnt erkennbar der alte **Pilgerweg**, der mit fallenden Höhenmetern immer mehr an Qualität gewinnt. Vorbildlich restauriert führt der ***Camí de Barranc de Biniaraix*** in annähernd 100 Kehren und über zahllose Stufen durch den grünen Canyon des *Torrent des Barrancs*, der viele Pflanzen- und Tierarten beherbergt.

Der anfangs stark, dann sanfter abfallende Weg führt durch kunstvoll angelegte landwirtschaftlich genutzte Terrassen, die teilweise bis unmittelbar an die steilen Felswände reichen. Bei der *Finca Es Verger* besteht Gelegenheit, unsere Wasserflaschen an einer **Quelle** rechts am Wege zu füllen (Wasserleitung mit Hahn).

1 Auf dem Camí de Barranc de Biniaraix nach Sóller

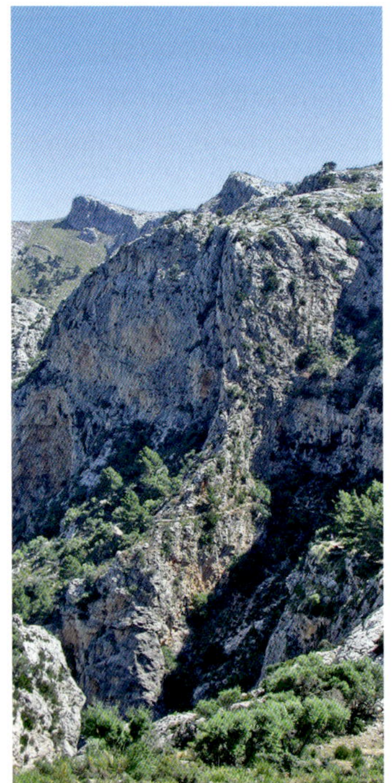

Blick in den Barranc de Biniaraix

Das Tal wird zunehmend schmaler und schroffer, und an einer Stelle bildet es einen engen Durchlass (⇨ Foto rechts). Mehrfach erkennt man an den Hängen bizzare Tropfsteinformationen.

Wir laufen über eine Brücke und können uns erneut an einer **Quelle** bedienen. Mehrfach wechselt der Weg die Seiten. Die nun auf den Terrassen links und rechts des *Torrent* vorherrschenden Johannisbrot- und Olivenbäume verdecken teilweise das meist wasserführende Bachbett. Nachdem wir linkerhand eine letzte Quelle passiert haben und nochmals das Bachbett des *Torrent* überquert haben, erreichen wir wenige Minuten später das öffentliche **Waschhaus** am Ortsrand von **Biniaraix**.

Am Waschplatz laufen wir **geradeaus** in Richtung Dorf und passieren das Richtungsschild Fornalutx. Wir halten uns **links** bis zur *Plaça* im Zentrum des Dorfes. Dort könnten wir noch ein wenig durch die ruhigen Gassen bummeln und in der einzigen Bar den Durst mit frischem Orangensaft stillen.

Am Ende der *Carrer Guillem* geht es einige Treppen hinunter zum ***Camí de Biniaraix***, der Straße in Richtung **Sóller**.

Wir überqueren bald eine **Brücke** und folgen der Straße weiter **geradeaus**. Über einige Kreuzungen hinweg führt sie uns zur hübschen ***Plaça Constitució*** de Sóller. Mit der nostalgischen Straßenbahn geht`s von dort weiter nach **Port de Sóller** oder mit dem nostalgischen Zug nach Palma, ⇨ Seite 52.

Restaurierter Weg durch den Barranc de Biniaraix ►

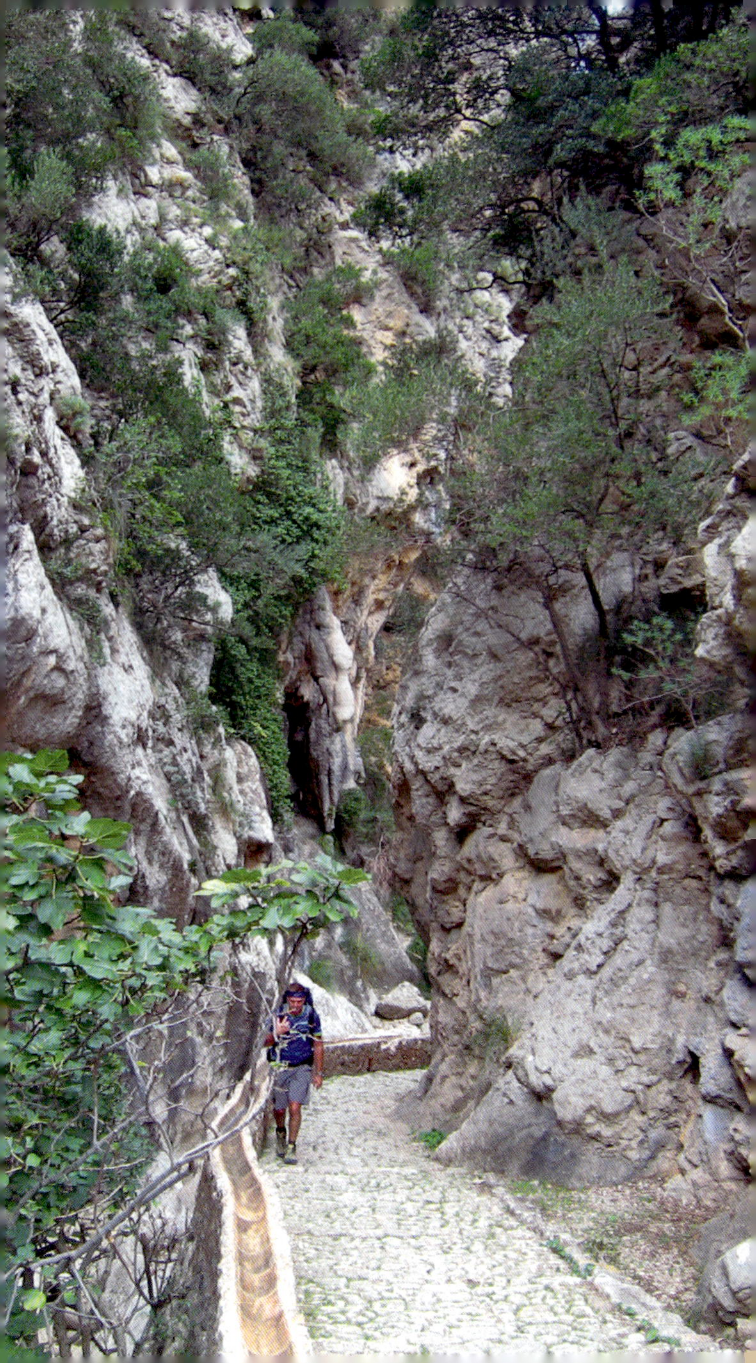

2 Von Cúber zum Coll des Prat

GR221

Vom Grill- und Picknickplatz ***Font des Noguer.*** folgen wir **rechts** dem mit *Tossals Verds* beschilderten Weg entlang der **Wasserrinne**, welche die Stauseen *Cúber* und *Gorg Blau* verbindet. Bald kommt links unter uns der *Gorg Blau* und vor uns in der Höhe der bewaldete Sattelpunkt *Coll es Prat* ins Blickfeld. Nach guten *30 Minuten* Gehzeit (seit dem Aufbruch am Parkplatz) überqueren wir die Wasserrinne über eine kleine **Brücke**. Durch **Steineichenwald** wandern wir auf einem verwitterten Steinpflasterweg hinauf zum **Pass *Coll des Prat***. Nach wenigen Schritten bergab erreicht man von dort den beschilderten **Abzweig** zum Gipfel des *Tossals* Verds.

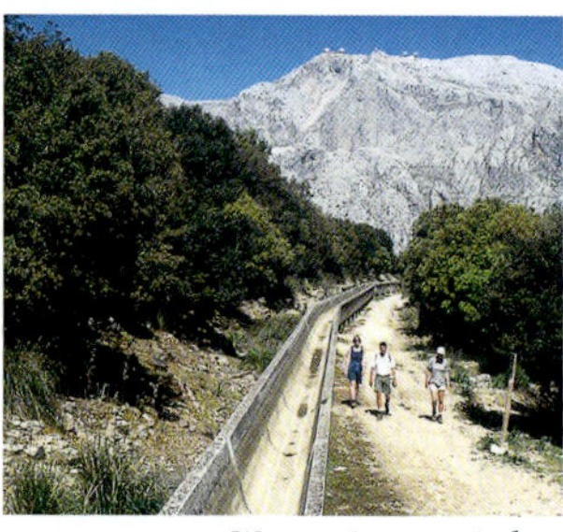

Wasserrinne zwischen Cúber und Gorg Blau

10

Anschluss: Zum Gipfel Tossals Verds – Teilstrecke 10 – Seite 255

Weiter **geradeaus** geht es auf einem überwiegend schattenlosen Weg **talwärts**. Nach mehreren Kehren treffen wir auf einen weiteren **Schilderbaum**, der den **Abzweig** zur Berghütte *Tossals Verds* nach rechts markiert.

GR221

9

Anschluss: Rund um das Tossals-Massiv – Teilstrecke 9 – S. 252

W4-5

GR221

In Richtung *Coll des Prat* und *Massanella* folgen wir dem Hinweis ***Font des Prat***. Nach weiteren Kehren, wobei wir eine **Mauer** durchqueren und einen alten Köhlerplatz passieren, erreichen wir über eine Steinbrücke die bewaldete **Hochebene *Font des Prat***. Einen vor der **Brücke** abzweigenden Pfad (Abstecher zur Quelle) ignorieren wir. Wir halten uns auch nach der Brücke noch ein Stück **geradeaus** und folgen dann dem Markierungspfahl und Steinmännchenmarkierungen, die uns nach **links** durch die *Comellar des Prat* hinauf zur Passhöhe (1205 m) führen. Bei etwa 900 Höhenmetern lichtet sich der **Steineichenwald**. Kurz zuvor kann man rechts an einer **Quelle** die Wasserflaschen füllen.

Durch **Dissgrasfelder** steigen wir anschließend bis zur **Passhöhe**, auf dessen Kamm eine **Grenzmauer** verläuft. Nach beiden Seiten hat man von dort weite Sicht über die *Serra*.

7

Fortsetzung: (GR-221) zum Kloster Lluc – Teilstrecke 7 – Seite 247

3

Aufstieg: Zum Puig de Massanella – Teilstrecke 3 – Seite 243

Gipfel-Klettertour zum Puig de Massanella 3

Achtung! *Diese ungesicherte Kletterroute (2+) führt über nicht eindeutig erkennbare Felspfade und erfordert Klettergeschick und Schwindelfreiheit! Sie sollte nicht bei oder nach Regen und dadurch bedingt noch feuchtem, rutschigem Gestein in Angriff genommen werden.*

Wir steigen zunächst links oder rechts entlang der Grenzmauer (keine erkennbare Wegführung) den steilen **Geröllhang** in Kehren hinauf in Richtung Gipfelmassiv. An deren Ende, unterhalb der Felswand, halten wir uns **rechts der Mauer** und wenden uns gleich links dem ersten **Felseinschnitt (1)** zu.

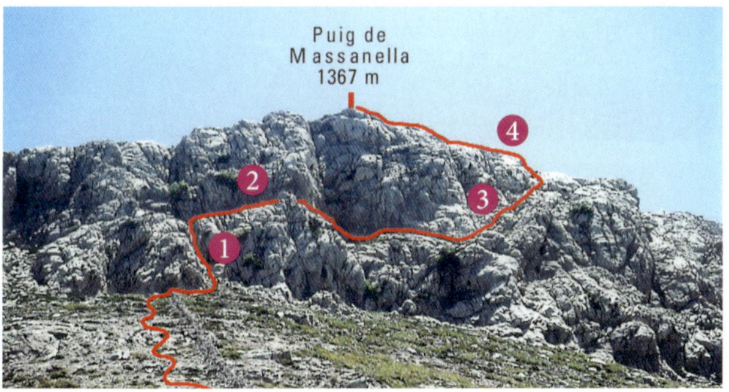

Kletterroute über die Westflanke des Massanella – Blick vom Coll des Prat

Nur wenig oberhalb erkennen wir zwei Einlässe bzw. Kamine in der – aus der Distanz – scheinbar unüberwindlichen Felswand und wenden uns dem **linken Kamin** zu. Durch diesen klettern wir **5-7 m** höher auf eine grasbewachsene Felsterrasse (**Bild 2**, nächste Seite). Dort angekommen, gehen wir an einer Felsnase vorbei nach **rechts**. Der ausgesetzte Pfad verjüngt sich zunehmend und stößt nach etwa **30 m** auf einen Felsblock (**Bild 3**, nächste Seite), der wie ein Pfropf den weiteren Weg versperrt.

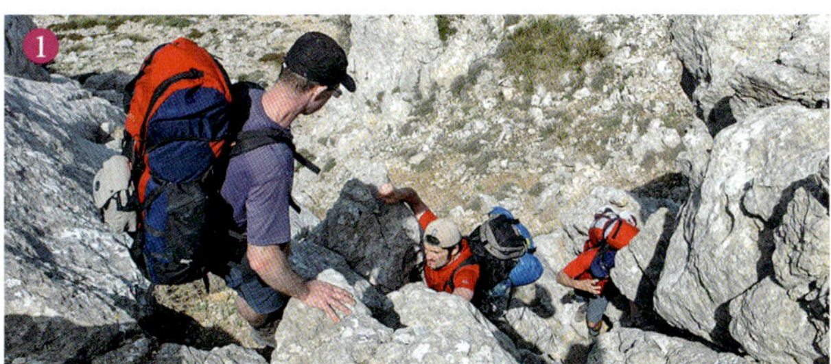

3 Gipfel-Klettertour zum Puig de Massanella

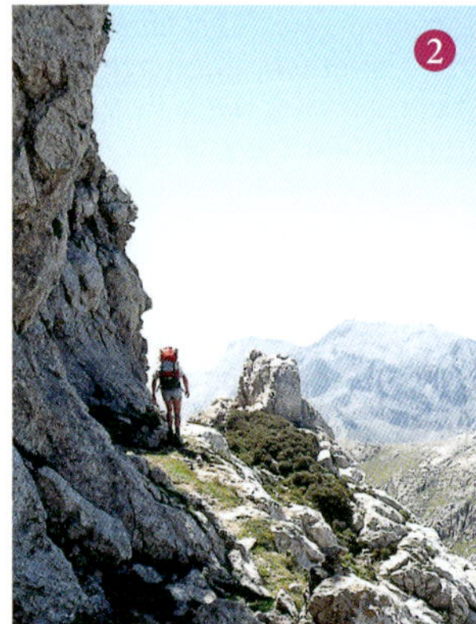

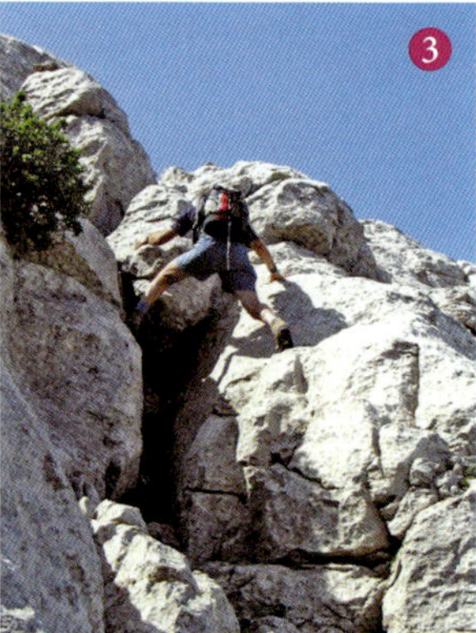

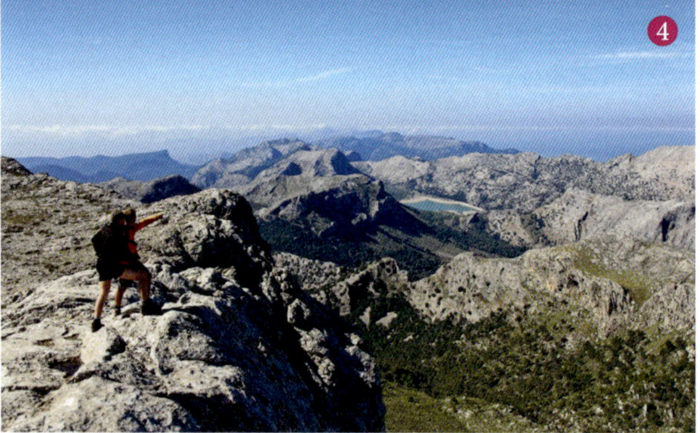

Am Gipfel des Puig de Massanella; im Hintergrund der Cúber Stausee

Links davon, zwischen Felsblock und -wand steigt man ohne größere Schwierigkeiten einige Meter nach oben und erreicht rasch ein **Felsplateau (Bild 4)** unterhalb des Gipfels.

Noch einige Schritte nach **links** bergauf, und wir stehen an der trigonometrischen Säule, die den **höchsten Punkt** (1367 m) des Massanella-Massivs markiert.

Vorsicht Vor dem großen, sehr tiefen Loch, einige Meter rechts unterhalb des Gipfelpunktes!

Hinweis: *Diese von oben nicht einsehbare Route sollte wegen Absturzgefahr keinesfalls im Abstieg unternommen werden.*

Abstieg zum Coll de Sa Línia 

Vom **Gipfel** starten wir den **Abstieg** in **östliche Richtung** über geröllige **Felspfade**, geleitet von Steinmännchen und roten Wegmarkierungen. Nach etwa einer **Viertelstunde** treffen wir auf einen hüfthohen, dreikantigen **Markierungsstein**, an dem sich zwei Alternativen für den Rückweg anbieten. Wir wählen den Weg über die **Quelle *(Font)* de *S'Avenc*** und halten uns **rechts**. Bald verlassen wir den flacheren Bergrücken und gehen über steile Felspfade **talwärts**. Nachdem wir einige scharfkantige, erodierte Felsen überstiegen haben, erreichen wir nach etwa 30 Minuten **linkerhand** die **Quelle**. Über ein paar glitschige Stufen gelangen wir zu dem in einer dunklen Höhle liegenden Austritt des Quellwassers (trinkbar).

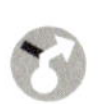

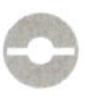

Quelle Font de S'Avenc

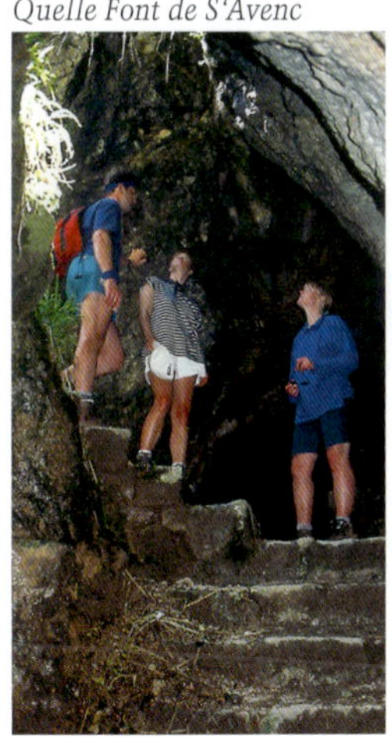

Wir folgen weiter dem jetzt flacheren steinigen **Pfad talwärts** und orientieren uns überwiegend an Steinmännchen und Farbmarkierungen. Nach einem weiteren Wegstück von ca. **20 Minuten** stoßen wir linkerhand wiederum auf einen dreikantigen **Markierungsstein**, an dem der Alternativweg zum/vom Gipfel des *Massanella* abzweigt. Kurz darauf erreichen wir die **Baumgrenze**, die sich bereits durch Buschwerk und einzelne Bäume angekündigt hat. Durch dichteren Wald windet sich der Pfad nun in Serpentinen weiter bergab, und wir erreichen nach etwa **30 weiteren Minuten** den **Pass *Coll de Sa Línia*** (822 m) mit zwei unübersehbaren dreikantigen Markierungssteinen links und rechts des Weges.

Vom Coll de Sa Línia zum Cúber Stausee 5

Vom ***Coll de Sa Línia*** folgen wir dem **Karrenweg** nach **rechts** hinunter in Richtung Mancor de la Val. Der Weg zieht sich in einigen Kehren talwärts. Links und rechts abzweigende Pfade ignorieren wir, bis wir nach **ca. 1 Std.** an einer **Weggabelung** rechts ein Steinhaus mit **Grill- und Rastplatz** erreichen. Hier halten wir uns rechts. Kurz darauf erreichen wir erneut einen **Scheideweg** und folgen dem abzweigenden Pfad nach **links**. Es geht in Kehren **bergauf**, einen Seitenweg nach rechts ignorieren wir. Hin und wieder gibt es farbige Wegmarkierungen.

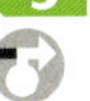

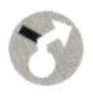

5 Vom Coll de Sa Línia zum Cúber Stausee

Der bislang breitere Karrenweg verjüngt sich zu einem **Pfad** und führt in einigen steilen Serpentinen durch dichten Steineichenwald. Nach weiteren 30 Minuten versperrt uns ein Maschendrahtzaun, welchen wir mittels einer **Holzleiter** übersteigen können, den Weg. Kurz darauf erreichen wir eine **Anhöhe** und folgen den blauen Wegmarken, die uns zu einer geschützten **Rohrleitung** führen. Die Sandabdeckung der Rohre wirkt wie ein gut ausgebauter Fußweg. Wir folgen der Leitung nach **rechts** und treffen wenige Schritte weiter – ebenfalls rechts – auf eine **Quelle**. Ein Stück weiter vorn lichtet sich der Wald, und wir genießen eine herrliche Aussicht.

Aquädukt als Wanderpfad

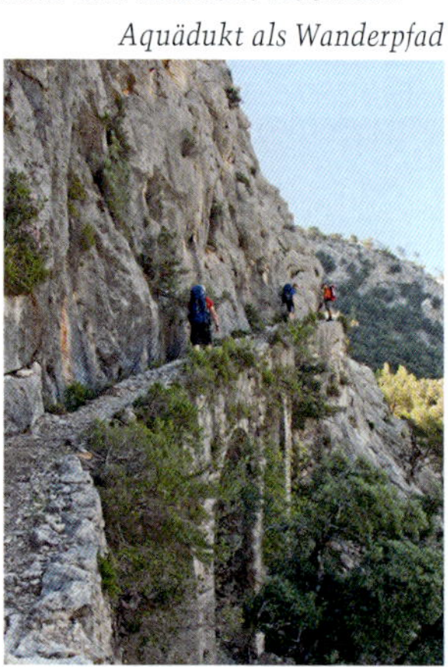

Nun wird der Weg abenteuerlich. Stellenweise ist die von uns als Pfad benutzte **Wasserleitung** unter einem Meter breit. Er wird rechts durch eine hoch aufragende Felswand begrenzt, links geht es steil in die Tiefe. Im Osten sieht man Inca liegen und schaut weit über die Zentralebene. Der teilweise **ausgesetzte Pfad** führt uns um einen südlichen Ausläufer des *Massanella*- Massivs in den *Torrent des Prat*. Nach einer guten halben Stunde müssen wir durch einen kurzen engen **Tunnel**. Nach weiteren 15 Minuten befinden wir uns auf einem **Aquädukt**, das wie eine Brücke ein Stück der Strecke überspannt (⇨ Foto und Seite 298).

Auf der gegenüberliegenden Hangseite erkennen wir bereits den Weg von **Tossals Verds** zur Hochebene *Font des Prat*. Links unter uns fließt der Bachlauf des *Torrent des Prat*.

Jetzt aufgepasst: Wir verlassen nun unseren Pfad und steigen wenige Meter nach **links** hinab zum **Bachbett**. Dort treffen wir auf den Weg, der vom *Cúber* zur *Tossals*-Hütte führt, und folgen diesem nach **rechts** bergan in Richtung *Cúber*.

9 **Anschluss:** Zur Hütte Tossals Verds: Teilstrecke 9 – S. 252

Kurze Zeit später überqueren wir den Bachlauf auf einer **Holzbrücke** und stoßen bald auf eine uns bereits bekannte **Abzweigung**, die wir auf dem Hinweg in Richtung *Coll des Prat* genommen hatten. Ab hier ist der Rückweg zum ***Cúber*** identisch mit unserem Hinweg. (in umgekehrter Richtung).

Vom Coll de Sa Línia zum Kloster Lluc

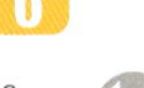

Mit Ziel Kloster Lluc folgen wir dem **Karrenweg** nach **links**. Nach mehreren Kehren **talwärts** biegen wir an einem **großen Felsblock** rechts des Weges auf einen hier beginnenden Pfad nach **rechts** ab (gelbe Farbmarkierung). Bald erreichen wir eine **Trockensteinmauer**, an der entlang wir östlich das Anwesen der ***Finca Coma Freda*** umlaufen.

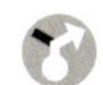

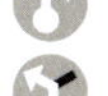

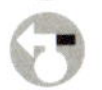

Auf die Einfahrt zum Gehöft treffend, folgen wir deren **Zufahrt** nach **rechts**. Per Holzleiter überwinden wir ein verschlossenes Tor und können kurz darauf den Weg nach **links** hinab über einige **Stichpfade** abkürzen. Wieder stoßen wir auf den **Karrenweg** und nehmen diesen nach **links**. Nach wenigen Gehminuten erreichen wir durch ein **Tor** die Straße Ma 2130 und folgen dieser nach links zum ***Coll de Sa Bataia*** (an Tankstelle und Cafeteria vorbei). Über den *Coll de sa Bataia* und die alte **Klosterzufahrt** erreichen wir schließlich das Kloster.

Vom Coll des Prat zum Kloster Lluc

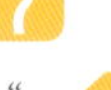

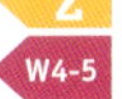

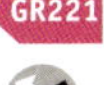

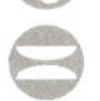

Am ***Coll des Prat*** *folgt man* dem Hinweisschild *„Lluc/Son Amer"* und wandert auf dem ***Camí de ses Voltes d'en Galileu*** nach Norden. Nach einem kurzen Abstieg treffen wir auf die **Ruinen von Schneehäusern** und folgen bald darauf **links** dem **Pfad** hinauf zum *Pas d'en Galileu*. Nach Erreichen der **Passhöhe** führt der Pfad unterhalb des *Puig d'en Galileu* entlang. Dessen Gipfel kann über einen durch Steinmänchen markierten Abstecher – zunächst nach Osten – bestiegen werden. Der Pfad windet sich durch eine baumlose Gebirgslandschaft aus Dissgras, Strauchwerk und einer Igelpolstervegetation langsam talwärts und schon bald öffnet sich eine weite **Aussicht** über die Insel.

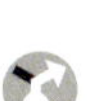

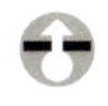

Ein beschilderter **Abzweig** kennzeichnet den Abstecher zu den Ruinen eines ehemaligen Schneehauses *(Casa de Neu d'en Galileu)*. Jetzt schwenkt der Wanderpfad nach Osten und zieht sich über die Nordflanke des *Massanella-Massivs* weiter talwärts. Bei 900 Höhenmetern erreichen wir die Baumgrenze und ein **Serpentinenweg** führt in vielen Kehren rasch bergab und mündet schließlich in einen **Forstweg**. Diesem folgen wir nach **rechts**. Im Wechsel geht es nun auf Forstwegen und Pfaden durch den Wald weiter bergab und wir treffen auf die **Straße Ma-10**, die Lluc mit Sóller verbindet.

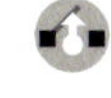

Auf der gegenüberliegenden Seite setzt sich der markierte Weg weiter talwärts fort und wir erreichen in weiteren gut 20 Minuten den Parkplatz am Kloster Lluc.

8 Der Drei-Gipfel-Kammweg

Unsere Wanderung beginnt wieder am kleinen **Parkplatz** an der Straße **Ma-10** Sóller-Lluc. Wir gehen durch das **Holzgatter** neben dem Eisentor (⇨ Foto Seite 228) und folgen dem Teerweg in Richtung ***Cúber-Staudamm***, den wir nach etwa 10 Minuten erreichen.

Auf der linken Seite vor der Staumauer steht ein **Stromhäuschen**. Davor zweigt nach **links** ein **Karrenweg** ab, auf dem wir zunächst durch Ginsterbüsche und Schneidegras leicht bergab gehen. Schon bald verjüngt sich der eben noch breitere Karrenweg zu einem **Geröllpfad**, der uns unterhalb einer Felswand über eine kleine **Anhöhe** führt. In Serpentinen wandern wir talwärts zu dem meist trockenen Bachbett des ***Torrent d'Almedrà***, welches wir an einem verwachsenen Feigenbaum inmitten des Gerölls überqueren.

Auf der anderen Seite folgen wir nach **links** der betonummantelten **Wasserleitung** und passieren kurz darauf einen großen Felsblock mit gelber Farbmarkierung. Der Pfad beginnt jetzt zu steigen, unterbrochen von einem kurzen, ebenen Wegstück.

Achtung: Den abzweigenden Aufstieg zum ***Coll de Roca Mala*** kann man leicht übersehen! Nachdem der Weg abermals ansteigt, zweigt vor einer in den **Berg** getriebenen, steilwandigen **Schneise** (durch welche die Rohrleitung führt) nach rechts ein durch Steinmännchen markierter **Pfad** ab. Zwei weiße Pfeile und eine verwitterte, grüne Markierung am Betonmantel der Rohrleitung weisen ebenfalls in Richtung des dahinter beginnenden Wegs.

Aufstieg zum Puig de Sa Rateta, mit Blick nach Norden

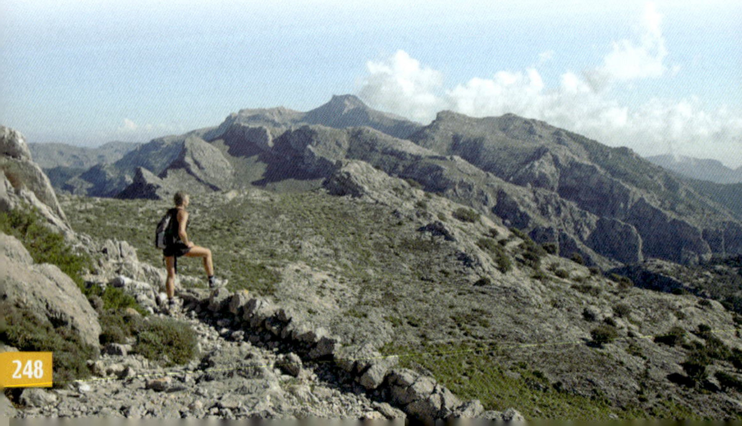

Der Drei-Gipfel-Kammweg 8

Anschluss zur Berghütte Tossals Verds: ⇨ Wanderkarte

Wir **überklettern** den Betonmantel der Rohrleitung und wandern **links** ein kurzes Stück auf einem von Stützmauern eingefassten gepflasterten Weg in Serpentinen **bergauf**. Der Pfad führt uns nach einem **Rechtsknick** zunächst über die rechte **Talflanke** und dann auf dem Talgrund schattenlos durch felsiges Terrain auf den ***Coll de Roca Mala*** (799 m).

Aufstieg zum *Puig de Sa Rateta*: Auf dem **Pass** halten wir uns **rechts** und orientieren uns an zahlreichen **grünen** und **roten Markierungen**, die uns den Weg durch die Felslandschaft in Richtung Gipfel weisen. Bald befinden wir uns auf einem durch Stützmauern befestigten, schattenlosen **Geröllpfad**, der in **Serpentinen** den Berg erklimmt. Die Vegetation hier oben ist kaum nennenswert. Nach schweißtreibendem Aufstieg erreichen wir einen kleinen **Bergsattel**. Ein **flacheres Wegstück**, das nach rechts in ein Hochtal führt, lässt uns wieder zu Atem kommen. In einer Kehre wandern wir um den grünen Taleinschnitt herum. An dessen Ende setzen wir unseren Weg über einen befestigten **Geröllpfad** bergwärts fort.

Je weiter wir nach oben kommen, umso **grandioser** wird die **Aussicht**. Ein paar Kehren später passieren wir linkerhand die Mauern eines ehemaligen Schneehauses (⇨ Schneesammler und Eismacher, Seite 28).

Vorsicht: In der nächsten **Linkskehre** tut sich etwas abseits des Weges ein **Loch** mit einem Durchmesser von gut 5 m und einer nicht abzuschätzenden Tiefe auf.

Der **Bergkamm** ist nun in sichtbare Nähe gerückt. Unser Weg verliert sich allmählich in der Gipfelregion, und wir halten ohne erkennbare Wegführung **geradeaus** auf den **Gipfelpunkt** des ***Puig de Sa Rateta*** zu. Dort erwarten uns wieder grandiose Ausblicke. Eine Rast haben wir uns redlich verdient.

Gipfel-Kamm-Wanderung: Vom Gipfel des *Sa Rateta* wandern wir ohne weitere erkennbare Wegführung entlang des Bergkamms in südwestliche Richtung, in der wir bereits den gegenüberliegenden ***Puig de Na Franquesa*** sehen. Sogar das Gipfelkreuz des weiter entfernten *L'Ofre* kann man von hier schon erkennen.

Auf einem steilen Geröllpfad steigen wir zu der in saftiges Grün gebetteten **Talsohle** des ***Coll des Gat*** hinab, auf dessen Sattel in Kammrichtung eine **Trockensteinmauer** steht.

8 Der Drei-Gipfel-Kammweg

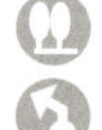
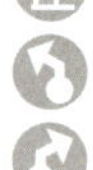

Dort angekommen, blicken wir in südliche Richtung entlang der Kammlinie und erkennen einen einzelnen markanten **Baum**. Auf den halten wir zu. Unser Pfad setzt sich ca. 5-10 m **links** davon fort. Er führt zunächst in relativ ebenem Verlauf um das Massiv des *Puig Na Franquesa* herum. Wir passieren einen großen **Felsblock (rechts)** und treffen bald auf eine größere Aleppo-Kiefer. Fast in Falllinie führt nun unser Pfad, markiert durch vereinzelte Steinmännchen, den Hang hinauf. Nach kurzen, aber unspektakulären Klettereinlagen und einem etwas steileren Anstieg erreichen wir den Bergrücken des ***Na Franquesa*** und folgen diesem weiter nach links bis zu seinem **Gipfelpunkt** (1067 m).

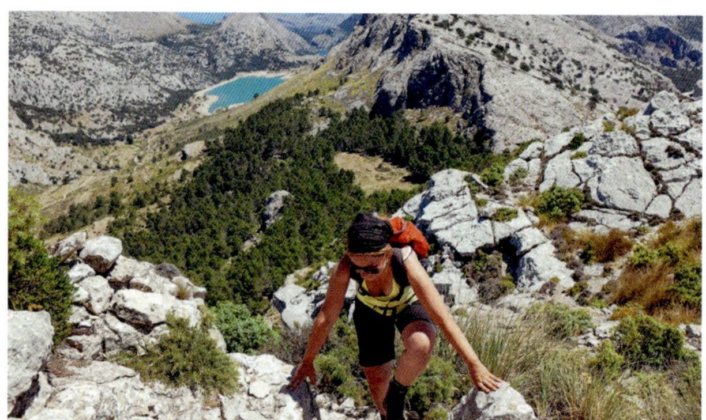

Am Gipfel genießen wir das eindrucksvolle Panorama der *Serra Tramuntana* und sehen tief unten beide Stauseen. Wir können auch gut den Weg erkennen, der vom Parkplatz am *Cúber Stausee* zum *Coll de L'Ofre* hinaufführt.

Weiter geht es über den Bergrücken in Richtung *Puig L'Ofre*. Bald stoßen wir auf eine quer zum Kamm verlaufende **Steinmauer**, die wir übersteigen. Der anschließende, steile **Serpentinenpfad** führt hinab zu einem weiteren grünen **Sattelpunkt** (965 m) zwischen L'Ofre und dem *Puig de Na Franquesa*.

Abkürzung zum *Coll de L'Ofre*: Wer die Besteigung des *L'Ofre* auslassen will, kann hier nach rechts auf einem Pfad direkt zum *Coll de L'Ofre* absteigen. ⇨ **Wanderkarte**

Zum Gipfel des *L'Ofre*: Am südlichen Ende des Sattelpunktes steht ein **Strommast**, dessen Leitungen in west-östlicher Richtung den Kamm überspannen. Links neben dem Mast, farbig markiert, beginnt der kurze Anstieg über den **Bergrücken** des *L'Ofre* hinauf zum Gipfel. Kurz unterhalb verzweigt sich der Weg ein letztes Mal. Wir halten uns **rechts** und stehen nach kurzem Anstieg auf dem **Gipfel des *L'Ofre***, der mit 1091 m höchsten Erhebung dieser Kette.

Im Gegensatz zu seinen „Geschwistern" ist er bis dicht unterhalb des Gipfels bewachsen. Auf dem höchsten Punkt „thront" man förmlich über dem Tal von Sóller, ⇨ siehe auch Seite 113.

Beim **Abstieg** halten wir uns an der **Weggabelung** kurz unterhalb des Gipfels **rechts** in Richtung Sóller. Der zum Teil geröllige, recht steile **Pfad** windet sich zunächst schattenlos durch die Buschvegetation **talwärts**. Wir orientieren uns an blauen Punkt- und Pfeilmarkierungen. Die Bewaldung nimmt langsam wieder zu. Am Fuße des *L'Ofre* treffen wir auf eine **Trockensteinmauer**, an der wir einige Meter nach links gehen und kurz darauf auf einen Karrenweg treffen.

Wir folgen dem Karrenweg nach **rechts** durch einen Mauerdurchlass und treffen gut 20 Minuten später, kurz unterhalb des *Coll de L'Ofre*, auf den Fahrweg, der links aus dem Tal von der *Finca L'Ofre* kommt und **rechts** über den *Coll de L'Ofre* zum ***Cúber*** weiterführt.

Anschluss: Nach (Port de) Sóller – Teilstrecke 1 – Seite 239

Rückweg zum Cúber: Dem Fahrweg nach **rechts** folgend stehen wir nach nur wenigen Schritten auf der ***Passhöhe Coll de L'Ofre*** (840 m).

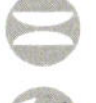

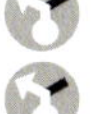

Von der **Passhöhe** führt ein markierter Pfad talwärts, der nach wenigen Metern unterhalb des Passes **links** vom Fahrweg abzweigt. Der Weg führt durch lockere Bewaldung bergab und trifft später wieder auf den vorher verlassenen **Fahrweg**, dem wir nach **links** folgen. Durch das Tal von *Bini Morat*, das beidseitig von Gebirgskämmen überragt wird, setzt sich der Wanderweg fort. Der für Mallorca ungewohnte Anblick weidender Kühe ist in diesem Hochtal keine Seltenheit.

An der **Grenzmauer** zur ***Finca Bini Morat*** treffen wir auf ein verschlossenes Eisentor. Rechts davon existiert ein **Durchgang**. Ab hier folgen wir **links** dem **markierten Pfad** weiter, der uns uferbegleitend um den Stausee führt. Wir passieren rechterhand das ***Refugi Cúber*** mit Picknick- und Grillplatz und erreichen nach ca. 20 Minuten Wegstrecke wieder den kleinen Parkplatz und unseren Ausgangspunkt an der Straße Ma-10.

9 Rund um das Tossals-Massiv

Vom üblichen **Ausgangspunkt/Parkplatz** bis zum ***Coll des Coloms*** und etwas darüberhinaus bis zum **Abzweig** rechts zur Berghütte Tossals Verds ist diese Rundwanderung identisch mit Wegführung 2, ⇨ Seite 242.

GR221 5 2

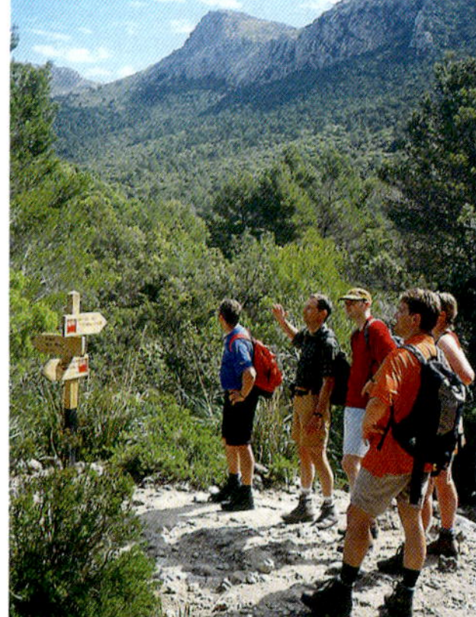

Wegabzweig zur Tossals-Hütte

Zur Berghütte Tossals Verds: ▶ Der Weg gut markierte Weg führt zunächst oberhalb des Bachbetts durch die Talsohle des ***Torrent des Prat***. Bald darauf queren wir auf einer **Holzbrücke** den Bachlauf und treffen erneut auf ein Schild *Tossals Verds*.

Wir setzen unseren Weg ein Stück am *Torrent* entlang fort, bevor wir abermals die Bachseite wechseln. Ein Stück guterhaltener **Steinpflasterweg** kennzeichnet den Pfad als ehemalige Pilgerroute. Auf der gegenüberliegenden Hangseite können wir die Bogen eines Aquäduktes erkennen, über das früher Wasser durch die Berge geleitet wurde. Nachdem wir zwei **Mauerdurchbrüche** hinter uns gelassen haben, erreichen wir die grüne **Anhöhe *Coll de Sa Basola*** (707 m). Links am Hang fällt der – leider ausgetrocknete – Quellaustritt *Pou de Sa Basola* ins Auge.

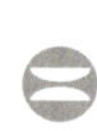

Wir überqueren die Anhöhe und setzen unseren Weg auf dem gut erkennbaren Pfad fort. Rechts des Weges weist ein Schild ***Cases Velles*** in Richtung der Ruinen der lange verlassenen Siedlung *Tossals Verds*. Deren Besichtigung lohnt kaum, ebensowenig ein Abstecher zur ausgeschilderten Anhöhe ***Es Pinetons*** (740 m). Immerhin 15 Minuten läuft man von *Sa Basola* für einen Blick über das Tal von Orient und auf das gegenüberliegende *Castell d'Alaro*.

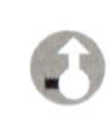

Wir folgen dem mit *„Tossals Verds"* gekennzeichneten Weg weiter geradeaus, der sich entlang eines Bergrückens langsam talwärts zieht. Die Bewaldung lichtet sich zunehmend, Ginsterbüsche und Dissgrasfelder begleiten unseren Weg. Bald durchlaufen wir eine Mauer und können wenig später die unten liegende **Berghütte *Tossals Verds*** erkennen. Nach einigen steilen Kehren ist die Hütte erreicht.

Rund um das Tossals-Massiv 9

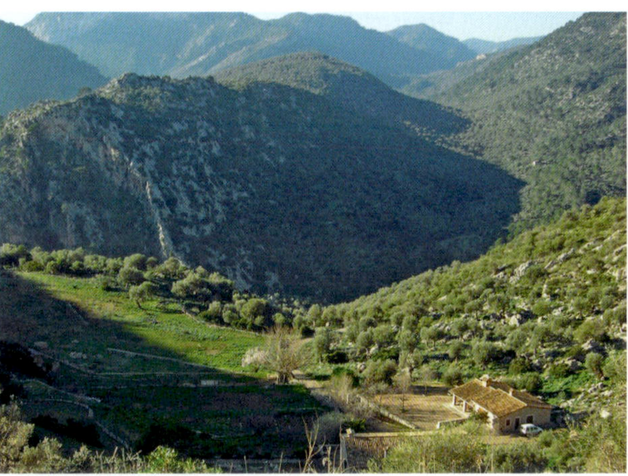

Berghütte Tossals Verds

Anschluss: GR-221 ab Font des Prat – Teilstrecke 2 – Seite 242 GR221

Fortsetzung zum Cúber-Stausee: Von ***Tossals Verds*** zum *Cúber Stausee* bieten sich nun zwei Wegvarianten an: Die „abenteuerliche Route" über den Tunnelweg 9.2 oder auf der rechtsseitig des *Torrent* verlaufenden „Höhenroute" 9.1. Zeitlich gesehen kaum ein unterschied, benötigt man für den Tunnelweg aber in jedem Fall eine Taschenlampe.

9.1 **Die Höhenroute:** Mit Blick zum Hütteneingang beginnt **links der Hütte** ein mit ***„Sa Coma/Font des Noguer"*** markierter Wanderpfad, der uns durch ein **Gatter** in das **Seitental** von *Sa Coma* führt. An der nächsten **Weggabelung** (kein Schild!) folgen wir nicht weiter dem Taleinschnitt hinauf zum *Coll de Sa Basola*, sondern wenden uns nach **links**, durchqueren das Tal und greifen auf der gegenüberliegenden Hangseite einen eindeutig erkennbaren Pfad auf, der uns in Serpentinen bergan führt. Vorbei an einem alten **Köhlerplatz** gewinnen wir rasch an Höhe und folgen weiter dem Taleinschnitt des *Torrent d'Almedrà*. Auf halber Wegstrecke ist ein kurzes seilgesichertes **Kletterstück** zu meistern. Der Schlussanstieg führt uns auf den **Pass** am *Morro de Cúber* und schließlich in vielen Kehren talwärts zum ***Font des Noguer***.

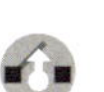

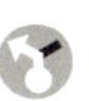

9.2 **Der Tunnelweg:** Hier verlassen wir das Refugi Tossals Verds durch das große Tor nach Süden und greifen hier gleich **links**

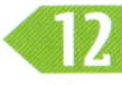

9 Rund um das Tossals-Massiv

einen markierten **Wanderpfad** auf, der die sich talwärts windende Zufahrtsstraße zum *Refugi* mehrfach abkürzt.

Nach gut 20 Minuten erreichen wir nach einer scharfen Linkskehre rechterhand eine Holzbrücke und ein Eisentor. Ein Schild weist uns rechts den Weg nach Alaró auf dem GR-221.

Wir übersteigen die **Eisenleiter** rechts am Tor, folgen hier nicht dem GR-221 weiter, sondern gehen **rechts** auf dem **Karrenweg** den vor uns liegenden Taleinschnitt hinauf. Nach einem kurzen, steilen Anstieg gelangen wir an eine **Weggabelung**. Hier folgen wir dem Weg nach **rechts** und erreichen bald den ersten von insgesamt sieben **Tunneln**, durch die der Wasserkanal von den Stauseen zur Aufbereitungsanlage führt.

Unser **Weg** läuft durch **fünf** dieser **Tunnel**, lediglich der erste und der letzte werden ausgespart.

Abstecher: Folgt man am Einstieg zum ersten Tunnel geradeaus einer nicht mehr benutzten Wasserleitung, gelangt man nach etwa **50 m** an einen **Aussichtspunkt** mit Blick in die Schlucht des Torrent d`Almedrà.

▶ Zurück am Tunneleinstieg benötigen wir **Taschenlampen**, in deren Licht wir diesen und vier weitere Tunnel sicher passieren können (der längste misst fast 200 m). Nach dem fünften Tunnel führt uns ein steiler Pfad auf eine Anhöhe. Hier durchqueren wir eine in den Berg getriebene **Schneise**, die eigens für die Wasserleitung geschlagen wurde, und treffen gleich im Anschluss links auf einen **Abzweig**, der hinauf zum ***Coll de Roca Mala*** führt. Er ist gekennzeichnet durch Steinmännchen, zwei weiße Pfeile und eine verwitterte, grüne Punktmarkierung auf dem Betonmantel der Wasserleitung.

Anschluss nach Orient: ⇨ **Wanderkarte**

Gehen wir auf dem Pfad weiter **geradeaus**, erreichen wir etwas später das **Bachbett** des *Torrent d'Almedrà*, das wir nach **rechts** durchqueren und dann dem grobgeschotterten Pfad folgen, der in Serpentinen bergauf läuft. Wir überqueren eine kleine Anhöhe, passieren den letzten der sieben Tunnel (rechts) und sind bald darauf am **Staudamm** und am kleinen Stromhäuschen. Von dort gehen wir auf der Teerstraße nach **rechts** und sind nach 10 Minuten am Parkplatz an der **Ma-10**.

Aufstieg zum Puig des Tossals Verds 10

Vom **Ausgangspunkt *Font des Noguer*** bis zum ***Coll des Coloms*** ist diese Route identisch mit Teilstrecke 2, ⇨ Seite 242.

Vom Coll des Coloms auf den Gipfel des Tossals Verds:

▶ Ein Hinweisschild markiert auf der Passhöhe den Pfad hinauf zum Gipfel des *Tossals Verds*, für dessen Besteigung ein Zeitbedarf von einer Stunde und 15 Min. angegeben wird. 2

Der Pfad führt zunächst recht eben durch einen dichten **Steineichenwald** und steigt dann zügig in Serpentinen bergauf. Im unteren Teil ist der Verlauf überwiegend mit **Steinmännchen**, weiter oben auch durch **rote Farbmarken** gekennzeichnet. Mit zunehmender Höhe lockert sich die Bewaldung, und nach gut 20 Minuten erreichen wir die **Passhöhe** (954 m) zwischen den Gipfeln *Puig des Tossals* und dem *Puig de Morro d'Almallutx*. Dort stoßen wir auf eine Grenzmauer und alte **Schneehäuser**. Links oberhalb der Mauer können wir bereits den durch eine Betonsäule markierten **Gipfel des *Tossals*** erkennen.

Der Aufstieg erfolgt nicht über die im Blickfeld liegenden, steil abfallenden Felswände, sondern über seinen flacheren Bergrücken von Südwesten her. An der Mauer orientieren wir uns nun zum linken Talrand hin und nehmen kurz darauf einen durch **Steinmännchen** markierten **Pfad** auf, der zunächst dem Talverlauf folgt. In südwestlicher Richtung geht es bald auf einem steilen gerölligen Pfad bergan. Dieser führt uns in vielen Kehren durch Dissgrasfelder in die Gipfelregion des Tossals. Auf dem Bergrücken angelangt, geht es die letzen Höhenmeter über fast **vegetationslose Felspfade** in nordöstlicher Richtung hinauf zum **Gipfel**.

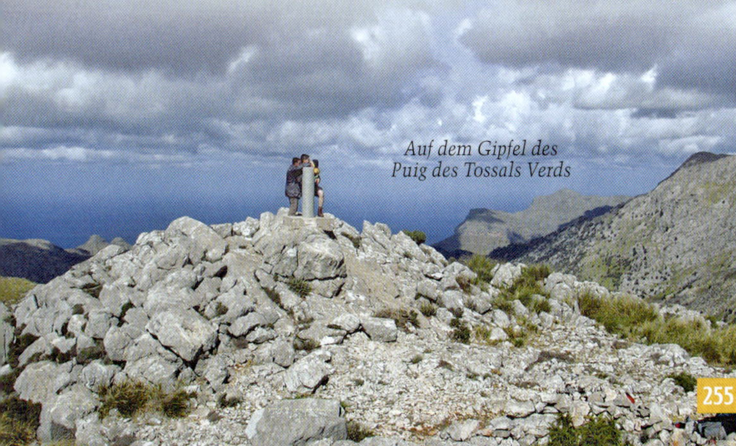

Auf dem Gipfel des Puig des Tossals Verds

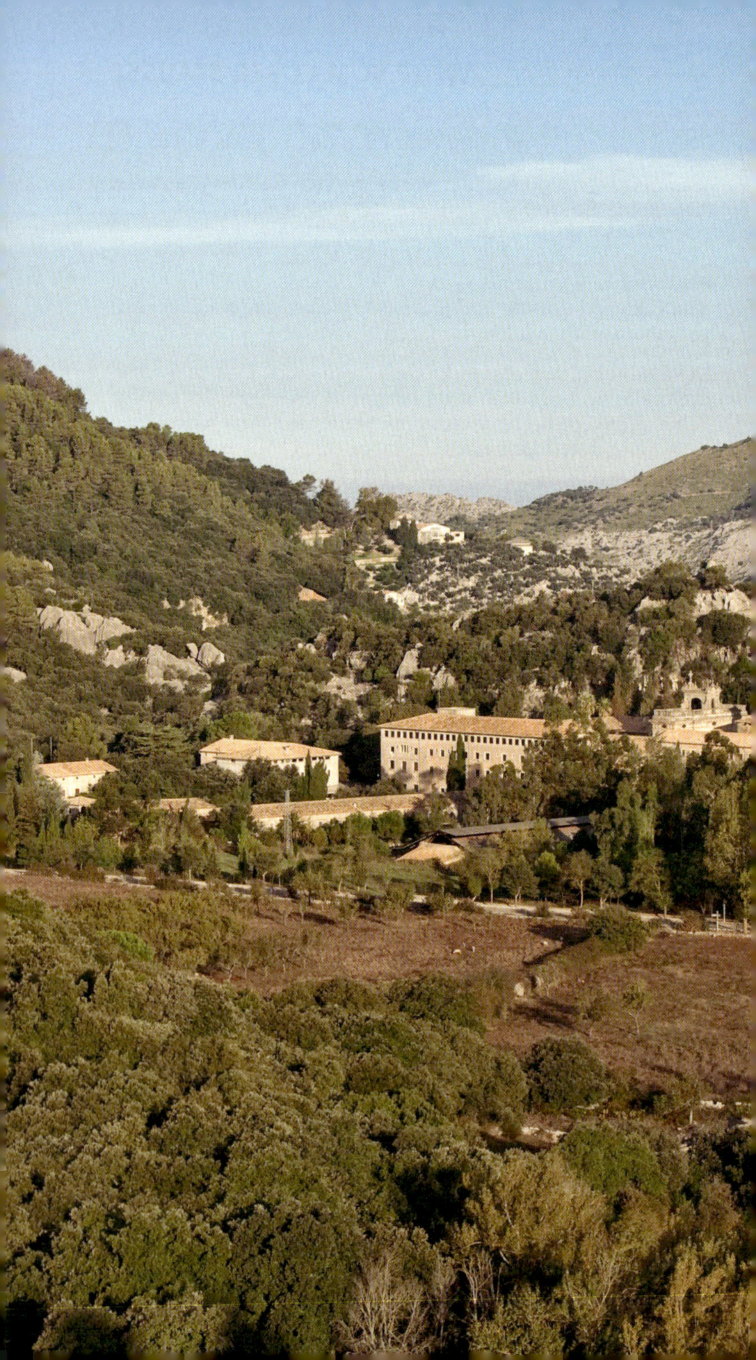

WEGE VON LLUC

Tour A : Auf den Puig Tomir

Tour B : Wanderung um den Puig Roig

Tour C : Auf den Puig de Massanella

Tour D : Über Aucanella nach Binibona und Caimari

Tour E : Auf dem Camí Vell de Lluc nach Caimari

Tour F : Auf dem GR 221 zum Cúber Stausee

Tour G : Durch den Torrent de Pareis nach Sa Calobra

Tour H : Von Lluc nach Pollença

Tour I : Von Lluc nach Sóller/Port de Sóller

Tour J : Von Lluc zur Berghütte Tossals Verds

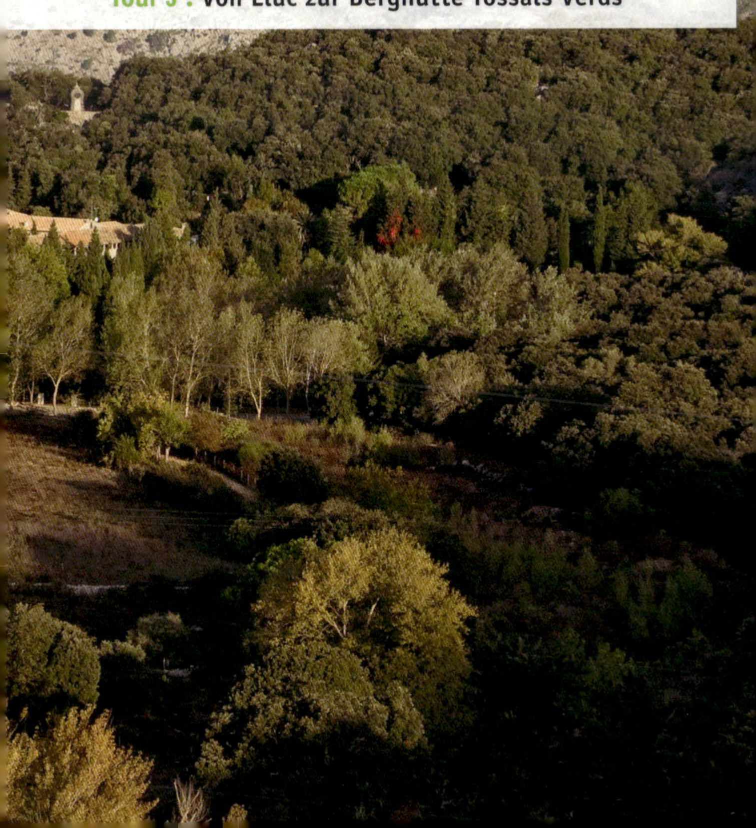

Monastir de Lluc · Klostertal

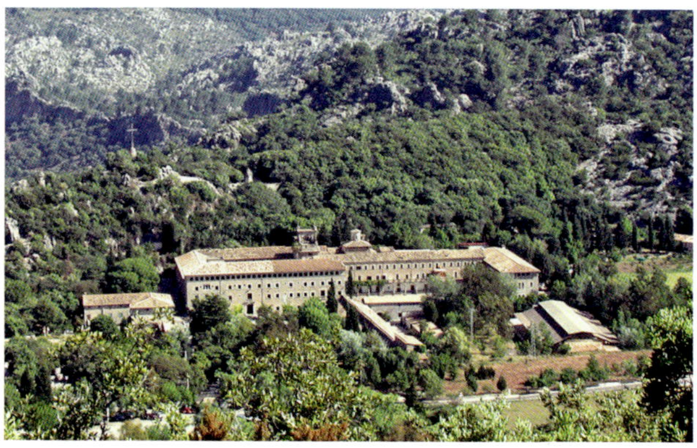

Das **Kloster Lluc** liegt in einem Talkessel des zentralen *Tramuntana-Gebirges* und ist idealer Ausgangspunkt für eine Reihe **spektakulärer Gipfeltouren** und den Abstieg durch eine der tiefsten Schluchten Europas, den ***Torrent de Pareis***. Die umliegende Bergregion ist überwiegend dicht bewaldet, beherbergt aber auch Äcker, Obst- und Gemüsegärten. Vor allem oberhalb der Baumgrenze finden sich die für diese Gegend typischen scharfkantig erodierten Kalksteinformationen.

Lluc ist der bedeutendste **Wallfahrtsort** Mallorcas. Auf drei Routen pilgerten die Gläubigen einst von Pollença, Inca und Sóller zum Kloster. Diese Wege sind großenteils noch intakt, führen aber streckenweise über private Gelände, deren Eigentümer in einigen Fällen den Durchgang verweigern oder dafür Gebühren erheben.

Die **Umgebung** des Klosters war bereits in arabischer Zeit besiedelt. Nach der Rückeroberung Mallorcas durch König Jaume I. wurde die Bevölkerung christianisiert, und es entstand schon 1230 die erste Kapelle von Escorca. Dieses Kirchlein passiert man an der Straße Lluc–Sóller einige Kilometer nördlich der Abfahrt nach Sa Calobra.

Die Entstehung des Wallfahrtsortes Lluc noch im selben Jahr geht auf ein Ereignis zurück, wie es für jene Zeit auf Mallorca noch mehrfach in ähnlicher Form überliefert ist. Hier sagt die Legende, dass ein arabischer Hirtenjunge namens Lukas (mallorquinisch: *Lluc*) beim Schafhüten eine kleine schwarze **Madonnenstatue** fand. Er brachte sie dem Pfarrer von Escorca, der sie in der Kirche aufstellte. Als man die ***Morenita*** am nächsten Tage bewundern wollte, war sie verschwunden. Man machte sich auf die Suche und fand sie an identischer Stelle wie tags zuvor. Noch einmal brachte man sie in die

Kirche, und es geschah dasselbe. Dies wiederholte sich mehrfach, bis der Pfarrer den heiligen Wink verstand: Zu Ehren der schwarzen Madonna war der Bau einer weiteren Kapelle an der Fundstelle angezeigt. Die *Morenita* steht bis heute in Lluc in einem kleinen Raum hinter dem Altar der Klosterkirche und wird dort nach wie vor andächtig verehrt.

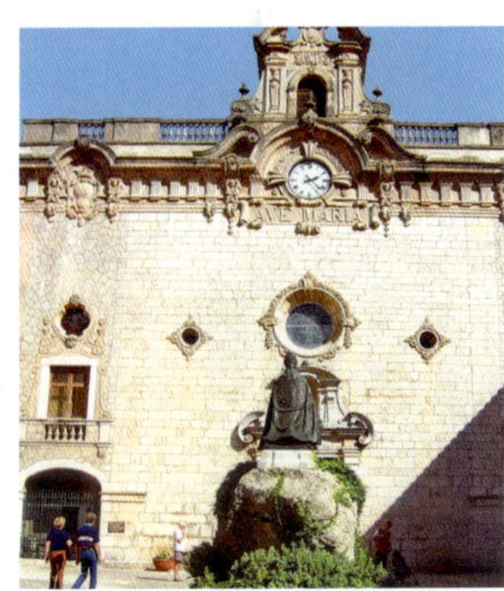

Bereits um 1260 wurde aus der Kapelle eine Eremitage des Augustinerordens und später das ***Monastir de Lluc***. Die Gebäude des heutigen Komplexes gehen auf das 17. und 18. Jahrhundert zurück. Sie beherbergen u.a. ein Internat für Jungen in Verbindung mit einer Musik- und Gesangsschule. Der Schulchor wird wegen blauer Uniformen der Jungen **Blavets** genannt.Sie genießen internationales Ansehen.

Schon Ende des 16. Jahrhunderts konnten Pilger im Kloster übernachten. Die heute existierenden Gästeflügel mit über 120 Zimmern, das **Klosterrestaurant** (empfehlenswerte mallorquinische Gerichte) im Hauptgebäude und weitere Serviceeinrichtungen wurden erst in jüngerer Zeit ausgebaut. Treibende Kraft der Modernisierung war Bischof *Pere J. Campins*, dem man im Innenhof der Anlage ein Denkmal setzte.

Drinnen hat mittlerweile sogar das Computerzeitalter Einzug gehalten. In der kühlen Rezeption wird die Vergabe der – recht unterschiedlichen – Zimmer am Monitor erledigt.

Museum: Ins Kloster integriert ist ein kleines Museum zu Llucs Geschichte mit vielen Abbildungen, Fotos und Dokumenten sowie Exponaten zu Archäologie und Ethnographie. Außerdem sind mallorquinische Gemälde und Keramik ausgestellt. Geöffnet täglich (außer Sa) 10-14 Uhr. Eintritt 4€. In den ehemaligen Stallungen und Wirtschaftsgebäuden beidseitig des Vorplatzes befinden sich Souvenirshops und ein kleiner Laden, in dem sich ggf. noch Proviant ergänzen lässt. Es gibt außerdem einen **Botanischen Garten**.

Am Eingang des Parkplatzes befindet sich das ***Centre d'Informació Serra de Tramuntana*** mit Museum. Geöffnet täglich 9-16.30 Uhr.

KLOSTER LLUC GESAMTKOMPLEX

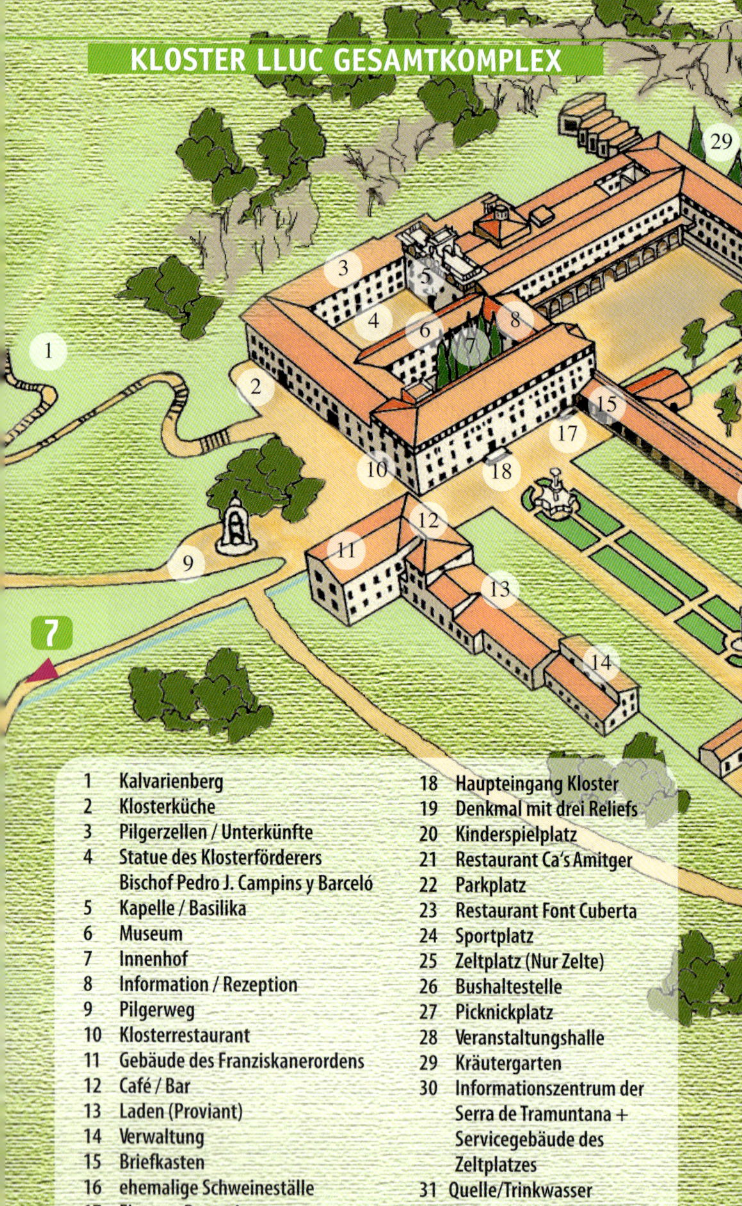

1 Kalvarienberg
2 Klosterküche
3 Pilgerzellen / Unterkünfte
4 Statue des Klosterförderers Bischof Pedro J. Campins y Barceló
5 Kapelle / Basilika
6 Museum
7 Innenhof
8 Information / Rezeption
9 Pilgerweg
10 Klosterrestaurant
11 Gebäude des Franziskanerordens
12 Café / Bar
13 Laden (Proviant)
14 Verwaltung
15 Briefkasten
16 ehemalige Schweineställe
17 Eingang Rezeption Klosterunterkunft
18 Haupteingang Kloster
19 Denkmal mit drei Reliefs
20 Kinderspielplatz
21 Restaurant Ca's Amitger
22 Parkplatz
23 Restaurant Font Cuberta
24 Sportplatz
25 Zeltplatz (Nur Zelte)
26 Bushaltestelle
27 Picknickplatz
28 Veranstaltungshalle
29 Kräutergarten
30 Informationszentrum der Serra de Tramuntana + Servicegebäude des Zeltplatzes
31 Quelle/Trinkwasser
32 Wohnmobil-Stellplatz

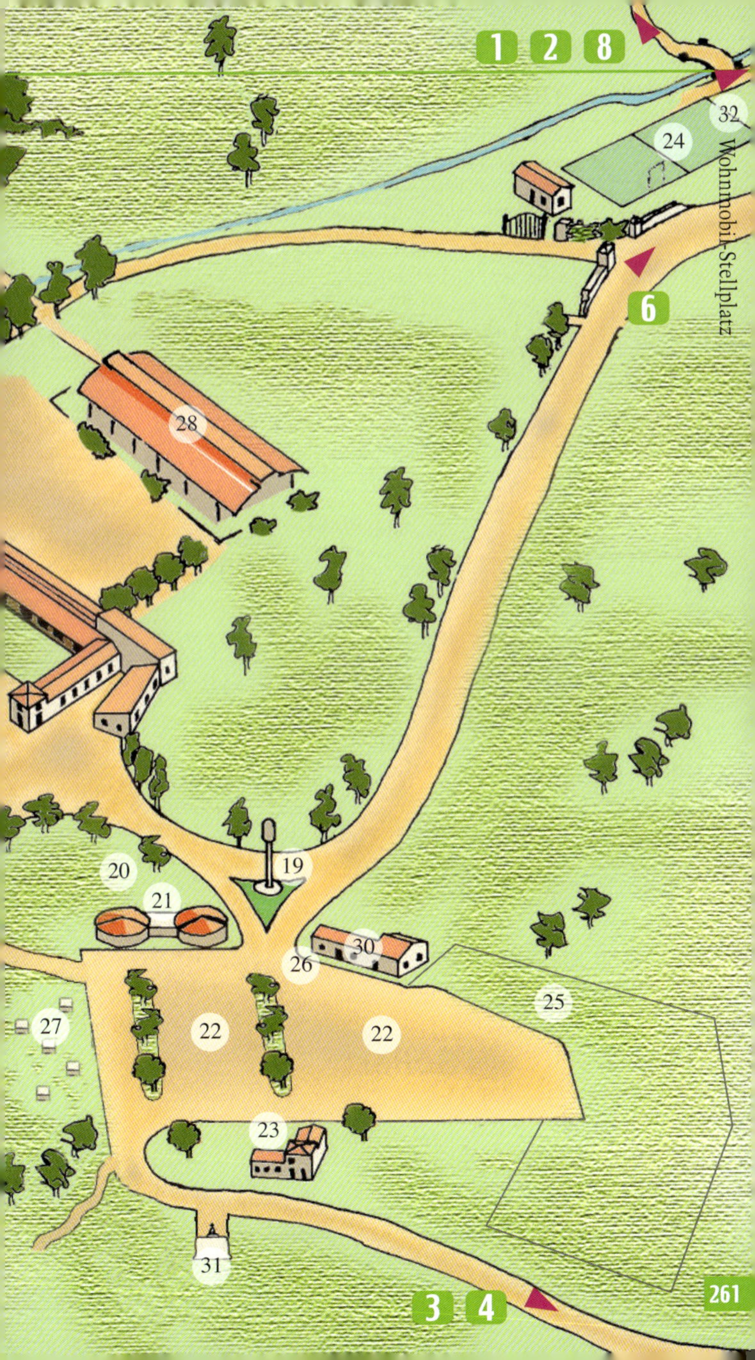
1
2
8
32
24
Wohnmobil-Stellplatz
6
28
19
20
21
30
26
25
27
22
22
23
31
3
4

WEGE VON LLUC

TOURENÜBERSICHT

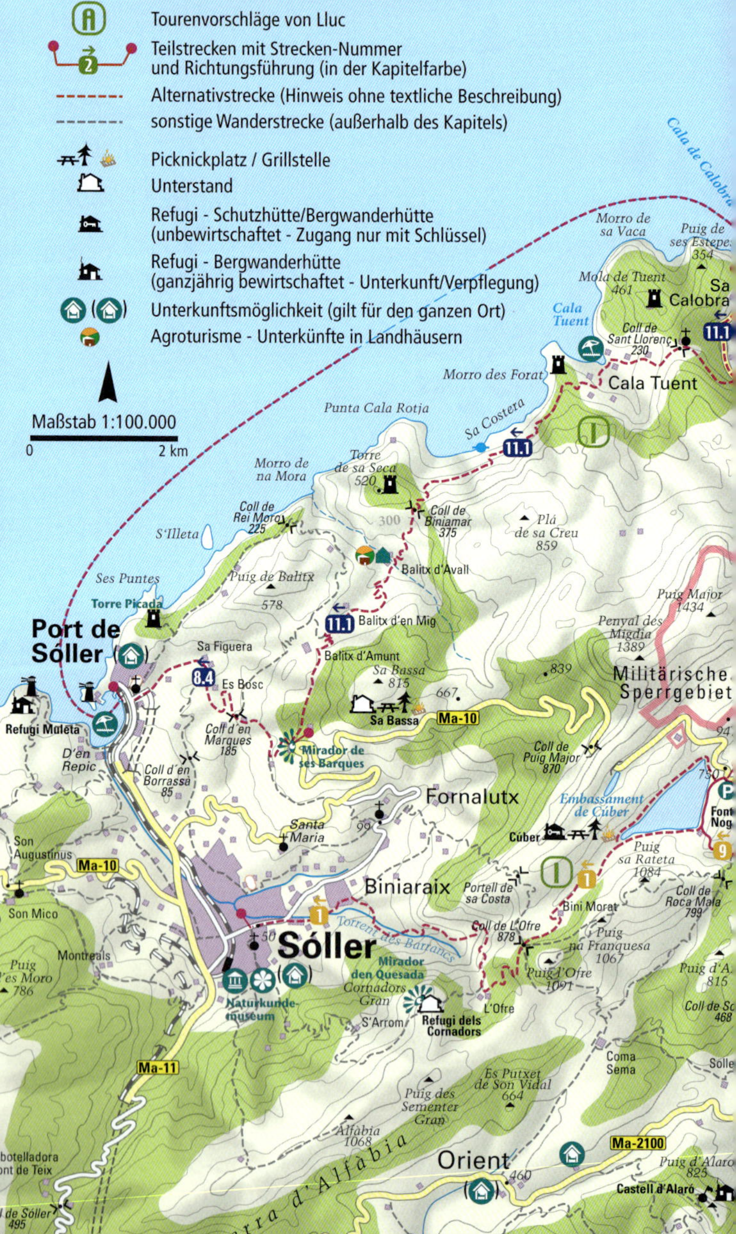

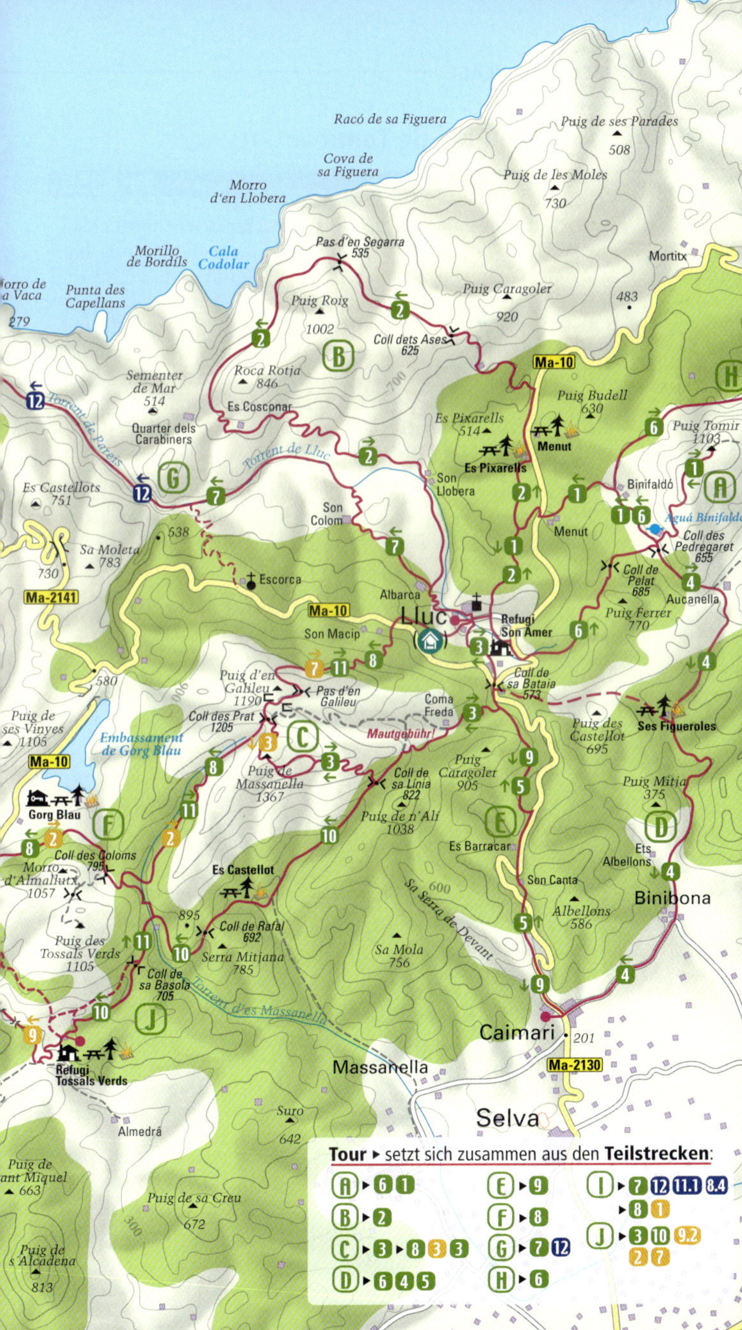

Racó de sa Figuera
Puig de ses Parades
508
Cova de sa Figuera
Puig de les Moles
730
Morro d'en Llobera
Pas d'en Segarra
535
Morillo de Bordils
Cala Codolar
Mortitx
Punta des Capellans
Puig Roig
1002
Puig Caragoler
920
483
279
Coll dets Ases
625
Sementer de Mar
514
Roca Rotja
846
Es Cosconar
Ma-10
Puig Budell
630
Es Pixarells
514
Menut
Puig Tomir
1103
Quarter dels Carabiners
Torrent de Pareis
Torrent de Lluc
Es Pixarells
Es Castellots
751
Son Llobera
Binifaldó
Son Colom
Agua Binifaldó
Menut
Coll des Pedregaret
655
538
Sa Moleta
783
730
Escorca
Coll de Pelat
685
Ma-2141
Albarca
Aucanella
Ma-10
Lluc
Refugi Son Amer
Puig Ferrer
770
Son Macip
580
Puig d'en Galileu
1190
Pas d'en Galileu
Coll de sa Bataia
573
Coma Freda
Ses Figueroles
Puig de ses Vinyes
1105
Coll des Prat
1205
Puig des Castellot
695
Embassament de Gorg Blau
Mautgebühr!
Ma-10
Puig de Massanella
1367
Coll de sa Línia
822
Puig Caragoler
905
Puig Mitja
375
Gorg Blau
Puig de n'Alí
1038
Coll des Coloms
795
Es Barracar
Ets Albellons
Morro d'Almallutx
1057
Es Castellot
600
Son Canta
Binibona
Sa Serra de Devant
Albellons
586
895
Coll de Rafal
692
Puig des Tossals Verds
1105
Serra Mitjana
785
Sa Mola
756
Coll de sa Basola
705
Torrent d'es Massanella
Caimari
201
Refugi Tossals Verds
Massanella
Ma-2130
Suro
642
Selva
Almedrá
Puig de Sant Miquel
663
Puig de sa Creu
672
300
Puig de s'Alcadena
813
Tour ▸ setzt sich zusammen aus den Teilstrecken:
A ▸ 6 1
B ▸ 2
C ▸ 3 ▸ 8 3 3
D ▸ 6 4 5
E ▸ 9
F ▸ 8
G ▸ 7 12
H ▸ 6
I ▸ 7 12 11.1 8.4 ▸ 8 1
J ▸ 3 10 9.2 2 7

TOUR A Auf den Puig de Tomir

ANSPRUCH

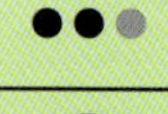

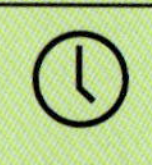

5,5 Std

MARKIERUNG

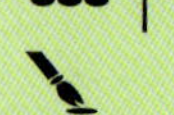

HÖHENMETER

↗ 650

650 ↘

TEILSTRECKE

NR – SEITE

NR	SEITE
6	288
1	274

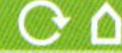 K356

Mit 1103 m Höhe ist der ***Puig de Tomir*** der nördlichste unter den „Tausendern" Mallorcas. Seine Besteigung hat durchaus alpinen Charakter. Felspfade mit zwei kleineren (gesicherten) Kletterpassagen und die Querung von Geröllfeldern erfordern ein gewisses Maß an Trittsicherheit und Klettergeschick. Als Lohn winkt ein tolles Gipfelerlebnis. Bereits der Weg bietet grandiose Ausblicke über den Nordteil der Insel, das *Cap Formentor* und – an klaren Tagen – bis hinüber zur Nachbarinsel *Menorca*.

Vom Kloster Lluc führt die Route zunächst über das *Refugi Son Amer* und auf alten Köhlerwegen zum Landschulheim ***Binifaldó*** sowie zur ehemaligen Mineralwasser-Abfüllstation ***Aguá Binifaldó***. Dort beginnt der Aufstieg zum *Puig de Tomir*. Der Rückweg kann über die *Finca Menut* auch zu einer Rundwanderung gestaltet werden.

An Wochentagen kann man mit dem Auto bis *Binifaldó* fahren und von dort die Wanderung beginnen.

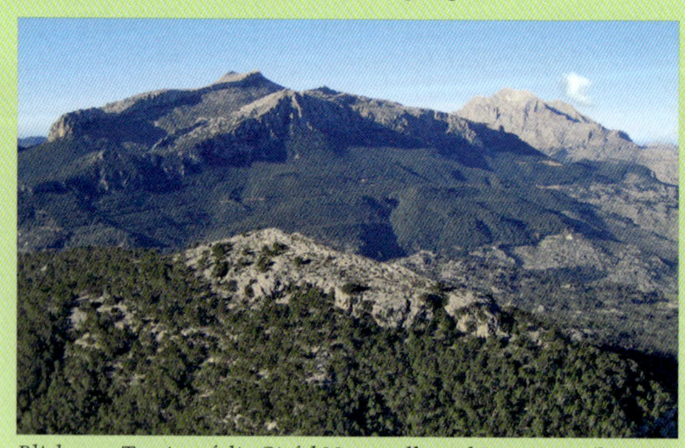

Blick vom Tomir auf die Gipfel Massanella und Puig Major (hinten)

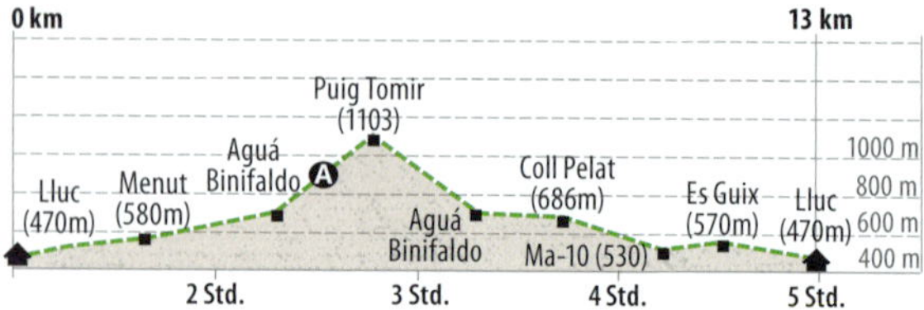

Wanderung um den Puig Roig TOUR B

K355

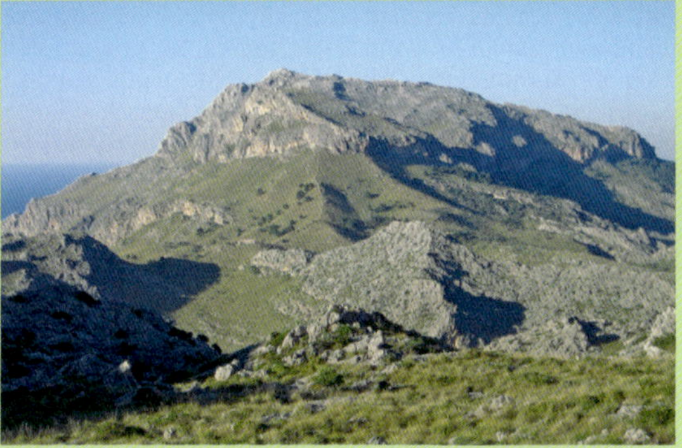

Blick auf das Gipfelmassiv des Puig Roig

ANSPRUCH ●●●

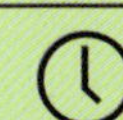

7 Std

MARKIERUNG

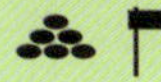

HÖHENMETER

↗ 540

540 ↘

TEILSTRECKE NR – SEITE

2 278

Eine weitere klassische und eindrucksvolle Wanderroute umrundet das 1002 m hohe Massiv des ***Puig Roig***. Durch das Tal der ***Finca Mossa*** wandert man hinauf zur schroffen Passhöhe *Coll dels Ases* (623 m) und folgt auf alten Schmugglerpfaden dem Verlauf der steil abfallenden Nordwestküste über den ***Pas d'en Segarra***. Dort bieten sich in der zerklüfteten Felslandschaft immer wieder herrliche Ausblicke.

Der Weg führt u.a. an den Ruinen der ehemaligen Polizeistation ***Quarter dels Carabiners*** vorbei. Von dort wollte man dem einst florierenden Alkohol- und Tabakschmuggel Einhalt gebieten. Am Weg liegen verlassene **Höhlenwohnungen** *(Es Cosconar)*. Durch das fruchtbare Tal der Ländereien von *S'Aram* und *Albarca* geht es zurück zum Kloster.

Diese Wanderung ist nur an Sonntagen erlaubt!

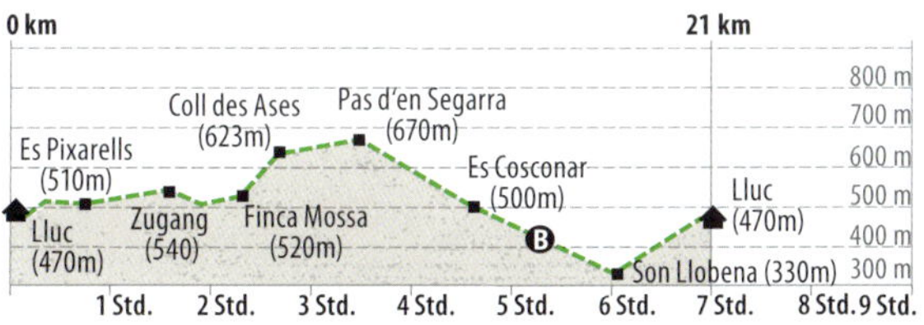

TOUR C Auf den Puig de Massanella

ANSPRUCH ●●●

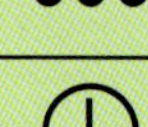

5,5 Std

MARKIERUNG

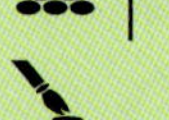

HÖHENMETER

↗ 930

930 ↘

Tour C1

TEILSTRECKE NR – SEITE

3 281

Tour C2

TEILSTRECKE NR – SEITE

8 294

3 243

3 281

K355

Auf den höchsten „erwanderbaren" Gipfel Mallorcas mit grandiosem Gipfelpanorama! Für Touren auf und um den ***Puig de Masanella*** gibt es mehrere Möglichkeiten mit Ausgangspunkten Kloster Lluc und Cúber Stausee (⇨ auch Seite 232).

C1: Die technisch einfachste Variante führt von Lluc über die Ländereien an der ***Finca Coma Freda*** („Mautgebühr" für Wanderer) und über die Südostflanke des Bergmassivs auf den Gipfel. Lange und kräftezehrend ist der schattenlose Aufstieg im oberen Abschnitt.

C2: Die spannendere und zudem gebührenfreie Variante führt auf dem ***Camí de ses Voltes d'en Galileu*** (⇨ Tour F – Seite 269) auf die Passhöhe ***Coll des Prat***. Von dort geht man die letzte Etappe über einen steilen Geröllpfad und eine kurze **ungesicherte Kletterpassage (!)** mit ausgesetzten Pfaden zum Gipfel. Schwindelfreiheit und Klettergeschick sind für diese Route Voraussetzung!

Der Rückweg zum Kloster ist für beide Varianten der Abstieg über die Südostflanke und die Finca Coma Freda.

Am Gipfel des Massanella

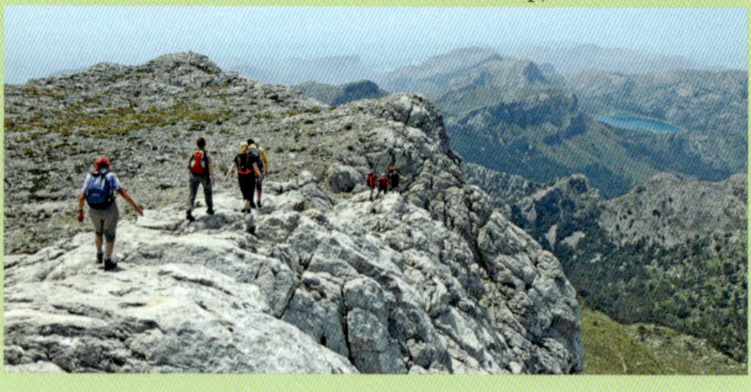

0 km | 15 km

Puig de Massanella (1352m)
Coll d'es Prat
Pas d'en Galileu
C2 C1
Font de s'Avenc (1130m)
Coll de sa Linia (822m)
Coll de sa Bataia (570m)
Coma Freda (650m)
Lluc (470m)
Lluc (470m)

1400 m, 1200 m, 1000 m, 800 m, 600 m, 400 m

1 Std. 2 Std. 3 Std. 4 Std. 5 Std. 6 Std. 7 Std. 8 Std. 9 Std.

Über Aucanella nach Binibona und Caimari TOUR D

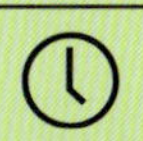

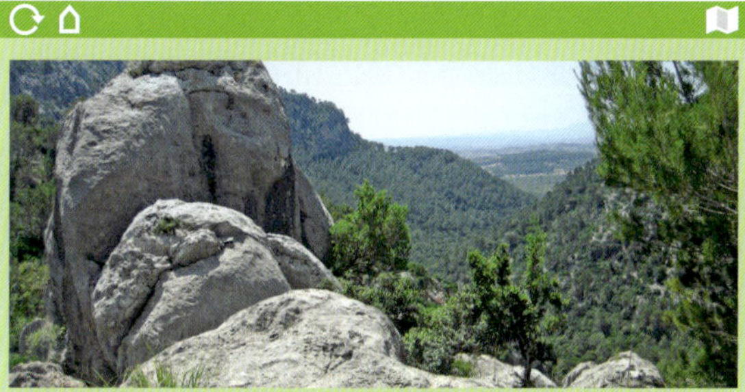

Am Pas Cocó dets Ases

Weniger bekannte, aber dennoch reizvolle Wanderungen führen über **die südlichen Ausläufer des *Tomir*** bis hinunter in die Zentralebene Mallorcas, etwa zum Minidorf Binibona am Fuße der *Tramuntana* und weiter nach Caimari.

Auf dieser Route geht es zunächst auf Forstwegen, wild bewachsenen und streckenweise abenteuerlichen Pfaden, die mitunter durch dichtes Schneidgras führen (lange Hosen!), bis zur ***Finca Ets Albellons***, von dort auf schmaler Straße über Binibona zur größeren Ortschaft Caimari an der Ma 2130.

Bei Caimari beginnt die historische Pilgerroute ***Camí Vell de Lluc***. Dieser bequeme, nur mäßig anstrengende Weg zurück zum Kloster Lluc (Teilstrecken 4+6) windet sich durch eine schöne Gebirgslandschaft und erlaubt immer wieder Weitblicke in die Zentralebene.

Die lange, anstrengende Rundwanderung lässt sich über versteckte Pfade ab der ***Finca Ses Figueroles*** zum Coll de sa Bataia verkürzen, (⇨ siehe Seite 285)

Alternativ könnte man für den Rückweg in Caimari auch den Bus (L330) Inca-Lluc besteigen (3x täglich, Sa/So 2x).

ANSPRUCH ●●●

7 Std

MARKIERUNG

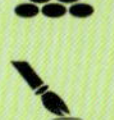

HÖHENMETER

↗ 730

730 ↘

TEILSTRECKE

NR	SEITE
6	288
4	284
5	287

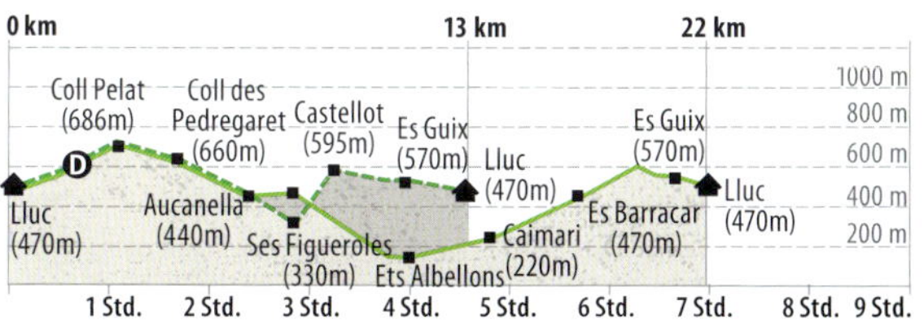

TOUR E Auf dem Camí Vell de Lluc nach Caimari

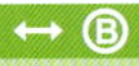

K355

ANSPRUCH

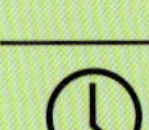

2,5 Std

MARKIERUNG

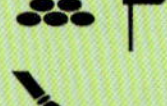

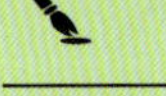

HÖHENMETER

↗ 160

450 ↘

TEILSTRECKE
NR – SEITE

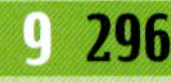

9 296

Wie unter Tour D erwähnt, verbindet eine alte Pilgerroute **Inca** und **Caimari** mit dem Kloster Lluc.

Von Lluc geht es auf der ehemaligen Straße nach Inca zunächst zum *Coll de Sa Bataia*. Gleich hinter dem Pass beginnt in der ersten Kurve der heutigen Straße Ma 2130 der Weg hinunter ins Tal. Abgesehen von einer kurzen Teilstrecke auf der Asphaltstraße bleibt man bis Caimari auf demselben Weg.

Diese **leichte Abstiegswanderung** führt durch eine attraktive Gebirgslandschaft. Am Wege ergeben sich immer wieder schöne Ausblicke über die Zentralebene und auf die umgebende Bergwelt.

In Caimari gibt es die üblichen einfachen Bars und Lokale. Eine Rückkehr nach Lluc ist – außer per pedes oder Taxi – mit dem 2-3 mal täglich verkehrenden Bus (L330) von Inca zum Kloster möglich.

Blick in die Zentralebene auf Campanet und Sa Pobla

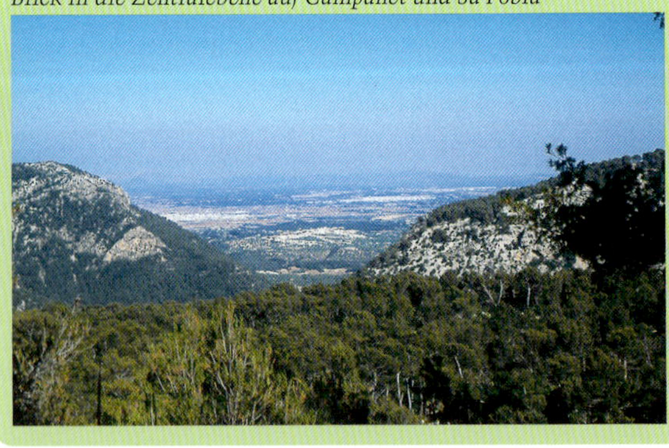

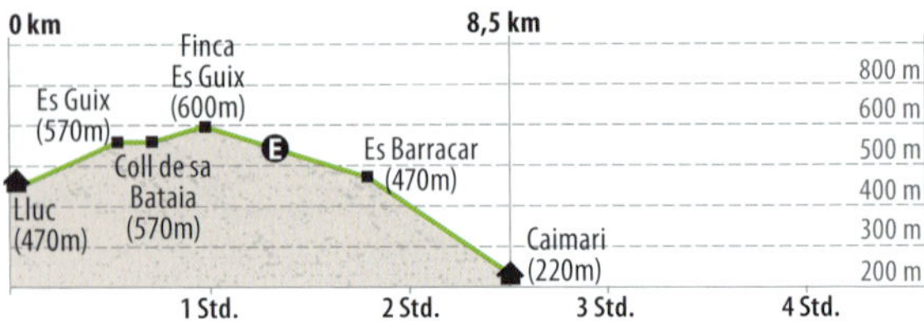

Auf dem GR-221 zum Cúber-Stausee TOUR F

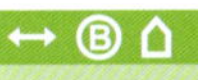

K354/355

ANSPRUCH

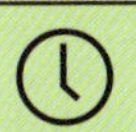

5,5 Std

MARKIERUNG

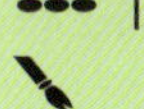

HÖHENMETER

↗ 800

520 ↘

TEILSTRECKE NR – SEITE

8 294

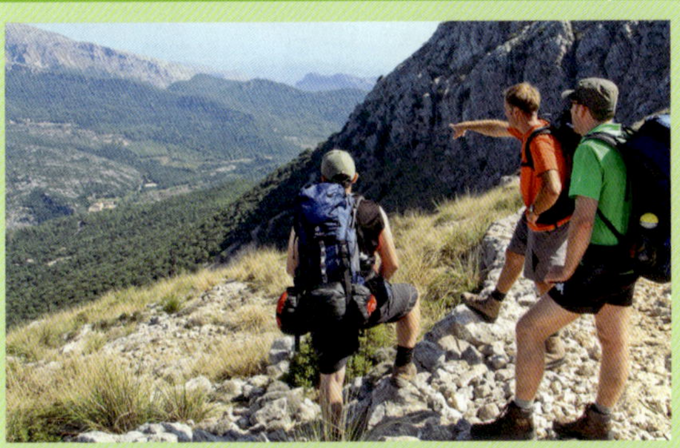

Auf dem Camí de ses Voltes d'en Galileu

Hier handelt es sich um eine **Etappenwanderung** auf dem ***Camí de ses Voltes d'en Galileu***, einer Teilstrecke des **GR-221**, der von Lluc zum *Cúber-Reservoir* und weiter nach (Port de) Sóller führt.

Gleichzeitig ist dies auch Teilstrecke einer **Wanderroute** auf den ***Puig de Massanella*** (⇨ Tour C – Seite 266).

In Kombination mit dem Wander-Klassiker vom *Cúber Stausee* durch die Schlucht Es Barranc nach Sóller (⇨ Tour F – Seite 237) und einer Übernachtung in der Selbstversorgerhütte *Refugi Antonio Caimari* (⇨ Seite 265) am *Stausee Gorg Blau*, lässt sich diese zu einer abwechslungsreichen 2-Tageswanderung (⇨ Tour I – Seite 271) erweitern. Profis meistern die Strecke in Kombination auch als Tageswanderung (dann insgesamt 9 Std.)

Am *Cúber Stausee* kann man ggf. auch den Bus (L354) nach Lluc oder Sóller abpassen (⇨ **Fahrzeiten** Seite 372/373).

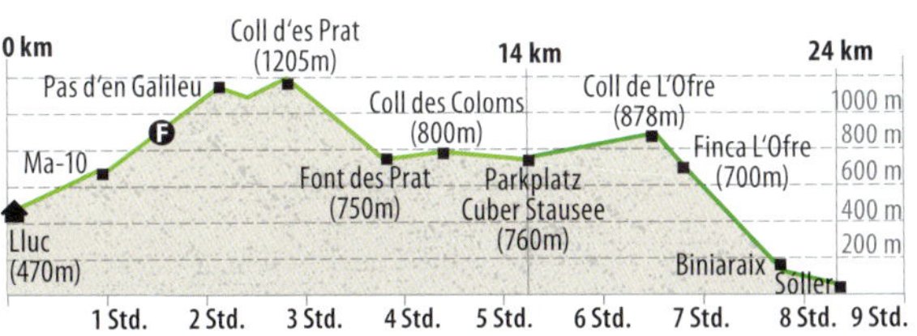

TOUR G Durch den Torrent de Pareis nach Sa Calobra

K354/355

ANSPRUCH ●●●

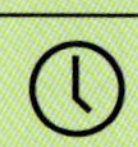

7,5 Std

MARKIERUNG

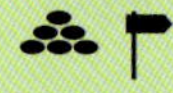

HÖHENMETER

↗ 90

550 ↘

TEILSTRECKE NR – SEITE

7 292

12 108

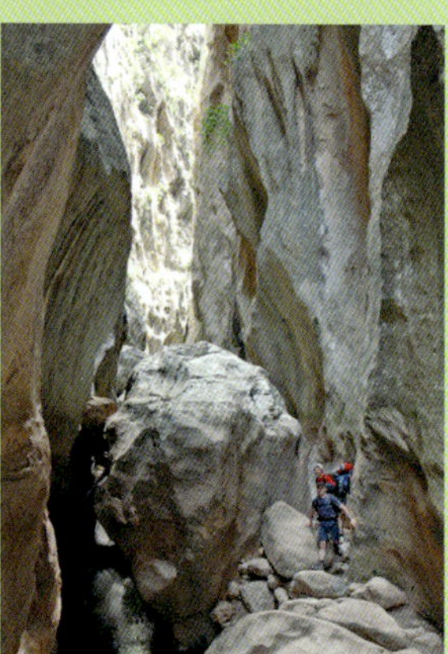

Diese absolut **spektakuläre**, aber **nicht ungefährliche Tour** (⇨ Seite 106) führt durch einen der eindrucksvollsten Canyons Europas. Die „Standardroute" startet in **Escorca**, an der Straße von Lluc nach Soller. Sie führt über *S'Entreforc* in die tiefe Schlucht und endet nach einer abenteuerlichen Durchwanderung an der Mündung des ***Torrent de Pareis*** bei Sa Calobra. (⇨ Tour K – Seite 70)

Die abenteuerliche Schluchtwanderung kann auch vom **Kloster Lluc** aus unternommen werden. Man steigt hier durch den *Torrent de Lluc* bis Escorca ab, wo dieser bei *S'Entreforc* in den *Torrent de Pareis* mündet – ab S'Entreforc entspricht die Wanderung dann wieder der „Standardroute" (Tour K). Mit fast 8 Stunden ist der Zeitbedarf gegenüber der Standardvariante allerdings doppelt so hoch und bedarf einer guten Tourenplanung.

Da es unten in **Sa Calobra keine Übernachtungsmöglichkeit** gibt, muss man dort entweder eines der **Boote** nach Port de Sóller besteigen oder den **Bus** (L355) um 15 Uhr nach Luc nehmen, Bus- und Bootsverbindungen ⇨ Seite 373.

Achtung: Die Tour ist offiziell **nur an Sonntagen erlaubt** und ein Wächter achtet gelegentlich am Weg beim Kloster Lluc auf Einhaltung des Gebots.

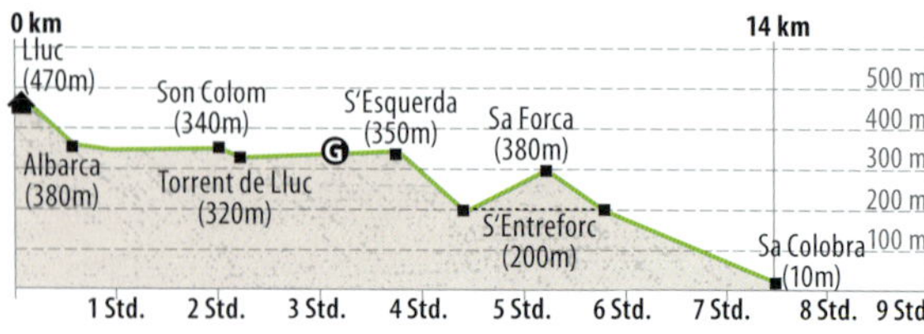

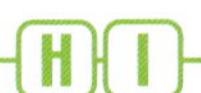

Verbindungsstrecken · Mehrtägige Wanderungen

Von Lluc nach Pollença K356/357

Lluc war einst auch mit Pollença durch einen Pilgerpfad (Camí Vell de Pollença) verbunden. Heute ist nur noch ein Teilstück davon – zwischen der Finca Binifaldó am Fuße des Tomir bis zur Straße Ma-10 – begehbar. Das noch erhaltene Stück des Pilgerpfades ist Teil des GR-221 (⇨ Seite 344), der heute das Kloster Lluc mit Pollença über einen Weitwanderweg miteinander verbindet.

Der zweite Wegabschnitt ab der Straße Ma-10 ist für Wanderer eher unattrakriv und kann daher nur Streckenwanderern als reiner Verbindungsweg nach Pollença empfohlen werden (⇨ Seite 288).

ANSPRUCH ●●●

5,5 Std

MARKIERUNG
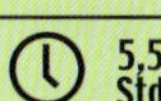

HÖHENMETER ↗ 270

TEILSTRECKE NR – SEITE
6 288

Von Lluc nach (Port de) Sóller K354/355

Für die Strecke Lluc–Sóller/Port de Sóller bieten sich zwei interessante **Touren** an:

Variante 1 – 1. Tag: Abstieg durch den *Torrent de Pareis* bis zur Mündung bei Sa Calobra. Übernachten unter freiem Himmel oder im Zelt ausgangs des **Torrent**, da es in Sa Calobra keine Übernachtungsmöglichkeit gibt. Dafür existieren große Touristenlokale und -shops.

2. Tag: Wanderung über den *Coll de Sant Llorenc* in die Bucht der *Cala Tuent*, dann weiter – hoch über der Küste *Sa Costera* – zum *Mirador de ses Barques*. Von dort geht es hinunter nach Port de Sóller.

Variante 2 – 1. Tag: Wanderung über den *Coll des Prat* und die Nordflanke des *Massanella*-Massivs zum *Gorg Blau*. Übernachtung im Zelt oder unter freiem Himmel am Refugi Antonio Caimari, oder bequemer im Refugi (⇨ Reservierung und Schlüssel für die verschlossene Selbstversorgerhütte gibt`s im Infocenter ***Centre d'Informatió Serra de Tramuntana*** beim Kloster Lluc, ✆/FAX 971-517070 oder E-Mail: **amitger@dgmambie.caib.es**).

TIPP: Ausreichend Wasser und Proviant mitnehmen!

2. Tag: Weiter geht es zum *Cúber Stausee* und durch die Schlucht *Es Barranc* über Biniaraix nach Sóller, ggf. mit der Straßenbahn weiter bis Port de Sóller.

ANSPRUCH ●●●

MARKIERUNG
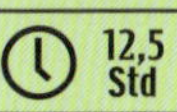

12,5 Std

HÖHENMETER ↗1330

TEILSTRECKE NR – SEITE
7 292
12 108
11 102

10 Std

HÖHENMETER ↗ 970

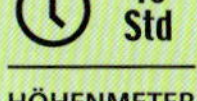

TEILSTRECKE NR – SEITE
8 294
1 238

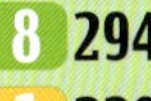

Streckenverbindungen · Mehrtägige Wanderungen

K355

ANSPRUCH ●●●

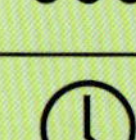

11,5 Std

MARKIERUNG

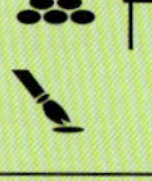

HÖHENMETER

↗1650

1650↘

TEILSTRECKE NR – SEITE

NR	SEITE
3	281
10	297
9	252
2	242
7	247

Tour J: Von Lluc zur Berghütte Tossals Verds

2-Tage-Etappenwanderung zur lange Zeit einzigen bewirtschafteten Berghütte Mallorcas. Diese Route ist für eine separate Tageswanderung nicht so reizvoll, lässt sich aber – bei **Übernachtung** in der komfortablen, ganzjährig betriebenen Hütte ***Tossals Verds*** – gut mit einer anderen Rückroute kombinieren, so dass sich eine abwechslungsreiche Rundwanderung um das *Massanella-Massiv* ergibt. Dabei können geübte Bergwanderer über eine relativ kurze Klettertour sogar noch eine Gipfelbesteigung einbauen (⇨ Seite 243).

Die Wanderung ist bis zum ***Coll de sa Línia*** identisch mit Tour C (über ***Coma Freda***). Von dort geht es zunächst talwärts in Richtung Mancor de la Val und dann auf die Anhöhe des ***Coll des Rafal***, wo ein atemberaubender, aber teilweise ausgesetzter Weg entlang eines alten Wasserleitungssystems beginnt. Diese Route ist allerdings nur etwas für Schwindelfreie.

Kurz unterhalb des ***Font de Prat*** stößt man auf den Weg vom *Cúber Stausee* zur Berghütte *Tossals Verds*. Am ***Coll de sa Basola*** weitet sich das Tal zu einer malerischen Ginster- und Dissgraslandschaft, die man durchquert und schon bald die Berghütte erreicht (für Übernachtungen reservieren, ⇨ Seite 378).

Der **Rückweg** nach Lluc führt über einen abenteuerlichen **Tunnelweg** zunächst wieder in Richtung *Cúber Stausee* und weiter über den Pass *Coll des Prat*. Dort bietet sich wahlweise der direkte Abstieg auf dem ***Camí de ses Voltes d'en Galileu*** oder eine **Gipfelbesteigung** des *Massanella* über eine kurze Klettertour an, sofern man nicht allzu schweres Gepäck schultert. Der Abstieg erfolgt dann über die Ostflanke zum *Coll de sa Línia*, von wo es auf schon bekannten Wegen zurück zum Kloster geht.

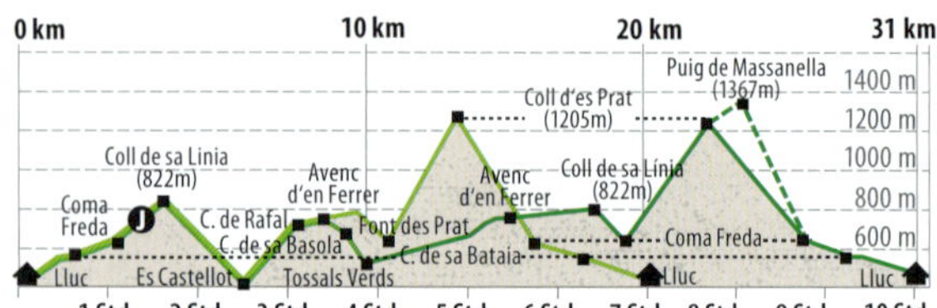

Auf dem Gipfel des Puig Tomir (Das Gipfelkreuz fehlt mittlerweile) ►

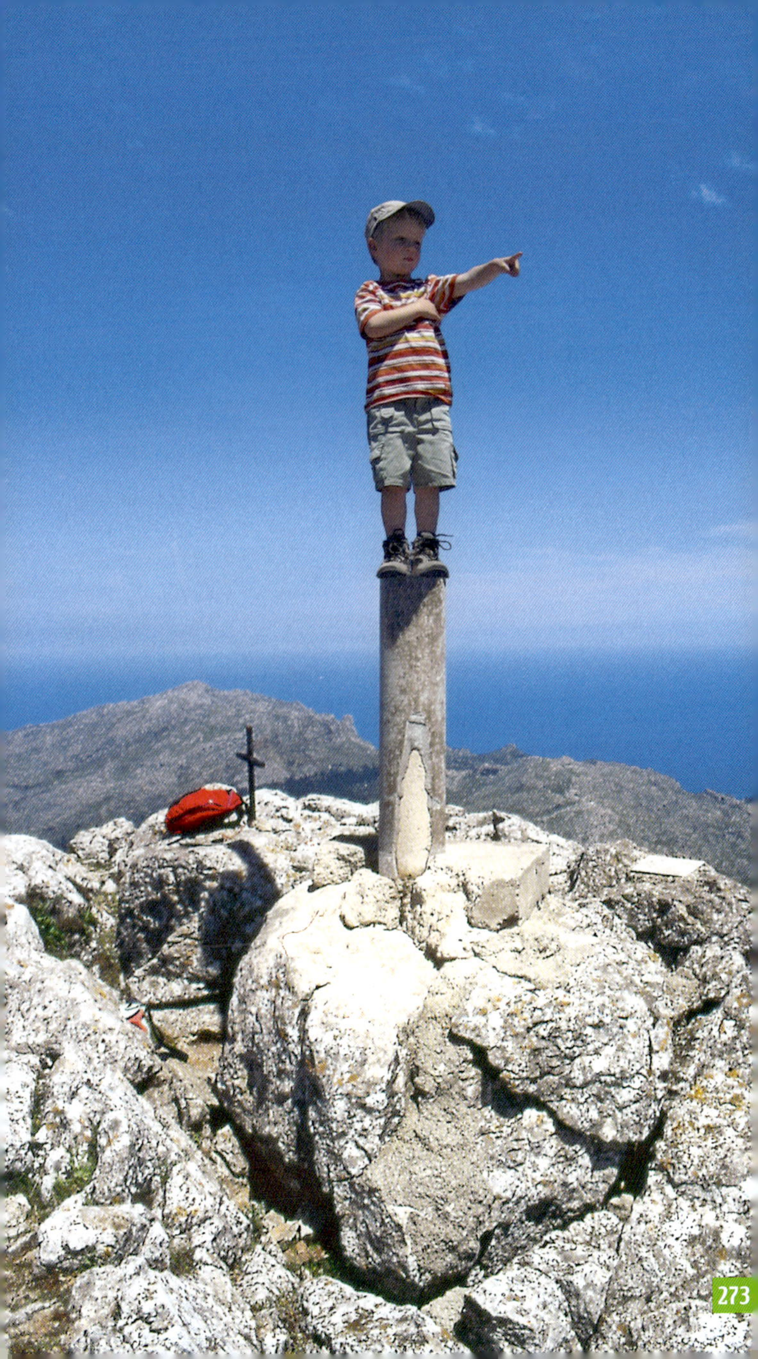

1 Auf den Puig de Tomir

Start ab Kloster Lluc: Die Wanderung vom **Kloster Lluc** nach ***Binifaldó*** ist identisch mit Teilstrecke 6 – Seite 288.

6 **Start ab Binifaldó:** Wer mit dem eigenen Fahrzeug unterwegs ist, kann **wochentags** über die Straße bis zum ***Centre d'educació ambiental Binifaldó*** (Landschulheim) fahren und dort **parken** (am **Wochenende** bleibt das Eisentor an der *Finca Menut oftmals* verschlossen). Dadurch verkürzt sich der Aufstieg zum Gipfel des Tomir auf ca. 2 Stunden (Hin- und Rückweg). Die relativ kurze Gehzeit erlaubt im Frühjahr und Sommer einen Aufstieg in der kühleren Nachmittagssonne. Im weichen, späten Licht dieser Tageszeit erlebt man Stimmung und Ausblicke besonders intensiv.

TIPP Wer seine Wasserflaschen vor dem Aufstieg kostenlos mit frischem Wasser füllen möchte, macht vor dem Tor der ehemaligen Abfüllstation *Binifaldó* einen kleinen Abstecher (ca. 50 m) nach links durch den Wald zu einer freien Quelle (Steintrog).

Aufstieg zum Gipfel: Am Zufahrtstor der ehemaligen Abfüllstation *Binifaldó* **rechts** vorbei folgen wir dem markierten Pfad, der uns zunächst entlang der Einzäunung um das Gelände der Abfüllanlage führt.

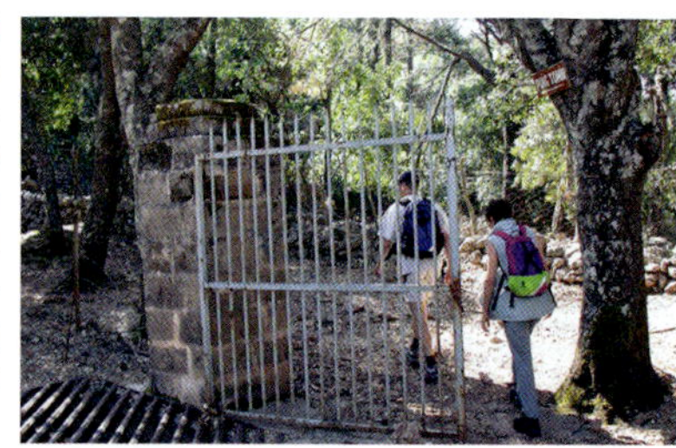

Der neben **Farbmarkierungen** mittlerweile auch durch einige **Holzpfähle** markierte Pfad läßt keinen Zweifel über den Wegverlauf aufkommen, der in Kehren bergwärts führt und uns – an einem felsigen Abhang an der südwestlichen Flanke des *Puig de Tomir* entlang – bald über die Baumgrenze bringt. Nach links öffnet sich der Blick auf die umgebende Bergwelt und die höchsten Gipfel Mallorcas, den **Massanella**, den *Puig Major* und den *Puig Roig*. Nach etwa **30 Minuten** erreichen wir eine kurze **Klamm**, die wir – gesichert durch ein Halteseil – erklimmen. Dem schließt sich wenig später ein steiles **Geröllfeld** an, das man entlang einer **Mauer** emporsteigt, bevor man dasselbe nach **links** überquert. Nach einem bequemeren Wegstück, das dank einiger Markierungen nicht zu verfehlen ist, gelangen wir an den zweiten kurzen **Kletterabschnitt**. Mit Hilfe von **Steigleitern** und einer **Seilsicherung** (Bild rechts oben) überwinden wir eine knapp 10 m hohe Felswand. Nun ist das Schwierigste schon geschafft, und wenige Minuten später erreichen

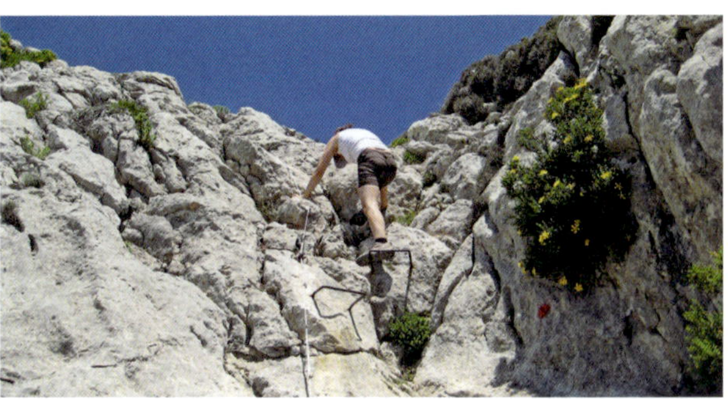

wir auf einer Anhöhe den **Bergrücken** des *Tomir* und werden durch grandiose Ausblicke für die Strapaze des bisherigen Aufstiegs belohnt. Über ausgedehnte Geröllfelder steigt nun der Weg entlang des sich noch weiter nach Norden erstreckenden Bergrückens. Geleitet durch Steinmännchen umlaufen wir zunächst einen Nebengipfel, bevor wir den – durch eine trigonometrische Säule markierten – Gipfel des ***Tomir (1103 m)*** erreichen.

Der **Panoramablick**, der sich bei gutem Wetter weit über die Insel erstreckt, ist überwältigend. Im Norden vor uns liegen das *Cap Formentor* und die weit geschwungenen Buchten von Pollença und Alcudia. Über die Zentralebene blickt man hinüber bis zur Ostküste. Noch beeindruckender als von weiter unten ist die Gipfelsicht auf *Massanella, Puig Major* und *Puig Roig*. An manchen Tagen kann man bei guter Fernsicht die Nachbarinsel Menorca am Horizont sehen.

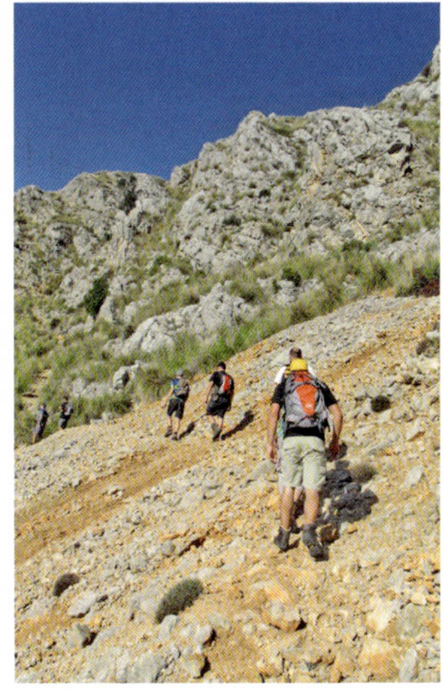

Rückweg: Der Rückweg ist bis zum Tor der Abfüllstation identisch mit dem Hinweg. Wer nicht denselben Weg zurück zum Kloster laufen will, folgt der nachfolgenden alternativen Wegbeschreibung über Menut, ⇨ **Seite 276.**

1 Von Binifaldó über Menut zum Kloster Lluc

Von der ehemaligen Abfüllstation wandern wir auf der **geteerten** und kaum befahrenen **Zufahrtsstraße** talwärts und gelangen nach etwa 10 Minuten Gehzeit zum Gebäude des **Schullandheim** *Centre d'Educació Ambiental Binifaldó*. Gleich rechts zweigt der alte Pilgerweg ***Cami Vell de Pollença*** und heutige **GR-221** nach Pollença ab.

Wir wandern jedoch auf der Teerstraße **geradeaus** weiter. Bizarre Gesteinsformationen (Bild links unten) begleiten unseren Weg und im Frühsommer auch weißblühende Zistrosen.

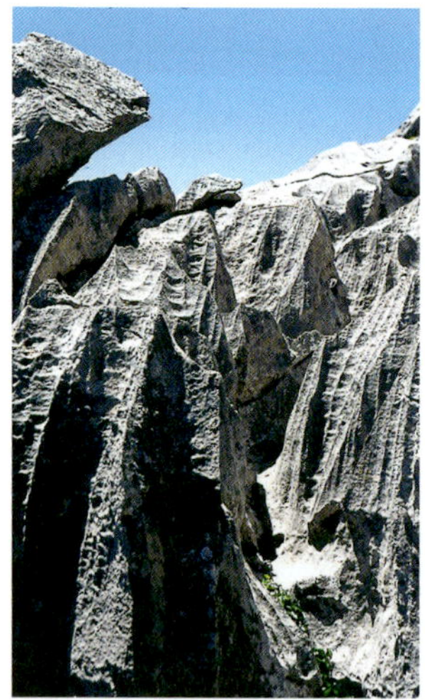

Nach ca. **30 Gehminuten** gehen wir durch ein offenes **Eisentor** (**Achtung:** Sa, So und feiertags ist das Tor evtl. geschlossen!) und halten uns an der kurz darauffolgenden Weggabelung bei der ***Finca Menut*** **rechts**. Wir erreichen die **Straße Ma-10**, wechseln die Straßenseite und gehen **entlang der Straße** ca. **20 m** nach rechts in Richtung Pollença.

Links hinter einer **Leitplanke** greifen wir jetzt einen **Karrenweg** auf und wandern auf diesem zunächst in einigen Kehren talwärts. Später führt uns der Weg wieder bergan und nach etwa 20 Minuten treffen wir auf eine beschilderte **Weggabelung**.

Hier folgen wir **links** dem Weg in Richtung Kloster Lluc. Auf einem streckenweise steilen **Geröllpfad** wandern wir nun wieder **talwärts**, passieren einen Kohlenmeilerplatz und ignorieren einen Wegabzweig nach links in Richtung *Es Camell*. Nach etwa 15 Minuten überqueren wir über eine **Holzbrücke** ein Bachbett und erreichen gleich darauf ein eingezäuntes **Fußballfeld**.

Hier finden wir am Zaun eine Pforte zum **Spielfeld** und **überqueren** diagonal den Platz, den wir durch eine weitere Pforte wieder verlassen. Kurz darauf erreichen wir durch einen **Mauerdurchlass** die Zufahrt zu den Wirtschaftsgebäuden des Klosters und nach einigen Metern die **Straße** zum Kloster. Bis dorthin sind es nur noch gut 50 m.

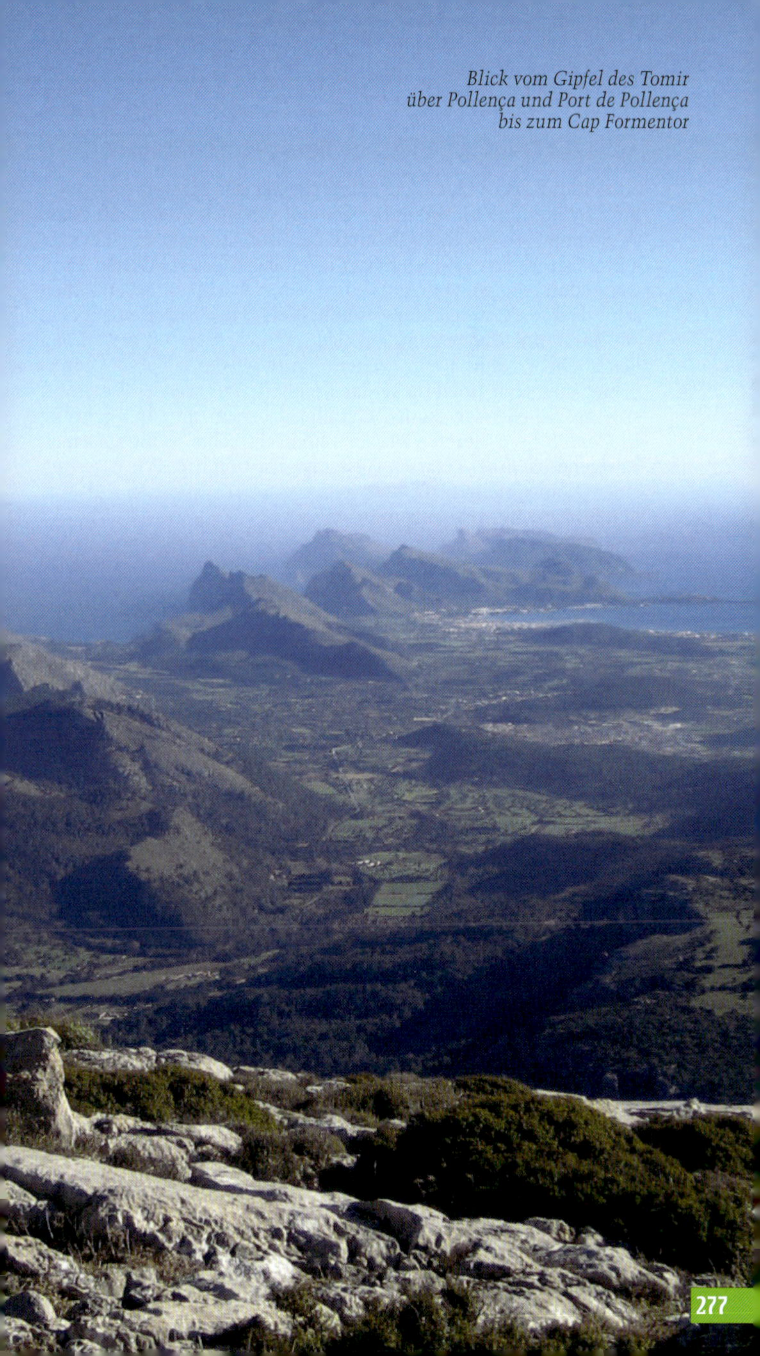

Blick vom Gipfel des Tomir über Pollença und Port de Pollença bis zum Cap Formentor

2 Wanderung um den Puig Roig (nur sonntags!)

Start vom Kloster Lluc: Vom **Haupteingang** des Klosters folgen wir kurz der breiten **Zufahrtstraße** nach **links** in Richtung Ma-10. Nach ca. **50 m** biegen wir **links** ab durch die – von Steinsäulen begrenzte – Einfahrt zu den Wirtschaftsgebäuden des Klosters. Wieder **15 m** weiter durchqueren wir **rechts** einen Mauerdurchlass und erreichen kurz darauf ein eingezäuntes **Fußballfeld**. Hier finden wir rechts am Zaun eine Pforte zum Spielfeld und überqueren diagonal den Platz, den wir durch eine weitere Pforte wieder verlassen. Links überspannt eine **Holzbrücke** das Bachbett. Wir wandern auf dem sich anschließenden steilen Geröllpfad bergan. Ein in Richtung *Es Camell* beschilderter Wegabzweig nach rechts weißt auf einen Abstecher zu einer bizarren Gesteinsformation hin. Wir passieren einen Kohlenmeilerplatz und treffen nach 15 Minuten auf eine beschilderte **Wegverzweigung**.

In Richtung Puig Roig folgen wir dem Hinweis ***„Es Pixarelles"*** nach **links**. Der breitgeschotterte Weg führt uns zunächst eben durch eine wildromantische *Garrigue-Landschaft* mit bizarren Felsgebilden. Er verbreitert sich zu einem Karrenweg, und hinter einer Kettenabsperrung erreichen wir einen gut ausgestatteten **Picknick- und Rastplatz** mit Schutzhütte, Grillstelle und einem Toiletten- und Waschhäuschen. Geradezu ideale Campingvoraussetzungen, wenn da nicht das obligatorische Feuer-Verbotsschild wegen Waldbrandgefahr hängen würde. Wir folgen hinter der Kette dem holprigen **Fahrweg** nach **rechts**, der hinauf zur Hauptstraße **Ma-10** führt. Am Parkplatz wenden wir uns **links** einem schmalen **Saumpfad** zu, den wir parallel zur Straße begehen können. Auf einen breiteren **Karrenweg** stoßend folgen wir diesem weiter nach **links** in Richtung ***Mossa***. Der Weg endet an einer mit Maschendraht befestigten **Trockensteinmauer**, und wir müssen uns nach **rechts**, den Hang hinauf zur Straße hin orientieren. Das Wegstück bis zum **Zufahrtstor der *Finca Mossa*** (links) laufen wir auf der Straße.

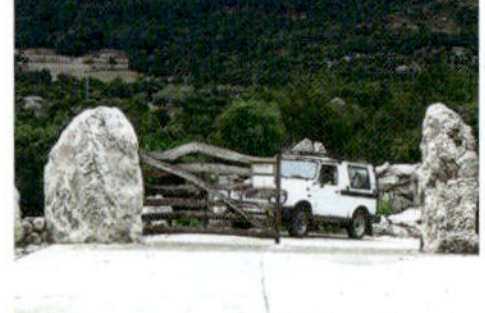

Start am Zugangstor zur Finca Mossa: Wir gehen durch das **nur an Sonntagen** offenstehende Tor und folgen dem sich in Serpentinen talwärts ziehenden, betonierten **Fahrweg**. An der darauffolgenden **Wegverzweigung** halten wir uns **rechts**. Bald schon haben wir den erhöht an einem Hang liegenden **Gutshof** im Blick. Nach gut einer Viertelstunde Gehzeit stehen wir direkt vor dem **Gebäude**, folgen aber dem **Steinpflasterweg**, der **links** daran vorbei führt.

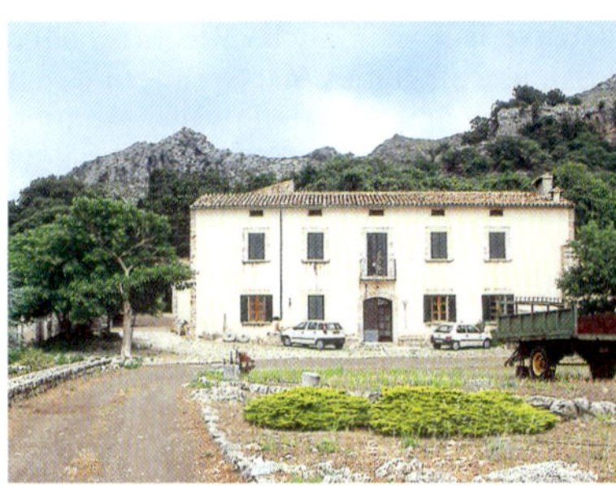
Finca Mossa

Vom eventuell aufkommenden Gebell der (angeketteten) **Hunde** lassen wir uns nicht beeindrucken. Wir durchlaufen ein **Eisengatter** und treffen nach Passieren der Stallungen und des Wasserbassins rechts auf einen größeren Platz. Wir **ignorieren** einen nach links weiterführenden Karrenweg und laufen geradewegs auf einen durch Steinmännchen und einen verwitterten **grünen Farbpunkt** markierten Pfad zu. Nach einem kurzen steilen **Anstieg** durch Steineichenwald durchlaufen wir einen **Mauerdurchlass** mit einer rosa Pfeilmarkierung. Die Bewaldung lichtet sich zunehmend, und wir folgen dem schattenlosen, teils ausgesetzten Geröllpfad hinauf bis zum Pass des ***Coll dels Ases*** (623 m), den wir vom Gehöft der Finca Mossa nach gut 30 Gehminuten erreichen.

Eine einsame **Aleppokiefer**, einige Steinmännchen und eine rosa Farbmarkierung kennzeichnen den häufig windumtosten Sattelpunkt. Wir folgen dem erkennbaren **Geröllpfad** entlang der nördlichen Flanke des hoch aufragenden Massivs des Puig Roig. Nach gut **15 Minuten** passieren wir links des Weges eine in Stein gefasste Viehtränke. Die **Vegetation** ist typisch für diese Region: Garrigue mit Mastixsträuchern, Zistrosen und Dissgräsern bestimmen das Landschaftsbild.

Quarter dels Carabiners
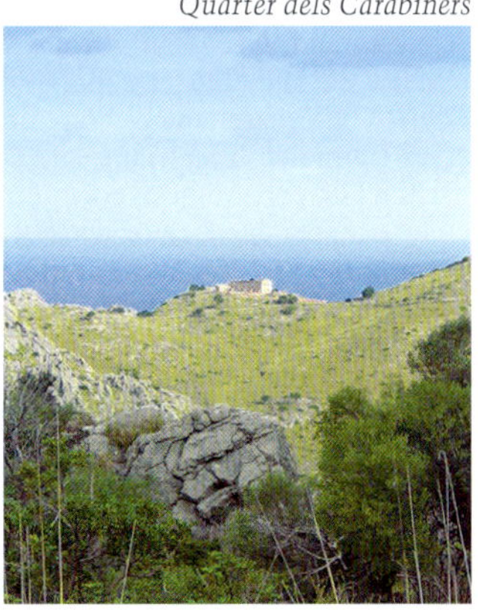

Nur geringfügig geht es höher auf einen kleineren Sattelpunkt. Nach ca. **30 Minuten**, gerechnet vom *Coll dels Ases*, erreichen wir mit dem *Pas d'en Segarra* einen weiteren **Sattelpunkt** und die Steilküste mit dem **Ausblick aufs Meer**. Das Panorama dieser bizarren Küstenlandschaft fesselt den Blick. Der weitere

2

Weg folgt fortan dem **Küstenverlauf** in südliche Richtung ohne nennenswerte Steigungen. Ab und zu gibt es Markierungen durch verschiedenfarbige Punkte oder Steinmännchen. Etwa 90 Minuten vom *Coll dels Ases* entfernt meistern wir an der Südflanke des Puig Roig Massiv eine kurze, ungefährliche **Klettereinlage**, die über einen 1,5 m tiefen Felsabsatz führt. Ein aufgeschütteter Steinhaufen dient uns dort als Steighilfe. Durch wilde Dissgraslandschaft setzt sich unser Weg fort. Bald durchlaufen wir eine **Maueröffnung** und erkennen rechts unten auf einem Sattelpunkt die Ruine des ***Quarter dels Carabiners***, einer alten Polizeistation, die einst dem an dieser Küste florierenden Alkohol- und Tabakschmuggel Einhalt gebieten sollte. Auf einem Pfad entlang der Mauer gelangt, wer will, hinunter zur Ruine.

Nach einem weiteren **Mauerdurchlass** treffen wir kurz darauf auf einen holprigen Fahrweg, dem wir **nach links** folgen.

Nur wenige Meter sind es bis zu den verlassenen **Höhlenwohnungen** von ***Es Cosconar***, die sich eng an eine steil aufragende Felswand schmiegen. *Es Cosconar* links liegen lassend wandern wir auf dem geschotterten **Fahrweg** in vielen **Serpentinen** durch alte Olivenbaumkulturen hinab ins Tal von *s'Aram*.

Weiter unten lässt sich die eine oder andere Kehre durch einen verbindenden Steilpfad abkürzen. Gut eine Stunde laufen wir von *Es Cosconar* bis zum Landsitz von *Ca s'Escriva* ganz unten im Tal. Wir überwinden eine Kettenabsperrung und ein **Holzgatter**, und anschließend führt der Weg entlang einer mit einem Maschendrahtzaun besetzten **Steinmauer**. Eukalyptusbäume säumen rechts den Wegrand. Nachdem wir ein **Bachbett** durchlaufen haben, erreichen wir die **Häuser** von *Cas Secretari, Son Llobera* und *Can Pontico*. Wir lassen die Gehöfte hinter uns und wandern weiter auf einer schmalen **Teerstraße**, die uns durch fruchtbare Felder mit uralten Olivenbaumbeständen führt. In der Ferne erkennen wir auf einer Anhöhe das Gehöft der *Finca Albarca* und weiter links am Talrand bereits den zum Kloster gehörenden Kalvarienberg. Wir durchqueren einen Mauerdurchlass und gehen über eine Steinbrücke. Dann können wir in einer Rechtskurve über einen steileren Pfad wiederum einige Kehren der Straße abkürzen. Dies wiederholt sich mehrmals, und wir steigen am südlichen Talrand bergan in Richtung Kloster.

Wir passieren ein letztes **Gatter** mit einem Hinweis, dass die **Wanderung nur sonntags** gestattet ist, und erreichen kurze Zeit später die **Klosteranlage Lluc**.

Auf den Gipfel des Massanella 3

Start vom Kloster Lluc: Wir verlassen das Kloster über den **Haupteingang** und gehen zunächst über den großen **Parkplatz** in Richtung Süden. An seinem Ende greifen wir die **alte *Straße*** zum Kloster auf, die uns 1,5 km hinauf zum *Coll de sa Bataia* und zur Ma-10 bringt. Seit Fertigstellung der nördlicheren Zufahrt zum Kloster wird diese Straße kaum noch befahren.

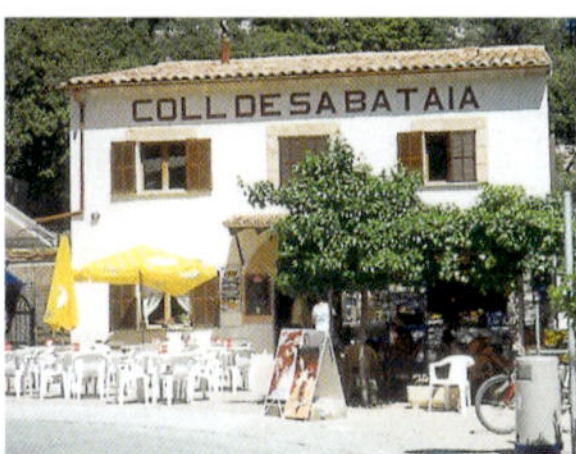

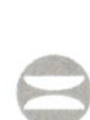

Vom Coll de Sa Bataia zur Finca Coma Freda: Haben wir den *Coll* erreicht, folgen wir vom Straßendreieck zunächst ein Stück der Straße Ma-2130 in Richtung Caimari/Inca. Die Tankstelle und die Bar/ Café Coll de sa Bataia lassen wir links liegen. Nach ca. 100 m weist rechts ein Hinweisschild zum **Weitwanderweg GR-222** und dem ***Camí Vell de Lluc*** nach Caimari, dem wir ein kurzes Wegstück folgen.

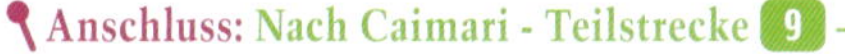

Anschluss: Nach Caimari - Teilstrecke 9 – Seite 296

Wir folgen am nächsten **Wegabzweig rechts** dem bergaufführenden **Karrenweg**. Nach einigen Kehren steht man vor dem verschlossenen **Tor** der *Finca Coma Freda*, das man rechts über eine **Holzleiter** übersteigen kann.

Hinweis: Bei *Coma Freda* wird von Wanderern, die die Ländereien der *Finca* (mit Ziel *Massanella, Cúber, Tossals Verds* etc. überqueren, eine Gebühr fällig (4 €) pro Person, es sei denn, der Kassierer ist gerade nicht auf dem Posten.

Auf dem Karrenweg weiterwandernd ignorieren wir zunächst links und rechts abzweigende Wege und erreichen bald das von einer Trockensteinmauer umfriedete Gehöft der Finca.

Zum Coll de sa Línia: Noch **vor der Mauer** zweigt **links** ein schmaler **Karrenweg** ab, der durch dichteren Steineichenwald entlang der Mauer das Gehöft seitlich umgeht. Am Ende der Mauer folgen wir einem – dank einiger Steinmännchen-und roter Farbmarkierungen leicht erkennbaren – Pfad. Es geht durch einen **Mauerdurchlass** vorbei an einer Steinhausruine, bis wir auf einen großen **Felsblock** und breiteren **Karrenweg** stoßen, dem wir nach **links** bergauf folgen. In zahlreichen Kehren führt uns dieser hinauf zum *Coll de sa Línia* (822)

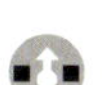

Anschluss: Berghütte Tossals Verds – Teilstrecke 10 – S. 297

3

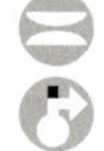

Aufstieg vom Coll de sa Línia zum Gipfel: Vom **Sattelpunkt** geht es nach **rechts** hinauf zum Massanella. Der Abzweig ist durch zwei **dreikantige Steine** markiert. Die Beschriftung auf dem rechten Stein weist nach Lluc, von wo wir gekommen sind. Links geht es nach Mancor de la Val bzw. – über die Ostroute – zur *Tossalshütte* und weiter nach Orient oder zum *Cúber Stausee*.

Zwischen den Kantsteinen hindurch läuft der Pfad in Richtung Gipfel. Er windet sich durch dichten Steineichenwald in vielen Kehren bergan und gewinnt schnell an Höhe. Bei etwa **1000 m** erreichen wir die **Baumgrenze** und stoßen bald darauf wieder auf einen **dreikantigen Markierungsstein**.

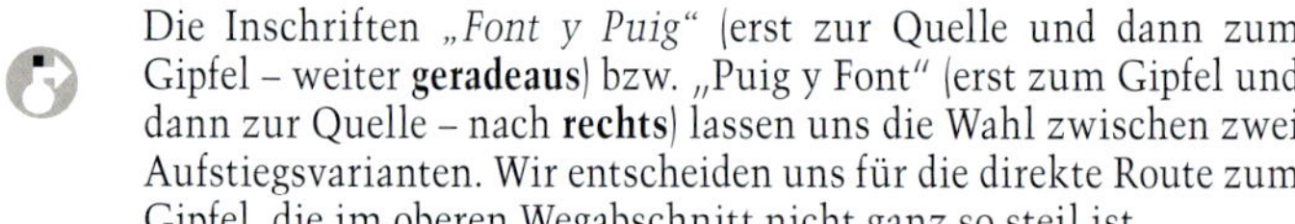

Die Inschriften *„Font y Puig“* (erst zur Quelle und dann zum Gipfel – weiter **geradeaus**) bzw. „Puig y Font“ (erst zum Gipfel und dann zur Quelle – nach **rechts**) lassen uns die Wahl zwischen zwei Aufstiegsvarianten. Wir entscheiden uns für die direkte Route zum Gipfel, die im oberen Wegabschnitt nicht ganz so steil ist.

Geleitet von Steinmännchenmarkierungen windet sich der Pfad nun durch eine baumlose Gebirgslandschaft aus Dissgras, Strauchwerk und einer Igelpolstervegetation rasch bergan. Schon bald öffnet sich eine weite Aussicht über die Insel. Nach einem zunächst stärkeren Anstieg flacht das Gelände ab, und wenig später erblicken wir in der Ferne die beiden Gipfelspitzen des *Massanella-Massivs*. Der rechte, nur einige Meter höhere ist unser Tagesziel.

Wir orientieren uns zunächst westlich an zwei in der Ferne dicht beieinander stehenden **Eiben** als Fixpunkt und überqueren ein **Geröllfeld**. Später vereinigt sich unser Pfad wieder mit dem alternativen Weg über die Quelle *Font de s'Avenc* und wir steigen den steilen Geröllpfad weiter bergan.

Geleitet von Steinmännchen und roten Farbmarken steigen wir in gut 20 min durch eine baum- und strauchlose Felslandschaft hinauf zum **Sattelpunkt** zwischen beiden Spitzen.

Wir orientieren uns nach **rechts** und erreichen nach wenigen Metern den mit einer Betonsäule, einem trigonometrischen Punkt, markierten **Gipfel des *Massanella*** (1367 m).

VORSICHT: Unmittelbar unterhalb des Gipfels tut sich ein viele Meter tiefer, ungesicherter Felskrater auf!

Ein überwältigendes **Panorama** ist der Lohn für den Aufstieg. Bei guter Sicht überschaut man fast die gesamte Insel.

Über die schroffe und steil abfallende Westflanke blicken wir hinab zu **Gorg Blau** und ***Cúber Stausee***. Der dahinter aufragende *Puig Major* mit seinen markanten Kuppeln erscheint zum Greifen nah. Im Norden sehen wir die Buchten von Alcudia, Pollença und das Cap Formentor. Im Osten erkennen wir im Dunst hinter der Zentralebene, der ***Llanura del Centro***, die Silhouette des Höhenzuges ***Serra de Llevant***. Nach Süden hin setzt sich das *Tramuntanagebirge* mit den Gipfeln des *Tossals*, des *L'Ofre* und des *Teix* fort.

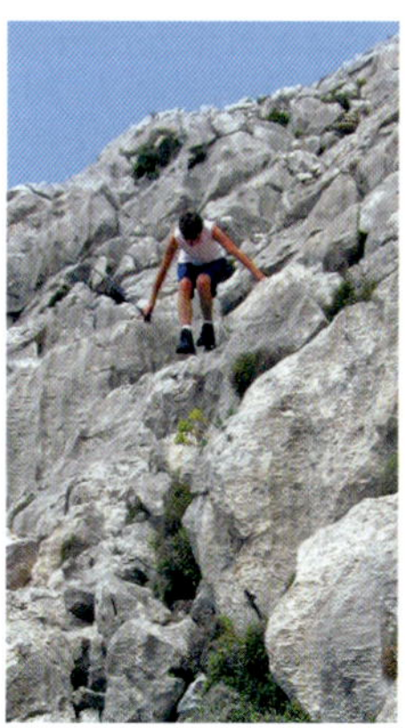

Abstieg über die Quelle Font de s'Avenc: Gleich dem Hinweg wandern wir über den geröllligen Felspfad bis zum **dreikantigen Markierungsstein** talwärts, den wir nach etwa 15 Minuten erreichen. Diesmal wenden wir uns nach **rechts** in Richtung *Font de s'Avenc* und steigen kurze Zeit später über steile **geröllige Felspfade** weiter abwärts. Die scharfkantigen, erodierten Felsen verlangen unsere ganze Aufmerksamkeit. Nach weiteren 15 Minuten passieren wir linkerhand eine **Höhle**, in der die **Quelle** *Font de s'Avenc* austritt (⇨ Foto auf Seite 245). Eine Treppe führt hinunter in die feuchte Dämmerung.

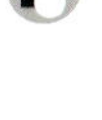

Wir folgen weiter dem jetzt besser erkennbaren grobgeschotterten Pfad talwärts und orientieren uns an Steinmännchen und einigen Farbmarkierungen. Nach ca. **30 Minuten** stoßen wir links auf den **dreikantigen Markierungsstein**, den wir vom Aufstieg her schon kennen.

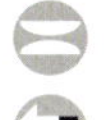
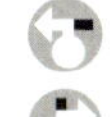

Wir bleiben weiter auf dem talwärts führenden Weg und erreichen kurze Zeit später die Baumgrenze, die sich langsam durch Buschwerk und vereinzelte Bäume ankündigt. Über einige Serpentinen durch dichteren Wald erreichen wir nach weiteren gut 30 Minuten den Pass ***Coll de sa Línia***. Wir halten uns **links** und laufen auf dem **Fahrweg** weiter talwärts. Die **Abzweigung** zur Umgehung der Finca Coma Freda ist gekennzeichnet durch den bereits bekannten großen **Felsen**. Hier folgen wir wieder rechts dem schmalen **Pfad**, auf dem wir bereits auf dem Hinweg das Gehöft umgangen sind, und treffen bald auf den **Zufahrtsweg** zur Finca. Auf bereits bekannter Strecke geht es hinunter zur Straße Inca-Lluc und über den *Coll de sa Bataia* und die alte Klosterzufahrt zurück zum Ausgangspunkt.

4 Über Aucanella nach Binibona und Caimari

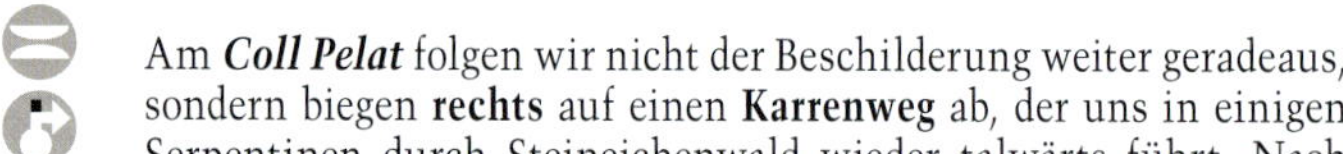

Der erste Wegabschnitt dieser Route vom **Kloster Lluc** bis zum ***Coll Pelat*** ist identisch mit Teilstrecke 6 – Seite 288.

Am ***Coll Pelat*** folgen wir nicht der Beschilderung weiter geradeaus, sondern biegen **rechts** auf einen **Karrenweg** ab, der uns in einigen Serpentinen durch Steineichenwald wieder talwärts führt. Nach etwa 10 Minuten treffen wir auf eine **steinige Lichtung** und eine **Weggabelung**. Hier folgen wir **links** dem jetzt wieder ein kurzes Stück **bergan** führenden **Pfad**, der uns aus dem Wald hinaus und in einer großen Linkskehre um das Massiv der *Serra d'en Massot* führt. Bald geht es wieder **talwärts** auf einem steinigen, später grob geschotterten **Karrenweg** mit schönen Blicken in das Tal von Aucanella.

An einer markanten großen **Steineiche** treffen wir auf einen weiteren Karrenweg. Auf diesem gehen wir einige Meter nach **rechts** und können dann gleich wieder rechts den Weg über einen schmalen **Pfad** abkürzen. Dieser führt uns durch eine Felsgruppe zur ***Finca Aucanella***. Kurz vor dem Gehöft treffen wir wieder auf den **Karrenweg** und gehen erneut auf diesem einige Meter nach **rechts**. Noch vor Erreichen des Gehöfts biegen wir **rechts** auf einen weiteren **Pfad** ab, der uns durch ein kleines **Waldstück** zu den durch **Trockensteinmauern** eingegrenzten **Feldern** der *Finca* bringt.

Wir halten uns **rechts** entlang der **Mauer, übersteigen** kurz darauf eine querlaufende etwas niedrigere Mauer und laufen durch steinige Olivenhainterrassen in südwestliche Richtung dem Talausgang entgegen. Bald stoßen wir auf einen **Weg**, der uns ein kurzes Stück an einem eingezäunten Feld entlang führt. Am Ende des Feldes wechseln wir nach **links** über eine niedrige **Trockensteinmauer** auf die **gegenüberliegende Talseite**. Hier folgen wir einem Pfad nach **rechts**, der uns wieder über ein Feld und an einer Steinmauer entlang in Richtung **Talausgang** führt.

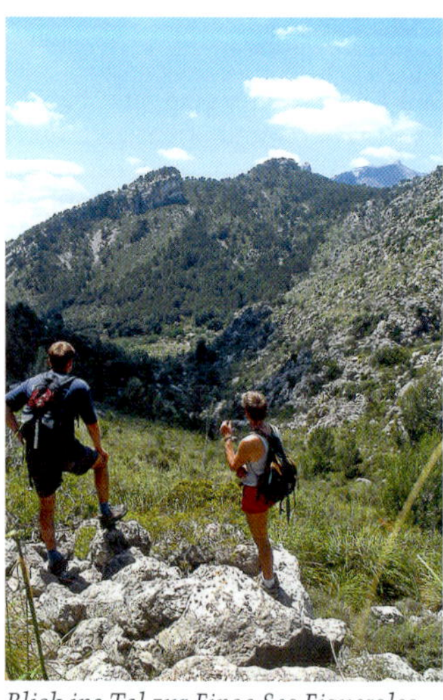

Blick ins Tal zur Finca Ses Figueroles

Am **Ende des Feldes** beginnt am *Pas d'en Bisquerra* ein bald dicht bewachsener **Pfad**, der dem **linken Talrand** folgt. Er ist durch blaue Farbmarken und Steinmännchen gekennzeichnet. Die hier niedrige Vegetation erlaubt einen ungestörten Blick auf ein herrliches **Panorama**. Unten im Tal erkennt man bereits das Gehöft der **Finca *Ses Figueroles***, unser nächstes Etappenziel. Nach Westen, durch zwei Bergkuppen hindurch, sieht man den Gipfel des *Massanella*. Mit abnehmender Höhe erreichen wir wieder lichten Wald. Eine Steinmauer begleitet unseren Weg. An der ***Finca Ses Figueroles*** stoßen wir auf eine **Weggabelung**. Nach rechts zweigt die Zufahrt zur Finca ab.

Anschluss zum Coll de sa Bataia:

Ein schmaler unmarkierter und **teilweise schwierig zu findender Pfad** führt von der **Finca *Ses Figueroles*** hinauf zur Passhöhe *Coll de sa Bataia*, über den die Wanderung (im Notfall) abgekürzt werden könnte.

Links vorbei an dem Gehöft führt er uns anfangs durch Wald, quert mehrmals ein zumeist trockenes **Bachbett** und windet sich dann in Serpentinen über alte Olivenhainterrassen und später durch dichtes Schneidgras die Bergflanke des *Puig de ses Covasses* hinauf.

Entlang einer Mauer erreichen wir nach etwa **30 Minuten** ein **Wasserreservoir** und eine **Ruine**. Unser Weg führt zwischen ihnen hindurch. Weiter geht es bergauf, rote Punkte und Pfeile markieren den Weg. Bald kommen wir in dichten **Kiefernwald** und überqueren im Anschluss eine Steinmauer. Wir halten uns rechts, gehen zwischen zwei **Pinien** hindurch und folgen der roten Markierung.

Nun beginnt ein kräftezehrender **steiler Aufstieg** über geröllige Pfade, der uns auf einen **Sattelpunkt** (595 m) zwischen *Puig des Castellet* und *Puig des Covasses* bringt. Ein großer Felsblock und ein **Mauerdurchbruch** markieren den Pass.

Wir folgen weiter den roten Wegmarken, und unser Pfad trifft bald auf einen Wendeplatz am Ende eines **Fahrwegs**, der auf die **Straße Ma-2130** mündet. An der Straße angekommen, halten wir uns **rechts** und gehen an der **Tankstelle** und der Café/Bar *„Coll de sa Bataia"* vorbei zum Straßendreieck und gleichnamigen Pass.

Dort überqueren wir die **Straße Sóller-Pollença** und wandern auf der alten Zufahrtstraße zurück zum Kloster, das wir in weiteren gut **20 Minuten** erreichen.

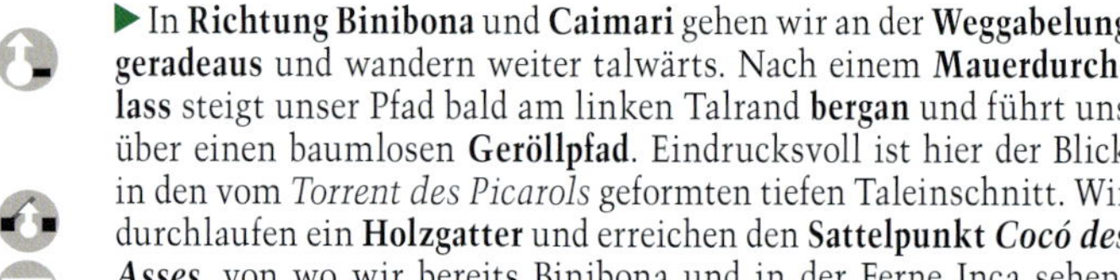

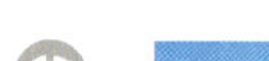

4

▶ In **Richtung Binibona** und **Caimari** gehen wir an der **Weggabelung geradeaus** und wandern weiter talwärts. Nach einem **Mauerdurchlass** steigt unser Pfad bald am linken Talrand **bergan** und führt uns über einen baumlosen **Geröllpfad**. Eindrucksvoll ist hier der Blick in den vom *Torrent des Picarols* geformten tiefen Taleinschnitt. Wir durchlaufen ein **Holzgatter** und erreichen den **Sattelpunkt** ***Cocó des Asses***, von wo wir bereits Binibona und in der Ferne Inca sehen. Weiter unten wird die Bewaldung zunehmend dichter.

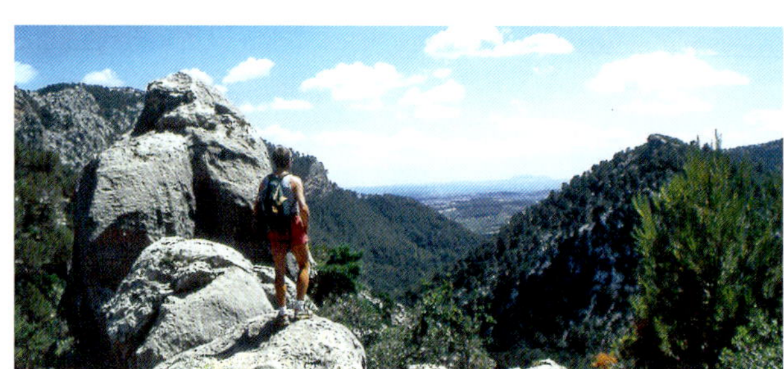

Blick vom Sattelpunkt Cocó des Asses

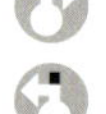

Auf ca. 200 m Höhe stoßen wir auf einen durch Steinmännchen markierten **Karrenweg** und folgen ihm nach **rechts** weiter talwärts. Nach **20 m** können wir nach **links** über einen Pfad den Weg abkürzen. Wieder auf dem Karrenweg geht es nach **links** talwärts. Wir **ignorieren** kurz darauf einen **Abzweig** nach rechts und halten uns weiter **geradeaus**, auf dem parallel zum Bachbett verlaufenden Karrenweg. Wir passieren einen ehemaligen **Kalkofen** rechts des Weges, ignorieren im Anschluss einen nach links abzweigenden Weg und laufen an einem weiteren **Kalkofen** rechts des Weges vorbei.

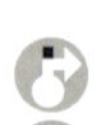

An der **nächsten Weggabelung** folgen wir dem Pfad nach **rechts** und **durchqueren** kurz das zumeist trockene **Bachbett** des *Torrent des Picarols*. Auf der gegenüberliegenden Bachseite halten wir uns **links**, gehen ein Stück parallel zu einer **Mauer** und durchlaufen ein **Gatter**, dessen Tor aus einem Bettgestell gefertigt wurde. Abermals **queren** wir das **Bachbett** und treffen auf der gegenüberliegenden Seite auf einen Schotterweg, der nach **links** in Richtung Binibona führt.

Ab der Zufahrt (rechts) zum Fincahotel ***Ets Albellons*** ist der Weg bis Binibona geteert. Im Minidorf Binibona halten wir uns **rechts** und bleiben bis Caimari (ca. 3 km) auf dieser nur wenig befahrenen Straße.

Rückweg über den Camí Vell de Lluc 5

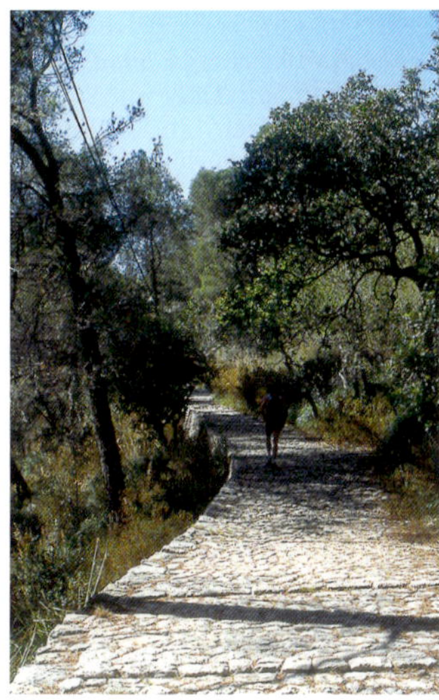
Camí Vell de Lluc

Wir verlassen Caimari auf der **Ma-2130** in Richtung Lluc. Gut **500 m** gehen wir entlang der Straße ortsauswärts bis zur ersten **Kurve**. Ein Gedenkstein und **Schilder** markieren dort **links** der Straße den Beginn des Pilgerweges ***Camí Vell de Lluc*** (*camí vell* = alter Weg) , der auch Teil des Weitwanderweges **GR-222** von Lluc nach Artà ist.

Die alte Pilgerroute führt zunächst **parallel** zu der in Haarnadelkurven rasch an Höhe gewinnenden Ma-2130 und **quert** dann später die **Straße**. Wir lassen die Gebäude der Finca Son Canta rechts liegen und halten uns an der darauffolgenden **Weggabelung rechts** (Schild). Kurz darauf **queren** wir abermals die **Straße**, auf die wir wenig später noch einmal treffen. Wir bleiben dann zunächst auf ihr und laufen eine Weile bergan. Bei **Kilometerstein 11** passieren wir die Häuser von *Es Barracar*. Nach rechts überblicken wir die Zentralebene.

Einen guten Kilometer geht es – von *Es Barracar* – noch weiter auf der **Straße**, bis uns ein **Schild links** die Fortsetzung des Pilgerweges anzeigt. Wir erreichen kurze Zeit später einen **Picknickplatz**. Danach beginnt ein längerer, mäßig steiler **Anstieg** auf streckenweise alten Steinpflasterwegen.

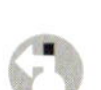

Kurz bevor wir einen **Sattelpunkt** erreichen, gehen wir durch ein **Holzgatter**. Der Weg schwenkt nach links in einen Taleinschnitt. Am Gehöft von ***Es Guix*** passieren wir links einige Gebäude und durchlaufen im Anschluss eine Maueröffnung. Bald darauf lassen wir den Wegabzweig zur *Finca Coma Freda* links liegen und erreichen gleich die Straße **Ma-2130**.

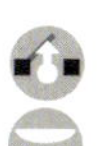

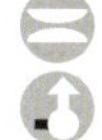

Dieser folgen wir nach **links**, an der **Tankstelle** vorbei, zum Straßendreieck auf der **Passhöhe** *Coll de sa Bataia*. Dort überqueren wir die **Straße Sóller-Pollença** und wandern auf der alten Zufahrtstraße zurück zum Kloster, das wir in weiteren gut **20 Minuten** erreichen.

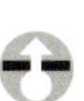

6 Auf dem GR-221 vom Kloster Lluc nach Pollença

GR221

Vom **Haupteingang** des Klosters gehen wir kurz entlang der breiten **Zufahrtstraße** nach **links** in Richtung **Ma-10**. Nach ca. **50 m** folgen wir **rechts** dem **Hinweisschild** zum ***Refugi Son Amer*** und steigen an einem verschlossen Tor über eine **Holzleiter**. Ein Karrenweg, später dann ein Pfad, führen uns zu dem auf einem Hügel gelegenen ***Refugi Son Amer*** (siehe Foto rechts), mit schönem Ausblick auf das Klostertal.

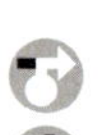

Von dort folgen wir der Beschilderung in Richtung ***Binifaldo*** und überqueren den großen Parklatz des *Refugi*. Auf einem Pfad geht es ein kurzes Stück entlang der **Straße** nach **rechts**, bevor wir diese nach **links überqueren** und weiter der Beschilderung folgen.

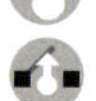

Kurz darauf umgehen wir seitlich ein rostiges **Eisengatter**. Dahinter geht es weiter durch ein Gelände mit Buschvegetation und lichter Bewaldung. Knapp fünf Minuten nach Verlassen der Straße erreichen wir einen **Karrenweg**, dem wir nach **links** folgen. Wir durchlaufen einen **Mauerdurchlass** und lassen kurz darauf einen alten Kohlenmeilerplatz links liegen. Nach einigen Kehren und Höhenmetern treffen wir auf einen weiteren **Karrenweg**, dem wir wiederum nach **links** hinauf folgen.

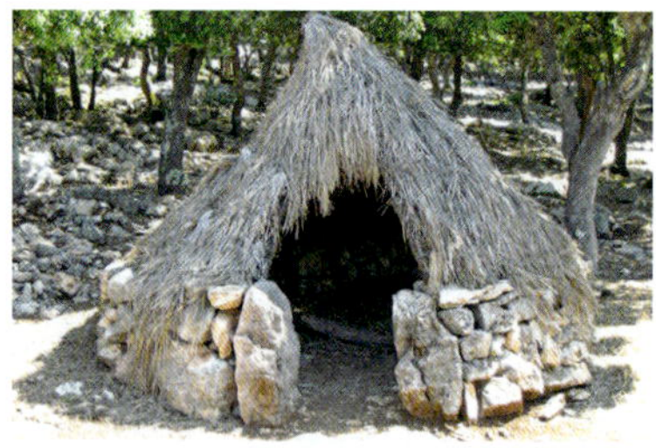

Rekonstruierte Köhlerhütte am Weg

An der nächsten **Weggabelung** wählen wir den **rechten**, bergan führenden Weg und passieren bald einen ehemaligen **Kalkofen** (*Forn de Calc*). Die anfänglich lockere Bewaldung geht mit zunehmender Höhe in dichteren Steineichenwald über.

Wir ignorieren zwei kurz hintereinander nach rechts abzweigende Pfade, passieren abermals einen einstigen Kohlenmeilerplatz und erreichen bald eine steinige **Lichtung** (660 m), wo unser Weg **scharf nach rechts** abknickt. Hier weist links ein Schild zum **Mirador**, einem beeindruckenden **Aussichtspunkt**, von dem aus man das gesamte Klostertal überschaut.

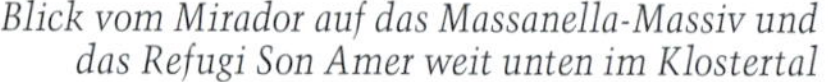

Blick vom Mirador auf das Massanella-Massiv und das Refugi Son Amer weit unten im Klostertal ►

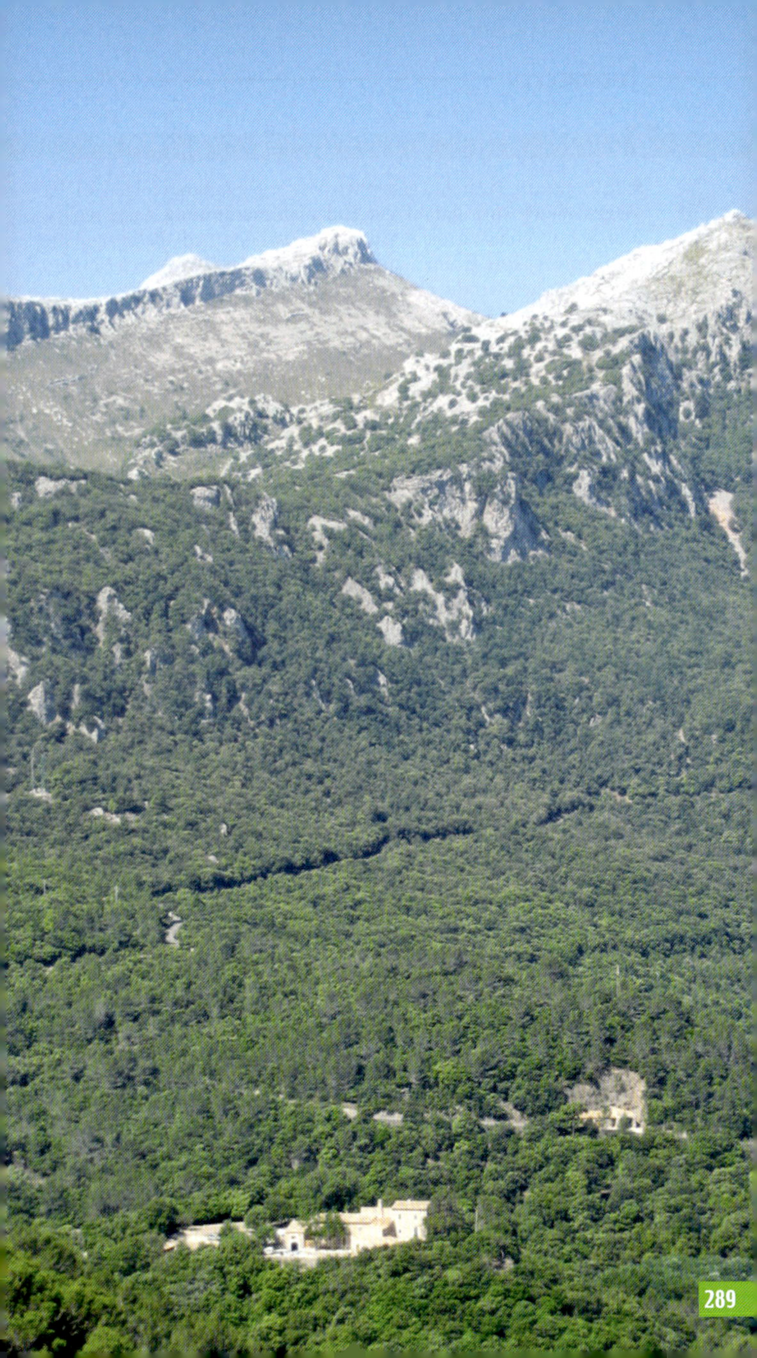

6

▶ In Richtung Binifaldo gehen wir weiter bergan und folgen an der **Weggabelung** kurz darauf der **Holzpfahlmarkierung** nach **rechts**. Nur wenig höher erreichen wir die Passhöhe ***Coll Pelat***, auf die Schilder und eine Grenzmauer hinweisen. Mit Hilfe einer **Holzleiter** übersteigen wir die **Mauer**.

4 **Anschluss:** Aucanella/Binibona – Teilstrecke 4 – Seite 284

Am ***Coll Pelat*** gehen wir weiter **geradeaus** und halten uns an der folgenden **Weggabelung rechts**. Wir passieren eine **Trockensteinmauer** und vor uns im Blickfeld liegt der Puig de Tomir (Foto rechts). Dem sich anschließenden **Forstweg** folgen wir nur ein kurzes Stück, bis **links** in einer Rechtskehre ein markierter **Pfad** abzweigt. Er führt durch einen Steineichenwald mit Kohlenmeilerplatz, der hie und da einen Blick ins Tal freigibt. Nach einigem Auf und Ab ohne nennenswerte Höhenveränderung erreichen wir hinter einer **Trockensteinmauer** und einem **Holzgatter** das Tor zur **Mineralwasserabfüllung *Binifaldo*** an der Quelle *Font d'es Pedregaret*.

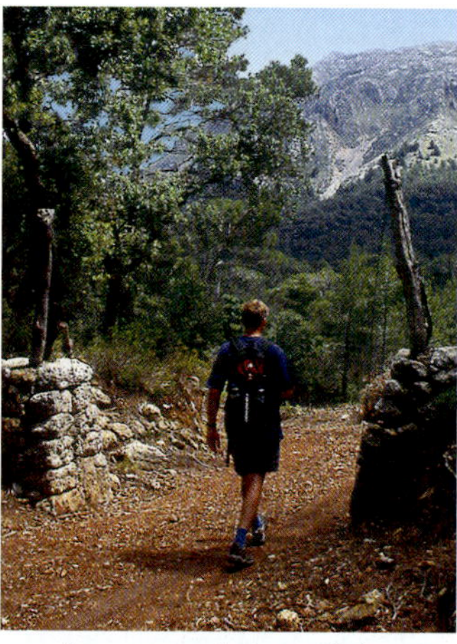

1 **Anschluss:** Zum Puig de Tomir – Teilstrecke 1 – Seite 274

Auf der **geteerten Zufahrt** gehen wir talwärts und gelangen nach etwa 10 Minuten Gehzeit zum Gebäude der ***Finca Binifaldo***, die heute ein Schullandheim ist *(Centre d'Educació Ambiental)*. Gleich dahinter weist uns **rechts** ein **Schild** den alten Pilgerweg ***Camí Vell de Pollença*** und heutigen **GR-221** nach Pollença. Wir wandern ein kurzes Wegstück an Feldern entlang, danach durch **lichten Wald**.

Hinter einem **Eisengatter** gehen wir auf dem stetig bergabführenden breitgeschotterten **Karrenweg** talwärts. Entlang unseres Weges erheben sich rechts die imposanten Felswände des *Tomir-Massivs*. Bald ergeben sich die ersten Blicke auf das in der Ferne liegende Pollença und die weit nach Norden reichende Halbinsel *Formentor*.

Etwa 10 Minuten nach Passieren des Eisentors biegen wir **rechts** auf einen **Pfad** ab, der uns zur **Quelle** *Font de Muntanya* und zu einem **Rastplatz** führt. Wenig später trifft unser Pfad wieder auf den **Karrenweg**, dem wir nach **rechts** folgen. In Kehren windet sich der Karrenweg weiter **talwärts** und wir können diesen über **Stichpfade** streckenweise abkürzen. Nahe der *Finca Cal'Herevet* mündet unser Karrenweg in eine **Teerstraße**. Wir passieren bald darauf ein **Eisentor** mit seitlichem **Überstieg** und setzen unseren Weg talauswärts fort.

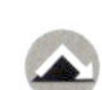

Über die Ländereien der *Fincas Son Marc* und *Can Cerda* wandern wir auf der Teerstraße bis zur **Hauptstraße Ma-10**. An der *Finca Son Grua* weist ein Schild den weiteren Weg nach Pollença (1Stunde).

Anfangs läuft der Wanderpfad parallel zur Straße, später entlang des Bachbetts des *Torrent de la Vall*. Er trifft bei der ***Finca Can Serra*** wieder auf die **Straße Ma-10**. Dort **folgen** wir rechts dem **Straßenverlauf** auf dem seitlichen Grünstreifen (Achtung Autoverkehr!), bis wir nach **ca. 300 m** an der *Finca Can Pontico* **rechts** wieder auf eine ruhige **Teerstraße** abbiegen können.

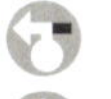

Kurz darauf nehmen wir **links** einen **Karrenweg**. Über eine **Holzbrücke** queren wir nochmals das Bachbett des *Torrent de la Vall* und folgen dann **links** einer schmalen **Teerstraße**, die uns zum nördlichen Ortsrand von **Pollença** führt.

Geradeaus gehend erreichen wir kurz darauf das ***Refugi Ponte Roma*** mit Rast- und Übernachtungsmöglichkeit (nach vorheriger Resevierung, ⇨ Seite 378)

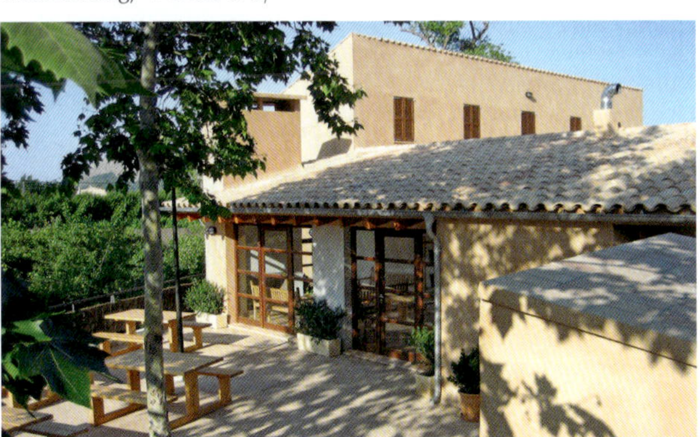

Picknick-Terrasse des Refugi Ponte Roma in Pollença

7 Vom Kloster durch den Torrent de Lluc

W4-5 Wir starten am **Eingang** des Klosters und folgen der schmalen Teerstraße **nach Westen**, ⇨ siehe **Klosterplan** Seite 260.

Wenig später treffen wir auf ein verschlossenes **Tor** mit seitlichem **Durchlass** und dem Hinweis: *„Nur an Sonntagen"*. Ein Wächter achtet hier gelegtlich auf Einhaltung des Gebots. Anfänglich deckt sich der Wegverlauf mit der Runde um den *Puig Roig*, führt jedoch nicht über das Gelände der *Finca Mossa*, für die diese Regelung gilt.

In **Serpentinen** schlängelt sich die kleine Straße bergab. In einer **rechten Spitzkehre** zweigt nach **links** durch ein **Eisentor** der Weg zur ***Finca Albarca*** ab. Der **Weg** führt über den Hof rechts an den Gebäuden vorbei. Hinweis: **Sollte das Tor verschlossen sein, so hilft nur das mühsame Umsteigen des gesamten Anwesens links herum**. Danach können wir ohne weitere Hindernisse den **Weg fortsetzen** und gehen erneut durch ein offenes **Tor**. Wir folgen weiter der schmalen **Fahrstraße**, auf der wir in Serpentinen leicht bergan gehen und ignorieren einen nach rechts abzweigenden Weg zum Gehöft *Ses Tosses*.

Geradeaus weiter laufen wir über einen kleinen **Pass** und wandern fortan wieder **talwärts**. Auffällig ist das teilweise rot-braune Straßenpflaster. Nach einigen Kehren nähern wir uns der ***Finca Son Colóm*** und stehen bald vor der mauerumfassten **Hofzufahrt**. Wir gehen durch das zumeist offenstehende **Eisentor** und folgen weiter dem Teerweg, der uns durch nun dichteren Wald rechts am Gehöft vorbeiführt. Abzweigende Wege und Pfade ignorieren wir, bis der Teerweg vor einem verschlossenen Eisentor endet. Kurz zuvor, auf der rechten Wegseite, kann man etwas versteckt zwischen den Bäumen, in das **trockene Flussbett** des ***Torrent de Lluc*** einsteigen und an einer günstigen Stelle überwindet man den **Maschendrahtzaun** am Flußbett.

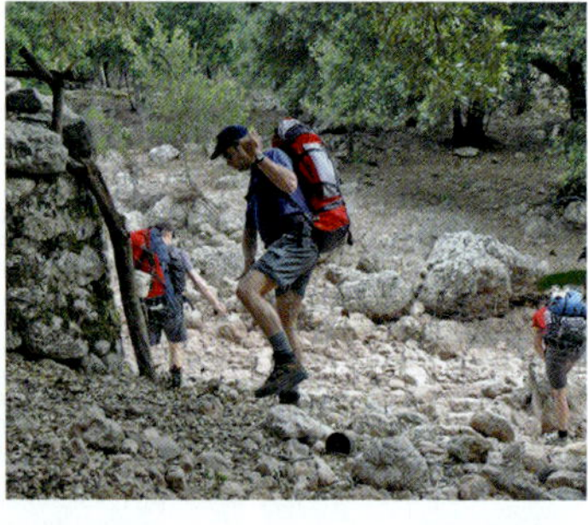

ACHTUNG: Sollte der Torrent (**fließendes**) Wasser führen, ist von dieser Wanderung abzuraten!

Das Bachbett gibt im weiteren den Weg vor und wir folgen diesem nach **links abwärts**. Hier beginnt nun das eigentliche Abenteuer,

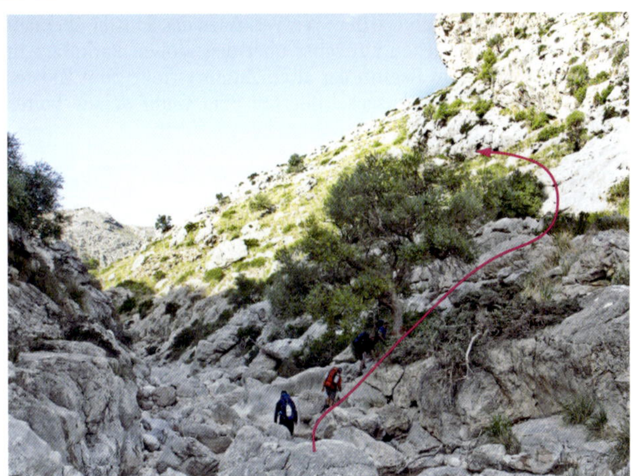

Markanter Punkt im Torrent de Lluc: An dieser Stelle muss das Bachbett umgangen werden

die Durchwanderung des ***Torrent de Lluc*** und des sich anschließenden, legendären ***Torrent de Pareis***. Zwar ist die erste Weghälfte durch den *Torrent de Lluc* nicht ganz so spektakulär wie später die durch den *Torrent de Pareis*, aber dennoch verlangt auch diese ab jetzt Aufmerksamkeit, Trittsicherheit und teilweise Klettergeschick. Das Laufen im grobsteinigen Bachbett mit zahlreichen Brüchen und Kanten, im Wege liegenden Felsbrocken und Hindernissen, die seitlich umgangen werden müssen, stellen die Herausforderungen der nächsten Stunden dar.

Nach gut **30 Minuten** und einer Strecke von **1,5 km** erreichen wir – kurz nach Passieren einer **markanten Steineiche** rechts des Baches – die erste nicht überwindbare Stelle. Hier **verlassen** wir das Bett des *Torrent* und folgen einem an der Steineiche beginnenden, durch Steinmännchen markierten **Pfad**, der uns einige Meter **rechts** den Hang hinaufführt und dann **parallel zum *Torrent*** weiterläuft. Ein sehr **steiler Abstieg** führt uns wieder hinab in den *Torrent*. Vorbei an einer engen, steil abfallenden Felswand und – im Entengang – durch dichteres Buschwerk erreichen wir das Bachbett und wandern in diesem weiter abwärts. Ohne weitere größere Hindernisse geht es bis ***S'Esquerda***, dem **Beginn des *Torrent de Pareis***. Hier mündet links der von Escorca kommende Pfad in die Schlucht.

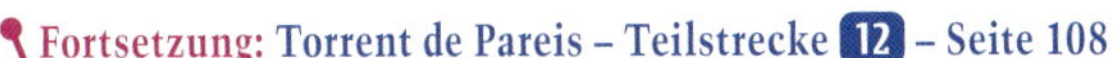

Fortsetzung: Torrent de Pareis – Teilstrecke 12 – Seite 108

12

8 Auf dem GR-221 zum Cúber-Stausee

Camí de ses Voltes d'en Galileu: Wir verlassen das Kloster über den **Haupteingang** und gehen zunächst über den großen **Parkplatz** in Richtung Süden. Am Beginn der alten Zufahrtstraße zum Kloster folgen wir rechts dem ausgeschilderten Pfad ***Camí de ses Voltes d'en Galileu***, der uns zügig in Kehren bergan führt.

An der streckenweise noch gut erhaltenen Pflasterung lässt sich der **historische Pilgerpfad** erkennen. Nacheinander passieren wir zwei **Gatter**, und der Weg wird mit der Höhe dank des Waldes schattiger. Nach guten 30 Minuten Gehzeit seit Verlassen des Klosterparkplatzes erreichen wir die **Straße Ma-10**, die Lluc mit Sóller verbindet.

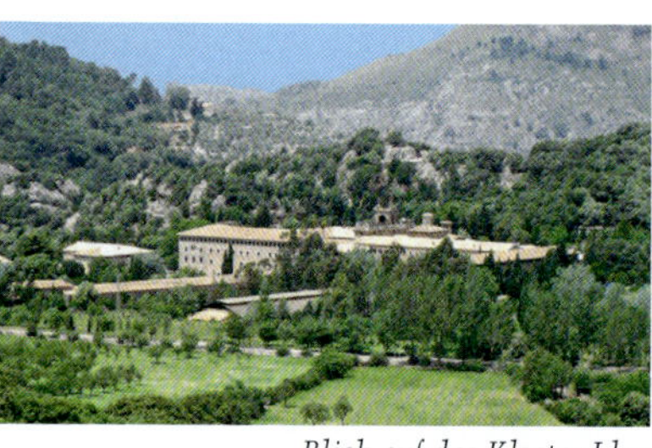

Blick auf das Kloster Lluc

Wir **überqueren** diese und greifen dort erneut den markierten Pfad auf, der uns durch Wald bergan führt. Streckenweise geht man jetzt auf breiteren **Forstwegen**. Ein erst jüngst durch Steinmauern befestigter **Serpentinenweg** führt uns schließlich in vielen Kehren über die Baumgrenze. Schon bald öffnet sich eine weite **Aussicht** über die Insel, und der Pfad windet sich nun über eine baumlose Gebirgslandschaft durch Dissgras, Strauchwerk und Igelpolstervegetation weiter bergauf. Eine gekennzeichnete Abzweigung führt zu den Ruinen eines ehemaligen Schneehauses *(Casa de Neu d'en Galileu)*. Unterhalb des *Puig d'en Galileu*, dessen Gipfel über einen durch Steinmänchen markierten Abstecher bestiegen werden kann, führt uns der Pfad bei ca. 1100 Höhenmetern über den ***Pas d'en Galileu***. Danach geht es einige Kehren zügig talwärts, bevor wir den Schlussanstieg auf die Passhöhe ***Coll des Prat*** angehen. Kurz vor Erreichen des *Coll*, auf dessen Kamm eine **Grenzmauer** verläuft, passieren wir nochmals die Ruinen ehemaliger Schneehäuser.

3 **Anschluss:** Auf den Puig Massanella – Teilstrecke 3 – Seite 243

Zum Cúber-Stausee: Auf dem ***Coll des Prat*** folgen wir in Richtung Cúber dem **Schilderhinweis** *Font des Prat* und wandern auf seiner **Westseite** wieder **talwärts**.

Der grobe **Schotterpfad** verläuft anfangs im Zickzack entlang der linken Talflanke und setzt sich später in einem breitgespur-

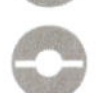

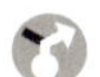

ten und markierten Wanderpfad fort. Weitläufige Dissgrasfelder bestimmen die Vegetation. Etwa auf der Hälfte der Wegstrecke vom Pass ins Tal *Font des Prat* beginnt wieder ein dichterer Wald. Nach Erreichen des Talbodens an einer **Lichtung** orientieren wir uns nach **rechts** und überqueren auf einer kleinen **Steinbrücke** den meist trockenen *Torrent des Prat*. Direkt dahinter weist ein Schild auf einen Abstecher zur verschlossenen Quelle Font des Prat (der Umweg lohnt nicht!). Der Weg schwenkt nach **links** vorbei an einstigen Köhlerplätzen und einer Steinruine. In Kehren geht es auf einem bequemen Wanderweg nun wieder bergauf. In einer Rechtskehre treffen wir auf einen **Schilderbaum**, der den **Abzweig zur Berghütte *Tossals Verds*** nach links markiert. Wir folgen dem Weg weiter in **Richtung *Cúber*** und erreichen bald darauf im Wald einen Sattelpunkt. Ein Schild kurz unterhalb weist hier den Weg hinauf zum *Puig de Tossals Verds.*

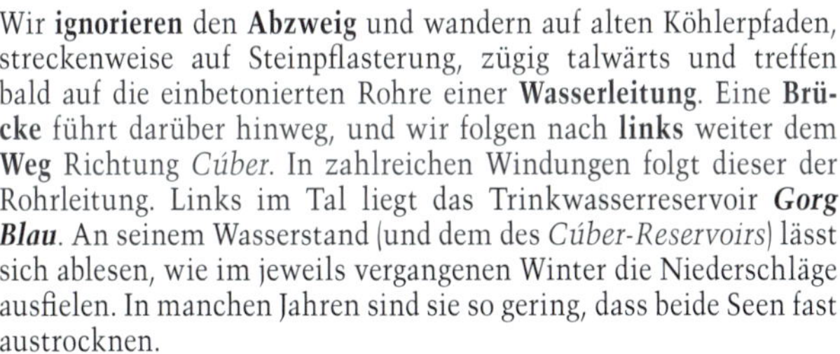

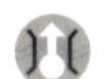

Wir **ignorieren** den **Abzweig** und wandern auf alten Köhlerpfaden, streckenweise auf Steinpflasterung, zügig talwärts und treffen bald auf die einbetonierten Rohre einer **Wasserleitung**. Eine **Brücke** führt darüber hinweg, und wir folgen nach **links** weiter dem **Weg** Richtung *Cúber.* In zahlreichen Windungen folgt dieser der Rohrleitung. Links im Tal liegt das Trinkwasserreservoir ***Gorg Blau***. An seinem Wasserstand (und dem des *Cúber-Reservoirs*) lässt sich ablesen, wie im jeweils vergangenen Winter die Niederschläge ausfielen. In manchen Jahren sind sie so gering, dass beide Seen fast austrocknen.

Nach etwa **30 Minuten** Gehzeit entlang der Rohrleitungen erreichen wir die **Hauptstraße Ma-10** und folgen dieser noch ein Stück nach links bis zum kleinen Parkplatz und Zugangstor am *Cúber Stausee.*

Vom Cúber Stausee nach Sóller: Hier schließt sich der Wander-Klassiker durch die Schlucht *Es Barranc* nach Sóller an. Zunächst geht es durch das Tal von *Bini Morat* am Stausee entlang zum Pass *Coll de L'Ófre.* Unweit davon beginnt der Weg durch die Schlucht, der beste Abschnitt des ehemaligen Pilgerweges von Sóller nach Lluc. Überwiegend ist der *Camí des Barranc de Biniaraix* als kopfsteingepflasterter Treppenweg ausgebaut, der in zahllosen Serpentinen ins Dorf Biniaraix hinunter führt.

Anschluss: Nach Sóller – Teilstrecke 1 – Seite 238

1

9 Über den Camí Vell de Lluc nach Caimari

Start: Die **Wanderung entspricht** im ersten Abschnitt bis zum ***Coll de sa Bataia*** der Teilstrecke 3 – Seite 281.

Der Weg ist daher ab dem Tor (Hinweisschild) an der Straße Ma 2130 unterhalb der Tankstelle beschrieben:

3 Der ***Camí Vell de Lluc***, der auch Teil des Weitwanderweges **GR-222** ist, beginnt hinter dem Tor und ein Hinweisschild weist uns davor den Weg in Richtung Caimari. Wir passieren den **Steintrog** einer Quelle (rechts) und **ignorieren** kurze Zeit später den **Wegabzweig** nach rechts (zur *Finca Coma Freda*). Nachdem wir einen **Mauerdurchlass** durchschritten haben, passieren wir bald rechterhand einige neuere Gebäude der *Finca Es Guix*. und laufen ein Stück durch lichten Steineichenwald.

Bald lockert sich die Bewaldung wieder, und der Weg macht eine **Rechtskehre** um eine Felsnase herum. Unmittelbar im Anschluss durchlaufen wir ein **Holzgatter** und wandern auf einem nun beginnenden steingepflasterten Teil des alten **Pilgerweges** talwärts. Nach gut 1,5 km Wegstrecke erreichen wir einen **Picknickplatz** mit einem (verschlossenen) *Refugi*.

Nach einer weiteren Kehre stoßen wir auf die **Hauptstraße** und wandern einen guten Kilometer auf ihr talwärts. Nach Passieren der Häuser von *Es Barracar* greifen wir bei **Kilometerstein 11 rechts** erneut den Pilgerpfad auf und folgen diesem weiter bergab.Der Weg kreuzt kurz darauf erneut die Straße Ma 2130. An der nächsten **Weggabelung** halten wir uns auf dem talwärts führenden Weg **links** vorbei an dem Gehöft von *Son Canta*. Abermals überqueren wir die Straße und folgen parallel zu ihr dem Lauf des *Torrent de sa Cometa Negra*.

Wir erreichen in einer Spitzkehre wieder die Hauptstraße und folgen ihr weitere **500 m** bis nach **Caimari** hinein.

Für die Beschreibung desselben Weges in umgekehrter Richtung ⇨ siehe Seite 287

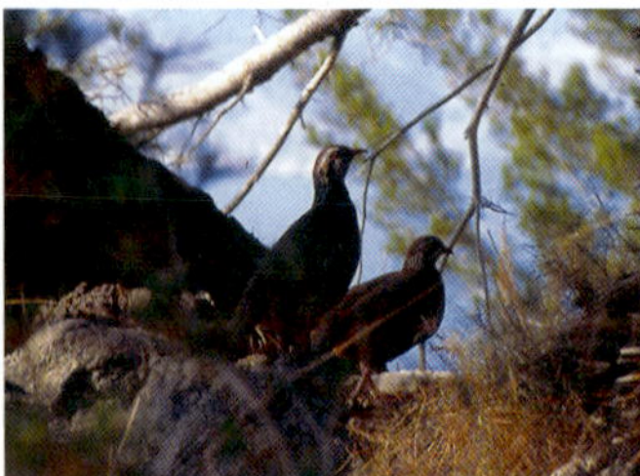

Nicht selten auf Mallorca zu beobachten: Rothühner, die mediterranen „Rebhühner“, die sich durch kräftige schwarze Flecken am Hals von unseren Steinhuhnarten unterscheiden.

Auf der Canaleta zur Berghütte Tossals Verds 10

Start: Die **Wanderung entspricht** im ersten Abschnitt bis zum ***Coll de sa Línia*** der Teilstrecke 3 – Seite 281.

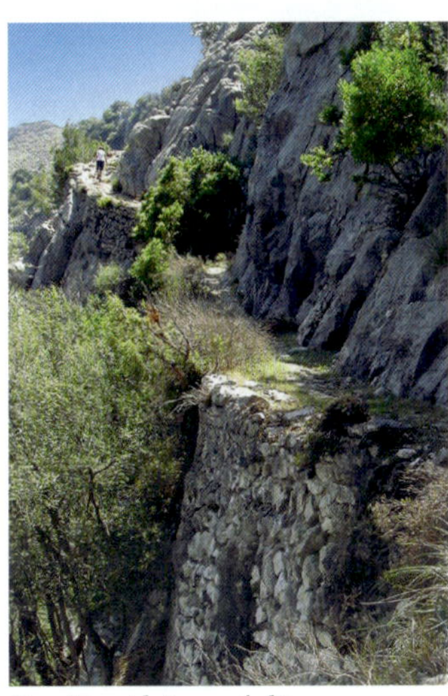

Der „Wasserleitungspfad“

Vom ***Coll de sa Línia*** zum *Cúber* folgen wir dem **Karrenweg** nach **rechts** hinunter in Richtung Mancor de la Val. Wir erreichen nach **ca. 45 min** ein Steinhaus mit **Grill- und Rastplatz**.

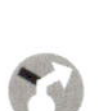

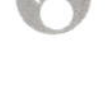

An der **Weggabelung dort** halten wir uns in Richtung *Tossals Verds* und *Cúber* **rechts**. Kurz darauf erreichen wir erneut einen **Scheideweg** und folgen dem abzweigenden Pfad nach **links** (Steinmännchen und Farbmarkierungen). Es geht in Kehren **bergauf**, einen Seitenweg nach rechts ignorieren wir. Ab und zu gibt es farbige Wegmarkierungen.

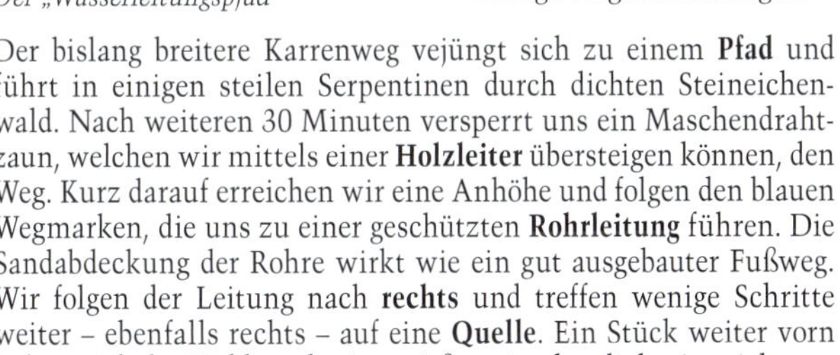

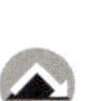

Der bislang breitere Karrenweg vejüngt sich zu einem **Pfad** und führt in einigen steilen Serpentinen durch dichten Steineichenwald. Nach weiteren 30 Minuten versperrt uns ein Maschendrahtzaun, welchen wir mittels einer **Holzleiter** übersteigen können, den Weg. Kurz darauf erreichen wir eine Anhöhe und folgen den blauen Wegmarken, die uns zu einer geschützten **Rohrleitung** führen. Die Sandabdeckung der Rohre wirkt wie ein gut ausgebauter Fußweg. Wir folgen der Leitung nach **rechts** und treffen wenige Schritte weiter – ebenfalls rechts – auf eine **Quelle**. Ein Stück weiter vorn lichtet sich der Wald, und wir genießen eine herrliche Aussicht.

Nun wird der Weg abenteuerlich. Stellenweise ist die von uns als Pfad benutzte **Wasserleitung** unter 1 m breit. Sie wird rechts durch eine hoch aufragende Felswand begrenzt, links geht es steil in die Tiefe. Im Osten sieht man Inca liegen und man schaut weit über die Zentralebene. Der teilweise ausgesetzte Pfad führt uns um einen südlichen Ausläufer des Massanella-Massivs in den Torrent des Prat. Nach einer guten halben Stunde müssen wir durch einen kurzen engen **Tunnel**. Nach weiteren 15 Minuten befinden wir uns auf einem **Aquädukt**, das wie eine Brücke ein Stück der Strecke überspannt.

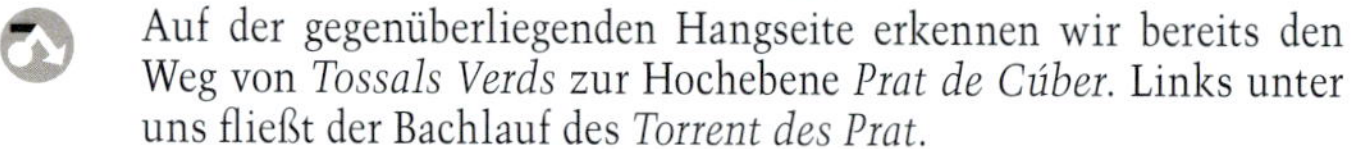

10

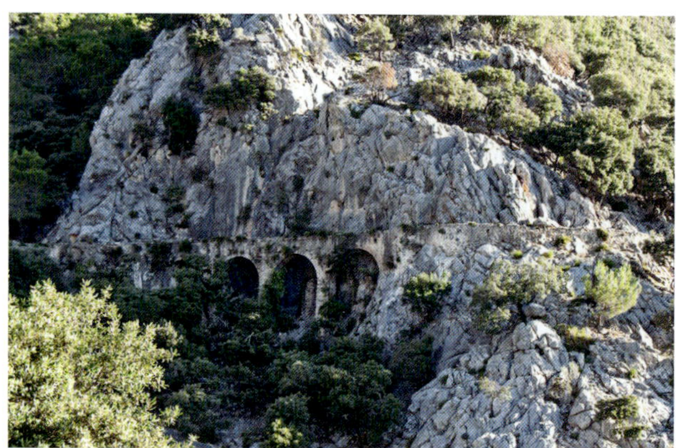

Aquädukt am Fuße des Puig des Castellot des Rafal

Auf der gegenüberliegenden Hangseite erkennen wir bereits den Weg von *Tossals Verds* zur Hochebene *Prat de Cúber*. Links unter uns fließt der Bachlauf des *Torrent des Prat*.

Jetzt aufgepasst: Wir verlassen nun unseren Pfad und steigen wenige Meter nach **links** hinab zum **Bachbett**. Dort treffen wir auf den Weg, der vom *Cúber* zur *Tossals*-Hütte führt, und folgen diesem nach **links** in Richtung *Tossals*-Hütte.

Kurz darauf **queren** wir über ein paar Steine den **Bachlauf**. Ein Stück guterhaltenes Steinpflaster kennzeichnet den sich fortsetzenden Pfad als ehemalige Pilgerroute. Auf der gegenüberliegenden Hangseite sehen wir die Bogen des alten Aquäduktes, über die wir noch vor kurzem gewandert sind (siehe Foto). Wir durchlaufen eine **Maueröffnung**. Der schöne Weitblick nach links durch ein Seitental in die Zentralebene wird immer wieder durch Steineichen unterbrochen. Hinter einem weiteren **Mauerdurchlass** erreichen wir die grüne Anhöhe des Sattelpunktes ***Coll de Sa Basola*** (707 m). Links am Hang fällt die ausgetrocknete **Quelle** *Pou de Sa Basola* ins Auge, die der Form eines Bienenkorbes ähnelt.

Wir lassen den *Coll* hinter uns und setzen unseren Weg auf dem gut erkennbaren Pfad fort. Rechts weist ein Schild *„Cases Velles“* auf die **Ruinen** der ehemaligen Siedlung von *Tossals Verds* hin, deren Besichtigung aber nicht sonderlich lohnt. Bald darauf treffen wir auf einen **Schilderbaum**, von dem ein Stichpfad zur Anhöhe *„Es Pinetons“* führt.

10

Wir folgen der Wegweisung *„Tossals Verds"* weiter **geradeaus** und laufen entlang eines Bergrückens **talwärts**. Der Wald lichtet sich zunehmend, Ginsterbüsche und Dissgrasfelder begleiten uns. Bald stoßen wir auf einen Mauerdurchlass und sehen kurz darauf bereits die Berghütte ***Tossals Verds*** unter uns liegen.

Bevor wir durch ein Holzgatter das Gelände der Hütte betreten können, sind allerdings noch eine ganze Reihe steiler Kehren zu bewältigen.

Von Tossals Verds zum Kloster Lluc 11

Von der Tossalshütte bieten sich zwei Rückwegvarianten an:

Die kürzeste Variante

▶ führt **zunächst** auf **gleichem Weg** zurück über den Sattelpunkt des Coll de Sa Basola und weiter auf dem gepflasterten Pilgerpfad bis zum ***Torrent des Prat***. Haben wir dessen Bett überschritten, folgen wir diesem einige Meter bergauf, überqueren es gleich wieder auf einer kleinen **Holzbrücke** und folgen dem Taleinschnitt weiter bergwärts. Nachdem wir die Hochebene ***Font des Prat*** erreicht haben, halten wir uns **rechts** durch den sich nach **Norden** öffnenden Taleinschnitt des *Comellar des Prat* und wandern hinauf zum *Coll des Prat*. Hier hat man nochmals die Wahl zwischen dem **direkten Abstieg** in Richtung Lluc und einer **(Kletter-) Besteigung** des *Puig de Massanella*, ⇨ Teilstrecke 3 – Seite 243.

Anschluss: Kloster Lluc (direkt) – Teilstrecke 7 – Seite 247 7

Die abenteuerliche Variante

▶ führt über den abenteuerlichen Tunnelweg (9.2) durch fünf Tunnel oder alternativ über die Höhenroute (9.1) hinauf zum Cúber-Stausee, und erst von dort über den Coll des Coloms zur Hochebene Font des Prat, durch den Taleinschnitt des Comellar des Prat hinauf zum Coll des Prat und schließlich auf dem Camí de ses Voltes d'en Galileu zurück zum Kloster.

Anschluss: Cúber-Lluc – Teilstrecken 9, 2, 7 – S. 253/242/247 9

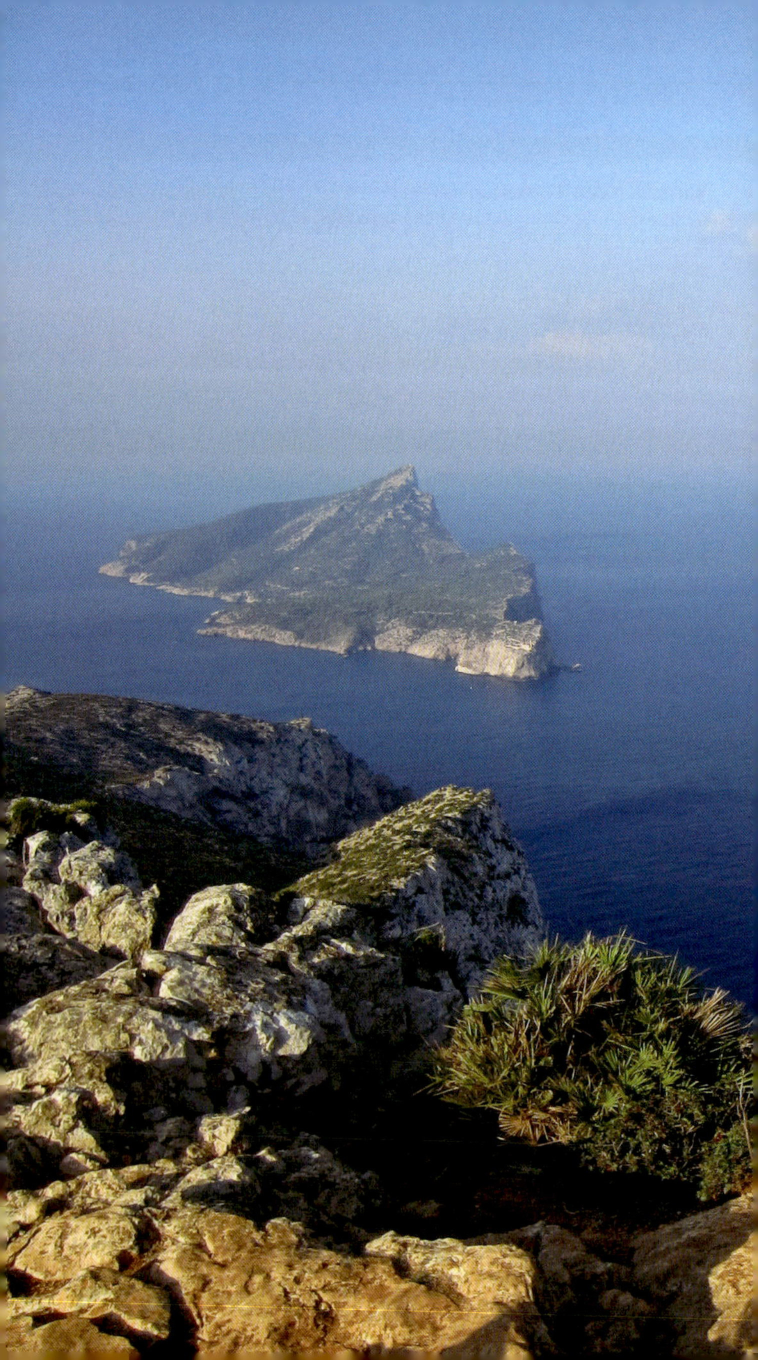

WEGE IN DER SÜDLICHEN TRAMUNTANA

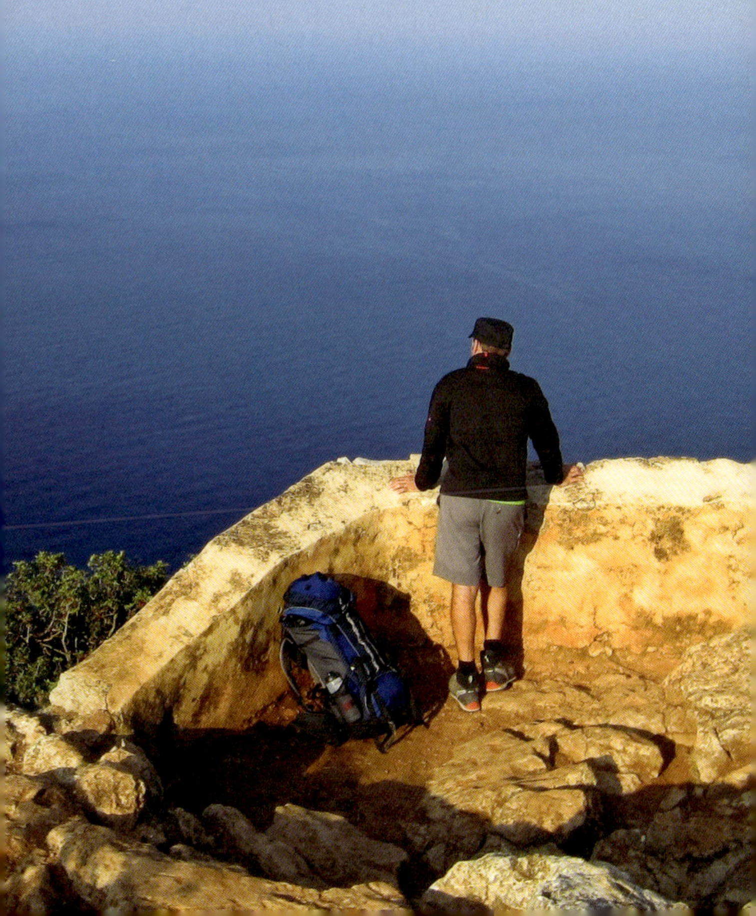

Wandern in der südlichen Tramuntana

Als *„Südliche Tramuntana"* wird im Buch die Bergregion der *Serra Tramuntana* zwischen Valldemossa und Sant Elm im Südwesten Mallorcas bezeichnet.

Während die Hauptwanderregion mit einem weitläufigen Netz an Wanderwegen in der zentralen Tramuntana zu finden ist, konzentrieren sich in der südlichen Tramuntana die wirklich interessanten Wanderrouten auf die Regionen um Sant Elm, um den Tafelberg *Puig S'Esclop* und um den *Puig de Galatzó*. Außerdem auf die historischen Verbindungswege zwischen den Orten Estellencs, Banyalbufar, Port des Canonge und Esporles.

Ideale Standorte als Ausgangspunkte für Wandertouren auf den S'Eslop und den Puig de Galatzó sind **Estellencs** oder **Banyalbufar**, hoch über der steilen Südwestküste gelegen.

Der Touristenort Sant Elm, ganz im Südwesten der *Tramuntana*, eignet sich besonders als Startpunkt für Ausflüge und Touren zum ehemaligen Trappistenkloster *La Trapa*, über das *Cap Fabioler* zur Passhöhe *Coll de sa Gramola* oder über den Höhenweg nach Port d'Andratx.

Der südliche Streckenabschnitt des Weitwanderweges **GR-221** zwischen Sant Elm und Valldemossa ist bei weitem nicht so gut markiert, wie der nördliche Teil des GR-221 ab Valldemossa. Für Abenteuerlustige eine tolle und spannende Tour durch das „wilde" Tramuntana-Gebirge.

⇨ Siehe Kapitel Mehrtägige Wanderungen, Seite 340

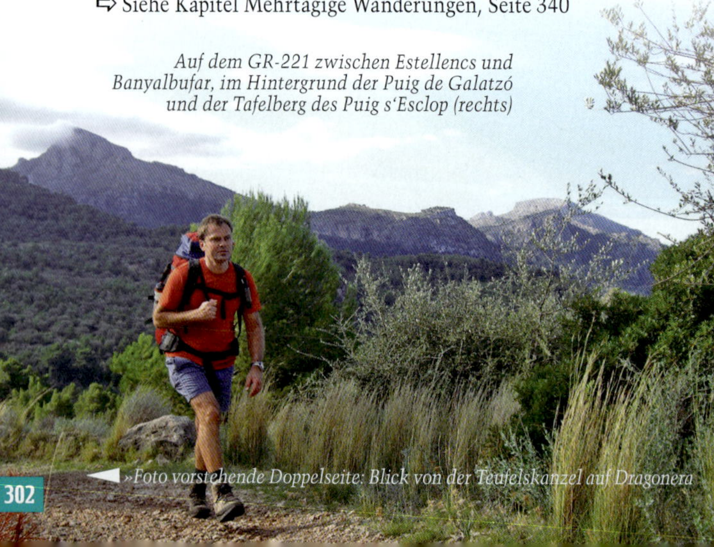

Auf dem GR-221 zwischen Estellencs und Banyalbufar, im Hintergrund der Puig de Galatzó und der Tafelberg des Puig s'Esclop (rechts)

◄ »Foto vorstehende Doppelseite: Blick von der Teufelskanzel auf Dragonera

Sant Elm – Klosterruine La Trapa TOUR A

K312,348

Beliebte Rundwanderung von Sant Elm zum ehemaligen Trappistenkloster *La Trapa* und zurück. Ggf mit einem Abstecher zum einsam gelegenen Wachturm *Torre Cala en Basset*, begleitet von Weitblicken auf die unter Naturschutz stehende Dracheninsel *Sa Dragonera*.

Der anfangs durch schattigen Wald laufende Weg setzt sich später auf steilen und felsigen Pfaden fort und führt uns zu den Gebäuden des ehemaligen Klosters, das seit Jahren schon zu einer Bergütte umgebaut werden soll.

Auf der breiten Piste des *Camí de Coll des Cairats* wandern wir schließlich über die Passhöhe *Coll de ses Ànimes* und die *Finca Can Tomeví* talwärts und zurück nach Sant Elm.

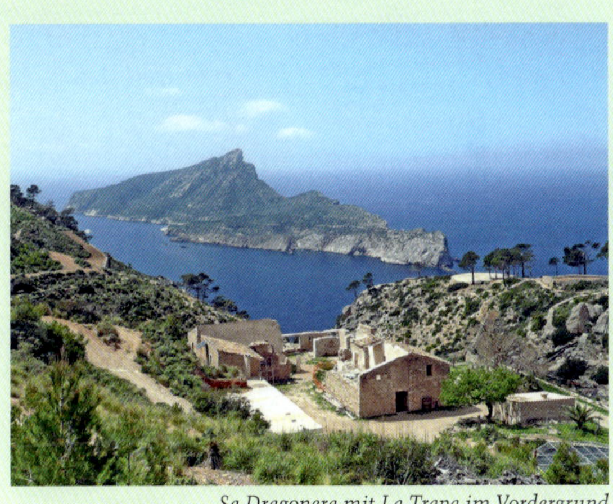

Sa Dragonera mit La Trapa im Vordergrund

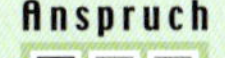

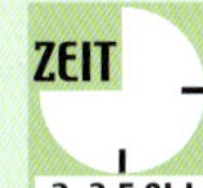

Markierung

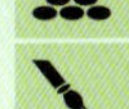

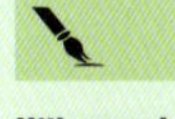

Höhenmeter

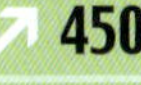

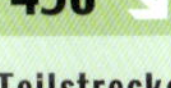

Teilstrecke

NR – Seite

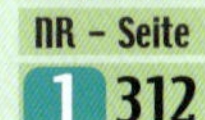

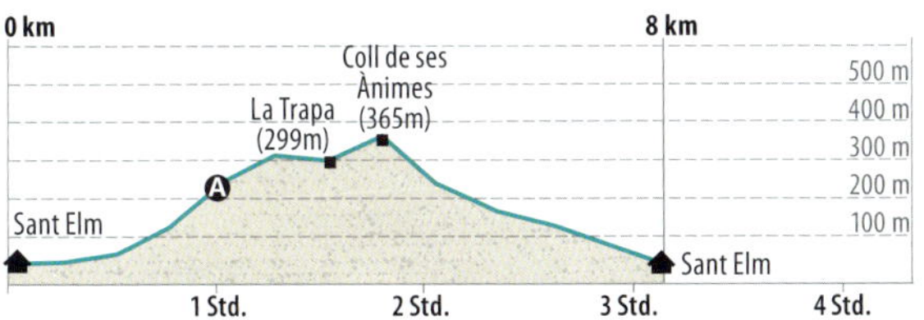

WEGE IN DER SÜDLICHEN TRAMUNTANA

TOURENÜBERSICHT

A – Tourenvorschläge in der südlichen Tramuntana
1 – Teilstrecken mit Strecken-Nummer und Richtungsführung (in der Kapitelfarbe)
Alternativstrecke (Hinweis ohne textliche Beschreibung)
sonstige Wanderstrecke
Picknickplatz / Grillstelle
Unterstand
Refugi - Schutzhütte/Bergwanderhütte (unbewirtschaftet - Zugang nur mit Schlüssel)
Refugi - Bergwanderhütte (ganzjährig bewirtschaftet - Unterkunft/Verpflegung)
Unterkunftsmöglichkeit (gilt für den ganzen Ort)
Agrotourismus - Unterkünfte in Landhäusern

Tour ▸ setzt sich zusammen aus den **Teilstrecken**:

Tour	Teilstrecken	Tour	Teilstrecken	Tour	Teilstrecken
A	1	C	3	E	8
B	2	D	5 6 7	F	9 10 11

Maßstab 1:120.000

0 2 km

Punta de Son Serralt
Puig de s'Hel... 239
Port d'Estellencs
Coll des Pi
GR 221
Boal de ses Serveres
Puig Gala...
sa Coma d'en Vidal
Punta de na Foradada
ses Alquerioles
928 Mola de s'Esclop
Moleta de Galatzó 515
Punta des Carregador
Puig Roig 189
Ses Fontanelles
Coll de sa Coma Clova 379
Finca Galatzó
Punta Fabioler
Mirador dén Josep Sastre
Moro de sa Ratjada
Puig de ses Basses 493
Putxet des Guixers 342
Coll de sa Gramola 350
Puig de ses Dones 927
Puig Gros 415
Puig Batiat 644
La Trapa
Puntal des Forn 459
Coll de ses Animes 365
Puig des Campàs 487
Puig d'en Guida 337
Puig de So na Vidala 422
Ma-10
sa Grua 483
Torre de Cala en Bassa
Sant Elm
Coll de sa Palomera
s'Arracó 92
sa Coma
Ma-1031
Centro Cultural
Coll de s'Arracó
Ma-1030
Andratx
133
Capdellá
Pas Vermell 303
Pintal Vermell 312
Puig de Morella 195
Puig de Garrafa 462
Coll Andritxol
Ma-1012
sa Mola 356
Ma-1022
Ma-1
Punta de sa Dent
Port d'Andratx
Camp de Mar
Ma-1020
Peguera

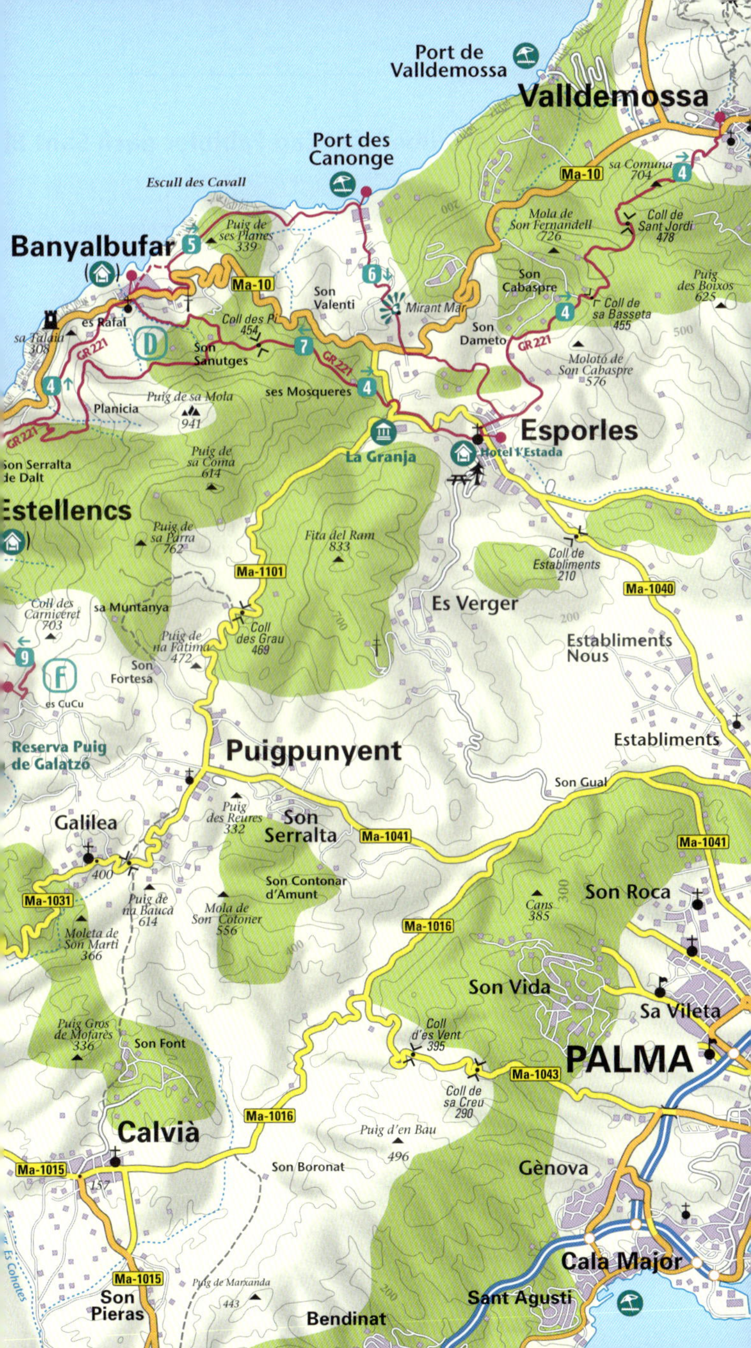

Port de Valldemossa
Valldemossa
Port des Canonge
Escull des Cavall
Banyalbufar
Puig de ses Planes 339
Ma-10
sa Comuna 704
Mola de Son Fernandell 726
Coll de Sant Jordi 478
Son Valenti
Son Cabaspre
Puig des Boixos 625
Mirant Mar
Coll de sa Basseta 455
Son Dameto
GR 221
Moltó de Son Cabaspre 576
es Rafal
sa Talaia 308
Coll des Pi 454
Son Sanutges
ses Mosqueres
Puig de sa Mola 941
Planicia
Esporles
La Granja
Hotel l'Estada
Son Serralta de Dalt
Puig de sa Coma 614
Estellencs
Puig de sa Parra 762
Fita del Ram 833
Coll de Establiments 210
Ma-1101
Ma-1040
Es Verger
Coll des Carniceret 703
sa Muntanya
Coll des Grau 469
Puig de na Fatima 472
Establiments Nous
Son Fortesa
es CuCu
Reserva Puig de Galatzó
Establiments
Puigpunyent
Son Gual
Galilea
Puig des Reures 332
Son Serralta
Ma-1041
400
Ma-1031
Puig de na Bauçà 614
Son Contonar d'Amunt
Mola de Son Cotoner 556
Cans 385
Son Roca
Moleta de Son Martí 366
Ma-1016
Son Vida
Sa Vileta
Puig Gros de Mofarès 336
Son Font
Coll d'es Vent 395
PALMA
Ma-1043
Coll de sa Creu 290
Calvià
Puig d'en Bau 496
Ma-1015
157
Son Boronat
Gènova
Es Cohates
Cala Major
Puig de Marxanda 443
Son Pieras
Sant Agustí
Bendinat

TOUR B Von s'Arracó über das Cap Fabioler nach Sant El

Anspruch ■■■

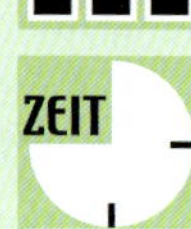

Markierung

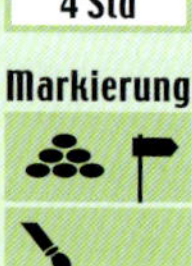

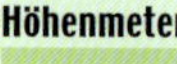

Höhenmeter

↗ 450

510 ↘

Teilstrecke
NR – Seite
2 314

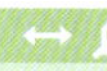 K314,348

Grandiose Küstenwanderung mit beeindruckenden Ausblicken über das Meer und zur Insel Dragonera.

Alternativ zum klassischen Start vom *Coll de Sa Gramola kann* die Wanderung mit Busverbindung zwischen Sant Elm und s'Arracó (Sommer 7x täglich, Winter 4x täglich) als echte Rundwanderung unternommen werden. Die Tour startet zunächst auf breiter Piste durch lockere Bewaldung und entlang baumloser karstiger Berghänge zu der einsam gelegenen *Finca Caseta de ses Basses.* Hier beginnt ein schmaler Küstenpfad, auf dem wir über den imposanten Aussichtpunkt *Mirador d'en Josep Sastre* an der Teufelskanzel *Cap Fabioler* zum ehemaligen Trappistenkloster *La Trapa* wandern. Von dort geht es über eine steile Felsroute und schließlich durch Aleppokiefernwald nach Sant Elm.

Der von Sant Elm etwa 13 km entfernt gelegene Startpunkt am *Coll de Sa Gramola* ist nur per Taxi bzw. mit Bus (bis Andratx, ⇨ Seite 307) und Taxi zu erreichen.

Blick an der Passhöhe Caseta de ses Basses entlang der Küste nach Norden

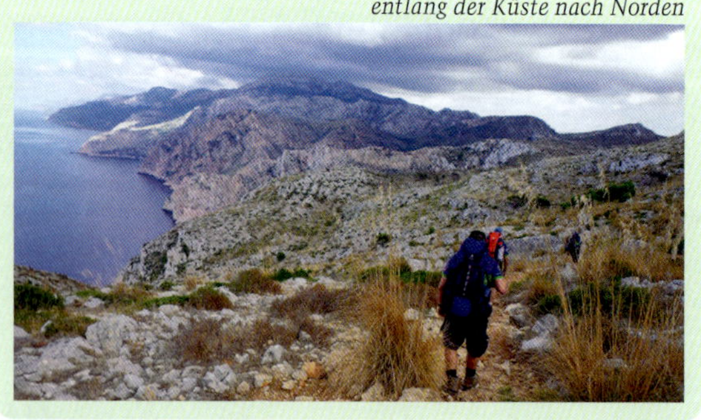

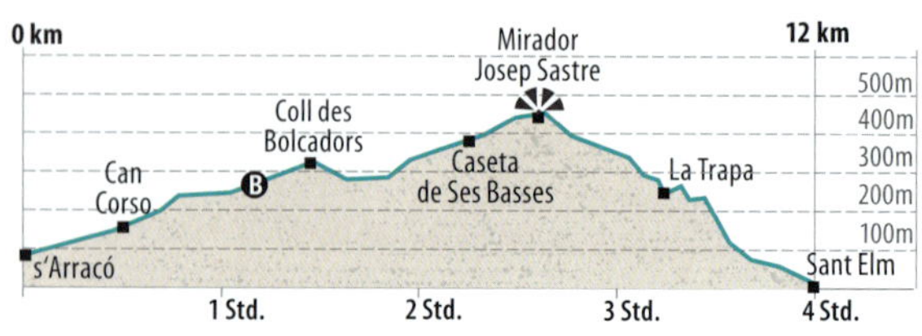

Auf dem Küstenhöhenweg nach Sant Elm TOUR C

↔ K316,348

Schroffe Felsen, azurblaues Meer, duftige mediterrane Pflanzen: Wer von Port d'Andratx den Küstenhöhenweg nach Sant Elm wandert, wird nach dem ersten Anstieg auf eine Passhöhe mit fortlaufenden Bilderbuchblicken auf die Südwestküste, hinüber zur Insel *Sa Dragonera* und auf die markanten Gipfel *S'Esclop* und *Galatzó* belohnt.

Blick auf Sant Elm und Sa Dragonera (Im Hintergrund)

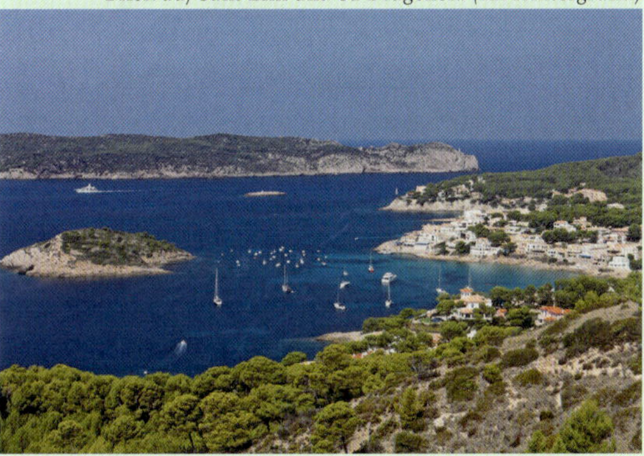

Diese kurze und nicht allzu schwere Streckenwanderung startet in Port d'Andratx, das man zuvor mit dem Bus (L100) an Werktagen im Sommer bis zu 7-8x täglich erreicht.

Vom Jachthafen führt die Wanderung kontinuierlich ansteigend auf breiten Wegen über den *Pas Coll des Vent* bis zum höchsten Punkt der Route am *Pas Vermell*. Dort steigen wir auf einem schmalen Pfad entlag einer Felswand und später durch Schneidegras bergab und laufen schließlich auf einem breiten Fahrweg bis nach Sant Elm.

Anspruch

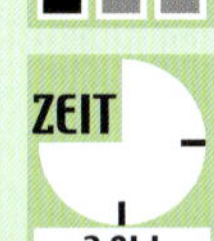

Markierung

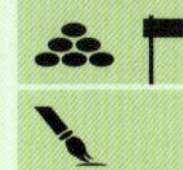

Höhenmeter

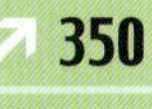

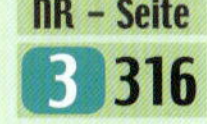

Teilstrecke

NR – Seite

3 316

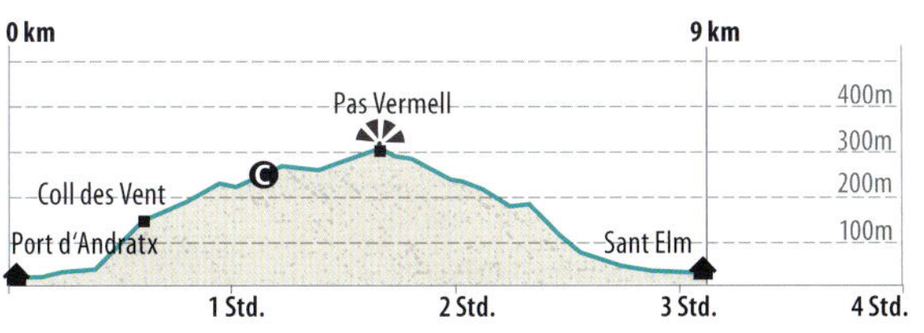

Tour D Banyalbufar - Rundwanderung auf historischen Wege

Anspruch

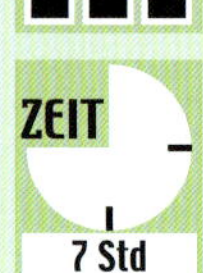

Markierung

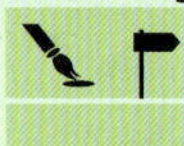

Höhenmeter

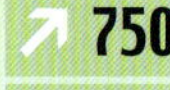

750

Teilstrecke
NR – Seite

5 324
6 323
7 329

Port des Canonge/Esporles K326/327,350/351

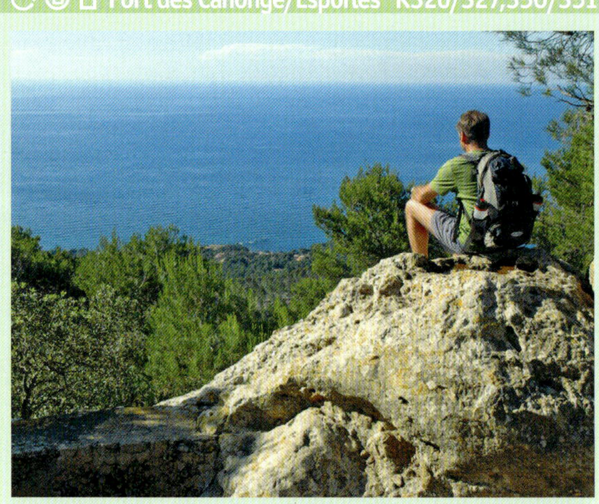

Am Aussichtspunkt Mirant Mar mit Blick auf Port des Canonge

Von Banyalbufar führt diese bequeme Wanderung hoch über dem Meer auf dem „Generalsweg" ***Camí de sa Volta des General*** zum winzigen Hafen von Port des Canonge. Bei identischem Rückweg ist dies eine leichte und nicht zu lange Streckenwanderung mit Einkehrziel am Umkehrpunkt und Bademöglichkeit (kein Sandstrand!).

In Verbindung mit dem alten Fischerweg ***Camí des Pescadors*** nach Esporles und weiter auf dem alten Postweg ***Camí des Correu*** nach Banyalbufar lässt sich die Wanderung zu einer großen erlebnisreichen Rundwanderung kombinieren. Alle drei historischen Wege sind mittlerweile mit Schildern und Wegpfosten markiert – der *Camí des Pescadors* allerdings nur auf der ersten Weghälfte.

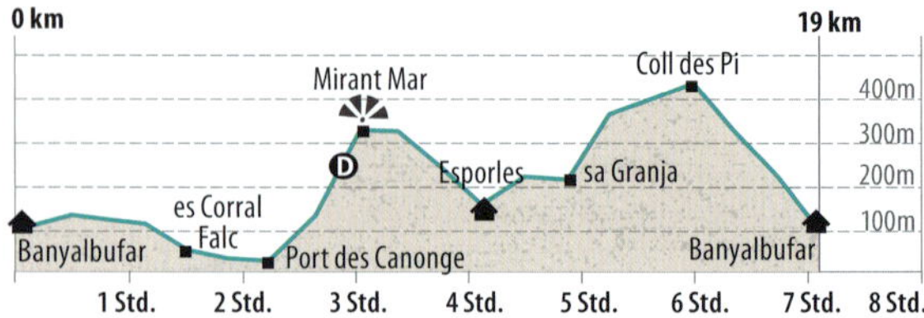

Wanderung auf den Tafelberg S'Esclop TOUR E

K334/335,348/349

Der *Puig de S'Esclop* (Holzschuh) ist die markanteste Erhebung im Südwesten des *Tramuntana-Gebirges*. Eine eindrucks- und anspruchsvolle Gipfeltour führt ab der Straße Ma-10 bei Kilometerstein 97 zu der Selbstversorgerhütte *Sa Coma d'en Vida* und weiter auf den Tafelberg, von dem aus man eine grandiose Weitsicht über die *Serra Tramuntana* und in die Ebene bis nach Palma genießt.

Bis zur Berghütte geht es auf einem bequemen Fahrweg bergan. Von dort führt uns ein stark mit Dissgras überwachsener Pfad auf eine Passhöhe und weiter über Gebirgspfade zum Fuße des Tafelbergs. Ein leichter und unproblematischer Kletteraufstieg bringt uns schließlich hinauf zum Gipfel.

Der Rückweg ist bis zur Passhöhe identisch mit dem Aufstieg und führt dann über die Ostflanke der *Serra des Pinotells* auf einem weiteren verwachsenen Gebirgspfad zum Picknickplatz *Reserva Boal de ses Servers* und von dort zurück zum Ausgangspunkt.

Blick nach Süden vom Gipfel des Puig de s'Esclop

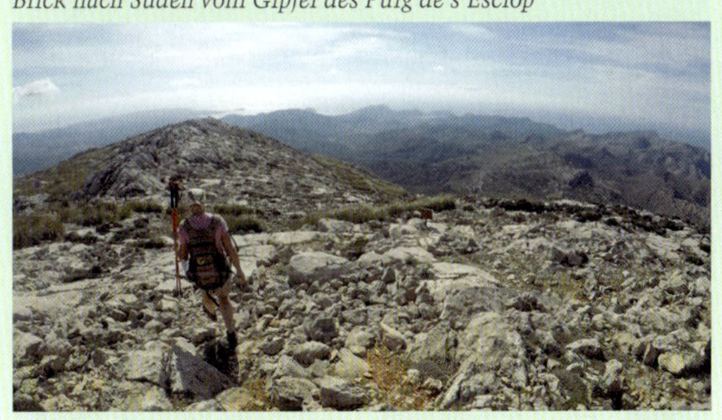

Anspruch

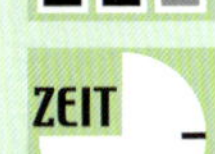

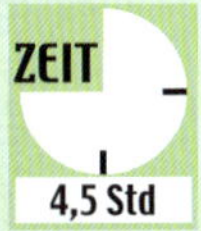

4,5 Std

Markierung

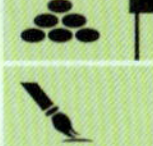

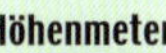

Höhenmeter

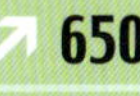

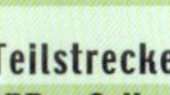

Teilstrecke

NR – Seite

8 331

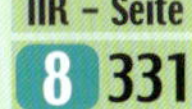

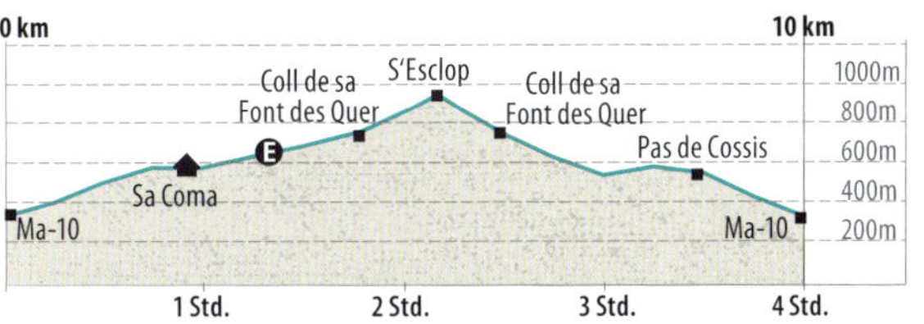

TOUR F Wanderungen auf den Puig de Galatzó

↔ K334/335,349

Der *Galatzó* – Mallorcas „Matterhorn" – ist eines der beliebtesten und meistbegangenen Bergtouren im südlichen *Tramuntanagebirge*. Drei anspruchsvolle Routen mit alpinem Charakter und kleineren problemlosen Kletterpartien im Gipfelbereich führen auf den höchsten südlichen Berg. Von ihm aus hat man einen überwältigenden Blick auf das südwestliche Mallorca und über die *Serra Tramuntana*.

Die **kurze Ostroute** startet 5 km östlich von Puigpunyent am Fuße des Galatzó-Massivs und führt in 1,5 Stunden auf den Gipfel. Den Startpunkt erreicht man über Puigpunyent nur mit eigenem Fahrzeug.

Etwas längere Routen starten ab Estellencs (**Nordroute**) und südlich des Ortes an der Straße Ma-10 bei Kilometerstein 97 (**Nordwestroute**). Auf ihnen erreicht man den Gipfel nach etwa 2,5 Std. Nach Estellencs fährt von Palma aus auch 7x täglich (Mo-Fr) bzw. 4x täglich (Sa, So, feiertags) ein Linienbus (L 200).

Blick vom Galatzó auf Puig Major und Massanella

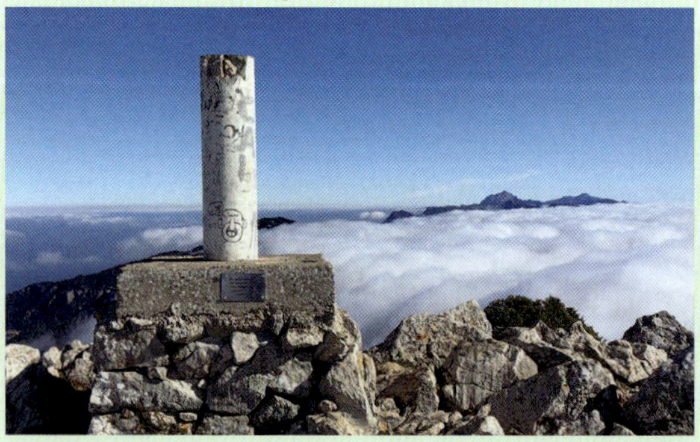

Ganz in der Nähe des ersten Startpunktes befindet sich der kommerziell betriebene **Naturpark *La Reserva Puig de Galatzó***, der durch Wege und Info- Tafeln zu Geologie, Flora und Fauna erschlossen wurde. Es gibt dort auch ein Tiergehege u. a. mit Bären, Straußen und eine Greifvogelvorführung.

Eintrittspreise, Infos und Öffnungszeiten, ➪ Seite 366.

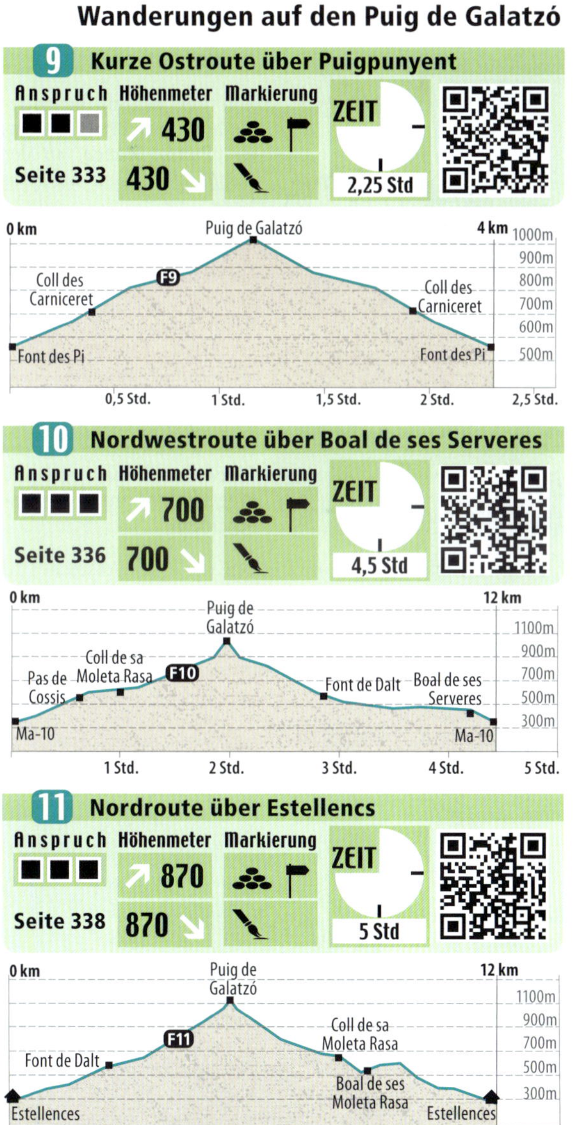
Wanderungen auf den Puig de Galatzó
TOUR F
9 Kurze Ostroute über Puigpunyent
Anspruch
Höhenmeter
Markierung
ZEIT
430
Seite 333
430
2,25 Std
0 km
Puig de Galatzó
4 km
1000m
900m
800m
700m
600m
500m
Coll des Carniceret
F9
Coll des Carniceret
Font des Pi
Font des Pi
0,5 Std.
1 Std.
1,5 Std.
2 Std.
2,5 Std.
10 Nordwestroute über Boal de ses Serveres
Anspruch
Höhenmeter
Markierung
ZEIT
700
Seite 336
700
4,5 Std
0 km
12 km
Puig de Galatzó
1100m
900m
700m
500m
300m
Coll de sa Moleta Rasa
Pas de Cossis
F10
Font de Dalt
Boal de ses Serveres
Ma-10
Ma-10
1 Std.
2 Std.
3 Std.
4 Std.
5 Std.
11 Nordroute über Estellencs
Anspruch
Höhenmeter
Markierung
ZEIT
870
Seite 338
870
5 Std
0 km
Puig de Galatzó
12 km
1100m
900m
700m
500m
300m
Coll de sa Moleta Rasa
F11
Font de Dalt
Boal de ses Moleta Rasa
Estellences
Estellences
1 Std.
2 Std.
3 Std.
4 Std.
5 Std.

1 Sant Elm – Zum Trappistenkloster La Trapa

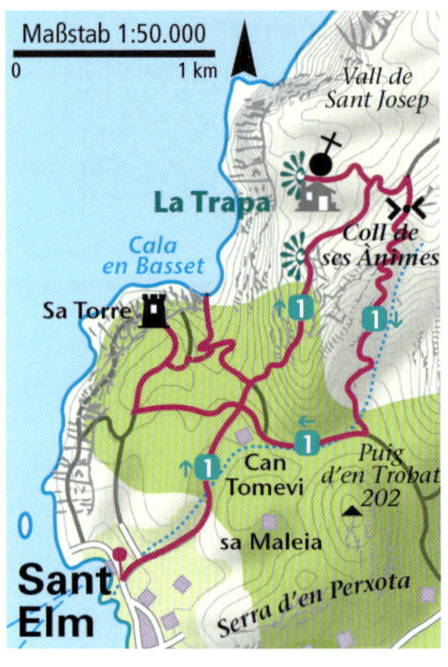

Anfahrt/Einstieg:

Von der letzten Bushaltestelle in **Sant Elm**, im Ortsteil ***Punta Blanca***, an der *Plaça de Mossen Sebastià Grau*.

Start: Wir verlassen den Ort auf der **Straße** *Avinguda de la Trapa* in nordöstlicher Richtung, die in den **ungeteerten Fahrweg** *Camí Can Tomevi* mündet. Nach 10 Minuten Gehzeit durch dichten Wald treffen wir auf eine Waldlichtung bei der ***Finca Can Tomevi*** und eine **Weggabelung** mit **Hinweisschildern**.

Nach links in Richtung *Sa Torre* können wir einen Abstecher zu dem einsam gelegenen Wachturm *Torre Cala en Basset* unternehmen, mit grandiosem Blick auf die Naturschutzinsel *Sa Dragonera* (Dracheninsel). Der Wachturm gehörte einst zu einem ausgeklügelten Verteidigungssystem des 16./17. Jahrhunderts gegen die Piraten, ⇨ siehe Seite 99.

Nach rechts führt der Weg in Richtung S'Arraco und La Trapa, auf dem wir zurückkommen werden. Wir folgen jedoch dem **Pfad geradeaus** in nördlicher Richtung in den Wald hinein. Kurz darauf erreichen wir an **gemauerten Torpfosten** eine **Wegkreuzung**. Der Pfad nach links führt zur romantischen Bucht Cala en Basset (ca. 1 km).

Die Bucht Cala en Basset mit gleichnamigem Wachturm (Pfeil) auf der Landspitze

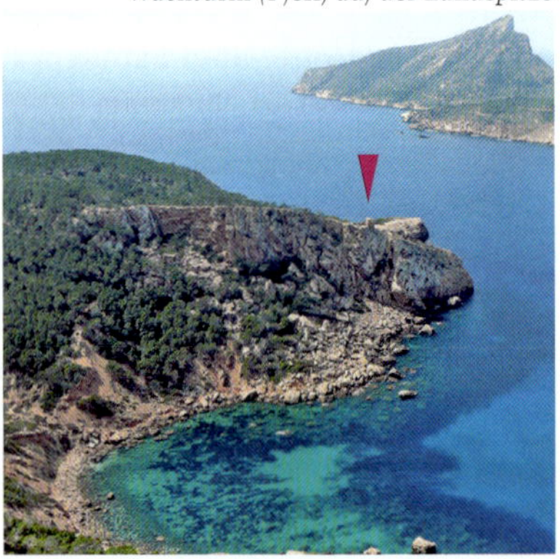

In Richtung ***La Trapa*** gehen wir weiter **geradeaus** bergan. Geleitet von Steinmännchen windet sich der Pfad bald in steilen **Kehren** aufwärts und die dichte Bewaldung weicht zunehmend **felsigem Terrain** mit Weitblicken.

Nach einer kurzen **Kraxelei** erreichen wir eine **Anhöhe** und können bei einer Verschnaufpause den **Bilderbuchausblick** genießen. Weiter der Küstenlinie folgend, treffen wir bald auf den **Fahrweg**, der uns **links** zu den bereits in Sichtweite vor uns liegenden Gebäuden von ***La Trapa*** führt.

Die **Klosteranlage** war im Jahre 1810 durch französische **Trappisten-Mönche** gegründet worden. Sie blieben 14 Jahre in *La Trapa* und lebten autark und in strenger Askese, machten in schwerer Handarbeit den Taleinschnitt *Vall de Sant Josep* urbar und errichteten zahlreiche Gebäude und ein Bewässerungssystem. Erhalten blieben die Klosterruinen, Reste einer Kapelle, die **Klostermühle** und der kreisrunde Dreschplatz, von dem aus die Aussicht auf die gegenüberliegende „Dracheninsel" besonders beeindruckt. Das Gelände wurde 1980 von der Umweltschutzorganisation GOB mit Hilfe von Spendengeldern erworben und wird seither in kleinen Schritten durch überwiegend ehrenamtliche Helfer restauriert. In Planung ist der Ausbau zu einer Berghütte (*Refugi*) mit Übernachtungsmöglichkeit.

Der **Rückweg** führt uns über den **Fahrweg** hinauf zur Passhöhe ***Coll de ses Ànimes***. In der zweiten spitzen Rechtskehre zweigt links der Wanderpfad und geplante Streckenverlauf des Weitwanderweg GR-221 ab, der über eine Küstenroute zum Coll de sa Gramola an der Straße Ma-10 führt.

Anschluss: GR-221 Coll de Sa Gramola – Teilstrecke 4 – S. 318

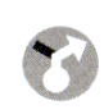

Wir bleiben jedoch auf dem **Fahrweg** und steigen auf diesem bergan zur Passhöhe ***Coll de ses Ànimes*** (365 m), von dem aus sich wieder ein herrlicher Rundblick auf die Küstenregion und nach Sant Elm bietet. In steilen Kehren windet sich der holprige Fahrweg des *Camí de Coll des Cairats* nun talwärts. Verkohlte Baumreste erinnern immer noch an einen Brand 1994, der diesen Landstrich verwüstete. Nach etwa einer Stunde passieren wir eine **Finca** und halten uns an der darauffolgenden **Weggabelung rechts** in Richtung Sant Elm. Auf diesem Weg erreichen wir bald wieder die vom Hinweg bereits bekannte Finca *Can Tomevi* und gehen dort **links** auf bekannten Wegen zurück in den Ort.

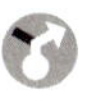

2 Von s'Arracó über das Cap Fabioler nach Sant El

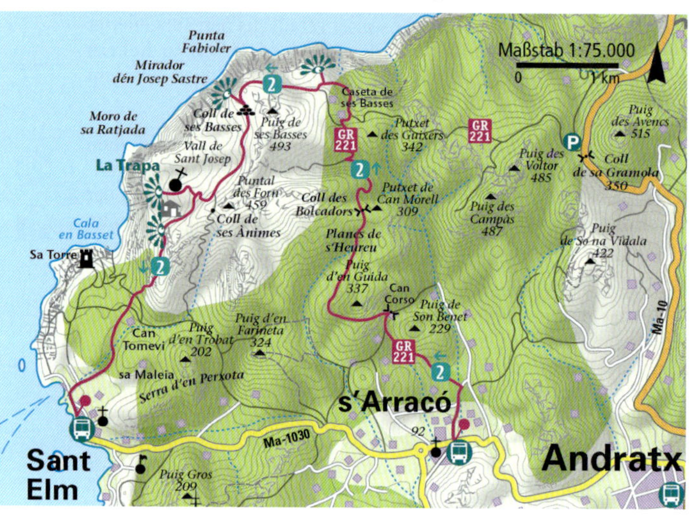

Anfahrt/Einstieg: Mit dem eigenen Fahrzeug, oder mit dem Bus von Sant Elm oder (Port) Andratx 7x täglich im Sommer und 4x täglich im Winter bis s'Arracó.

Start: Die Wanderung verläuft auf dem ersten Teilstück von s'Arracó bis zur Finca *Caseta de ses Basses* auf dem markierten und ausgeschilderten Weitwanderweg **GR-221**. Vom **Ortszentrum** verlassen wir entlang der Straße ***Carrer del Porvenir*** in nördlicher Richtung den Ort und folgen nach **600 m links** dem **Fahrweg** *Barriada de Clota.* **200 m** weiter gehen wir an der nächsten **Weggabelung links.** Der Weg schlängelt sich nun leicht ansteigend entlang der Bergflanke des *Puig de Son Benet* hinauf zur **Anhöhe** der *Finca Can Corsó.* Weiter führt uns der Fahrweg um die Erhebung des *Puig d'en Corsó* zur **Hochebene** *Ses Planes de s'Hereu* und mündet später in eine **Schotterpiste**. Die Piste windet sich in weiteren Kehren entlang baumloser karstiger Berghänge hinauf zur **Passhöhe** *Coll des Bolcadors* (330 m) und wieder abwärts führend bis zur beschilderten **Weggabelung** unterhalb des **Steinhauses** *Caseta de ses Basses.*

Hier folgen wir **links** der unmarkierten Piste weiter bergan und treffen kurze Zeit später am Talschluss auf die *Caseta de ses Basses.* Vor der ***Caseta*** biegen wir **rechts** auf einen Weg ab. Kurz darauf folgen wir **links** dem abzweigenden **Pfad** weiter, der uns nun mit fortlaufend grandiosen Ausblicken entlang der Küste führt.

2

An der **Weggabelung** auf einer kleinen **Anhöhe** halten wir uns **links** (⇨ nach rechts führt ein Abstecher zu einem Aussichtspunkt) und an der **Weggabelung** kurz darauf **rechts** zur **Kammhöhe** des *Puig de ses Basses* (440 m) mit einem riesigen **Steinmann**.

TIPP Hier sollte man auf dem Pfad **rechts** einen kurzen **Abstecher** zum **Aussichtspunkt** *Mirador d'en Josep Sastre* an der **Teufelskanzel** des *Cap Fabioler* machen, wo der Felsen 300 m steil zum Meer abfällt (⇨ Foto Doppelseite 300/301)

Am großen **Steinmann links** folgen wir fortan dem Küstenpfad zum *Vall de Sant Josep*. Nach weiteren 1,5 km Wegstrecke treffen wir schließlich auf einen **Fahrweg**, dem wir **rechts** wenige Kehren talwärts zu den bereits in Sichtweite liegenden Gebäuden von ***La Trapa*** folgen können, ⇨ auch Seite 313.

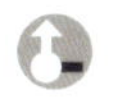

Weiter nach Sant Elm biegen wir gleich in der ersten **Rechtskehre links** auf einen **Pfad** ab, der uns auf eine kleine **Anhöhe** führt. Anschließend ist eine kurze aber unproblematische **Kraxel-Passage** zu meistern. Der sich fortsetzende Pfad führt uns später in steilen Kehren und bald in dichtem **Wald** talwärts. An einer **Wegkreuzung** mit **gemauerten Torpfosten** halten wir uns weiter **geradeaus** und treffen bei der ***Finca Can Tomevi*** in der Kurve auf den gleichnamigen **Fahrweg**. Auf diesem wandern wir in Richtung Sant Elm weiter **geradeaus**.

Der Fahrweg mündet in die **geteerte Straße** *Avinguda de la Trapa* und wir erreichen bald darauf **Sant Elm** und die *Plaça de Mossen Sebastià Grau* mit Bushaltestelle. Ins Ortszentrum und in Richtung s'Arracó/Andratx halten wir uns links.

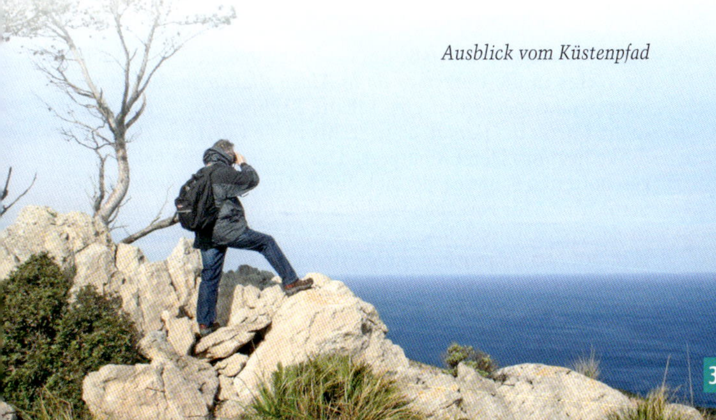

Ausblick vom Küstenpfad

3 Auf dem Küstenhöhenweg nach Sant Elm

Anfahrt/Einstieg: Mit dem Taxi oder Bus (L100, im Sommer: 5x täglich an Werktagen, nicht an Sonn- und Feiertagen) gelangt man von Sant Elm nach Port Andratx.

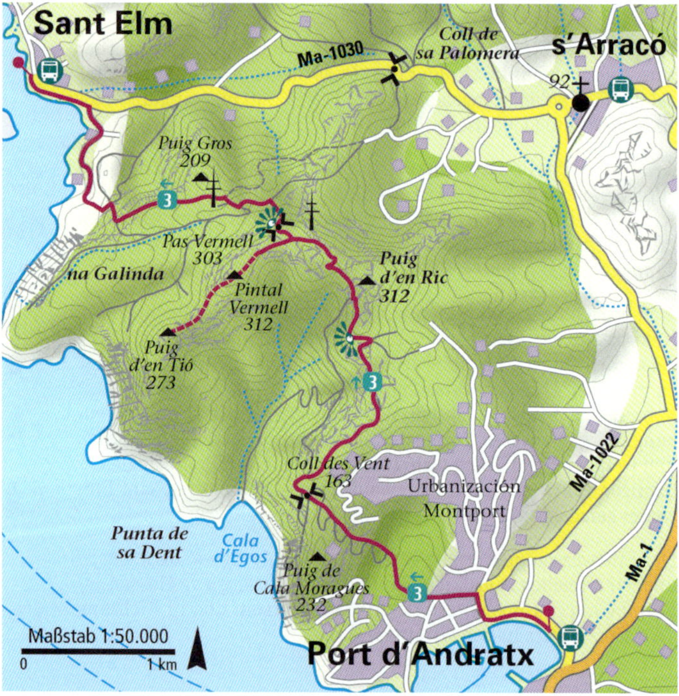

Start: Wir folgen der **Straße** um die Bucht und biegen am Yachthafen **rechts** in die ***Carretera de la Aldea Blanca*** ab. **200 m** weiter – die Straße macht hier eine scharfe Rechtskurve – geht es **links** in die ***Carrer del Ramat***, dann **rechts** in die ***Carrer de Cala d'Egos*** (links liegt das Hotel Montport). Die Straße mündet bald in einen geschotterten **Fahrweg**, der sich durch Aleppokiefernwald in vielen Serpentinen zur **Passhöhe *Coll des Vent*** hinauf schlängelt. Gleich in der ersten **Linkskehre** folgt man vor einem Eisentor **rechts** einem mit Steinmännchen markierten **Pfad** steil bergauf. **Mehrfach treffen** wir wieder auf den Fahrweg bis zur **Passhöhe** und folgen dort nicht dem Fahrweg links in Richtung *Cala d'Egos*, sondern gehen auf dem **Pfad geradeaus** weiter **bergan**.

3

Dem weiteren **Anstieg** schließt sich ein bequemer **Höhenweg** an, der uns nach links um einen Talschluss führt. An einer **Wegkreuzung** folgen wir dem Weg nach **links** und halten hier auf den rot-weißen **Sendemast** am *Pas Vermell* zu, begleitet von Panoramablicken über die Küste und auf die *Tramuntana* mit dem imposanten Tafelberg *S'Esclop* (⇨ Seite 309).

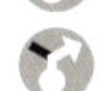
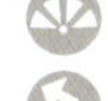

An einer weiteren **Weggabelung** halten wir uns **rechts**. Etwa **150 m** nach Passieren des **Sendemastes** weisen Steinmännchen und Farbmarkierungen auf den **Abzweig** nach **rechts** in einen schmalen **Pfad**. Er führt uns zum ***Pas Vermell***. Von der **Passhöhe** haben wir einen tollen **Blick** auf Sant Elm und die Insel *Sa Dragonera*.

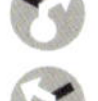

Wir folgen dem **Pfad** weiter **talwärts** und treffen an einem grünen runden **Wasserspeicher** auf einen **Karrenweg**. Auf ihm gehen wir nach **links**. In der nächsten **spitzen Linkskehre** folgen wir **rechts** einem mit Steinmännchen markierten **Pfad**. An **zwei** aufeinander folgenden **Weggabelungen** halten wir uns erst **rechts**, später dann **links**.

Etwa eine halbe Stunde nach Verlassen des *Pas Vermell* trifft der Pfad wieder auf den **Karrenweg** und wir folgen diesem nach **rechts** weiter **talwärts**. Nach 5 Minuten halten wir uns an einer **Weggabelung links**. Der talwärts führende Waldpfad erreicht mit der Bucht *Cala es Conills* den **Ortsanfang** von Sant Elm und mündet hier in eine kleine **Teerstraße**. Von dort geht es **links** auf der ***Carrer Cala es Conills*** bis ins **Ortszentrum** von Sant Elm.

Blick auf die Insel Sa Dragonera und die Bucht von Sant Elm

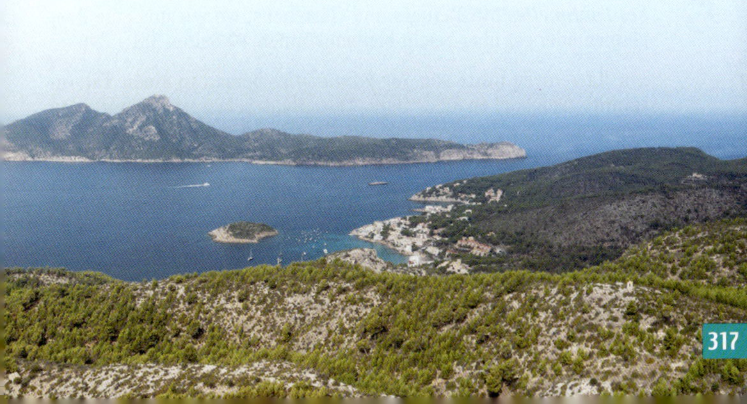

4 Auf dem GR-221 von Sant Elm nach Valldemossa

Von Sant Elm zur Passhöhe Coll de Sa Gramola

1 Der erste Wegabschnitt ist identisch mit Tour A – Teilstrecke 1, ⇨ Seite 312

GR221 Ein **Küstenpfad** führt uns ca 1,5 Kilometer am oberen Rand des **Taleinschnitts** *Vall de Sant Josep* durch wilde **Busch- und Dissgraslandschaft** bis zum **Sattelpunkt** *Coll de ses Basses* stetig bergan, den ein großer **Steinmann** markiert. Hier lohnt ein kurzer **Abstecher** nach links zum **Aussichtspunkt** *Mirador d'en Josep Sastre*, wo die Felsküste 300 m steil zum Meer abfällt.

Weiter entlang der Küste geht es nun leicht abwärts. An einer **Weggabelung** halten wir uns **links** und haben kurz darauf nochmals die Möglichkeit **links** einen **Abstecher** zu einem **Aussichtspunkt** zu unternehmen. Bald darauf verlassen wir die Küste, halten uns an einer weiteren **Weggabelung rechts** und erreichen das Steinhaus *Caseta de Ses Basses*. Der Pfad mündet hier in eine **breite** Piste, auf der wir nach **links** weitergehen. An der nächsten **Weggabelung** folgen wir dem **Hinweisschild** und dem **GR-221 links** zum *Coll de Sa Gramola*. Die **Piste** führt uns entlang der baumlosen karstigen Berghänge über eine letzte kleine **Anhöhe** zur **Hochebene** von *Campàs*. An einer **Weggabelung** halten wir uns **links**, folgen der breiten Piste des *Camí des Campàs weiter* durch lockere Bewaldung und treffen kurz vor dem ***Coll de sa Gramola*** und der Hauptstraße Ma-10 **links** auf den weiterführenden **Wegabzweig** des **GR-221**.

Vom Coll de Sa Gramola nach Ses Fontanelles und Estellencs

Wir folgen dem **GR-221** nach **links** in Richtung ***Ses Fontanelles*** weiter und treffen nach **1,5 km** an der ***Finca*** *Can Valent* wieder auf die ***Straße Ma-10.*** Nach einem weiteren Kilometer entlang der Straße weist uns **rechts** ein Schild den Weg zur privaten Unterkunft ***Ses Fontanelles*** mit Refugio und Gästehaus, wo wir uns eine Rast gönnen oder gar über Nacht bleiben können, ⇨ Seiten 381 + 396

Ein **Karrenweg** führt von *Ses Fontanelles* bergan in einen **Taleinschnitt**. Hoch oben über dem Talschluss sehen wir bereits den Gipfel des *S'Esclop*. Am Ende des Karrenweges markiert **links** ein **Schild** den hier beginnenden **Pfad**, der sich in **steilen Kehren** die **linke Talflanke** hinaufwindet. Auf ihm erklimmen wir einen **Bergrücken** mit **zerklüfteter Steinlandschaft**. Ein weiterführender Pfad ist hier nicht deutlich erkennbar. Vereinzelte **Steinmännchen** helfen bei der schwierigen Wegfindung. Mit Blick auf den *S'Esclop* geht es über den Bergrücken in Richtung Gipfel. Wir erreichen einen **Sattelpunkt** oberhalb des Talschlusses und steigen weiter **bergauf**.

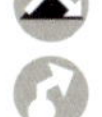
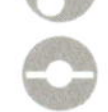

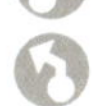

An einem **Maschendrahtzaun** übersteigen wir eine **Leiter** und befinden uns bald auf einer **Hochebene**. Rechts in der Ferne sieht man das einsame Gehöft von *Ses Alquerioles*. Wir übersteigen nochmals eine **Leiter** an einem **Zaun** und halten uns dann **rechts**. Kurz darauf erreichen wir einen mit Schneide- und Schilfgras bewachsenen **Sattelpunkt** mit einem quadratisch **gemauerten Brunnen**. Noch vor dem Brunnen greifen wir **rechts** einen zwischen dem hohen Dissgras schwer erkennbaren Pfad auf, der uns kurz auf eine **Felswand** zuführt und dann **links** nach Norden steil ansteigt.

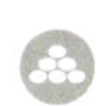

Durch Wald und dichtes Wurzelgehölz erklimmen wir so die nordwestliche, felsig-karge und zerklüftete **Bergflanke** des *S'Esclop* und wenden uns dann dem Gipfel zu. Ohne eindeutige Wegführung orientieren wir uns den Hang hinauf. Nur vereinzelt geben **Steinmännchen** die Richtung vor. Unterhalb des Gipfels treffen wir auf die **Fundamente** eines alten **Schneehauses** (⇨ Seite 28). **Geradeaus** und nach **rechts** über die Südseite des Tafelberges führen steile, aber unproblematische **Felssteige** auf das **Gipfelplateau** und von dort auf der Nordseite wieder hinunter zur **Kammhöhe *Col de sa Font des Quer***. Nach **links** kann man das **Gipfel-Massiv** ohne Kraxelei und Gipfelaufstieg auf einem Pfad umgehen.

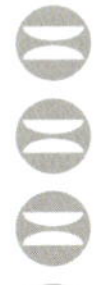
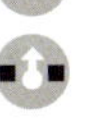
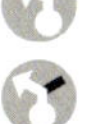
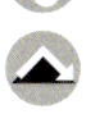
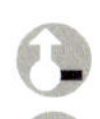
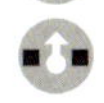

Auf der **Nordostseite** des Berges laufen alle genannten Pfade auf der **Kammhöhe *Col de sa Font des Quer*** (740 m) wieder zusammen. Nach Nordosten, entlang der Bergflanke des links aufragenden *Puig Es Castellet*, erreichen wir einen **Sattelpunkt** (725 m) mit einem Dreschplatz. Rechts davon liegen die verfallenen Häuser *Sa Caseta de Esclop*. Wir **queren** den **Sattelpunkt** und wandern auf steinigen und gerölligen Pfaden in nordöstlicher Richtung talwärts. Wieder erreichen wir einen **Sattelpunkt** (650 m) und treffen hier hinter einer **Trockensteinmauer** auf den **Wanderweg** mit **Hinweisschildern,** der Estellencs mit der *Finca Galatzó* verbindet. Wir folgen **links** dem talwärts führenden **Pfad** in Richtung **Estellencs/*Sa Coma d'en Vidal*** durch einen stark mit Dissgras überwachsenen Taleinschnitt und halten uns kurz darauf an einer **Weggabelung links**, weiter dem Pfad durch Dissgrasfelder folgend. Bald übersteigen wir an einem **verschlossenen Gatter** eine **Holzleiter** und erreichen die nur mit Schlüssel zugängliche **Selbstversorgerhütte** *Sa Coma d'en Vidal* (Stand 2015). Auf einem **breiten Zufahrtsweg** zur Berghütte wandern wir zunächst ohne weiteres Gefälle **talauswärts**. Wir lassen einen Wegabzweig rechts liegen, gehen durch einen **Mauerdurchlass** und folgen weiter der **Piste**, die uns jetzt in einigen Kehren unterhalb der Erhebung des *Es Morralàs* talwärts führt. Nach etwa 30 Minuten passieren wir rechterhand einen großen **runden grünen**

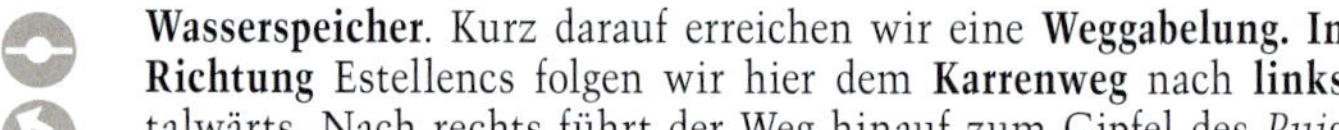

Wasserspeicher. Kurz darauf erreichen wir eine **Weggabelung. In Richtung** Estellencs folgen wir hier dem **Karrenweg** nach **links** talwärts. Nach rechts führt der Weg hinauf zum Gipfel des *Puig de Galatzó*.

Anschluss: Puig de Galatzó Teilstrecke 10 – Seite 336

Wenige Schritte weiter umgehen wir an einer gefassten Quelle ein für den Verkehr verschlossenes **Holztor** und erreichen die **Straße Ma-10**. Hier folgen wir dem GR-221 nach **links** 350 m in Richtung Andratx und biegen dann **rechts** auf den weiterführenden **Pfad** des GR-221 ab.

Nach einigen Kehren bergab stoßen wir auf einen weiteren Weg und gehen nach **rechts** auf diesem weiter. Nach **1,5 Kilometer** treffen wir wieder auf die **Straße Ma-10**, gehen **links** entlang der Straße und nehmen dann nach **350 m links** wieder den weiterführenden und markierten Pfad des GR-221 auf. Nach weiteren **1,5 Kilometer** erreichen wir schließlich Estellencs.

Von Estellencs nach Banyalbufar

Der Wegabschnitt des **GR-221** zwischen Estellencs und Banyalbufar ist gut **ausgeschildert** und **markiert** und seit der **Wegöffnung** bei der ***Finca Es Rafal*** auch wieder durchgängig gut begehbar.

Wir verlassen Estellencs entlang der Straße **Ma-10** in Richtung **Banyalbufar**. In der ersten **Rechtskehre** weist uns **links** ein **Schild** den abzweigenden **Wanderweg**, der leicht hangabwärts parallel zur Straße verläuft. Nach **10 Minuten** treffen wir wieder auf die Straße **Ma-10** und gehen **links** an dieser entlang. Nach weiteren **700 m** weist uns **rechts** ein **Schild** den betonierten Weg zur ***Finca Son Serralta de Dalt***, dem wir folgen. Wir umgehen das Gehöft und biegen vor einem **Tor** nach **links** in einen **Wanderweg** ab.

Entlang der Bergflanke führt uns dieser Pfad durch den **Wald** und nach ca. 15 Minuten treffen wir auf einen asphaltierten Fahrweg, den ***Camí de les Cases de Planícia***, dem früheren Umweg des GR-221 über die *Finca Planícia*, während der Wegsperrung bei der Finca *Es Rafal*. Die ***Finca Planícia*** wurde 2009 von der Inselregierung gekauft und es wurden drei Wanderwege um die Finca herum ausgeschildert.

In Richtung Esporles folgen wir weiter **geradeaus** dem markierten **GR-221**, der uns stetig leicht bergan durch Wald führt und immer wieder schöne Ausblicke frei gibt. Nach einem steileren Anstieg

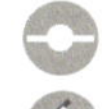
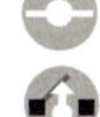
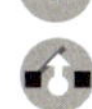

und vorbei an der **Quelle** *Font de s'Obi* lichtet sich die Bewaldung und wir erreichen an einem **Gatter** das Landgut von *Es Rafal*. Nachdem wir den Landsitz durch ein weiteres **Gatter** wieder verlassen haben, treffen wir bald darauf auf die Straße **Ma-10** und gehen **rechts** auf dem parallel zur Straße führenden **Pfad** des **GR-221** bis in den Ort **Banyalbufar**.

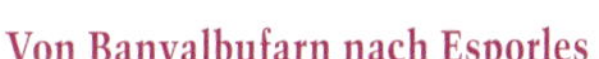

Von Banyalbufarn nach Esporles

Im Ortszentrum von **Banyalbufar** folgen wir **rechts** dem gut markierten **GR-221**, der uns über die ***Carrer Jeroni Albertí*** steil bergan aus dem Ort führt. Nun wandern wir auf dem ***Camí des Correu,*** dem alten Postweg zwischen den beiden Orten, **stetig bergan**. Nach einem guten Wegstück und einem **steilen Anstieg** treffen wir auf eine **Trockensteinmauer** mit **Überstieg**. Durch dichten Steineichenwald geht es hinauf zum **Sattelpunkt** ***Coll des Pi*** und von dort wieder talwärts in Richtung **Esporles**.

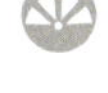
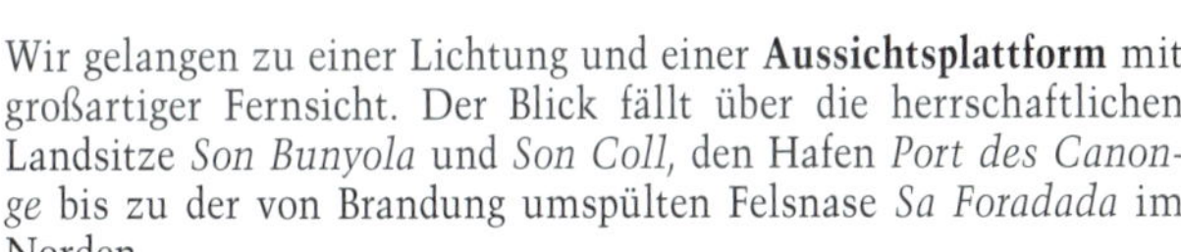

Wir gelangen zu einer Lichtung und einer **Aussichtsplattform** mit großartiger Fernsicht. Der Blick fällt über die herrschaftlichen Landsitze *Son Bunyola* und *Son Coll*, den Hafen *Port des Canonge* bis zu der von Brandung umspülten Felsnase *Sa Foradada* im Norden.

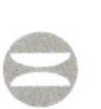

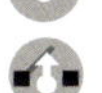

Ein weiterer **Anstieg** führt uns an ehemaligen **Köhlerplätzen** vorbei auf einen **Sattelpunkt**. Von dort geht es jetzt nur noch **talwärts**. Wir sehen einen gut erhaltenen **Kalkofen** am Wegesrand und gehen kurz darauf durch einen **Mauerdurchlass**. Der Pfad führt uns einen mit alten Olivenbäumen, Kiefern und Erdbeerbäumen besetzten Berghang hinab. Wir durchqueren nacheinander **zwei Gatter** und treffen schließlich auf die **Landstraße Ma-1100**.

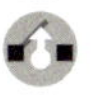
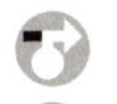
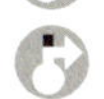
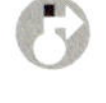

Auf der anderen Straßenseite folgen wir **rechts** weiter dem markierten **Wanderweg** parallel zur Straße. Nach **300 m** passieren wir den **Abzweig** nach *La Granja* (⇨ Seite 329). Nach einem weiteren Kilometer **überqueren** wir erneut die **Landstraße Ma-1100** nach **rechts** und folgen dort den Wegweisern nach Esporles. Die Route führt nun durch ein Waldgebiet in ständigem Auf und Ab nach **Esporles**, das wir nach weiteren **15 Minuten** erreichen.

Im Ort mündet der Wanderweg auf die **Straße** ***Costa de Sant Pere***, der wir nach **rechts** folgen. Vorbei am *Hotel l'Estada* erreichen wir an der Kirche die Hauptstraße. Nach rechts geht es zum Ortszentrum.

⇨ Ortsplan Esporles Seite 329.

4

Von Esporles nach Valldemossa

Mit Ziel Valldemossa gehen wir entlang der Hauptstraße wenige Meter nach **links** und verlassen gleich **rechts** über die Straßen ***Carrer Nueva de Sant Pere***, ***Carrer de Mateu Font*** und den ***Camino de Dracera de Son Simonet*** (Schotter) den Ort wieder.

Wir ignorieren einen Wegabzweig nach links und treffen nach einer Links-Rechts-Kehre auf den geteerten Fahrweg ***Camino de Son Cabaspre***, dem wir nach **links** folgen. Nach 100 m ignorieren wir links einen Wegabzweig, aber nach weiteren **500 m** biegen wir **rechts** in einen ebenfalls **geteerten Fahrweg** ab. Auf diesem wandern wir entlang des Taleinschnitts durch die Ländereien von *Son Cabaspre* stetig bergan.

Nach ca. **1,5 km** zweigt nach einer Linkskehre **rechts** an einem **Tor** ein **Fahrweg** ab, dem wir **bergauf** folgen. Kurz darauf treffen wir am ***Coll de Sa Baseta*** auf ein **Wasserbecken** und eine **Weggabelung.**

Hier gehen wir wenige Meter **links** und greifen gleich **rechts** einen gekennzeichneten **Pfad** auf. In steilen Kehren führt uns ein steiniger Pfad bergan und wir **überqueren** eine **Grenzmauer**. Der Pfad führt uns weiter durch dichten Wald auf die **Hochebene** von ***Son Pacs***. Dort treffen wir auf einen **Karrenweg**.

Diesem folgen wir wenige Meter nach **links** und halten uns an einer **Weggabelung** wieder **links**. Ein **steiniger Karrenweg** führt uns über die **Hochebene** nach **Norden**. Wir **ignorieren** einen Wegabzweig nach **links** und kurz darauf nach **rechts** und folgen dem Karrenweg in eine **weite Rechtskehre**. Linkerhand passieren wir einen Wegabzweig zu zwei in Sichtweite gelegenen halbrund gemauerten Viehunterständen.

Der Karrenweg mündet schließlich in einen **Pfad** und führt uns **nach Norden** zur steil abfallenden Bergseite des ***Mola de Son Ferrandell***. Nach **rechts** führt uns der Pfad entlang der steilen Bergseite in östliche Richtung zügig talwärts und wir erreichen den **Pass *Coll de Sant Jordi***, auf dessen Sattel eine **Grenzmauer** verläuft.

Nach **links** passieren wir die Mauer durch ein **Tor** und folgen gleich **rechts** dem **Pfad** weiter bergauf. Der Pfad führt uns über den südwestlichen **Bergrücken** des ***Sa Comuna*** auf seinen **bewaldeten Gipfelpunkt** (704 m) und wieder talwärts auf steinigen Waldpfaden über seinen nordöstlichen Rücken. Ein Gipfelerlebnis hat man aber dort leider nicht.

Wir treffen auf einen **Köhlerplatz** mit einem **Wasserbecken** und halten uns dort **rechts**. Kurz darauf stoßen wir auf eine **Steinmauer**, die wir mit **Tritthilfen** leicht **übersteigen** können. Wir folgen dem Pfad durch **Steineichenwald** weiter **bergab** und treffen nach **20 Minuten** auf einen **Köhlerplatz** mit einem **Hinweisschild** auf den **GR-221**.

Kurze Zeit später treten wir aus dem Wald und haben einen tollen **Blick** auf Valldemossa. An einer Finca passieren wir ein letztes **Gatter** und erreichen danach den **Ortsrand** von **Valldemossa**.

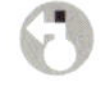

Der Pfad mündet auf einen **Fahrweg** und trifft am Garten des Kartäuserklosters auf die mit Naturstein **gepflasterte Straße** ***Carrer de Uruguai***. Nach **links** folgen wir dieser bis zur Fußgängerzone und dem Ortszentrum.

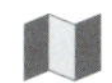

⇨ Ortsplan Valldemossa Seite 162

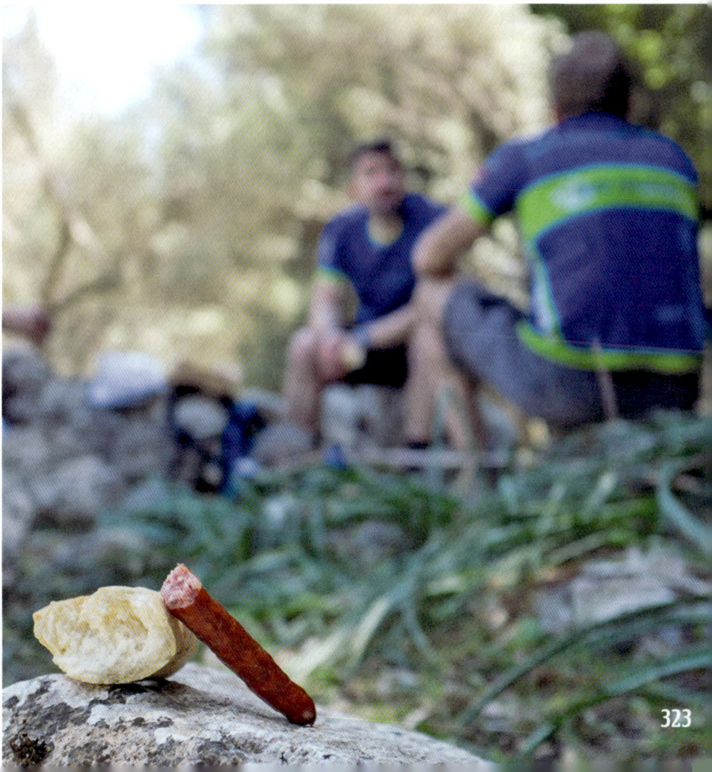

5 Auf dem Generalsweg zum Port des Canonge

Anfahrt/Einstieg: Mit dem Pkw – Kleiner Parkplatz an der Straße Ma-10; 1,5 km von Banyalbufar in Richtung Esporles links gelegen. Wer ab Banyalbufar startet (Bus), geht die 1,5 km **zu Fuß** bis zum Parkplatz entlang der Strasse (+ 45 Min. für Hin/Rückweg).

Start: Vom **Parkplatz** aus wandern wir auf dem **„Generalsweg"** *Camí des sa Volta des General* leicht abwärts an der Finca La Cabarola vorbei und folgen dem Weg in den schattigen **Kiefernwald** hinein.

Alternative: Abenteuerlustige können in Banyalbufar auch auf dem *Carrer Marina* zur Bucht hinabgehen und dort einen etwas **versteckten Serpentinenpfad** durch den Wald zum Generalsweg **hinaufsteigen**, an dessen Ende man an der *Finca La Cabarola* ein verschlossenes Gatter übersteigt. Dann **links** weiter auf dem Generalsweg.

An der nächsten **Weggabelung** gehen wir den Weg **links** weiter und passieren kurz darauf ein **Tor mit Überstieg**. An der darauffolgenden **Weggabelung** folgen wir Höhe haltend dem Markierungspfahl **geradeaus** und halten uns an einer weiteren **Weggabelung** links. Nach gut 10 Minuten treffen wir auf eine alte **Köhlerstätte** mit Kohlenmeilerplatz und einer verfallenen Hütte. Durch den Kiefernwald wandern wir fast unmerklich **bergab** und passieren später die Ruine eines Kalkofens.

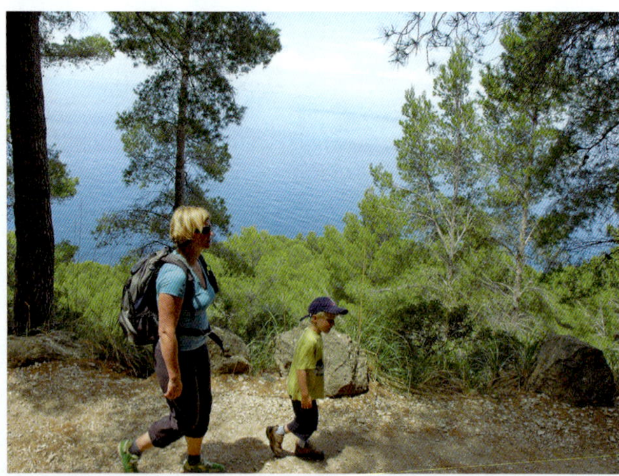

Immer wieder schimmert in den unterschiedlichsten Blautönen das Meer zwischen den Bäumen hindurch und nach gut 30 Minuten haben wir mehr und mehr freien Blick auf das Meer und die zerklüftete Felsküste unter uns. Mächtige **Felsblöcke** säumen den Weg und im weiteren Verlauf wandern wir unterhalb der steil aufragenden **Felswände** *Es Corral Fals* mit teilweise spektakulären Felsüberhängen und weiteren Ausblicken.

Bald darauf stoßen wir auf einen **geteerten Fahrweg**, auf dem wir nach **links bergab** gehen. Vor uns im Tal inmitten der Felder sehen wir das imposante Gebäude des Gutshofes *Son Bunyol*. Der Fahrweg mündet einige Kehren später in die Zufahrt zum Anwesen ***Sa Punta***. Kurz zuvor zweigt **links** ein markierter **Wanderweg** ab, der uns weiter entlang der Küste durch lichten Kiefernwald sanft bergab führt.

Auffällig weist hier die rötlichbraune Farbe auf die ältesten Gesteine Mallorcas hin. An einer **Wegverzweigung** folgen wir dem Markierungspfahl nach **links** und treffen kurz darauf auf einen kleinen **steinigen Platz** mit einer **Hausruine**. Dahinter führt uns ein **Pfad** durch **Buschwerk** zur Küste und weiter **rechts** durchqueren wir das trockene **Bachbett** des *Torrent de Son Bunyol*. Kurz darauf durchqueren wir abermals ein trockenes **Sturzbachtal** und über eine große steinige Freifläche mit **Bolzplatz** hinweg, erreichen wir dann schließlich die Fischerbucht **Port des Canonge**.

Von dort geht es auf der *Avinguda del Mar* rechts in die *Carrer de Port des Canonge*. Hier können wir im **Restaurant** *Ca'n Toni Moreno* (rechts) oder dem Restaurant *Can Madó* (links oberhalb) einkehren.

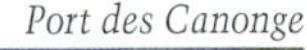

Port des Canonge

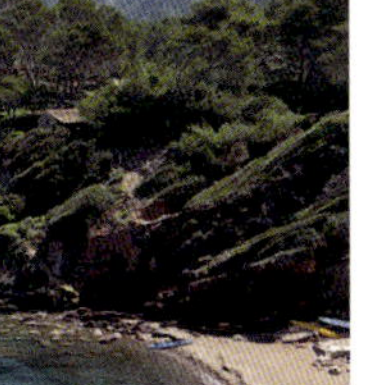

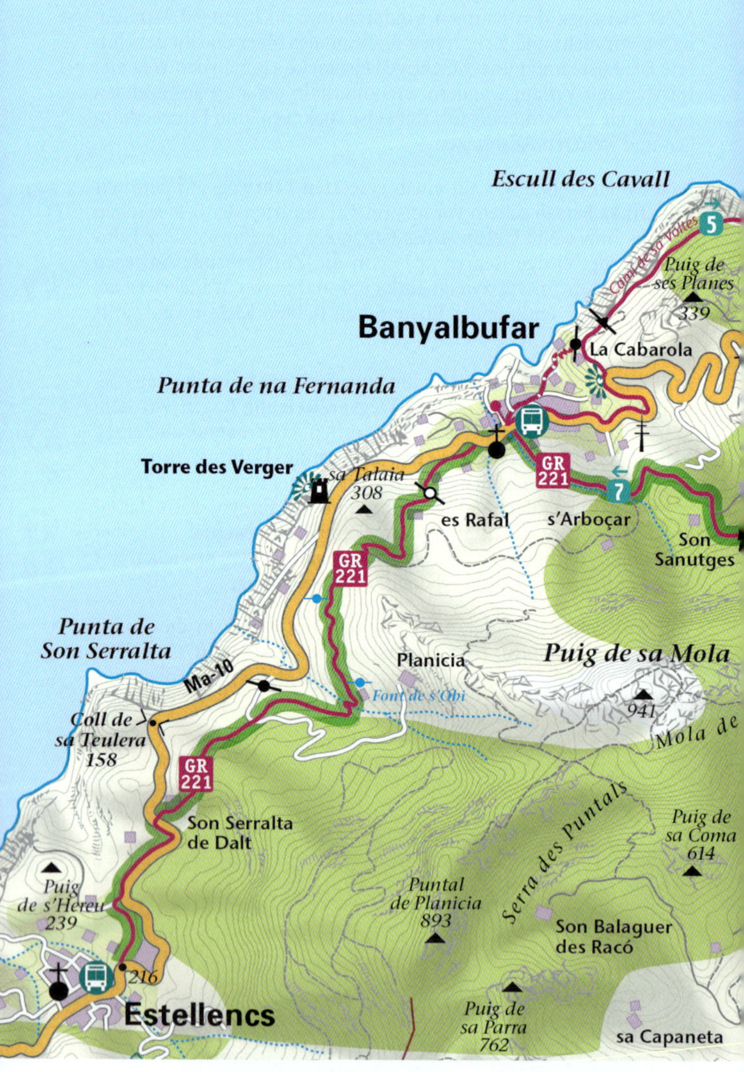
Escull des Cavall
Camí de sa Voltes
5
Puig de ses Planes
339
Banyalbufar
La Cabarola
Punta de na Fernanda
Torre des Verger
sa Talaia
308
GR 221
7
es Rafal
s'Arboçar
Son Sanutges
GR 221
Punta de Son Serralta
Ma-10
Planicia
Puig de sa Mola
Font de s'Obi
941
Mola de
Coll de sa Teulera
158
GR 221
Serra des Puntals
Son Serralta de Dalt
Puig de sa Coma
614
Puig de s'Hereu
239
Puntal de Planicia
893
Son Balaguer des Racó
216
Estellencs
Puig de sa Parra
762
sa Capaneta

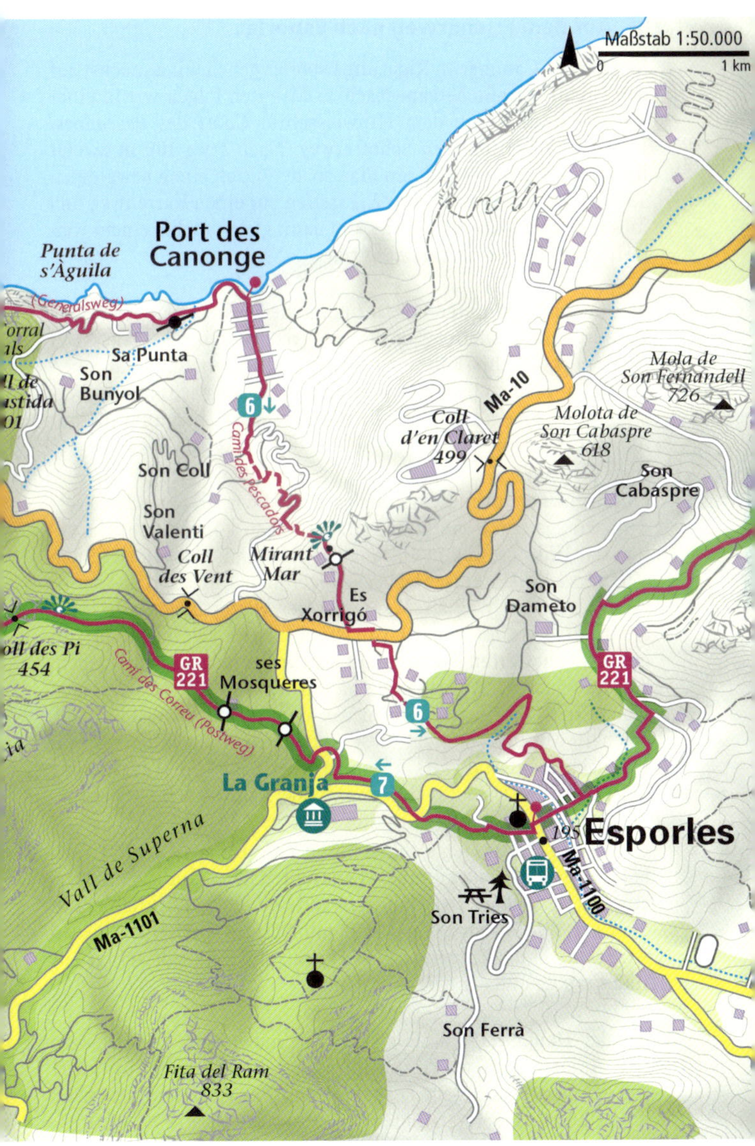

Maßstab 1:50.000
0
1 km
Port des Canonge
Punta de s'Àguila
(Generalsweg)
Sa Punta
Son Bunyol
Son Coll
Son Valenti
Coll des Vent
Camí des Pescadors
Mirant Mar
Es Xorrigó
Coll d'en Claret 499
Ma-10
Mola de Son Fernandell 726
Molota de Son Cabaspre 618
Son Cabaspre
Son Dameto
GR 221
ses Mosqueres
Camí des Correu (Postweg)
La Granja
Esporles
195
Ma-1100
Son Tries
Vall de Superna
Ma-1101
Son Ferrà
Fita del Ram 833
6
7
454

6 Auf dem Fischerweg nach Esporles

Von **Port de Canonge** in Richtung Esporles gehen wir zunächst auf der **Zufahrtsstraße bergan**. Nach 15 Minuten folgen wir in einer scharfen **Linkskehre** dem Hinweisschild ***Camí des Pescadors/ Esporles*** rechts in einen Schotterweg. Nach etwa **100 m** zweigt **links** (Markierungspfahl) ein Pfad ab, der durch einen bewaldeten Taleinschnitt **bergauf** führt. Wir treffen auf einen **Karrenweg** und folgen diesem kurz nach **links**, um dann gleich **rechts** einem weiterführenden **Pfad** bergan zu folgen.

Nach etwa **30 Minuten** erreicht man wieder die zuvor verlassene **Zufahrtsstraße** und folgt dieser nach **rechts** weiter **bergan**. Nach einer **Links-Rechts-Kehre** der Straße biegen wir **links** auf einen schmalen **Pfad** ab (Markierungspfahl), der uns nach kurzer Wegstrecke auf eine kleine **Anhöhe** mit dem **Aussichtspunkt *Mirant Mar*** führt.

Durch ein **Tor** an einer Steinmauer stoßen wir auf einen **Fahrweg**, dem wir bis zur **Hauptstraße Ma-10** folgen können. Auf ihr gehen wir **links** ca. **300 m** entlang der Straße und biegen an einem Verkehrsschild (Steinschlag) gegenüber dem Anwesen *Es Xorrigó* **rechts** in einen **Weg** ab. Wenige Meter weiter folgen wir **links** einem **Pfad** entlang einer Grundstücksmauer. Dieser mündet in einen **geschotterten Fahrweg**, auf dem wir **geradeaus** weitergehen. An der nächsten **Weggabelung** halten wir uns **rechts** und folgen gleich links dem abzweigenden Weg durch lockeren Wald **bergab**. Nach 10 Minuten mündet dieser wieder in einen **Fahrweg**, dem wir nach **rechts** talwärts folgen. An der nächsten **Weggabelung** halten wir uns wieder **rechts** und wandern **talwärts** bis Esporles.

Nach etwa 15 Minuten Gehzeit mündet der **Fahrweg** am Ortsrand bei einem **Parkplatz** in eine **Teerstraße**. Gleich **links** führt uns ein weiterer **Schotterweg** am Ortsrand entlang, der schließlich in die ***Carrer de Sa Cova D'es Monjo*** mündet. An ihrem Ende biegen wir **rechts** in die ***Carrer de Sant Pere*** ab und folgen dieser bis zur **Hauptstraße** und der **Kirche** im Ort.

An der **Hauptstraße** weiter südlichbefinden sich der Ortskern und einige Lokale und Cafés. Links an der Kirche vorbei führt der Wanderweg auf dem **Postweg *Camí des Correu*** weiter nach Banyalbufar, ⇨ **Fortsetzung** Seite 329.

Auf dem Postweg nach Banyalbufar 

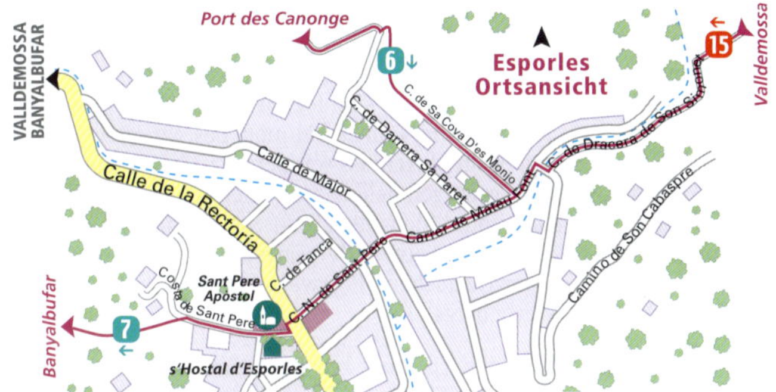

Links der Kirche läuft die **Straße** ***Costa de Sant Pere***. Sie passiert das **s'Hostal d'Esporles. 100 m** dahinter zweigt **links** der alte Postweg ***Camí des Correu*** ab. Heute ist er Teil des Fernwanderweges GR-221 nach Banyalbufar, ⇨ auch Seite 344

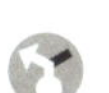

Noch bis Mitte des 19. Jahrhunderts lief über diesen Weg die Post, aber auch der Transport landwirtschaftlicher Produkte und Waren zwischen den Gemeinden Esporles, Banyalbufar und den Landgütern der Umgebung.

Die Route läuft in ständigem Auf und Ab bis zur **Landstraße Ma-1100**, die wir nach 15 Minuten erreichen. Dort **überqueren** wir die **Fahrbahn** und folgen **links** weiter dem **markierten Wanderpfad**. Nach etwa 1 km zweigt links die Straße zum Landgut ***La Granja*** ab.

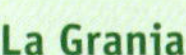

La Granja

Dank einer nie versiegenden Quelle entstand La Granja bereits zur Araberzeit. Gebäude und Gartenanlage gehen auf das 10. Jahrhundert zurück. Heute sind in La Granja Werkstätten des früheren Landlebens und Wohngebäude museal hergerichtet und zeigen anschaulich die Gerätschaften und handwerklichen Fertigkeiten von Bauern, Köhlern, Kalkbrennern, Schmieden, Webern, Kutschern und Weinbauern. Am Ende des Rungangs durch die Gärten und Räumlichkeiten erwarten den Besucher kleine Fässchen mit diversen Weinsorten und schmackhafte Krapfen (Bunyoles) zur Verkostung - im Eintritt enthalten.

Öffnungszeiten: 10-19 Uhr (Nov-März 10-18 Uhr). Eintritt Ki 9 €/ Erw 15,50 €, Mi + Fr 16 Uhr finden Pferdeshows statt, www.lagranja.net ⇨ auch Seite 366

7

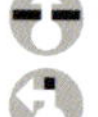

Vom Abzweig nach *La Granja* folgen wir weiter dem markierten Pfad entlang der Landstraße und **überqueren** diese nach etwa **300 m**. Gemächlich steigt nun der Weg an, führt uns nacheinander durch **zwei Gatter** und zieht sich fortan durch einen mit alten Olivenbäumen, Kiefern und Erdbeerbäumen besetzten Berghang hinauf. Nach einem **Mauerdurchlass** wandern wir durch schattigen Steineichenwald und gelangen bald darauf zu einem gut erhaltenen **Kalkofen**. Danach windet sich der *Camí des Correu* in einigen steilen Kehren hinauf bis zu einem **Bergsattel**. Von dort verläuft der teils mit Stützmauern versehene Postweg – vorbei an ehemaligen Köhlerplätzen – stetig bergab.

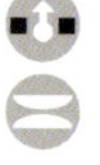

Man gelangt schließlich zu einer Lichtung und einer **Aussichtsplattform** mit großartiger Fernsicht. Der Blick reicht über die herrschaftlichen Landsitze *Son Bunyol* und *Son Coll* und die Bucht *Port des Canonge* bis zur berühmten Felsnase *Sa Foradada* im Norden.

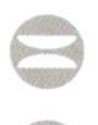

Weiter geht es zum bewaldeten **Sattelpunkt *Coll des Pi*** und von dort durch eine Talsenke abwärts. Wir übersteigen eine **Grenzmauer** mit Hilfe einer **Holzleiter** und gelangen auf einem steilen, steinigen **Fahrweg** nach etwa 20 Minuten zum Anwesen von *Son Sanutges*. Dort mündet der Fahrweg in eine schmale **geteerte Straße**, auf der wir durch die Terrassenfelder mit Wein- und Gemüsegärten, Mandelbäumen und Zitrusfrüchten bewachsenen Terrassenfelder (⇨ auch Seite 30) **Banyalbufar** erreichen.

Beeindruckend sind oberhalb von Banyalbufar die vielen **Wasserbassins** (*safareigs*). Diese Sammelbecken wurden teilweise schon in der Araberzeit vor 1230 errichtet. Zu diesen Reservoirs führen Kanalrinnen (*sequias*), mit einer Gesamtlänge von drei Kilometern.

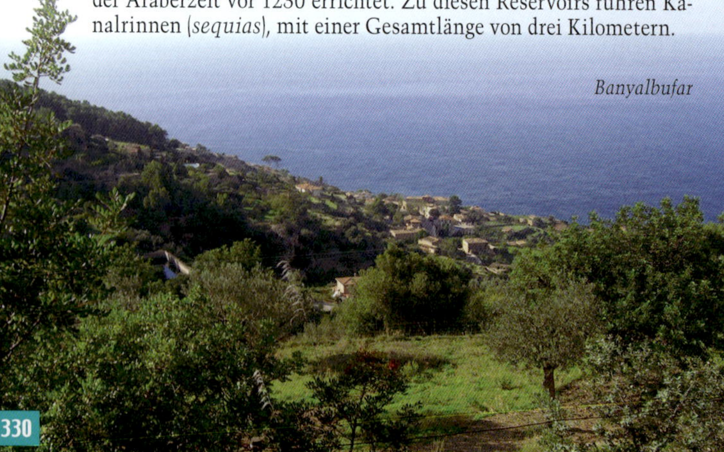

Banyalbufar

Rundwanderung zum Tafelberg S'Esclop 8

Wanderkarte: Puig S'Esclop ⇨ Seite 334/335

Anfahrt/Einstieg: An der Straße zwischen Andratx und Estellencs bei **Kilometerstein 97** weist ein **Wanderschild** den Aufstieg zum ***Boal de ses Serveres/Puig de Galatzó*** und den hier beginnenden unbefestigten **Fahrweg**.

Start: Wenige Schritte weiter umgehen wir an einer gefassten Quelle ein für Fahrzeuge verschlossenes **Holztor** und wandern hier auf dem Fahrweg weiter bergan. Nach einigen Serpentinen folgen wir an der darauffolgenden **Weggabelung** dem **Fahrweg** nach **rechts**, vorbei an einem großen runden **Wasserspeicher**. Der alte Verbindungsweg zwischen den Gemeinden Calviá und Estellencs führt uns unterhalb der Erhebung des *Es Morralàs* stetig bergan und windet sich bald in Kehren einen Taleinschnitt hinauf zu einer **Hochebene**, die wir nach gut 30 Minuten erreichen. Nach einem **Mauerdurchlass** halten wir uns an einer **Weggabelung rechts** und folgen dem von Bäumen gesäumten Weg bis zur verschlossenen **Selbstversorgerhütte *Sa Coma***, die vorwiegend mallorquinischen Wandergruppen als Unterkunft dient.

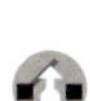

Wir lassen das Gebäude rechts liegen und überwinden an einem verschlossen **Gatter** eine **Holzleiter**. Der sich fortsetzende, stark mit Dissgras überwachsene und nicht immer eindeutig erkennbare Pfad führt uns durch lockere Bewaldung weiter den Taleinschnitt hinauf. An einer **Wegverzweigung** halten wir uns **rechts** und erreichen nach etwa einer Stunde Gehzeit einen **Sattelpunkt** (650 m), auf dem eine mit Drahtzaun besetzte **Trockensteinmauer** verläuft.

Hier **übersteigen** wir an der durch Steinmännchen gekennzeichneten Stelle die **Mauer** und folgen einem erkennbaren **Pfad** in südwestlicher Richtung zum *Puig S'Esclop*. Nach einem anstrengenden Aufstieg auf steinigen und gerölligen Pfaden durch teilweise lockere Bewaldung erreichen wir eine **Passhöhe** (725 m) mit einem Dreschplatz. Links vom Weg liegen die verfallenen Häuser *Sa Caseta de Esclop*. Wir **queren** den **Sattelpunkt** und halten entlang der Bergflanke des rechts aufragenden Berges *Es Castellet* weiter auf den vor uns liegenden Tafelberg des *Puig S'Esclop* zu.

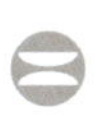

Am Fuß des Tafelberges erreichen wir eine weitere **Kammhöhe**, den ***Col de sa Font des Quer*** (740 m) mit einer **Trockensteinmauer**. **Links** davon folgen wir dem **Pfad** entlang der Mauer in Richtung Gipfel und **kraxeln** schließlich über steile aber unproblematische **Felssteige** hinauf zum **Gipfelpunkt** (Betonsäule) des imposanten Tafelbergs mit einer grandiosen Weitsicht über die *Serra Tramuntana*.

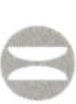
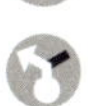

8

Derselbe Weitblick muss schon im Jahre 1808 auch den französischen Mathematiker und Wissenschaftler *Dominique François Aragó* beeindruckt haben, als er hier oben zeitweise hauste um Vermessungen zum Greenwich-Meridian durchzuführen. Südlich des Gipfelpunktes findet man noch Reste der Hütte, die dem Wissenschaftler einst als Quartier diente (Foto unten).

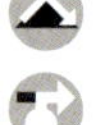

▶ Der **Rückweg** ist bis zu der mit Drahtzaun besetzten Trockensteinmauer identisch mit dem Hinweg. Hier **übersteigen** wir erneut die **Mauer** und halten uns jetzt **rechts**. Wir folgen dem **Pfad** entlang der Trockensteinmauer **talwärts**, der uns weiter nach **links** um die **Bergkette** der ***Serra des Pinotells*** führt. Durch einen mit Dissgras stark verwachsenen **Taleinschnitt** erreichen wir eine **Hochfläche** und queren diese nach Norden weiter in Richtung ***Pas des Cossis***. Hier treffen wir auf eine **Weggabelung** in Richtung *Puig de Galatzó* nach rechts und zum ***Boal de ses Serveres*** nach **links**.

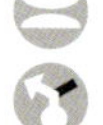

Wir folgen dem talwärtsführenden Pfad nach links. Er windet sich in vielen Kehren einen dissgrasbewachsenen Steilhang hinab und trifft schließlich am Picknickplatz ***Boal de ses Serveres*** auf einen **Fahrweg**. Auf diesem gehen wir **links** weiter und treffen nach 600 m am großen runden **Wasserspeicher** wieder auf die **Weggabelung**. Hier folgen wir **rechts** dem vom Aufstieg bereits bekannten Fahrweg hinab zur **Straße Ma-10**.

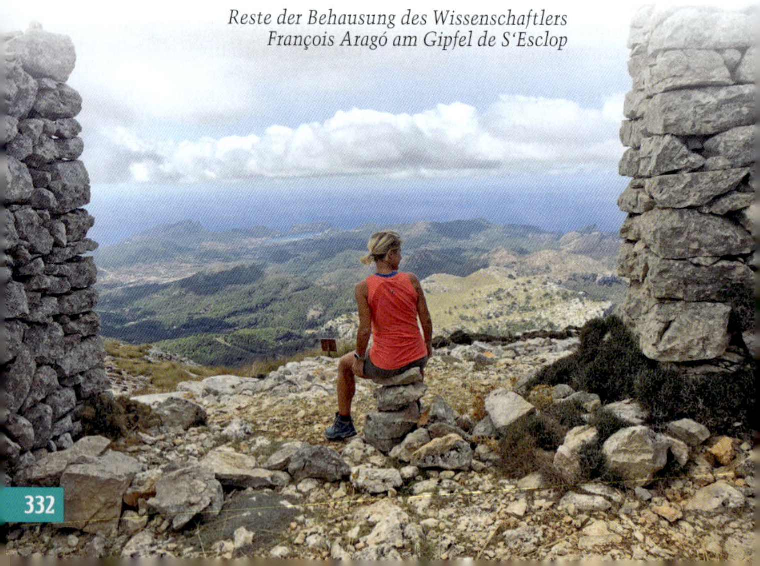

Reste der Behausung des Wissenschaftlers François Aragó am Gipfel de S'Esclop

Galatzó -Kurze Ostroute über Puigpunyent 9

Wanderkarte: Puig de Galatzó ➪ Seite 334/335

Anfahrt/Einstieg: Gleich nach der **Ortsausfahrt** von Puigpunyent in **Richtung Paguera/Andratx** weist rechts ein **Schild** den Abzweig zum ***Parc de Natura – La Reserva***. Eine holprige schmale Teerstraße führt durch einen bewaldeten Taleinschnitt bis an den Fuß des ***Galatzó***. Nach etwa **3 km gabelt** sich an der ***Finca Es Cucu*** die Straße. Geradeaus geht es zum *Parc de Natura – La Reserva* (➪ auch Seiten 310/366) und in Richtung **Font des Pí** nach **rechts**.

Vorbei an einem **Steinbruch** rechterhand in einer Linkskehre und einer darauffolgenden **Rechts-Links-Kehre** biegt man schließlich nach insgesamt **5 km** (vom Abzeig am Ortsausgang in Puigpunyent gerechnet) **rechts** in einen durch **Steinmännchen** und einige Farbsymbole markierten Teerweg ab. Auf dem bald darauf unbefestigten Fahrweg erreichen wir nach **300 m** in einer spitzen Rechtskehre die in Stein gefasste **Quelle *Font des Pí***, wo wir unser Fahrzeug parken.

Start: Auf die Quelle schauend, wandern wir **links** den **Karrenweg** bergan. Gleich **nach** der ersten **Linkskehre** folgen wir an der **Weggabelung rechts** dem Weg. Der anfänglich noch breitere Weg verjüngt sich bald zu einem **Pfad** und führt uns nach links durch den **Wald** in **Serpentinen bergauf**. Nach einer knappen halben Stunde weicht die Bewaldung einer **Buschvegetation** aus Baumheide, Erdbeerbäumen und Dissgrasstauden und wir erreichen die **Passhöhe** des ***Coll des Carniceret*** mit ersten schönen Ausblicken auf die umliegenden Berge. Rechts des Weges steht auf dem Pass ein **Brandwachtturm**, der in der feuergefährlichen heißen Jahreszeit mit Brandwächtern besetzt ist.

Vor uns ragt das in greifbarer Nähe erscheinende *Galatzó*-Massiv auf, dessen Besteigung über die Nordwestflanke uns noch einiges an Zeit und Kraft abverlangen wird. Wir **überqueren** die **Passhöhe** und folgen weiter dem erkennbaren Pfad, der uns nun entlang der **nördlichen Bergflanke** über ein **Geröllfeld** auf den markanten **Felsturm** des **Bisbe** (Bischof) zuführt. Am Felsturm vorbei folgt ein weiterer kurzer steiler Anstieg auf einen **Bergsattel**, auf dem wir eine **Weggabelung** mit **Hinweisschildern** und das **Fundament** einer Hütte vorfinden. Hier gabelt sich der Weg geradeaus talwärts in Richtung *Boal de ses Serveres* und **links** auf den ***Galatzó***.

Fortsetzung: Puig de Galatzó Teilstrecke 10 – Seite 337

10

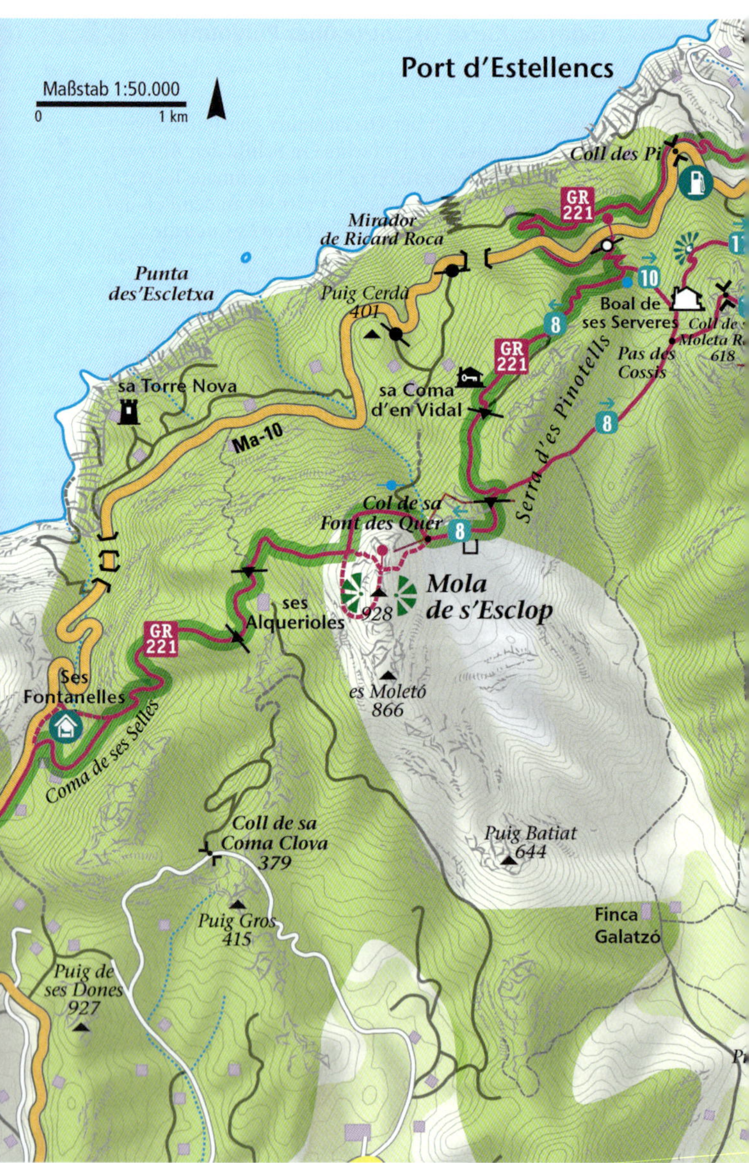
Port d'Estellencs
Maßstab 1:50.000
0
1 km
Coll des Pi
GR 221
Mirador de Ricard Roca
Punta des'Escletxa
Puig Cerdà 401
10
Boal de ses Serveres
Coll de Moleta
618
8
Pas des Cossis
sa Torre Nova
sa Coma d'en Vidal
Serra d'es Pinotells
Ma-10
Col de sa Font des Quer
Mola de s'Esclop
928
ses Alquerioles
Ses Fontanelles
Coma de ses Selles
es Moletó 866
Coll de sa Coma Clova 379
Puig Batiat 644
Puig Gros 415
Finca Galatzó
Puig de ses Dones 927

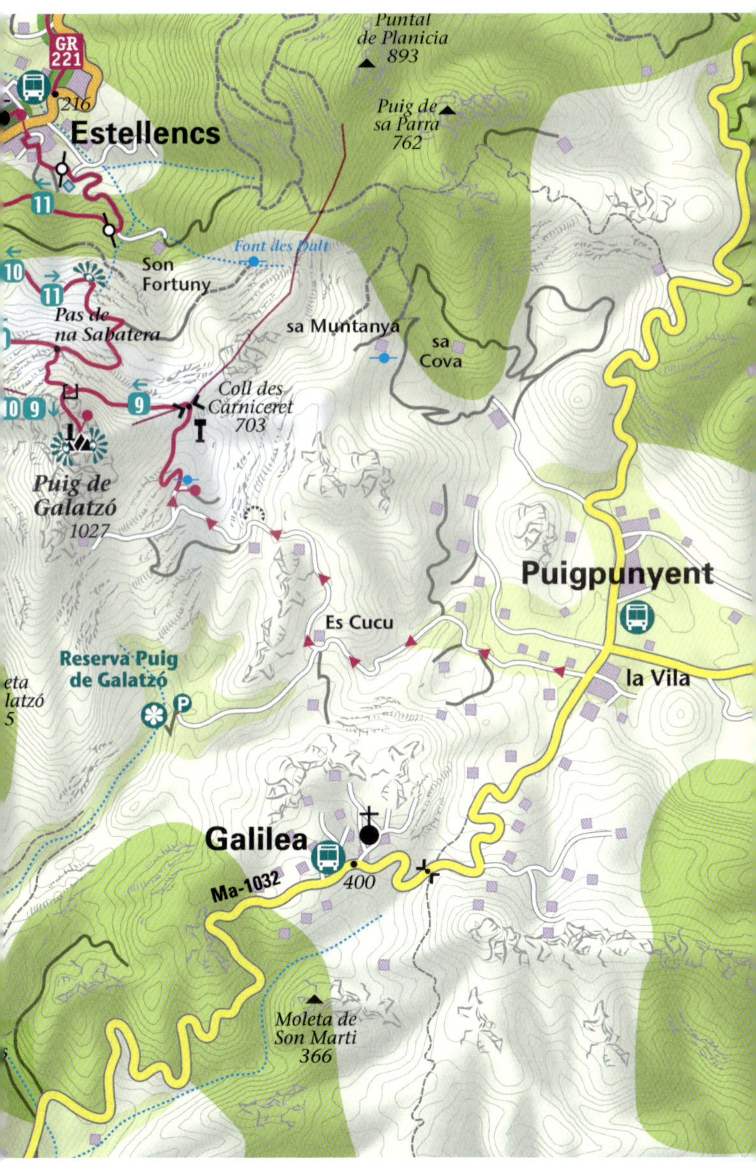
Puntal
de Planicia
893
Puig de
sa Parra
762
GR
221
216
Estellencs
11
Font des Dalt
Son
Fortuny
10
11
Pas de
na Sabatera
sa Muntanya
sa
Cova
Coll des
Carniceret
703
9
Puig de
Galatzó
1027
Puigpunyent
Es Cucu
Reserva Puig
de Galatzó
la Vila
Galilea
400
Ma-1032
Moleta de
Son Marti
366

10 Galatzó – Nordwestroute über Boal de ses Serveres

Wanderkarte: Puig de Galatzó Seite 334/335

Anfahrt/Einstieg: An der Straße zwischen Andratx und Estellencs bei **Kilometerstein 97** weist ein **Wanderschild** auf den Aufstieg zum ***Boal de ses Serveres/Puig de Galatzó*** und den hier beginnenden unbefestigten **Fahrweg**.

Start: Wenige Schritte weiter umgehen wir an einer gefassten Quelle ein für den Verkehr verschlossenes **Holztor** und wandern hier auf dem Fahrweg weiter bergan. Nach einigen Serpentinen folgen wir an der darauffolgenden Weggabelung dem **Fahrweg links** und erreichen nach **600 m** den **Picknick- und Grillplatz** *Boal de ses Serveres* **mit Schutzhütte und** Dixi-Klo.

Hier zweigt an einer nachgebauten **Köhlerhütte** aus Stein **rechts** der **Pfad** zum *Pas des Cossis* und in Richtung *Puig de Galatzó* ab. Anfangs durch **Steineichenwald**, geht es bald in vielen **Kehren** einen dissgrasbewachsenen **Steilhang** hinauf und wir treffen am ***Pas des Cossis*** auf eine **Weggabelung** mit **Hinweisschild** zum ***Puig de Galatzó*** nach **links**.

Mäßig ansteigend führt uns der **Pfad** hinauf zur **Passhöhe *Coll de sa Moleta Rasa***, von der aus wir das imposante *Galatzó*-Massiv bereits vor Augen haben. Durch die wenig bewaldete Strauch- und Dissgraslandschaft wandern wir mit Panoramaausblicken in Richtung **Gipfelziel**. In kurzen Abständen treffen wir auf **zwei Markierungspfähle**, die die einzigen auf der ganzen Wegstrecke bleiben. Ansonsten helfen uns Steinmännchen bei der weiteren Wegfindung. Durch eine leichte Talsenke,

Gesellschaft am Galatzó

vorbei an den Grundmauern einer **Steinhütte**, zieht sich unser Pfad schließlich an der Nordflanke des *Galatzó-Massivs* hinauf zum ***Pas de na Sabatera*** mit markantem Felsblock, wo sich der Pfad links talwärts in Richtung *Font de Dalt* und **rechts** weiter **bergan** zum **Gipfel** verzweigt. Nach einigen Serpentinen durch die mittlerweile baumlose **Dissgraslandschaft** erreichen wir einen **Sattelpunkt** mit **Weggabelung**, Hinweisschildern und dem **Fundament** einer **Hütte**. Hier gabelt sich der Weg: geradeaus talwärts in Richtung *Font des Pi* und rechts hinauf zum *Puig de Galatzó.*

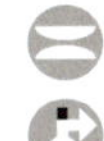

Anschluss: Auf den Puig de Galatzó von Teilstrecke 9

▶ Ein **steiler Anstieg** führt uns nun in einer knappen halben Stunde über die **Nordwestflanke** durch das kompakte **Felsmassiv** mit mächtigen Felsblöcken hinauf zum Gipfel. Kurz unterhalb des Gipfelpunktes weisen uns Farbmarkierungen den Weg und ein auf den Fels geschriebenes „Hi" kündigt den Gipfelpunkt an. Nach einer letzten kurzen **Kletterpartie** erreichen wir schließlich an der Betonsäule des topografischen Messpunktes den **Gipfel** des *Puig de Galatzó.*

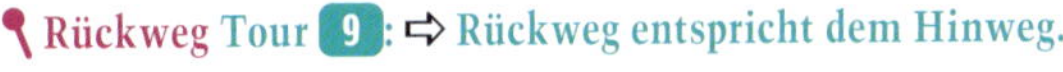

Rückweg Tour 9: ⇨ Rückweg entspricht dem Hinweg.

Rückweg: ▶ Bis zum ***Pas de na Sabatera*** ist der Rückweg identisch mit dem **Hinweg**. Dort folgen wir nun **rechts** dem sich talwärts ziehenden Pfad in Richtung ***Font de Dalt***. Bald führt uns dieser in einen durch Unwetter **verwüsteten Steineichenwald** mit zahlreichen entwurzelten Bäumen. An einer **Weggabelung** halten wir uns **links** vorbei an ehemaligen Köhlerplätzen und folgen kurz darauf am **Hinweisschild** *Font de Dalt* dem Weg nach **links**. Wenige Gehminuten später erreichen wir **rechterhand** einen markanten **Felsblock**, von dem aus man nochmals einen beeindruckenden **Ausblick** hat. Stetig führt uns der **Pfad** nun durch **Steineichenwald** entlang der Bergflanke sanft **talwärts** und wir passieren in einem Taleinschnitt den **Wegabzweig** nach Estellencs, den wir rechts liegenlassen. **Geradeaus** wandern wir wieder leicht bergan zum **Sattelpunkt** ***Sa Copa d'Or*** und genießen die Panoramablicke auf Estellencs. Kurz nach dem Sattelpunkt bietet sich uns am ***Mirador del Pla de ses Serveres*** ein weiterer beeindruckender Aussichtspunkt. Talwärts erreichen wir nun schnell die Schutzhütte mit Grillstelle und Picknickplatz ***Boal de ses Serveres*** und wandern auf bekannten Wegen bergab zu unserem **Ausgangspunkt** an der Hauptstraße bei Kilometerstein 97.

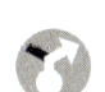

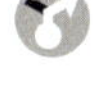

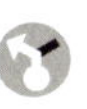

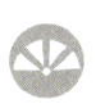

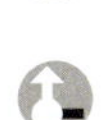

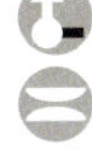

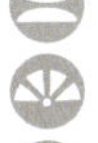

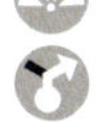

11 Puig de Galatzó – Die Nordroute über Estellencs

Wanderkarte: Puig de Galatzó ⇨ Seite 334/335

Anfahrt/Einstieg: In der Ortsmitte am Restaurant *Montimar*.

Start: **Links** am erhöht gelegenen **Restaurant *Montimar*** vorbei, führt uns der ***Carrer Arrabal*** oberhalb des Ortes **bergan** und am **Haus Nr. 17 rechts** vorbei in einen **Karrenweg**. Am letzten Gebäude **links** zweigt ein **Pfad** ab, der uns in einen Taleinschnitt führt. Kurz darauf an einer **Weggabel** halten wir uns **links** und gehen in einen dichten **Wald**. Wir passieren ein **Gatter** und steigen dann den Pfad hinauf zum **Zufahrtsweg** der *Finca Son Fortuny*, dem wir **rechts bergauf** weiter folgen.

Nach einigen spitzen Wegkehren erreichen wir nach etwa **700 m** in einer Linkskehre **rechts** den **Wegabzweig** in Richtung *Galatzó*, der durch ein aus eisernen Bettrosten bestehendes **Gatter** führt.

Durch alte **Olivenhaine** wandern wir entlang der Bergflanke bergan und halten uns nach weiteren **700 m** an einer **Weggabelung links**. Der Karrenweg führt uns durch ein eisernes **Gatter** in **Steineichenwald**. An der nächsten **Linkskehre folgen** wir **rechts** einem **Köhlerpfad**. Steil führt uns dieser bergan und wir erreichen schließlich die **Weggabelung** in Richtung *Boal de ses Serveres* nach rechts und links in Richtung *Font de Dalt/Puig de Galatzó*.

Links in Richtung Galatzó-Gipfel führt uns der Pfad nun entlang der Bergflanke sanft bergan und wir passieren **linkerhand** einen **markanten Felsblock**, von dem aus man einen beeindruckenden Ausblick hat. Bald führt uns der Weg in ein durch Unwetter **verwüstetes Waldstück** mit zahlreichen entwurzelten Bäumen. Am **Hinweisschild *Font de Dalt*** gehen wir nach **rechts** und an der darauffolgenden **Weggabelung** wieder **rechts**. Bald führt uns der Pfad aus dem dichten Steineichenwald hinaus und wir steigen – von **Panoramaausblicken** begleitet – bergan zum ***Pas de na Sabatera***, wo sich der Pfad in Richtung *Boal de ses Serveres* nach **rechts** und **links** zum **Gipfel des *Galatzó*** verzweigt.

Wir gehen nach links und erreichen nach einigen weiteren Serpentinen durch die mittlerweile baumlose **Dissgraslandschaft** einen **Sattelpunkt** mit **Weggabelung**, Hinweisschildern und dem **Fundament** einer Hütte. Hier gabelt sich der Weg geradeaus talwärts in Richtung *Font des Pi* und **rechts** hinauf zum ***Puig de Galatzó***.

Ein steiler Anstieg führt uns nun in knapp 30 Minuten über die **Nordwestflanke des *Galatzó*** durch das kompakte **Felsmas-**

siv mit mächtigen Felsblöcken hinauf zum Gipfel. Kurz unterhalb des Gipfelpunktes weisen uns **Farbmarkierungen** den Weg und ein auf den Fels geschriebenes „Hi" kündigt den Gipfelpunkt an. Nach einer letzten kurzen **Kletterpartie** erreichen wir schließlich an der Betonsäule des topografischen Messpunktes den Gipfel des *Puig de Galatzó*.

Rückweg: Bis zum ***Pas de na Sabatera*** ist der Rückweg identisch mit dem **Hinweg**.

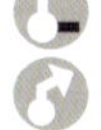

Dort folgen wir dem Pfad entlang der **Nordwestflanke** des ***Galatzó*** abwärts in eine **Talsenke**. Hier orientieren wir uns nach **rechts** und folgen dem Pfad durch die wenig bewaldete **Strauch- und Dissgraslandschaft** jetzt wieder leicht **bergan**. In kurzen Abständen treffen wir auf zwei **Markierungspfähle**, die die einzigen auf der ganzen Wegstrecke bleiben. Wir gelangen zur **Passhöhe *Coll de sa Moleta Rasa*** und gehen auf dem **Pfad** nun wieder **talwärts**. Am ***Pas des Cossis*** treffen wir auf eine **Weggabelung** mit **Hinweisschild** und halten uns hier **rechts**. In vielen Kehren wandern wir einen dissgrasbewachsenen **Steilhang** hinab und erreichen nach einem kurzen **Waldstück** den **Rastplatz *Boal de ses Serveres***.

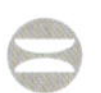

Dort halten wir uns **rechts** und folgen, vorbei an der Schutzhütte mit Grillstelle und Picknickplatz, dem bergan führenden Karrenweg. Kurz darauf bietet sich uns **links** am ***Mirador del Pla de ses Serveres*** ein weiterer beeindruckender **Aussichtspunkt**. Nach einem Anstieg erreichen wir den **Sattelpunkt *Sa Copa d'Or*** und genießen hier nochmals Panoramausblicke auf Estellencs. Erst talwärts, später dann leicht bergan gehend erreichen wir wieder den vom Hinweg bekannten **Abzweig links** nach **Estellencs** und wandern auf diesem talwärts nach Estellencs.

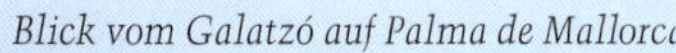

Blick vom Galatzó auf Palma de Mallorca

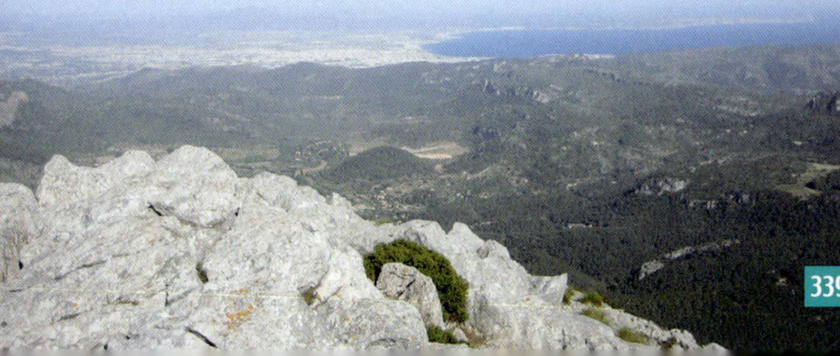

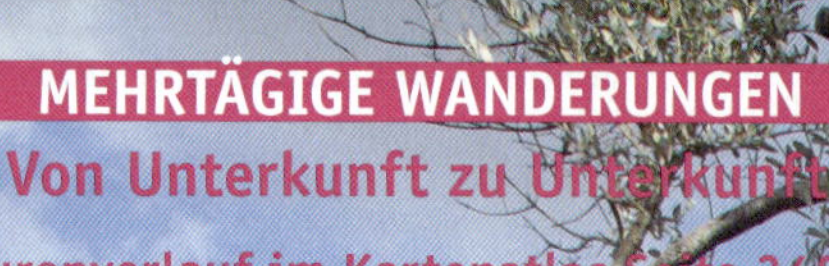

MEHRTÄGIGE WANDERUNGEN

Von Unterkunft zu Unterkunft

⇨ Tourenverlauf im Kartenatlas Seite 348-357

Tourenplanung

Weitwanderweg GR-221 • Nord- und Südetappe

4-tägige Rundwanderung durch die zentrale Tramuntana

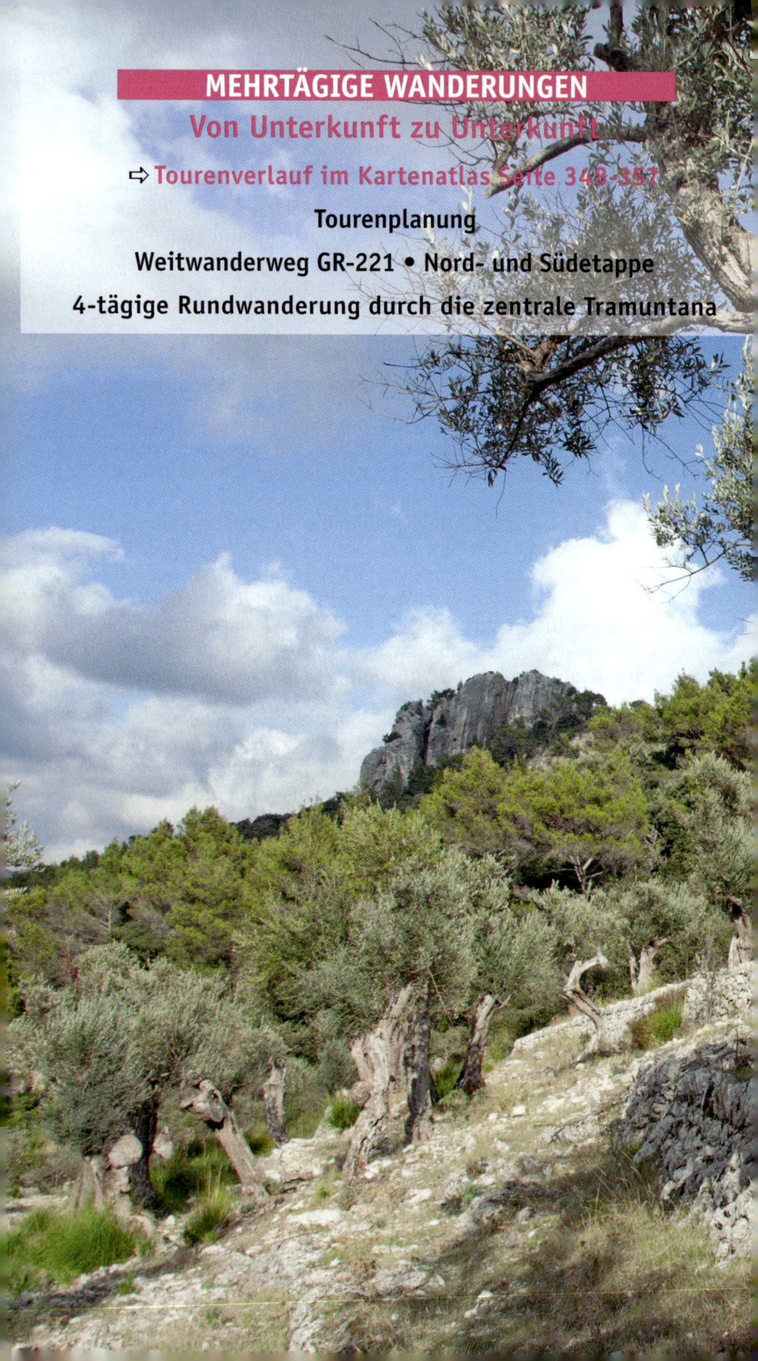

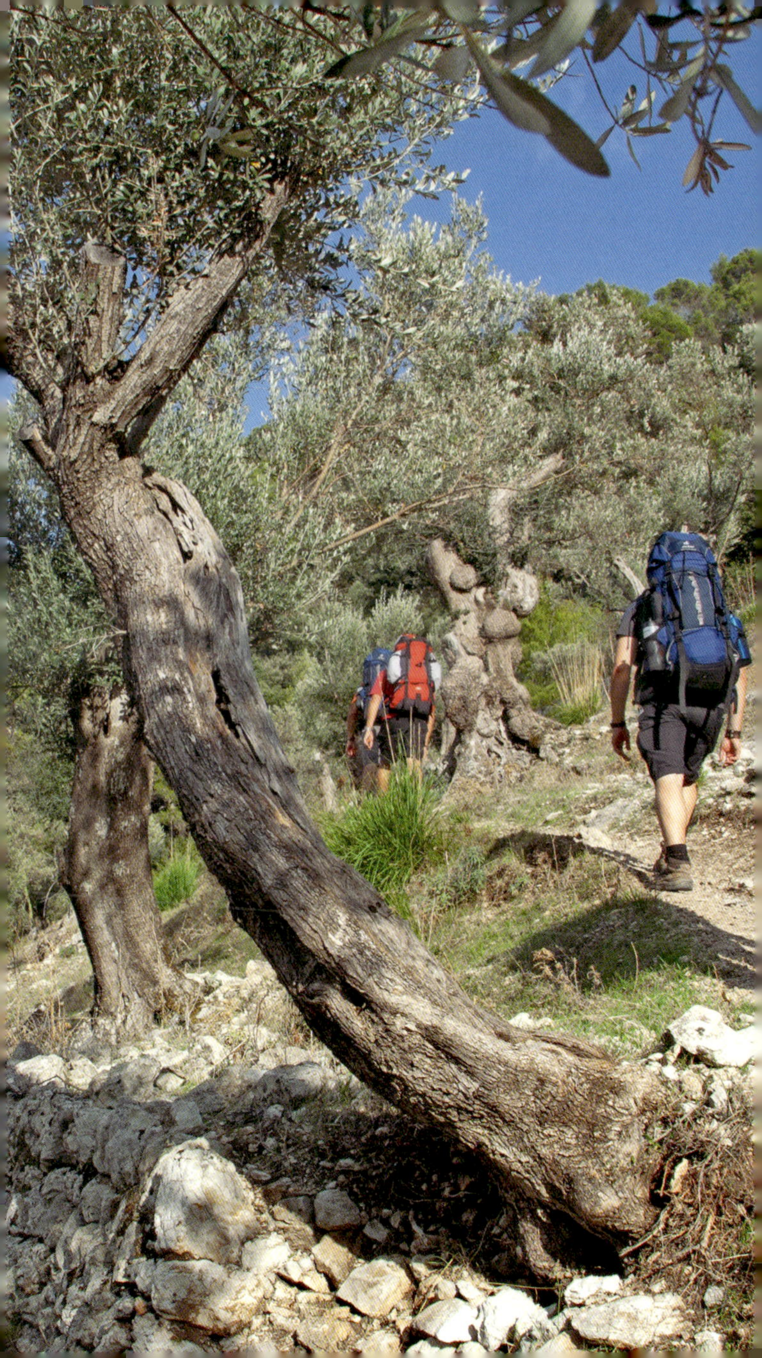

Tourenplanung

Mehrtägige Rund- und Streckenwanderungen

Was bei uns in Wandergebieten mit bewirtschafteten Naturfreundehäusern, Alpenvereinshütten und Gasthöfen als Selbstverständlichkeit erscheint, ist auf Mallorca noch eine kleine Herausforderung. Eine mehrtägige Wanderung durch die *Serra Tramuntana* von Unterkunft zu Unterkunft will wohl organisiert sein. Aber es ist ein Erlebnis, Mallorca – fernab vom Pauschaltourismus – ganz *per pedes* zu erleben. Hier gibt es eine echte Alternative zu Bergwanderungen in den Alpen, noch dazu mit der Möglichkeit, dies mit einem Badeurlaub am Meer zu verbinden.

Organisation der Unterkünfte

Wesentlicher Bestandteil für die Planung einer mehrtägigen Wandertour ist die Klärung der Unterkunftsfrage in einer der Berghütten, Pensionen oder kleineren Hotels entlang der vorgeschlagenen Wanderstrecken. Eine vorherige **Reservierung** ist in den meisten Fällen ratsam, was indessen die **Planung** und Einhaltung eines strikten „Marschplans" voraussetzt. Bei einigen Unterkünften ist es zwingend notwendig zu reservieren, da bei voller Belegung ein kurzfristiges Ausweichen auf andere Quartiere in der Nähe mangels Vorhandenseins nicht möglich ist. Auch die Übernachtung in einer der mittlerweile fünf Berghütten ist nur nach vorheriger Reservierung und Vorkasse möglich (⇨ Seite 378).

Ein ausführliches und aktuelles **Unterkunftsverzeichnis** mit Adressen, Telefon- und Faxnummern, sowie weitere Hinweise zu den Quartieren im einzelnen findet sich auf unserer Autoren-Website unter www.serratramuntana.de und als Adressliste hier im Buch ab Seite 375.

Ausrüstung

Besonderes Augenmerk sollte bei mehrtägigen Wanderungen Menge und Qualität der Ausrüstung gelten. Viele nehmen zuviel und/oder die falsche Kleidung mit. Sinnvoll ist leichtes Gepäck und ein bequemer Rucksack, der ausreichend Bewegungsfreiheit lässt und mit dem auch mal kurze Kletterpassagen möglich sind. Nachfolgend (⇨ Infokasten Seite 343) ist eine Ausrüstungsliste für einen zehntägigen Wanderurlaub von Unterkunft zu Unterkunft im Frühjahr bzw. im Herbst zusammengestellt. Für bessere Hotels in den touristischen Orten und/oder für den Restaurantbesuch am Abend empfiehlt sich eine zusätzliche lange Hose bzw. ein Kleid.

Tourenplanung

Verpflegung unterwegs

Orte mit Einkehrmöglichkeiten und Läden für den Proviantkauf finden sich im Kartenatlas (⇨ Seite 348) und bei den jeweiligen Ortsbeschreibungen. Auf jeden Fall benötigt man ausreichend Wasser oder andere Durstlöscher. Nur selten gibt es Quellen am Wegrand. Manche von ihnen versiegen überdies in Trockenperioden.

Anreise/Ankunft auf Mallorca

Per Bus geht es im 20-Minutentakt (ca. 6 Uhr bis 2 Uhr morgens) vom Flughafen zum zentralen Busbahnhof oberhalb der Plaça de Espanya, von dem aus man alle Startpunkte der vorgeschlagenen Wandertouren erreichen kann (⇨ Busfahrzeiten Seite 372/373). Bequemer geht`s per Taxi (etwa deutsche Tarife).

An der Plaça de Espanya befindet sich auch der **Bahnhof** für den nostalgischen Zug in Richtung Bunyola und Sóller. (⇨ Zugfahrzeiten Seite 373)

Wegen ungünstiger Flugzeiten oder einfach um sich die reizvolle Hauptstadt Palma anzusehen, kann ggf. eine Übernachtung in Palma in der Nähe der Plaça de Espanya zweckmäßig sein. Dort ist bei Bedarf die **Touristeninformation** im alten Bahnhof der Inca-Linie an der Plaça de Espanya behilflich bei der Unterkunftssuche (bis 18 Uhr).

Packliste

- Leichter Rucksack (min 40 l) mit Regenschutz
- Wanderstiefel und leichte Trekkingsandalen
- 5 Funktions-Shirts, Unterwäsche und Socken
- 2 kurze Hosen, 1-2 lange Hose(n)
- 1 Pullover oder Fleece-Jacke
- 1 leichte Wind- und Regenjacke
- 1 großes Handtuch, Badesachen, Kopfbedeckung,
- Waschzeug, Handwaschmittel, Sonnenschutz
- Taschenmesser, Feuerzeug, evtl. Grillanzünder
- Kompass, Taschenlampe,(Höhenmesser)
- 2 Trinkwasserflaschen (0,5-1 l)
- Mineral-Brausetabletten für Trinkwasser
- Müsliriegel
- Verbandszeug, Wäscheschnur
- Minitasche oder Bauchbeutel für Wertsachen
- (evtl. Leichtzelt, Isomatte + Schlafsack)

Weitwanderweg GR-221 – Ruta de Pedra en sec

Seit einigen Jahren ist man nun auch auf Mallorca dabei, mit der ***Ruta de Pedra en sec***, ausgeschildert als **GR-221**, einen Weitwanderweg zu schaffen. Vielfach auf historischen und früher einzigen Verbindungswegen zwischen den Ortschaften durchquert der Weitwanderweg auf atemberaubenden und landschaftlich vielfältigen Wegstrecken und Pfaden die Gebirgskette *Serra de Tramuntana* von Sant Elm im Südwesten bis Pollença im Nordwesten.

Seine Bezeichnung ***Ruta de pedra en sec*** (die **Route der Trockensteinmauern**) erhielt der Weitwanderweg, weil ein Großteil der insgesamt ca. 120 km langen Strecke über mauergestützte Pfade und entlang von Natursteinmauern führt. Sie sind als Gebietsgrenzen und zur Befestigung von Terrassenfeldern ständige Wegbegleiter des Wanderers.

Mit den Berghütten ***Can Boi*** in Deià, ***Son Amer*** in Lluc, ***Pont Roma*** in Pollença, ***Muleta*** in Port de Sóller und der Berghütte ***Tossals Verds*** im Zentralgebirge, stehen im zentralen- und nördlichen Tramuntanagebirge zur Zeit insgesamt 5 Berghütten als Etappenziele zur Verfügung, die eine Weitwanderung auf dem GR-221 von Valldemossa, in 5 Etappen von Berghütte zu Berghütte, bis nach Pollença problemlos möglich machen. (Vorherige Reservierung vorausgesetzt,Estellencs ⇨ Seite 379)

Der südliche Streckenteil von Sant Elm bis Valldemossa ist dagegen in Teilen noch unerschlossen und Berghütten weitestgehend nicht vorhanden. Einzig auf weiter Flur das private Refugi und Gästehaus *Ses Fontanelles* ((⇨ Seite 381, 396).

Dennoch ist es für abenteuerlustige Wanderer möglich, den gesamten Weitwanderweg in 8-10 Etappen zu gehen, sofern sie bereit sind, die teilweise schwierige Wegführung des südlichen Streckenteils in Kauf zu nehmen und unterwegs auch mal in einer Pension oder in einem Hotel zu übernachten.

Nachfolgend wird die Durchführung einer mehrtägigen Weitwanderung auf dem GR-221, unterteilt in eine Süd- und eine Nordetappe, im Detail erläutert. Streckendaten und ein Höhenprofil informieren über die technischen Anforderungen und Seitenverweise führen durch das Buch zu den einzelnen detaillierten Etappenbeschreibungen, mit deren Hilfe die Strecke auch praktisch nachvollziehbar ist.

TIPP Wanderkarte Mallorca GR-221 mit allen wichtigen und nützlichen Informationen und einer detaillierten textlichen Beschreibung der 9 Etappen des GR-221 erhältlich bei uns im shop httsp://shop.mapsolutions.de

GR-221 · Südetappe: Von Sant Elm nach Valldemossa

GR221

1. Etappe • Sant Elm nach Ses Fontanelles (12 km/560 Hm)

Die erste Etappe führt durch dichten Steineichenwald und vorbei an den Ruinen von La Trapa auf einem aussichtsreichen Küstenpfad und über baumlose karstige Berghänge zur Passhöhe *Coll de sa Gramola* und weiter zum privaten Refugio und Gästehaus *Ses Fontanelles*.

Ses Fontanelles ➪ Seite 381, 396

2. Etappe • Ses Fontanelles nach Estellencs (11 km/600 Hm)

Auf versteckten Gebirgspfaden geht es hinauf zum einsam gelegenen Gehöft *Ses Alquerioles* und weiter durch eine zerklüftete Steinlandschaft auf den imposanten Tafelberg *S'Esclop*. Auf der Nordostseite führen uns Gebirgspfade talwärts zur verschlossenen Selbstversorgerhütte *Sa Coma d'en Vidal* und von dort weiter auf einsamen Köhlerpfaden bis nach Estellencs, wo ein bequemes Hotelbett uns erwartet.

Estellencs ➪ Seite 375

3. Etappe • Estellencs nach Banyalbufar (7 km/220 Hm)

Die Etappe zwischen den beiden reizvollen und sehenswerten Orten Estellencs und Banyalbufar ist gut ausgeschildert und markiert und seit der Öffnung der Wegsperrung bei der *Finca Es Rafal* auch wieder problemlos begehbar.

Banyalbufar ➪ Seite 375

4. Etappe • Banyalbufar nach Esporles (7 km/400 Hm)

Auf dem *Camí des Correu* (Alter Postweg), dem historischen Verbindungsweg zwischen Banyalbufar und Esporles, führt der gut markierte GR-221 küstenparallel in stetigem auf und ab über weite Strecken durch Wald und bietet bis nach Esporles viele schöne Ausblicke.

Esporles ➪ Seite 375

5. Etappe • Esporles nach Valldemossa (10 km/630 Hm)

Anfangs auf Sträßchen und befestigten Wegen führt der GR-221 anfangs durch die Ländereien von *Son Cabaspre*. Dann folgt man alten Gebirgs- und Köhlerpfaden über die Hochebene von *Son Pacs* und dem Berg sa *Comuna* bis nach Valldemossa mit seiner sehenswerten Kartause.

Valldemossa ➪ Seite 375

Wegstrecke
47 km

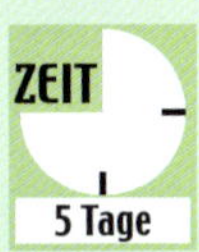

5 Tage

Markierung

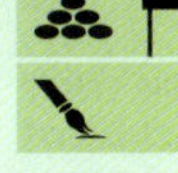

Höhenmeter

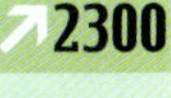

Teilstrecke
NR – Seite
4 318

GR221 GR-221 · Nordetappe: Von Valldemossa nach Pollença

Wegstrecke
75 km

Zeit
5 Tage

Markierung
Alle Wege beschildert

Höhenmeter
↗2900

Teilstrecke

NR	Seite
1	163
2	163
4	165
5	166
4	139
13	176
14	177
1	74
13	113
2	242
9	252
2	242
7	247
6	288

1. Etappe • Valldemossa nach Deià (8 km/520 Hm)

Steinige Pfade führen uns bergauf in den Naturpark *Son Moragues* und die felsige, weitgehend strauch- und baumlose Plateaulandschaft des Teix-Massivs. Auf dem *Camí de S'Arxiduc* wandert man in spektakulärem Verlauf am Rande der Hochebene entlang zum Fuße des Teix-Berges und steigt auf einsamen Gebirgspfaden nach Deià ab.

Refugi Can Boí ➪ Seite 380

2. Etappe • Deià zum Refugi Muleta/Port Sóller (9 km/270 Hm)

Der alte, streckenweise gut restaurierter Verbindungsweg zwischen den Orten Deià und Sóller verläuft küstenparallel mit immer wieder schönen Panoramablicken bis zur Finca *Son Mico*. Auf wenig befahrenen kleinen Straßen, Wegen und Pfaden geht es durch die alten Kulturlandschaften der Finca *Muleta Gran* bis zur Küste am Cap Gros.

Refugi Muleta ➪ Seite 380

3. Etappe • Port de Sóller zum Refugi Tossals Verds (25 km/940 Hm)

Vom Refugi am Cap Gros geht es entlang der Bucht in den Hafenort Port de Sóller und durch das Orangental weiter nach Sóller und quer durch die Stadt bis nach Biniaraix. Hier beginnt der Pilgerweg durch die wildromantische Schlucht der Barrancs hinauf zum Cúber Stausee und folgt dort den Gebirgspfaden bis *Tossals Verds*.

Refugi Tossals Verds ➪ Seite 380

4. Etappe • Tossals Verds zum Kloster Lluc (14 km/770 Hm)

Von Tossals Verds geht es über die Hochebene *Font des Prat* hinauf zur Passhöhe *Coll des Prat*, mit der Option einer Besteigung des *Puig de Massanella* (➪ Seite 243). Auf dem *Camí Vell de Ses Voltes d'en Galileu* wandert man hinab ins Klostertal und dem Kloster Lluc.

Refugi Son Amer ➪ Seite 381

5. Etappe • Kloster Lluc/Son Amer nach Pollença (17 km/190 Hm)

Die letzte Etappe folgt am Fuße des Berges Tomir über kleinere Passhöhen dem *Camí Vell de Pollença*, einem historischen Pilgerpfad zwischen dem Kloster Lluc und Pollença. Die letzten 5 km geht es mehr oder weniger entlang oder parallel der Straße Ma-10 bis nach Pollença.

Refugi Pont Romà ➪ Seite 381

Valldemossa
Camí de S'Arxiduc
Deià
Son Mico
Refugi Muleta
Sóller
Finca L'Ofre
Biniaraix
Coll de L'Ofre
Cúber Stausee
Coll des Coloms
Refugi Tossals Verds
Coll des Prat (1205)
Puig de Galileu (1190)
Kloster Lluc
Refugi Son Amer
Coll Pelat
Coll des Pedregaret
Binifaldó
Ma-10
Pollença
Refugi Ponte Romà

4-tägige Rundwanderung durch die zentrale Tramuntana W4-5

Diese anspruchsvolle Tour beinhaltet die absoluten Wander-Highlights der zentralen *Tramunta*, geeignet für schwindelfreie Wanderer mit guter Kondition und etwas Klettergeschick.

1. Etappe: Bunyola – Orient – Castell d'Alaró
Mit dem nostalgischen Zug oder dem Bus (L211) startet man früh morgens von Palma oder (Port de) Sóller nach Bunyola. Die erste Etappe führt auf Köhlerpfaden durch den Gemeindewald von Bunyola. Über den Gipfel des *Penyal d`Honor* geht es mit beeindruckenden Panoramblicken in das Hochtal von Orient und hinauf zur Festungsruine *Castell d'Alaro* mit seiner Unterkunft.

Refugi Castell d'Alaró ➪ Seite 380

2. Etappe: Castell d'Alaró - Orient - Refugi Tossals Verds
Auf gleichem Weg geht es am nächsten Morgen zurück bis zur Straße zwischen Orient und Alaró. Dort folgt man der Straße bis zur *Finca Solleric* und wandert über die Ländereien von *Solleric* und durch die landschaftlich reizvollen Seitentäler der Hochebene zum Refugi *Tossals.*

Refugi Tossals Verds ➪ Seite 380

3. Etappe: Berghütte Tossals Verds - Kloster Lluc
Die dritte Etappe führt von der Berghütte *Tossals Verds* durch die *Serra Tramuntana* zum Kloster Lluc, mit der Option einer Besteigung des *Puig de Massanella* (➪ Seite 243). Die Nacht kann man wahlweise im Kloster Lluc oder im Refugi verbringen.

Refugi Son Amer/Kloster Lluc ➪ Seite 381,377

4. Etappe: Kloster Lluc - Torrent de Pareis - Sa Calobra
Der *Torrent de Pareis* gehört zu den eindrucksvollsten Canyons Europas. Eine abenteuerliche Route führt vom Kloster Lluc durch die Schlucht bis zu seinem Durchbruch bei Sa Calobra. Von dort bringt uns (bei ruhiger See) ein Boot zurück nach Port de Sóller.

Port de Sóller ➪ Seite 376,377

(5. Etappe: Sa Calobra - Tuent - Port de Sóller /+20 km /+850 Hm)
Wer auf der lohnenswerten Küstenroute nach Port de Sóller weiter wandern möchte, muss in der Cala Tuent eine Nacht unterm Sternenhimmel oder im Zelt verbringen.

Wegstrecke
49 Km

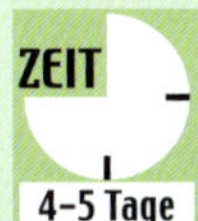

4-5 Tage

Markierung

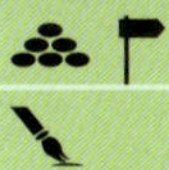

Höhenmeter
↗2150

Teilstrecke

NR	Seite
2	192
3	196
1	213
4	221
2	242
7	247
7	292
12	108
11.1	102

KARTENATLAS

Die Serra Tramuntana
Kartenblätter im Maßstab 1 : 75.000

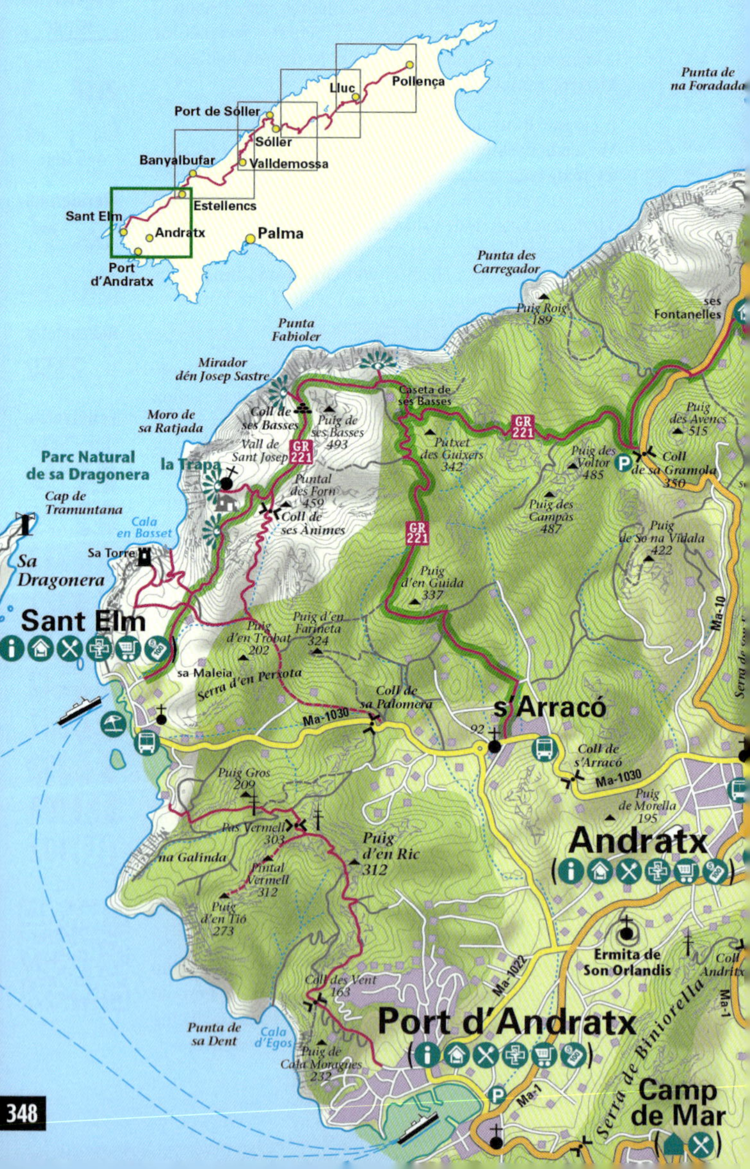

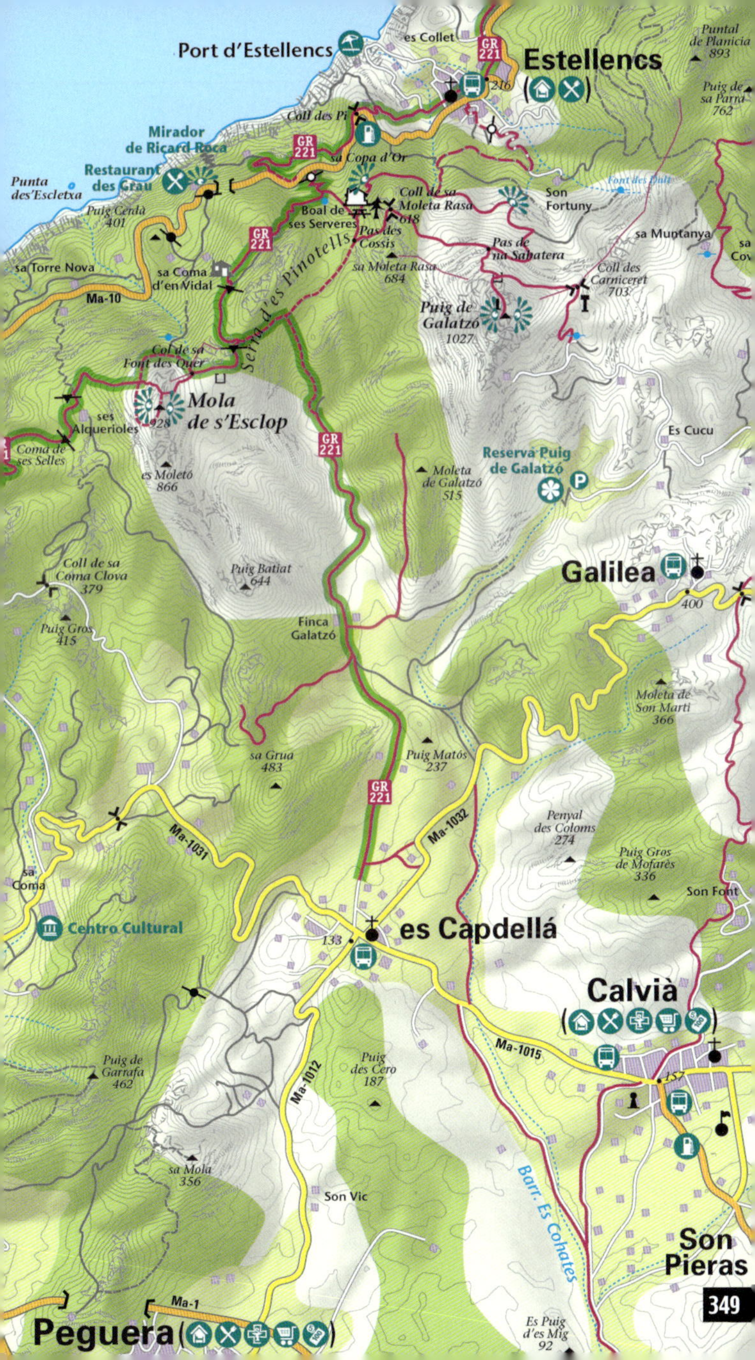
Port d'Estellencs
es Collet
GR 221
Estellencs
Puntal de Planicia 893
Puig de sa Parra 762
216
Coll des Pi
Mirador de Ricard Roca
Restaurant des Grau
Punta des'Escletxa
sa Copa d'Or
Coll de sa Moleta Rasa 618
Son Fortuny
Font des Dutí
Puig Cerdà 401
Boal de ses Serveres
Pas des Cossis
sa Muntanya
Pas de na Sabatera
sa Torre Nova
sa Moleta Rasa 684
Coll des Carniceret 703
sa Coma d'en Vidal
Ma-10
Serra d'es Pinotells
Puig de Galatzó 1027
Col de sa Font des Quer
Mola de s'Esclop
ses Alquerioles
928
Coma de ses Selles
es Moletó 866
Es Cucu
Reserva Puig de Galatzó
Moleta de Galatzó 515
Coll de sa Coma Clova 379
Puig Batiat 644
Galilea
400
Puig Gros 415
Finca Galatzó
Moleta de Son Martí 366
sa Grua 483
Puig Matós 237
Ma-1031
Ma-1032
Penyal des Coloms 274
Puig Gros de Mofarès 336
sa Coma
Son Font
Centro Cultural
es Capdellá
133
Calvià
Ma-1015
Puig de Garrafa 462
Ma-1012
Puig des Cero 187
157
sa Mola 356
Barr. Es Cohates
Son Vic
Son Pieras
Ma-1
Peguera
Es Puig d'es Mig 92

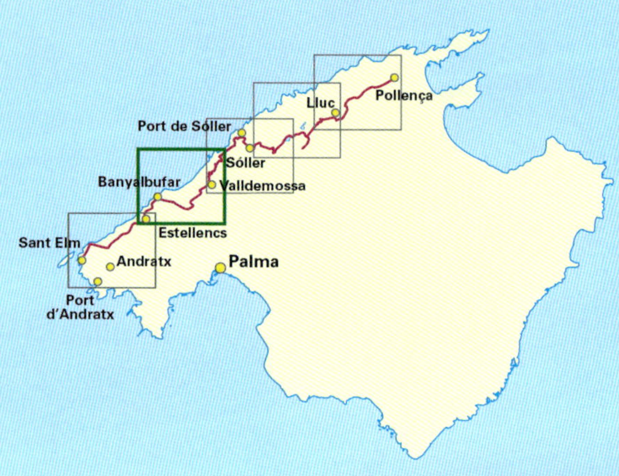
Pollença
Lluc
Port de Sóller
Sóller
Banyalbufar
Valldemossa
Estellencs
Sant Elm
Andratx
Palma
Port
d'Andratx

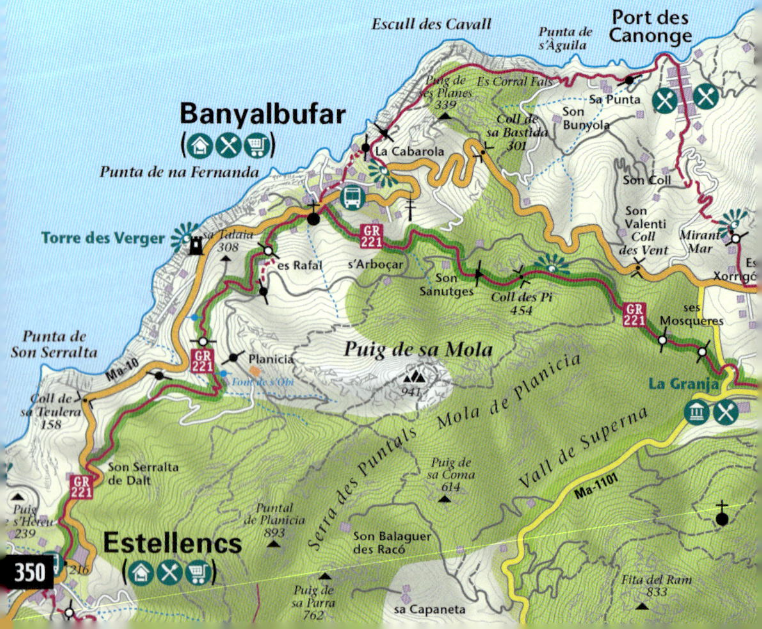

Escull des Cavall
Punta de
s'Àguila
Port des
Canonge
Puig de
ses Planes
339
Es Corral Fals
Sa Punta
Son
Bunyola
Coll de
sa Bastida
301
Banyalbufar
Punta de na Fernanda
La Cabarola
Son Coll
Son
Valenti
Coll
des Vent
Mirant
Mar
Es
Xorrigó
Torre des Verger
sa Talaia
308
es Rafal
s'Arboçar
GR
221
Son
Sanutges
Coll des Pi
454
ses
Mosqueres
Punta de
Son Serralta
Ma-10
Planicia
Font de s'Obi
Puig de sa Mola
941
La Granja
Coll de
sa Teulera
158
Mola de Planicia
Serra des Puntals
Vall de Superna
Son Serralta
de Dalt
Puig de
sa Coma
614
Ma-1101
Puig
s'Hereu
239
Puntal
de Planicia
893
Son Balaguer
des Racó
Estellencs
216
Puig de
sa Parra
762
sa Capaneta
Fita del Ram
833

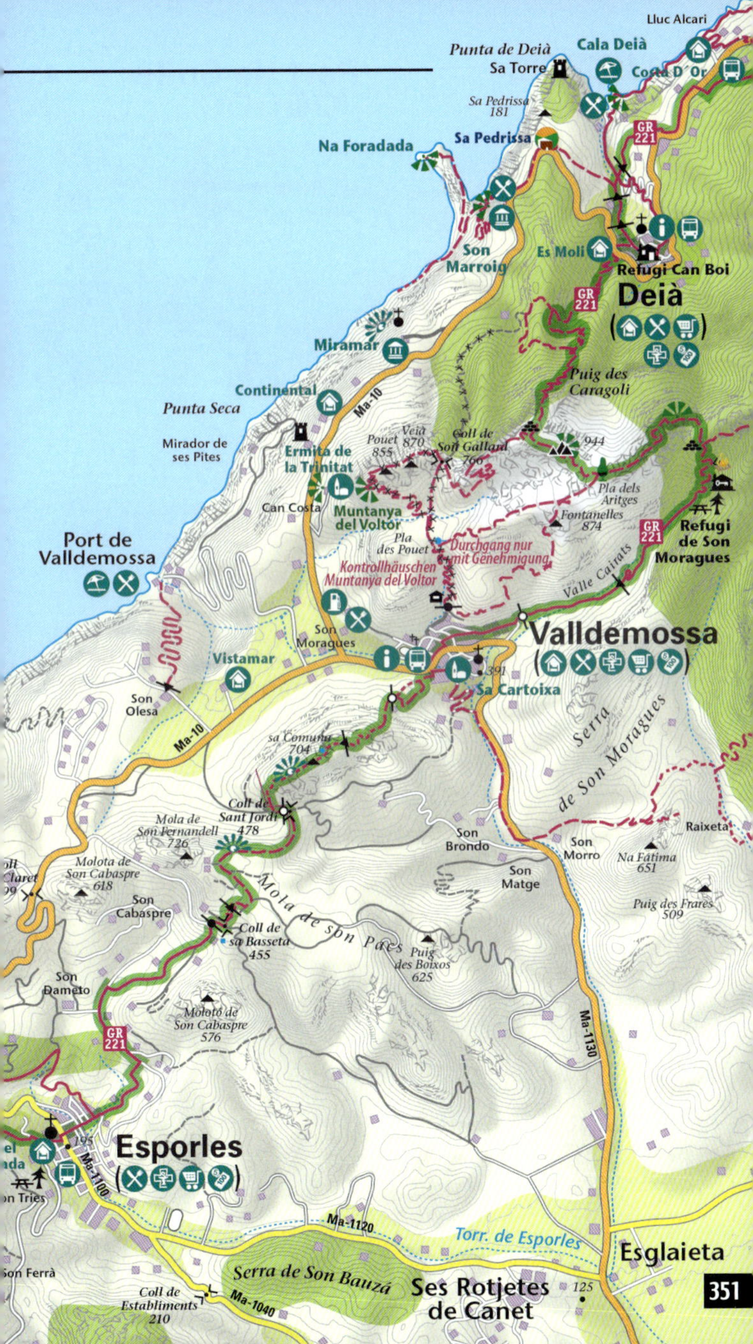
Lluc Alcari
Punta de Deià
Cala Deià
Sa Torre
Costa D´Or
Sa Pedrissa
181
Na Foradada
Sa Pedrissa
GR 221
Son Marroig
Es Moli
Refugi Can Boi
Deià
Miramar
Puig des Caragoli
Continental
Ma-10
Punta Seca
Mirador de ses Pites
Ermita de la Trinitat
Pouet 855
Veia 870
Coll de Son Gallard 766
944
Pla dels Aritges
Fontanelles 874
Can Costa
Muntanya del Voltor
Pla des Pouet
Durchgang nur mit Genehmigung
Refugi de Son Moragues
Port de Valldemossa
Kontrollhäuschen Muntanya del Voltor
Valle Cairats
Son Moragues
Valldemossa
Vistamar
391
Sa Cartoixa
Son Olesa
Serra de Son Moragues
sa Comuna 704
Coll de Sant Jordi 478
Mola de Son Fernandell 726
Son Brondo
Son Morro
Na Fàtima 651
Raixeta
Molota de Son Cabaspre 618
Son Matge
Son Cabaspre
Mola de son Paes
Puig des Frares 509
Coll de sa Basseta 455
Puig des Boixos 625
Son Dameto
Moloto de Son Cabaspre 576
Ma-1130
Esporles
195
Ma-1100
Ma-1120
Torr. de Esporles
Esglaieta
Serra de Son Bauzá
Ses Rotjetes de Canet
125
Son Ferrà
Coll de Establiments 210
Ma-1040

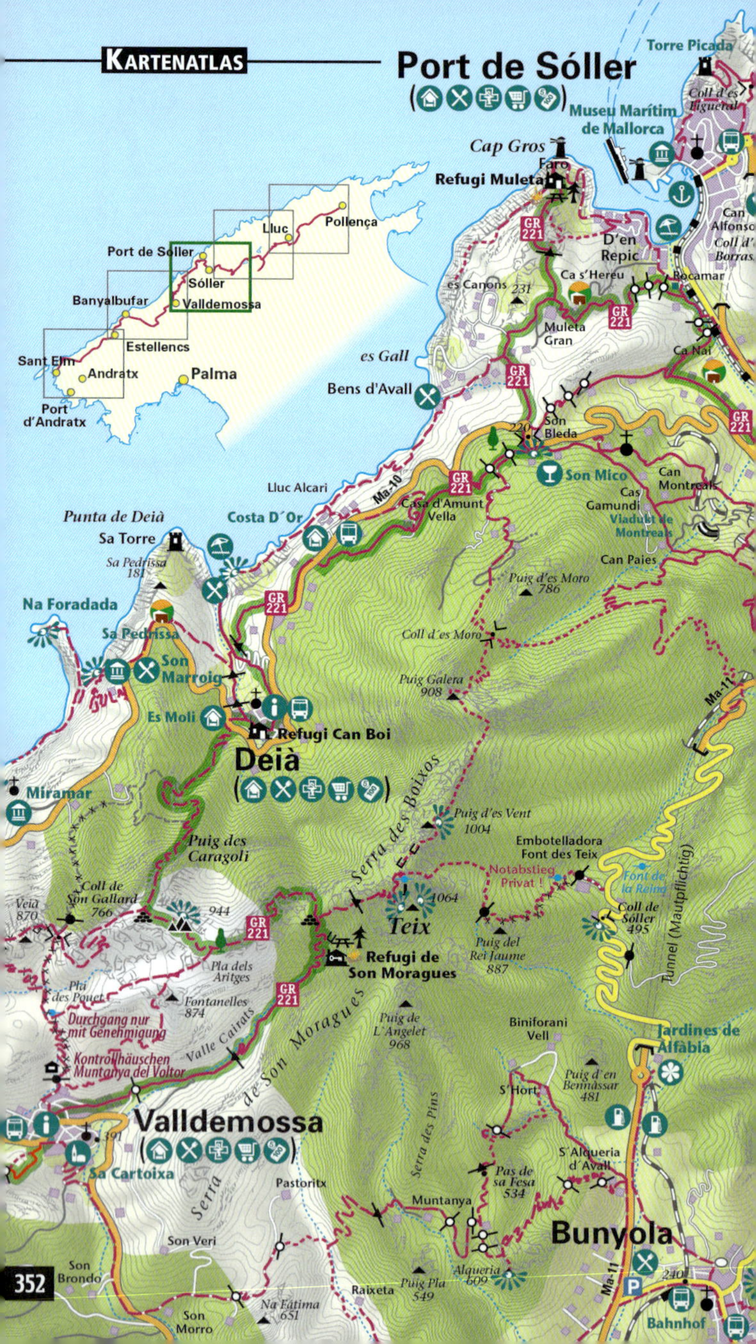
Port de Sóller
Torre Picada
Coll d'es Figueral
Museu Marítim de Mallorca
Cap Gros
Faro
Refugi Muleta
D'en Repic
Can Alfonso
Coll d'Borras
Ca s'Hereu
Rocamar
es Canons 231
Muleta Gran
Ca Nai
es Gall
Bens d'Avall
Son Bleda
Son Mico
Can Montreals
Cas Gamundi
Viadukt de Montreals
Lluc Alcari
Ma-10
Casa d'Amunt Vella
Punta de Deià
Costa D'Or
Sa Torre
Sa Pedrissa 181
Na Foradada
Sa Pedrissa
Son Marroig
Es Moli
Refugi Can Boi
Deià
Can Paies
Puig d'es Moro 786
Coll d'es Moro
Puig Galera 908
Ma-11
Miramar
Serra des Boixos
Puig d'es Vent 1004
Embotelladora Font des Teix
Notabstieg Privat !
Font de la Reina
Coll de Sóller 495
Tunnel (Mautpflichtig)
Puig des Caragoli
Coll de Son Gallard 766
Veia 870
944
Teix
1064
Refugi de Son Moragues
Puig del Rei Jaume 887
Pla dels Aritges
Pla des Pouet
Fontanelles 874
Durchgang nur mit Genehmigung
Kontrollhäuschen Muntanya del Voltor
Valle Cairats
Serra de Son Moragues
Puig de L'Angelet 968
Biniforani Vell
Jardines de Alfàbia
Puig d'en Bennàssar 481
S'Hort
Valldemossa
391
Sa Cartoixa
Serra des Pins
S'Alqueria d'Avall
Pas de sa Fesa 534
Pastoritx
Muntanya
Serra
Son Veri
Bunyola
Son Brondo
Alqueria 609
Puig Pla 549
Raixeta
Son Morro
Na Fàtima 651
240
Bahnhof
GR 221
Lluc
Pollença
Port de Sóller
Sóller
Valldemossa
Banyalbufar
Estellencs
Sant Elm
Andratx
Palma
Port d'Andratx

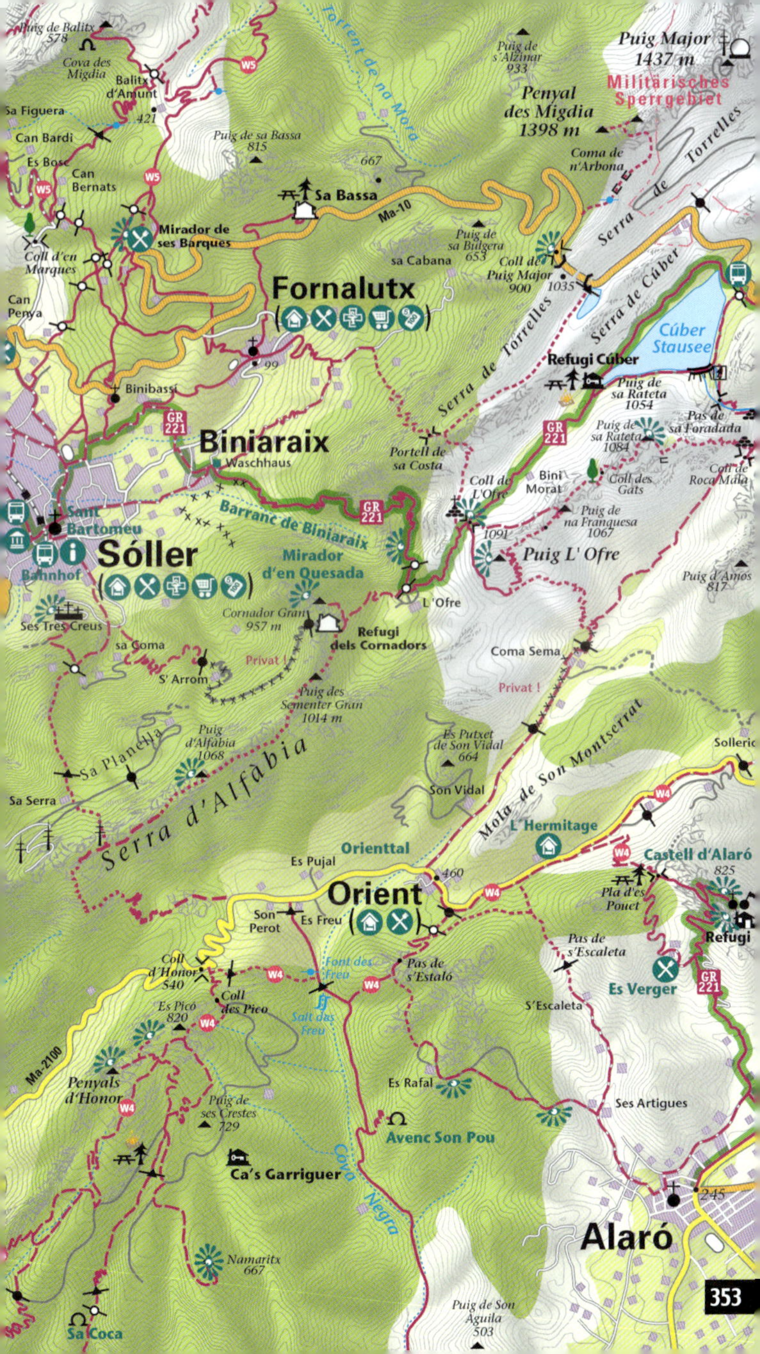

Puig de Balitx
578
Cova des Migdia
Balitx d'Amunt
421
Sa Figuera
Can Bardi
Es Bosc
Can Bernats
W5
Torrent de na Mora
Puig de s'Alzinar
933
Puig Major
1437 m
Militärisches Sperrgebiet
Penyal des Migdia
1398 m
Puig de sa Bassa
815
667
Coma de n'Arbona
Sa Bassa
Ma-10
Serra de Torrelles
Mirador de ses Barques
Coll d'en Marques
Puig de sa Bulgera
653
sa Cabana
Coll de Puig Major
900
1035
Can Penya
Fornalutx
Serra de Cúber
Cúber Stausee
99
Refugi Cúber
Binibassí
Puig de sa Rateta
1054
GR 221
Biniaraix
Waschhaus
Pas de sa Foradada
Puig de sa Rateta
1084
Portell de sa Costa
Coll de L'Ofre
Bini Morat
Coll des Gats
Coll de Roca Mala
Sant Bartomeu
Barranc de Biniaraix
Puig de na Franquesa
1067
1091
Sóller
Bahnhof
Mirador d'en Quesada
Puig L'Ofre
Puig d'Amós
817
L'Ofre
Ses Tres Creus
Cornador Gran
957 m
Refugi dels Cornadors
sa Coma
Coma Sema
Privat !
S' Arrom
Privat !
Puig des Sementer Gran
1014 m
Puig d'Alfàbia
1068
Es Putxet de Son Vidal
664
Sa Planella
Serra d'Alfàbia
Sollerich
Sa Serra
Son Vidal
Mola de Son Montserrat
W4
L'Hermitage
Orienttal
Castell d'Alaró
825
Es Pujal
460
Orient
Pla d'es Pouet
Son Perot
Es Freu
Refugi
Pas de s'Escaleta
Coll d'Honor
540
Font des Freu
Pas de s'Estaló
Es Verger
Coll des Pico
Salt des Freu
S'Escaleta
Es Picó
820
Ma-2100
Penyals d'Honor
Puig de ses Crestes
729
Es Rafal
Ses Artigues
Avenc Son Pou
Cova Negra
Ca's Garriguer
245
Alaró
Namaritx
667
Puig de Son Aguila
503
Sa Coca

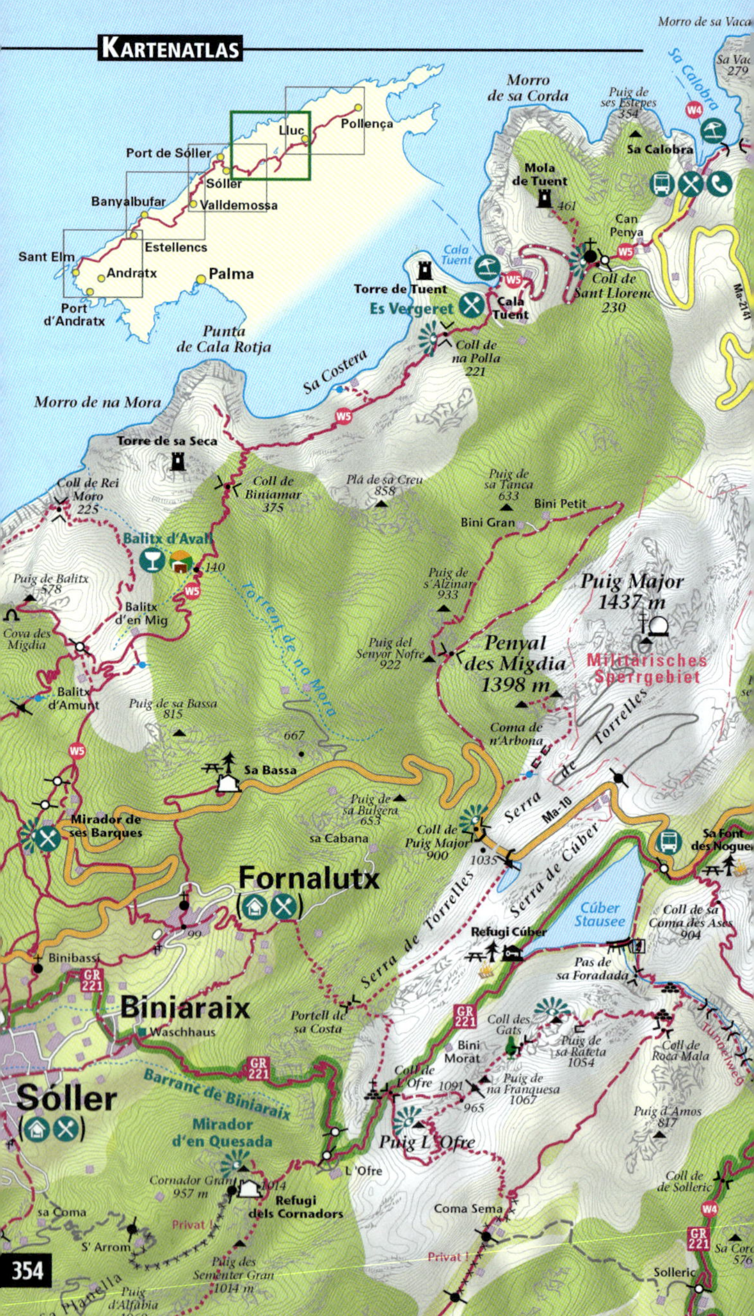
Lluc
Pollença
Port de Sóller
Sóller
Banyalbufar
Valldemossa
Estellencs
Sant Elm
Andratx
Palma
Port d'Andratx
Punta de Cala Rotja
Morro de sa Corda
Morro de sa Vaca
Sa Calobra
Puig de ses Estepes 354
Mola de Tuent 461
Can Penya
Cala Tuent
Torre de Tuent
Es Vergeret
Coll de Sant Llorenç 230
Coll de na Polla 221
Sa Costera
Morro de na Mora
Torre de sa Seca
Coll de Biniamar 375
Coll de Rei Moro 225
Plá de sa Creu 858
Puig de sa Tanca 633
Bini Petit
Bini Gran
Balitx d'Avall
Puig de Balitx 578
Balitx d'en Mig
Cova des Migdia
Torrent de na Mora
Puig de s'Alzinar 933
Puig Major 1437 m
Puig del Senyor Nofre 922
Penyal des Migdia 1398 m
Militärisches Sperrgebiet
Balitx d'Amunt
Puig de sa Bassa 815
Coma de n'Arbona
Serra de Torrelles
Sa Bassa
Puig de sa Bulgera 653
Mirador de ses Barques
sa Cabana
Coll de Puig Major 900
Ma-10
Serra de Cúber
Sa Font des Noguer
Fornalutx
Cúber Stausee
Coll de sa Coma des Ases 904
Refugi Cúber
Binibassi
Pas de sa Foradada
GR 221
Biniaraix
Waschhaus
Portell de sa Costa
Coll des Gats
Puig de sa Rateta 1054
Coll de Roca Mala
Bini Morat
Tunnelweg
Coll de L'Ofre
Puig de na Franquesa 1067
Sóller
Barranc de Biniaraix
Puig d'Amos 817
Mirador d'en Quesada
Puig L'Ofre
L'Ofre
Coll de Solleric
Cornador Gran 957 m
Refugi dels Cornadors
sa Coma
Privat !
Coma Sema
S' Arrom
Puig des Sementer Gran 1014 m
Sa Coma 576
Solleric
Puig d'Alfabia 1068
Sa Planella
Ma-2141
W4
W5

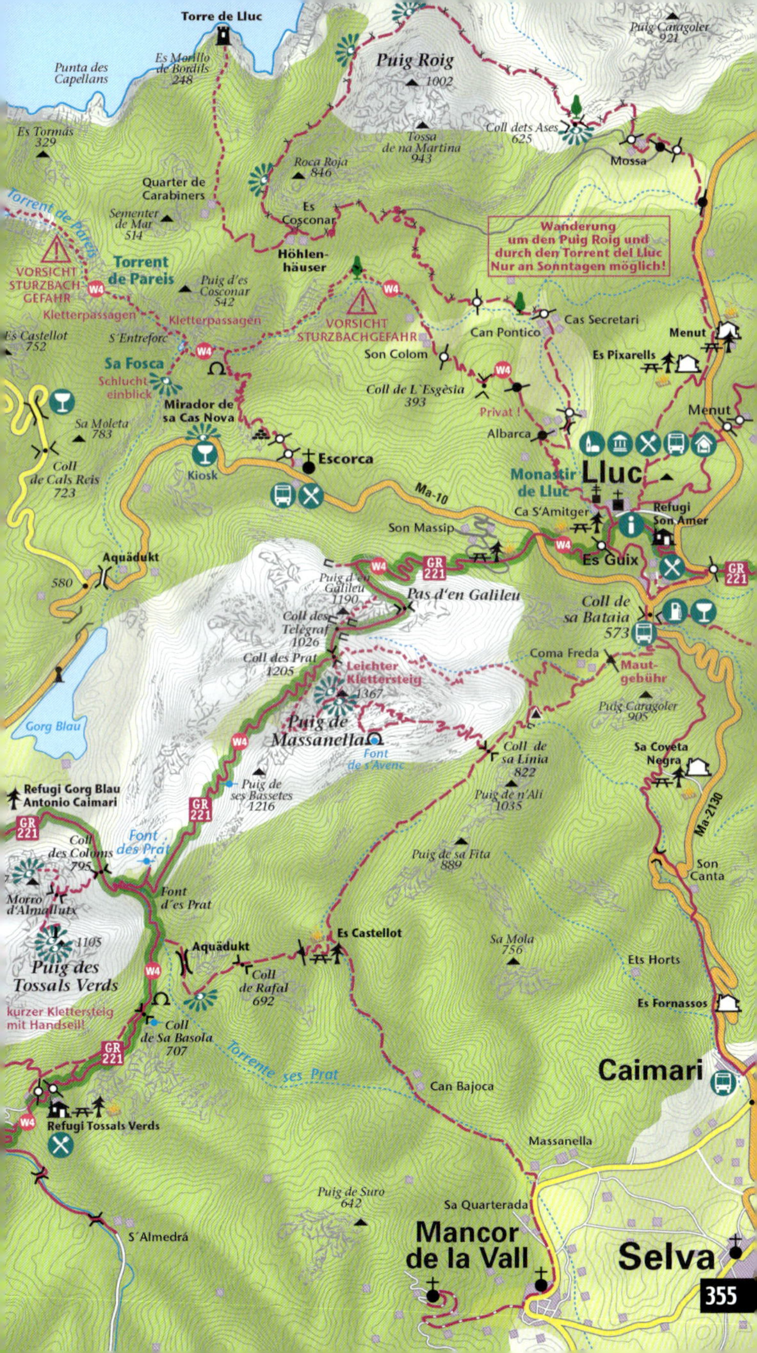

Torre de Lluc
Punta des Capellans
Es Morillo de Bordils 248
Puig Roig 1002
Puig Caragoler 921
Es Tormás 329
Tossa de na Martina 943
Coll dets Ases 625
Mossa
Roca Roja 846
Quarter de Carabiners
Torrent de Pareis
Sementer de Mar 514
Es Cosconar
Höhlen-häuser
Wanderung um den Puig Roig und durch den Torrent del Lluc Nur an Sonntagen möglich!
VORSICHT STURZBACH-GEFAHR
Torrent de Pareis
Puig d'es Cosconar 542
Kletterpassagen
Kletterpassagen
VORSICHT STURZBACHGEFAHR
Can Pontico
Cas Secretari
Menut
Es Castellot 752
S´Entreforc
Son Colom
Es Pixarells
Sa Fosca
Schlucht einblick
Coll de L´Esgèsia 393
Privat !
Mirador de sa Cas Nova
Menut
Sa Moleta 783
Albarca
Coll de Cals Reis 723
Kiosk
Escorca
Monastir de Lluc
Lluc
Ma-10
Ca S'Amitger
Refugi Son Amer
Son Massip
Es Guix
Aquädukt
580
Puig d'en Galileu 1190
Pas d'en Galileu
Coll de sa Bataia 573
Coll des Telègraf 1026
Coll des Prat 1205
Coma Freda
Leichter Klettersteig
Maut-gebühr
1367
Puig Caragoler 905
Puig de Massanella
Font de s'Avenc
Gorg Blau
Coll de sa Linia 822
Sa Coveta Negra
Refugi Gorg Blau Antonio Caimari
Puig de ses Bassetes 1216
Puig de n'Alí 1035
Ma-2130
Coll des Coloms 795
Font des Prat
Puig de sa Fita 889
Son Canta
Morro d'Almallutx
Font d'es Prat
Es Castellot
1105
Aquädukt
Sa Mola 756
Ets Horts
Puig des Tossals Verds
Coll de Rafal 692
Es Fornassos
kurzer Klettersteig mit Handseil!
Coll de Sa Basola 707
Torrente ses Prat
Caimari
Can Bajoca
Refugi Tossals Verds
Massanella
Puig de Suro 642
Sa Quarterada
S´Almedrá
Mancor de la Vall
Selva
W4
GR 221

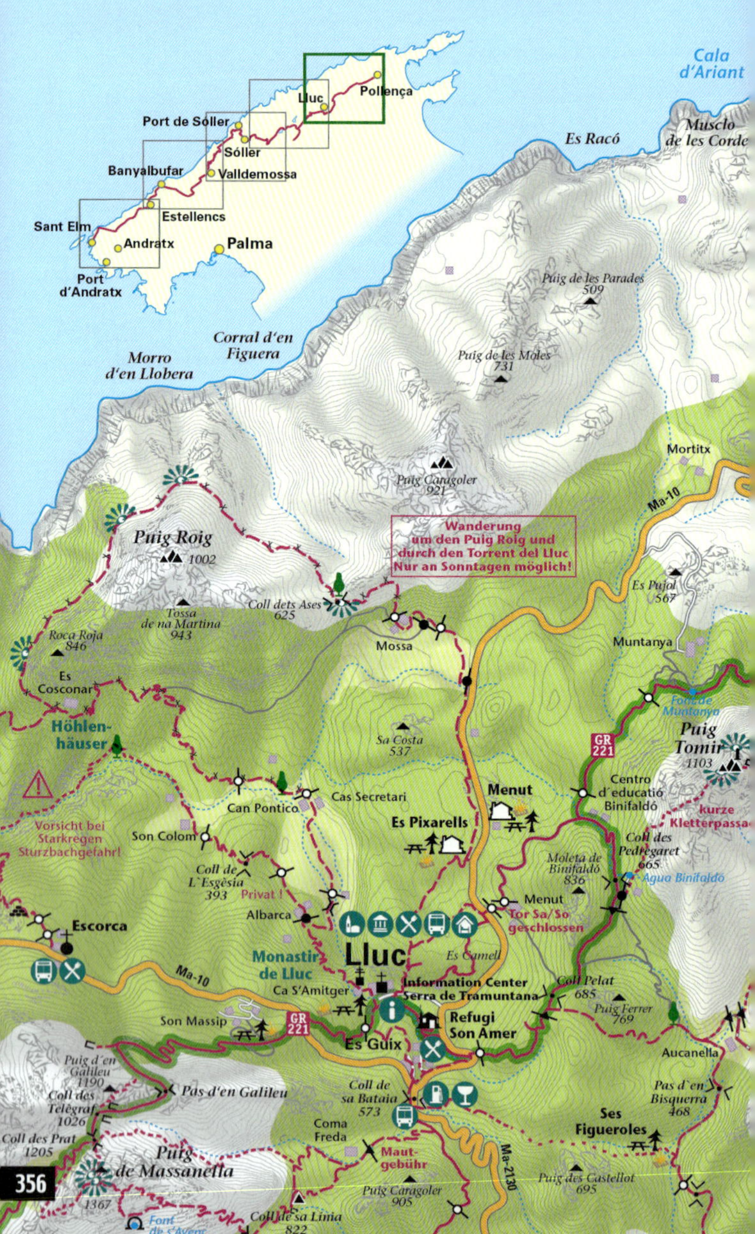

Port de Sóller
Lluc
Pollença
Sóller
Banyalbufar
Valldemossa
Estellencs
Sant Elm
Andratx
Palma
Port d'Andratx
Cala d'Ariant
Musclo de les Corde
Es Racó
Puig de les Parades 509
Corral d'en Figuera
Morro d'en Llobera
Puig de les Moles 731
Mortitx
Puig Caragoler 921
Ma-10
Wanderung um den Puig Roig und durch den Torrent del Lluc Nur an Sonntagen möglich!
Puig Roig 1002
Es Pujol 567
Coll dets Ases 625
Tossa de na Martina 943
Mossa
Roca Roja 846
Muntanya
Es Cosconar
Font de Muntanya
Höhlen-häuser
Sa Costa 537
Puig Tomir 1103
GR 221
Centro d'educatió Binifaldó
Cas Secretari
Menut
Can Pontico
kurze Kletterpassage
Vorsicht bei Starkregen Sturzbachgefahr!
Es Pixarells
Son Colom
Coll des Pedregaret 665
Moleta de Binifaldó 836
Coll de L'Església 393
Privat !
Agua Binifaldó
Menut
Albarca
Tor Sa/So geschlossen
Escorca
Lluc
Es Camell
Monastir de Lluc
Ma-10
Ca S'Amitger
Information Center Serra de Tramuntana
Coll Pelat 685
Puig Ferrer 769
Son Massip
Refugi Son Amer
Es Guix
Aucanella
Puig d'en Galileu 1190
Pas d'en Galileu
Coll de sa Bataia 573
Pas d'en Bisquerra 468
Coll des Telègraf 1026
Coll des Prat 1205
Coma Freda
Ses Figueroles
Puig de Massanella
Maut-gebühr
Ma-2130
Puig des Castellot 695
Puig Caragoler 905
1367
Font de s'Avenc
Coll de sa Línia 822

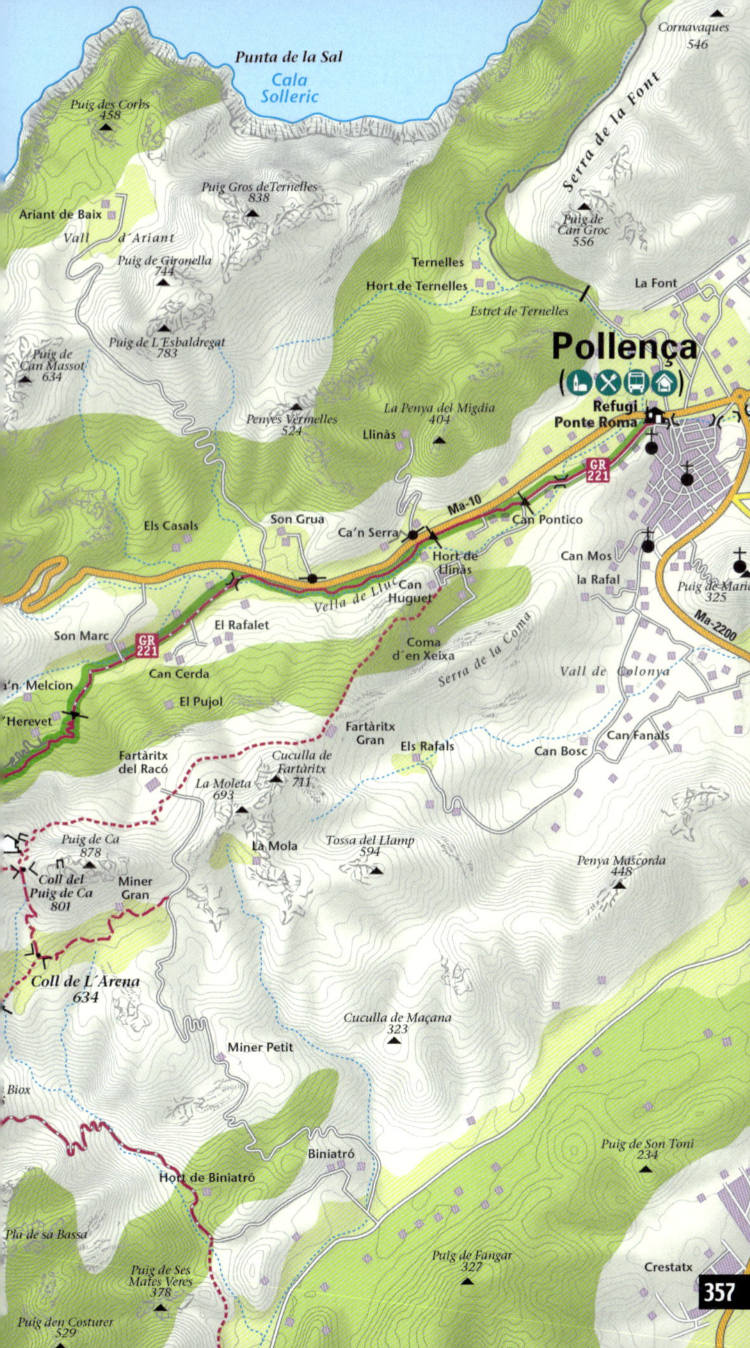

Punta de la Sal
Cala Solleric
Cornavaques 546
Serra de la Font
Puig des Corbs 458
Puig Gros de Ternelles 838
Ariant de Baix
Vall d´Ariant
Puig de Can Groc 556
Puig de Gironella 744
Ternelles
Hort de Ternelles
La Font
Estret de Ternelles
Puig de L´Esbaldregat 783
Puig de Can Massot 634
Pollença
Refugi Ponte Roma
La Penya del Migdia 404
Penyes Vermelles 524
Llinàs
GR 221
Ma-10
Els Casals
Son Grua
Ca'n Serra
Can Pontico
Hort de Llinàs
Can Mos
la Rafal
Puig de Maria 325
Vella de Lluc
Can Huguet
Son Marc
El Rafalet
Ma-2200
Coma d´en Xeixa
Serra de la Coma
Can Cerda
Vall de Colonya
'n Melcion
El Pujol
'Herevet
Fartàritx Gran
Els Rafals
Can Fanals
Can Bosc
Fartàritx del Racó
Cuculla de Fartàritx 711
La Moleta 693
Puig de Ca 878
La Mola
Tossa del Llamp 594
Penya Mascorda 448
Coll del Puig de Ca 801
Miner Gran
Coll de L´Arena 634
Cuculla de Maçana 323
Miner Petit
Biox
Puig de Son Toni 234
Biniatró
Hort de Biniatró
Pla de sa Bassa
Puig de Fangar 327
Crestatx
Puig de Ses Mates Veres 378
Puig den Costurer 529

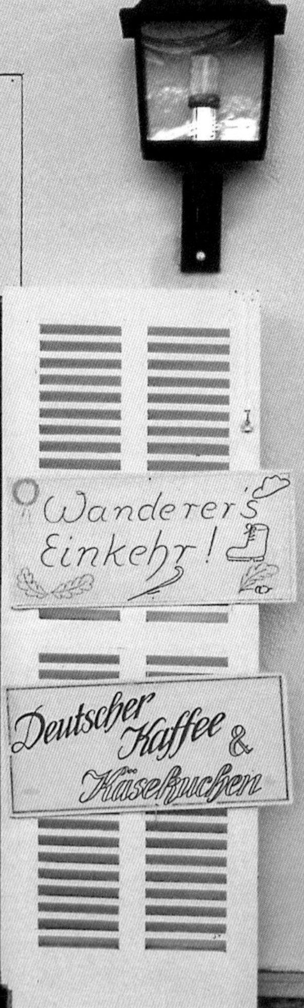
Wanderer's Einkehr!
Deutscher Kaffee & Käsekuchen

Apotheke – Bootsverbindungen

Apotheke /Farmácia

Die überall vorhandenen und meist gut sortierten ***Farmácias*** erkennt man am grünen Kreuz. Medikamente sind in Spanien überwiegend etwas billiger als in Deutschland (z.B. Aspirin). Einige bei uns nur auf Rezept erhältlichen Medikamente gibt es im freien Verkauf.

Gesundheit ⇦ **Ärzte**

Reisevorbereitung/Ausrüstung Seite 343 ⇦ **Ausrüstung**

Wer noch Ausrüstungsteile kaufen möchte/muss, stößt in kleineren Orten nur auf ein begrenztes Angebot. In **Sóller**, Carrer de sa Lluna, 72 mit Schwerpunkt Wandern und in **Port de Sóller**, Passeig Es Traves, 12 mit Schwerpunkt Radfahren, findet man in den Outdoor-Sportgeschäften von ***Tramuntana Tours*** eine gute Auswahl an Schuhen,Rucksäcken und Kleidung.

In Inca oder **Palma** ist die Auswahl generell größer: z.B. in kurzer Distanz zur Placa Espanya (vom Bahnhof der Sóller- Bahn südlich) befindet sich das Kaufhaus ***Corte Inglés*** an der Avenida Alexandre Rosello. Speziell für Wanderer ist gut sortiert ***Refugi de muntanya***, Carrer del Sindicat, 21 (eine der Haupteinkaufsstraßen der Fußgängerzone, nicht weit vom Corte Inglés).

In **Inca** kommen in Frage ***Intersport Elite***, Avenida Reyes Católicos, 57 oder die Outlet Stores in **Marratxí** von ***Nike, Decathlon, Asics,***...

Geld ⇦ **Banken**

Tanken ⇦ **Benzin**

Fahrzeiten Seite 372/373 ⇦ **Bootsverbindungen**

Ab der Mole in Port de Sóller fahren die Boote der Reedereien ***TRAMONTANA*** (rote Boote) und ***BARCOS AZULES*** (blaue Boote) nach Sa Calobra und Cala Tuent. Die Boote verkehren nicht bei schlechter Witterung und/oder starkem Seegang.

TRAMONTANA: ✆ +34 971 717190
www.tramontanacruceros.com

BARCOS AZULES: ✆ +34 971 630170
http://barcoscalobra.com/

ca. 30€ hin und zurück (Kinder 20€) und ca. 21€ (Kinder 11€) einfache Fahrt. Kinder bis 6 Jahre sind frei. Fahrradmitnahme 4€.

Busverbindungen – Einkaufen

Busverbindungen ⇨ Übersicht und Fahrzeiten Seite 372/373

Die für Wanderer wichtigsten Busverbindungen von Port de Sóller/ Sóller zu den im Buch vorgeschlagenen Wandertouren sind der 9.00-Uhr-Bus (Port de Sóller–Pollença) zum Mirador de Ses Barques, dem Cúber Stausee und nach Lluc bzw. um 10.00 Uhr (Port de Sóller–Palma) nach Deià und Valldemossa. Diese Busverbindungen sind zur Wandersaison im Frühjahr/ Herbst regelmäßig stark frequentiert. Da in mallorquinischen Bussen jeder Fahrgast einen Sitzplatz haben muß, ist die Mitnahme auf die Anzahl der Sitzplätze (ca. 50) beschränkt, und es kommt häufig vor, dass nicht alle Wanderer mitgenommen werden. **Tipp:** Früh da sein (30 Min. vor Abfahrt) am morgendlichen Startpunkt der Busse in Port de Sóller (⇨ Karte Seite 54/55) und sich in die Warteschlange einreihen. Dasselbe Problem hat man möglicherweise mit der Busverbindung um 16.00 Uhr von Valldemossa und Deià zurück ins Sóllertal. Dort braucht man ein bißchen Glück, ohnedem ein Taxi!

Camping

Camping ist auf der Insel kein großes Thema. Offiziell zelten kann man nur auf zwei Plätzen beim **Kloster Lluc**:

Ein erst 2008 neu eröffneter Campingplatz befindet sich ganz in der Nähe des Klostergebäudes und dem großen Parkplatz. Die 300 neuen Stellplätze sind in drei Zonen für Jugendliche, Familien und Gruppen aufgeteilt. Eine weitere Extrazone ist für Personen mit eingeschränkter Mobilität vorhanden. Neue sanitäre Einrichtungen, Strom- und Wasseranschlüsse, sowie Grillstellen und feststehende Sitzgarnituren bieten entsprechenden Komfort. Dennoch fehlt es dem neuen Platz mit steinig-erdigem Untergrund an Gemütlichkeit.

Ungefähr 3 km vom Kloster in Richtung Pollença liegt abseits links der Straße Ma-10 der Picknickplatz ***Es Pixarelles*** mit Grillrosten, Wasser und Toiletten in einer herrlichen, von Wald eingerahmten Felslandschaft, auf dem auch Campen offiziell erlaubt ist.

Einkaufen

Proviant für unterwegs kann man in vielen kleinen Läden in allen Ortschaften einschließlich Kloster Lluc kaufen. Jedoch gilt: Je kleiner der Laden, umso teurer die Produkte. **Supermärkte** mit größerer Auswahl gibt es im Bereich der Serra Tramuntana in Pollença, Port de Sóller, Sóller, Bunyola, Alaró, Valldemossa, Esporles, Andratx und Sant Elm.

Eisenbahn ⇦ Fahrplan, Seite 373

Fremdenverkehrsämter

Spanische Fremdenverkehrsämter in Deutschland:
Lichtensteinallee 1, 10787 Berlin
✆ +49 30 8826543, berlin@tourspain.es

Reuterweg 51-53, 60323 Frankfurt
✆ +49 69 72 50 33, frankfurt@tourspain.es

Schubertstraße 10, 80336 München
✆ +49 89 530 74 611, munich@tourspain.es

Österreich:
Walfischgasse 8/14, 1010 Wien 1
✆ +43 1 5129580-10, viena@tourspain.es

Schweiz:
Seefeldstraße 19, 8008 Zürich
✆ +41 44 253 60 50, zurich@tourspain.es

Finanzen

Bargeld zieht man mit EC-Karte aus Automaten wie bei uns. Sie sind überall unübersehbar (TELEBANCO und SERVIRED).

Die gängigen **Kreditkarten**, vor allem Master-/Eurocard und Visa, werden in den meisten Hotels, Restaurants etc. akzeptiert. Bei Mietwagenfirmen entfällt bei Zahlung mit Kreditkarte die Kaution.

Bei Kartenverlust für Kartensperre:

Zentrale Notrufnummer: ✆ +49 116 116
Maestro EC-Karte: ✆ +49 116 116
Mastercard: ✆ +49 800 819 1040
Visa Deutschland: ✆ + 49 800 811 8440
AmericanExpress: ✆ + 49 69 97 97 2000
Diners Club: ✆ +49 69 900 150-135

Gesundheit

Erste Hilfe leisten ***Centros Médicos*** oder ***Ambulatorios***, die es in allen Ortschaften ab einer bestimmten Größe gibt. Sie sind gut gekennzeichnet, jeder Einheimische kennt ihren Standort. In schweren Fällen sind zuständig:

Gesundheit – Konsulate

- **Klinikum** ***Son Llàtzer***
  in Palma an der Carretera Manacor, ✆ +34 871 202000
  (ca 4 km Straße Richtung Manacor, Ortsteil Son Ferriol).
- **Hospital Comarcal d'Inca**, C. vella de Llubí, ✆ 971 888 500

Nur in diesen Krankenhäusern werden Mitglieder gesetzlicher Krankenkassen auf Auslandskrankenschein behandelt.

Privatpatienten finden heute viele niedergelassene deutsche und deutschsprachige Ärzte, eine aktualisierte Liste gibt`s in jeder Ausgabe der wöchentlich erscheinenden „Mallorca-Zeitung" und im „Mallorca Magazin". Ärzte der verschiedensten Fachrichtung praktizieren in Ärztezentren wie z.B. dem Internationalen Facharztzentrum in Palma: Centro- MédicoPorto Pi

- Porto Pi 8, 1a + 1b, ✆ +34 971 707055
- Avenida Gabriel Roca 47, ✆ +34 971 707035

Internet: www.centromedicoportopi.es

Internet

Nützliche Seiten zum Thema Mallorca/Wandern:

www.serratramuntana.de (Wandern auf Mallorca)

www.mallorca.de (Mallorca Allgemein)

www.mallorca-blog.de (Mallorca Allgemein)

Konsulate

Konsulate deutschsprachiger Länder in Palma de Mallorca:

Deutschland:
Palma, Porto Pi 8, 3.Stock im Edificio Reina Constanza
✆ +34 971 70 77 37 • Mo-Fr 9-12 Uhr

Österreich:
C/ Paraires 23
✆ +34 971 42 51 46 • Mo-Fr 10-13 Uhr

Schweiz:
C./Antonia Martínez Fiol 6, 3A
✆ +34 971 76 88 36 • Mo-Fr 9-13 Uhr

Märkte & Mietwagen

Finanzen ⇦ **Kreditkarten**

Märkte/Markttage

Alaró:	Samstag Vormittag
Bunyola:	Samstag Vormittag
Sóller:	Samstag Vormittag
Valldemossa:	Sonntag Vormittag

Mietwagen

Direkt vor Ort in der zentralen Tramuntana findet man Fahrzeugvermieter nur in Port de Sóller; die meisten haben ihr Büro an der Hauptstraße entlang der Bucht.

Eine erprobte Adresse mit günstigen Konditionen in Port de Sóller ist ***Autos Lláser***: ✆ 971 630286 (Standort ⇨ Karte Seite 50/51). Die Firma hat nicht die neuesten Modelle, bietet aber dafür recht günstige Tarife. Wer mindestens 3 Tage bucht, erhält bei Autos Lláser den Wagen ohne Extrakosten ins **Flughafenparkhaus** geliefert. Bei Buchung bis zum Tag der Abreise stellt der Kunde das Fahrzeug wieder im Parkhaus ab und legt Schlüssel und Parkticket in den Kofferraum. Eine Reservierung/Buchung ist per Telefon oder Fax problemlos möglich.

Ansonsten empfiehlt sich eine Buchung/Reservierung über den Reiseveranstalter bzw. für Individualreisende direkt im Internet bei den zahlreichen Anbietern. Damit löst man ggf. bei **Miete ab/bis Airport** auch gleich das Transportproblem zur Unterkunft. Ohne Reservierung sollte man das aber nicht versuchen. Zwar sind eine ganze Reihe von Vermietern auch im Ankunftsbereich mit Schaltern vertreten, aber dort zahlen „unangemeldete" Mieter hohe Tarife, und nicht immer sind Autos verfügbar.

Bei den meisten Vermietern enthalten die angebotenen Tarife Vollkasko ohne Selbstbeteiligung und unbegrenzte Kilometer. Voraussetzungen einer Fahrzeugmiete sind generell ein Mindestalter von 21 bis 25 Jahren, gültiger nationaler Führerschein, Personalausweis und Kreditkarte, ersatzweise eine Kaution.

Museen

Centro Cultural Costa Nord (Valldemossa)
Der amerikanischen Filmschauspieler *Michael Douglas* finanzierte den Bau eines Museums zu Natur und Kultur der Nordwestküste in Valldemossa. Es liegt an der Hauptstraße Avinguda Palma und zeigt u.a. einen Nachbau der *Nixe*, der Yacht des Erzherzogs Ludwig Salvator von Österreich, ⇨ Seite 125.
Geöffnet: Mai-Okt. Mo-Fr 9.30-19 Uhr, Nov.-April 10-18 Uhr, an Sa/So/Feiertagen geschlossen; Eintritt ca. 6,00 €.

Cartuja/Cartoixa de Valldemossa
Kartäuserkloster, für nähere Erläuterungen ⇨ Seite 150.
Geöffnet (alle Gebäude) Mo-Sa 10-16.30 Uhr; Eintritt 9,50 €; Kinder 6 €, Gruppen ab 10 Personen 8,50 €/Pers.; **Geschlossen** Nov., Dez., Januar
Der ***Palacio del Rey Sancho*** ist das älteste Gebäude des Komplexes; **Klavierkonzerte** Mrz-Okt Mo-Fr 10.30, 11.30, 12.30, 13.15, 14.15 Uhr, ändert sich aber pro Saison; Der Zugang zum Klostergarten ist frei; www.cartoixadevalldemossa.com/de/

Ermita de la Trinitat
(2 km nordwestlich von Valldemossa in Richtung Deià)
Innenhof mit fröhlichen Kachelbildern, Kapelle und einem kleinen Garten mit Aussichtsterrasse. Panorama-Blick entlang der Küste. Picknickplätze vor der Ermita. Nähere Erläuterungen ⇨ Seite 152.
Durchgängig geöffnet, wenn nicht gerade aus religiösem Anlass geschlossen.

Landgut Miramar (5 km südlich von Deiá; Anfahrt ca. 500 m auf schlechtem, aber auch für Pkw geeigneten Weg).

Besichtigung eines alten, eher einfachen Herrenhauses, das schon vom Inselphilosophen Ramon Llull bewohnt worden sein soll, mit Gartenterrasse über dem Meer (Weitblick) und einer alten Kapelle mit beachtlichem Fußbodenmosaik.
Früherer Besitz des Erzherzog Lluis Salvador. Nicht nur museal genutzt, sondern auch für Veranstaltungen (Vorträge, Konzerte); nicht ganz so attraktiv wie Son Marroig.

Geöffnet Mo-Fr 10-17 Uhr, Sa bis 14 Uhr Eintritt ca. 4 €.

Herrenhaus Son Marroig (2 km südlich von Deià)
Hochherrschaftliches Herrenhaus mit Garten und Pavillon; Blick auf *Na Foradada*, zum Gelände gehörende Landzunge. Ebenfalls früherer Besitz des **Ludwig Salvator** von Österreich (Nähere Erläuterungen ⇨ Seite 126).
Geöffnet: Mai-Oktober Mo-Sa 9.30-14 Uhr und 16.30-20.00 Uhr, im Winter 15.30-17.30 Uhr. Eintritt 4 €. www.sonmarroig.com

Museen

Museu Balear de Ciencias Naturales (Sóller)
Naturkundemuseum und Botanischer Garten. (Nähere Erläuterungen ➪ Seite 49).

Geöffnet: Mrz.-Okt.: Mo-Sa: 10-18 Uhr; So/Feiertags geschlossen
Nov.-Feb.: Mo-Sa: 10-14 Uhr; So/Feiertags geschlossen.
www.museucienciesnaturals.org; 8 €, Kinder unter 6 Jahren frei.;
www.jardibotanicdesoller.org, 8 €

Museu Casa de Cultura (Sóller)
Ethnologisches Museum des 18. Jahrhunderts, Portraits, Gemälde und Aquarelle.
(Nähere Erläuterungen ➪ Seite 49).
Geöffnet: Di-Fr 11-13 und 17-20 Uhr ; Sa: 11-13 Uhr. So/Feiertags geschlossen, Eintritt 2€.

Museu Marítim de Mallorca (Port de Sóller)
Das Museum zeigt alles, was Sóller und sein Hafen mit dem Meer verbindet – die große Zeit der Piratenüberfälle, des Walfangs und der Orangendampfer. (➪ Seite 53).

Geöffnet: 10-15 und 17-20 Uhr; So/Feiertags geschlossen. Weitere Infos unter museumaritim.conselldemallorca.cat

Jardines de Alfabia (bei Bunyola vor dem Sóller-Tunnel)
Schöner, teilweise subtropischer Garten mit Wasserspielen und alter Gutshof mit antikem Mobiliar und Bibliothek aus der Zeit des mallorquinischen Landadels. Maurische Wesire ließen Alfabia einst als Sommersitz errichten. (Nähere Erläuterungen ➪ Seite 182).
Geöffnet: März-Okt. Mo-So und Feiertage 9.30-18.30 Uhr, Nov.-Feb. geschlossen; Eintritt 7,50 €, Kinder frei, Infos unter: www.jardinesdealfabia.com

Der Herrensitz Raixa (bei Bunyola, Zufahrt 2 km südlich)
Herrensitz mit beeindruckender Gartenanlage, wasserspeienden Skulpturen, einem kleinen achteckigen Tempel inmitten von Feigenkakteen, einer kleinen Kapelle und einem riesigen Wasserreservoir mit Freisitz. (Nähere Erläuterungen ➪ Seite 200).

Das von der Inselregierung erworbene Landgut wurde über Jahre hinweg aufwendig restauriert und zu einem Umweltzentrum umgebaut, in dem auch ein Völkerkundemuseum entsteht. https://raixa.conselldemallorca.cat/de/

Geöffnet Dienstag - Samstag, 10-15 Uhr, Eintritt frei.

TIPP Großen P mit Zugangsweg links vom Zufahrtsweg nutzen!

Museen

Kloster Lluc (Nähere Erläuterungen ➪ Seite 259)
Zum Kloster gehört ein Museum mit Exponaten zu Archäologie und Ethnographie, sowie ein Botanischer Garten.
Geöffnet: täglich 10-14 Uhr außer samstags, Eintritt Museum 4 €. Botanischer Garten 10-13 Uhr und 15-18 Uhr, www.lluc.net, der Besuch ist empfehlenswert. Am Eingang des Parkplatzes befindet sich das ***Centre d'Informació Serra de Tramuntana*** mit Museum. Geöffnet täglich 9-16.30 Uhr.

Gutshof La Granja (2 km westlich von Esporles)
Volkskundemuseum und zugleich lebendiges Beispiel für die alten mallorquinischen Bräuche und seine reiche kulturelle Vergangenheit. Dank einer nie versiegenden Quelle entstand La Granja bereits zur Araberzeit. Gebäude und Gartenanlage gehen auf das 10. Jahrhundert zurück. Mit einer umfangreichen Ausstellung zeigt es anschaulich das einstige Leben in mallorquinischen Herrschaftshäusern, auf den ländlichen Gutshöfen und die Arbeit von Köhlern, Kalkbrennern, Schmieden, Webern, Kutschern und Weinbauern. Im Eintritt enthalten ist die Verkostung diverser Weinsorten (Selbstbedienung aus Holzfässern) und traditioneller Speisen, die auch käuflich zu erwerben sind.

Öffnungszeiten: 10-19 Uhr (Nov-März 10-18 Uhr), Eintritt Kind 9 €/ Erw 15,50 €; Mi + Fr 16 Uhr finden Pferdeshows statt. www.lagranja.net

La Reserva Puig de Galatzo
(4 km südwestlich des Ortes Puigpunyent, ➪ Seite 333).
Das 2,5 qkm große Areal der ***Reserva*** unterhalb des Galatzogipfels ist ein kommerziell betriebener **Naturpark**, in dem die vorhandene Natur durch Wege und Info-Tafeln zu Geologie, Flora und Fauna erschlossen wurde. Ein 3,7 km langer Fußweg führt durch eine idyllische Gebirgslandschaft mit einem durch natürliche Quellen gespeisten künstlichen Wasserfall. Seit einiger Zeit gibt es auch ein Tiergehege mit Ziegen, Bären, Straußen und eine Greifvogelvorführung. Auf einem Grill- und Picknickplatz kann Selbstgebrachtes oder vorort Gekauftes gegrillt werden. Zusätzliche Attraktionen sind eine kleine Poolanlage mit Wasserfällen und eiskaltem Quellwasser zum Baden, sowie gesicherte Abenteuer und Kletterparcours und eine Seilrutsche – Unser Fazit: Für das Gebotene zu teuer.

Öffnungszeiten: Täglich April-Okt. 10-18 Uhr (Nov.-März nur Sa und So 10-18 Uhr), Einlass bis 2 Std vor Schluss; Eintritt: Erw 18 €/ Kind 9 €, mit Abenteueraktionen je 14 €, Baden frei (Umkleiden vorhanden), www.lareservamallorca.com

Notruf – Touristeninformationen

Notruf

Zentrale Notrufnummer für Polizei, Feuerwehr und Ambulanz ist wie bei uns **112** (auch deutschsprachig).

Post (Karten + Briefe)

Postämter (*Correus*) gibt es in **Palma** und **Sóller.** Geöffnet 9-13 Uhr (in Palma bis 14 Uhr). Ansonsten gibt es Briefkästen (gelb) in jedem Ort und in den meisten Hotels. Briefmarken (*sellos*) werden in Tabak- und Zeitschriftenläden und an vielen Hotelrezeptionen verkauft.

Das **Porto** für **Briefe** bis 20g und **Postkarten** ins europäische Ausland ist identisch und beträgt 1,45 €. Aktuelle Tarife und Infos der spanischen Post im Internet: www.correos.es (engl.)

Touristeninformationen

Flughafen Aeroport de Son Sant Joan
(im Ankunftsbereich) ✆ +34 971 789 556

Palma de Mallorca - Zentrales Touristenbüro
Plaça de la Reina No. 2 (rechts vorm Passeig Born)
✆ +34 971 173 990; Mo-Fr 8.30-18 Uhr; Sa 8.30-15.00 Uhr

Palma de Mallorca - Plaça de Espanya
(im Gebäude des alten Bahnhofs der Bahn nach Inca)
✆ +34 902 102 365; Mo-Fr 9-20 Uhr; Sa 10-13.30 Uhr

Pollença
Calle Guillem Cifre de Colonya 4
✆ +34 971 535 077

Port de Pollença
Passeig Saralegui
✆ +34 971 865 467

Sóller
Plaça d'Espanya (in einem ausrangierten Eisenbahnwagon)
✆ +34 971 638 008

Port de Sóller
an der Hafenmole
✆ +34 659 49 87 47, 10-17 Uhr

Touristinformationen – Strände & Buchten

Touristeninformationen

Andratx
Av. de la Cúria (im Rathaus)
✆ +34 971 628 019

Port d'Andratx
Av. Mateo Bosch (Edifici de la Llotja)
✆ +34 971 671 300

Sant Elm
Av. de Jaume I, 28
✆ +34 971 239 205

Reisedokumente

Die Zoll- und Passkontrollen sind innerhalb der EU-Staaten zwar entfallen, dennoch ist ein mindestens noch drei Monate gültiger **Personalausweis** mitzuführen. Außer bei – seltenen– Stichproben im Airport benötigt man den Ausweis bei der Hotelanmeldung und bei einer Fahrzeugmiete.

Strände und Buchten

Entlang der Küste im Bereich der Serra Tramuntana gibt es Sandstrände in **Sant Elm** (Südwestküste), **Port de Sóller** (Westküste), in der ***Cala Sant Vincenç*** und in **Port de Pollença** (Nordwestküste). Dazu drei leicht zugängliche Buchten mit steinigem Strand entlang der Westküste (Cala Deià, Sa Calobra, Cala Tuent).

Die ***Cala Deià*** gilt als eine der schönsten Buchten Mallorcas, ist aber häufig überfrequentiert. Zwei einfache Restaurants mit hohen Preisen versorgen dort die Besucher.

Beim Ausflugsziel Sa ***Calobra/Torrent de Pareis***, das täglich von zahllosen Ausflüglern besucht wird, findet man am Bootsanleger einen kleinen Kieselstrand unterhalb der Restaurants, der kaum genutzt wird, und einen malerisch von steilen Felsen eingerahmten Strand ausgangs des Torrent de Pareis. Bei gutem Wetter geht es dort meist sehr eng zu, bis am Nachmittag die Busse und Boote wieder abfahren.

Ruhiger ist die ebenfalls über die Sa Calobra-Straße oder auf Wanderwegen erreichbare ***Cala Tuent*** abseits des Busausflugsverkehrs. Allen genannten Buchten gemeinsam ist die hervorragende **Wasserqualität**.

Tankstellen – Telefonieren

Tankstellen

Tankstellen findet man in der zentralen Tramuntana bei Valldemossa und Sóller, bei Lluc und an der Ma-11 zwischen Bunyola und dem Tunneleingang.

Taxi

Taxis auf Mallorca kosten in etwa das Gleiche wie bei uns. Im Fall von Streckenwanderungen bieten sie eine erwägenswerte, wenn auch bei größeren Distanzen nicht ganz billige Transportalternative zum Ausgangspunkt und/oder vom Endpunkt der jeweiligen Route. Wer die Abholung an bestimmten Punkten im voraus verabredet, kann sich im allgemeinen darauf verlassen, dass das Taxi sich zuverlässig und pünktlich am vereinbarten Ort einfindet.

Taxistände findet man in allen größeren Orten. Ansonsten kann man sich in jeder Bar und jedem Restaurant ein Taxi rufen lassen. Während innerorts nach Taxameter abgerechnet wird, gibt es für außerstädtische Ziele (Überlandfahrten) feste Tarife. Für gängige Ziele stehen diese Tarife an großen Taxiständen auf einer Tafel. Jedes Taxi muss die Liste mit den festen Tarifen mit sich führen. Für Fahrten zu Ausgangspunkten von Wanderungen und für die Verabredung von Abholung an Zielpunkten sind die Preise auszuhandeln und im voraus zu fixieren.

Telefonieren

Seit dem 15. Juni 2017 gibt es innerhalb der EU keine Roaming-Gebühren mehr. Wer auf Mallorca oder in einem der anderen EU-Länder, sowie in Island, Liechtenstein und Norwegen mit dem Smartfon telefonieren möchte, kann dies je nach Anbieter zu den Konditionen seines normalen Inlandstarifs tun.

Vorwahlen
Vom Ausland nach Spanien/Mallorca: **0034**
Für und auf Mallorca ist grundsätzlich für Festnetzanschlüsse die Vorwahl 971 mitzuwählen.

Von Mallorca nach Deutschland: 0049 (...)

Von Mallorca nach Österreich: 0043 (...)

Von Mallorca in die Schweiz: 0041 (...)

(Ortsvorwahl ohne die Null)

Allgemeines

Trinkwasser

Das Leitungswasser auf Mallorca ist bakteriologisch unbedenklich, doch geschmacklich wegen des gelegentlich hohen Salzgehalts und der mehr oder minder starken chemischen Aufbereitung vielerorts unakzeptabel. Im Bereich der *Serra Tramuntana* ist das Wasser aber durchaus trinkbar.

Tipp: Mit Mineralbrausetabletten wird Leitungswasser zu einem guten Durstlöscher!

Ebenfalls unbedenklich und überwiegend wohlschmeckend ist Quellwasser in den Bergen, das direkt aus dem Gestein austritt oder aus Rinnen und Hähnen genossen werden kann.

Verpflegung ⇨ Einkaufen

⇨ Verpflegung siehe auch Seite 343

Wanderausrüstung ⇨ Ausrüstung

⇨ Ausrüstung siehe auch Seite 342

Zeitungen

Lokale Tageszeitungen enthalten auf der Wetterseite meist farbige Wettergrafiken, die man selbst ohne Spanischkenntnisse versteht.

Aktuelle Wettervorhersagen gibt es auch im **Inselradio Mallorca auf 95,8** (UKW(MHZ), das rund um die Uhr ein Programm in deutscher Sprache sendet.

Wöchentlich erscheinen die deutschsprachigen Zeitungen „Mallorca Zeitung" und „Mallorca Magazin" mit Lokalnachrichten, touristisch wichtigen Themen, jeder Menge Promi-Klatsch und Kleinanzeigen für alles und jedes.

Zugverbindungen

Ferrocarril de Sóller Palma–Sóller, ⇨ Zugfahrplan Seite 373

Ferrocarril de Sóller ("Roter Blitz") ►

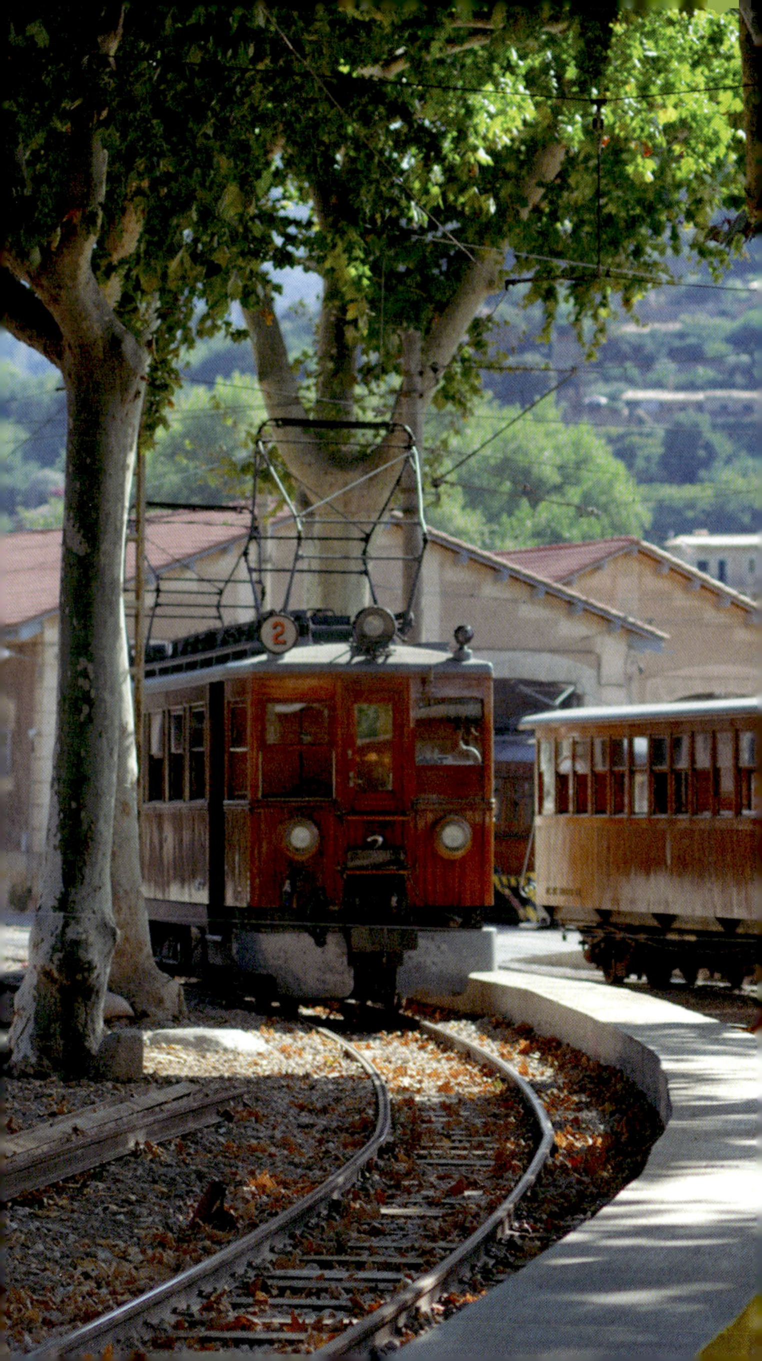
2

Busverbindungen

Änderungen der Fahrzeiten sind auf allen Strecken jederzeit möglich, ebenso gibt es Variationen zwischen Sommer- und Winterfahrplänen. Aktuelle Busfahrpläne sind in jeder Tourist-Information erhältlich unter www.tib.org sowie unter www.trendesoller.com. Die nachfolgenden Zeitpläne können daher nur ein Anhalt sein und dienen der Tagesplanung von Wanderungen und als Übersicht über die vorhandenen öffentlichen Verkehrsmittel.

Busverbindungen (W=Mo-Fr, So=Sonn- und Feiertags, L211=Buslinie)

L200 Palma → Esporles → La Granja → Bayalbufar → Estellencs

(W) 6:15 Uhr – 18:30 Uhr, 8x tägl. (bis La Granja 6:15 Uhr – 21:15 Uhr, 12x tägl.)
(Sa/So) 8:00 Uhr – 18:30 Uhr, 4x tägl.

L200 Estellencs → Bayalbufar → La Granja → Esporles → Palma

(W) 6:35 Uhr – 19:55 Uhr, 9x tägl. (ab La Granja 6:35 Uhr – 21:55 Uhr, 12x tägl.)
(Sa/So) 9:15 Uhr – 19:45 Uhr, 4x tägl.

L210 Palma → Valldemossa → Deià → Sóller → Port de Sóller

(W) 7:30 Uhr – 20:15 Uhr, 8x tägl. (bis Valldemossa 6:30 Uhr – 20:15 Uhr, 15x tägl.)
(Sa) 7:30 Uhr – 18:30 Uhr, 7x tägl. (bis Valldemossa 7:30 Uhr – 18:30 Uhr, 10x tägl.)
(So) 8:00 Uhr – 18:30 Uhr, 5x tägl. (bis Valldemossa 8:00 Uhr – 18:30 Uhr, 8x tägl.)

L210 Port de Sóller → Sóller → Deià → Valldemossa → Palma

(W) 7:15 Uhr – 20:00 Uhr, 8x tägl. (ab Valldemossa 7:00 Uhr – 21:00 Uhr, 14x tägl.)
(Sa) 8:00 Uhr – 18:30 Uhr, 7x tägl. (ab Valldemossa 9:00 Uhr – 19:30 Uhr, 10x tägl.)
(So) 8:00 Uhr – 18:30 Uhr, 5x tägl. (ab Valldemossa 9:00 Uhr – 19:30 Uhr, 8x tägl.)

L211 Palma → Bunyola → Port de Sóller (durch den Tunnel)

(W) 6:15 Uhr – 21:30 Uhr, 18x tägl.
(Sa) 7:00 Uhr – 17:30 Uhr, 10x tägl.
(So) 8:00 Uhr – 17:30 Uhr, 8x tägl.

L211 Port de Sóller → Bunyola → Palma (durch den Tunnel)

(W) 7:00 Uhr – 21:30 Uhr, 17x tägl.
(Sa) 8:00 Uhr – 20:00 Uhr, 10x tägl.
(So) 9:00 Uhr – 19:00 Uhr, 8x tägl.

L212 Port d. Sóller → Sóller → Biniaraix → Fornalutx → Sóller → Port d. Sóller

(W) 8:45 Uhr – 17:15 Uhr, 4x tägl.
(Sa) 8:45 Uhr – 13:00 Uhr, 2x tägl.
(So) nicht an Sonn- und Feiertagen

L220 Palma → Bunyola

(W) 7:25 Uhr – 21:35 Uhr, 16x tägl.
(Sa) 7:25 Uhr – 20:30 Uhr, 10x tägl.
(So) 7:25 Uhr – 19:15 Uhr, 8x tägl.

L220 Bunyola → Palma

(W) 6:40 Uhr – 21:00 Uhr, 16x tägl.
(Sa) 6:40 Uhr – 19:45 Uhr, 10x tägl.
(So) 7:55 Uhr – 18:15 Uhr, 7x tägl.

L221 Bunyola → Orient

(W) 9:15 Uhr + 16:15 Uhr, 2x tägl., Reservierung am Vortag unter Tel. +34 617 365 365
Reservierung: 1.6. – 31.10., tägl. 9:00 Uhr – 19:00 Uhr, 1.11. – 31.5., Mo – Sa 9:00 Uhr – 18:00 Uhr

L221 Orient → Bunyola

(W) 10:15 Uhr + 17:45 Uhr, 2x tägl., Reservierung am Vortag unter Tel. +34 617 365 365
Reservierung: 1.6. – 31.10., tägl. 9:00 Uhr – 19:00 Uhr, 1.11. – 31.5., Mo – Sa 9:00 Uhr – 18:00 Uhr

Bus-, Bahn- und Bootsverbindungen

Busverbindungen (W=Mo-Fr, S =So/feiertags, Sa=samstags)

L354 Port d. Sóller → Sóller → Lluc → Pollença → Alcúdia → Can Picafort → Son Bauló

fährt im Sommer (01.04. - 31.10.)
(W, Sa) 8:30 Uhr + 15:00 Uhr, 2x tägl.
(So) nicht an Sonn- und Feiertagen

L354 Can Picafort → Son Bauló → Alcúdia → Pollença → Lluc → Sóller → Port d. Sóller

fährt im Sommer (01.04. - 31.10.)
(W, Sa) 9:30 Uhr + 16:00 Uhr, 2x tägl.
(So) nicht an Sonn- und Feiertagen

L355 Sa Calobra → Lluc → Pollença → Alcúdia → Can Picafort → Son Bauló

fährt im Sommer (01.04. - 31.10.)
(W, Sa) 15:00 Uhr, 1x tägl.
(So) nicht an Sonn- und Feiertagen

L355 Can Picafort → Son Bauló → Alcúdia → Pollença → Lluc → Sa Calobra

fährt im Sommer (01.04. - 31.10.)
(W, Sa) 9:30 Uhr, 1x tägl.
(So) nicht an Sonn- und Feiertagen

Zugverbindungen – Ferrocarril de Sóller

Sóller → Palma

April–Okt. 9:00 Uhr / 10:50 Uhr / 12:15 Uhr / 14:00 Uhr / 18:30 Uhr (Abfahrtszeiten)
Nov.–März 9:00 Uhr / 11:40 Uhr / 14:00 Uhr / 17:00 Uhr (Abfahrtszeiten)

Palma → Sóller

April–Okt. 10:10 Uhr / 10:50 Uhr / 12:15 Uhr / 13:30 Uhr / 15:10 Uhr / 19:40 Uhr (Abfahrtszeiten)
Nov.–März 10:30 Uhr / 12:50 Uhr / 15:10 Uhr / 18:00 Uhr (Abfahrtszeiten)

Sóller (Bahnhof) → Port de Sóller (Tranviá – Einspurige offene Straßenbahn)

8:00 Uhr bis 19:00 Uhr stündlich zur vollen Stunde

Port de Sóller → Sóller (Bahnhof) (Tranviá – Einspurige offene Straßenbahn)

8:30 Uhr bis 19:30 Uhr stündlich zur halben Stunde
Aktuelle Fahrplanauskunft - www.trendesoller.com

Bootsverbindungen

Port de Sóller → Sa Calobra (Torrent de Pareis)

Täglich ca. 11:15 Uhr / ca. 13:00 Uhr / ca. 15:00 Uhr (Abfahrtszeiten)
während der Saison auch öfter – Fahrzeit ca. 45 Minuten

Sa Calobra (Torrent de Pareis) → Port de Sóller

Täglich ca. 13:45 Uhr / ca. 16:30 Uhr (Abfahrtszeiten)
während der Saison auch öfter – Fahrzeit ca. 45 Minuten

Cala Tuent → Port de Sóller

Diese Bootsverbindung unbedingt aktuell an der Mole vorher erfragen
nur Mai, Juni, September und Oktober • von Montag – Freitag
ca. 16:40 Uhr – Fahrzeit ca. 35 Minuten

Boote verkehren nur bei ruhiger See und gutem Wetter. Infos und aktuelle Fahrzeiten im Verkaufsbüro an der Mole in Port de Sóller erhältlich, auf www.soller1.com, www.barcosazules.com oder telefonisch unter +34 971 63170 oder +34 669 022 389.

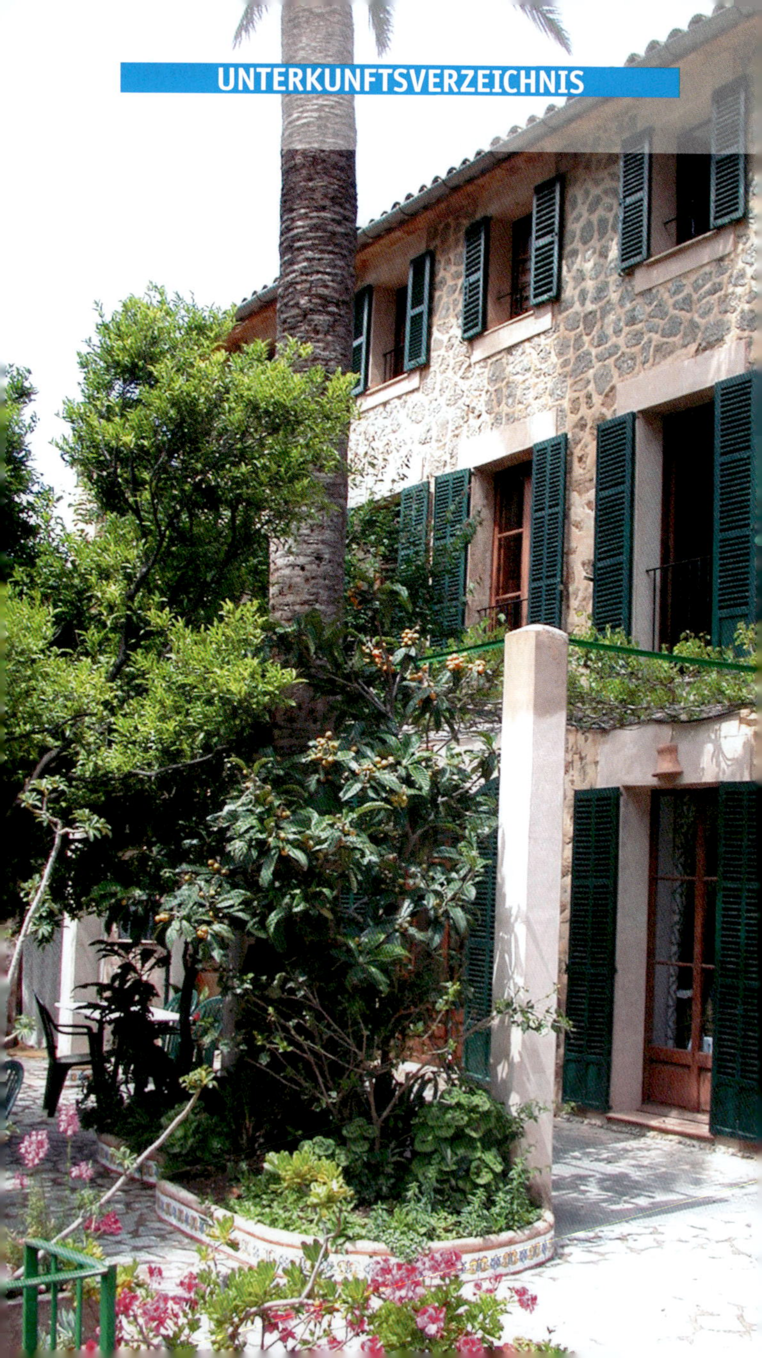

UNTERKUNFTSVERZEICHNIS

Hotels und Pensionen

SANT ELM

Hostal Dragonera €
Avinguda Jaume I, Sant Elm (07159 Andratx), Fon +34 971 239 086
www.hostaldragonera.es

ESTELLENCS

Hotel Nord € €
Plaça d'es Triquet 4, 07192 Estellencs, Fon +34 971 149 006
nord@hotelnordmallorca.com, www.hotelnordmallorca.com

BANYALBUFAR

Hostal Baronia €
Sa Baronia 16, 07191 Banyalbufar, Fon +34 971 618 146
reservas@hbaronia.com, www.hbaronia.com

Hotel Mar y Vent € €
C/ Major 49, 07191 Banyalbufar, Fon +34 971 618 000
marivent@hotelmarivent.com, www.hotelmarivent.com

ESPORLES

S'Hostal d'Esporles € €
Plaça d'Espanya 8, 07190 Esporles, Fon +34 971 610 202
info@hostalesporlas.com, www.hostalesporlas.com

Sa fita backpackers €
C/ Joan Riutort, 49, 07190 Esporles, Fon +34 619 428 436
info@safitabackpackers.com, www.safitabackpackers.com

Refugi de Son Trias €
C/Costa de Son Trias 19, 07190 Esporles, Fon +34 656 23 23 63
reserves@refugisontrias.com, www.refugisontrias.com

VALLDEMOSSA

Es Petit Hotel € €
C/ Uetam 1, 07170 Valldemossa, info@espetithotel-valldemossa.com
Fon +34 971 612479, www.espetithotel-valldemossa.com

Hotel Continental Valldemossa € €, Carretera Ma - 10 km 68,3, 07170 Valldemossa, Fon +34 971 148 624, reservas@hotelcontinentalvalldemossa.es, www.de.hotelcontinentalvalldemossa.com

DEIÀ

Hostal Villaverde €, C/Ramón Llull 19, 07179 Deià
Fon +34 971 639037, www.hostalvillaverde.es

Pension Miramar €
C/Ca'n Oliver, Fon +34 971 639 084, www.pensionmiramardeia.com

Hotels und Pensionen

Hotel* d'es Puig** € €
C/Es Puig 4, 07179 Deià, Fon +34 971 639 409
reservas@hoteldespuig.com, www.hoteldespuig.com

Hotel** Costa D'Or** € € €
Llucalcari S/n, 07179 Deià, Fon +34 971 639 025, www.hoposa.es

SÓLLER

SólleRooms € €
Carrer de Sant Bartomeu, 2, 07100 Sóller, Fon +34 664 588 855
hello@sollerooms.com, www.sollerooms.com

Hotel** Salvia** € € €
Calle de la Palma 18, 07100 Sóller, Fon +34 971 63 49 36
salviasoller@gmail.com, www.hotelsalvia.com

Hotel** la Vila** € € €
Plaza Constitución 14, 07100 Sóller, Fon +34 971 634 641
reservas@lavilahotel.com, www.lavilahotel.com

Hotel** El Guía** € € €
C/ Castañer 2, 07100 Sóller, Fon +34 971 630 227
info@hotelelguia.com, www.hotelelguia.com

PORT DE SÓLLER

Citric Hotel* Sóller €
C/Faro de Muleta, 07108 Port de Sóller, Fon +34 971 631 352
info@citrichotels.com, www.citrichotels.com

Hotel* Miramar** € €
c/ Marina 12, 07108 Port de Sóller, Fon +34 971 631 350
info@miramarsoller.com, www.miramarsoller.com

Hotel* Marina** € € €
Passeig de la Platja, 07108 Port de Sóller, Fon +34 971 631 461
info@hotelmarinasoller.com, www.hotelmarinasoller.com

Hotel* Aimia** € € €
Calle Santa María del Camí 1, 07108 Port de Sóller
Fon +34 971 63 12 00, info@aimiahotel.com, www.aimiahotel.com

Hotel** Es Port** € € €
C/Antonio Montis, 07108 Port de Sóller, Fon +34 971 631 650
info@hotelesport.com, www.hotelesport.com

Hotel** Eden** € € € **und Hotel*** Eden Nord** € € €
Eden: Passeig Es Través 26/ Nord: C. Mestral 5, Eden: +34 971 631 600
Eden Nord: +34 971 631 513, www.hoteleden.com

Hotels und Pensionen

Ona Hotels**Sóller Bay** € € €
C/d'Es Faro, 07108 Port de Sóller, Fon +34 971 631 300
recepcion@onahotels-sollerbay.com, de.onahotels-sollerbay.com

Bikini Island & Mountain Hotels****€ € €
C/ Migjorn 2, 07108 Port de Soller, Fon +34 971 631 700
info.portdesoller@bikini-hotels.com, www.bikini-hotels.com

Hotel** Los Geranios** € € €
Passeig de la Platja 15, 07108 Port de Sóller, Fon +34 971 631 440
info@hotel-losgeranios.com, www.hotel-losgeranios.com

Hotel** Esplendido** € € €
Passeig Es Traves 5, 07108 Port de Sóller, Fon +34 971 631 850
info@esplendidohotel.com, www.esplendidohotel.com

FORNALUTX

Petit Hotel* Fornalutx** € €
C/de l'Alba 22, 07109 Fornalutx, Fon +34 971 631 997
hotel@fornalutxpetithotel.com; www.fornalutxpetithotel.com

Hotel* Ca'n Reus** € €
C/de l'Alba 26, 07109 Fornalutx, Fon +46 709 458 996
info@canreusmallorca.com, www.canreushmallorca.com

Hotel-Apartament** Sa Tanqueta** € € €
C/Sant Bernat, 07109 Fornalutx, Fon +34 971 638 520
satanqueta@sa-tanqueta.com, www.sa-tanqueta.com

LLUC

Herberge des Klosters Lluc €
Fon +34 971 871 525, info@lluc.net, www.lluc.net

ORIENT

Landhotel* d`Alt Muntanya** € €
Ctra. Bunyola-Orient, km 10, 07349 Orient, Fon +34 971 615 373
reservas@hoteldaltmuntanya.com, www.hoteldaltmuntanya.com

Hotel** L'Hermitage** € € €
Ctra. de Alaró a Bunyola, Km 8, 07349 Orient, Fon +34 971 180 303
info@hermitage-hotel.com, www.hermitage-hotel.com

NÄHE PORT DE SÓLLER

Finca Balitx D'Avall ** (Agroturismo) € €
Fon +34 639 718 506, balitxdavall@yahoo.es, www.balitxdavall.com
(am Wanderweg zwischen Cala Tuent und Mirador Ses Barques)

Ganzjährig bewirtschaftete Berghütten (Refugis)

Die Hütten entsprechen dem Standard einer Alpenvereinshütte mit 30-50 Schlafplätzen in Matratzenlagern, Stockbetten in Mehrbettzimmern und einigen wenigen Doppelzimmern. Zur Ausstattung gehören des weiteren Duschen/WC, Aufenthalts- und Tagungsräume, sowie eine Küche (keine Selbstversorgung). Verpflegung (Frühstück/Mittag-/Abendessen) ist nach vorheriger Anmeldung möglich, jedoch kein regulärer Restaurantbetrieb, wie man es von Alpenvereinshütten her kennt. Getränke, ein Imbiss und ein Picknickplatz stehen aber auch Tagesbesuchern zur Verfügung.

Preise & Unterkunftsbedingungen

Die Preise unterscheiden und ändern sich, liegen aber in derselben Kategorie:

Lagerplatz	14,00-20,00 Euro
Doppelzimmer	39,00 Euro
Bettwäsche	3,00 Euro
Handtuch	1,00 Euro
Frühstück	5,50 Euro
Mittagessen/Abendessen	9,50 – 13 Euro

Alpenvereinsmitglieder erhalten 10 % Rabatt bei der Verpflegung und 20 % bei der Übernachtung.

Uhrzeiten

Die Hütten schließen um 22 Uhr (Hüttenruhe um 23 Uhr).
Die Schlafräume müssen bis 10 Uhr geräumt sein,
Frühstück 8.00 Uhr – 9.30 Uhr
Mittagessen 13.30 Uhr, Abendessen 20.00 Uhr

Reservierungsbedingungen

Das derzeitige Reservierungs- und Buchungsverfahren ist umständlich und nicht praxisnah. Die Hütten müssen nämlich vorher zu einem bestimmten Termin gebucht und auch zu 80% bezahlt werden. Eine Hütte spontan zu besuchen, um dort zu übernachten, ist eigentlich nicht möglich. Das bedeutet in der Praxis, das man (insbesondere bei einer geplanten mehrtägigen Wanderung von Berghütte zu Berghütte) seinen „Marschplan“ exakt planen und strikt einhalten muss und zeitlich nicht flexibel ist. Es ist schon vorgekommen, dass spontane Übernachtungsgäste vom Hüttenbetreiber bei fehlender Buchung trotz vieler leerer Betten abgewiesen wurden. Hier sollte man im Einzelfall allerdings hartnäckig bleiben und die Übernachtung einforden, was dann oft auch so funktioniert.

Ganzjährig bewirtschaftete Berghütten (Refugis)

Reservierungs- & Buchungsverfahren

Consell de Mallorca
Information in der Abteilung für Umwelt
Tel.: +34 971 173700
General Riera, 111
07010 Palma. Mallorca. Spanien
www.conselldemallorca.cat/

Buchungen können noch 5 Tage vor gewünschtem Aufenthaltstermin **telefonisch** (Mo-Fr 9-14 Uhr) oder auch **online** (auch in deutsch) erfolgen. Es sind max. 5 Übernachtungen in einer Unterkunft möglich.

Bei Buchung sind 80% der gesamten Unterkunftskosten im Voraus zu bezahlen: Bei telefonischer Buchung per Banküberweisung oder Kreditkarte (VISA/MasterCard), bei Online- Buchung nur per Kreditkarte möglich. Überweisungsbeleg (Kopie) bzw. Buchungsbestätigung bei Online-Buchung zur Sicherheit unbedingt mitnehmen!

Weitere, aktuelle Infos zu Unterkünften und Hütten unter: www.serratramuntana.de

Refugi Muleta

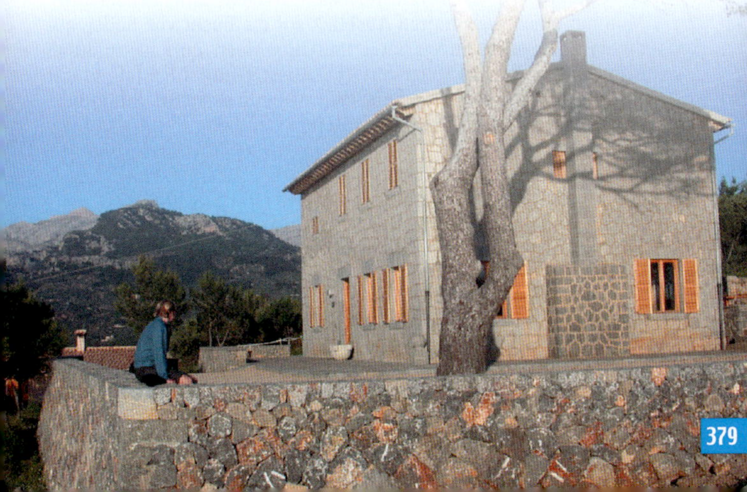

Ganzjährig bewirtschaftete Berghütten (Refugis)

Refugi Castell d´Alaró - Orient

Fon +34 971 940 503 • reserves@castellalaro.cat • www.castellalaro.cat

Das Refugi liegt auf dem Festungsberg von Alaró, der auch ein lohnendes Tageswanderziel ist. Ein Teil der künftigen Berghütte Refugi Castell d´Alaró wurde vor einigen Jahren erbaut und eröffnet. Es verfügt über insgesamt 30 Betten. Waschbecken/WC sind nach Geschlechtern getrennt. Nach wie vor ein Problem ist die fehlende Wasserversorgung, weshalb auch das neue Refugi nur über eine Waschgelegenheit und keine Dusche verfügt. Frühstück und Mahlzeiten/ Imbiss erhält man in der Taverne der Hospederia gleich nebenan (geöffnet 9-23 Uhr).

Refugi Can Boí - Deià

Fon/Buchung +34 971 63 61 86 • www.refugicanboi.com

Das traditionell mallorquinisch renovierte Refugi liegt inmitten des schönen Dorfes Deià. Ausstattung: 4 Schlafsäle mit insgesamt 32 Betten (2x4, 1x6 und 1x18 Betten), Duschen/WC, Aufenthaltsraum, Bibliothek, Freiluftterrasse, Verpflegung mit Frühstück, Mittag-/ Abendessen nach vorheriger Anmeldung.

Refugi Muleta - Port de Sóller

Fon +34 971 634 271 Für Buchungen: +34 971 173 700
https://seu.conselldemallorca.net/refugis/de/

Das Refugi liegt in exponierter Lage oberhalb von Port de Sóller am Cap Gros, in unmittelbarer Nachbarschaft zum Leuchtturm. Man hat einen sagenhaften Ausblick auf die Bucht von Sóller, auf die dahinter aufragenden Berge und aufs Meer. Zu Fuß ca. 30-45 Minuten von Port de Sóller entfernt. Ausstattung: 1 Schlafsaal mit insgesamt 30 Betten, Duschen/ WC, Aufenthaltsraum, Bibliothek, Freiluftterrasse, Verpflegung wie Refugi Can Boí.

Refugi Tossals Verds

Fon +34 971 182 027 • Für Buchungen: +34 971 173 700
https://seu.conselldemallorca.net/refugis/de/

Das Refugi liegt einsam und idyllisch mitten im Gebirge der Serra Tramuntana, umgeben von den höchsten Bergen der Insel. Ausstattung: 3 Schlafsäle (Zwei 8er-Zimmer und ein 12er-Zimmer), sowie ein Doppelzimmer mit insgesamt 30 Betten, Duschen/WC, Aufenthaltsraum, Bibliothek, Freiluftterrasse, Botanischer Garten, Verpflegung wie Refugi Can Boí.

Ganzjährig bewirtschaftete Berghütten (Refugis)

Refugi Son Amer - Kloster Lluc

Fon +34 971 517 109 • Für Buchungen: +34 971 173 700
https://seu.conselldemallorca.net/refugis/de/

Der ehemalige Bauernhof liegt fußläufig 15 Minuten vom Kloster Lluc entfernt auf einer bewaldeten Anhöhe mit schönem Blick ins Klostertal. Ausstattung: 52 Schlafplätze verteilen sich auf 4, 6, 8 und 24-Bett-Zimmer. Es gibt auch ein Doppelzimmer. Duschen/WC, Aufenthaltsraum, Bibliothek, Freiluftterrasse, Verpflegung wie Refugi Can Boí.

Refugi Pont Romà - Pollença

Fon +34 971 53 44 44 • www.pontromarefugi.com

Diese Berghütte befindet sich am Eingang des Ortes Pollença und in unmittelbarer Nähe der historischen Steinbrücke *Pont Romà*, nach der sie auch benannt wurde. Ausstattung: Die 42 Schlafplätze verteilen sich auf 2x4, 1x6, 1x12-Bett-Zimmer, Duschen/WC, Aufenthaltsraum, Bibliothek, Freiluftterrasse, Verpflegung wie Refugi Can Boí.

Refugio & Gästehaus Ses Fontanelles - Andratx

Fon +34 971 940 941 • www.ses-fontanelles.es

Das private Refugio und Gästehaus befindet sich an der Straße Ma-10 zwischen Andratx und Estellencs, direkt am GR-221 gelegen und bietet im Refugio 12 Schlafplätze für Etappen-Wanderer und Gäste ab 2 Nächten, auch 4 Doppelzimmer im Gästehaus. Duschen/WC, 3-Gang-Abendessen/Frühstück, Snacks und Getränke für durchkommende Wanderer.

Selbstversorgerhütten

Das sind primitive Steinhäuser ohne Strom, mit Tisch, Stuhl und einer Feuerstelle (Holz vorhanden). Geschlafen wird am Boden auf der eigenen Isomatte oder Luftmatratze im mitgebrachten Schlafsack. Dixiklo hinter der Hütte.

Die Buchung der Selbstversorgerhütten ist für ausländische Gäste kompliziert. Der Hüttenschlüssel muss in Palma oder im Informationszentrum der Serra Tramuntana beim Kloster Lluc persönlich abgeholt und auch wieder termingerecht abgegeben werden. Zudem sind die Hütten oft von Mallorquinern und generell an Wochenenden meist langfristig ausgebucht.

Fincas, Ferienhäuser und Ferienwohnungen

Zu kleinen Hotels umgebaute nostalgische landwirtschaftliche Gemäuer, Gutshöfe und Paläste finden sich mehr und mehr auch im hier beschriebenen Zielgebiet, speziell rund um Sóller und an den Osthängen der Serra Tramuntana.

Dabei unterscheidet die Tourismusbehörde Häuser mit Hotelcharakter (*Turismo Rurál*), die in die Sternchenkategorien eingeordnet werden, und andere, die sich den dafür geltenden Kriterien entziehen (*Agroturismo*), weil es z.B. an bestimmten Service-Einrichtungen fehlt. Als *Agroturismo*-Unterkunft gilt auch manche *Finca*, die ganz für Ferienzwecke umgebaut wurde und insgesamt oder in Wohneinheiten vermietet wird. Die Abstufungen beim Grad der Bewirtschaftung sind zahlreich, und manche *Finca* ist zumindest aus Gästesicht faktisch ein Hotel.

Eines haben fast alle Quartiere dieser Art gemein: sie sind eher **hochpreisig** (ab ca. 120 € pro DZ mit Frühstück), aber bei richtiger Wahl das Geld durchaus wert.

Eine jährlich neu aufgelegte **Übersicht** über alle dem Verband Agroturismo angeschlossenen Fincas erhält man bei den spanischen Fremdenverkehrsämtern, ⇨ Seite 361

Associació Balear d'Agroturismes/Rusticbooking Fon 971 721 508, E-Mail: rusticbooking@gmail.com

Ein Großteil der *Fincas* lässt sich auch im Internet „besichtigen" unter www.rusticbooking.com. Von dort kommt man aber nicht weiter direkt zu den Häusern. Eine Auswahl besonders empfehlenswerter Fincas, die auch Häuser berücksichtigt, die nicht dem Dachverband des Agrotourismus angeschlossen sind, findet sich unter **www.reisebuch.de/mallorca** samt Links auf die *Websites* der Anbieter.

Ferienwohnungen, Häuser und Apartments in allen Größen und Ausstattungen im **Sóllertal** und in **Deià** kann man über die Agentur *Fincas Mallorca* zu akzeptablen Tarifen buchen:

Fincas Mallorca, Claudia Lommatzsch, Fon/Fax 971 633017
info@fincasmallorca.de, www.fincasmallorca.de

Oder hier schauen, das Angebot ist groß:
www.fewo-direkt.de
www.airbnb.de
www.booking.com
www.interchalet.de

Detaillierte Beschreibungen, Fotos und Preise im **Internet**.

Kulinarisches Mallorca

Mallorquinische Gerichte – nicht aus einer typisch mediterranen Küche mit Fischvariationen und leichten Salaten - Kohl, ungesäuertes und salzloses Brot, Schweinefleisch und Schmalz bilden die Grundlage insularer Speisen. Fisch, mit Ausnahme von Meeresfrüchten, spielen in der traditionellen Küche eher eine untergeordnete Rolle. Dennoch findet man Fischgerichte natürlich auch auf den Speisekarten fast aller Restaurants.

Neben dem *porc negre*, einer schwarzen Schweinerasse, gehören auch Lamm, Kaninchen und Zicklein zum Angebot ländlich traditioneller Speiselokale.

Hier eine Auswahl typisch mallorquinischer Speisen:

Pa amb oli	Mit Olivenöl beträufeltes, ohne Salz gebackenes Bauernbrot, eingerieben mit Tomate und Salz.Typische Vorspeise.
Alloli	Knoblauchmayonnaise (Beilage/Vorspeise) zu Fleisch und Meeresfrüchten
Sopes mallorquínes	Malloquinisches Gemüse-Brot-Gericht, dessen Grundlage aus Wirsing und speziellem Brot besteht.
Arròs brut	„Schmutziger Reis", eine kräftige mallorquinische Safranreissuppe.
Arròs negre	„Schwarzer Reis", mit natürlicher Tinte schwarzgefärbtes Tintenfischresotto
Frit mallorquí	Innereienpfanne mit Kartoffeln/Gemüse und Fenchel delikat gewürzt.
Sobrassada	luftgetrocknete rote bis orangefarbige Paprikawurst, die zu vielen mallorquinischen Rezepten gehört.
Cerdo	Schwein
Cabrito	Zicklein
Cordero	Lamm
Llom amb col	Schweinelende mit Wirsing
Conejo con cebolla	Kaninchen mit Zwiebeln Lechona Gegrilltes Spanferkel
Calamares rellenos	Gefüllte Tintenfische
Chipirones	Kleine Tintenfische
Gató	Mandelkuchen
Gelat d'amtella	Mandeleis (zum Mandelkuchen bestellen!)
Ensaimada	Schmalzgebäck mit Puderzucker

Mallorquinische Begriffe für Wanderer

Auf Mallorca spricht man neben Spanisch vorwiegend Mallorquinisch, eine Variante des Katalanischen. Denn ***Mallorqui***, in der Franco-Zeit unterdrückt, ist heute die offizielle Amtssprache der Balearen. Ortsschilder, Wegweiser etc. zeigen daher nahezu ausnahmslos nur noch mallorquinische Schreibweisen, die meist ein wenig und gelegentlich erheblich von der spanischen abweichen.

Nachfolgend ist eine Liste mit geographischen und anderen Begriffen zusammengestellt, wie man sie in den Karten dieses Buches und auf Mallorca beim Wandern vor Ort findet.

Aígua	Wasser
Aljub	Wassersammelstelle (⇨ Seite 27)
Avenc	Felsspalte
Badia	Bucht
Barranc	Schlucht
Cala	Bucht
Camí	Weg
Camp	Feld
Can	Haus von ...
Canaleta	Bewässerungskanal
Capelleta	Kapelle
Carrer	Straße
Cas/Casa	Haus
Casa de sa Neu	Schneehaus (⇨ Seite 28)
Castell	Burg, Kastell
Cerrar	schließen
Ciutat	Stadt
Coll (Pas)	Passhöhe
Coma	Talsohle
Costa	Küste
Coto privado	privates Jagdgebiet
Cova	Höhle
Creu	Kreuz
Embalse	Stausee
Ermita	Einsiedelei
Faro	Leuchtturm
Ferrocarril	Eisenbahn/Bahnlinie
Finca	Gehöft/Gutshof, auch „Grundstück"
Font	Quelle
Forn de calc	Kalkofen (⇨ Seite 28)
Jardi	Garten

Mallorquinische Begriffe für Wanderer

Mar	Meer
Margers	Steinsetzer
Marjades	Terrassenfelder (⇨ Seite 30)
Mirador	Aussichtspunkt
Morro	Felsklippe
Penyal	Fels
Pla	(Hoch-) Ebene
Platja	Strand
Pont	Brücke
Port	Hafen
Porxus	Steinhütte (⇨ Seite 30)
Pouet	Brunnen

Propiedad privada -Prohibido el paso
Privatgrundstück - Durchgang verboten
(Typisches Schild, das der Wanderer leider zu oft sieht)

Puig	Berggipfel
Punta	Landspitze
Refugi	Schutzhütte
Roca	Fels
Serra	Bergkette
Sitja	Steinfundament zur Holzkohlegewinnung (⇨ Seite 27)
Son	Haus von ...
Talaya	Wachtturm
Tanca	Trockensteinmauer (⇨ Seite 29)
Torre	Turm
Torrent	Sturzbach/Wildwasser
Tren	Zug
Verger	Obstplantage

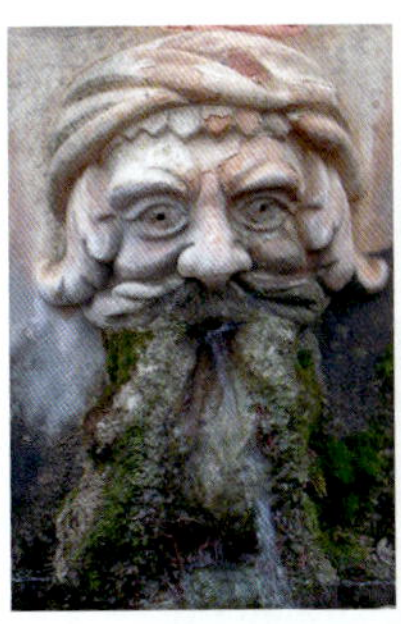
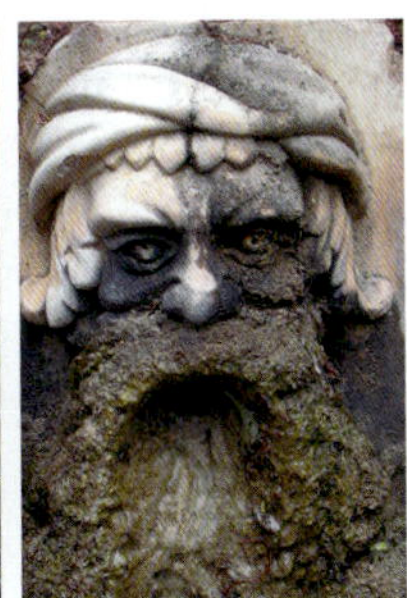
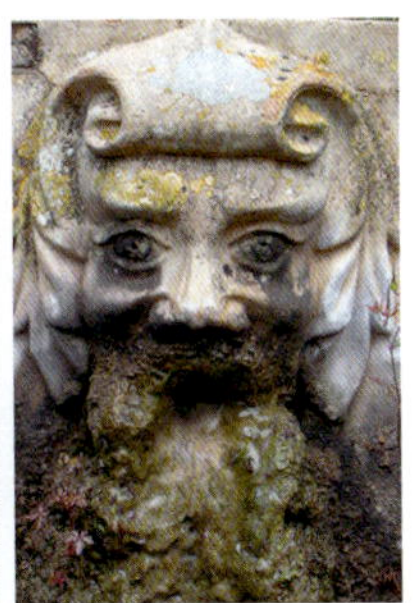

„Bock auf Biken“

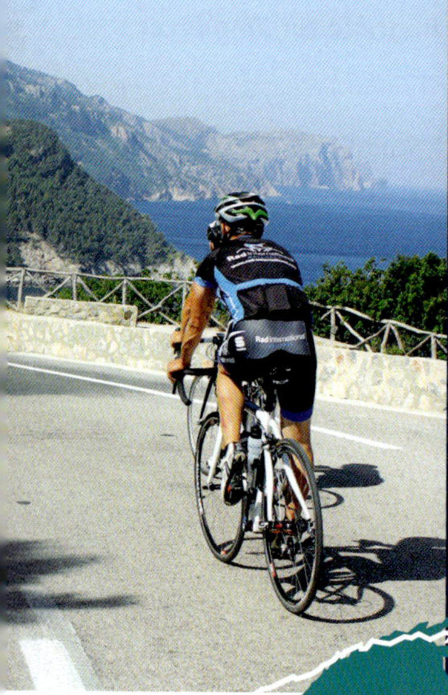

Rennradkarte

mit detailliertem Rennradwegenetz der gesamten Insel

- Steigungsangaben
- Wasser- und reißfestes Papier
- 16 Tourenvorschläge
- Top 20 Pässe
- Touren-Navigation mit Komoot

Maßstab 1:120.000

Preis: 12,80 €
ISBN: 978-3-935806-22-0

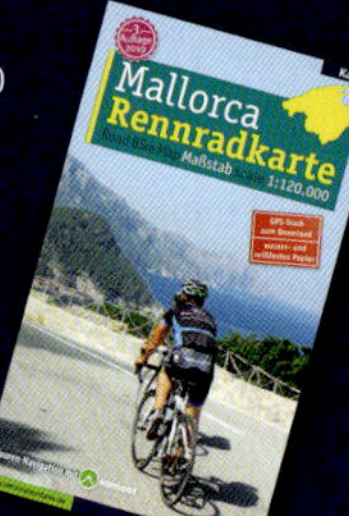

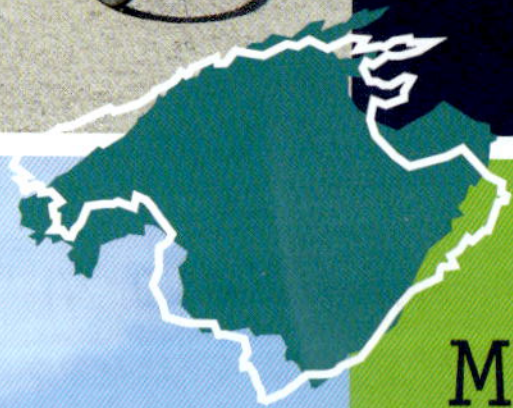

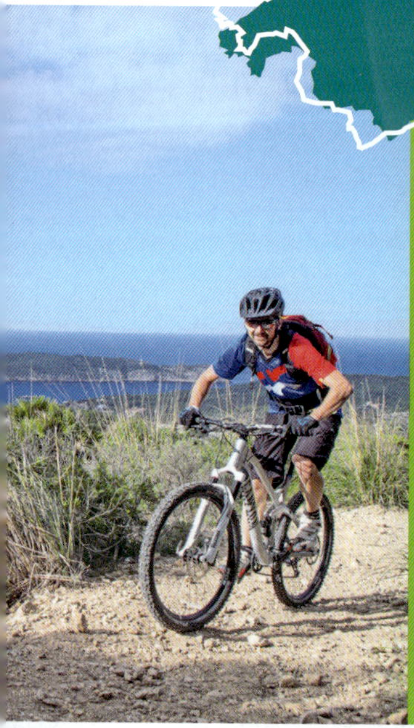

MTB-Kartenset

Mountainbike-Strecken in der Serra Tramuntana

- 4 detaillierte Kartenblätter
- Wasser- und reißfestes Papier
- 20 Tourenvorschläge
- Höhenprofile
- Kurzinfos & Wegqualität

Maßstab 1:35.000

Preis: 17,80 €
ISBN: 978-3-935806-23-7

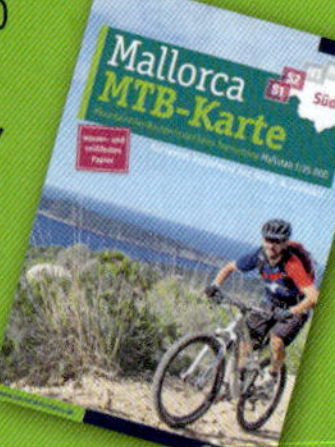

Karten erhältlich im **Buchhandel** oder bei uns im **Shop** unter **www.shop.mapsolutions.de**

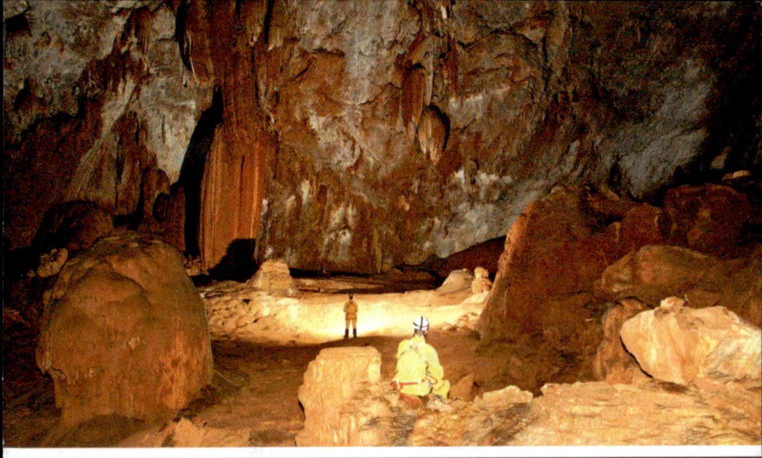

ENTDECKE DIE HÖHLENWELT MALLORCAS

Höhlenschwimmen
Höhlenbefahrungen
Höhlenklettern

Auf Mallorca sind etwa 4500 Höhlen und mehr als 200 sehr große Tropfsteinhöhlen zu finden. Einige dieser Höhlen zählen zu den schönsten der Welt - mit Hallen so hoch wie Kathedralen, unterirdischen Salzseen, gewaltigen Höhenunterschieden und wunderschönen Tropfsteinformationen.

Entdecke mit uns die fantastische Unterwelt Mallorcas und die Schönheiten der Finsternis, die nichts mit den touristischen Schauhöhlen zu tun haben.

Informationen und Buchung unter **www.maryroc.de**

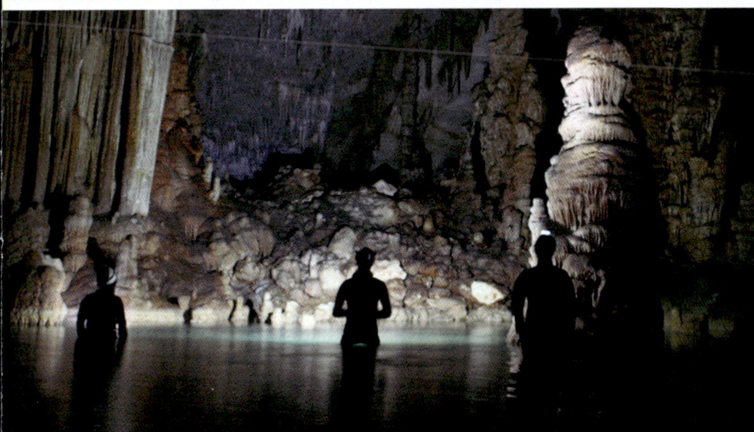

Inselhopping mit
Reise Know-How ...

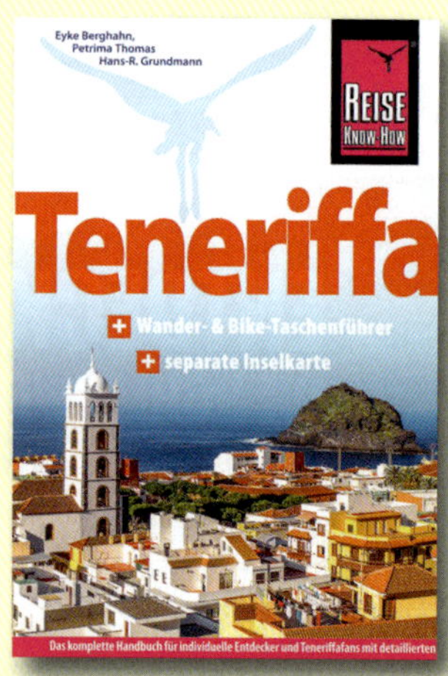

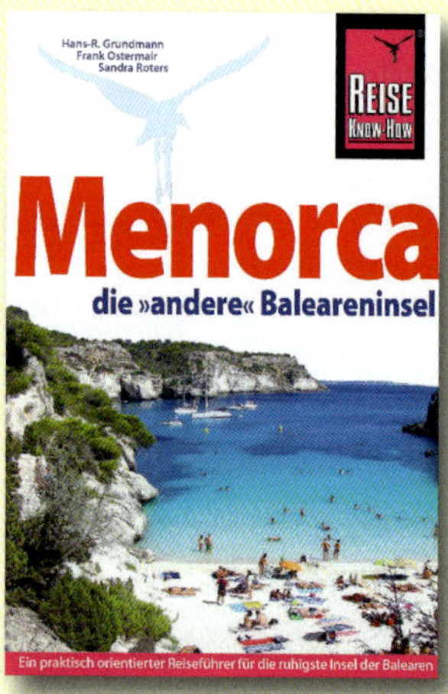

Teneriffa
620 Seiten, 23,50 €

Der umfassendste Teneriffa-Reiseführer auf dem Markt. Plus Inselkarte und Wander/Bike-Führer.

Menorca
248 Seiten, 16,90 €

Entdecken Sie Menorca! Die Baleareninsel verfügt über viele wunderbare und selten volle Strände mit glasklarem Wasser, zwei Hafenstädte, Fischerdörfer sowie landschaftliche und kulturelle Kleinode.

Unser Bestseller!

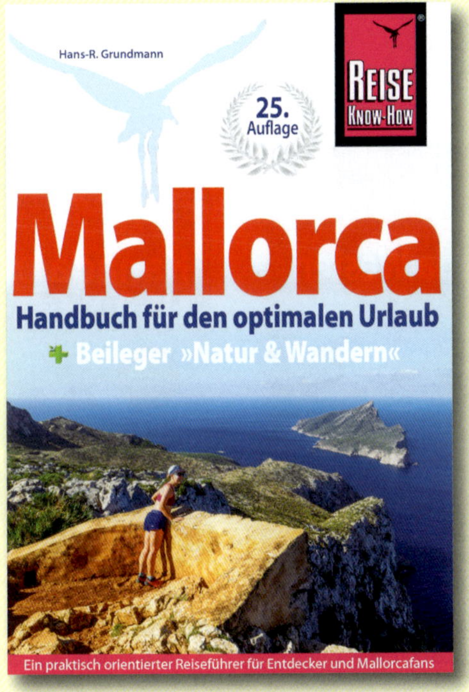

Mallorca, 524 Seiten, 22,50 €

Das Handbuch für den optimalen Urlaub. Für echte Inselkenner und alle, die es werden wollen. Plus Natur- und Wanderführer und Inselkarte.

Wandern in Nordamerika ...

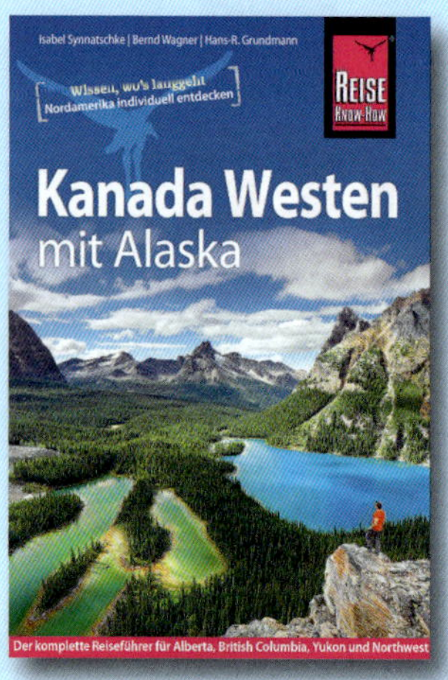

Kanada Westen
696 Seiten, 25,- €

Der umfassende Reiseführer zu Kanadas Westen und Alaska von Reise Know-How. Jetzt auch mit Start in Seattle.

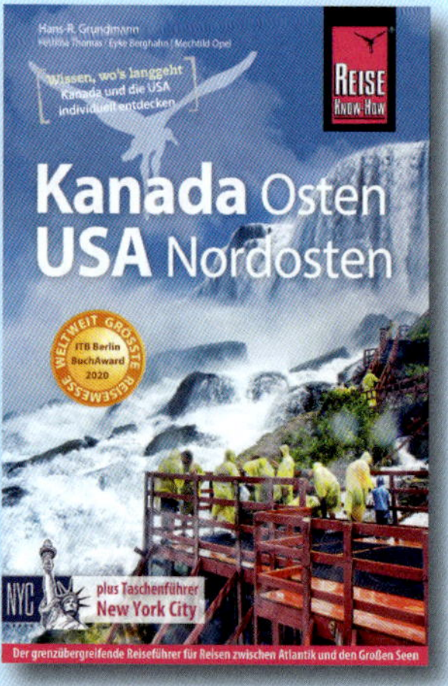

Kanada Osten / USA NO
896 Seiten, 27,50 €

Geballte Informationen und tolle Routen für die grenzübergreifende Reise. Mit Karte und Taschenführer zu New York City.

Unsere Reiseführer mit zahlreichen Wanderempfehlungen für jede Region

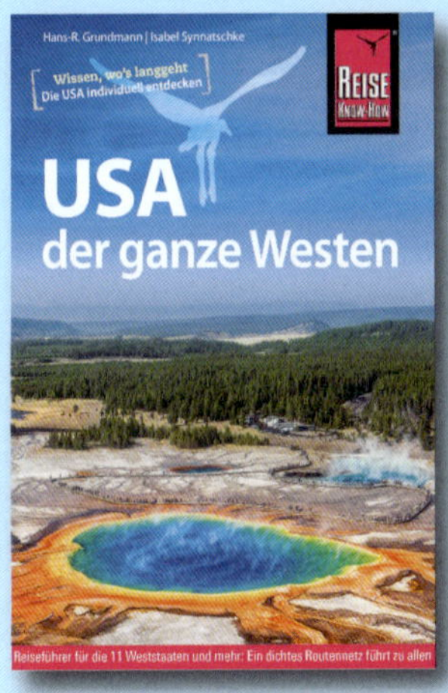

USA, der ganze Westen
848 Seiten, 26,50 €

Nicht selten als die 'Bibel' der USA-Reiseführer bezeichnet: Unser Standardwerk zu allen 13 Weststaaten – von Hans-R. Grundmann und Isabel Synnatschke.

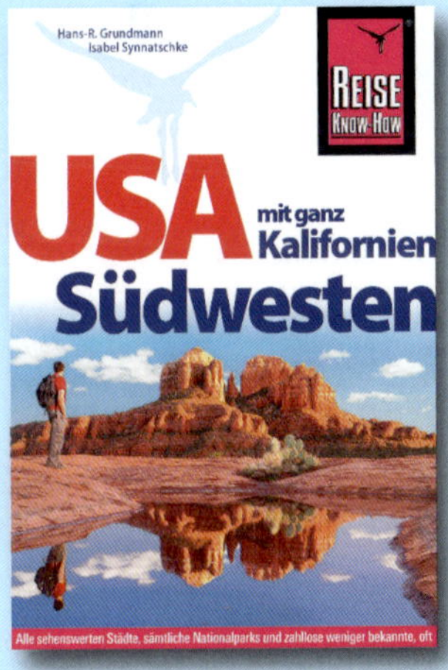

USA Südwesten
792 Seiten, 25,- €

Unser Bestseller beschreibt das Kerngebiet des USA-West-Tourismus. Neben ganz Kalifornien Nevada (mit Las Vegas), Utah, Colorado, New Mexico und Arizona.

Kapitelübergreifende Tourenübersichtskarten

Ortspläne

Ortsbezogene Wegskizzen

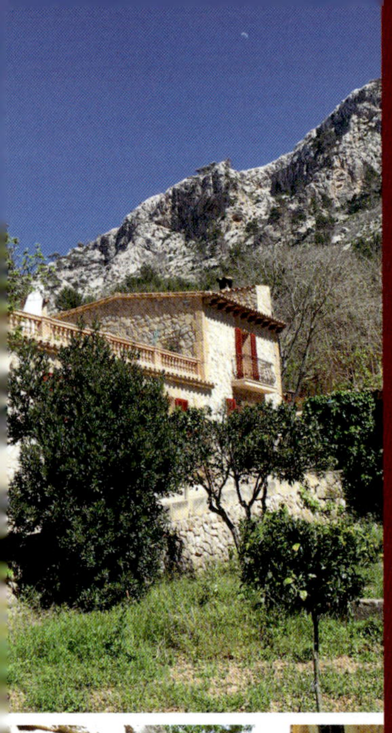

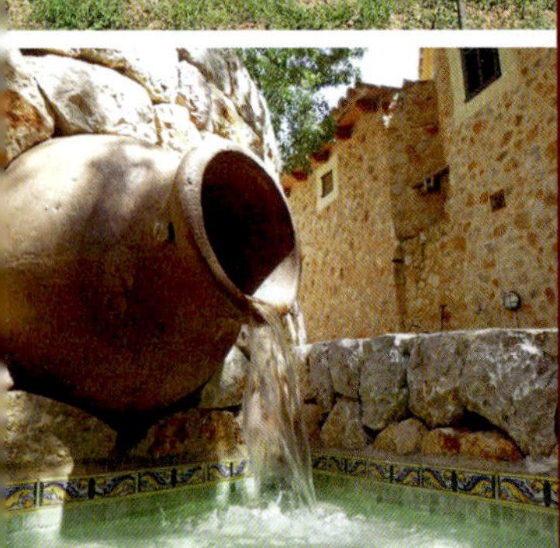

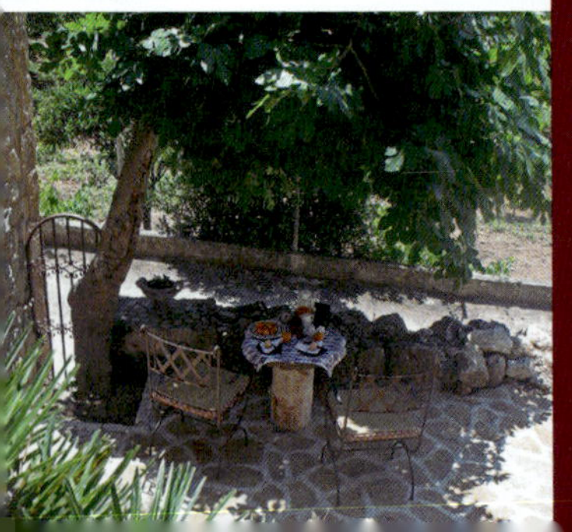

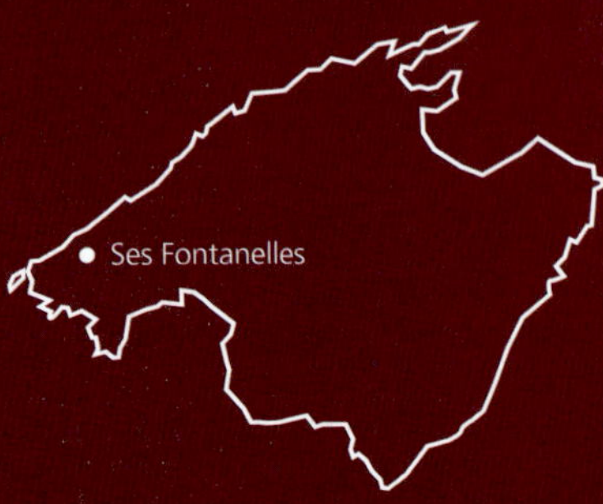

BERGHÜTTE & GÄSTEHAUS

SES FONTANELLES

SERRA TRAMUNTANA

Bei uns ist „richtig“ Mallorca!

Ses Fontanelles ist eine typisch mallorquinische Finca in rustikale Ambiente.

Absolut ruhig gelegen, in einem fruchtbaren Tal zwischen Andratx und Estellencs, umgeben von Obstbäumen, Wald und Felsen. Der Fernwanderweg GR 221 führt direkt über das Grundstück und unser Hausberg ist der Esclop mit seinen 928 Metern.

Unser Refugio bietet 12 Schlafplätze für Etappen-Wanderer auf dem GR-221 und für Gäste ab 2 Nächte auch 4 Doppelzimmer in unserem Gästehaus, mit Duschen/WC, 3-Gang-Abendessen/Frühstück, Snacks und Getränke für durchkommende Wanderer.

Wir bieten auch geführte Wandertouren & Höhlentouren (siehe auch Seite 387)

Patrick John & Britt Liebl
07150 Andratx
Phone +34 971 940 941
E-Mail finca@ses-fontanelles.es
www.ses-fontanelles.es